潘懋元肖像油画（魏楚予画）

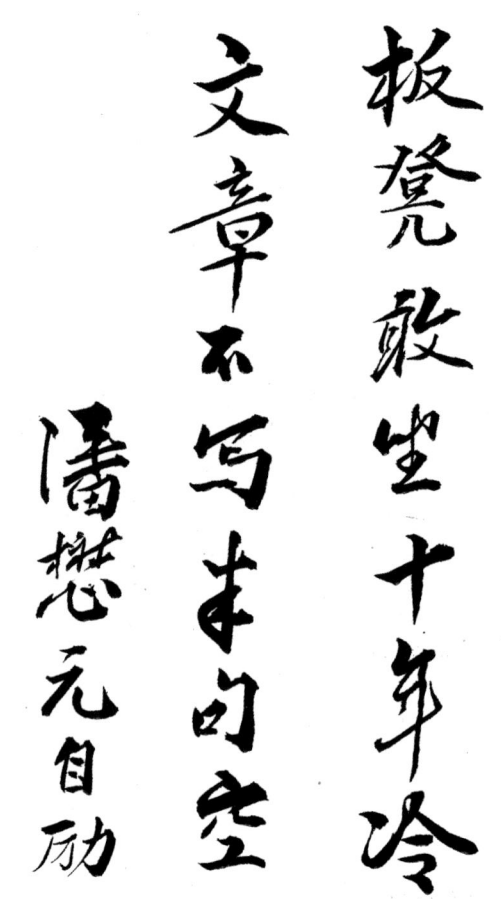

2006年题铭自励

潘懋元◎著

潘懋元文集

卷二·理论研究(上)

广东高等教育出版社
Guangdong Higher Education Press
·广州·

图书在版编目(CIP)数据

潘懋元文集.卷二,理论研究(上)/潘懋元著.—2版.—广州:广东高等教育出版社,2020.6
ISBN 978-7-5361-6694-3

Ⅰ.①潘… Ⅱ.①潘… Ⅲ.①潘懋元—文集 ②高等教育—教育理论—中国—文集 Ⅳ.① C53 ② G649.2-53

中国版本图书馆 CIP 数据核字(2020)第 011233 号

PANMAOYUAN WENJI JUANER LILUN YANJIU (SHANG)

出版发行	广东高等教育出版社
	地址:广州市天河区林和西横路 /510500
	营销电话:(020)87554153
	http://www.gdgjs.com.cn
印　刷	佛山市浩文彩色印刷有限公司
开　本	787 毫米 ×1 092 毫米　1/16
插　页	2
印　张	34.75
字　数	550 千
版　次	2010 年 9 月第 1 版　2020 年 6 月第 2 版
印　次	2020 年 6 月第 2 次印刷
定　价	138.00 元（全套定价:1388.00 元）

(版权所有，翻印必究)

《潘懋元文集》编辑委员会

编委会主任：吴　岩

编委会委员（按姓氏笔画排序）：

王伟廉　王洪才　卢晓中　叶之红　邬大光

刘振天　汤贞敏　李　均　杨德广　肖海涛

别敦荣　张应强　张德祥　范跃进　林蕙青

周　川　郑冰冰　胡建华　钟凌翊　高宝立

黄红丽　韩延明　覃红霞　谢作栩　潘世墨

主　　　编：肖海涛

分卷主编：肖海涛　卷一·高等教育学讲座

　　　　　　肖海涛　卷二·理论研究（上、下）

　　　　　　李　均　卷三·问题研究（上、下）

　　　　　　肖海涛　卷四·历史与比较研究

　　　　　　刘志文　卷五·序文

　　　　　　朱乐平　卷六·讲课录

　　　　　　向　春　卷七·昔年作品及其他

　　　　　　韩延明　卷八·潘懋元教授纪事年表

　　　　　　肖海涛　卷九·潘懋元教育口述史

谨以本书庆贺潘懋元先生百岁华诞暨从教八十五周年

编 辑 说 明

潘懋元，1920年出生于广东汕头，厦门大学文科资深教授。现任厦门大学教育研究院名誉院长，教育部人文社会科学重点研究基地厦门大学高等教育发展研究中心名誉主任；中国高等教育学会顾问、高等教育学专业委员会终身名誉理事长。兼任教育部教育发展研究中心、国家教育行政学院、南京大学、华中科技大学、华南师范大学、华中师范大学、广西大学、深圳大学等十多所研究机构和大学的客座或兼职教授。曾任厦门大学副校长、顾问、教务处处长、高等教育科学研究所所长、海外教育学院院长，国务院学位委员会教育学科评议组召集人，中国高等教育学会副会长，高等教育学专业委员会理事长，等等。

潘懋元先生是中国高等教育学科的奠基者和创始人。作为著名的教育理论家，潘懋元先生教育理论研究硕果累累，为创建我国高等教育学科，丰富和发展我国乃至世界高等教育理论体系做出了重要贡献。作为杰出的教师，他培养了大批高层次教育学人才，桃李满天下，为建设我国高等教育学科骨干教师队伍和研究队伍做出了重要贡献；作为一位优秀的教育活动家，他对我国若干重要教育改革决策提出了许多宝贵的意见和建议，为我国高等教育宏观决策科学化做出了重要贡献。

潘懋元先生从1935年15岁开始从事教育工作，在15岁之前就已经进行创作和发表。涉及范围从最初的文学创作，到后来从事教育史研究、教育学研究，开创高等教育学科以及长期从事高等教育研究等，时间跨度长达80多年，内容精彩，成果丰硕，卓有建树，其中尤以高等教育研究成果为最。

这套《潘懋元文集》收录了潘懋元先生的绝大多数成果，约550万字。根据潘懋元先生创作及研究成果的特点，我们进行了分类整理，一共有9卷11册。各卷名如下：

卷一·高等教育学讲座
卷二·理论研究（上、下）
卷三·问题研究（上、下）
卷四·历史与比较研究
卷五·序文
卷六·讲课录
卷七·昔年作品及其他
卷八·潘懋元教授纪事年表
卷九·潘懋元教育口述史

上述9卷基本上反映了潘懋元先生学术人生的全貌。其中，卷一是潘先生作为高等教育学科奠基人的奠基之作，1983年5月在人民教育出版社出版第一版，1985年、1992年分别出版第二版、第三版。2010年广东高等教育出版社出版《潘懋元文集》时，将此书收入作为卷一。本书虽然个别地方的表述与现在说法稍有出入，但为了尊重历史和潘先生奠基性的贡献，力求保持原貌。卷二至卷四集中反映了潘先生对教育特别是高等教育方方面面的研究成果，包括理论研究和问题研究。卷五是潘先生为学者们的教育研究专著所作的序言，话题宽泛。卷六是最新版讲课内容，是潘先生给2019级博士生讲授"高等教育学专题研究"课程内容的实录。卷七包括潘先生早年的学士学位论文和文学作品、散论等，最早的作品作于16岁。卷八包括各个时期个人生活、学术活动等内容的照片和教学、科研及学术活动纪事。卷九以教育口述史的形式，以时间为主线，以思想为专题，生动地反映了潘懋元先生的教育人生。该卷由北京师范大学出版社于2007年出版，这次收入文集时略有修订。

在对书稿进行编辑加工的过程中，我们对一些时间概念、专有名词、数据、注释等做了规范处理。为方便选择和阅读，每卷每册开头都编排了编辑说明、代序，末尾编排了潘先生的百岁感言和编者的后记，特此向读者说明。

编　者
2019年10月28日

代　序

潘懋元：中国高等教育研究的奠基人[①]

［加拿大］许美德（Ruth Hayhoe）

潘懋元教授，1920年出生于粤东沿海的汕头市，家境贫寒。在这样的家庭中，能获得基础教育就相当不容易了。但他对教育的热爱却使得他在1941年抗战时期考入当时迁于福建长汀的厦门大学，随后他的教育生涯就与厦门大学的历史结下了不解之缘。厦门大学位于福建省东南沿海的厦门（厦门旧称Amoy，与台湾隔海相望），有着独特的发展历史。

在我涉足中国高等教育之初，了解到潘懋元教授很早就在该领域从事重要的工作。1988年秋，我在南京大学召开的高等教育改革会议上首次聆听他的报告。第二年我移居北京，做加拿大驻中国大使馆的文化参赞。其间，我荣幸地接受了潘懋元教授的邀请访问厦门大学，了解到厦门大学在高等教育研究领域所做的工作。我为这滨海校园之美所打动，它的建筑风格成功地糅合了中西方的特点。

---

① 许美德. 思想肖像：中国知名教育家的故事［M］. 周勇，等译. 北京：教育科学出版社，2008. 许美德教授是国际著名的比较教育专家，多年来她对我国高等教育研究投入了大量的精力，成果丰硕。她对潘懋元教授的地位和贡献给予了高度的评价。本次出版《潘懋元文集》，我们征得许美德教授本人同意，将此文章作为文集的代序（少数地方根据现在的出版或文字规范稍有删改）。

更为重要的是，我获知了很多厦门大学高等教育科学研究所（以下简称"高教所"）的工作，它是潘懋元教授于1978年创办的，源头则要追溯到潘教授自20世纪50年代在厦门大学所做的工作。

1997年11月，我再次有机会访问厦门大学高教所，拜访潘懋元教授，并邀请他讲述自己的人生故事。此前我已定居香港，时任香港教育学院院长。本文的主要资料就来源于那一年的两次长谈。① 我也有幸看见他每周六晚在自己家里为研究生们举办的学术沙龙，由此领略了他的教学风格。

潘懋元教授住的是一栋两层楼的房子，位于厦门大学校园内的一座小山上。二楼是宽敞的斯巴达式的书房，里面整齐地排放着书架，桌子和沙发点缀其间，还准备了许多客人来访坐的小凳子。当晚来了12名研究生，我能感受到他们对于沙龙的热情和期待。潘教授寥寥数语先起了个头，介绍了晚上所要讨论的主题。当晚的主题是一位研究生的论文涉及的论题，她在此之前曾写过一篇论文，与南京的一位著名学者提出的教育社会观进行商榷。这位研究生认为，南京学者的那篇文章的理论前提完全忽视了高等教育作为独特领域而发挥的功能。南京学者于是又发表了一篇文章与她反商榷，这位研究生正在准备她的再次应答。于是学生们围绕着这个问题给她提供各自的意见，他们分成两派，充当论辩中的不同角色。在热情生动的争论中，几个小时不知不觉过去了，学生们在争论之中探讨了高等教育方方面面的社会功能。潘教授不时插入几句简短的评论，以免出现跑题的现象，但辩论主要由学生自主进行。我入迷地观察着整晚的沙龙，亲眼见识到了潘教授的教学风格和对学生和蔼

---

① 对潘懋元教授的访谈时间是在1997年12月6日和8日。

可亲的态度，而这是此前在相对正式一点的场合中我所从未见过的他。

本文中我所描绘的潘懋元形象主要基于他的那次自述，还有自己所拜读的他在高等教育领域的部分研究成果。我从厦门大学开始讲起，自1939年直至现在，这是他为生、为师以及成为学校管理者和教授的地方。

1920—1949年在中国东南地区的成长

1920年，潘懋元出生于广东东部沿海毗邻福建厦门的汕头市。由于贫困，家里无法供他上学，所以他的早期教育是不正规和断断续续的，由兄长和父亲在家教他认字。8岁时，他被送到当地的小学插班读三年级。他记得所学课程的主要内容都是传统经典。启蒙教育的内容是《三字经》，接下来是儒家经书和古代历史书籍。虽然1919年爆发了五四运动，新文化运动提倡采用接近口语的白话文，但潘懋元接受的仍然是传统教育，学的是文言文，直到后来才接触现代汉语。

小学毕业后，由于家庭无力支持，少年潘懋元无法继续上学。他的父亲希望他留在家中帮助碾米做一些发糕来卖。非常幸运的是，小学校长杨雪立在阅读毕业试卷时发现了潘懋元的中文写作才能。得知他待在家中，不能继续上学，杨校长帮助其减免一半的学费，使他得以上初中学习。就读的那所中学是一所非常传统的中学，称为时中中学。在那里他主要学习了3年的中文。潘懋元的很多老师参加过封建时期的科举考试，有的甚至考中举人。后来，他感觉到传统经典的学习给他的一生奠定了一个很有价值的基础。他回顾说，最为重要的是他学会了如何做人。

潘懋元15岁时，知道家里不可能再资助他上学了。但他得到一个到小学当教师的机会，他满腔热情地投入到工作中，但很快发现，教小学生并不是想象中那么容易。他每上一堂课要备课数个小时。初次讲课，备好的课讲不到半小时便无话可说，站在讲台上，面对乱哄哄的课堂不知所措。不甘失败的他决定想办法到师范学校学习，学习如何当老师，同时也找一些教育书籍来读。

他首先找到的是浙江大学庄泽宣教授的《教育通论》，这成了他的启蒙书。潘懋元发现这本书理论复杂，学问深入，他读不太懂，这更加坚定了他要找机会去师范学校读书的决心。1936年，终于有机会到海滨中学高中师范科做旁听生，学习了教育心理学、小学教材教法和教育行政等几门课程。当时，他已能通过教夜校和赚稿费维持生活。在海滨中学学习期间，他写过几篇短篇小说和许多散文，有一些已发表。

1937—1939年，潘懋元在农村小学教书。那时正是日本侵华战争时期，战争使得民不聊生。潘懋元热爱教书，但他越来越多地投身于抗日的洪流中，参加抗日宣传活动，组织民众起来抗日。他加入了汕头地下党组织的青年抗敌同志会，揭发敌人的罪恶行径，鼓舞民众的抗日激情。1939年6月，日军侵占了汕头，在其后的几个月里，潘懋元不得不辞去热爱的教学工作，参加抗日军队，全身心地投入到抗日运动中。

出于多种缘故，1940年，潘懋元决定离开家乡。离家的一个原因就是去接受进一步的教育，以便能做一个称职的老师。那一年他19岁，战争的局势日渐恶化。他翻山越岭，艰苦跋涉，一个星期之后，终于来到福建长汀，厦门大学于1937年迁移至此。他参加了厦门大学的入学考试，虽然他的中文很优秀，但由于事先未做充分准备，英语和数学未合格，结果名落孙山。为了读师范，他考入一所中等师资养成所学习了一年。次年，他终于考入厦门大学教育系。

潘懋元回顾说，1941—1945年在厦门大学的学习生活对他是很大的锻炼。当时在厦门大学担任教授的多是留美学者，其中教育系主任李培囿是杜威的学生，翻译了杜威的一些著作。另一名在教育系工作的知名学者陈景磐教授，于20世纪30年代在多伦多大学获得博士学位，其博士论文是关于孔子生活的背景和为师之道。① 通过这些年的学习，潘懋元成为杜威著作的敬慕者，并对陶行知把杜威的理论运用到中国教育实践特别欣赏。陶行知的教育实验在中国有很大的影响，虽然杜威1921年来华时仅在福建有过短暂访问（Keenan，1977），陶行知的实验工作也主要是在南京和上海，但他的思想在福建却备受推崇。②

为了糊口，在厦门大学读书期间，潘懋元先在一所小学担任兼职教师，接着又在一所中学做兼职教师。大学四年级时，他还担任了一所县立中学的教务主任，从而可以将自己所学的知识用于实际的教学当中。1945年大学毕业后，潘懋元在江西省的两所中学任教一段时间。与此同时，厦门大学也迁回厦门市。1946年，他收到厦门大学校长和教育系主任的邀请，要他担任厦门大学附属小学的校长，并在厦门大学教育系兼做助教。这期间，他发现陶行知的理论对他主持校长工作的帮助很大，虽然他很遗憾没有机会与陶行知会面。在这一点上，潘懋元与李秉德的认识是一致的，后者也认为陶行知的理论最符合中国教育的实际需要。

---

① CHEN J P. Confucius as a teacher: philosophy of Confucius with special reference to its educational implications [M]. Beijing: Foreign Languages Press, 1990.
② 刘海峰，庄明水. 福建教育史 [M]. 福州：福建教育出版社，1996：422-438.

新方向与新事业：社会主义时期

对潘懋元来说，1949年的革命胜利意味着新教育生涯的开始。中华人民共和国成立后，他继续留在厦门大学当讲师。1951年秋季，他被派到中国人民大学进修研究生课程，学习教育。一年后，李秉德也在此学习。潘懋元发现，在众多学友中，一些是和他一样的研究生；另外还有一些年长的教授，他们在此学习马列主义的理论知识，目的是为了更好地胜任未来的教育领导岗位。在潘懋元学习的班上，有好几位学者后来都成了北京师范大学的知名教授，包括教育哲学家黄济、教育学家王策三和王天一、心理学家章志光。1952年初，因为院系调整，这项进修计划从中国人民大学转到了北京师范大学。

潘懋元对在中国人民大学的学习至今记忆犹新，他记得有4位苏联教授给他们上马列主义的课程，还有苏联教育理论，他甚至还记得4位教授的名字，但是，对所学的那点儿俄语则记得甚少。当时的教学是有翻译协助的。学习给他留下了深刻的印象，他当时感受到苏联的课程组织的方式和教学计划的制订都非常严谨，能够达到有效的控制。

在北京学习一年之后，1952年夏，潘懋元便被厦门大学校长王亚南召回，协助厦门大学的教学和课程改革。他被任命为教学改革办公室的负责人，负责指导大学的各专业制订新的教学计划。他曾经非常推崇杜威的教育思想和美国的其他教育理念，感觉富有活力而且极具灵活性，但在控制严格的民国时期（指1912年1月1日至1949年9月30日，下同），实践这些理念是十分困难的。两者相比，他感到苏联的教育计划能够较好地使学生获得系统的知识，打好扎实的基础。特别是在诸如工程和自然科学等领域，这些对于社会主义建设是十分重要的。

潘懋元感到，事实上苏联的高等教育模式根植于欧洲大陆模式，特别是法国模式，与英美模式区别很大。他觉得苏联模式和中国自己的知识传统相对应，强调知识基础厚，存在一种中心化、系统化的知识方法。潘懋元特意提到著名的北京大学校长蔡元培，认为他是民国时期最杰出的大学校长。蔡元培在自己的高等教育思想中融合了德国、法国、中国的理念，他采用德国学问之道，特别是在研究和教学上，这得益于他在柏林大学和莱比锡大学的经历。蔡元培极力效仿法国模式的高等教育体系，因为其管理结构十分理性，并按地理区域均匀分布。在教育哲学方面，蔡元培陶醉于中国传统的自学之路，特别是对书院情有独钟，学生可以自主掌握学习进程。蔡元培极力提倡将学校分为从事理论知识研究的综合性大学和担负为国民经济各部门训练高级人力资源的专门学院。潘懋元认为20世纪50年代早期的改革，出现了大量的专门学院，同时只保留了数量相对较少的综合性大学，是较符合当时国情的，适应了中国发展的需要。①

但对于20世纪50年代初的院系调整，将一些民国时期优秀的综合性大学的系科进行削减，形成像苏联模式那样的综合性大学，潘懋元持保留意见，他觉得这些是完全可以避免的。他对按高等教育区域进行院系调整发表了看法，以自己所从事的教育领域为例，他认为，中心区按地理分布强调更多的是政治因素而非教育因素，这就导致了反常现象的出现。在南部的中心区里，位于广州市的中

---

① 潘懋元. 潘懋元论高等教育[M]. 福州：福建教育出版社，2000：521-560.

山大学，其师范学院实力雄厚，1953年与其他教育系合并组建了华南师范学院。然而，华南师范学院当时只是不受重视的省级院校，经费和师资都受到限制，以致影响教育学科的进一步发展。

总的来说，潘懋元认为受苏联模式影响的院系调整在当时是起了积极作用的，为中国20世纪50年代国民经济建设培养了一批人才。在1956年中国共产党第八次全国代表大会上，周恩来强调了要尊重知识分子。① 如果一直贯彻这一项政策的话，潘懋元相信中国也许能够同日本和东亚其他地区一样经济快速发展。

苏联模式的高等教育有很多薄弱环节，但他感到，完全能够用一种平衡、理性的方法来解决。问题之一是对学生在不同领域能力的认识和实践强调得不够，常常希望学生通过刻苦专注的学习来达到课程所规定的较高的学术标准，而不是将更多的注意力放在教和学过程的研究上。另一个问题是过于迷信翻译过来的苏联资料，其实并不是所有的材料都适合中国国情。

1954年对潘懋元来说是十分重要的一年。他得知厦门大学教育系被并入福建师范学院，他很想前往，专心于教育史的研究和教学。然而，王亚南校长却舍不得他走，决定把他留在教务处，继续管理厦门大学的教学工作。他决心留下来，此举为一门新学科的诞生创造了条件，也由此改变了他日后的工作和生活的方向。

潘懋元感觉到在教育研究、学校教学和担任学校领导的生涯中，他所学的教育知识与高等教育领域的联系很少。大学层次的学生需要一个全新的教育理论，以及高等教育课程发展和教学制度。

---

① ZHOU E L. On the question of intellectuals [M] //BOWIE R R, FAIRBANK J K. Communist China 1955—1959: policy documents with analysis. Cambridge, Mass.: Harvard University Press, 1962: 128-144.

总体来说，高等教育是一个一直被教育理论者所忽视的知识和研究领域。到那时为止，不只是中国，苏联和西方国家也是这样。他曾为捷克一位教授在教育科学会议上所做的讲演所感，这个讲演认为教育理论仅仅关注普通学校，很少关注高等专业院校。潘懋元随后写了一篇题为《高等专业教育问题在教育学上的重要地位》的文章，发表在1957年厦门大学《学术论坛》上。同年，他与几位同事合作写出《高等学校教育学讲义》。这本书随即在中国的综合性大学和师范大学内广泛流传，作为课程改革和教学计划发展的资源。① 尽管这本书从未正式出版，但它却是中国高等教育研究领域内最早的学术书籍。

潘懋元着力将此发展为一个新的研究领域，并兴奋地发现，这能为高等教育系统、课程发展和教学计划的制订提供重要的学术基础。然而，1957年是一系列政治运动的开端，他所希望的研究和发展几乎是不可能的。因出身贫寒，他并未受到1957年"反右"运动的影响，但他悲伤地看到，厦门大学的一些老教授虽然做出了杰出的学术贡献却被打成右派，从学术研究工作中被隔离出来。随后的1958年"大跃进"，同样侵扰着潘懋元。当时大量的教材都是从苏联翻译过来的，他认为这样的教材更加应该中国化。他同时感觉到，建立中国传统中医学院意义重大，因为中国传统医学把人体看成一个整体，发展起了不同于西方医学的中医方法，它是一笔巨大的遗产，不应该丢失。

就总体而言，潘懋元认为1958年的教育革命是个误导。1958年前，他在厦门大学教务处，参与了当时所有的课程变革。他感到

---

① 忻福良. 当代中国高等教育家［M］. 上海：上海交通大学出版社，1995：199.

很多想法都未经过细致思考，不过是一种政治运动口号罢了，对教育缺乏真正的理解。在潘懋元看来，让学生代替教师编写教学大纲和教材，这样做显然超过了学生的能力范围，因为他们大多数并没有足够的学科知识来做这些工作。改革强调增加学生参加生产活动实践的机会，然而这大都是出于政治目的，并没有多少教育价值。总之，过多的政治活动以及体力劳动引起很大的混乱。他记得，学生真正听学术课程的时间，一年之中只有70天。潘懋元认为，所谓"开门办学"的思想在某些方面固然有一定的可取之处，但是它无法替代对科学知识的系统教学，而中国的发展又需要这些科学知识来培养各行各业的专门人才。

潘懋元对高等教育作为一个研究领域逐渐有了兴趣，同时对中国高等教育系统在更大范围内发生的变化也给予了密切关注。社会上的学习机会一下子增加了许多，大量的所谓的"红专大学"的开设，给很多个人背景条件稍差的青年人提供了学习机会，但是这些学校根本没有足够的资源用于真正开展高等教育工作，大多数在几年内就关闭了。如江西新建的许多共产主义劳动大学，没有合格的师资，根本无法生存。然而另外有些新成立的院校，比如福州大学，是省内唯一的一所工科院校，被认为对本省经济发展起着至关重要的作用，因此得到省政府支持。

1961年的"困难时期"过后，20世纪50年代初期的那种学术氛围开始恢复，学术质量受到特别的重视。潘懋元再次希望能有机会发展高等教育这一研究领域。然而，1966年开始的"文化大革命"又使他的希望落空了。

代　序

建立一门新学科

1977 年，邓小平复出。潘懋元准备开始他事业的一个全新阶段，他过去当过厦门大学的教务处处长，现在他致力于建立一门新学科——高等教育学，先是在厦门大学，再推广至全国。我们知道，在 20 世纪 50 年代中期他已经开始此项研究，并于 1957 年发表了一篇题为《高等专业教育问题在教育学上的重要地位》的论文。随后到来的政治运动和混乱年代让他更深刻地体会到研究这一领域理论的重要性，他认为这项研究将使人们对高等教育与社会、经济、政治、文化发展的关系有更深刻的理解。20 世纪 50 年代至 70 年代后期，高等教育发展中最严重的问题是缺少能给高等教育的政策制定提供理论支持的系统理论研究。随着邓小平时代的到来，全国积极响应邓小平提出的"教育要面向现代化，面向世界，面向未来"的号召，潘懋元最终找到了追求自己理想的舞台和时机。

1978 年，潘懋元在厦门大学建立了高等学校教育研究室，很快发展成为一个全国高等教育研究的中心。1983 年，高等教育学被教育部认定为教育学的二级学科，有资格建立硕士点和博士点。厦门大学高等教育科学研究所招收全国第一批高等教育专业的硕士和博士。到 1998 年庆祝高教所成立 20 周年时，已经有 20 个博士生和 75 个硕士生毕业于此[①]，他们已在全国各地的大学工作，为这一领域的进一步发展贡献着力量。高教所承担了高等教育各个领域的主要研究课题，举办了十多次全国和国际学术会议。

虽然北京大学、华中科技大学、华东师范大学等其他大学都有

---

① 刘海峰. 厦门大学高等教育科学研究所建所二十周年工作报告 [C] // 建所二十周年纪念活动专集. 1998：33 - 35.

高等教育学的研究及相应的研究生培养,但是厦门大学高教所于2000年9月被评为该领域全国唯一一所国家级研究中心,被评为文科重点研究基地,国家提供数量相当的发展基金。这是政府支持人文社会科学研究项目的一部分,其目的是要使一些研究中心能够达到世界同等水平,使其能积极开展国际研究交流活动。厦门大学能排除地理上的相对劣势获得国家的认可,是非比寻常的。当然,这与潘懋元先生用毕生的精力致力于建立高等教育学这门新学科所做的贡献是分不开的。同时也表明,尽管在1949年中华人民共和国成立后的30年,中国政策和社会环境有许多束缚,但一个忠诚的教育家还是能有所作为的。

1978年以后,潘懋元又把工作重心放在学术研究上,他在厦门大学进行教学和研究工作。每周六晚上,他在家里开沙龙,与研究生们聊学习、聊生活,是一个和蔼可亲的长者。然而,他还想推动这门学科在全国范围内发展,希望中国高等教育学作为一门学科能够对国际学术发展做出贡献。1979年,他和上海市高教局及其他7所大学的学者召开了第一次全国高等教育研究会议。1981年,他组织编写了第一部高等教育学著作《高等教育学》,并于1984年出版。① 这是1983年教育部确立这门学科后的第一本高等教育学著作。在随后的这些年里,潘懋元仍然是这一领域中富有远见的领导者,他启发新思想、新的研究方法,鼓励其他人做研究,写作和发表论文,他自己也在这一领域中发表了大量文章,出版了大量著作。

潘懋元工作的中心是想通过建立坚实的理论基础、清晰的概

---

① 潘懋元. 潘懋元论高等教育 [M]. 福州:福建教育出版社,2000:96.

念，以及研究方法来确保这门新兴学科的发展。1983年，中国高等教育学会成立时，潘懋元感到高等教育学被认为只是一个研究领域，而不是一门学科。于是，1992年，他在厦门大学组织了一次学术会议，提出要把高等教育学作为一门学科来研究。次年，在上海召开的高等教育学会议上，成立了一个新的组织——高等教育学研究会，它把高等教育学作为一门学科来研究，挂靠在中国高等教育学会之下。此后，会议定期召开。潘懋元在一篇回顾该学会前三次会议进程的文章中，列出了这一新学会的目标、工作范围，并鼓励进行理论争鸣与探讨。

高等教育学研究会的主要任务是要为理解中国的高等教育建立一个系统性的理论基础。工作范围主要有以下5个领域：理论、历史、高等教育的当代实践、未来发展以及研究方法。[①]潘懋元对一些理论的观点和看法，使得这些会议开得活跃而有趣，对中国高等教育给予了深刻的关注和洞察。其中一个关键的理论问题是高等教育的功能问题，对其与社会、经济与政治体制的关系展开讨论。与此相关的是高等教育的目的，国内的研究者普遍认同以下3点，即培养人才，发展知识，为社会服务。然而，第三个目的在近年来受到了强烈的质疑，主要是由于许多大学通过各种形式的咨询服务或与企业的直接关系进行着大量的"创收"活动。有人认为，这些活动将会使大学远离学术追求。由此，一些中国学者们建议，高等教育应有以下6个目的：教学、继承知识、传播知识、发展知识、社会批判、对社会实施监督。[②]这将激起高校对社会的特殊使命；大学将与社会经济和政治力量建立互动关系，而不只是对社会的发展

---

① 潘懋元. 潘懋元论高等教育[M]. 福州：福建教育出版社，2000：86.
② 潘懋元. 潘懋元论高等教育[M]. 福州：福建教育出版社，2000：87.

做消极的应对。

另外一个生动的议题是潘懋元在第二篇论述该学科发展的文章中提到高等教育的个体功能和社会功能问题。一派学者认为，人是教育的主体，教育的基本功能在于促进人的自我发展，达到个性的全面发展；与此相对立的观点是，教育是一种社会活动，按社会发展的需要塑造人，教育的基本功能在于满足社会的需要，促进社会的发展。[①] 如此公开著文承认个体发展的重要性及对自我价值的追求是十分有意义的，它使我们思考新儒学教育观"为自我而学习"，以及儒家哲学中所说的个人价值发展的重要性。尽管在20世纪50年代初期计划经济体制下，个人选择的自由受到很大的限制，五六十年代的政治运动给很多人造成了巨大的伤痛，但中国传统教育的价值观仍然保留着它的生机和活力。

在对高等教育学作为一门学科做全面综合研究时，潘懋元看到了两个理论挑战：第一，必须界定高等教育与政治、社会、经济、文化系统的关系，探索这些系统与高等教育系统的相互关系；第二，对高等教育内部各系统之间的关系——如学术与职业、通才教育与专才教育、教学与科研的关系等进行研究。

在发展这门学科的过程中，潘懋元感到既具挑战性又令人兴奋的重要原因在于它的开拓性。与学术体系和学习过程有关的教育学理论有着一百多年的历史，而高等教育学不仅在中国而且在全世界都是一门比较新的学科。在中国，基础教育和学校教育的理论建构受到欧美西方思想和苏联的重大影响，这一点潘懋元在早年的教育研究中就已经意识到了。然而，高等教育学作为一门学科就不再如

---

① 潘懋元. 潘懋元论高等教育 [M]. 福州：福建教育出版社，2000：101.

此。回顾在中国建立这一学科的这些年，潘懋元强烈地感到中国所做的独特贡献，同时又感到很骄傲，因为在中国发展起来的这些思想和观点不是别人的派生产物，而是稳稳地扎根于中国自己的知识社会和文化土壤，近几年才开始对国外高等教育的理论有所引进。

潘懋元鼓励他的同事们为世界高等教育研究的发展做贡献，并指出中国学者在发展这个领域承担重要角色的4个原因。其一，中国有着在亚洲历史上颇具影响的古老的学术文化。其二，中国是全世界最大的高等教育体系之一，其规模超过俄罗斯，接近美国。它不仅是一个非常庞大的系统，而且近年来随着社会主义市场经济的成功发展，它经历了快速而且巨大的变化，在这个过程中出现了许多有意义的问题，对高等教育提出了挑战。其三，中国有着一支庞大的高等教育研究队伍，从事这一领域研究的学者可能比其他任何国家都多。其四，中国高等教育发展成为一门学科，靠的是学者个人和地方院校的创造和努力，因此它更具灵活性和自主性。这与中国的其他大部分学科不同，它们多是由自上而下的行政决定建立起来的。中国的高等教育理论可以说是"本土理论"，因为这些理论来自对中国近年来正在进行的高等教育改革中出现的实践问题的研究。①

潘懋元非常重视中国的传统文化，他的一篇文章对中国传统文化的特点以及文化对中国现代化进程的贡献进行了比较深入的探讨。潘懋元指出，现代化不能等同于工业化或西方化，它影响社会各个方面发展的过程。不同的文化背景塑造不同的现代化。文化的传承和创新是高等教育的功能，它塑造发生在不同社会中的现代化

---

① 潘懋元．潘懋元论高等教育［M］．福州：福建教育出版社，2000：107-110.

的不同特征。潘懋元否定那种认为西方社会已经进入"后现代时期"并建立了一套后现代的标准。他建议要对现代化概念本身做全面的理解，必须首先考虑中国现代化发展的轨迹。他还认为这一论点同样适用于正在经历现代化进程的其他非西方国家。①

潘懋元对现代化进程的定义是把"文化价值"放在核心地位，他认为现代化应该是人类共同追求的一个价值，其终极目标是实现"人"的价值，包括个人、集体和社会价值。这个共同追求会导致产生整个人类共同文化遗产，这是一种吸收了不同文明的多样化的遗产。② 中国传统教育的许多因素对中国的快速发展做出过积极的贡献，也应该是这一共同文化遗产的重要组成部分。这些思想使我们联想到联合国致力于文化之间对话的观点："把重点放在人类文化、精神层面，放在人类的相互依存和人类的多样性上。"

结语：集多种传统之大成

当被问到什么因素对他的教育事业影响最大时，潘懋元开玩笑地回答道：受益最大的是"文化大革命"中批判的三种意识形态"封""资""修"。他早年学习中国古典文学，从中获得了受益终身的良好道德基础，一生的教育经验使他感到儒学的确是适应任何时期的一种哲学。他在大学时代学习过美国的教育思想，特别是杜威的理论，他从中得到了对改善学校、获得生动的教学方法以及课程设置的很多有用的思想。20世纪50年代，他曾广泛接触苏联的教育理论和模式，慢慢理解并重视苏联模式中全国统一的学术标准，结构严密的教材和教学工作中精细备课的价值。在思考影响了

---

① 潘懋元. 潘懋元论高等教育 [M]. 福州：福建教育出版社，2000：229－241.
② 潘懋元. 潘懋元论高等教育 [M]. 福州：福建教育出版社，2000：231.

他思想的两种国外传统时，他感到，基于欧洲理性主义的苏联教材和教育方法，比美国的更加适应中国的环境，因为中国有着集中知识模式的传统，也因为苏联模式更符合当时中国发展的现实需要。

1997年，我曾两次有幸与潘教授进行深入交谈。当我问到他对中国高等教育未来的看法时，他说他感到当前面临最大的挑战就是要进行教学改革，必须要考虑学生的多样性，最大限度地发掘他们的才能。这反过来又强调了高等教育对优秀师资的迫切需要。总的来说，他对过去15年研究生教育所取得的进步感到高兴和满意。很多素质高的年轻人进入大学教师队伍，但他强调这些教师应该得到足够的支持。他感到高等教育改革应该把重点放在教学和研究的质量上，而不是放在管理结构的改革上，因为后者牵涉到政治改革的重大问题。

对于中国的高等教育体系，潘懋元觉得它将更适应未来世界发展的趋势，强调知识的广度和适应性，注重毕业生总体的德育和智育质量。他认为，终身学习是一种趋势，因为中国人会慢慢发现，为了跟上社会的快速发展，必须经常更新他们的知识。潘懋元相信，在中国快速走向高等教育大众化的时代，为了满足社会发展的需要，私立高校将会起到越来越重要的作用。

2000年，在庆祝潘懋元教授八十寿辰时，他的同事和学生们在厦门大学举行了一系列特殊的庆祝活动。其中之一是收集出版了他有关高等教育学的最重要的理论著作。[①] 然而，这并不是一个退休告别会，潘懋元仍然是一个积极的学者、教师，继续活跃在进一步发展高等教育学的工作中。他在2001年出版的新著《多学科观点

---

① 潘懋元．潘懋元论高等教育［M］．福州：福建教育出版社，2000：727.

的高等教育研究》就是企图以新的方法论来推进高等教育学的理论建设。是什么使这位来自贫苦家庭的谦谦君子，保持着发展一门新学科的热忱和忠诚，50年来从不言悔？潘教授谈到早年所受的中国传统教育时说的一番话也许能给我们答案。他可能从没掌握过一门外语，在数学和自然科学中也并没有很高的造诣，但在他早期所接受的教育中，首先学会了怎样做人，同时也学会了用汉语表达自己的思想，他把对文学的热爱转化成了从事教育工作的关键财富。最后，他学会了把从各处学来的有用知识融入他学生时代形成的知识框架中。

目录
CONTENTS

高等教育科学研究

高等专业教育问题在教育学上的重要地位 /3
必须开展高等教育的理论研究
　　——建立高等教育学科刍议 /15
教育工作者应当重视教育科学研究 /27
关于高等教育研究的几个问题 /34
当前高等教育理论研究的若干问题 /45
要鼓励并支持教育理论工作者争鸣 /57
高教研究要重视科学性与可行性 /61
十年来高等教育科学研究的进展 /63
厦门大学高等教育科学研究所建所十年工作报告 /78
在第一届全国校际高等教育科学研究所（室）工作研讨会上的总结报告 /87
高等教育研究的比较、困惑与前景 /92
关于我国高等教育科学研究的思考 /111
高等教育研究的新进展与展望 /117
加强高等教育基本理论的研究工作 /133
总结交流经验，加强高等教育学科研究生培养工作 /137
高等教育理论研究必须更好地为高等教育实践服务 /145
高等教育研究在中国发展的轨迹 /151
中国高等教育科学：世纪末的回顾与前瞻 /165
多学科观点的高等教育研究 /175

中国高等教育研究：历史、现实与未来　/196
大学应当研究自己
　　——中国高等教育科学研究的发展与特征　/209
21世纪初我国高等教育研究的进展与问题　/218
中国高等教育研究的历史与未来　/236
30年回顾与感悟
　　——厦门大学教育研究院成立30周年大会发言　/248
高等教育研究60年：后来居上　异军突起　/252
高等教育研究的社会责任　/267
高等教育管理的价值问题研究　/271
大学不应只比"大"不比"学"　/273
国际论坛与国际话语　/275
高等教育研究在中国发展的轨迹　/277
"协同创新"的高等教育研究　/290
2014年中国高等教育研究回顾与述评　/294

高等教育学学科建设

《高等学校教育学讲义》前言　/309
高等教育学的若干问题（上）　/312
高等教育学的若干问题（下）　/347
在《高等教育学》教材听取意见座谈会上的发言　/378
关于建设具有中国特色的教育科学体系问题
　　——在"教育研究"座谈会上的发言　/385
关于高等教育学学科建设的若干问题
　　——在全国高等教育学学科建设研讨会上的报告　/388

加强高等教育学学科体系建设 /398
高等教育学学科建设的回顾与前瞻
　　——在全国高等教育学研究会第三次学术研讨会开幕式上的报告 /401
中国高等教育学科建设之路 /409
学科建设：元视角的考察
　　——关于高等教育学学科建设的反思 /417
关于高等教育学科建设的反思 /419
关于高等教育若干问题的思考
　　——厦门大学博士生导师潘懋元先生访谈 /439
主动适应新时代新形势　发展高等教育中国学派
　　——在厦门大学教育研究院40周年庆祝大会上的讲话 /451

教育本质与规律

作为社会现象的教育之本质及专门特点 /457
开展教育科学研究，探索教育规律 /459
在教育是否属于上层建筑讨论中若干有待商榷的问题 /467
教育的基本规律及其相互关系
　　——1988年4月在华中理工大学的报告 /476
引进竞争机制与教育规律的关系 /487
教育外部关系规律辨析 /493
教育基本规律及其在高等教育研究与实践中的运用 /505
教育基本规律及其在教育研究中的运用 /517

百岁感言 /523

编后记 /525

高等教育科学研究 潘懋元文集
PANMAOYUAN WENJI

潘懋元野外考察（20世纪80年代初）

高等专业教育问题在教育学上的重要地位[①]

一

1956年10月在捷克斯洛伐克共和国召开了一次教育科学会议,研究如何提高教育科学的理论水平,使教育理论与社会主义建设任务相适应。捷克斯洛伐克科学院通信院士和保加利亚科学院名誉通信院士昂德烈伊·帕符利克在发言中首先指出:教育科学理论研究只停留在普通学校教育工作上的问题,很少注意到专业学校的教育工作问题,这与社会主义工业和农业生产的发展所要求的教育发展情况不适应。他说:

"教师严肃而公正地责备我们理论战线上的工作者,说我们只注意研究教育过程的个别阶段。的确,我们在教育著作中,主要是阐明普通学校教育工作上的问题。我们的教育史、教学论和教学法的研究工作也大多是关于这类学校的,我们的书籍杂志以及师范学院和教育学教研组的科学研究工作计划都同样表明了这一点,这就使人形成了只有普通学校的教育才是教育学对象的印象。"

"同时大家都知道,解放后,社会主义工业化的实现和农业生产的发展,都要求扩大各种类型的初等、中等和高等的工业和农业学校网,并且要求大

[①] 原载厦门大学《学术论坛》,1957年第3期。

大扩充学生的名额。所有这些学校的工作都研究得很差,在教育著作中几乎没有加以阐述,因为我们没有专门的主管科学研究的机关,而教育科学工作者又很少注意这些学校。但是在职业学校的日常工作中,发生了许多要求全面地在理论上加以研究的教育、教养和生产教育上的问题,这种理论研究工作是这些学校的教师们不能实现的,因为他们在教育学和心理学方面,连最起码的修养也没有。"[1]

这个问题不但存在于捷克斯洛伐克的教育科学理论研究上,也同样存在于我们中国。由于社会主义事业发展的需要,专业性质的学校在教育上日趋重要,数量迅速增加。专业教育的特殊问题,也必须提到教育科学的理论研究上来。然而我们的教育学所研究的只是普通学校教育问题(另有学前教育学,研究学前教育问题)。这样,对于提高专业教育效果来说是不利的,对于全面提高教育科学理论的研究水平也是不利的。

有人认为,专业教育与普通教育在原理原则上是一致的。只要研究普通教育学,就能解决专业教育的问题。至于专业教育的特殊问题,仅是一些制度、方法上的问题,可以让法令与具体经验介绍来补足这个部分,不必另有什么专业教育理论。

关于初等与中等专业教育,我缺乏对这方面的认识与经验,暂置勿论。但若从高等专业教育来说,这种看法我认为是不全面的。高等专业教育与普通教育,在若干最根本的理论上,固然是一致的,诸如教育的本质、共产主义教育目的、教学过程的基本原理与道德教育的基本原理和内容等。但是,还有很多重要问题两者是不同的,需要专门的研究。最近我校教育学教研组应综合大学培养高等学校师资的需要,试开了"高等学校教育学"课程。因为是试开,尚无成熟的体系可以遵循,研究工作也很粗浅,仅依普通教育学的体系加以若干必要的修改与补充。但是,这门课程从头到尾,几乎每一章节都与普通教育学的教材有所区别:有的只是做了一些较小的修改,如"教育学的研究对象和任务""共产主义教育目的""共产主义道德基本内容"等;有的则体例基本照旧,而内容变动很大,如"国民教育制度""教学原

---

[1]《教学译报》,1957(3).

则""教学计划、大纲和教材""共产主义道德教育的原则与方法""美育""体育"等；有的则仅保留若干有关论点，再全部进行重新编写，如"大学生的身心特征和教育""教师""教学方法""学校组织与领导"等。需要重新研究的，不仅是制度、方法上的问题，而且很多是涉及基本原理的问题，诸如"高等学校共产主义教育的组成部分及其任务""大学生身心发展特征和教育"等。

究竟是什么原因使高等教育问题和普通教育问题中间存在很大的差别呢？主要由于下列两个因素：（1）高等专业教育，就其性质而言，是专业的，内容复杂，与国民经济各个部门直接联系。就其系统而言，是建立在普通教育基础上的高等教育。（2）大学生是十八九岁以上的青年人，已经达到成人的阶段，他们的身心发展特征与社会经验不同于中小学学生。

二

专业教育与普通教育，高等教育与中等或初等教育的区别，主要在于"教养"即"智能教育"的不同。根据苏联大百科全书的解释："教养是从事实际活动所必需的知识以及跟知识有关联的技巧和技能的总和"，它分为普通教育和专业教育两类。普通教育培养从事各种职业的人所必需的基本知识、技能和技巧，专业教育培养各个专业从事者所需的各种专门的知识、技能和技巧。又根据教养的形式、知识的范围、修业的年限和以前的训练，可以分为初等教育、中等教育和高等教育，后者总具有专门的性质。按俄文名词，专业教育（Профессиональное образование）、普通教育（Общее образование）、高等教育（Высшее образование）、中等教育（Среднее образование）、初等教育（Низшее образование）所用均系"教养"（Образование）一词，但因我国惯用语言，所以仍翻译为"教育"。

由此可见，以教养为基本内容的智育（在某种意义上即指教养），在高等专业教育与普通教育中的区别是显而易见的。高等专业教育的教养内容建立在普通教育有关各科教养的基础上，如普通物理、普通化学、普通生物以及语文、数学的基础知识和技能之上，它并不重复这些普通的基础知识，而是按照专业的需要，在这个基础上专攻专业的知识、技能。不但如此，施教的对象——学生，已经受过普通教育所达到的思维能力训练，也具有一定的独立思考和独立工作能力，在这个基础上进一步提高，不必重复那些小学生或中学生的基本训练。而高等专业教育许多教学上的特殊问题，却又是普通教育学所不涉及的。如高等专业教育与普通教育的衔接问题、为达到各专业教育目标各门课程和各种教学形式的组织与配合问题、专业知识的深度与广度问题、专业知识如何与专业技术实际结合的问题、生产实习（不是综合技术教育所指的生产实习）的原理及其组织问题等等。经验告诉我们，在教学实践中，会碰到种种非普通教育学的教养与教学理论所能解决的问题。假如仅仅依靠普通教育学的个别方法或原则套用上去，往往会发生很大的偏差，甚至是完全弄错的。这里举几个简单的例子说明：

（1）普通教育学指出，教学中学生的认识活动与科学研究活动是有区别的，即"学生学习人类已经在过去和现在认识了的、系统化的和概括了的有关客观现实世界的知识"[①]。这个理论对于高等学校学生的学习活动，不可否认，基本上是对的，但是否完全符合呢？某师范学院的科学论文讨论会上，就有一位教师提出不同意见，认为高等学校学生的学习过程，有科学研究的因素，如学年论文与毕业论文。而综合大学的主要目标之一，在于培养科学研究人才，因而不能不在学习过程中培养学生的科学研究能力，不能不在学生学习活动中让他们自己经历科学研究的过程，哪怕是极简单的、初步的过程。这是一个很有意义的论点，值得注意的是提出这个论点的是一位普通的教师，他不懂得"教育理论"。而另一位教育学者却根据普通教育学现成的理论，给予了简单的否定。

（2）普通教育学的"教学内容"所研究的是普通学校的教学计划、大纲与教科书，普通学校各门教学科目的教育意义和教养意义。显然，高等专业教育的"教学内容"要复杂得多，不是普通教育学中的一般理论所能完全解决的。高等学校教育计划不是一个而是几百个，不同的专业就有不同的教学

---

① 申比廖夫，奥哥洛德尼柯夫. 教育学［M］. 陈侠，熊承涤，等译. 北京：人民教育出版社，1955：103.

计划。高等学校的课程数以千计，教学计划必须把它归纳为普通课（或称共同课）、基础课、业务课、专门化课以及选修课等等。研究它们的教育与教养意义及其相互关系，重要的是关系到培养专门人才的广度与深度的问题，与国家所需要的"口径"配合问题，而这类问题显然是普通教育学所不存在的问题，必须按照高等专业教育的目标来研究各类课程的教育与教养意义。这是一项复杂而艰巨的研究工作。

（3）在教学方法上，高等专业教育的特点就更加突出。普通学校的学科总共只有十几门，教学方法的种类比较少，而高等专业学校不仅课程数以千计，而且性质千差万别，各有其特点，因此不同课程所采用的教学方法就要复杂得多。必须承认，我们现时对于高等学校教学方法的研究是很贫乏的，我们仅能举出讲授、课堂讨论、习题课（课堂实习）、实验、生产实习、教学实习、教育实习、论文（设计）等几种教学形式，究竟这些教学形式在不同课程上有什么不同的要求，这种不同的要求所根据的理由是什么，我们还是心中无数的。

如果以普通教育学关于教学方法的知识来解决高等学校的教学方法问题，显然是不够的。像课堂讨论、生产实习等是普通教育学所没有的，即以讲授来说，名称虽有相似之处，方法却大相径庭。中学与此相似的是学校讲演，学校讲演只能是一堂课的一个组成部分，在高年级有时也可延至整整一堂课或一堂课以上，毕竟不是常常如此。大学里的讲授由于教材分量较重，学生定向注意力很强，所以讲授一般是两堂课连续进行的。在大学，讲授可以只重点深入地说明课程中一些主要的论点与困难的部分，讲授时所没有阐明的教材，应由学生自己去阅读参考书。但中学的学校讲演则还必须向学生讲清楚全部教材的基本内容。中学里一般只讲述本门科学已经确定的科学成就，而大学的讲授却还要阐述科学的发生、发展以及研究方法，引导同学自己去做深入的研究，对于争论未决的学术问题，也应当适当地告诉学生并予以评价。

综合技术教育（Политехническое образование——可直译为综合技术教养）是与普通教育结合在一起进行的，综合技术教育所指的是"使儿童或少年了解各种生产过程的基本原理，同时，使他们具有使用各种简单的生产工具的技能"（马克思）。它主要是通过普通中学物理、化学、生物学、地理学、数学和制图学各科的教学来进行，并通过生产参观、农艺或工艺实习以及课外活动小组等活动来进行。这些都是指在普通学校中的教学活动。普通教育学在研究普通学校贯彻全面发展教育方针上，必须以综合技术教育为其主要的组成部分之一来研究。但在高等专业教育上情形就不同了。一方面，综合技术教育应当与专业教育联系起来，"男女青年掌握了科学基础知识、生产的科学原理和劳动技巧，就使得他们更容易掌握专业，保证他们更好地准备参加实际活动"①。换言之，综合技术教育是高等专业教育的基础，在高等学校中，尤其是理、工、农科的基础课程（如物理、化学、生物等）和基础训练（如普通实验、工厂实习等），都有综合技术教育的因素。但是，另一方面，综合技术教育与高等专业教育的关系毕竟不同于普通教育的关系。高等专业教育，是建立在普通教育与综合技术教育上的高等的、专业的教育，在贯彻全面发展的教育方针上，不以普通教育学所阐述的综合技术教育为其主要的、内在的组成部分。专业教育上的主要问题是专业理论与有关部门的生产实际的结合问题，即理论联系实际这一更本质的问题（其形式如专业课程的理论教学、生产实习、教学实习等）。由此可见，普通教育学的综合技术教育理论无法满足高等专业教育的需要。

写到这里，我们还只在智育的问题上研究普通教育与高等专业教育的区别，虽然这是最主要的方面，但却不仅如此。高等专业教育，也是全面发展的教育。但由于它已经是建立在普通学校全面发展的基础上，全面发展教育的组成部分和各个组成部分的任务，不能不与普通教育有所区别。关于智育与综合技术教育部分已如上述；德育和体育这些组成部分也存在许多特殊问题，这些问题同样不是普通教育学所能概括的；而美育是否作为主要的组成部分之一提出，其实际地位与任务如何，更值得研究。

德育的地位和基本内容，在大学与中小学应当是相同的，但其深度与高度是不同的。表现在《学生守则》上就有许多差别。至于德育方法更具有它的特殊性，例如意志教育问题、体力劳动组织问题，又如通过教学进行思想政治教育，在高等专业教育中显然是更加深刻与集中，而高等学校的政治理

---

① 苏联大百科全书选译：教育学和教育史：第一辑 [M]．北京：人民教育出版社，1956：10．

论课程在思想政治教育上又具有它的特殊意义与价值。凡此种种，我们都还缺乏系统的理论研究。

大学的体育也有它的特殊问题。现时最突出的问题是：一个受完普通高中体育训练的毕业生，对于高等学校的体育是不满意的。他们要求在体育理论上加大难度，在体育技术上不要重复中学那一套训练而要发展专长，在体育卫生上要适应他们的身心发展特点。后一个问题关系到大学生身心发展特征的问题，而前两个问题则是由于高等教育是连接在普通教育之上的缘故。在这些问题上，体育家们已经进行了一些重要的研究。他们建议高等学校的体育课应当是建立在中学的体育训练基础上，开设一般身体训练与运动专项训练相结合的综合课程和运动专项提高课程，以及加强课外的体育锻炼等来满足学生的要求。体育家们的研究多是从寻求某一具体问题的解决出发，而教育理论工作者还没有从教育科学、心理学和卫生学的理论上来研究这个问题。

高等学校的全面发展教育的主要组成部分是：共产主义世界观与道德品质、先进的专业科学知识与独立工作能力、健康的体格等三方面。综合技术教育与美育均不作为一个主要组成部分提出。关于综合技术教育的问题已如上述。美育之所以不作为一个主要组成部分，是因为学生已经接受了普通教育的美育，具有一个普通的文化修养者所应有的美育修养了。高等学校既然是专业性质的教育，从学校的主要任务来说，没有必要把美育的加深与提高像智育一样列成主要任务之一。但是，这并不是说高等学校不需要进行美育活动，不存在美育的因素。在高等学校中应当更广泛地组织学生的美育活动，以提高学生对于美的感受与了解能力、美学理论的修养，并根据学生的自愿与兴趣，通过一种艺术活动来培养学生美的观点、情绪与表现能力。对于每一个学生来说，美育的范围可能狭些，但更深些，特别是美育的进行更多地依靠学生的自愿与兴趣。如何组织大学生的美育活动，就是一个特殊的问题。

最后，还应当指出，由于高等专业教育这种高等的程度与专业的性质，所以高等学校的组织、领导等一连串问题也与普通学校有很大的区别。如教学与科学研究的任务及其关系，系的任务与领导、教学与科学研究指导组的组织与任务、学校与生产部门的关系以及仪器图书设备、课程调度等问题，都是需要从教育科学理论上加以研究的。

三

大学生已经跨进了成人的大门。他们的心理活动与社会地位不同了,他们有了选举权与被选举权。社会地位的改变,主要由于他们身心的发展已到了一个新的阶段。这个新的阶段与未成年的阶段有很大的不同。但是,普通教育学关于学生的年龄特征的研究只是到学龄晚期(青年早期)为止。既然没有研究大学生(青年晚期)的身心发展特征,那么以身心发展特征为主要根据的教育与教学问题的研究,也就很难得到完满的结果。

关于大学生的身心发展特征,现时还没有引起教育家和心理学家的重视。这篇文章也不可能系统与深入地来研究这个问题。这里只是举例提出若干比较明显的特征来说明高等教育的特殊问题。

从生理特征来看,大学生的发育已经成熟,主要标志就是性的成熟。骨骼、肌肉、心脏、循环系统与呼吸系统正进行着最后阶段的发展。体力有了明显的增长,特别是神经系统的发展基本上达到完善程度,能够负担艰难的、深刻的脑力工作,兴奋和抑制过程之间趋于平稳。不像少年期那样易于冲动,但还没有壮年人那样的平稳。在抵抗疾病方面,抵抗力较强,但比壮年人容易感染肺病和神经系统的疾病。女大学生有妇科病的也很多。加以高等学校的学习较中学困难,大学生也比较用功,因此这些疾病成了大学生中常见的现象,是高等学校体育与卫生工作中的一个重要的问题。因而大学安排正确的作息制度、合理的学习负担、进行体育锻炼和清洁卫生,有着特别的重要性。

由于中枢神经活动的大脑皮质的发展,特别是长期以来接受系统思维训练的结果和生活经验的扩大,使大学生的感觉和知觉更加趋于精密和深刻化,定向注意力能够持续很久,逻辑记忆能力有了较大的发展,善于运用联想,掌握记忆的规律,不喜欢机械的记忆,喜欢根据自己的观察对事物下独立的判断,逻辑推理的各种基本过程如分析、综合、演绎、归纳的能力已经具备,比中学生更能抓住事物的主要方面与深入事物的本质。由于思维能力的加强,许多大学生喜欢从事抽象问题的思考与争辩,诸如事物的本质、空间与时间的无限性、人生哲学等。如果哲学这门课程，对于中学生来说还是抽象、枯燥的东西，那么，对于大学生来说，则往往是生动有趣的课程。这是智育上的有利的条件，应当要求大学生的思维活动能够达到更高的抽象水平、更高的概括形式，以便能解决各种复杂的思维任务。但是，必须指出，在今天的高等学校中，有系统、有计划地来培养学生高等思维能力的工作是做得很不够的。也就是说，教师们还不能充分利用这种有利的条件，发挥大学生的潜力来完成智育的任务。

但也不能不注意到问题的另一方面。大学生的生活经验毕竟有限，科学基础也不够深厚。他们在观察事物、对问题下结论时，常会引向偏激，脱离实际，认识常带有主观片面性，急躁和教条气味比较浓厚，所谓"学生腔"，就是指这个缺点。针对这种问题，应当加强思想方法的训练，并应加强理论联系实际的教育，引导他们参加实际活动、重视实际斗争经验。

从大学生思维的特点与缺点来看，在高等学校的教育工作上，培养学生的独立思考、独立工作能力，加强大学生的思想方法训练，贯彻理论联系实际的教学方针，有其重大的意义，也是赋予教育理论研究工作的新任务。此外，根据普通教育所总结的教学原则、教学组织与教学方法，也都不能不考虑到大学生的思维特点而加进新的内容。诸如"学生自觉地掌握知识"这个原则，对于大学生来说，有着更深刻和远大的含义；而"直观性原则"显然不能不更多地考虑到如何与大学生已有的抽象思维能力和感性经验结合的问题；普通学校的课堂教学的结构，一般已不适合于大学生的上课要求，大学的课堂教学结构不需要太多的教学方法上的变化，一般可以两节课以至整个半天（如实验）稳定地持续着一种教学方法。教师更多地注意在教学内容的逻辑结构上引导学生思维的积极性与深刻性，形式的变化退居于次要的地位。普通学校里常用的许多教学方法不用或少用了，诸如读讲法、传授新知识的谈话法、叙述法等，只在个别课程的个别场合应用，而且在技术上有了新的要求。许多新的教学法出现了，如课堂讨论、生产实习等，另外一些方法被赋予了新的内容与要求，如实验、课堂实习等。

大学生的性格特征也有了显著的发展变化。创造性的想象力和儿童少年一样，仍然是很丰富活泼的，但与现实联系得较好，想象的目的性与随意性加强了，因此具有较高的社会价值与艺术价值；大学生的幻想，表现为比较明确的理想的追求，不像儿童、少年那样仅有朦胧的远景，大学生能够把自己的理想和政治认识、专业目标与个人能力、兴趣结合起来考虑。如：少年也知道爱祖国、爱人民，要为劳动人民服务；而大学生能够分析爱祖国、爱人民，为劳动人民服务的历史的必然和社会关系上的深刻意义，从自己的人生观、政治认识和专业知识、能力、兴趣来设想建设一个怎样伟大的祖国和怎样去建设祖国。但是，另一方面，在资产阶级思想残余还很顽固的社会中，大学生也较多地受到这种残余思想的影响，表现为专业思想的不巩固、考虑个人的名位与享受，这说明对于大学生的人生观教育，伟大理想的启迪还是很重要的，并且应当做得更深刻与更切合实际些。

大学生的兴趣特点是比较集中与持久。在受过专业教育之后，兴趣越来越集中在与专业有关的活动上，少年期与青年早期那种不固定、不量力的兴趣逐渐被排斥，这是推动学习与工作的很好动力，也是成功的要素，应当很好地鼓励与保护。但是，有些大学生的兴趣由于过分集中，也容易流于褊狭，过早地埋头于专业研究上，不喜欢参加各种社会活动与文娱体育活动，以至于失去青年人蓬勃的朝气。因此，还必须引导大学生们参加各种非专业性的政治、体育与艺术活动。这里不无矛盾之处，但在教育上正确的安排与引导之下，是完全可以结合起来，并且"相得益彰"的。

大学生的感情，比起少年期和青年早期是较为稳定与深入的，感情与理智有了一定的结合，兴奋与抑制较为平衡。特别是受过长期的教育，打架、吵闹的事情较少了，但比起壮年人和老年人来说，却还是"血气方刚"，内心很容易激动。要注意的是，感情的个别差异比儿童、少年来得更大。在感情生活上，友谊和爱情是两个特别重要的问题。年轻人很重视友谊，他们的友谊比壮年人坦直和单纯，以共同的政治理想、专业理想、爱好和彼此的同情为基础。他们的友谊也比少年稳定，有一定的理智的选择，很多青年友谊变成终身莫逆。但是，也有某些青年人对友谊提出了过高或不正当的要求。有的把友谊关系放在集体之上，产生了宗派情绪；有的利用友谊来支配朋友，不愿意自己的朋友再有其他的朋友，产生了猜忌的情绪；也有的对朋友的一举一动要求过高，责备过多；有的则不能把友谊和爱情正确地区别开来。大学生正值恋爱的年龄，而大学里的集体学习与寄宿生活也提供了恋爱的机会。健康的恋爱是有益的，在恋爱问题上，正如友谊问题一样，应当多给予指导，但要记住大学生是成年人，要让他们更多地体验与处理自己的问题。

大学生的意志，比少年明确坚定，这是由于他们的政治认识、科学水平与生活经验较多，以及身体发育已经成熟，体力增强之故。随着意志力的增强，大学生的自尊心、荣誉感也都提高了。假如说儿童、少年渴望自己有独立的人格，大学生则处处感到自己具有独立的人格，这是教育者必须十分注意的事情。

但是，意志的发展，并不是每个人都很顺利、健康的。安逸的环境，脱离实际的理论学习，资产阶级人生观的残余思想的影响，都是培养坚强意志的障碍。必须让大学生参加政治斗争、体力劳动，在集体中，接近群众，面对困难，来锻炼他们的意志。

上述大学生的性格上的种种特征，说明了对于大学生的德育、美育，都应当有不同于普通学校学生的内容、方法和组织形式。而大学教师对大学生的教育工作，必须充分地考虑到这些特征。总的说来，教师应当对学生的全面发展负责，应承担起主导作用。不论大、中、小学，原则上都是相同的，而做法上却差别很大。应当时时刻刻记住的是大学生是"成年人"，他是"学生"，也是"朋友"，应当多启发、引导，少干涉、禁止、包办。应当充分地估计到大学生集体的作用，可以通过大学生间的批评与自我批评进行自我教育。对于大学生来说，教师不是"保姆"，而是"良师"与"同志"。教师主要应当通过教学来教育学生，并在学术探讨中，在共同参加政治斗争、社会活动和劳动实践中与学生打成一片，从而以自己的修养、威信，以身作则地来教育学生。

从上面的分析来看，高等专业教育有许多特殊问题要研究，是教育理论工作重要与广阔的园地。它的研究工作是整个教育科学的一个重要组成部分，但却不是以普通学校教育为对象的普通教育学所能概括的。必须像"学前教育学"那样，逐步地建立一门称为"高等专业教育学"或"高等学校教育学"的教育科学。

建立一门新的科学，当然不是一件简单的事。它是由于客观事物发展的结果，经过长期的经验累积和高度的理论概括工作，才能成为比较成熟的理论体系。由于高等专业教育的发展，日益有了自己的专门特点，我国社会主义性质的新型高等教育也已积累了一定的实践经验，也就是说，作为一门新的科学出现已经具有了需要与可能；但是，理论概括的工作过去注意得很少，教育理论工作者必须有计划地进行长期的艰巨的工作。

（本文第三部分关于大学生身、心发展特征材料，采自陈汝惠同志关于这个问题的研究颇多，附此说明并致谢。）

必须开展高等教育的理论研究[①]
——建立高等教育学科刍议

一

学校教育，按智育程度划分，大致可分为初等、中等、高等三种学校；按培养目标与教学内容的性质划分，大致可分为普通、专业（职业）两种教育。初等学校，除特殊学校外，一般都是普通教育；中等学校，既有普通中学，也有中等专业（技术、职业）学校；高等学校，它的基础部分，虽具有一定的普通教育性质（有针对性的，有所侧重的），但就其总体来说，是专业教育。

普通教育是基础教育，理论上，是每个公民必须接受的普通教育，也是每种专门人才必须具备的基础教育。在整个教育体系中，无疑是基本的，也是重要的。但对于经济建设、文化科学发展来说，专业教育则有着更直接的关系，起着更重要的作用。回顾近代中外高等教育发展的历史，可以清楚地看出，高等教育的发展同近代经济的发展，存在着紧密的依存关系。例如：在十八九世纪的西欧，尽管传统的人文教育体系一直占着统治地位，但是随着资本主义生产的发达，职业教育、理工科高等学校，逐步地发展起来并取

[①] 原载《厦门大学学报》，1978年第4期。

得了其应有的地位；近代中国的"新学校"，也在鸦片战争之后，随着造船开矿、兴办实业，首先从专门学校发展起来；苏联高等学校第一次大发展，是由于第一个五年计划期间，提出了"在新的现代的技术基础上改造经济各部门"的新任务而迅速发展起来的。大学生的数量，从 1928—1929 年的 176 000 人，到 1932—1933 年猛增至 504 000 人，4 年间差不多翻了两番；日本的高等教育，从第一次世界大战之后到 20 世纪 70 年代，经过几次迅速发展与几次停滞不前，如果绘成曲线，正同日本 60 多年来繁荣与萧条的经济发展曲线基本相符合。众所周知，发达的资本主义国家，从 20 世纪 50 年代末期到 70 年代，高等教育学校数量与学生数量猛增几倍至十几倍，而这期间，也正是所谓资本主义经济与科学技术"高速发展"时期；同样，我国高等教育的发展，29 年来走着"之"字形的道路，既反映了我国国民经济发展的过程，也对国民经济发展起到了重大的作用与影响。

国民经济与高等教育事业发展相互依存、相互作用的历史规律（首先是国民经济发展或停滞决定了高等教育事业的发展，同时，高等教育的发展或受破坏也影响着国民经济的发展）告诉我们：在实现新时期总任务，建设社会主义现代化期间，发展高等教育，具有特别重要的意义。培养千百万有社会主义觉悟的、又红又专的专门人才是历史赋予高等学校光荣而艰巨的任务。为了加快实现四个现代化，高等教育必须来个大发展、大提高。

高等教育事业的发展、教育质量的提高，都存在一连串的问题，有待于从理论与实践的结合上弄清道理，而这些问题，往往不是一般的以普通中小学为研究对象的普通教育学所能解决的。这就需要开展高等教育理论研究，探索高等教育中一些规律性的东西。

举一些例子：国民经济建设与高等教育的关系；社会结构与高等教育事业发展的关系；高等学校的学校结构与教育结构的改造问题；专业设置的原则与专业培养目标；如何形成高等学校"两个中心"；现代化教学技术在高等学校的运用；实验室的建设与改造；高等学校的后勤工作社会化……

这些问题以及其他许多问题，在普通教育学上找不到现成的答案，根据普通教育学所提供的某些理论原则也不可能或不完全可能得到恰当的答案。必须以马列主义、毛泽东思想为指导，总结我国高等教育的经验，批判地吸收历史的、外国的有用的东西，进行科学实验，进行理论研究，探索高等学校教育、教学的规律，建立高等教育学科，以之指导高等学校的教育、教学工作。这是摆在我们教育科学工作者面前重要而且迫切的任务。

二

开展高等教育理论研究，不仅是为了适应当前高等教育大发展、大提高的需要，也不仅是为了解决高等教育的特殊问题，对于丰富整个教育科学的研究内容，促进整个教育科学的发展与提高，也具有深刻的意义。

教育学，作为一门研究教育理论的社会科学，它的研究对象，应当包括各级各类教育；高等教育，应当是它的研究对象之一；高等教育理论，应当是它的重要组成部分。但是，至今一般教育学，仅仅以普通教育，即普通中小学作为它的研究对象；它的理论，往往只是从普通中小学的教育实践中总结出来的，因而只能以之指导普通中小学的教育、教学实践，不适用或不完全适用于指导高等学校的工作。长期以来，教育科学工作者形成了这样的传统观念：只有普通教育才是教育科学研究的对象，才需要教育理论。这种传统观念，在某些教育科学研究规划中特别明显地反映出来，除研究课题没有特别标明研究对象的一般教育理论、教育史、外国教育、教育现代化手段等，可能包括（也可能不包括）高等教育，规划显示不出高等教育理论研究应有的地位。这是与新时期总任务对教育科学工作者所提出的要求不相适应的，也不利于全面提高教育理论水平。

为什么高等教育研究工作没有受到应有的重视？是存在一些实际问题的。教育科学工作者，多半集中于高等师范院校和师范学校，这些学校的主要任务是培养普通中小学师资；高等师范院校的教育系也是培养普通教育学和心理学的师资。但这不是主要的原因。主要原因是认识上的问题。也就是上述那种错误的传统观念，认为高等教育同普通教育在教育基本原理上是一致的，只要研究普通教育，就可以探索出教育基本的共同的规律来；至于高等教育的特殊问题，仅是一些规章制度、办法措施的具体问题，可以让法令、条例来规定，用经验来补充，不必从事专门的研究。关于中等专业教育，我们缺乏这方面的经验，暂置勿论，若从高等教育来说，我们认为这种看法是不全面的，不符合实际的。

高等教育同普通教育，都是教育，当然有其共同的规律，从而构成共同的基本理论、基本原理。如社会主义教育的基本性质与任务，党的教育总方针，德育、智育、体育的基本原则，等等。但是，高等教育既然是教育的一个特殊组成部分，就有它的特殊问题，也就是说，具有矛盾的特殊性，有它的特殊规律。这些特殊问题，在一定意义上说，往往比普通教育更为复杂，不是根据普通教育所概括出来的一般原理原则所能直接解决的。例如高等学校的专业设置与培养目标，高等学校的科学研究工作与培养研究生工作，高等学校的组织领导，等等。我校原教育学教研室，曾经为适应综合大学培养高等学校师资的需要，试开"高等学校教育学"课程，因为是试开，尚无成熟的体系可以遵循，研究工作也很粗浅，基本上根据普通教育学的体系加以若干必要的增删。即使如此，这门课程的教材从头到尾，几乎每一章每一节，都同普通教育学的教材不同。有的做了一些较小的修改和补充，如关于社会主义教育的性质、任务，教育方针，德育、体育的基本理论；有的纲目照旧，内容大不相同，如关于教学过程，教学原则，教学计划、大纲与教材，德育方法，劳动教育，教师，教学手段，等等；有的仅保留若干基本论点，必须全部重新编写，如关于教学组织、教学方法、大学生的身心发展特征、学校组织与领导。普通教育学的许多重要内容几乎是不必要了，如关于某些课程的类型与结构、少先队活动、学校与家庭等等；有的问题是普通教育学所不研究的，却是重要内容，如教学、科学研究、生产劳动三结合，基础课与专业课、必修课与选修课的关系，中学和大学教学的衔接等问题，很多都是要提到原理原则上来解决，要探索其科学规律的问题。

高等教育理论研究，对于丰富教育科学研究内容，促进教育科学的发展与提高，具有如下的重要意义：

毛泽东关于教育革命的论述是我们研究教育理论的指导思想。毛泽东的这些论述，很多是直接针对高等教育的。学习和研究毛泽东关于高等教育的论述，可以帮助我们完整地、准确地理解毛泽东教育思想。

"四人帮"许多假"左"真"右"的谬论是直接针对高等教育而发的。

例如："两个估计""朝农经验""白卷英雄""上、管、改""斗走资派专业""以典型产品（或战斗任务）组织教学""与工人农民画等号""火烧三层楼，大破老三段"……"四人帮"挥舞的帽子、棍子，如"专家路线""读书做官""知识私有""白专道路""大洋古""臭老九""资产阶级反动学术权威"……矛头都是直接指向高等教育的；臭名昭著的《为创办社会主义理工科大学而奋斗》《上海理工科大学教育革命座谈会纪要》等文章，也是直接射向高等教育的毒箭。对于这些谬论，首先从政治上揭露他们篡党夺权的罪恶阴谋，应是没有疑义的，但还必须从理论上批判这些谬论的形而上学、唯心主义、实用主义、修正主义的实质。这样做，才能批深批透。如何揭发批判才能深与透，是要摆事实，说道理的；如果只是摆普通中小学教育的事实，说普通教育学的理论，未必都能打中要害，批得深透。必须摆高等教育的事实，说高等教育的理论，才能打中要害，说得具体、透彻。例如："以典型产品组织教学"的谬论，"四人帮"是针对高等学校的教学过程炮制出来的。其所以能混淆是非，易使人上当受骗，是因为高等学校的教学过程的确比普通学校的教学过程复杂。既有基础理论课程，又有工艺性课程；不仅有课堂讲授，而且有生产实习、设计施工；不单是传授知识，而且某些课程或环节有科学研究的性质和产品试制任务。这就需要全面深入地研究高等学校的教学过程，具体地分析高等学校的教学方式与方法，根据高等学校的教学过程、教学方式方法的实际与原理，才能对"四人帮"这一谬论批得深透，不留空子，也才能真正解决一些认识问题。由此可见，在高教阵地上，也只有坚决地、彻底地打好第二战役，才能拨乱反正，更好地建立社会主义的高等教育理论，从而促进教育科学的发展。

新中国成立以来，我国的教育革命走过曲折的道路。毛泽东的无产阶级教育革命路线，同形形色色的资产阶级教育思想、修正主义教育路线的斗争，十分激烈，也十分复杂。既有辉煌的成绩，也有沉痛的教训。高等教育领域的斗争，尤为激烈与复杂，正反两个方面的经验也更为丰富。总结这些丰富的实践经验，无疑可以丰富教育科学的研究内容。

从国外教育科学发展的趋势看，许多新的教育理论和新的教育科学分支或边缘学科，多与高等教育有密切关系或由于高等教育发展的需要而产生。

如教育经济学、教育工程学、教育工艺学、教学手段现代化的研究等等。这是由于高等教育与国民经济、科学技术有着更直接更密切的联系。所以,批判地吸收国外的教育科学的新成就,使"洋为中用",也必须认真地研究高等教育问题。

综上所述,高等教育理论研究,有重大的意义,有广阔的天地,是客观需要,势在必行。必须像"学前教育学"那样,逐步地建立一门以研究高等专业教育为对象的"高等教育学",作为整个教育科学的一个分支学科。这一分支学科同教育学的关系,是特殊与一般的关系。教育学,研究的是教育科学共同的、一般的规律,学前教育学、普通教育学、高等教育学以及其他分支学科,研究的是各自的特殊规律。

高等教育学所研究的特殊规律,是怎样形成的呢?基本因素有两个:(1)高等教育是建立在普通教育基础上的专业教育,与三大革命运动,特别是国民经济各个部门有着紧密的、直接的联系;(2)大学生是20岁左右的青年,他们的身心发展特征与社会实践经验,不同于中小学生。正是由于这两个基本因素以及由此派生的一些因素,使得高等教育在培养目标上、教学内容与方法上、思想政治教育的广度与深度上、师生关系上、体育卫生上、学校组织与领导上、教学设备与条件上、学校与社会关系上……同普通教育大不相同。

下面,试就这两个因素,初步探讨高等教育与普通教育的区别。

三

高等教育区别于普通教育,主要在"智育"(或称"知能教育")方面,它是建立在普通中学知能教育基础上的高等专业教育,其特点就在于"高"与"专"。作为教育这一上层建筑之一的高等教育,也就是以其"高"与"专"为经济基础服务,为无产阶级政治服务的。

1. 高等教育在专业培养目标、专业设置上的特点

国民经济建设各个部门,需要各种专门人才,为了满足这种需要,高等学校在"教育必须为无产阶级政治服务,必须同生产劳动相结合",使受教育

者在德智体几方面都得到发展，成为有社会主义觉悟的、有文化的劳动者这一总的教育方针指引下，还必须根据国民经济建设各部门的需要，制订自己特殊的专业培养目标，以造就千百万又红又专的各种专门人才。大学生应该以普通劳动者的姿态参与国民经济建设，但其科学文化知识与技能，决不能像"四人帮"所说的"与普通工人农民画等号"，抹杀专业特点，否定社会分工，无视各部门所需要的专门人才。高等学校设置专业，应该与各部门"对口"。专业范围，必须有一定的适应性；学习内容，必须有一定的深度与广度。高等学校在院系之下分设专业，体现了社会主义高等教育的优越性，体现了国民经济有计划按比例发展规律，是计划经济的产物，是适应社会分工与科技发展的历史发展规律。但是，如果以实用主义教育思想来指导专业设置，像"四人帮"那样，借口批判"通才教育"，反对学习基础理论知识，片面强调"要什么，学什么"，或"干什么，学什么"，搞"三来三去"，把专业教育完全变成"职业培训"，事情就会走向反面，既不适应当前的社会分工，更不适应科学技术发展的需要。高等学校设置专业与制订培养目标的原则，显然是普通教育学所不涉及的问题，它是高等教育学研究的内容。

2. *高等教育在教学计划、教学大纲与教学内容上与普通教育的不同*

根据国民经济建设的需要与专业培养目标，高等学校各专业制订的教学计划、教学大纲与教材内容，显然比普通中小学复杂得多。普通中小学只有一个或几个教学计划、十几门课程、几十本教材，而高等学校教学计划数以百计，课程、教材数以千计，在教学计划中，必须正确处理一般基础课、专业基础课、专业课、选修课的关系，教学、科学研究与生产劳动的关系，先修课程与后续课程的关系，课堂教学与生产实习、设计、毕业论文的关系，等等。在教学大纲与教材中，必须正确处理理论与实践、当前需要与长远需要、基础理论与科学技术最新成就等关系，以及科学体系与学科系统性的关系、学科系统性与专业针对性的关系。所有这些，有的是普通教育学所不涉及的，有的是普通教育学并不详究的问题，必须在总结高等学校教学经验的基础上，通过科学研究，找出规律性的东西，借以指导教学计划的制订与教学大纲、教材的编写。

3. *在教学方式与教学方法上，高等教育的特点也很突出*

普通中小学课程门类少，而且都是基础知识、技能，分科教学法比较单纯；高等学校课程门类多，教材内容千差万别，教学形式多样化，与三大革命斗争有直接的联系。因此，不但分科教学法复杂，一般教学法理论也不是普通教育学所能概括的。例如，高等学校的课堂讲授与中学上课不同，教师可以只重点突出地说明某些主要的重点与难点，讲授时所没有阐明的教材内容应由学生通过利用参考书自学来掌握，中学则必须向学生讲解清楚全部教材的基本内容；中学一般只讲述本门学科已经确定的科学成就，而大学的讲授却还要阐述科学的发生、发展以及研究方法，引导同学深入探讨问题，对于争论未决的学术问题也应当适当地告诉学生并予以评价。又如：高等学校的实验教学法，与中学的实验教学法大不相同。低年级基础实验与高年级专题实验的性质与要求也大不相同。大学里的科学研究、生产实习、设计与论文等，已经超出一般的教学过程而具有科学研究的性质，更是普通中小学所没有的。同时，在教学条件上，如现代化教学设备的要求、教学手段的运用、图书资料的供应等，都不同于普通中学，必须进行特殊的研究工作。

"四人帮"对教育理论的破坏，许多谬论就是从"教学论"打开缺口的。从狂叫"砸烂"这个系、那个专业，到鼓吹只要一个"斗走资派的专业"；从"实践—实践—实践"，到"以典型产品组织教学"；从挥舞"资产阶级教学质量观"的大棒，到叫嚷"宁要没有文化的劳动者"，特别是把"学以致用"歪曲为"立竿见影"。这些实用主义的教育谬论，严重地影响了培养专门人才的质量。要批判"四人帮"的这些谬论，肃清它的流毒，必须对高等教育的"教学论"进行认真深入的研究。

以上只是就智育方面说明高等教育同普通教育的区别。虽然这是主要方面，但却不是全部区别，在德育、体育、劳动教育上，高等教育也具有它的特殊性。

德育，一般来说，高等教育所要求的高度与深度是与普通教育不同的，德育的方法，即进行思想政治教育与道德品质教育的方式方法，也不能照搬中小学的做法。不论是通过业务课、政治课进行思想政治教育，或者是通过学工、学农、学军以及组织生活进行思想政治教育，都比普通中学更为深刻与集中。政治与业务、红与专的关系，是各级各类学校都必须正确处理的问题，处理的基本原则也是一致的，但在内容与方法上，却不完全相同。必须从高等教育的实际出发，进行细致的分析研究，才能处理得当，求得对立面的统一。

体育，也有它的特殊性。受完普通中学体育教育的学生，如果在大学里重复接受中学那一套，学生是不会满意的。他们理所当然地要求在体育理论上加大难度，在体育技术上发展专长，在体育卫生上要适应他们的身心发展的特点。对这个问题，不少体育工作者已进行了一些重要的研究，有人建议在大学里开设一般身体训练与专业训练相结合的综合课程或专项提高课程，加强课外体育锻炼来满足学生的要求。体育家的研究多是从寻求某一具体问题的解决出发，而教育理论工作者还必须从教育学、心理学、生理卫生学的理论上来评价体育家的建议。

教育与生产劳动相结合，是各级各类学校应当共同贯彻的方针，但如何贯彻这个方针？各级各类学校的学生应参加什么样的劳动？用多少时间？怎样同教学密切结合？这些问题都有其特殊性。高等学校的生产劳动，除参加一般公益劳动之外，应当尽可能考虑专业特点，以对口为主，使专业知识、技能与生产劳动实践更好地结合起来。不仅如此，教育与生产劳动相结合在高等教育上还有更深刻的意义，就是专业教育必须同国民经济建设的要求相适应。

此外，还应当指出，高等学校的领导体制、组织机构、后勤工作，也比普通学校复杂。教学与科学研究两个中心的组织与领导、系的任务与领导、教研室的任务与活动内容、学校与社会、学校与生产部门的关系等，都是需要进行教育理论研究的。

四

大学生已经跨进了成人的大门。他们的社会经验、社会地位、思想活动、生活方式都与中学生不同了。这首先是由于他们的身心发展到达一个新的阶段，这个阶段与儿童、少年时期有很大差别。高等教育，必须充分注意大学生的身心发展特征。但是，一般教育心理学关于年龄特征的研究，只以儿童、少年为对象，最多到学龄晚期（青年早期）为止。正如普通教育学不研究高等教育，教育心理学也不研究大学生（青年晚期）的身心发展特征。这就造成了对高等学校教育、教学问题的研究，缺乏必要的心理学基础。

普通教育学必须以儿童、少年的年龄特征为重要的科学根据，高等教育理论研究也必须以大学生身心发展特征为其重要的科学根据。大学生的生理、心理的特征不同于儿童、少年，大学教育、教学的要求与方法也应当有别于普通教育学所提出的要求与方法。下面只是举出若干比较明显的特征来说明高等教育的特殊性。

从生理特征看，大学生（青年晚期）的身体发育已经成熟或基本成熟，主要标志就是性的成熟；骨骼、肌肉、心脏、循环系统与呼吸系统，正进行着最后阶段的发育。体力有了明显的增长，神经系统的发育基本上达到成熟程度，大脑皮层活动已达成人水平，能够负担艰难的、深刻的脑力工作，也就是说，从生理条件上已经初步具备从事任何需要高度抽象思维活动的艰深的学习的能力；兴奋和抑制过程趋于平衡，不像少年期那样易于冲动，但还没有壮年人那样沉着。在抵抗疾病方面，抵抗力比儿童、少年大大加强，但比壮年人容易得肺病、胃病和神经衰弱，女学生有妇科病的也较多。由于高等学校的学习难度大，而大学生需要刻苦用功，所以这些疾病成为困扰大学生的问题，是高等学校里体育卫生工作的一个重要问题。大学生合理的学习负担、适当的作息制度、体育锻炼、清洁卫生、劳逸结合，也特别重要。

从心理特征看，由于大学生的中枢神经活动和大脑皮质的发育已经成熟，又在普通教育过程中受过系统的抽象思维训练，并积累了一定的基础知识和生活经验，所以大学生的感觉和知觉比中学生精密和深刻，定向注意力能够持续很久，逻辑记忆能力有了较高的发展。在记忆学习内容方面，逻辑记忆逐步取代机械记忆。善于运用联想、推理，掌握事物的内部联系，逻辑推理能力已经加强，因而喜欢根据自己的观察对事物独立下判断。在观察和分析上，也比中学生较能抓住事物的主要方面和深入事物的本质。由于抽象思维能力的发展，他们能够比较容易地接受抽象概念，往往觉得高等数学并不比初等数学更难理解。许多大学生喜欢从事抽象问题的思考与争辩，这是智育上的有利条件。应当要求大学生的思维活动能够达到更高的抽象水平、更高的概括形式，以便完成复杂艰深的学习任务，并为从事科学研究打下基础。

必须指出，在今天的高等学校中，有计划地采取有效的方法来培养学生抽象思维能力的工作是做得很不够的，填鸭式的讲课和死记硬背的考试，比比皆是（某些公式和生词的背记还是必要的）。这就是说，教师还不善于充分利用大学生思维上的有利条件，发挥其潜力，更好地完成智育任务。

在培养学生抽象思维能力上，还应注意到问题的另一方面。大学生的社会经验毕竟有限，科学基础也不够深广。他们在观察事物、对问题下结论时，往往带主观片面性，不够全面周密或缺乏足够的根据就下结论。对理论学习的兴趣很高，但有时脱离实际，教条气味比较浓厚。针对这种缺点，应当加强对学生思想方法的训练，引导他们全面地、辩证地思考问题，引导他们参加社会实践，重视实践经验。

从大学生思维的有利条件和不足来看，在高等学校的教育和教学工作中，贯彻理论联系实际的原则，培养学生的独立思考能力，加强学生的分析问题、解决问题的训练，有着重大的意义。从而也赋予高等教育理论研究以重大的任务：必须充实普通教育学所总结的教学原则、教学组织与教学方法。例如：理论联系实际的原则、因材施教的原则、少而精的原则、自觉性的原则，对于高等学校的教学，具有更深刻的含义与更丰富的内涵；直观性原则的运用，必须充分考虑如何使大学生已经具有的抽象思维能力与感性经验相结合；启发式教学方法必须更多地调动学生逻辑思维的积极性，自学、作业以至实习，必须具有更多的独立思维、独立工作的因素。普通学校的课堂教学结构，一般的已不适合大学生的上课要求。由于思维能力的提高与定向注意力的持久，高等学校的课堂教学结构，不需要太多的教学方法上的变换，可以两个学时，甚至于整个半天稳定地、持续地用一种教学方法。教师的讲授要更多注意教学内容的内在联系和逻辑结构，引导学生深入理解事物的本质，培养学生的逻辑思维方法，形式的变换退居于次要的地位。普通学校中许多教中、小学生的教学方法已不用或少用了，许多适应大学学习内容与大学生学习心理的教学方法的重要性增加了，如写学习报告、学习笔记或摘要、查文献、做卡片、进行社会调查等等。另外一些教学形式与方法则被赋予了新的内容与要求，如自学、课外作业、实习、实验等等。

大学生除了智力发展已经成熟或接近成熟之外，兴趣、情感、意志、性格等个性心理特征，对比少年期或青年早期，也有了显著的发展。这些个性心理特征，都是从事高等教育工作者所必须充分理解与考虑的。在这篇短文中，不可能一一列举，但有一点必须时刻记住的：大学生已经是成人，或者说，已经跨进了成人的大门，但又不完全像壮年人那样成熟，世界观、人生观以及理想、性格将在这个阶段基本定型。应当像对待成人那样来对待大学生。大学教师不应当是"保姆"，而应当是"良师""朋友"。应当多启发引导，少干涉、禁止、包办。除了通过教学对学生进行教育之外，应当在学术探讨中，在实践中，以自己的立场、观点、学问、威信，以身作则地教育大学生。

以上所举的一些大学生心理特征的例子，只是凭一般的观察与经验，缺乏教育科学和心理科学的研究结论，所以还不是科学的规律性的东西。同时，大学生心理特征，不应单纯作为自然科学和心理学的特征来看待。在一定的社会中，形成大学生的心理特征，是与一定的社会生活，特别是一定的阶级和阶级斗争的现实分不开的。这就更需要教育科学工作者和心理科学工作者进行系统的科学研究工作。

建立一门新的学科，不是一件简单容易的事，也不能仅凭主观的设想。它是革命形势发展的需要，是客观事物发展的反映，要进行一系列的科学实验工作，经过长期的经验积累和高度的理论概括，才能建立起比较成熟的理论体系。科学，归根结底，来自社会实践，为了社会实践。社会主义新中国的高等教育实践为建立新学科提供了丰富的材料，高等教育的发展需要这样的新学科。也就是说，作为一门新学科的出现，现在已经具备了需要与可能，必须全面规划，加强领导，通过教育科学工作者的努力，我们相信是一定能够完成这个任务的。

教育工作者应当重视教育科学研究[①]

天津市第一中学校长韦力同志说，来福建看到了科学的教学，没有看到教学的科学。教育科学研究，我们的确不够重视。我想从中学和中学教育衔接问题说起。最近，我们研究了高考成绩跟入学后在大学学习成绩的关系。有人说，高考录取成绩高，大学学习成绩就好；有人说，高考成绩好，大学学习成绩不一定好。单凭一两个例子做结论，不是科学研究的态度。科学研究要讲数据。研究自然科学，要从定量到定性；研究社会科学，一般也要做定量研究。我们就大学学习成绩跟高考成绩，求它们的相关系数。相关系数如果高，比如说相关系数是1，那是百分之百的相关；相关系数是0.9，证明关系密切；相关系数低，证明关系不密切；相关系数是0，无关；相关系数是负1，是负相关。高考入学成绩与大学学习成绩，我们统计了几千名学生，从大量情况看来，相关系数一般是0.2~0.6，个别是在0.7以上和在0.2以下，这说明：高考入学成绩与大学学习成绩有一定相关，高考是有作用的；但相关不很大，单看高考成绩还不够。1977年高考录取的"老三届生"，入学后的学习成绩与高考成绩相关系数较高，应届生为什么相关系数低呢？这与基础、能力、年龄都有关系。其次，高考成绩中数理化三科都好的，念大学理科一般成绩是好的，高考成绩单科（如只有化学一科）好的，念对口这一科

[①] 原载《天津盟讯·学习福建教育经验专辑》，1980年第1期；《外国高等教育资料》，1980年第9期。

（如大学的普通化学）不一定都好，这说明数理化基础的重要性。

　　为什么现在世界上各个国家的大学入学年龄多在18岁左右，因为十七八岁的青年的大脑皮质才刚发展成熟，发展不够成熟的话，抽象思维能力就差了，当然，这指的是一般青年，不包括个别特殊的。有的大学生年龄很小，他们十四五岁时去高考，记忆能力强，记得很多，是有利条件，但入学后抽象思维能力不够，学起大学课程来很困难，这是普遍情况。还有一种情况，1978年考进来时化学成绩都是90多分，大学化学成绩却很多是不及格的。这是因为当年题目偏易，如无一定的难度、深度的话，就会造成虚假现象。诸如此类，从大量材料可以看出问题。所以，高考单靠一次考试成绩，不太准。日本高等学校招生，是根据三样东西来录取的：①跟我们一样是考试；②能力测验、智力测验是其中的主要部分，日本有专门搞智力测验的公司，考后给你证明；③中学的成绩。看人，要全面看一个人，高考，为什么不看全面的呢？

　　从教育学范围内来看，现在世界各国教育发展趋势，都很重视能力培养方面，为什么？因为客观发展的需要。现在不是中世纪，也不是资本主义初期阶段，那时科学发展缓慢，你学了那些现成的科学知识，一辈子管用，但今天科学技术发展很快，现在的知识在10年后可能大半没有用。我们培养的学生，10年后要用，30年后要用，40年后可能还要用，如果他仅仅有现成知识而缺乏能力的话，就不能适应科学技术发展的需要、社会的需要。在这种情况下，世界各国在传授知识的同时都重视培养能力，以便学生将来适应社会的需要。现代教育学理论，布鲁纳也好，赞可夫也好，基本观点是重视能力的培养。赞可夫在小学搞了20年试验，提出发展概念。发展概念包括：从小要发展小孩子敏锐的观察能力，从小发展学生的抽象思维能力，从小发展小孩子实际应用和操作能力。总之，都是重视能力的培养。他提出五条教学原则：一是高难度原则；二是高速度原则；三是理论指导原则，使学生懂得基本原则，才能灵活运用，举一反三；四是让学生认识他的学习过程的原则；五是全班包括优等生和程度差的学生都要有所发展，像我们所说的因材施教的原则。现在新的理论归根结底都是重视能力的培养，都是由于科学发展的需要。我们现在怎么样？在大学这问题很严重，中学也存在，"满堂灌"，考试只重视记住现成的知识，不重视测验运用知识解决问题的能力，中学一般是这样，高考准备更是这样。为什么会产生这种情况呢？恐怕是受苏联的影响。凯洛夫教育学所说的许多原则、方法，有不少有价值的，但凯洛夫教育学是在批判苏联20世纪20年代的实用主义教学方法，总结20世纪三四十年代的经验写成的。他一方面受欧洲传统教育的影响大，另一方面批判实用主义过了头。它强调知识系统性、巩固性原则是必要的，但问题在于原来有些有价值的东西也批判掉，如智力测验。智力测验被苏联批判为伪科学，是反动的，否定了人的智力差别，聪明才智包括先天的、后来受教育的。虽然在凯洛夫教育学中也提到传授知识的同时，也要发展学生的思维能力，但是在教学法上表现出来的是对能力的不重视。我们当时受了影响，现在怎么改变？很难，因为我们大多数大、中学的教师都是在这个时期受教育的。

赞可夫在小学蹲了20年，影响很大，他做的工作，真的叫作教育的科学，有试验，有数据，有结论。就是说，小学生学习可以高难度、高速度，当然不是越难越好，灌得越多越好，就是说，应该早一点培养能力。他的试验结果，得出结论只要三年就可完成小学任务。所以现在苏联学制是：小学三年，中学七年。小学三年为什么够呢？一是七周岁入学，七周岁儿童生理上、心理上比五六岁发展水平较高。再加上在幼儿园时已接受了一两年最基础的读、写、算能力训练。小学读了三年，学生的算术跟俄语的读、写、算能力就可以达到要求。中学七年，有的八年，因为中学的知识内容多。我们中学只有四年、五年，够吗？

高考对中学是指挥棒，考试就是指挥棒，大学考试也是大学里的指挥棒，因为学生要适应考试。所以，高考题目如不灵活，太死，对大学教学的改进是不利的。如今高考就注意到考题灵活些，如政治课题就相当灵活。所以许多学生在骂老师没有本领抓不到题。老师骂教育部，为什么出这样的"怪题"，害我抓不着。从大学来讲，我们倒希望多出这样的题目，出得灵活些，可以考出学生的真才实学。现在大学教师也不够理想，除老的以外，骨干多是50岁以下的，多是20世纪50年代按照灌输知识那一套办法学习来的，他们本身就不会灵活运用知识。但大学学习总还是同中学学习不同。第一，你要读大量的书；第二，你听课要记笔记；第三，你要理解一些比较深奥的理论；第四，你要独立完成一些工作，等等。因此，中学生到大学学习，就出现一些不适应的情况：一是读书速度太慢。我说的不是读小说，是读理论书。学生往往反映，大学课本太多，一门课本，每周三四小时，一年要念完两厚本。中学课本只薄薄一本，现在两大本拼命念，一年也念不完，教师还要指定一些参考书，怎么办？二是综合能力差，常常有学生讲，这个老师，教材一套，讲课一套，参考书又是一套，学生意见很大。我说这是好老师。培养一个大学生，如只有一本书，讲也这本书，课外也这一本书，培养这样的大学生，将来怎么办呀？三是记笔记能力差，过去的学生在中学时记笔记，是照抄老师写在黑板上的。在大学课堂上听讲课，就不可能像中学那样照抄笔记了，老师最多把题目写一写，然后在讲课过程中把困难或重点，给你划一划，写一写，你一定要形成自己的语言记下来，记下老师讲课的要求，不能记一句，漏一句。在做实验上也同样发生这种情况，因为中学的实验一般由老师安排得好好的，你只要照着办就行。到大学，特别到高年级，实验很多，都得你自己动手，甚至得自己设计。我只是随便举几个例子，不适应的还不只是这些。

总之，要使中学到大学的学习，适应的过程比较短一些，就要重视能力的培养。不过，这句话现在说来是"空话"，为什么呢？因为现在升学压力很大，时间太短，高中只有两年，最后一个学期就基本上是复习，只一年半，最后半年是以复习提纲为教学内容。我们不是绝对反对复习提纲，但复习提纲就是复习的提纲，如果他原来没有基础知识，那就不叫作复习，因此，他就只好背。前一时期，我到一个中学去，在中学讨论好多问题，大的有学制问题、结构问题、分班问题，这些问题要总结经验，要做实验。如学制问题，究竟多少时间比较恰当。看见许多人在报刊上发表意见，有的从这个角度看，有的从那个角度看，都可以。但真正研究一个学制来说，有三个因素要考虑：一是从青少年的生理、心理的发展考虑。如果不了解青少年的生理、心理规律，认为学制越短越好，十四五岁进大学，好不好？世界上许多国家为什么规定大学入学年龄要在18岁左右，为什么我国宪法上规定年满18岁才具有公民权，为什么不规定10岁孩子有公民权？规定一定的年龄是有根据的。二是知识的积累性。小学的东西少，中学的东西多。中学是普通教育，要完成一个公民在社会生活上所需要的政治的、文化的、科学的知识和从事生产或深造所需要的基础知识，中学生如不具备升大学的基础，就会增加大学的负担，降低大学的水平。现在中学四年，时间太短，不可能完成现代公民或升大学应学习的基本知识的任务，只好把中学的生物砍掉，把地理、历史减少到那么少。要实现农业现代化，没有生物基础知识就实现不了。现在没有史地知识，要找旅游事业导游人也有困难，不仅希腊、罗马的历史不知道，中国历史也不知道。中学只四年，怎么办？顾了这个，顾不了那个。三是社会的因素要考虑。比方说，改学制，城市的学生可以念12年，但农村经济情况，不允许念12年，改几年为好？还有师资、经费、校舍、设备等问题。高中两年改三年，现在全国普通高中生一千五百多万，只有两个年级，增加一个年级，就增加七八百万在学学生，哪来的经费，哪来的教育设备，哪来的师资？还得要有个逐步过渡的问题。

"文化大革命"这么多年，教育事业受到破坏，有人说，有大破坏，也有"大发展"，你不相信，看看统计数字：中学生增加多少倍？1977年比1965年，中学生增加7倍多，其中高中生增加13倍多，这不是世界教育史上从未见过的空前"大发展"么？我说，这也是大破坏。第一，破坏了比例；第二，破坏了质量。大学生1977年比1965年少。我国高中毕业生每年700万人，还有历年未考上压下来的不算，但大学每年只收30万人左右。美国学生比例是：小学60%、中学32%、大学8%，按美国情况，比例是否恰当合理，不敢说。苏联是：小学49%、中学46%、大学5%（苏联小学比美国短，中学比美国长）。小学、中学、大学学生各多少，总应有个比例，而我们到去年，大学生只占学生中的0.4%，普通中学生很多，只有4%能升大学，700万人挤30万人的"窄门"。社会主义的优越性是有计划按比例发展，如果这一条规律失掉，情况就更严重。资本主义社会还有价值规律在起作用，当然，单凭价值规律起作用也不好。我到泰国去，听说泰国大学生念理、工、医、农的占大学生比例的15.4%。为什么这么少？他们说：受劳动市场的支配，什么专业容易找职业就念什么，所以泰国念经济管理、念法律的很多。这是比例失调，对国家发展不利。我国现在经济管理人员、政法人员非常缺，也是比例失调，中学发展那么多，中专中技差不多被砍光，大学那么少，畸形发展。我说这么多，无非是要说搞教育要做些科学研究，掌握规律，要有点理论指导，光凭主观设想，是要吃亏的。老师要懂点教育科学。在座的多是校长，专业搞教学，老行家的，都知道了。

学校领导要懂一点教育理论。举例说，你去听课，就要懂一点教学内容、教学法，不然的话，听完课，老师要你"指示、指示"，你如果只能提：讲课太快了，或太慢了，等等，第一次这样提还好，如果老是这样提就不行。如果这位老师讲得好，你要讲一点好的道理，符合什么原则；有缺点的话，也要提不符合什么原则，总要给老师提一点有理论根据、实践经验的建议、意见才好。当领导的也要懂一点心理学，不但要懂学生的心理，还要懂老师的心理，对教学好的老师要多提如何进一步提高；对教学差的老师要多鼓励，有点进步就要给予肯定。

不懂教育理论，不但提不出正确的意见，更糟糕的是把正确的当作错误的来批，把错误的当作正确的给予支持。举一例，现在有些学校学生成绩很高，多数是八九十分，一百分。或者百分之八九十，百分之百，都是优秀（五分）；良好（四分）的绝少。如果只是六七十分，就被看作学习很差，脸上无光。是不是现在学生比"文化大革命"前的学生水平高很多？那时候4分的多，3分也不少，5分比较少，还有少数不及格。报刊上也有这样刊登，说大部分学生成绩在80分以上。现在成绩却这么高，"消灭不及格"，甚至消灭六七十分。当领导的对这样的成绩很高兴，表扬，报上也宣传，说什么中央电视大学40万学生，学生成绩绝大多数在80分以上，等等。是40万呀，不是几个，我看这不科学，也就是不符合教学规律。教育科学认为一般成绩的分配应是正态分布，也就是两头小，中间大。因为，第一，人的智力总是有高有低，中等智力的总是多，两头小，中间大；第二，教学大纲、教材要适应绝大多数学生的水平，中等水平的经过努力能完成学习任务；第三，考试题目要求必须根据大纲的要求。既然这样，那么考试的结果应该大量是中等的成绩，正态分布，现在却高分很多，负偏态分布。最近我们对此进行了调查，统计了厦门地区3所高等学校的83门主要课程学习成绩，负偏态分布的占86%，正态分布或近似正态分布的占12%，还有2%为正偏态分布。大家都得高分，学生高兴，家长满意，领导表扬，教师省心，有什么不好？我看如果普遍出现这种情况不太好（个别特殊可以例外），因为违反教学规律，不利于学生克服困难，努力上进。我们根据调查统计结果进行分析，写了一篇论文，叫作《关于学业成绩负偏态分布问题的初步探讨》，研究出现这个问题的历史原因与社会原因及其对教学质量的消极影响。在诸原因中，领导满足于虚假现象，错误地表扬了错误的做法是一个重要的原因。为什么要去表扬虚假的现象和错误的做法呢？因为不太懂得教学规律，以为全班学生"满堂红"就是好现象。

韦校长提的问题真是一针见血。现在看来，需要提倡搞一点教育的科学。多年来我们忽视了要用科学的态度、科学的方法来研究社会科学。比如说，总结经验，往往先有个主观的框框，然后再去找典型，不够实事求是。典型总结，解剖麻雀，无疑是进行研究的一种很好的方法。但是如果典型总结不与统计相结合，不与试验相结合，不与客观的长期考察相结合，那么这个典型总结往往是很危险的。谁都知道，社会现象是复杂多样的，你可以随心所欲去找典型。你要好的，我口袋中抓一个好的来总结；你要坏的，我口袋中也可以抓一个坏的。至于这个典型是否能代表一般，不管。典型有两种，其中一种是为着推动全面，找个先进典型作为榜样，这是对的。但作为科学研究，作为解剖麻雀的典型，就应当是能代表一般的，才能得到一般规律。要提倡用科学态度即实事求是的态度，用科学方法，如统计法、实验法、调查法等来研究教育，教育研究的结果才有意义。

关于高等教育研究的几个问题[①]

这几年我到处宣扬要建立一门新的学科——高等教育学，目的是想鼓励大家都来关心高等教育、研究高等教育，进而促进全国高等教育事业的蓬勃发展。今天我谈三个问题：首先介绍一下国内外关于高等教育理论研究的情况；接着谈谈为什么要研究高等教育的理论，建立高等教育学这门新学科；最后，就高等教育研究方法中的若干问题做简单的说明。

一、国内外高等教育理论研究的情况

教育学作为一门社会科学理论，一直是以普通教育作为研究对象的。无论是凯洛夫的《教育学》，还是一些师范院校的《教育学》讲义，多数是研究中小学教育的。以大学教育为研究对象的"教育学"，在中国是近几年才开始的，在国外也大约只有20年的历史。不是过去一点都没有，但作为有计划有目的的研究，以至发展成为一门学科，那是20世纪50年代的事。这门学科开始形成的原因，是第二次世界大战以后，特别是20世纪50年代后期资本主义国家高等教育迅速发展的结果。

为什么第二次世界大战以后，高等教育在资本主义国家会迅速发展呢？

[①] 原载《高教研究》，1982年第1期。本文是潘懋元同志在湖北省首次高等教育学术讨论会上所做的学术报告，根据录音整理。

这是由于经济的发展、资本主义处于相对稳定提供了可能性；同时科技的迅速发展也提出了迅速发展高等教育的必要性。有了可能，又有了需要，高等教育就发展了，高等教育的研究工作也迅速发展了。

今日世界上到底有多少高等教育研究机构和组织呢？据国际大学协会报道，同它有组织联系的单位就有 400 多个。当然不完全是研究机构，有的只是一般协会性质的组织。

美国的高等教育研究机构，在 20 世纪 50 年代不过是美国教育学会的一个分会，直到 1969 年才正式建立了高等教育学会。其目标是：

（1）研究美国高等教育中的各种关键问题，提出发展高等教育的建设性意见。

（2）协调各级教育机构的工作。

（3）鼓励改进高等教育工作。

美国高等教育学会每年 3 月份在芝加哥大学举行年会，出席的人数以千计，发表的论文会后会编成丛书出版，会员有权参加美国各种有关高等教育的立法讨论，各大学多有研究机构和理论刊物。

国际大学协会联络组织，有 400 个单位、110 个会员国、602 所高等学校参加，按时举行全体会议，讨论高等教育中的一些带世界性的问题。1971 年在西德召开的年会，讨论了高等教育的一体化问题；1975 年在墨西哥年会上讨论了高等教育和经济社会发展的关系，以及革新高等教育的问题。

目前，已经设立全国性研究机构的国家，有美、日、英、苏等。日本的教育研究所第四研究室，就是专门研究高等教育的；英国有伦敦高等教育研究所；苏联于 1970 年在教育科学院成立了第四学部，又叫职业教育部，专门研究高等教育，1974 年在高教部又成立了莫斯科高教问题研究室；新加坡也成立了东南亚高等教育研究所。

国外高等教育研究的课题集中在以下几个方面：

（1）高等教育的发展趋势。

（2）高等教育的结构改革问题。

（3）高等教育的新方法、新技术的运用。

（4）高等教育的国际比较，以及相互协作学习的问题。

下面谈谈我们国内的研究情况。

20世纪50年代初期学习苏联,调整了院系,进行教学改革。高教部出了《高等教育通讯》,算是有了高等教育研究的专门刊物,1953年创刊,主要是介绍苏联高等教育的制度、措施和经验,也有苏联专家介绍他们自己的教学经验。这个刊物在1956年改名为《高等教育》,开始有了理论研究。1957年停刊。但是不能说没有刊物就没有人研究高等教育了,只不过是一些解释政策或发挥政策的零散性文章,大多发表在《光明日报》和《文汇报》上。比如讨论教育与政治、经济的关系,红与专、教师的主导作用,教学、科研、生产的关系,等等。

粉碎"四人帮"以后,从1977年到现在,时间虽然不到三年,但高等教育的理论研究已经遍地开花,朝气蓬勃。到目前为止,已有15个省市成立了高等教育研究组织或筹备组。120所院校有各种类型的专门研究机构或群众性研究组织,有的叫研究室,有的叫研究会。

全国在1979年成立了高等教育学会筹备委员会,到目前为止已经收到申请的团体委员有183个单位,全国以"高等教育研究"命名的刊物有57种,发表了相当数量的文章。《教育研究》和《光明日报》上发表的文章就更多了。

当前国内研究的课题有下列几类:

(1) 高等教育和国民经济发展的关系。这方面则又主要是把教育经济学的理论同中国的实际联系起来,着重探讨经济发展与教育投资的关系,有些意见已受到领导机关重视。

(2) 对30年来高等教育发展规律的研究。事实证明,高等教育成绩的取得,是按教育规律办事的结果;而往往有了干扰之后,高等教育事业就会受到影响,甚至破坏。对于这一点,尤其是1985年《中共中央关于教育体制改革的决定》出来后,大家的认识更一致了。

(3) 有关领导体制、学校管理问题。研究得比较多的是学校体制问题,正在探讨如何搞好高等学校的科学管理。

(4) 专业设置问题。

(5) 大学生思想政治工作规律问题。主要是分析在新形势下如何面对现实，进行有效的思想政治教育。

（6）人才培养问题。这方面与人才学的研究互相交叉，诸如发展智力、培养能力等。

（7）青年心理学，高等教育必须研究青年心理学，教育理论、教学理论必须根据青年心理规律、经济规律，否则理论研究就不够科学。

（8）我们从大量的内部发行刊物中，也可以看到很多研究教材教法方面的文章，有某门、某类的教法、比较等。

总之，高等教育研究已经受到大家的重视，并越来越为学界同仁所热心。我希望大家能在调查研究、积累资料的基础上，早日撰写出符合我国特点、具有独到见解的《高等教育学》。

为什么其他国家 20 世纪 50 年代以来高等教育研究发展这么快，而我国直到粉碎"四人帮"以后，高等教育研究才迅速开展起来呢？这不是没有原因的。下面就谈谈这个问题。

二、为什么必须研究高等教育理论、建立高等教育学新学科

理论工作往往走在实际工作的后面，而一门学科的建立更有待于实际工作的循序展开和理论研究的不断深入。大家知道，教育是自有人类以来就有的。但作为有组织、有计划、有场所的教育即学校教育，虽然可以追溯到奴隶社会，但教育理论的出现则比较迟，形成一门科学就更迟。教育学科成为系统理论，从夸美纽斯算起，是 17 世纪的事情。但我认为他的《大教学论》不是真正的教育学，因为它的研究基础是建立在自然适应性理论上的。因此，应该从赫尔巴特算起。赫尔巴特的教育思想和教育理论是建立在心理学、伦理学的基础之上的，从而第一次把教育学从传统的哲学中分离了出来，成为一门具有独特特点的独立学科。

就高等教育而言，大学也是很早就有了的。欧洲在 12 世纪已经有近代学校了，我们国家应该从宋代的学院算起，而不能从太学、国学、州府学校算起。因为虽说是学，但有名无实，而宋代书院则有计划、有场所、有师生，并且不是科举制度的附属机构，是专门集贤讲学、研究学问的高等学府。从

书院算起，高等教育也有近千年历史。但作为世界性的高等教育理论研究，是到20世纪50年代才搞起来，我国是近几年才搞起来的。这是什么缘故呢？这是因为第二次世界大战以后，大学的数量和大学生的数量都成倍地增长，学校形式开始走向多样化，即多种途径办学。由于资本主义社会经济有比较稳定的发展；现代科学技术在资本主义经济发展中的地位越来越重要，办大学不是少数人的事，培养科技人才和生产管理人才的作用越来越大，于是，高等教育逐渐被人们所重视。另外，从资本主义眼光看，也越来越感到教育投资是最有利可图的。因此，如何更好地培养人才来适应社会需要，从物力投资来获得最高利润，就成为资本主义社会关注的问题。所以研究人才培养如何适应劳动力市场的需要，怎样以最少的投资来获得最大的经济效益，也就成为高等教育的迫切任务。资本主义世界不得不研究如何夯实大学生的基础知识，扩大他们的知识面，高等教育只有培养出多才多艺的"通才"，才容易找到职业，适应竞争市场的瞬息变化。这样一来，许多新的教育概念就出现了，如继续教育、终身教育、短期教育、函授教育等。这些新概念、新形式的出现，无非是为了适应劳动力市场的变化，适应科技迅速发展的需要；一些发达国家为了在科技上能够保持优势，就必须研究和革新高等教育，来培养尖端工业人才，培养发展边缘学科的人才。科学技术的发展，最终要看高等学校人才的数量和质量，最终取决于人才的数量和质量；国民经济发展很大程度上也取决于高等学校输出人才的数量和质量。一个国家的国力除了军力、经济力以外，很大程度上就是人力资源，这是资本主义世界在生产竞争、技术竞争、教育竞争中总结出来的经验。所以我们可以说，高等教育理论的发展是高等教育发展的必然产物，是经济发展的必然产物。当然这里也会有种种复杂因素在起作用，必要时，还可以做一些具体分析，而不能流于简单化。

我国高等教育事业发展较为缓慢，高等教育研究工作起步较晚，这有我们自己的特殊性，但发展高等教育事业需要我们去搞理论研究。目前，又有许多实际问题亟待我们去从事高等教育理论的研究，同时，也只有通过深入广泛的理论研究，才能够建立和完善起高等教育学这门新学科。因此，摆在我们面前的高等教育研究的任务是极为光荣而艰巨的。

（1）我国的高等教育到现在为止，还不能说发展迅速。但面临着"四化"建设的需要，预计调整以后，将会有一个比较快的发展。发展中将有许多新问题要研究，新情况要分析，如体制问题、结构问题、工作问题、思想政治问题、管理问题，这些都是教育行政部门和大学的领导所最为关心的；从任课教师角度讲，教师最关心的则是如何改革课程内容、教学方法、实验室管理、材料供应等问题。

（2）引起高等教育研究的更直接的因素，是因为30年来的高等教育的教学改革，走过了一条曲折的道路，我们必须总结经验，从理论高度来总结，分清哪些是"左"的东西，哪些是正确的东西。十年动乱，"四人帮"提出了一些似是而非的口号，往往是针对高等教育而来的，如"交白卷""学朝农""典型产品""专政专业"等，这些已经在实践中证明了是错误的东西，还应该从理论上说明错误的实质。因此，很有必要从事高等教育理论方面的深入研究。

例如，"典型产品组织教学"这个口号为什么错了？有人说那是"四人帮"提倡的，那么如果是别人提倡的，是不是就对了呢？人们常说，这个口号打破了学科的系统性，但从理论上分清是非就不能停留在这里。实质上，这个口号违反了教学过程的特殊性，是借口认识过程的一般性来否定教学过程的特殊性，违反了教学的客观规律。

又如"教学必须在实践基础上向理论方向发展"，这个提法对不对呢？未必完全正确。教学过程中不能事事处处，叫学生都从实践基础上向理论方面发展。倘若进一步深入研究，大学教学中这么提，又不能说它完全错了。因为大学生和中学生的培养不完全相同，大学生要培养创造性的独立工作能力，就应该把科学研究作为大学生培养的组成部分，作为教学过程中的组成部分，就不能说在实践基础上向理论发展，没有某些合理成分。1978年在北戴河教材会议时，批"典型产品"，我认为不要批过头了，要从原则来批判，我认为工科大学，工艺性强的课程，特别是工艺性强的章节，以一个典型产品组织教学，前面学了理论，现在就学制造某个产品，这有利于理论联系实际。如果以为找个"典型产品"都是错的，而都不找"典型产品"，那么工艺课就很难学好。理论研究要研究理论，但也不要一见"典型产品"四个字就批；

如劳动教育,"四人帮"时期,劳动过多,代替了教育,当然错了。但是劳动有教育因素,就不能都批了。总之必须从理论上分清是非。

(3) 更重要的是广大教师、政工干部、领导干部必须懂得教育科学,按教育规律办事。"干部专业化",首先是领导管理干部要掌握教育规律,需要学一点高等教育理论。"干部专业化",不仅仅是针对管理干部而言;从学校来说,教师也要专业化。教师本来就是"家""师",为什么还要专业化呢?因为从所学的专业来讲,他的专业化的确很"专",但从教育、教学的角度讲,未必就专业化了,甚至大部分远远还没有专业化。中小学教师要读师范,要具有必要的科学文化知识,具有教育、教学的理论和方法,那么,大学教师更要懂教育科学。现在存在许多违反教育教学规律的事。"满堂灌"就是违反了教学规律。只教书不教人也是违反了教学规律。胡耀邦同志对教师提的三条要求,对中小学教师适用,对大学教师也应该同样适用。大学培养师资抓业务提高,抓学外语,是不是还有第三点要求,即学一点教育科学知识,改进教学方法呢? 传统偏见认为,中小学教师才需要懂得教育学、教学法,大学教师靠学术水平,无所谓教学法,讲得人家越不懂越好,讲得学生听不懂才是很好的教师,你讲究教法,讲得通俗生动,反说是卖膏药。诚然,学术水平是第一位的,但你要把知识传授给学生,你的箭总得要射出去,但是射不中"的"行吗?不要求教师花太多时间搞教育学,你用90%的时间提高学术水平,而用10%或5%的时间来研究教育理论、教学法,总还是可以的吧?领导干部要领导、要指导、要组织、要管理教师从事教学工作,领导干部拿什么东西来领导,经验是宝贵的,但是宝贵经验归根结底应该是符合规律的经验,否则就不可能是成功的经验。

领导干部自己要按规律办事,还要指导教师按规律办事,按规律组织教学活动,因此,领导干部和教师管理人员乃至教辅人员,对学习教育规律应当有更高的要求,更应该带头从事高等教育的理论学习与研究。目前令人很遗憾的是:普通教育学就那么几个本子,学习一下当然会对高等教育有帮助,但并不真正符合高等教育的要求。普通教育学的研究对象是中小学学生,普通心理学也多是以儿童、少年、青年前期为研究对象。过去出版的《学校管理学》讲的都是中小学那一套,这些书有些东西有用,如教育的本质、方针、目的、教学过程原理和道德教育原理，有的不大适用，如教学原则不能相同，教学计划很不相同，道德教育、思想政治工作的方法完全不同，大学生的身心发展特征同中小学生不同，组织管理、课堂组织、教学方法上大学与中学更是不同。小学的课堂教学，一堂课要有很多活动，有很多变化，大学如果也用这种组织形式，行吗？首先是大学生的定向注意力不同于中小学生，中小学生不能长时间注意同一件事情。而大学生却能集中注意，定向注意。因此两节课系统讲解一个内容是可行的。其次是教材的逻辑性和系统性。大学教学要深入探索本质的东西，因此不能笼统地说教师连续讲了两堂课就叫"满堂灌"，而活动多些，就叫启发式。大学教学的启发式不表现为课堂的组织形式，而表现在讲授的实质上：有逻辑推理，由浅入深，能引起学生的积极思维与共鸣。思维活动能吸引学生与你同步，这就是启发式。教师自己没有积极思维，没有体会，又讲得干巴巴的，很难引起学生的共鸣，就是注入式。在实验工作方面，对指导中学生和指导大学生也是完全不同的。由于条件限制，现在大学实验不符合培养学生独立操作的要求。高等教育有特殊性，不能照搬普通教育学。这方面我是碰过钉子的。20世纪50年代，给大学教师上教育学课，讲的是凯洛夫的《教育学》，教师们说书上讲的是儿童，是孩子，我们的学生是大学生，出去是当大学教师的，讲这一套怎么行？这就逼得我去写《高等教育学》讲义。但那时是"凯洛夫"+高教例子=《高等教育学》。而且我们必须针对高等教育的特点建立符合我国文化传授和高校实际的《高等教育学》。

有人认为《高等教育学》不是正统，没有什么规律可以研究，我国学位评议委员会这次讨论专业设置时，在教育类下属的13个二级学科里有了"高等教育学"这个专业。专业被承认了，理所当然要求拿出一本书。但是在中国还没有这样的书问世。这不能不促使我们为之努力！

三、高等教育研究方法中的若干问题

高等教育的研究方法同教育学科的研究方法一样，有调查法、观察法、统计法、个案法、历史法、问答法等。研究态度最根本的就是实事求是的科学态度和严肃认真的负责精神。我这里只着重谈谈高等教育研究方法中的若干问题。

（一）定性研究与定量研究

自然科学研究越来越从定性研究走向定量研究；社会科学研究，如经济研究，多年来只重视定性研究，而不重视定量研究，结果主观意见多，缺少准确的科学根据，缺少有力的统计材料，所以只做定性研究不大可靠，还必须要进行定量研究。我们教育科学也必须重视定量研究，不能只停留在定性研究上。一些论文，多是谈思想、谈看法，然后举点个别例子加以论证，或从经典著作中找出名言来予以引证。这样的论文起码在科学性上是不值得称道的。应该尽可能有统计材料，以大面积的调查材料作为依据，而不能仅仅依靠一般观察所得到的个别事例来进行主观想象，或凭空推断。厦门大学搞期中教学检查时，曾经搞过质与量的分析，除开座谈会以外，还搞了点民意测验，让教师填表，学生填表，并且拿"文化大革命"前的考题来考现在的大学生，以同等难度的题目考；也用了一些国外考题来让学生做，然后用大量统计来求得数据。进行定量分析不等于不要定性分析，定量只能提供数据，只能找出事物的现象，在定量分析的基础上再进行定性分析，进而做出比较中肯的结论。

（二）关于经验总结的意义及其局限性

总结经验很重要，理论必须建立在总结经验或实验的基础上。但是经验本身还不是理论，还不是规律，要在总结经验的基础上向理论方向提高，轻视经验固然不对，但是经验有一定的狭隘性、局限性、主观性和片面性。经验是在一定时期内、一定条件下的产物，而在另一个时期碰到新的情况，经验就不一定正确。思想政治工作经验，如果完全照搬，20世纪50年代可能行得通，现在就不一定能达到同样的效果。所以，有的经验只不过是一时有效，而从长远观点看并不可取。如高考搞复习提纲，猜考题，你说有效吗？如果没有效，大家为什么如此热心？肯定还是有一定效果的，有的居然也猜对了。会猜考题的老师吃香得很。这样搞不仅压抑了学生智力能力的发展，而且还会把学生引导到侥幸取胜的不正常道路上。

当然，典型经验也不是完全不必要的。"解剖麻雀"就是一种很好的研究方法，教育科学上叫作个案法。但典型总结对典型的选择必须很好地进行研究。平常人们对典型有两种理解：一种是树榜样，大家向典型学习，这是有意地选最好的当典型；一种是科学研究中的典型，通过特殊典型来寻找一般的规律，从特殊走向一般。这就不能根据主观找最好的或最坏的作为典型。报纸上有的报道往往是只举极端的事例，这种做法在报道宣传时是可以的，但作为科学研究工作就不能这样做。提出一个问题就找极端的典型，这样的苦头，我们吃得太多了。你说好，我就找一个好事例来满足你的要求；你说坏，我就找一个坏事例来满足你的要求。都是说真话，都满足了你的要求。但是这样的研究非但不科学，而且还会误大事。长此下去，自欺欺人，以此授业，误人子弟。

（三）搞点实验

自然科学离不开实验研究，社会科学在可能的条件下，也应搞点实验。现在我们都可以任意设想许多培养智能的方法，但最好要通过自己动手做实验。根据实验的原则与方法，把成果数据作为论证的材料，其理论就比较可靠可信，具有科学价值。现在中小学的教育研究开始比较重视实验了，但在高等教育的理论研究中，实验方法用得不太多，所以理论的可靠性效度与信度必然也不会高。高等教育的理论研究中，我们除了应该坚持必不可少的实验原则外，还应当注意：

第一，实验不能专找最好的教师、最好的学生和最好的条件。

实验成果是所有实验因素相互作用的结果，但是多种因素都起作用，就很难分清优劣好坏了，这样的实验，还有什么价值呢？所以实验工作要在正常状态下进行，要注意到因素双方的同等条件。赞可夫搞实验，就是找了一个刚从师范学校毕业出来的新教师。

第二，尽可能搞对比活动。社会科学研究的对象是社会现象，教育科学研究的对象主要是人不是物。人有思想，会用脑，所以要更多地运用观察法。并且要进行长期观察，忠实记录，追踪研究。如果只靠短期观察，又没有忠实的记录，而只凭一己所需，那就不行。

我们搞过追踪研究，研究学生高考入学成绩跟大学成绩的关系。有人说高考没意思，考得好的大学学习不一定好，有的说考得好的当然好，用相关系数表现二者有没有必然联系，关系密切不密切。我们从1977级开始搞，搞了一年，结果不能发表，因为时间太短，科学性不够。我们统计了2 000名学生，要追踪4年到毕业，再进行对比。已经搞了3年了，1977级再搞一年就一轮了。我们还要做1978级、1979级，多做它几年，然后再说话。在现阶段研究中也发现了一些问题，如物理或化学中的一种学习成绩与高考入学总成绩相关的现象，考察对口的单科成绩和数理化总成绩关系如何时，结果发现物理学习的成绩与数理化总成绩关系密切，相关性最高。而不是对口的单科物理的入学考试成绩，物理考得好的人，不如数理化各科都考得好的人的物理学习成绩好。

对比高考成绩与入学后的学习成绩是否相关，还应该研究高考的考题和入学后的学习情况等。譬如1978级化学入学成绩与化学的学习成绩相关系数只有0.14。这是什么原因，通过分析1978级的高考考题和入学以后的学习情况，发现1978级的化学入学的考试题目太容易了，大部分学生的成绩都在90分以上，这说明高考题目太容易了，分数拉不开距离，就评价不出好坏的关系，当然考题太难了也拉不开距离。总之，研究工作要放在比较科学的基础上，这样研究的结果，才有科学价值。

当前高等教育理论研究的若干问题[①]

我国的高等教育理论研究，在贯彻《中共中央关于教育体制的决定》中得到了普遍的重视和发展。当前，高等教育理论有待研究的问题很多，我不可能全面谈及。只针对我国当前高等教育的改革，着重谈两个方面的问题。

一、关于高等学校的社会职能问题

高等学校的社会职能，在高等教育与社会发展的关系中，是一个基本问题，也是高等学校办学的一个首要问题。这个问题，过去和现在，国内外的论著谈及的不少，但一般只是就某一职能进行论述，不够全面、系统。那么，高等学校究竟应具备什么样的社会职能，才能更好地、全面地完成它在社会发展中的任务与作用？比较一致的意见认为：应具有培养人才（体现在教育与教学活动之中）、发展科学（体现在科研活动之中）、直接为社会服务（体现在教学科研的开放和其他社会活动之中）三个职能。有的人认为还应有第四个职能，即对外学术交流，当然这也很重要，但它应该是上述三个职能在对外交往中的综合反映，一般不能作为一个单独的职能。这三个职能并非高等学校一产生就同时存在，它们的产生和发展以及人们对此的认识都有一个过程。因此，首先有必要回顾一下这个过程。

---

① 原载《福建高教研究》，1986 年第 1 期。

（一）历史的回顾

培养人才的职能，可以说是从近代大学产生时就有的基本职能，不过，起初它只是培养官吏、法官、教师、医生，后来才逐渐重视培养自然科学、社会科学人才和教师。直至 18 世纪大学的基本职能还只是培养人才。科研只作为偶然的、个别的教授的活动，不成为高等学校的职能，至于直接为社会服务，更是为当时大学所不屑。正如 P. G. 阿尔特巴赫在《高等教育的形式和制度的转变》（见《世界教育文摘》，1983 年第 1 期）中所说："十七八世纪，科研不属于高等学校体系的成分，而且很少教授是具有创见的学者……在这个需要创见的历史时期，大学并不包括在重大的学术进展之中。"

19 世纪，德国的洪堡（教育部部长、新人文主义者）创办了柏林大学，提出"通过研究进行教学"和"教学与研究统一"的办学思想，认为教师不仅要传授知识，而且要讲述自己的创造思想与研究成果，要求教师和学生都从事科学研究，把科学研究引进教学过程之中，这样就使得大学的职能发生了变化，即不仅培养人才，也要发展科学。柏林大学的创举，使德国许多大学都纷纷效法。科学研究与高等学校的结合，使德国的科学事业发达起来。自然科学史家 W. C. 丹皮尔在论述 19 世纪的科学时写道："法国的科学中心是科学院，而德国的科学中心在大学。"（《科学史及其与哲学和宗教的关系》）同时，也促进了经济相对落后的德国工业生产的迅速发达。从此，大学的第二职能或先或后地也在其他国家的大学里发展起来了，许多新成立的大学纷纷按照德国大学的模式办学。

大学的第三职能——直接为社会服务，则一般认为是从 19 世纪后期美国的威斯康星大学开始正式确定的。威斯康星大学是根据美国的英里尔法案办的一所州立大学。它以"直接有利于促进农业，使工业效率更高，有利于州政府"为办学思想，建立了推广教学中心，开设"短期课程"，向农民传授农业科学知识；提供有关解决当地卫生、经济、教育、管理等的咨询；大学的实验室和附属工厂为校外企业做土壤、矿石、燃料等的化验、分析；州政府还聘请大学各科教授当政治、经济、建筑设计等方面的顾问。这大大地促进了地区经济的发展，收到了明显的经济效益。因此，地方企业也纷纷向学校投资。威斯康星这一办学思想被人们称为"威斯康星思想"，美国许多州立大学纷纷效法。"威斯康星思想"实质上就是把大学的智力资源直接当作为社会发展服务的第三职能。

由此可见，高等学校社会职能的产生与发展同社会的发展密切相关，在一定的社会条件下产生与发展了某一职能。但是，发展是不平衡的。第二职能的发展，在欧洲许多古老大学里是相对缓慢的；第三职能的发展，世界许多国家直到20世纪四五十年代才重视起来。就是美国也很不平衡。至于每个职能内涵的变化发展，同样也受到了政治、经济、科学、文化以及办学思想等诸多因素的影响。

（二）第二次世界大战后，高等学校社会职能的发展趋势

新技术革命与高等学校社会教育的发展变化是双向的。一方面，新技术革命与生产的发展使人们认识到高等学校三个职能的重要性，同时，也使三个职能的内涵丰富起来；另一方面，高等学校充分发挥这三个社会职能，许多新的思想、新的科学、新的技术从高等学校首先提出来并应用于社会实践，又促进了新技术革命的发展。

从培养人才看，近30年来，世界各国，尤其是发达的资本主义国家，人才的培养不但数量成倍增加，而且层次、类型、规格呈现出多样化。20世纪之前，培养人才的层次是比较单一的；20世纪初以来，逐渐发展起研究生教育和短期高等教育两个层次，近30年来，从短期、本科、研究生三个基本层次又产生了更多复杂多样的层次。总之多层次、多类型、多规格培养人才，是适应新技术革命对高等教育要求的必然趋势。

从发展科学看，洪堡时期所提倡的"通过研究进行教学"的思想和"使教学与研究统一"的原则，它的出发点还只是把科研作为教学的手段，目的只是为了更好地培养人才。而今天高等学校开展科学研究就不仅限于为教学服务了。正如慕尼黑工科大学校长格里古尔博士在《教学以研究为前提》中所提出的："高等学校开展科学研究的意义在于发展学术教学，为州和经济事务提供源源不断的新知识。"苏联到了20世纪60年代，也将研究解决国民经济方面的迫切任务规定为高等学校科研工作的基本任务之一。实际上，发达国家许多大学的科研工作，已经不单着眼于培养人才了，而更多的是承担国家或企业的委托，应用技术方面的科研更是如此。因此，科研这个职能就具

有了更好的独立性，高等学校也就成了发展科学的一支重要力量。

从直接为社会服务来看：如上所述，19世纪后期就已经出现了这一社会职能，但以往并不为人们所重视，直到20世纪四五十年代才逐渐成为各国高等学校的基本职能。这标志着由于科学技术的发达，人们对于高等学校在技术、知识方面的支持越来越感到迫切；也标志着大学走出"象牙塔""学府宫殿"，和社会紧密地联系起来了。1978年，联合国教科文组织召开的一次会议就讨论了高等学校如何对社会发展做贡献的问题。第三世界的国家也如此，例如：1968年，巴西政府颁布了文学改革法，它的指导思想就是"高等教育必须和经济社会的发展需要紧密结合起来，必须适应迅速发展的工业化的需要"。

高等学校直接为社会发展服务的方面很多。诸如，承担应用性的研究、技术转让、科技咨询、推广成人高等教育、大学图书仪器实验室和大学的课程对社会开放等等。它的最重要意义在于，能够使所培养的人才和所研究的科技成果迅速转化为有效的生产力。因此，许多国家都特别重视建立"教学—科研—生产"的联合体。

总之，高等学校的三个社会职能的变化和发展的总趋势是多样化、社会化。它使高校与社会的联系更加密切。今天，高校已经发展成为一个以培养人才为主的、多功能的社会机构。

（三）我国高等学校的社会职能

中国高等学校社会职能的产生、发展，总的来说应该是同世界范围大学三个职能的产生、发展的规律一致的。但在时间上却远远落后于世界的发展趋势，不但落后于发达国家，也落后于第三世界。严格地说，我国第二职能的确立是20世纪70年代末期的事，而第三职能的全面发展则是近两年的事。

我们之所以落后，是因为受到了传统教育思想和"左"的思想影响。认识了，却做不到；起步了，但走了弯路。甚至于，有一段时期我们竟逆着世界多样化、社会化的发展趋势，走向单一化、经院化。此话怎说呢？

先说培养人才，我国高等学校培养人才长期呈现单一化的态势。20世纪50年代末期提出的两条腿走路的方针是对的，但受"左"的思想破坏，遍地开花，使得质量严重下降。此后就越来越走向单一化。专科减少了，研究生没有发展。直到这几年，提倡多形式、多层次、多规格办学，特别是发展了成人高等教育，层次比例失调的矛盾才有所缓解。但从工科看，问题还未解决，短期高等教育专科这一层次和成人高等工科教育仍然严重不足；研究生教育1978年后发展起来了，可是培养规格仍是单一化，工程技术、管理干部、临床医生、政法干部等方面，也都需要一定的高层次人才。所以，研究生也不能只搞科研、当教师，还必须培养大批的实际工作专家。

再说发展科学，它主要反映在科学研究未能很好地发挥作用上。1953年教育部部长马叙伦的报告就提出要"密切结合教学，逐步开展科学研究工作"。当时曾提出综合大学要办成既是教育机构，又是研究机构。周总理1956年《关于知识分子问题》的报告也指出，"各个高等学校中的科学力量，占全国教学力量的绝大部分，必须在全国科学发展计划的指导下，大力发展科学研究工作"。但受到当时苏联科学院与高等学校分家这一做法的影响，而未能落实。例如，1956年的"十二年科技规划"就忽视高等学校这支强大的科技力量；同时，在国家科研投资上，高等学校的份额太少，也影响了科研工作的开展。直到70年代末，提出高校的科研的一个方面军，要把高校办成"两个中心"，科研才在高校迅速地发展起来。但这一个时期，仍偏于基础理论研究，应用科技的研究直到近四年才受到大学应有的重视。

至于直接为社会服务，更是近两三年才比较全面地开展的。其实20世纪50年代后期我们就提出了教学、科研与生产劳动三结合的口号。本来这个口号的依据是正确的，合乎世界潮流的，可是对这个口号的理解却是错误的，把生产劳动看成仅仅是政治教育的手段，甚至仅仅作为改造世界观的手段。这样就使得高校的第三职能无从开展。当然，这里最根本的原因还是"左"的思想影响，不重视知识和知识分子在社会发展中的重要作用。对这一社会职能，我认为应从理论上搞清楚它的重要性、意义以及实践的方向、方针。现在，一方面，仍然存在着不重视开展第三职能的传统教育思想；另一方面，由于对这个社会职能真正意义认识不足，同时又受到社会上某种不良倾向的影响，实践上存在着一些不合教育规律的问题。有些高校的某些做法方向不太对头，不是着眼于社会效益，而是只着眼于经济效益；不是着眼于社会的经济效益，而是只着眼于大学本身的经济效益；不是着眼于增加办学经费，而是只着眼于增加员工收入。应当指出,产生这种偏向,有其一定的历史的、社会的原因,未可厚非。但如果以此作为高等学校开展直接为社会服务的指导思想,就定会产生不良后果。

应该说,近两三年来,高等学校开展这一社会职能的活动,主流是好的,并且已经收到了一定的社会效益和经济效益。但存在很多问题,有些问题如不及时解决,任其发展,就很可能对思想教育、教学质量、科研质量带来不良影响。

从回顾历史、放眼世界到看看自己,是否可以得到下面几点认识:

(1)高等学校培养人才、发展科学、直接为社会服务三个职能的产生、发展是有规律性的。世界如此,中国也如此。这三个职能的排列顺序既是它产生发展的顺序,也是其重要性的顺序,绝不可以颠倒过来。

(2)三个职能发展的总趋势是单一化到多样化、经院式到社会化。但多样化、社会化都还得保证一定的质量、水平。要保持高校作为培养人才的社会机构的特点。

(3)不同层次、不同类型的高等学校,对于这三个社会职能,以及每个社会职能的实际内容,由于条件的不同,可以有所侧重,各有其适合的活动范围,不要互相攀比。

(4)开展直接为社会服务的活动,要着眼于社会效益、着眼于国家的经济效益。讲究学校本身的经济效益时,不能损害社会效益和国家经济效益,不要影响教学与科研的质量。那种大办"公司""中心",大办各种各样质量不高的短训班的做法要有所控制。质量不高、数量太多的短训班往往影响教学和科研力量,甚至还会助长"一切向钱看"的不良思想。

二、关于高等学校教学过程与教学方法的问题

中央关于教育体制改革的决定指出:"要在高等教育体制改革的同时,改革教学内容、教学方法、教学制度。"应该承认,在这方面工科院校已经走在前头了,已经总结出了不少好的经验,提出了很多好的方案、措施和建议。我们理论工作者还来不及学习、吸收、消化。我所承担的"七五"博士点基

金研究项目是"高等学校教学改革理论探讨"。这个研究现在还处在制订方案阶段。借此机会,向大家介绍一些现在流行的教学观点、教学方法,想听听大家的意见,作为制订方案的参考。下面谈三个问题:

(一) 教学过程的本质问题

什么是教学过程?传统的教育观点认为:教学过程就是传授知识的过程。根据是:教育的最基本的作用是人类文化的传递。苏联的教育学运用认识论的观点,把这引申为"人类的认识过程",它受人类认识过程一般规律的制约,但又有其特殊性。在教师指导下,在特定的时间、条件下,把社会已经存在的知识转化为个体所掌握的知识,这种认识过程的特殊性就在于:可以从间接经验、书本知识开始,用最节省的时间和精力来认识人类千百年所积累的知识和技能。

苏联教学家这个观点因其具有辩证唯物论的认识论根据,也符合传统教育观点,所以,一向为我国教育理论界所接受。但是,这一观点,在中国,近年来受到了被称为"发展说"和"发现说"两个方面的挑战。

"发展说"认为:教学过程是学生身心发展的过程、个性全面发展的过程。教学过程不只是传授知识、学习知识,而应当包括知、情、意、行的培养,德、智、体、美的全面教育,身体与心理素质的发展。用苏联赞可夫的话说,就是"以尽可能大的效果来促进学生的一般发展"。应该承认,这种观点是有根据的。它符合培养全面发展的人的教育目的,顺应了当前要求改革传统教育观点的潮流,能为现代化教育观点所接受,也有利于从心理学、伦理学、生理学等方面来丰富教育过程的理论,寻求新的教学方法。所以流传到中国之后,很受教育理论界欢迎,并广为传播。

"发现说"认为:教学过程不是学生被动地接受知识的过程,而是自我发现知识的过程。这种主张,一般认为是当代美国的"结构学派"的代表布鲁纳所提倡的。实际上在布鲁纳提倡之前就有人认为,学生要通过自己的独立思考来掌握知识,掌握思维的方法,培养智力、能力。但布鲁纳把他的发现理论建立在他的"学科结构论"上,就比较完整了。他认为:教学应当抓住学科的结构,也就是学科的基本概念、基本原理所构成的学科体系;学习不是被动地接受一大堆现成的成果,而是主动地去探索基本概念、基本原理及其结构体系。传统的灌输知识的方法，其根据是低级的心理活动（刺激→反应），是从学科外部去激发学习动机，而发现的心理活动基础则不同，它充分利用学生对知识的好奇心和求知欲望，引导他们运用分析、综合、比较、演绎、归纳等思维方法，主动去发现问题、解决问题。也就是说它需要调动学生的高级思维活动。因此，可以激发学生学习的内在动机，培养他们的独立思维能力和创造能力。

这种把教学过程看作发现的过程，正符合"着重发挥学生智力能力"的观点。所以，一经布鲁纳的提倡，就受到世界广泛的注意，也为我国所广泛传述。应该说，这种主张在反对传统的教条主义的教学方法上，在发挥学生的主动性、积极性上，在培养学生的自学能力、独立解决问题的能力及创新精神上，是有积极作用的，也是符合当前潮流的。

那么，是否可以说，"发展说""发现说"可以否定教学过程是教师主导下的一种特殊的学生认识过程这一传统的教学过程理论呢？据我所知，写文章持如是说者有之，写教材则未见有之，因为写成教材，一般是要持慎重态度的。

我认为，把教学过程看成是特殊的认识过程或叫作学生的认识过程基本上是正确的。把教学过程作为人类有计划地传授文化科学知识的过程也不能说是错的。但是，如果把教学过程仅仅作为传递科学文化知识的过程，那就是简单化、机械化了。应当吸取"发展说""发现说"的合理论点，但不能以此两说作为教学过程的本质而忽视了知识的传授。我还是坚持这样的观点：教学过程是在教师有目的、有计划的引导下，学生主动积极地掌握知识、技能，发展智力、能力，形成世界观，完善道德品质，全面发展个性的过程。

（二）高等学校教学过程的特点

探讨一般教学过程的本质是重要的，但我们更关心的是直接指导大学教学实践的高等学校教学过程有什么特点？这方面，国内已经开始探索了。我在《高等教育学》中提出，应该有如下三个特点：

（1）要有明确的专业目的性；

（2）对大学生学习的创造性与独立性有更高的要求；

（3）可以把科学研究引进教学过程。

第一个特点的根据是高等教育的第一个基本特点，即高等教育是建立在普遍教育基础上的专业教育。

第二个特点的根据是高等教育的第二个基本特点，即高等教育的培养对象是青年中晚期或成人的大学生，他们的身心发展基本成熟，社会经验较多，并且已经受过普通教育的训练。

第三个特点是结合第一、第二个特点而产生的。由于具有第二个特点，因此就可以把学习和发展逐步结合起来；由于具有第一个特点，就应该把教学和科研逐步结合起来，以便培养出高质量、多样化、高水平的专门人才。

北师大的顾明远教授从教学过程的教师、学生、教材"三要素"及其相互关系来分析高等学校的教学过程的特点，得出与我的提法大同小异的意见。他认为，高等学校教学过程的"三要素"，在水平上、程度上不同，对普通中小学，就不可避免地引起相互作用的变化，形成了高等学校教学过程的四个特点：第一，由于高等教育的目的和任务与普通教育不同，因此，要培养学生把专业知识应用于实际的能力，要加强实践环节；第二，高校的教学过程富有研究性和探索性，要把教学原则和科学原则在更高的水平上结合起来；第三，学生具有更强的主动性和独立性；第四，技术手段起着更重要的作用。

顾教授提出的"实践性"很重要。有的同志甚至认为高校教学过程的主要特点就是"实践性"。我认为比较科学的说法是高校教学过程实践性更为加强。因为，普通学校教学过程也要重视实践性，它们的不同在于，高校教学过程具有明确的专业性、目的性，要使大学生做好过渡到职业岗位上来的充分准备。

（三）介绍若干中外有理论根据并经过试验的教学条件

（1）美国的发现法：发现法的创始人就是美国"结构学派"的代表人物布鲁纳，发现法的根据就是上面所说的"教学过程是学生自己发现知识的过程"。一般的教学过程组织是：教师创设一定情境，使学生在这个情境中产生矛盾；教师提出问题（课题），并提供一定的材料，引导学生自己去分析研究，提出假设；学生从理论上或实践上检验假设，如有不同看法，可以展开辩论；对问题做出结论，获得理论知识，这种发现法，既像科研的发明发现方法，也不同于科研方法。因为，它仍需教师的引导启发，它的"发现"实质上是"再发现"。所以,它不必经过发明家那样的长期摸索就能得出正确的结论,从而掌握理论。据布鲁纳所说,它的作用:第一,能提高学生智慧的潜力;第二,使外来动机向内在动机转化;第三,掌握发现的方法,有利于迁移能力的形成;第四,有助于记忆。

发现法及其课程结构论在美国的实践,在中小学方面不太成功(当然,原因是复杂的),但在大学适当应用,我认为可能还是好的。一般认为用于数理学科和有严密的逻辑体系的学科较好,用于文学、艺术恐怕就不太合适了。同时,不要"望文生义",以为发现法就是完全由学生"自我发现",可以不要教师的主导,那将重蹈"实用主义"教学法的覆辙。

(2)苏联的问题教学法:什么是问题教学法,简单说,就是教师在课堂上形成一种问题情境,启发学生自己去探索、寻求答案,从而激发学生学习的积极性。运用这种方法的关键就在于,要设置有一定难度,而又是学生能利用已知知识来学习未知知识的问题。这些问题最好是实际存在的,诸如各派的理论观点、有待解决的问题等。这样,学生才会感到自己真正参加到探索研究的行列中,而不觉得是被考查。

问题教学不是一种单一的教学方法,苏联高等学校教学论专家阿尔汉格尔斯基认为它是一种教学体系,一种科学系统中的"亚系统"。主要用于讲授中,也可以用于讨论课、实验课以及课后复习、练习等,还可用于考试。当然,它的使用并不否定苏联高校的讲授、讨论、实验、实习等一套传统的教学系统,而是对这个教学系统的补充与发展,使传统的教学系统能够更好地把传授知识与发展智力能力结合起来,培养有独立思考、独立解决问题的能力,有创造性的人才。

问题教学被重视和广泛使用,标志着近十年来,苏联高等学校对教学法研究的重视。除了要求大学教师普遍学习与掌握问题教学之外,还提出许多新的方法,如模拟演习、分步探索、研究教学法等。

(3)中国的学导式教学法:这是近年来所提倡,并在高校、成人教育中进行试验的新的教学法。它最先是从函授教育发展起来的。函授教育"以自学为主,面授为辅",面授时间极短,就要求教师"精讲",重在启发学生"自学"。20世纪70年代初,黑龙江矿业学院的胥长辰等同学把函授所用的方法，经过适当改造，用之于课堂教学，于是就产生了"学导式"教学法。这种方法的基本结构是"自学→解疑→精讲→演练"。这个结构只能说是基本的模式，学导式的发展已不受此限。最近黑龙江矿业学院的邓传源提出："学导式教学法不主张给出某种固定程序的教学模式"，而应根据"学为主体，导为主线"，把"学"与"导"结合起来；根据具体情况，采取讲授、自学、谈话、讨论各种形式，并把各种方式最优化地选择配合起来。

所以，学导式也是一种综合的教学体系。无疑，它对传统的以讲授为主的教学方法是一种改革，但并不否定讲授法，而是要求"精讲"；它对培养学生智能（特别是自学能力、独立解决问题的能力）有积极作用，但并不否定启学式教学，而是启发式教学在高等学校教学过程中的运用。有人为夸大这种教学方法的意义，竟说成是"突破启发式的旧教学观念的框框"，说"学"在"导"前，教师的"导"只能跟着学生的"学"走，要把教师与学生的地位翻转过来，不是教师"启"，学生"发"，而是学生"启"，教师"发"，把"学导式"与"启发式"对立起来，这样来理解"学导式"是错误的，会引起思想上的混乱。

（4）保加利亚的洛扎诺夫法：这种方法也称暗示法，一般适用于外语和其他记忆性强的学科的教学。苏联、德国、加拿大、匈牙利、奥地利、日本以及美国都有移植这种方法，进行试验。大多用于成人的外语教学，据说用这种方法学习外语比常规方法效率高得多。对于成人的外语教学，效果特别显著。

暗示法所依据的教学原则有三个要点：第一，应使学生感到学习是满足欲望的一种快乐，而不是枯燥无味、不得不干的艰苦劳动。第二，能够同时发挥学生有意识和无意识两方面的作用。第三，教师要善于根据学生接受知识的情况和反映出来的不同潜力来灵活地组织教学。

这种方法的要求是：第一，常常伴随音乐或其他悦耳的声音，这是暗示法的主要特点。第二，权威能产生信任感，信心能增加效果，这是暗示法不可忽视的手段。第三，外部环境优美、舒适，有利于心情愉快。第四，运用戏剧、舞蹈、电影等艺术形式，以引起联想、想象等心理活动。

由此可见，暗示法是运用心理学、生理学、脑科学精神治疗学的知识，精心设计环境,通过暗示、联想、想象,调动潜意识的积极作用,使学生在精神愉快的情况下,大大提高学习效率的一种教学方法。据实验者的报告,这种教学方法的效率很高,但所要求的条件也很高,要有昂贵的设备与精心的布置,教师必须经过专门的训练,要严格按照有关的原则教学并要能机动灵活,这种教学方法的应用范围虽有限,但对于其所取得的效果的生理与心理机能也还有争论,但暗示法的积极意义,在于启发人们可以运用生理学、心理学、脑科学所揭示的规律,使教学方法的改革建立在现代科学的基础上。

此外,还有许多各种各样的新的教学法,如程序教学法、案例教学法、自学辅导法、掌握学习教育法等等。

从上面所介绍的几种新的教学方法来看,似可得出如下几点不成熟的看法:

(1) 新的教学法,几乎都强调调动学生学习的主动性、积极性,都着重于发展学生的智力能力,培养学生的自学能力、独立解决问题的能力以及创新精神。这可以说是世界性的教学改革趋势。

(2) 任何一种教学方法,都存在某些优点和局限性,都有其一定的运用范围与限度,没有一种万能的教学法。不能追求一种所谓"最佳的教学方法"来教所有的课程、学科。不要因为过分夸大一种方法的作用,而否定其他教学方法。

(3) 对教学方法要进行综合研究、综合使用,以期产生最优效果。苏联教育家巴班斯基提出"各种教学方法的合理结合"的理论是有道理的。他认为"多种教学方法相互联系、相互渗透,反映了教学方法概念的辩证法,反映了这些方法是互相转化而不是孤立存在的"。教师对教学方法多样化的认识越深,结合就会越恰当、越丰富,教学效果就越佳。

要鼓励并支持教育理论工作者争鸣[①]

"双百"方针的提出已经有30年了。它对于繁荣学术、促进社会发展的作用，已用不着更多的论证了。但只是在党的十一届三中全会之后，才有了贯彻这一方针的比较适宜的气候，才能比较顺利地开展学术界的争鸣。目前，各个学术领域的情况似乎又不尽相同。一般来说，文艺界、经济学界比较活跃，教育理论界则比较沉闷。前些时候，争论过教育的本质问题（我认为正确的提法应是"教育的社会属性问题"）、教育方针的表述问题、教学过程的性质与规律问题等等。这对教育理论的深化与发展无疑是有益的。但总的看来，讨论并不多，针锋相对的争论更少。报刊上的文章，大多数是各谈各的。有的就某一教育现象进行一些调查，整理一些资料；有的只是谈经验、谈感想；还有不少只是介绍一些国外教育情况或西方一些流行的教育观点；更多的是注释现行的教育政策。调查资料、经验感想、国外情况与西方观点的介绍，我认为都是有益的；注释政策，更是必要的。但如果河水井水，各顾各的，从繁荣学术、提高教育理论水平来看，缺乏争鸣，就难以深化与提高。

是不是对于教育问题，大家见解都很一致，没有什么值得争鸣的呢？似乎并非如此。如果把某些各谈各的文章，细心寻绎比较，就可以看出不论在理论观点上，还是在实际做法上，都存在颇大的分歧。

对于普通教育，我不太了解。只就与高等教育有关的问题举几个例子。

[①] 原载《教育研究》，1986年第7期。

高等教育的任务是培养人才，人才观是高等教育的基本观念。但人才的含义是什么？看法不同。人才学所研究的人才，据我所知，往往是指中外古今"出类拔萃""智能超常"的"天才""名家"。教育学当然也应当研究"天才"的培养，特别是高等教育所培养的是高级专门人才。但教育的对象不能仅限于"天才"，高等教育应当培养社会主义建设各个领域、不同层次、不同规格的多种专门人才。既要培养出类拔萃的大科学家、大企业家，更要培养数以百万计的能在各自工作岗位上辛勤劳动，为社会主义做出贡献的干部、教师、医师、技术人员、管理人员。由于对人才含义的不同理解，在教育理论研究上，在办学实际工作上，着重点就有所不同。是否以研究生录取率高低、博士点与硕士点多少作为高等学校办学成绩的主要标准，就是人才观的具体体现之一。

与此有关的教育价值观。教育的价值在于个人的发展还是在于社会的发展？当然，两者是应当统一的，但在实际上往往存在矛盾。如何以正确的教育价值观来处理个人的发展与社会的发展的关系，在教师、学生、家长中是存在不同看法的。在教育理论的论述上也往往存在一些分歧。

高等学校的主要职能是什么？培养人才、发展科学、直接为社会服务，三者有什么关系？有没有某些矛盾？怎样摆法？怎样正确处理？这里还关系到如何看待教育的经济效益，如何看待办学的经济效益与社会效益、当前效益与长远效益的问题。

高等学校的培养目标及其教育计划，应当培养"专才"还是"通才"，应该培养"粗坯"还是"成才"，抽象的争鸣已有之，结合中国国情，深入到各种类型与层次进行具体的研究讨论还不多见。

教学改革，应当转变不适应社会主义现代化的教育思想，这是无疑的。但什么是适应社会主义现代化的教育思想，哪些是不适应社会主义现代化的教育思想？是不是传统教育思想都是腐朽的，西方流行的教育思想都是现代化的？与此有关的问题是如何"在辩证唯物主义与历史唯物主义思想指导下"，改进教学内容、教学制度、教学方法？如何正确对待传授知识与发展智能、理论与实践、基本理论知识与科学技术新成就、继承与创新、讲授与自学、分科教学与"模块"教学等问题。

在高等学校教学过程中，教师与学生的作用同普通中小学有什么不同？教师是否仍然应当起主导作用？如何理解学生的主体作用？

此外，还有在学校管理与领导中，关于校长负责制、高等学校的评估、教师的职务与聘任制等问题，也存在一些不同的认识。

以上只是列举一些例子，实际存在的问题还多得很。举出这些例子，无非是想说明在高等教育上，确实存在许多不同的见解，甚至是分歧的意见。既然分歧是存在的，为什么很少看到针锋相对的争鸣文章？即使有些争论，也往往只在一些讨论会上、研究会上，或者会后的言谈中说说而已，很少在报刊上写有理有据的争鸣文章。我认为有以下的原因。

一、"唯书""唯上"的思想未彻底克服

书是要读的，上面的话也是要听的。但书上正确的理论从何而来？上面正确的意见从何而来？它们都是要经过调查、讨论、探索之后才能取得的。何况"书"与"上"不一定都是正确的。而且形势在发展，新情况、新问题不断出现，"书"与"上"更不可能预测一切情况，解决一切问题。多年形成的"唯书""唯上"的习惯，禁锢着人们的思想。

二、学术讨论与政策执行的界限没有划清楚

政策是应当执行的，对于正确政策，从理论上进行论证、注释、宣传，以便提高人们的政策水平，也是必要的。但政策的依据是什么？正确的政策，是根据事物的客观规律并结合一定的条件而制定出来的。为了提供制定正确政策的依据，必须开展科学研究，从各个方面进行论证。一般来说，科学研究应当走在政策的前头，提供决策的依据，才能充分发挥科学研究成果的作用。在科学研究过程中，必然出现未见于政策的理论，甚至与现行政策不一致或不完全一致的意见。作为学术讨论、争鸣，应该是允许而且应予以鼓励的。必要的试验，只要不违反四项基本原则，也应当是允许而且应予以支持的。当然，作为正式推行，那是要通过一定的制定政策以至立法的程序的。

三、有关部门对于教育科学研究的重视不够

应该说，十一届三中全会之后，有关部门对教育科学研究已经有所重视了。这里说的是"不够"。表现为：对于开展教育科学研究的意义认识得不是很清楚，许多决策靠经验，反复咨询、论证不够；对于学术争鸣，还有所顾虑。从而对教育工作者进行教育科学研究的支持不够有力，鼓励开展争鸣的决心并不大。这就不能不使得教育理论工作者在开展科学研究上感到困难重重，在争鸣上有所顾虑。

现在，《教育研究》提倡开展教育理论的争鸣，并提供了争鸣的园地，我是衷心感到高兴的。

高教研究要重视科学性与可行性[①]

高等教育学是教育科学的一门分支学科,一般来说,它是属于应用理论学科。任何理论研究,都必须重视研究成果的科学性,而应用理论研究的成果,除了科学性之外,还必须十分重视其可行性,前者是不证自明的道理,后者却往往被研究工作者所忽视。这是当前高等教育理论研究中一个颇为突出的问题。

研究成果的科学性与可行性,就其本质来说,应当是一致的,可行性必须建立在科学性的基础上,才能经得起实践的检验;科学性必须具有可行性,才能转化为"生产力"——对于社会科学的研究成果来说,就是转化为社会实践。但是,在现实中,两者却往往不一致:"科学"的未必是可行的,"可行"的却不一定是科学的。某些高等教育理论文章,它的科学性是经过严格论证的,似乎是无可非议的,但在实践上却行不通;某些高等教育的决策、方案、措施、办法,是缺乏科学根据的,但却被广泛应用。为什么?

科学性转化为现实的可行性,是有条件的。自然科学、技术科学的研究成果,从实验室到中间生产、大批量生产,要解决资金、设备、原材料等问题;同样,社会科学的研究成果,从理论转化为社会实践,不能不考虑社会条件:社会制度、经济基础、科技水平、文化传统、思想认识等等。如果某些条件不具备、不适应,那就缺乏可行性。当然,有些条件是可以创造的,

---

① 原载《中国高教研究》,1987年第1~2期。

但创造条件要有个过程；何况有些所谓的"条件"是不可创造或不应创造的，那么，研究成果的所谓"科学性"也就要打上个问号。

当前，高等教育理论研究很活跃，据不完全统计，研究机构在300个以上，出版刊物近200种，每年发表的文章数以万计，公开和内部出版的专著、论文集不下百种，这是一个十分可喜的现象。有许多研究成果，不但有理有据，而且确实可行，有的已经为人们所采用，或多或少，或快或慢地转化为或正在转化为社会实践，对高等教育的改革与发展起着积极的作用。但也有不少所谓的研究成果，东抄西摘，满足于理论推导，"摆花架子"，不考虑当前中国高等教育的实际，是否可行，如何实行。还有些是照搬外国教育理论，硬套现成公式，它的科学性也是值得怀疑的。

常常听到教育理论工作者抱怨教育行政部门不重视科学研究，凭经验办事，拍脑袋决策，不科学，不民主；教育行政部门又往往抱怨教育理论工作者脱离实际，纸上谈兵。这些抱怨，可能都不无理由。这就启发我们要认真思考，如何使科研与决策结合起来；决策者要有科学化、民主化的态度，把科学研究引进决策过程中；科研工作者要有实事求是的态度，重视科研成果的可行性。在这方面，据我所知，不乏成功的例子。例如，近年来对于高等工程教育结构的研究，对于应用性高层次人才的研究，由于科学性与可行性较好地结合起来，已经部分转化为决策并付诸教育实践。高等教育这种应用理论学科的研究成果，既要论证它的科学性，又要论证它的可行性，把科学性与可行性统一起来，使决策者、执行者能够接受，乐于接受，使科研与决策、理论与实践"两张皮"紧密地黏合在一起。

《高等教育学报》即将公开出版，写上这篇"感想"，既是自勉，也是寄希望于这份有理想的刊物，希望今后能多多刊载科学性与可行性统一的文章，推动高等教育的改革与发展。

十年来高等教育科学研究的进展[①]

作为教育科学分支学科的高等教育学，是最近30多年来才在世界逐步形成的一门新兴学科。就我国来说，20世纪50年代虽已有一些研究高等教育的文章，并有个别学者开始进行比较系统的研究，提出建立专门学科的建议，却未引起人们的重视。其后由于众所周知的原因，研究工作不可能持续下去。直到党的十一届三中全会之后，全国才开始重视高等教育理论研究。

一

我国高等教育科学研究从20世纪70年代末起步到现在的10年间，经历了从无到有、从少到多、由粗到精、由浅入深的过程。如果以1983年高等教育学科被正式确认时为界，可以将这10年分为两个阶段。前一阶段主要是宣传高等教育理论研究的重要性与必要性，从思想上提高人们的认识，动员大家来开展研究，当然也进行了一些研究，介绍了一些国外的研究情况与成果，但总的说来，不够普遍与深入。后一阶段在前一阶段的基础上，研究的范围扩大了，研究的内容加深了，研究的方法也逐渐科学化，并在全国范围内形成了研究的热潮。1985年《中共中央关于教育体制改革的决定》公布后，我国高等教育研究围绕着体制、管理改革问题，在宏观方面的研究，有了较多

[①] 原载《教育研究》，1988年第11期。作者：潘懋元、林叶枫。

的成果。当前,在社会主义初级阶段商品经济的新情况下,以引进竞争机制、改革高等教育为中心课题,正在全面展开宏观与微观多个方面的研究。回顾10年来的研究历程,我们深深感到,高等教育改革需要高等教育理论研究,高等教育理论研究推动高等教育改革,也促进高等教育理论自身的发展。通过研究,在理论上对一些重要问题有了新的认识,在实践上起到了指导的作用。在一篇短文中不可能一一阐述方方面面的科研进展,只能着重谈谈若干一般性理论的新认识。

(一) 对教育同经济和社会发展关系的认识

高等教育的基本任务是培养高级专门人才。高级专门人才是国家经济建设、社会发展的骨干力量,对于经济、政治、文化、科学技术的发展具有直接的推动作用。可以说,一个国家文化与科学技术的发展,最终取决于高等教育所培养出来的人才的数量和质量;一个国家的经济与政治的发展,在很大程度上也取决于高等教育所培养出来的人才的数量和质量;现代国家国力的强弱,除了经济、军事力量和物质资源之外,也要依靠人才资源。尤其是当代科学技术日益成为经济和社会发展的关键,任何国家要提高它的经济实力、国际竞争优势,就必须依靠高等教育来培养大批高水平的科学技术和管理人才。高等教育的地位与作用,正是通过培养高质量的人才来为经济和社会发展服务而体现出来的。因此,从某种意义上说,现在高等教育直接关系到未来的工业、农业、国防、科学技术以及整个社会多个方面的现代化。

关于教育同经济和社会发展的关系,以往教育学已有所阐述,但只是从教育发展史的研究中获得一般的认识,缺乏具体的、现实的论证,因而认识不够深刻。这是因为以往教育学是以普通中小学教育为其主要的研究对象,而普通教育同经济和社会发展的关系,相对来说是宽泛的、间接的。高等教育是高级的专业性教育,如上所述,它同社会的生产力、科学技术、经济活动、政治制度等的关系是密切的、直接的。高等教育的成败,能够较快、较明显地从经济与社会的兴衰得到反馈,因而对高等教育的历史与现实的考察,能够具体深入地掌握它们之间的联系与关系。尤其是在世界性的新技术革命浪潮中,在近现代中国经济与社会的剧变中,从当前的社会主义现代化建设进程中,教育必须与经济和社会发展相适应这一客观规律的作用,就较易为人们所认识与掌握。实在地说，高等教育科学研究的贡献并不是发现这条客观规律，那是早已为人们所一般地认识了的。它的贡献是以生动的事实、充足的理由，有说服力地论证了这条客观规律，使人们具体深刻地认识到教育，尤其是高等教育必须受社会的经济、政治、文化所制约并为社会发展服务。只有深刻认识到这是一条不依人们意志为转移的教育的外部关系基本规律，才能自觉地遵循与运用这条规律。

对于教育外部关系规律的认识是有重大的理论意义与现实意义的。它为社会主义初级阶段的教育改革提供理论依据，是制订高等教育发展方针和改革政策以及种种方案、措施的基本理论。如高等学校当前应当大量培养应用型人才，要把竞争机制、商品意识引进高等教育中，必须改革大学毕业生的分配制度，以及建立教学、科研、生产联合体等。凡是正确的政策、措施，归根结底，都是依据教育必须与经济和社会发展相适应的规律。基于这种认识，近年来，我们在教育发展战略上的一个重大突破就是把教育作为国民经济发展的战略重点之一，提出了"教育必须为社会主义建设服务，社会主义建设必须依靠教育"的指导思想，确立起高等教育在国民经济发展和社会发展中的战略地位。

同时，从高等教育领域研究教育外部关系规律的科研成果，也将丰富和发展一般教育基本理论，扩大教育科学研究的范围，开拓教育理论工作者的视野，提高研究水平不能"就教育谈教育"，局限于研究教育的内部规律。正因如此，教育经济学、教育社会学、教育文化人类学等交叉学科受到人们广泛的重视，还有人提出要研究"大教育学"，或"广义教育学"，以便充分探讨教育同经济、社会、文化的内在关系。

（二）对教育观的思考

在改革开放中，西方的各种学说和观点潮水般涌进高等学校校园。它的积极作用是冲击了传统教育中不适应现代化的某些僵化的思想观点，但也引起了一些混乱。为此，1984年以来，全国举行过多次全国性的、地方性的、校际和校内的教育思想讨论会，发表了数以千计的讨论教育思想的文章，出版过几本高等教育思想论文集。涉及的面很宽，如人生观、价值观、人才观、质量观、教学观、道德观等。这里只谈谈关于教育价值观与人才观的思考。

1. 教育价值观

教育价值观的名目繁多，如人本主义、自然主义、个人主义、实用主义、功利主义、传统的、现代的、泛爱的、泛智的等。但总的来说可分为两大类：一是社会（国家）发展需要的价值观；一是以个人为中心的自我发展的价值观。这两大类教育价值观都是源远流长的，但在今天都被赋予某些新的含义。西方资产阶级以个人为中心的自我发展的教育价值观，在一定历史时期曾起过积极的作用，反对封建专制、宗教束缚、压制个性发展，使教育脱离封建政权与宗教神权的压迫，获得比较自由的发展。所以自由资本主义时期的进步教育家，大多数是以教育能否满足人的自我发展的需要来评价教育的价值。但是，根据上述教育必须受社会的经济、政治、文化所制约并为社会发展服务这一条客观规律，衡量教育的价值，最终只能以所培养的人才能否满足社会发展的需要，在推动社会发展中起多大的作用作为评价的标准。离开了社会关系就没有抽象的人性，离开了社会需要也没有抽象的人的自我发展、自我完善的价值。西方资产阶级以个人为中心的教育价值观是不符合教育的基本规律的。

社会主义的教育价值观，是以社会发展的需要作为衡量教育价值的最终尺度的。也就是说，社会主义教育的价值在于满足社会主义现代化建设的需要。但是，培养什么样的人才能满足这种社会需要呢？是具有独立的人格、主人翁的意识、内在优良素质得到充分发展的人才，即马克思主义的个性全面发展的人。不应把社会主义的教育曲解为仅仅是训练阶级斗争与生产斗争的工具，重复那种压抑人的聪明才智、窒息人的创造才能的教育，有必要吸收以个人为中心这种错误的教育价值观中某些合理的因素以及其所采取的某些有效的方法来改进我们的教育。在社会主义社会中，人的自身发展的需要与社会发展的需要可能而且应当得到统一。所以，确切地说，社会主义的教育价值观是社会主义发展需要与人的自身发展需要统一的价值观，也就是《共产党宣言》中所宣称的"每个人的自由发展是一切人自由发展的条件"。这种教育价值观，既坚持马克思主义个性全面发展的学说，符合社会发展规律，具有历史唯物主义的理论意义，又对当前社会主义初级阶段的改革开放具有现实意义，是一种能够充分调动学生学习积极性的教育价值观。这种教育价值观，在本质上区别于西方资产阶级所鼓吹的以个人为中心的教育价值观而又吸收其合理的东西，它是一种积极的社会需要价值观。

2. 人才观

现代化人才的含义和标准，是当前讨论得最热烈的问题之一，也是与高等教育培养目标、培养规格密切相关的问题。在讨论中，提出了种种人才类型的见解，如"创造型""开拓型""协调型""T字型"等。在各种各样的见解中，经过讨论，有两点认识是比较一致的：第一，社会主义现代化人才，是能坚持社会主义方向，对社会主义建设能做出贡献的人才；第二，适应改革开放的现代化人才，是思路开阔，具有应变能力，能够接受新事物的挑战，勇于进取，敢于创新的人才。

在这个共同认识的基础上，高等教育理论界对一些与培养高级人才有关的问题开展了深入的探讨。

社会主义现代化建设要求高等教育培养通才还是专才？众所周知，美国教育强调培养通才，苏联和欧洲一些国家强调培养专才或倾向于培养专才。新中国成立以来，高等教育按专业培养专才。近年来教育理论的倾向性是培养通才，并且已借鉴西方国家某些做法，采取了一些有利于培养通才的措施。然而培养目标与教学计划基本上仍是专才教育，有的高等学校在修改某些专业教学计划时，甚至有越修越专的倾向。这种理论与实践脱节的现象，其原因盖由于通才教育的提倡者昧于国情，而有些教育实际工作者则思路较窄。经过教育思想讨论，目前比较普遍的意见是：通才和专才结合，既要加强通识教育，又要掌握一定的专业知识与技能，要在"通"的基础上有所"专"，掌握一定的专门知识而又能融会贯通。事实上，世界各国的通才教育与专才教育，在科学技术发展的新形势下，有逐渐"认同"的趋势，从而通才教育与专才教育的绝对界限逐渐模糊了。中国从立足现实、面向未来原则出发，似应以培养基础稍厚、知识面稍宽、具有较强的社会适应性的专才为主。同时，各个层次、各种科类的培养目标与规格可以有所侧重。例如：本科教育可以较通些，而专科教育必须较专些；理论人才应当较通些，而应用技术人才似可较专些。当然，这都是相对而言。多种规格的人才，都是社会主义建设所需要的。

"人才"这个概念,是指出类拔萃的人才,还是包括一切能充分发挥自己的聪明才智,在其本职岗位上对社会主义现代化做出较大贡献的各种各样人才?对此,大家有不同的理解,不少人写了有关人才问题的文章,宣传的只是大科学家、大政治家、大企业家,给人的印象似乎只有杰出的人才、拔尖的人才、天才、英才,才是"人才"。诚然,社会主义现代化建设,需要杰出人才,这是毋庸置疑的,高等学校应当为发现与培养杰出人才创造条件,但是,社会主义现代化建设也需要数以千百万计的能够坚持社会主义方向的各级各类的人才。社会需要多样化的人才,使我们有必要扩大"人才"概念的外延。从分工来说,人才应当是多专业的;从能级来说,人才应当是多层次的;从素质来说,人才应当是多类型的。高等学校如果只着眼于拔尖人才的培养,就会忽视大量的社会主义现代化建设人才的成长。高等教育的人才观,是指少数人还是包括多数人,这是一个办学指导思想问题。目前,我国正处于社会主义初级阶段,生产力的发展水平是多层次结构,对专门人才的需求是多层次、多规格的,这就要求高等学校的培养目标和培养规格应当多样化,以适应经济和社会发展多方面的需要。

教育思想的研究讨论,虽然不可能也不应当强求一致,但它的意义是重大的。首先,它冲击了传统教育思想,扫清了教育改革道路上的一些障碍,也分清了西方教育思想的一些是非,从简单地排斥一切传统教育思想和盲目地崇拜一切西方教育思想,到认识上不论传统教育思想或西方教育思想,都有精华与糟粕,都必须取其精华,去其糟粕,走中国自己改革教育的道路。更重要的是这种研究和讨论,可以开拓思路,活跃思想,启发人们深入思考教育改革的指导思想,它对高等教育改革必将有深刻的影响。

(三)对高等教育结构的研究

多年来我国研究高等教育发展问题,制订发展规划,往往只从整体上研究数量与质量的关系,未免失之笼统。单纯数量的增加,结构不合理,不一定能收到预期的效益,甚至会造成很大的浪费;个别质量提高了,整体结构不合理也不一定能收到预期的效果,甚至会造成人才积压。一般来说,事物的量与质的关系,往往要通过结构起作用。即使数量不变,由于结构的变化,也会引起事物性质的变化。结构优化,也会大大地提高效益。因此,在一定意义上，高等教育的改革与发展，结构是一个关键环节。近年来，高等教育科学研究的一个新领域，就是根据系统科学的原理，把"结构"与"功能"的概念，引进研究过程，从宏观方面研究高等教育的层次结构、科类结构、形式结构、布局结构以及宏观管理结构等；也从微观方面研究专业结构、课程结构、师资结构、基础设施结构以及微观管理结构等；还从受教育的个体方面研究知识结构、智能结构、素质结构等。近年来对高等教育结构的研究，尤其是宏观结构方面，取得了一定的进展，使人们对于高等教育的评价、规划、调整、改革，不只是停留在数量与质量的关系上，而能深入到内部结构的深层，研究它的功能，探求它的最佳方式，以获得最大效益。除了各种高教研究刊物发表了许多对高等教育各种结构进行探讨和用系统工程的方法研究各种教育问题的文章之外，特别值得提出的是1986年以来出版的齐亮祖、刘敬发主编的《高等教育结构学》（黑龙江教育出版社）、郝克明、汪永铨主编的《中国高等教育结构研究》（人民教育出版社）、张光斗主编的《高等工程教育结构研究》（重庆大学出版社）三本书，标志着高等教育结构研究的三个层次。还有的大学开出"高等教育系统工程"一类课程。当然，关于高等教育结构的研究，现在还只是开始，尤其是微观结构的研究还很不够。而就这个学科的发展来说，不但对于制订高等事业发展规划，深化高教改革，有着理论指导意义，而且对于深化高等教育理论研究，也有方法论的意义。

（四）对高等学校思想政治教育的探索

高等学校的思想政治教育工作，在改革开放的新时期，面临着两个新的课题：

1. 思想政治教育任务的改变

党的十一届三中全会把发展生产力、实现社会主义现代化建设的宏伟目标作为新时期的总任务，要求大幅度提高生产力，改变同生产力发展不适应的生产关系和上层建筑，以及一切不适应的管理方式、活动方式和思想方式。十一届三中全会以后，我国社会发生了巨大的变革，从封闭到开放，从僵化到搞活，从产品经济到商品经济……从而决定了高等学校的思想政治教育任务，必须由过去的"以阶级斗争为纲"，转变到为社会主义现代化建设的总任务服务的轨道上来。思想政治教育任务的根本性转变，决定了思想政治教育的内容、方法都必须改变。在内容上，必须在坚持四项基本原则教育的前提下，扩大思想教育的内涵，要对学生进行商品意识与竞争意识的教育、创新精神与成才理想教育、民主与法治教育、社会公德与职业道德教育等等；就方法来说，必须改变过去那些简单化、教条式的做法，采取民主的、疏导的、以自我教育为主的方式，使高等学校所培养出来的人才具有主动适应社会主义初级阶段经济和社会发展，推动社会主义现代化建设的思想和行为。

2. 思想政治教育对象的变化

当代大学生生活在上述转变的特定历史环境中，与以往的大学生相比，具有不同的思想状况与特点。一方面，他们思想活跃，善于思考，关心国家前途，憎恨腐败现象，具有爱国主义精神，渴望成才，有振兴中华的强烈愿望，这是本质和主流；另一方面，他们经历过十年动乱时期，面临改革开放的新形势，对一些社会问题不甚理解，同时又受西方各种思想的影响以及社会某些不良倾向的影响。他们既重视个人利益、自我价值，又重视集体荣誉、民族光荣。他们的思想常常处于矛盾之中，积极因素与消极因素交织在一起。要正确认识和评价当代大学生的思想特点，从他们的思想实际出发，使他们感到自己是被"理解"的。在这个基础上，发扬积极因素，克服消极因素，有针对性地解决他们的思想矛盾，引导他们向健康的方向发展。

高等学校思想政治工作面临新的挑战，这就要求我们的高教理论工作者和教师、干部，对思想政治教育的任务、内容、方法的改革进行探索，不能墨守成规。这是一项细致而艰巨的工作。10年来，虽然很难说有突破性的进展，但对上述问题，确实有了新的认识，更新了一些观念，提出了一些较好的方式方法。如变封闭式为开放式，加强社会实践，增进学生对社会的了解；提出校内教育与校外教育相结合；变"以领导为中心"为"以学生为主体"，加强自我教育；变"单向的教师向学生灌输"为"双向的民主对话、平等讨论"，增加思想工作的透明度；变教师只管业务教学为"教书育人"；等等。特别值得重视的是，由于教育学家和心理学家的努力，人们已经逐渐认识到思想政治教育是一门科学，有自身的规律，可以应用心理学、测量学的方法对它进行科学的研究。大学生心理学这门新兴的学科正是由于思想政治教育和教学的需要而建立起来的。

（五）对高等学校教学理论的研究

学校教育分为初、中、高三个层次，主要是根据智育的程度划分的，而智育主要是通过教学来实现的。因此，高等教育学不同于普通教育学，主要在于教学理论。教学理论是高等教育学的重要组成部分，也是同大学教师日常工作直接有关的部分。10年来，广大教师的研究大多集中于各科教材和教法上，而高等教育学的研究则主要集中于高等学校教学过程的特点和规律。

关于高等学校教学过程的主要特点，一般认为：第一，明确的专业目的性或职业倾向性；第二，对大学生学习的自觉性、自主性、独立性、创造性有更高的要求；第三，学习与发现逐步结合，把科学研究引进教学过程中。还有的认为要加强专业性实践与社会实践，以便于大学生顺利地从学校学习生活过渡到职业岗位工作，也是特点之一。这些特点的提出，还只是从对现象观察所获得的表层认识。现在许多高等教育理论工作者正在探索深层的规律。即使如此，教师掌握了上述这些特点，对指导教学实践、提高教学水平是有现实意义的。

在科学技术迅猛发展、社会变革日新月异的时代，传统的以传授知识为主要任务并以课堂讲授为主要形式的教学理论，显然已不完全适应培养人才的社会需要。广大教师从实践中总结了许多教学改革的具体经验，提出了种种课程改革的方案，试验了各种教学改革的措施。10年来，写出了数以万计的教材教法改革总结报告。高等教育学的任务则是根据教育学、心理学的理论，总结有科学根据并经过实践检验行之有效的经验，探讨若干基本理论问题。如研究知识与智能的辩证关系、学生在教学过程中的主体地位、学习与发现和教学及科研的关系及其机制等等。对于这些基本问题，大体上有了比较明确的认识。

1. 关于知识与智能的辩证关系

传统的教学是以传授知识为主要的甚至是唯一的任务。现代科技发达，知识量激增，自然科学、社会科学，尤其是应用技术的知识日新月异，西方出现了新形式教学论，认为知识过几年就"老化"了，知识量过几年就要"翻一番"，大学生不应花时间、精力于积累知识，教学应当以发展学生智能为主要任务。我国也有不少学者主张学校应变培养"知识型"人才为培养

"智能型"或"能力型"人才。这种主张有一定的道理但不全面，并且容易产生消极影响，为"知识无用论"提供理论依据，重蹈历史上形式教学论的覆辙。近年来，全国举行过多次有关教学观和大学生智能培养的研讨会，人们逐渐认识到知识积累与智能发展存在的辩证关系：知识的积累是智能发展的基础，只有知识的积累与理解达到一定的数量与深度，人们才能运用知识来思考问题，分析问题，解决问题。特别是在科学技术高度发达的今天，一个知识贫乏的人，是难以从事复杂的科技问题的研究、设计的，也是难以做好现代化的经营管理工作的。同时，科学知识本身是前人智慧的结晶，可以而且应当通过深入钻研科学知识来吸取前人的智慧。另一方面，智能的发展又是掌握知识的条件。自学能力强的人，接受知识往往又快又深；思维能力强的人，就比较容易理解难度高的抽象理论。在教学过程中，学习知识与发展智能必须统一起来，贬低任何一方面都是错误的。

2. 关于学生在教学过程中的地位

传统的教育观认为，在教学过程中，学生是教学活动的客体，被动地接受教师灌输的知识或任由教师塑造。由于忽视学生的主体作用，教学论往往只研究教师如何教，很少研究学生在掌握知识、发展智能中的心理活动；教育心理学也很少研究学生在教学过程中的主观能动性，教师备课时，往往也只考虑教学的科学性、系统性、逻辑性，很少注意如何启发学生的自觉积极性，如何使学生学得生动活泼。教师在灌输知识方面积累了较多经验，在指导学生学习方法方面很不重视，以致学生也习惯于呆读死记而不善于独立思考，习惯于按教师的布置来学习而不善于独立工作。在高等学校教学过程中忽视大学生的主体作用，显然不利于培养有开拓精神、创造能力的现代化人才。针对传统教学观中的这种重教轻学的偏向，明确提出教与学并重，师与生都是教学的过程的主体，共同作用于作为客体的知识，在提高教学质量上是有积极意义的。基于这一认识，近年来许多教育理论工作者致力于研究大学生的学习心理和学习方法，有的写出大学生学习论专著，有的开出大学生学习指导课程，并且组织了学习学的研究会，提倡建立学习学新学科。

3. 关于学习与发现、教学与科研的关系

传统的教学观认为，学生的任务就是学习。教学过程，就是在教师主导下，把人类社会已有的知识转化为学生个体的知识的单向过程。这种教学观，只重视传递、继承，忽视发现、创造，不利于培养大学生独立思考与创造的能力。大学生的知识积累、智能发展，已具备了独立分析、独立解决问题的条件，可以在传递、继承的同时，引进发现、创造的因素。因此，有的同仁提出高等学校教学过程是"以学习为主，学习和发现逐步结合的过程"，要把科学研究引进高等学校教学过程。

在人类的认识过程中，学习与发现是相互依存的：发现的成果，构成学习的内容，没有发现就没有学习；发现必须有一定的知识积累，没有学习就没有发现。教学过程是特殊的认识过程，学习与发现，并无截然的鸿沟。首先，可以引导学生通过独立思考去自我掌握前人已知的知识（再发现），然后逐渐能提出前人未知的独立见解（发现），最后能运用科学的方法进行科学研究，获得科研成果（发现）。这个过程应当贯穿于大学的整个教学过程之中，而不是在写毕业论文或进行毕业设计时才开始进行科研训练。明确教学过程中学习与发现、教学与科研的关系，对于提高教学质量，培养学生的创造能力，是有理论意义的。

近年来关于高等教育理论还进行了许多研究，如关于课程论的研究、学分制教育计划的研究、改革考试方法的研究、新的教学方法的研究与试验等等。特别是大学物理教材教法的研究，学导式教学的研究，都取得了可喜的成果。

高等教育科学是一个广阔的研究领域，它比普通教育科学复杂得多。以上只是列举若干一般性原理的研究成果及其进展情况，偶或涉及某些分支学科而已。10年来，各个分支学科都有自己的研究成果，如比较高等教育和高等教育发展史，对高等教育的历史与现况的比较研究；高等教育经济学，对高等教育的投资与效益的研究；高等教育管理学，关于体制改革、校长负责制、教育评估以及思想政治教育管理、教学管理、总务后勤管理的研究；尤其是围绕当前改革开放的现实问题，开展关于高等教育发展战略的研究，教学、科研、生产联合体的研究，招生与分配制度的研究，等等。在论证教育政策上，都有一些有价值的应用型研究成果。同时，各科类高等教育的研究，如高等工程教育、高等师范专科教育、医学教育等；各学科教学法的研究，如政治课的教材教法、大学物理教学法,以及电化教育的理论与方法等等,都有许多研究成果,发表了大量文章,出版了一些专著。总之,10年来高等教育科学的研究成果是十分丰富的。

二

10年来高等教育科学研究发展迅速,成果累累,令人振奋。可以预见,随着高等教育改革的深化,高等教育理论研究的重要性与必要性越来越为人们所认识,高教科研事业将不断发展,研究水平也将不断提高。但是,我们也应当看到,由于中国高等教育科学研究起步较晚,目前这一学科还处于初创阶段,同世界发达国家相比,在研究队伍、经费、方法、水平上,还有一定差距。在研究过程中,还存在着理论水平不高,科学论证不足,调查实验太少,理论脱离实际,以及规划不周、课题重复、经费无着落、领导不够重视、成果出版困难等问题。为了解决存在的问题,把研究工作推向深入,除了教育领导部门要有长远眼光,给予充分重视与必要支持之外,高教理论工作者还需要进行艰苦的探索和不懈的努力,要提高思想认识与思想方法的水平。

第一,在指导思想上,必须坚持以马克思主义为指导,吸取传统的、西方的有效的科研成果。马克思主义的基本原理和世界观、方法论是研究一切社会科学的理论基础,它为我们提供了认识世界和改造世界的思想武器,具有普遍性的意义。我们的高等教育科学研究,也应当用马克思主义的立场、观点、方法来分析高等教育问题,把重点放在研究我国高等教育事业发展与改革过程中的重大理论问题和实践问题上。这是探索建立有中国特色的社会主义高等教育体系的唯一正确道路。现在一些研究高等教育的文章,往往生硬搬用西方学者的理论,研究的出发点背离了马克思主义的思想路线。诚然,西方学者的理论以及他们的研究方法,的确有许多合理的、值得我们借鉴的东西,不应当因为是资产阶级学者所提倡或资本主义国家所采用的就轻率地予以否定。但是,其也的确存在大量唯心主义、个人主义、实用主义的糟粕。即使是一些在西方可行的东西,也还存在是否符合中国国情的问题。我们必须用马克思主义的准则来分析判断，不可一味地亦步亦趋，食洋不化。

第二，高等教育理论研究要紧密围绕高等教育改革来进行。高等教育理论研究与高等教育改革的关系是理论与实践的关系，必须坚持理论联系实际的原则，把理论研究与改革实践结合起来。如果理论研究不能指导实践活动，不为改革服务，这种理论研究就失去了它的社会价值。所以，高等教育理论研究的立足点应该放在为高等教育改革服务上。当然，不应当把为高等教育改革服务简单化地理解为就是宣传既定政策，重复过去那种教条的、浅薄的所谓"研究工作"。不要限制过多，画地为牢，要有超前研究、创新立论的理论勇气，为制定政策提供科学依据，对执行正确的政策提供理论指导。当前高等教育改革需要研究的新问题很多，既有宏观方面的，也有微观方面的。例如高等教育与商品经济的关系，如何正确引进竞争机制，如何处理基础学科与应用学科的关系，如何正确处理教育的经济效益与社会效益、长远的经济效益与短期的经济效益的关系，如何通过教育自身的规律以发挥教育与社会的外部关系规律的作用，在教育权层层下放之后如何实现有效的宏观控制等，以及关于专业调整、培养目标与规格、教学内容与教学方法的改革、师资培养及教师待遇、办学方式与经费筹集等问题。还有一些当前急需解决的更为具体的问题，如大学生的就业问题，高等学校的"有偿服务"问题，学校中出现的经商、厌学、考试作弊问题，等等。为此，科学研究工作者必须深入教改第一线，进行调查研究，找出问题症结，上升到理论高度加以分析，提出有科学根据的意见、建议。当然，并不是一切研究工作都只能限于解决当前的具体问题。对于探讨基本规律的基础理论，能在更深层指导高等教育改革与发展的研究，也应予以充分的重视。

第三，在研究方法上要定性研究与定量研究相结合。社会科学的研究，多年以来只重视定性研究，不重视定量研究，局部经验多，主观设想多。缺乏准确的统计材料就缺乏客观的根据，没有系统科学的方法就看不到整体的效益。现在其他社会科学如经济理论，已注意定量研究，重视计量经济。教育理论研究，对测量与统计还很不重视。许多研究论文，只是谈经验、谈感想，以个别例子为论据，从经典著作中找出片言只语来论证。这样的论文在科学性上是不可靠的，应该尽可能有充分的调查材料、统计数字作为依据，最好有一些实验或试验的记录，而不只是依靠浮光掠影的观察，做想当然的推断。当然，强调定量分析不等于不要定性分析。定量只能提供数据，统观事物的现象，在定量分析的基础上进行定性分析，才能深入到事物的本质，进而做出比较中肯的结论。总之，在定量的基础上定性，运用系统科学的方法，可能就比较符合辩证法的方法论。

第四，在研究中要重视科学性与可行性两方面。任何理论研究，都必须重视研究成果的科学性，而应用理论的研究成果，还必须十分重视它的可行性。前者是不证自明的道理，而后者却往往被研究工作者所忽视。这是当前高等教育理论研究中一个颇为突出的问题。研究成果的科学性与可行性，就其本质来说应当是一致的，可行性必须建立在科学性的基础上，才能经得起实践的检验；科学性必须具有可行性，才能转化为社会实践。但在现实中，两者却往往不一致："科学的"未必是可行的，"可行的"却往往不一定是科学的。某些高等教育理论文章，它的科学性是经过严格论证的，似乎无可非议，但在实践上却行不通；某些高等教育的决定、方案、措施、办法，缺乏科学依据，但却通过行政命令而被广泛应用，甚至还收到一时性的短期效益。为什么？科学性转化为现实的可行性，是有条件的。自然科学、技术科学的研究成果，从试验室到中间生产、大批量生产，要解决资金、设备、原材料、市场等问题。社会科学的成果，从理论转化为社会实践，不能不考虑社会条件，包括社会制度、经济基础、科技水平、文化传统、思想认识等，如果某些条件不具备、不适应，那就缺乏可行性。当前高等教育理论研究很活跃，每年发表的文章数以万计，公开和内部出版的专著、论文集几十种，这是一个十分可喜的现象。有许多研究成果，不但有理有据，而且切实可行，有的已经为人们所采用，或多或少、或快或慢地转化成了或正在转化为教育实践，对高等教育的改革与发展起着积极作用，但是也有不少所谓研究成果，东抄西摘，食古不化，满足于理论推导，纸上谈兵，"摆花架子"，不考虑中国当前高等教育的实际，它是否可行，如何实行。我们常常听到教育理论工作者抱怨教育行政领导部门不重视科学研究，凭经验办事，拍脑袋决策，不科学、不民主；也常常听到教育系统领导责怪教育理论工作者脱离实际，夸夸其谈，不解决实际问题。两方面的责怪都有一定的道理，恰好从不同的立场说明一个共同的道理：必须把科研与决策结合起来。决策者要有科学化、民主化的态度，把科学研究引进决策过程之中；更重要的是科学研究工作者要有实事求是的态度，重视科研成果的可行性。如果领导在决策时重视科学研究，虚心听取理论工作者的意见，理论工作者充分考虑实际情况，重视科研成果的可行性，变相互责难为相互理解，那么，教育决策就可以减少失误，教育研究将会更加繁荣，高等教育的改革与发展就可以在正确的道路上前进。

厦门大学高等教育科学研究所建所十年工作报告[①]

厦门大学高等教育科学研究所建所至今已经十年，党的十一届三中全会到今年正好十周年，中国高等教育学科的创立与发展到今年大致也是十年。这就是说：厦门大学高等教育科学研究所是在党的十一届三中全会路线指引下，同中国高等教育学科的创立与发展同步前进的。今年，党中央号召全国理论界就各个理论领域，总结十年来的成就和经验。为响应这一号召，在建所十周年之际，召集一次小型的学术性纪念活动，既是为回顾本所十年来所走过的道路，总结经验，展望未来；也是为座谈中国高等教育科学十年来的进展，探讨这一理论领域的发展趋势。首先，让我代表全所同志，向各位领导、各位来宾、各位校友和本校各兄弟单位代表的莅临指导，致以衷心的感谢！

现在，让我提出建所十年的工作报告。这个报告分为如下三个部分：(1) 历史与现状；(2) 战略部署；(3) 自我评价。

一、历史与现状

1978年5月17日，厦门大学党委决定以"文化大革命"前停办的教育学

[①] 本文写于1988年6月。原载厦门大学高等教育科学研究所编《高等教育论文集》，厦门大学出版社，1989年。

教研室为基础，建立直属的高等教育科学研究室，以研究高等教育问题，推动学校的教育改革工作。经过十天的准备，厦门大学高等教育科学研究室于5月27日正式成立。这是全国第一个以高等教育作为研究对象的专门研究机构。成立之初，只有五名研究人员，其中两位是兼任的，一位是已退休的教师。成立之后，聘请了一批校内有经验并热心于高等教育问题研究的教师与干部为兼职研究人员，借用化工厂一间废弃的实验室为工作室，在国家教委和校党委的关心、指导下，在国内兄弟院校和校内有关单位的鼓励、支持下，同志们同心同德，艰苦努力，事业有了较快的发展。1984年经国家教委批准改建为厦门大学高等教育科学研究所，并下达专职科研编制指标20名；同年，国务院学位委员会批准本所为全国第一个高等教育学硕士学位授予单位；1986年又批准为全国第一个博士学位授予单位。今年7月，经学校推荐，同行专家评议，国家教委审核批准厦门大学高等教育学为全国教育学五个重点学科点之一，也是厦门大学全校七个重点学科点之一。

现在厦门大学高等教育科学研究所的基本情况是这样的：全所专职科研人员、资料人员和行政人员22名，兼职研究人员35名。分设高等教育理论和历史、心理学、高等教育管理、外国高等教育四个研究室，以及资料室、办公室，初步建成了老中青的学术梯队和专兼职的研究队伍。全所图书资料，不计学校图书馆为本所购买的图书（因统存于校馆中），现有中外文藏书6 918册，中外文期刊648种，学术会议论文110多卷约5 000余篇。截至今年，学校所拨的事业费（包括出版费、科研费、设备费和办公费等），十年累计数为17.7万元。

十年来，本所所进行的工作，简要汇报如下：

（一）科学研究

十年来，主要是近五年来，已出版的专著8部，即将出版的专著或译著7部，内部出版的《外国高等教育资料》共39期，论文集3本。已发表的论文300多篇，其中在国家一级学术刊物发表的95篇。（详见《十年科研成果录》）

在已出版的专著中，本所主编的《高等教育学》是全国第一部高等教育学科专著，为这一新学科的建立塑造了一个雏形，获得吴玉章基金教育学专著优秀奖、国家教委全国优秀教材一等奖、福建省人民政府优秀社会科学著作奖以及全国教育专著华东区优秀出版奖四项奖励。《东南亚教育》是国家教委"六五"重点科研项目成果，《杨贤江教育文集》则是国家教委与共青团中央委托编纂的文集，《青年心理学》是一本比较全面完整并有新的观点的专著。

现在正在进行的重点科研项目和博士点文科基金项目有六项，其中"高等学校教学原理与方法"是国家级的"七五"重点科研课题，其他是部委级的。此外，还有自选的科研课题多项。为鼓励中青年研究人员和研究生的科研工作，老校友侯国光女士捐资设立"厦大高教所侯国光基金中青年高教科研成果奖"，每年评奖研究人员和研究生各一名。

（二）培养人才

本所从1981年开始招收研究生，八年来共招研究生46名，已毕业研究生20名；现时在校研究生26名，其中博士生4名。

对研究生的培养，我们着重发展他们的创新精神和独立研究、独立工作能力，进行了一些教学的改革。例如，有的课程采取由研究生自己研究、备课、讲课、主持讨论，教师课前指导与课后总结的方式，把学习、研究和教学实践三者结合起来；全所每两周一次的学术例会，由青年科研人员和研究生轮流做学术报告；改研究生培养方案规定的120学时的教学实践为教育管理实践，培养他们的教育管理能力；对于博士生的培养，则不但要求其写好博士学位论文，还要求其承担某一科研项目的组织工作，以便培养未来的学科带头人。在抓紧业务培养的同时，十分重视思想政治教育，除坚持每周的政治学习外，更多的是通过多种方式来进行，如周末的师生漫谈，进行思想交流，增进相互理解；同时，也重视组织课外的文娱体育活动，在全校首届研究生篮球大赛中，以七战七捷夺得了全校冠军。通过全面培养，研究生在学期间，有2人担任全校研究生会主席、副主席，有2人获得陈嘉庚奖学金，还有的获得全校中青年优秀社会科学论文奖和全国高等教育优秀论文奖，有的编出几十万字的《英汉教育缩略语词典》，有的在校际演讲比赛中名列榜首，有6人光荣地加入了中国共产党。离校之后，他们中的大多数人能胜任岗位工作，并取得了可喜的成绩：有的已担任系主任或研究室主任，有的已出国攻读博士学位或副博士学位，有的已出版了专著，不少人承担了重要的高等教育科研课题。

（三）对校内外的社会服务

校内的服务，主要是协助培训中青年教师和政工干部。十年来，为学校开出大学教学法、高等教育学、青年心理学讲座十多期；为全校本科生开出青年心理学、大学生学习心理与方法指导等选修课程。这些课程很受大学生欢迎，近三年来选修这两门课的学生近千人。此外，还为艺术学院、会计系等开出心理学、教育学、学校管理学等课程。其他服务工作，如协助学校进行期中教学检查，向学校提供本校学生思想动态调查分析资料与建议，心理咨询的同志每周一次为大学生提供心理咨询服务，资料室为教师、干部研究高教问题，为准备出国留学的学生了解有关信息，提供广泛的服务。这些都是经常性的、无偿的、大量的服务工作，也都收到了较好的效益。至于校外的服务工作，则主要是应邀到全国各地讲学，为青年教育理论工作者修改文章或提供咨询，为兄弟院校研究生提供资料和咨询，以及举办了五期高教与心理培训班。

（四）国际学术交流

十年来，邀请英国、美国、日本、加拿大、菲律宾等国和中国香港地区十多位教授专家前来讲学或座谈，接受了四位国外学者的学术访问，出席了教科文亚太地区、日本、北京、上海、大连等地的国际高等教育研讨会；派出和即将派出四位同志分别到美国、苏联和菲律宾等国做访问学者或攻读学位；同联合国教科文组织亚太地区、巴黎高教研究中心、教科文组织教育统计局，以及日本广岛大学、英国加的夫大学学院、美国卡内基基金会教学促进委员会等单位建立了交换资料的关系，还同日本广岛大学高等教育研究所合作编印《高等教育在中国》一书，由我所提供的十年来中国高等教育公开出版的专著简介和在报刊上发表的重要论文目录索引（中、英文对照），由日本广岛大学向世界各国发行，借以推广我国十年来高等教育理论研究成果。

以上只是简略地汇报一些历史与现状。因为已编发了一本《十年大事纪要》，其他工作就不一一赘述，下面着重汇报我们的整个战略部署。

二、战略部署

根据全国高等教育科学发展的客观形势,结合本所的主观条件与人力,我们制订了从建所到2000年22年间的总体战略部署。共分为三个战略阶段:第一阶段,以建立高等教育学新学科为基本任务,促进建所工作;第二阶段,以培养人才为主要任务,开展科研工作;第三阶段,进行较高水平与较广泛领域的科学研究,建成名副其实的全国重点学科点。第一阶段的任务已经完成,现在正处于第二阶段中,第三阶段则只是一些基本的设想。现在分别说明如下,请与会的同志指教。

第一个战略阶段,从1978年建所至1983年高等教育学科被正式确认。这一阶段的主要工作是对外宣传高等教育理论研究的重要性与必要性,筹备建立中国高等教育学会;对内为建所打基础。高等教育学在中国是一门新兴学科,在国外的历史也不长。当我们提倡在中国建立这门新学科时,虽然得到不少同志的赞同与支持,但怀疑以至否定者也不少。大体是高等教育实际工作者从实际需要出发,赞同并热心支持者居多;教育理论家则持怀疑、旁观态度者不少,他们认为一般教育理论适用于各级各类教育,似无新立学科的必要。当然,也有许多教育理论家是支持的。要使这一新兴学科得到社会的确认,除了写出一部阐述高等教育的特点——特殊规律与特殊问题的专著外,还必须做好宣传工作与组织工作。在宣传工作方面,我们通过报刊和各种教育学术会议的场合,阐述高等教育的改革,必须有相应的理论指导。同时在全国各地,做了近百场的专题报告,联系中国高等教育实际,介绍高等教育学的基本知识,使人们对这一学科有个基本的认识并感到高等教育实践确需高等教育理论指导。这些报告,后来被录音或印成小册子广为流传,起了一定的作用;在组织工作方面,主要是同华东师大、上海高教局等八个单位倡议组织全国高等教育研究会(后改为中国高等教育学会),担任筹备联络工作,印发筹备会工作简报。这时,正值党的十一届三中全会之后,形势很好,中国的高等教育恢复、发展很快,改革中的问题很多。要按教育规律办教育,就必须研究教育理论。因此,在这几年间,一经倡议,高等教育研究在全国各地蓬勃开展起来。截至 1983 年，全国已有 17 个省、市、自治区成立了高等教育学会（研究会）或筹备会。许多业务部委和高等学校所成立的高等教育研究组织就更多，据当时不完全的统计，已有 300 多个，出版了高教研究刊物多种。在此基础上，中国高等教育学会于 1983 年正式成立；国务院学位委员会 1983 年公布的学科、专业目录，将高等教育学正式列为教育科学的分支学科；《中国大百科全书·教育卷》，也将高等教育学作为教育学的分支学科条目。至此，本所也就完成了这一方面的基本任务。

另一方面，围绕学科的建设来促进本所的建所工作。可以说，建所和建立学科是密切联系的两项并行的任务。这几年间，本所除了科研队伍的组织、青年科研人员的培养以及图书资料的购置搜集外，还初步开展了一些高等教育理论问题的研究，并且集中主要力量编写了《高等教育学》一书，同时为培养研究生做好主要课程的备课工作。这里应当特别感谢华东师大前校长刘佛年教授的支持，让我们所招收的第一、第二批研究生先在该校学习基础课程一年半，使我们赢得了充分的备课时间。1984 年春，第一批硕士研究生回所学习学位课程和撰写学位论文。这样，从 1984 年起，本所就进入了发展战略的第二阶段。

第二战略阶段，从 1984 年至 1990 年或稍后的一两年，本所以培养人才为主要任务，围绕培养人才开展科研工作。作为一个研究所，本来应当是把科研工作摆在第一位，在出成果中出人才。为什么厦门大学高教所把培养人才摆在第一位，作为特定阶段的主要任务来抓？这一战略决策的根据是这样的：如上所述，1983 年，全国已有众多单位开展高等教育理论研究，有了一支相当庞大的专兼职研究队伍，但是由于我国高等教育科研工作起步较晚，现有的从事高教研究人员中，很大一部分是从其他学科或其他岗位转行或兼职的，虽然他们具有丰富的实践经验，也有相当的研究能力，但大多数缺乏教育科学、心理科学理论知识。我们并不认为从事高等教育理论研究的都得是高等教育专业培养出来的人才，多种学科人才的交叉合作才有利于促使现代科学发展。但有一批受过专业培训的人才作为这支队伍的重要组成部分是必要的。同时，从长远的观点看，有一批专业思想明确、专业理论深厚的人才来从事高等教育理论研究与教学工作，这个学科才能扎下深根，才能持久、深入与提高。否则，即使一时搞得很热闹，也可能成为一阵"热风"。这是从客观需要来说。再从我所的主观力量来看，厦大高教所虽然建立最早，但毕竟力量有限。以有限的人力，都使用在科学研究上，可能多出几本书，多写几十篇论文，多承担几个调查研究课题，当然能产生一定的经济效益和社会效益，我们的日子也会好过些。但只能在全国大量的科研成果上增添几块砖瓦，而不能在特定时期充分发挥我们的优势。我们当时与当前暂时的优势是什么呢？是高等教育各分支学科比较齐全，又设在重点综合大学中，并有硕士学位与博士学位的授予权，可以多招一些研究生，培养高等教育理论研究力量。这些研究生留下来，我们这个研究所就后继有人；分配出去，就可以在全国各地生根开花，促进高等教育科学的繁荣发展。所以从长远观点权衡得失，我们宁可在短时期内少出一些成果，以换取今后自身的壮大与全国的繁荣。

当然，作为一个研究所，不能不开展科学研究，不开展科学研究，也不可能培养出高质量的人才。根据我所目前的主观力量，在一个时期内，以微观研究为主，集中于高等学校教学论和大学生心理学两个重点；也开展以东南亚高等教育为主的外国教育研究，以中国近代高等教育为主的高等教育史研究，以及当前高等教育体制、管理改革中的若干重大问题的研究。

第二个战略阶段，估计将于1990年或稍后一两年就将转移，转移到以科学研究为主，提高科研水平，建成名副其实的重点学科点上来。这一战略决策的根据是这样的：全国有许多高等教育研究机构，近年来发展提高得很快，1986年高等教育学硕士授予点已由1个增加至6个（其中一个是高等教育管理），估计再过两三年，硕士点、博士点都将有所增加，我们目前的暂时优势将丧失，暂时优势的丧失是符合事物在竞争中发展的客观规律的，也是我们所期望的。百花竞放，才是春天。到了高等教育科学繁荣的春天，我所的青年同志已经成长起来，我们就可以在较高的水平上和较广的领域中，发展高等教育科学，建立有中国特色的社会主义高等教育科学体系；同时，也可以扩大各个层次的高等教育科学理论人才和实践人才的培养。在出科研成果和出专业人才方面，为发展我国高等教育事业做出贡献。

第三个战略阶段，现在只有一些不成熟的设想：

（1）加强高水平科研。选定若干基本理论与重大现实问题作为长期的科研课题，要求进行扎实的、深入的研究工作，期望能取得较高水平的科研成果。

（2）扩大研究领域。除加深微观研究外，还要开拓宏观研究；除高等学校教学论与大学生心理学研究要向纵深发展外，还要加强高等教育管理、高等教育发展史与比较高等教育的研究，并且还要开展高等教育经济学、高等教育社会学等交叉学科的研究，特别要加强对福建省和厦门特区高等教育的发展研究，为本省本市服务。

（3）扩大人才培养的学科与层次。在学科结构上，除已设置的高等教育理论与青年心理学外，拟增设高等教育规划与管理；在层次结构上，除提高培养博士生、硕士生的水平外，拟增加双学位本科生和大专生的培养，扩大接受国内外访问学者，办理职后教育的培训班、研讨班等。

（4）提升我国高等教育科学的国际影响力。加强国际教育学术交流，打进"国际市场"，使中国的高等教育科学在国际上有较大的影响。

以上是对过去、现在、未来的整个战略部署。前10年是按这个部署进行的，今后的12年，能否也按这个部署进行并完成预期的任务？我们是有信心的。我们的信心不是出于主观的愿望或一时的激情，而是经过一定的理论论证的；在论证中，我们不只是看到自己的优势，而是冷静地分析与评价我们的缺点、弱点、困难与问题的。

三、自我评价

十年来，厦门大学高教研究所之所以发展较快，并且有信心能够完成预期的任务，它的压力与动力、活力是什么？

（1）它有客观有利的大气候。中国的社会主义现代化建设在前进中，高等教育事业在改革与发展中，需要高等教育科学的理论指导。

（2）它有一支具有强烈的事业心和社会责任感的基本队伍。大多数同志对于发展我国社会主义高等教育科学，目标明确、信心十足，能刻苦钻研、认真工作、力求上进，把集体事业的发展与个人的成就结合在一起，形成了艰苦奋斗的学风和团结互励的所风。一般来说，在这个研究所的内部环境中，分散精力的内耗是比较少的，在事业上既竞争又互助的气氛是比较浓的。

（3）它有从国家教委到省教委和学校领导的指导与支持，有国内各兄弟单位的期望与鼓励，有校内一些单位的帮助与关怀。

但是，我们也很清楚自己的缺点、弱点、困难与问题。这就是：

（1）本所的学科相对来说虽比较齐全，但是有些领域，力量十分薄弱，甚至还有空白。如宏观方面的研究没有很好展开，高等教育管理研究比许多兄弟单位弱，高等教育经济学与高等教育社会学基本上还是空白，其他方面的研究工作也还是较低水平的，并且在一定程度上，存在重理论、轻应用，理论脱离实际的偏向。

（2）我们处于东南一隅，国内学术活动地盘较窄，很多全国性的活动限于人力、财力未能参加。虽然有些国际学术交流，但不经常，徘徊于"国际市场"之外，国际影响很小。

（3）专职科研队伍人数不足，水平不高，兼职科研人员的组织工作没有做好，未能很好地发挥他们的作用。

（4）设备极差，图书资料尤其是国外书刊不多，经费奇缺，创收门路不多，奖金、福利等非工资的收入很少。如果脑体倒挂、分配不公的现象长此下去，不能不在一定程度上影响一些同志的情绪。

综上所述，我们认为优势是基本的，困难是暂时的。今年7月22日，国家教委批准厦门大学的高等教育学科为重点学科点之一，要求我们在五年左右时间内，也就是1993年前后，建成国内一流水平、国际上有一定影响的学科点，这对我们是极大的鼓舞，也是很大的压力。我们愿意为此付出加倍的努力，也希望主管部门和学校按照国家教委文件的通知，"重点学科点的建设，主要依靠各校及其主管部门自己的力量，争取多渠道的支持……各校和主管部门要切实负起责任"，给予我们指导和支持。那么，建成名副其实的重点学科点，我们是有充分的信心与决心的。

以上工作报告，请批评指正。谢谢！

在第一届全国校际
高等教育科学研究所（室）
工作研讨会上的总结报告[①]

根据中国高等教育学会秘书处 1987 年对 17 个省、市、自治区不完全统计，全国已有高等教育研究所（室）700 多个，除少数是省、市、自治区和国务院部委所属外，95％设在高等学校中，专职研究人员数以千计，兼职研究人员数以万计，出版刊物（绝大多数是内部发行的）不下 400 种，每年出版专著几十本，发表论文近万篇。十年来，这些高教研究所（室），对全国高等教育科学的研究、对全国和各个高校的高等教育改革，做出了重大的贡献。研究机构、研究人员、研究刊物、研究论著与论文之多，研究领域之广泛，所起作用之重大，不但是我国历史上所没有的，也是世界各国所罕见的。这是我国高等教育研究工作者可引为自豪的。

十年间，我们积累了许多工作经验，也存在许多有待解决的问题。许多高教研究所（室）都希望有一个机会在一起共同交流经验，探讨工作问题，沟通信息，加强联系。这就是我们两校（北京大学与厦门大学）高教所发起组织这次工作讨论会的缘由。下面我就这次会议主要要讨论的问题做若干说明。

---

① 原载《福建高教研究》，1989 年第 4 期。

一、我国高等教育研究工作的回顾与展望

首先应当说明的是：这次会议是工作讨论会的性质，而不是学术性讨论会。不久前在纪念厦大高教研究所成立十周年之际，曾经在这里召开过一次讨论会，讨论十年来我国高等教育理论研究的进展与问题，那次讨论会是学术性的，而这次讨论会只要求从高教研究所（室）开展工作的角度，谈工作经验、工作问题以及对高教研究所（室）发展的展望。

十年来，中国高等教育学科从无到有，研究成果累累，进展很快。但是，在高教研究的指导思想上，有没有问题？在研究的热门与重点上，有没有偏颇？在研究成果转化为教育实践上，效果如何？这些要在这次会议上进行评估，以上是就回顾方面说。至于展望方面，要从现实出发，不要搞脱离实际的设想。首先，我们对当前高等教育的处境，应当怎样看？近年来，高等教育事业的发展，大家都知道，面临着一个严峻的局面：一方面，社会上腐败的现象对高等学校的腐蚀和冲击，使学校处于不安适之中，学生产生厌学现象；另一方面，教育经费支绌，脑力劳动与体力劳动的收入倒挂，使学校各级领导和教师忙于"创收"，精力分散，教学与科研受到影响。因此，领导和群众对高等教育研究似乎不像20世纪70年代末至80年代初那样重视，而许多高等教育研究所（室）自身，也要为"创收"而花费相当的时间和精力。目前有的高教研究所（室）的工作已处于半停顿状态，个别高教研究所（室）已被撤销。对此，我认为困难是暂时的，从长远一点看，中国的高教改革不会中止，高等教育质量必须提高，高等教育事业还是要发展的。江泽民同志在国庆讲话时就指出：我们要深刻吸取近年来物质文明建设和精神文明建设一手硬一手软的教训，要切实抓好精神文明建设。发展教育和科学是百年大计，要采取有效措施，自觉地抓好这项工作。我们体会：有效措施不但来自经验，更重要的是来自科学研究。现在要研究的课题很多，从宏观的战略与规划、体制与结构到微观的如何加强思想政治、道德品质的教育，如何改革课程教材、如何提高教学质量与管理水平等，都需要进行科学研究。例如学潮就是一个重要的高教研究课题，在国际上颇有声望的日本广岛大学高

等教育研究中心就是 70 年代初在学潮澎湃中为研究学潮社会的、经济的、心理的原因及对策而建立起来的。当然，由于立场、观点不同，所得的结论是不同的，但都有必要进行科学的研究。所以，从长远观点看，高教研究的前途是乐观的。在理顺了内外关系，纠正了被扭曲的竞争机制后，在公平合理的教育事业竞争中，谁掌握了教育科学、运用教育规律办学而有所创新，谁就是教育事业竞争中的优胜者。那时候，高教研究将更有计划地向广度和深度发展，而今天就要求我们踏实地、刻苦地工作。

二、高等学校中的高教研究所（室）的地位、作用、性质、任务以及队伍的建设

一般来说，全国高等教育研究所（室）大多是自发地组织起来的，国家教委并无统一的部署，至今未下达过一个有关的文件。正因为多是自发组织的，所以情况比较复杂。就性质来说，有的是研究结构，有的是行政机构，有的只是一个"秘书班子"；就管理体制来说，有的是校直属单位，有的属于教务处或办公室；就规格大小而言，大的专职人员 20~30 人，兼职研究人员数以百计，小的只是"五一单位"（一个人，一间房，一份刊物，一个书架，一部电话），个别的只有一块招牌。根据所承担的任务，大致可以分为三种类型：（1）以面向全国或地区为主，承担国家或地区的研究课题，着重宏观研究、理论研究，培养研究生与本科生和承办干部培训班，一般规模较大；（2）以面向本校为主，根据学校教育改革的需要，提供咨询或协助校长、教务处、办公室承担一些调查研究，起草报告，一般规模较小；（3）介于前两者之间，既承担国家或地区的研究课题，也为本校提供咨询，还为本校教师和干部开设高等教育学、高等教育管理课程，组织教师和干部开展教学与管理的研究工作，规模大小不一。上述三种类型的划分，只是相对的。以校外为主的，也多少参与校内工作；以本校为主的，有时也承担一些校外工作。

至于工作任务，更是多种多样，主要有：研究工作、教师培训工作、咨询工作、组织科研工作、情报资料工作、编辑出版工作、国内外学术交流工作、协助校内行政工作（如教学评估、起草报告等）。

研究队伍，则多数是有专有兼。一般来说，专职研究人员多是由各学科教师和各岗位干部调集的，也有不少是"退居二线"而对研究有兴趣的，这

同师范院校的普通教育研究所（室）多由教育系毕业生充任不同，这支多学科队伍的组成，是高等教育研究的特点，也是它的优势——多学科、有经验，但他们有的缺乏教育理论知识。

高等教育科学研究所（室）在开展工作中遇到的许多问题，往往与这一机构在高校中的性质、任务、地位和作用不太明确有关。因此，在这次会议前征求的意见中，许多单位渴望在这次讨论会上能够根据已有的经验和实际情况，进一步探讨这个问题。有的同志还建议请国家教委发个文件，确定几条杠杠，使大家思想比较明确，工作有所遵循，也使学校的领导有个依据，以利于今后工作的开展。这个建议很好，我们将把这次讨论会的意见向国家教委汇报。

三、如何促使高等教育研究成果在教育实践中起作用，为高等教育的改革与发展做出贡献

高等教育学就其性质而论，属于应用理论学科。应用学科的研究成果，应当比基础学科更能够直接地在教育实践上起作用。当前高等教育研究的一个重大问题就是许多研究成果（并不是所有成果）未能及时地转化为决策、措施和活力。如果这个问题不能很好解决，高教研究的作用就很难发挥，也就很难得到群众与领导的重视，那就会像美国的许多高教理论研究那样，被人取笑为"不结果实的树"。为什么未能及时转化为实践？主要是理论脱离实际或者是满足于空论，缺乏针对性，不重视可行性，或者是因为借鉴外国经验，照搬西方理论而昧于国情。当然，不能把责任都归于教育理论工作者，也有领导的责任，有的领导习惯于按经验、凭主观办事，不重视决策的科学性，还有许多教师干部对教育理论在教育实践上的指导作用不了解，因而不重视。但是不管从哪个方面而言，都有我们教育理论工作者的责任。要使领导和群众重视，首先，我们必须使研究成果能解决实际问题，所以我们要参与实际、了解实际、在加强针对性与可行性上下功夫。其次，要做宣传与说服的工作。但仅靠口头宣传与说服作用不大，一个可行的办法就是适当吸收干部、教师参加高教研究所（室）的研究工作。有许多高教研究所（室）在这方面有很好的经验，希望提出交流。

四、关于校际高教研究所（室）今后如何沟通信息、协调工作的问题

有的单位建议建立一个协作组之类的常设机构，但更多的单位主张建立一种非经常性的松散的联系以沟通信息、协调关系，类似这些具体的问题，代表们可以在以后几天的会议中互相交流经验，交换意见。最后预祝会议取得圆满成功。

高等教育研究的比较、困惑与前景[①]

近年来,高等教育理论界多次开会讨论我国高等教育研究的现状与问题;高等教育研究刊物也发表了多篇反思这一学科领域发展历程的文章:肯定了成绩、指明了问题、表达了忧思、提出了建议。其中不乏中肯的高见,也有一些认识上的困惑。本文拟从比较的角度探讨本门学科研究上的特点,进而辨析某些令人困惑的问题,提出对高等教育学科领域发展前景的展望。

一、从中、美高等教育学科领域发展的比较中探讨本门学科研究上的特点

世界上有两个高等教育研究很活跃的国家,一个是美国,一个是中国。这两个国家把高等教育作为一个学科领域开展研究的历史都不长(美国约30多年,中国仅10年左右),发展都很快。队伍庞大、机构很多、成果丰富,责难也不少。它们的发展过程,有惊人的相似之处,又有各自的特点。

下面试从高等教育作为专门的学科领域的产生背景、课题、机构、队伍、方法5个方面进行比较。

1. 产生背景

中美两国把高等教育作为一个学科领域来开展研究,都是从本国的实际需要出发而不是从他国引进的。如果说,美国的高等教育制度是从西欧引进

[①] 原载《高等教育研究》,1991年第4期。

的，中国的高等教育制度，也是先后仿自日本、美国、苏联的模式，而这两个国家的高等教育学科的创立，都是源于本国的实际需要。"二战"之后，美国大学生人数猛增，这就需要扩大大学规模和新设院校；又由于经济与科技发展较快，高等学校的层次结构与科类结构为适应社会的需要而更加复杂多样。这就产生了一些亟待解决的新问题。例如：大学庞大了，不能仅靠经济管理，必须采用科学的方法来管理；院校增多了，难免良莠不齐，必须开展办学评估；科技的发展与社会的变革，要求调整科系与更新课程、教材；教学手段现代化，必然带动教学组织与教学方法改革；同时，终身教育、继续教育、高等教育机会均等种种观念的风行，也向高等教育提出了许多新问题。正是这种社会需要，促使美国高等教育作为一个新的学科领域迅速发展起来。至于中国，教育学科历来是以普通学校教育作为其主要研究对象的，高等教育问题不占有重要地位，只是偶尔论及。"文化大革命"期间，"四人帮"首先向高等教育开刀，提出了种种谬论；"文化大革命"后，在拨乱反正中，除了揭发"四人帮"的政治阴谋外，还必须从理论上批判"四人帮"的谬论，这就需要研究社会主义高等教育理论。接着，人们进一步反思新中国成立以来高等教育的屡次失误，都是由于违反教育规律所致，因此研究教育基本规律及其在高等教育上的运用，就成为当时迫切的愿望。党的十一届三中全会确定了社会主义现代化建设的方针，实施改革开放的政策，高等教育迅速恢复、发展；在新技术革命浪潮冲击下，高等教育面临重大改革，而改革需要理论指导，从宏观的体制改革到微观的教育改革，都提出了一连串需要进行理论研究的实际问题。正是在这种形势下，高等教育作为一个学科领域，一经提倡，多方响应。它在20世纪70年代末至80年代初的蓬勃发展，比美国六七十年代的发展速度还快。当初对这个领域开始进行研究时，对于国外高等教育研究的进展情况，了解不多。这同19世纪末期至20世纪初期的教育理论是从国外教育专著翻译开始的情况很不相同。当然，后来国际学术交流增多了，对国外研究情况逐渐有所了解，也就在一定程度上受到国外尤其是美国某些高等教育理论与经验的影响，这对学科的建设与发展起了促进作用。特别是某些分支学科，如高等教育经济学、比较高等教育学，以及某些研究课题，如继续教育、合作教育、教育评估的理论，基本上是从国外引进之后开始研究的。

2. 研究课题

由于中美两国的高等教育研究都是从本国的实际需要出发，而两国国情不同，价值观与思维方式不同，高等教育改革与发展过程中所遇到的问题也不同，因而高等教育的研究课题与研究方法至少在开始时有所不同，各具特色。美国的热门课题，20世纪五六十年代集中在由于高等教育激增所引起的种种问题上，如高等教育的组织与管理、教育资源的分配与经济效益、教学质量的评估、跨学科课程研究与通才教育计划评价、大学生能力测量与就业指导、高等学校为社区经济服务等。60年代后期至70年代初期，学潮迭起，少数民族与妇女要求高等教育机会均等，除上述课题仍继续研究并有新发展外，学生运动、少数民族（主要指黑人）和妇女教育成为热门课题；70年代财政危机和适龄青年开始减少，高等学校对付财政危机的策略和校际教育竞争、协调又成为热门课题；80年代则面临扩大生源、发展继续教育、加强教育评估、提高办学效益诸多问题。

中国在"文化大革命"之后，首先是批判"四人帮"那些高等教育极左的谬论及其流毒，揭发其唯心主义的实用主义实质，从而引发人们更深一层从高等教育的视角探讨教育的规律、教育的社会属性（人们往往称之为"教育本质"之争）和社会主义教育方针，是最初的热门课题。其后，由于高等教育迅速发展，更由于新技术革命与商品经济两个浪潮接踵而来的猛烈冲击，高等教育体制改革与管理科学化如同美国20世纪五六十年代一样，成为高等教育研究的热点，但所研究的课题则不完全相同。中国在一个时期，集中于高等学校的自主权、校长负责制、高等教育宏观结构、多种形式办学，以及高教经费、教师待遇等问题的讨论。同时，与高等教育改革有关的基本理论，如高等教育与经济和社会发展的关系、高等教育与传统文化的关系、大学生能力培养、大学生心理特点等，也开始被重视并进行初步的研究。80年代后期，则更多的讨论文章集中于高等教育如何适应社会主义商品经济、市场机制进行改革与调整，高等教育发展战略，高等教育评估，建立教学、科研、生产联合体，以及毕业生分配、学校创收等具体问题上。1989年春夏之交那场政治风波之后，加强大学生思想政治教育以及高等教育功能——个人发展与社会需要——成为热门课题。至于高等学校的教学改革研究,虽有不少文章,绵延不断,但始终未能形成热门课题。

由此可见,中美两国高等教育研究课题有某些相似之处:基础理论研究少,应用问题研究多,而以高等教育管理研究为最多。但具体课题则很不相同。只是在国际学术交流增加之后,在西方思潮影响之下,从外国引进的课题才逐渐增加(即所谓"填补空白")。这类课题,虽有开拓思路、促进教改的借鉴作用,但始终未在群众性、应用性的高等教育研究领域中占主流。

3. 研究机构

中国的高等教育研究机构自20世纪80年代以来,如雨后春笋,破土而出。据不完全统计,已有700多个。众所周知,数量最多的是院校所属的高等教育研究所或研究室,不但规模较大的全日制普通高等学校多有高等教育研究机构,许多成人高等院校也设立这一机构。其次,各省市、各部委,也有不少高等教育研究机构。并且成立许多学术团体在中国高等教育学会登记的省市、部委以及专业性的学会或研究会达63个。这些学术团体虽非研究实体,但在组织研究活动、活跃学术气氛、推动研究工作上,起了重要作用。对如此众多的机构、团体,有人惊呼:太多了,太滥了。但如果同美国比较,则似不见其多。美国3 000多所高等学校,规模稍大的,一般都有常设的院校研究机构,名目繁多,不一定冠以"高等教育研究",也不一定称为"所"或"室",有的称为所(institute)、部(division)、室(section),有的则叫作系(department)、中心(centre)。这种院校所属机构,同样占最多数。它们的任务,主要是院校自身的历史、计划、评估、财政、课程以及其他各种具体问题,称为"院校研究"(institutional research)。规模小的院校,则根据需要,指派专人从事某项院校问题的研究或组织、协调有关人员的研究工作。除了众多的院校研究机构之外,还有各级政府、各种基金会所设立的高等教育研究机构或委员会,主要从事全国、地区、州际高等教育的研究、评估、协调工作,有的是综合性的研究机构,更多的是单项的研究、评估、协调工作。多种多样的高等教育研究组织与机构,负有不同的研究任务,从各个层次各个角度研究美国高等教育问题,构成了美国高等教育研究网。

中美两国高等教育研究机构颇有相似之处:(1)数量多,其中又以院校所属的为最多。(2) 院校研究机构绝大多数只研究本校的问题，地区性的研究机构主要也是研究本地区的问题。(3) 研究机构的设立多是各校、各地区自发组织的，全国并无统一系统、统一规定（这在美国不足为奇，在中国则似为特例）。(4) 国家、地区、院校所属机构并无高低层次之分。联合国教科文组织所列举的美国著名的 22 个高等教育研究机构，其中一半就是院校所属的。中国的高等教育研究机构在全国有较大影响的，也多为高等学校所属研究机构。(5) 研究机构的研究任务复杂多样。有的着重理论研究，有的着重应用研究；大多数只研究院校自身问题，有的则承担本地区、本系统以至全国性研究任务。所不同的是：美国的高教研究机构，多数任务比较单一，除院校研究外，多数只着重于某一专项研究，如情报信息、测量考试、评估鉴定、现代化教学技术、大学生就业问题、高校行政管理、高校财政问题、成人高等教育，以及政府高教政策等，并且把研究工作与咨询服务结合起来，重视研究成果的实际应用。中国的高教研究机构，则多为综合性。虽层次不同，但研究任务不甚明确，有的则是碰到什么问题或领导交给什么任务，就研究什么课题。研究的成果，较少直接用于咨询服务，不甚重视研究成果的实际应用。(6) 中美两国的研究机构，都重视这一新学科人才培养，因此，除研究任务外，不少机构还承担教学任务。据《彼特森研究生学习指南》1987 年版介绍，美国设有高等教育研究生学位的研究机构共 90 所，其中约 80% 以培养高等学校的领导管理人才为第一目标，40%～50% 以培养教学与研究人才为第一或第二目标，已授予高等教育博士学位总数达 3 000 多人。所开课程，90% 为实用性的，"论"和"史"的课程只占 10%，而实用性课程中又以学校的行政管理和学生工作为最多，约占课程总量的半数。中国有权授予高等教育学研究生学位的研究机构远少于美国，截至 1991 年，有权授予硕士学位的仅 7 所、博士学位的仅 2 所；已获硕士学位的仅百余人，获博士学位的仅 2 名。但全国 6 个大区的 6 所国家教委所属师范大学以及一些省属师范大学，设有高等教育管理学院或培训中心，培养本科生、专科生以及在职管理干部，获得各种证书或证明书的人数累计不少于美国。此外，不少院校的高等教育研究所、室，还为本院或本省青年教师与干部开设高等教育学、高等教育管理、青年心理学等课程，曾经修习高等教育课程的人数，更非美国所可比。美国的高等教育研究机构，虽很少承担培训青年教师与干部的任务，但为高等学校和师生提供咨询服务的甚多。

4. 研究队伍

中美两国高等教育研究队伍的共同特点是：教育专业科班出身者少，由其他专业或岗位转行搞高教研究者多；专职研究人员少，兼职或短期参加研究者多。美国的高等教育研究者，以心理学、社会学、历史学教授最多，据 L. 纽伟尔和 D. 摩根对美国高等教育研究协会教授会员的调查，1980 年这三个学科的教授达 57.6%。还有不少是哲学、人类学、经济学、政治学、法律学、自然科学、医学、系统科学以及行政人员转行或兼任的。中国高等教育研究工作者，绝大多数也是来自各种学科、专业的教师和干部，专职研究人员估计为 3 000 人左右，而兼职或短期参加研究者则数以万计。只是近年来才有一批高等教育专业或学校教育专业毕业的研究生、本科生和教师参加到高等教育研究队伍中来，但在总数上仍占很小的比例。如果说，在中国可能与高等教育学科历史短、还来不及培养出足够数量的本学科专门人才有关；也可能与学科初建时，学术地位不高，在未被社会确认之前，教育理论水平较高的师范院校教育系教师不愿意或不屑于参加有关。但何以美国也如此呢？可见这不是主要原因，主要的、本质的原因在于高等教育是一个多学科的研究领域，又是一门与社会各个领域直接联系的应用性很强的学科，它需要各种学科专家和有丰富的教育实践经验的教师与干部合作研究，而这个领域的研究工作对他们也有特殊的吸引力。因此，高等教育研究队伍由各学科专家、有经验的大学教师和行政人员组成，而且多数是兼职或短期参加研究者，可能是世界各国的共同特点。

在队伍组成上，中美两国也有一些不同之处：美国的研究人员，高学衔、高学位的比例较高。据说全国自称为"高等教育教授"的有 800 位，已培养博士 3 000 多人。高学衔、高学位显然是美国这支队伍的特点。中国高等教育研究队伍的特点则是行政管理干部最多，其次才是其他学科转行的，他们中高职称的比例不高，还有相当数量未能评上职称，但大多数富有行政或教学经验。这个特点近年来由于研究生、本科生数量逐渐增加，正在发生一些变化。

5. 研究方法

作为一门专门学科，一般来说，应当有其特定的研究对象、完整的理论体系、公认的专业术语和方法论。高等教育研究，由于时间较短，更由于它是多学科的研究领域，似难符合这种严格的要求。所以，《作为一个研究领域的高等教育》的作者，美国的德雷斯尔和梅林，就以为高等教育现在只算作一个学术研究领域，尚未能形成一门学科。我认为，一门学科的建立，最基本的根据只能是有它独特的、不可代替的研究对象，有它特殊的基本规律。至于理论体系、专业术语、研究方法，只有在它的发展过程中才能不断完善，不可能也不应该在草创之初，就求全责备。高等教育学，既是一个专门的研究领域，也是一门尚未成熟的学科。多学科的研究方法，各自不同的研究途径、方式、方法，正可以互相借鉴，取长补短，促进学科的繁荣发展。同时，中美两国高等教育的研究方法有所不同，既可互相借鉴，取长补短，促进学科的繁荣发展，也可各自发展自己的特色。

一般来说，美国的高等教育研究方法，大多数选择较为狭窄的现实课题，引用社会科学以及自然科学的研究方法，着重于定量分析。一个研究报告或一篇研究论文，往往罗列他人论点、统计材料、运算公式，很少提出明确的结论；更由于美国的高等学校千差万别，院校研究局限于一所高校，很难进行宏观的理论概括。中国的高等教育研究方法主要有两类：一是经验式的、描述性的，很少采用科学方法进行因素分解、定量分析；一是理论性的，从一般原理出发，或建立一个理想模式，然后进行逻辑推导，并举出一些典型事例作为论据，大多也只是定性而非定量分析。如果说，美国的高等教育论著，大多是（不都是）结构比较松散、体系不够严谨的调查报告或专题研究；则中国的论著，往往从历史到现状，从原理到应用，全面系统，并由此出现了许多冠以"学"字的专著，如高等教育管理学、高等教育结构学、大学教师学、大学学习学以及高等工程教育学、军事教育学、医学教育学等等。

美国的高等教育研究，由于许多研究成果往往只是现象描述、文献引述、材料堆砌，缺乏系统整体的理论分析，被人讥为"见树不见林""不结果实的树"。当然，其中也不乏体系严谨，定量与定性分析相结合，学术水平高，并有可操作性的成果。例如卡耐基教学促进基金会组织的大学本科生教育研究报告（有两个中译本：《学院——美国本科生教育的经验》和《美国大学教育——现状、经验、问题及对策》），即使只从研究方法上看，也是很有价值的。这项研究，主要的研究方法是典型调查，选择了29所规模大小、水平高低不等，分布于各个地区的公、私立大学，由16位有丰富经验的观察员实地调查，通过访问、查阅资料、听课、深入校园体验生活各种方式，积累感性的和书面的资料。还委托有关调查机构，在全国随机抽取各种类型大学生4 500名、教师5 000名进行调查统计，并以其调查结果与10年前的同样调查做纵向对比；委托另几个研究机构分别进行专题调查，作为辅助性材料。可以说是点面结合，定量与定性结合，所写研究报告并非枯燥的材料堆砌，也无过多的计量推导，而是生动流畅，深入浅出，融理论于描述之中，具有较高的科学性、可行性与可读性。

中国的高教研究，在方法论上所存在的问题，与美国不尽相同。主要的问题有两个：一是理论脱离实际，内容贫乏，理论空泛，教条味重；一是实际脱离理论，铺叙事实，就事论事，发表局部经验或个人感想，以偏概全，不能上升到一般理论上来。这些研究态度和研究方法，近年来已有一些改变。例如1990年中国高等教育学会所评奖的高等教育科学研究优秀论文，获一等奖的论文，差不多都是在大量调查与长期实践基础上所形成的、有理有据的研究报告，这些论文的科学性与可行性都较高。

以上列举中美两国高等教育研究5个方面的比较，既不全面，也不深入。因为在庞杂多样的研究工作中，要概括出一般的特点或倾向是困难的。可能有许多研究具有这一特点或倾向，而另一些研究恰恰与之相反，因而可以指责上面的描述不符事实。同时，对于美国高等教育研究工作的实际，我仍然知之甚少；对于中国高等教育研究工作的情况，了解得也不全面。尽管如此，仍然可以从中看出一些共同点与不同点。从共同点中或许可以概括某些规律性的认识，从不同点中或许可能看出一些中国高等教育研究的特色与问题。而不论共同点与不同点的比较研究，都可能为认识中国高等教育研究中的问题并为解决问题开拓思路。

从中美两国高等教育研究的比较中，可以得出下面几点初步的认识：

（1）中美两国的高等教育研究，都是由于本国高等教育改革与发展的需要而创立的,因而大量的研究选题(尤其是在初期),都是从本国的实际问题出发。国际交流可以起互相借鉴、启发的作用,但我国不可能也不应当把立足点放在国外,根据西方的教育价值观,照搬国外的教育模式。

(2)中美两国高等教育研究课题,虽然各自不同,但最先被重视并一直成为热门的是高教管理方面的课题,包括体制、经费、行政、评估等等。研究课题如此,培养人才也如此。这与高教管理部门和高校领导的重视与关注有关。但高等教育研究领域随着研究工作的开拓与深化,课程、教学、学生工作以及基础理论的研究,也必须要逐渐受到广泛关注。中美两国的研究课题,都有朝"宽"与"深"以及多样化的方向发展的趋势。

(3)中美两国的高等教育研究机构,绝大多数是建立在高等院校之中,它们的研究任务,主要是面向本校的"院校研究"。但都有一些以面向地区、全国为主的,还有一些以研究基础理论与培养人才为主。研究机构的层次性,不只是起始阶段如此,今后恐怕也仍有不同必要的分级分工。单一化的机构与单一化的任务,不利于高等教育理论的提高与普及。

(4)中美两国的高等教育研究队伍,多是来自各个不同学科、各种不同岗位的"半路出家"研究者,"科班"出身的美国不多,中国更少;同时,都有一支庞大的兼职或临时研究队伍。随着高等教育学科的建立,专门人才培养数量的增加,这种情况将有一定的变化,但不会像普通教育或其他学科那样,基本上是由"科班"出身的专门人才所组成。

(5)中美两国高等教育研究方法,各有其特点,但都不同程度地存在理论脱离实际的问题,因此受到的批评、责难都很多。研究方法的改进、完善,都有待于高等教育研究者的努力。

以上概括,很不全面深入,有的还可能是不符合事实或错误的。但仅此认识,也就有利于认识与解决中国高等教育研究中存在的困惑与困难问题。

二、困惑与困难

困惑是指认识上的问题,困难是指客观方面或主观方面实际存在的问题。困难问题,近来几次研讨会和许多文章已经谈了不少,下面着重讨论使我们在认识上困惑的问题。

如果说，中国高等教育研究10多年前刚起步时，使研究者困惑的主要问题是教育理论界有些同志对它的必要性持怀疑与否定的态度，那么，随着研究成果的涌现并在高教实践中初步发挥作用，以及研究者的积极努力、群众的关心支持、学科的被确认，在事实面前，今天持怀疑与否定态度的已经不多了。但是，在这个研究领域的发展过程中，正如上面所说，问题很多，责难不少，有来自各个方面的，也有来自研究队伍自身的，从而产生一些使研究者感到困惑的问题。

1. 领导不重视，研究工作得不到支持

当前，确实存在有些领导不重视或不够重视高等教育科学研究工作的问题。但是，我认为不能笼统地说领导不重视、不支持。有许多领导是重视或比较重视，国家教育行政部门对教育科学研究工作，包括高等教育研究，就比以前有所重视了。例如，十一届三中全会以来，多次抓全国教育科学研究规划的制订。"六五"以前只是一纸空文，"六五"开始有具体措施，"七五"比"六五"完善，但抓迟了；"八五"于1990年就着手制订规划，在"全国教育科学八五规划课题指南"中，高等教育研究课题约占三分之一（包括"高等教育研究组"和其他组有关高等教育研究的课题）。教育科研经费也略有增加（虽然还是少得可怜，与教育行政费不成比例）。各省市自治区教育行政部门大多也比以前重视了，据我所知，有几个省市的教委主任亲自参加研究，写文章和专著。至于大学校长，尤其是工科院校校长，热心支持并积极投入研究者就更多，有的已成为当今知名的高等教育理论家。平心而论，当年高等教育研究刚起步时，如果不是有一批大学校长倡导并参加，这一研究领域不可能那样迅速发展；而几百所院校所属的高等教育研究所、室，如果不是众多高等学校领导的重视与筹划，挤出编制与经费建立起来，那也是不可能的。当然，思想重视不够，具体支持不够，的确也是存在的。例如，全国约半数全日制普通高等学校已建立了高等教育研究机构，而至今没有一个全国性的有关文件（只有若干省市的文件），倒是那些处、科、室、办等庞杂臃肿的行政机构，都有红头文件为根据。各省市、各高校的重视与支持程度也就很不相同，有的口头重视而实际支持不够；有的不承认高等教育论文

"应作为科研成果",有的高等教育研究所、室的专职研究人员不能参加科研职称的评定。

在中国,开展科学研究工作,必须"当家、行家、专家"三家协力。没有"行家",容易脱离实际;没有"专家",理论水平提不高;而没有"当家",研究工作很难开展,"当家"是关键。高等教育科学研究工作,必须进一步争取领导的支持。但争取不能光靠空口游说,更不能老是批评、抱怨(从管理心理学的角度看,这是很没策略的);重要的是主动关心改革与发展中的现实问题,能够拿出具有可行性的科研成果,做好咨询服务工作。据我所知,有些省市、高校领导之所以比较重视高等教育研究,原因有二:一是这些领导对决策科学化的重要性有正确的认识和亲身的体验;二是这些地方或高校的研究所、室能提供可行的科研成果或有效的咨询服务。有的同志因为领导不重视而失去信心,我的看法相反,正因为领导不够重视,才驱动我们要改进研究工作,做出更好的成绩。

2. 科研成果不为决策部门所采纳,不能及时作为决策依据,因而劳而无功,没有社会效益

这一困惑与前一困惑有关,但又不是一回事,对于科研成果的社会效益,我认为比较准确的提法应是:科研成果转化为社会实践。包括自然科学,尤其是技术科学成果的社会效益转化为生产力;社会科学,尤其是应用性社会科学成果的社会效益转化为社会活动,高等教育科研成果的社会效益转化为高等教育改革、发展、提高的实际活动。为决策部门所采纳,或转化为决策,仅仅是转化为社会实践的重要保证而不是唯一途径,更不是最终目的。就拿这一途径来说,近年来,决策科学化这一观念已或多或少为决策部门所接受。凭经验办事、凭主观决策或先决策后调查论证的做法已经或多或少有些改变(虽然还不是彻底改变)。据我所知,有些高等教育科研成果,已经直接或间接地为决策部门所采纳了。例如,国家教育发展研究中心等单位合作研究的高层次应用型专门人才培养途径的科研成果,最后的全面总结尚未出来,就已经部分地体现于某些政策之中。有的同志认为这是"近水楼台"才能如此顺利,我认为更本质的原因是这一课题正是当前高等教育改革所急需解决的问题,而科研成果又有较高的科学性与可行性。前一个时期,许多应用型高

等教育科研成果，如关于高教战略、高教评估、高教投资等，以及某些基础性理论研究成果，如关于教育思想、教育规律、高等学校职能、大学生能力培养、思想政治教育等，也或多或少、直接间接地体现于某些政策中。如果细读《1990—2000年中国教育发展和改革纲要（草案）》，不难发现其中不少是近年来教育科学所研究的问题，采纳了若干教育科学研究成果。这个纲要，是少数同志所组成的班子写出来的，而其背后却凝聚了多少行家与专家的心血。当然，任何决策，都不可能照搬科研成果，更不可能概括一切不同的甚至是相互矛盾的科研成果，任何科研成果（如果它是科学的、可行的）也都只能为决策提供某些观点、思路或措施的参考。可惜的是前一时期的科研成果，对于掌握教育决策权的某些非教育领导部门的影响似乎甚微，但不能由此笼统地说不为决策部门所采纳。

再说，并不是所有科研成果都可能或应该作为领导决策的依据，然后才能转化为社会实践的。更多的科研成果，尤其是微观方面的科研成果，是为广大的高等学校教师和干部的教育实践提供理论上、方法上的指导，直接转化为教育活动的。我认为，高等教育研究应该更多地面向群众性的教育实践。如果一个观点、一种方法、一项建议、一条经验，能为群众所欢迎，被一些教师、干部所采纳，在教育实践中起积极作用，可以说，就收到一定的社会效益。同时，通过群众性实践检验所获得的成功经验还会反过来更有效地影响领导的决策。

3. 高等教育研究队伍"庞杂"，理论水平不高

我们的研究队伍，的确存在理论水平不高或不太高的问题，因此，应当加强队伍建设，提高研究水平，既要提高理论水平，也要丰富研究人员的实践经验。但如果认为"科班"出身的少，"半路出家"的多，研究水平就一定不高，这种推论则是错误的。高等教育研究队伍，不论美国或中国，大多来自其他学科与各种岗位。这一现象，恰恰是符合高等教育学科性质的需要，与其说是缺点或困难，毋宁说是有利的优势。

当前中国高等教育研究队伍，主要由三部分研究人员组成：一部分是学校党政领导、管理干部，他们多有长期的高等教育管理经验；一部分是各门学科的教师，他们既有某一学科的理论知识与科研能力，又有或多或少的大

学教学经验，有的还有一定的管理经验；另一部分是近年来从高等教育研究所或师范院校教育系毕业的研究生、本科生，他们有系统的教育理论知识。前两部分研究人员，教育理论知识的准备可能不足，但经过几年边研究边学习，为研究而学习，其中不少同志教育理论水平已有很大提高，有的并不低于刚毕业的"科班"出身者，而且显得更为扎实；第三部分研究人员，教育理论水平较高，而往往缺乏实践经验。从中美两国的比较中，可以看出高等教育研究队伍来自四方八面，即所谓队伍"庞杂"，既是新学科、应用学科建立过程的必然性，又是多学科研究自身内在的必要性。高等教育领域不同于以中小学为主要研究对象的普通教育领域，一方面，它的教学内容学科复杂多样；另一方面，它同社会的经济、政治、文化、科技直接联系。只有多种学科的专家和实践经验丰富的行家参加研究，才能从多方面、多角度来探讨高等教育的理论问题与实际问题，其研究成果才具有更高的科学性与更合乎实际的可行性。上举《作为一个研究领域的高等教育》一书，列举一大批有成就的高等教育理论家，他们中的绝大多数，是来自非教育学科而从事大学行政工作的专家。1982年美国加州大学洛杉矶分校举行了一次高等教育国际会议，特地邀请各门学科的专家就各自学科出发，发表他们的高等教育观点，此后由伯顿·克拉克（Burton R. Clark，社会学家）将他们的论文编辑成《高等教育的观点：八个学科的比较研究》。这本书风行各国，被认为是一本有价值的高等教育学方法论专著，为高等教育研究开辟了新路子。在中国，近代第一位著名的高等教育思想家，当推蔡元培，而蔡元培乃是清末进士，他所致力研究的是西方哲学与美学；众所周知，当前在高等教育学科领域有贡献的知名专家，绝大多数原来所学习或研究的是工程技术、自然科学、社会科学与人文科学；高等教育管理与高等工程教育是当前高等教育研究成果最为丰硕的领域，而许多专著，除个别外，大多是搞工科的学者的研究成果。

当然，高等教育研究队伍确实也需要一批"科班"出身的研究人员，使高等教育能够更好地利用教育科学的基础理论与研究成果，并与普通教育的研究衔接起来。但不应以是否"科班"出身作为衡量理论水平高低的依据。同时，也不一定以职称高低或有无职称来划分理论水平的高低。有些人对高等教育研究领域的特殊性不了解，持这种观点，不足为奇，所以我们的研究人员不必为此感到困惑，更不应因此而妄自菲薄。

4. 高等教育刊物太多，内容重复，水平不高

据不完全统计，全国现有高等教育刊物在400种以上（近两年来略有减少），每年所发表的文章数以万计，有人认为这是人力与财力的浪费。首先，我们得承认，这些刊物上所发表的许多文章，不少是低水平的，大多是经验性的，有的则类似于读书报告，但我并不认为这就是浪费。

400多种刊物，大多数是面向本校的"院校研究"或经验总结。这些研究成果，从教育理论的学术层次上看，可能是低水平的、经验性的，但却比较切合实际。低水平的文章有低水平的价值，"下里巴人"的社会价值，不一定低于"阳春白雪"。它的价值在于针对本校的实际问题，发表一得之见，以供决策咨询；或总结一点经验，以供同行参考。同时，这些刊物还可以起到发动与组织教师、干部学习理论、总结经验、自我提高的作用。有人估计，一所高等学校的高等教育研究刊物，每年出版4期，约需印刷费1万元，发表100篇文章，写文章者100人次。这100人次为写文章，就得或多或少、或深或浅地钻研一些理论（包括马列主义理论和高等教育理论等）和政策，观察研究一些问题，认真总结一些经验，才能写出一篇拿得出手的"低水平"文章。如果写作者为了提升职称（我认为这并不是坏事），就得更加认真地学理论，研究问题，才能写出经得起专家评审的文章。这对写作者自身，就是一种有效的培养提高。如果文章发表之后，有几个人读了有所得，则更能起交流思想、交换经验、相互促进的作用。这1万元作为1年的师资、干部培训费是值得的。这一估计有一定道理。何况还有许多水平较高的科研成果呢。当前高等教育改革与发展的问题很多，从体制改革到管理科学化，从办学思想到大学生心理，从专业调整、课程编制到教学法改革，都需要进行研究，也已经写出不少有较高理论水平，对解决现实问题有价值的文章。有些文章，即使从教育理论的学术层次上看，也不是低水平的。

高等教育研究，对比教育基础理论，是应用性理论。它得益于基础理论，而且能丰富和加深基础理论。有许多教育基本理论，从高等教育这一领域进行探讨，可能就比从普通教育领域的研究更为深入。例如，关于教育的功能、

教育与经济和社会发展的关系、教育与生产劳动相结合、思想政治与道德品质教育、知识与智能的关系等，只研究以儿童少年为主要对象的普通学校教育是不够的，高等教育对这些问题的研究可能更加具体、深入，能有新的突破。

总之，对于刚起步不久的高等教育研究，教育领导部门与教育理论界应当多予以关心、鼓励、扶持，不要过多指责。高等教育研究者也不必为某些困惑所干扰而失去信心。

困惑问题，要从认识上来解决。而困难问题，则是实际存在的。有的是客观条件上的困难，有的则存在于研究者的自身。

客观条件的困难，人所共知。如编制紧缩、经费支绌、待遇偏低、创收无门，出书要贴钱，出了书要自己去推销。凡此种种，很难使研究人员安心、尽心于科学研究。而这些都是科学研究工作特别是社会科学研究所遇到的共同困难。有关部门正在逐步解决中，我们也相信这只是暂时现象。存在于研究者自身的困难，除了上述理论水平不高或实践经验不足之外，我认为学风、文风的转变是一个颇为困难的问题。《工人日报》1990 年 5 月 11 日登载的顾海兵的《当前经济学研究中的几点忧思》一文所列举的玄、虚、浮、躁，在高等教育理论研究中，也不同程度地存在着。有些文章，并无多少真正的科研成果，却虚张声势，空话连篇，浅入深出，既玄又虚；有的照搬国外这个模式、那个理论，食洋不化；有的缺乏必要的材料，实际情况并不了解，凭主观臆想，严重脱离实际。这些文章，往往是题目大，口气更大，却解决不了现实问题。如果说，美国许多高等教育科研成果，只是罗列现象、数字、公式，缺乏理论概括，被讥为"不结果实的树"；则中国不少高等教育文章，理论一大套，颇具声势，却是"不结果实的花"。树不结果，可以当木材用（从中获得某些素材）；花不结果，恐怕只是过眼云烟。如何改变夸夸其谈为扎扎实实搞科研，是高等教育科学研究者自身困难之所在。

三、前景与信心

20 世纪 80 年代前期，随着中国高等教育的迅猛发展，高等教育研究也蓬勃发展起来。到了 80 年代末期，中国高等教育进入了一个稳定规模、调整整顿的时期，高等教育研究似乎不如前期那样活跃。更由于经费支绌，编制紧缩，有的高校，首先"精简"了高等教育研究机构，停办了高等教育研究刊物。加之学校与教师，愁于经费，忙于"创收"，精力分散，以致有些研究者对高等教育科学研究的事业前途缺乏信心；更多的同志则忧心忡忡。高等教育研究领域的前景如何，是大家所普遍关心的问题。我认为：高等教育总要深化改革，高等教育事业总要向前发展；而改革与发展，就需要理论指导。从长远看，高等教育研究领域的前景是光明的。正如《中国教育改革和发展纲要（草案）》所指出："教育改革是对于具有中国特色的社会主义教育体系的探索过程，迫切需要理论指导和实践经验的积累。以马克思主义为指导，广泛开展教育思想的讨论，深入研究社会主义初级阶段教育改革与发展的理论问题和实际问题，密切教育科研同教育决策、教育实践的联系，发挥教育科研对教育发展和改革的促进作用。"这就是 20 世纪 90 年代教育科学研究包括高等教育科学研究的前景与任务。

在当前高等教育调整整顿中，高等教育理论研究可能不会像前一个时期那么热，但有必要也有可能在总结前一个时期研究工作与研究成果的基础上，有计划地进行扎实、深入的研究。赶热闹的文章可能少一些，而实践总结、实践活动、调查报告与紧密联系实际的理论研究文章可能多一些；关于国外教育理论、模式、经验、措施等的介绍，也会从不加评选地引进到评论其得失是非，取其精华，弃其糟粕，根据国情，吸收消化，从而出现高等教育研究逐渐深化、逐步提高的新局面。"八五"期间全国教育科研规划的指导思想主要是：坚持社会主义方向，坚持理论联系实际。这个指导也应该成为我们今后开展高等教育科学研究的指导思想，并在这个思想指导下，确立对高等教育研究事业的信心。

至于如何解决当前的种种困难，进一步发展高等教育科学，1989 年厦门大学召开的全国校际高等教育研究所（室）第一次工作讨论会和 1990 年上海高教所召开的学科建设研究会上，都提出了不少值得重视的意见与建议。例如：进一步争取领导的重视与群众的支持；保证和增加高等教育科学研究经费；加强研究的计划性；提高研究队伍的水平；加强科研信息交流，建立信息网络,加强横向联系与国际学术交流;提高刊物质量;以及落实高教论文"应作为科研成果",确认高教研究机构专职研究人员职称评聘政策;等等。这些意见或建议都很好,但有的并非我们高教研究工作者所能做到的。下面只就经过努力我们可能做到的事,谈几点补充意见:

1. 高等教育研究,要面向广大的大学教师与干部

"大学教师是高等教育研究的主体"这一认识,是石油大学李成利、瞿德琪在《对高等学校开展高教研究的认识和实践》[①]一文中,根据实践经验所提出的一个值得重视的见解。高等教育不论改革或发展,最终决定于能否调动广大教师和干部的积极性,高等教育研究能否繁荣兴旺,最终也决定于能否得到广大教师与干部的支持与参与。理论的源泉来自实践,只有广大有实践经验的教师与干部支持了,参与了,高等教育研究领域才能富有生气;高等教育科研成果,只有对教师与干部的教育实践与管理实践能起指导作用并为他们所乐于接受,才能发挥它的社会效益。高等教育科学研究是应用性研究,如果只有少数专职研究人员闭门造车,孤芳自赏,既打不开局面,也不能实现它的社会效益。因此,无论从读者对象看,还是从研究队伍的组成看,都应该认识到广大教师、干部是主体。这里丝毫没有贬低专职研究人员的地位与作用。专职研究人员要作为骨干,起宣传、组织、指导与理论提高的作用。没有一支富有事业心和一定理论水平的专职队伍,则高等教育研究领域可能热闹一时而不能持久,更不能深入与提高。

如何组织大学教师与干部参与高等教育研究,许多高等教育研究所(室)已积累了许多经验。一般有:制订科研计划、征求教师选题、聘请兼职研究人员、召开高教理论研讨会或经验交流会、举办讲座或学习班。特别应当指出的是,被人指责为内容重复、水平不高的各省市、各系统、各高校的高等教育研究刊物,在组织广大教师与干部参与研究中所起的作用,正是这些刊物,默默地做经常性的组织研究工作,并使某些科研成果悄悄地转化为人们的思想认识和教育实践。

---

① 李成利,瞿德琪. 对高等学校开展高教研究的认识和实践[J]. 上海高教研究,1991(1):37-39.

2. 要充分发挥各个层次、各种类型高等教育研究机构各自的特点与优势，承担不同的任务

全国高等教育研究机构，类型不一，条件不同，它们的具体任务与具体工作，不可能强求一致，可以互相借鉴而不要互相攀比。1989 年全国校际高等教育研究所（室）工作讨论会上，将校属高教研究机构的任务粗分为五类：（1）研究。包括学科理论研究、实际问题研究以及政策研究等。（2）咨询。包括不同层次与对象的各种咨询服务工作。（3）培训。包括为新教师、干部开高等教育学、高等教育管理学课程，培训教师和管理干部，培训研究生、本科生，举办讲座、学习班等。（4）信息服务。包括与高等教育理论和实践有关的各种信息交流，专著、期刊、资料搜集和编辑出版工作。（5）组织。包括校内、校际以及国际各种高等教育学术活动的组织、协调工作。每个研究机构，对于上述五类任务，可以有所侧重；对于某类任务的工作内容，也应有所差别。大多数校属高等教育研究机构应当以所在院校在改革与发展中的问题为主要研究课题（即所谓"院校研究"），并做好咨询服务、教师培训等工作；有的可以承担有关部门或地区的科研任务，只是少数规模较大的、科研力量较强的，才要求其承担学科基础理论研究和培养本科生、研究生，但也应当做好本校、本地、本系统的服务工作。美国的校属高等教育研究机构，如上所述，数量甚多，其中大多数只搞"院校研究"，超出院校研究的课题并不多，设置学位课程的全国也只有 90 所左右而已。有了适当分工，各自任务比较明确，可以避免研究工作的重复浪费。

应当特别强调指出，各个层次、各种类型研究机构任务有所不同，不应视为地位高低或贡献大小。做好一所高等学校的研究、咨询工作，其实际效益，可能比发表几篇空泛的理论文章更有意义。只要各自发挥自己的特点与优势，很好地完成自己的任务，就应肯定其社会价值。

3. 要切实改变学风，讲求研究方法

人们往往认为教师与干部虽有丰富的教育实践经验，而所写的论文大多只是描述性的经验总结，缺乏学术水平与理论深度，质量不高。对此，我有不同的看法。如果一位教师或干部，在教育实践中确有深切的体会，有一定价值的经验，把这些体会、经验整理出来，并力求在理论上有所论证，能解

决一两个具体问题，就是一篇值得重视的文章。这种文章，对自己是提高，对他人有影响，这就有了实际的效益。不能要求每年数以万计的高等教育论文都要具有很高的学术水平与理论深度。以所谓学术水平、理论深度这种抽象的价值尺度来评价"行家"而非专家的研究成果，不是实事求是，而且会挫伤广大教师与干部参加高等教育研究的积极性。当然，对于经验性的文章，可以适度地要求其在理论上有所提高；而对于玄、虚、浮、躁的空洞理论，所需要的则是改变学风。前者水平虽低，入门之后，可以逐步提高。10年来，我亲自接触的许多位在高等教育研究上有贡献的同志，就是这样成长起来的。后者则水平可能很高，但往往只能自我欣赏，难以发挥社会效益。为此，高等教育理论研究一定要改变学风，讲求研究方法，包括运用某些社会科学以及自然科学的研究方法，尤其是系统科学的研究方法。"八五"教育科研规划提倡教育实验研究，如果有的研究机构限于条件，一时未能做到，应当提倡广泛调查、深入考察、参与教育实践，尽可能使我们的科研成果客观些、科学些，并充分考虑科研成果的可行性。那种认为"理论工作的研究任务只是提出理论，是否可行是决策者的事"的治学态度，对于高等教育这种应用性学科研究来说，是错误的。

值得欣慰的是，近年来有调查、统计依据的，有某些实验结果的，有理有据的科研成果逐渐增加，空洞的理论，照搬国外理论、模式的文章逐渐减少。坚定信心，改变学风，讲求方法，我们就一定能够开创一个高等教育研究的新局面。

高等教育科学研究的前景是广阔的，我们已有一支有事业心的研究队伍，还有庞大的热心支持并参与一定研究活动的教育实际工作者。我们完全有信心逐步解决一些困难，克服自身一些缺点。坚持社会主义方向，坚持理论联系实际，把研究工作提高到一个新的水平，更好地发挥研究成果的社会效益。

关于我国高等教育科学研究的思考①

一、高等教育理论研究的进展和问题

　　高等教育作为一门独立的学科,在我国大体上有12年研究历史。这12年的研究进展是迅速的。开始是对高等教育学的研究发展迅速,后来是各种分支学科都发展很快。现在有些分支学科的发展甚至比高等教育学理论发展还快,队伍庞大,组织和刊物很多,成果累累。高教研究机构,我们根据国家教委编印的《全国高等学校介绍》一书上记载的,有700~800个。高教研究的刊物,据不完全统计,有400多种。专职研究队伍数以千计,兼职队伍数以万计,每省都设有高等教育学会,有些高校还设立了专业,有专科、本科、硕士专业点。现在全国高教研究硕士点有7个,博士点有2个:北京大学和厦门大学(北大待批)。我在《教育研究》1988年第11期上发表的《十年来高等教育科学研究的进展》一文,着重从学科的基础理论方面列举几年来高等教育研究的进展。实际上,高教研究更大的进展表现在各分支学科的发展上,特别是高等教育的管理、高等教育的评估、高等教育的发展战略、高等教育的体制改革以及各学科的教学方面的改革与研究等等。建立了高等教育管理学、高等教育评估的方法、大学生心理学、大学教学法,以及高等

---

① 原载《上海高教研究》,1991年第1期。

工程教育、高等医学教育、高等师范教育等，都有论文和专著。所以说，从组织机构、刊物、专业点、论文、专著数量等来讲，我国高等教育研究的规模，堪称世界第一。如果说10年前，大家对高等教育是否需要进行专门研究，教师和干部有没有必要学习高等教育理论和高等教育教学法有所争议的话，那么10年后的今天，在这些有目共睹的事实面前，不管是赞成的，还是不赞成的，都不能不承认高等教育在我国已成为教育理论中的一个重要组成部分，高等教育学是一门新兴的学科。由于这一客观事实，吸引了许多同志加入到高等教育研究队伍中来。我常收到一些同志热情洋溢的来信，谈他们研究的热情和体会，中山大学一位化学系博士说他准备一辈子从事高等教育理论研究。对高等教育研究成果累累的事实不予否认，但对其意义、作用持保留态度的人不少。有的是领导干部，有的是一般群众，有的是普通教育理论研究者。北京大学和厦门大学高教研究所曾联合发起在厦门大学开了一次高等学校高等教育研究所（室）会议。大家说，现在高等教育研究机构很多，但国家教委目前仍没有一个文件是有关高等教育研究工作的，希望国家能颁布这样一个条例。还有来自从事普通教育理论研究的，或者是从事一般教育理论研究的，一开始，有人对高等教育理论研究持否定态度，认为教育理论就是教育理论，没有什么高等教育理论。现在这种状况有所改变，但许多教育理论研究者认为高等教育理论研究专家很少，大多半路出家，文章很多，但很多是经验总结，缺乏理论水平。我参加一些教育理论会议，发现与会者很多对高等教育理论研究的进展情况是惊人的无知。他们只知道自己的那块研究领域。还有就是来自高等教育理论研究者自身缺乏信心。其他我们可以不去管，但对高等教育研究的前景不应丧失信心。

二、高等教育理论研究的困惑与困难

我这里所谈的"困惑"是指我们自己和别人认识上的问题，"困难"是指客观上或者主观上实际存在的问题。

困惑之一，我们从事高等教育理论研究的同志缺乏信心，以为这是由于领导不重视、工作得不到支持而造成的。事实上，确实存在领导不够重视的问题,但我认为不能笼统地说。有许多领导是重视的或者比较重视的。国家教委就比以前重视多了。现在制定教育科学研究的规划,"七五"规划搞好了,又着手制定"八五"规划,这是国家教委抓的,教育科学研究规划中一个部分就是高等教育。各省、市、自治区的教委大多数都很重视。所以我们不能笼统地说领导都不重视。至于大学校长重视的更多,尤其是一些工科大学校长亲自参加研究的很多。当然的确也有不重视的。在中国搞科研,领导重视与否的确很关键。在中国搞研究必须三家齐备——当家、专家、行家,其中最重要的是"当家"。但是即使这样,领导还是可以争取的。如果你搞的研究有用,领导是会重视的。

困惑之二,有些同志忧虑高等教育研究成果不受重视,不能转化为决策依据。我在成都参加中青年教育理论会议期间,一些同志对我说,领导对我们的研究成果不理不睬,令人失望。我认为,如果我们的研究成果转化为决策,当然是最现实的收获。但在事实上,我们很多研究成果没有转化为决策,不能为决策所采纳。国家教委的教育发展中心研究了高层次人才培养过程的问题,成果还没出来,政策已出来了。当然,现在很多成果或者部分成果已转化为决策。如关于结构问题的研究,关于教育投资问题的研究,多多少少已转化为决策,至少影响了教育部门的决策。可惜的是,对财政部门和计划部门的影响似乎不多。还有,关于教师待遇问题的研究,教学与科研关系的理论研究,以及其他实用性研究成果,都给决策者带来一定影响。《教育改革和发展纲要》中绝大多数的决策都是近十年来高等教育科学研究中提出的论点和意见,或者是对国外高等教育发展的一些介绍和评估。我们的研究成果,经过多种渠道,特别是经过国家教委的教育发展研究中心转化为纲要,所以不能笼统地说我们的研究成果都落空,都未被决策者重视。再说,并不是所有的研究成果都应当作为领导决策的依据,更多的是为群众性的教育思想提供理论指导。我认为,理论研究的价值作为领导决策依据固然很重要,但我们也不要总把眼睛盯在几个领导身上,还应把眼光放在群众的教育思想上。如果你的成果是正确可行的,而且是受群众欢迎的,那么,这个成果必然能被领导所采纳。

困惑之三,一般教育理论研究工作者以及我们高教研究工作者中的一部分同志认为，高教研究队伍庞大，研究水平不高。我认为，首先应当承认我们的队伍确实庞大，确实存在水平不高或水平不太高的现象。我们许多同志是转行出来的，教育科班出身的并不多，因此我们应该加强队伍建设，提高研究人员自身理论水平，丰富研究人员的实践经验。但是如果认为半路出家的多，科班出身的少，搞高教研究就不行，这种看法就错了。现在高教研究队伍由三部分组成：一部分是非教育专业的教师，虽然没有系统的教育理论，但有教学经验，有的还有从事教育行政管理的经验；一部分是学校党政管理部门的干部，具有长期从事高等教育管理的经验；还有一部分是这几年陆续从大学教育系或高等教育专业毕业的本科生和研究生。高等教育研究与普通教育研究不同，高等教育拥有多种学科，涉及方方面面的知识，从事高等教育研究需要各种各样的人才，需要有丰富的实践经验，所以说，高等教育研究队伍来自各个方面，不一定是坏事，在某种意义上讲是好事。世界上做出成绩的高等教育理论家、思想家多半不是教育科班出身。从不同学科毕业，具有长期在高等学校工作的经验的同志，他们的研究具有文理渗透，从多角度、多方面来看教育的特点，而不是就教育论教育，未必水平不高，这些同志在研究过程中还需要不断学习教育理论，边干边学，为干而学，这样，不一定比教育科班出身的差。当然，教育科班出身自有科班出身的好处，教育专业知识丰富。总之，我们不应以是否科班出身来划分水平高低，也不应该妄自菲薄。

困惑之四，高等教育理论研究刊物很多，内容多是经验总结，理论水平不高。全国现有高教研究刊物400余种，有人认为这是一种浪费，无论是高教管理部门的领导还是从事高教研究的同志都有这种想法。我认为，我们首先应该承认高教研究上有些文章是低水平的，但经验总结未必是低水平的，有许多问题如果只是从一般教育理论而不是从高等教育理论研究，就无法深入。如：关于教育与经济、社会的关系，也就是教育的外部关系问题，如果仅从普通教育着手，就难以研究得深入具体，而我们从高等教育角度进行研究，就具有优越性，高等教育要比普通教育直接，因为它培养出来的人马上进入社会各个领域，当然研究工作就容易深入。再如教育与文化的关系，文化会影响普通教育，但这种影响较为缓慢，主要是传授现有文化；而高等教育研究工作者要比普通教育研究工作者具有优势。过去普通教育学研究教育与政治、经济的关系都从历史的一般演变来加以说明，而现在我们从高等教育角度研究可以深入到经济、生产力、科学技术、政治制度、文化传统等诸多领域的研究，从这点上看，我们要比普教研究更深入。

现在有一种现象，认为国外教育理论比我们先进、文明。我们应该承认国外有些教育理论是比较先进的，值得我们学习，但并不等于说我们的高等教育理论不行。退一步说，即使我们有些研究文章是低水平的，应该怎么看？我认为，低水平的文章有低水平的价值，其价值在于发动群众自我教育，提高教育质量和教学质量，所以我们不必为此困惑。

我们在高等教育理论研究发展过程中遇到的困难并不仅仅在于认识上的困惑，还有发展过程中客观与主观上的困难。客观上的困难不少。回顾20世纪70年代末、80年代上半期，我们高等教育理论研究发展很快，主要得益于粉碎"四人帮"以后提出实现四个现代化。四个现代化当中科技现代化是关键，而教育是基础。因此，当时既是科学的春天，也是高校培养人才的春天。随着高等教育的发展，高等教育理论研究迅速发展起来。现在有些同志批评说：80年代太重视高等教育发展了。对此，我不敢苟同。我们应有历史的眼光。80年代初不重视基础教育是不对的，但重视高等教育不能算错。80年代中期，高校忙于"创收"，在教师、学生中出现了厌教、厌学风；高教改革与发展的热潮衰退，因此，对高教改革与发展的理论研究也缺乏热力，出现了滞缓趋势；再加上编制紧缩、经费不足、待遇偏低等因素，高教研究成了可有可无的事情。这是客观困难之一。

还有主观上的困难：我们有些文章、著作存在玄、虚、浮、躁的问题。文章中存在较多难以理解的词语，较多空洞无边的议论、凭主观设想和推理作为研究重大理论问题的花架子，自我欣赏。总之，我们目前的研究工作存在着相当严重的理论脱离实际的问题，论文缺乏科学性，更不考虑可行性。这种缺乏科学性、可行性的理论没有生命力。这是高等教育理论研究真正的困惑。

三、关于高等教育理论研究的前景和信心

高等教育总要不断改革与发展，就需要高等教育理论研究做指导。《教育改革与发展纲要》指出：加强教育理论和综合实验，改革迫切需要理论指导和经验积累，要以马克思主义为指导，广泛开展教育思想讨论，深入研究社会主义初级阶段的理论问题和实际问题，密切教育科学研究与教育决策、教育实践的联系，发挥教育科研对教育发展与改革的促进作用。在当前改革有待深化的情况下，高等教育理论研究可能不会像前一阶段那么热，但是完全有必要也有可能比较有计划地开展深入的、扎扎实实的研究。"花架子"的文章会少一些，而实实在在的经验总结和调查报告、实验活动、研究文章会多一些。关于外国的教育理论，外国高等教育的经验介绍，也会从照搬、迷信到评论其是非得失，取其精华，弃其糟粕，消化吸收。从而出现高等教育研究逐渐深化，逐渐提高的新局面。"八五"期间教育科学研究的指导思想主要有两点：坚持社会主义方向；坚持理论联系实际的原则。要把教育发展与改革中出现的理论问题与实际问题作为"八五"规划的主要课题。就整个教育研究来说，尤其要重视搞一些实验研究。我们高等教育的实验研究还比较少。"八五"教育科学研究规划指南对高等教育研究仅提到这么几个课题：（1）关于我国高等教育专业结构优化和高等学校规模布局优化的研究；（2）社会主义商品经济发展与高等教育改革的研究；（3）高等学校内部管理体制的研究；（4）研究生教育改革的研究；（5）大学生学习方法的研究。仅这几个课题是很不够的。我们的研究工作不必为这个指南所左右，各大学、各个研究机构可以有自己的研究。我们应该有信心克服种种困难，坚持"三自"方针：自我努力，自甘寂寞，自讨苦吃。自甘寂寞就是不要看哪里有热门课题就往哪里钻，发些不着边际的文章，而应该老老实实地做些调查、实验。自讨苦吃，就是敢于承担和甘于承担艰难的任务，尤其是那些担任领导职务和有教学任务的教师要搞一点研究，就只能自己找时间，自讨苦吃。

高等教育理论研究的前景是广阔的，我们现已有一批有事业心的研究队伍，我们完全有信心克服自身的一些问题，把研究工作搞得扎实一些，坚持社会主义方向，坚持理论联系实际，把研究工作提高到一个新的水平。

高等教育研究的新进展与展望[①]

　　高等教育研究这一领域，10余年间，扩充很快，发展甚速。这种发展势头，近年来并不像有的国家那样有所减弱。一方面，理论研究结合实际，正在向深处发展，并且出现了一些新的分支学科或交叉学科；另一方面，由于高等教育改革的深化，提出许多新的具体问题，促使应用型研究数量更多，课题更复杂。对此，可以举出几个数字证明：

　　——集美航海学院高教研究室和厦门大学高教研究所合作开发的"高教研究信息微机处理系统"所输录的论文条目，每年不少于1.5万条，这还只是一个不完全的统计数字。

　　——全国教育科学规划领导小组1991年底所组织的"八五"课题评审工作，收到申报的课题1 331个，分为12个组评审，高等教育组的任务最重，达224个，占16.8%，比基础教育组（165个，占12.4%）还多。而教育史、比较教育、德育，尤其是教育管理、教育发展战略、成人教育、职业技术教育、军事教育等组，也有许多高等教育课题或涉及高等教育问题。估计高等教育课题占课题总数的90%左右。特别值得重视的是高等教育组中青年人承担的课题占23%，无论绝对数或比例数都远超过其他组，说明这个学科正在吸引大批青年教育理论工作者参加，后继有人，后劲较足。

　　——中国高等教育学会所属的专业委员会（研究会），近年来继续增至

---

① 原载《中国电力教育》，1993年第2期。

28个,说明各种分支学科的涌现。

面对如此庞大而又复杂的高等教育研究成果,要在一篇短文中概括地评述它的进展,我是无能为力的。下面只能就个人狭窄的接触面,分为理论研究、分支学科、应用研究三个部分,进行粗略的形势描述,其中涉及某些情况、成果的记述,只能是举例的。

一、关于理论研究的新进展

高等教育学科,就其总体来说,相对于教育基本理论,它只是应用性学科,即教育基本理论应用于高等教育研究。但应用性学科也有其应用性理论,更重要的是许多(不是一切)教育基本理论问题,从高等教育领域进行探讨,有它的特殊意义:较易发现某些本质特点或规律;可以从宽度和深度上发展某些教育基本理论,加深对基本理论的认识。这就是为什么自从高等教育学科建立以来,许多本该是搞教育基本理论的同志去探讨的问题,却在高等教育理论界讨论得很热烈,搞教育基本理论的同志反而介入不多。还有一些教育基本理论研究,不再只以一般教育现象或中小学教育现象作为研究对象,更多地运用高等教育的实际材料作为论据。前者如关于教育基本规律的研究,传统教育与教育现代化的研究,教育与科技革命的关系、教育与文化传统的关系,尤其是商品经济与教育改革的关系等研究;后者如教育的社会属性(以前曾叫作教育的本质)之争、教育的功能之争、知识与能力的关系、思想政治教育的研究等等。

为什么高等教育研究不只是应用现成的教育科学基本理论,而且在某些方面大大推进了教育基本理论研究呢?我认为可能有如下一些原因:

第一,高等教育是分学科、分专业的专门教育,其所培养的人才将要直接输送到各个领域、各个部门从事较高层次的专门工作,因此,它需要接触到各门学科的最新信息、科技成果,也能比较及时地反馈各个领域的变革与发展。换句话说,它同社会和经济、政治、科技、文化的关系是比较直接的。而普通教育所传授的是比较稳定的一般文化科学基础知识,是作为公民的文化素质教育,与经济、政治、科技、文化的关系是比较间接的。

第二，高等教育理论工作者，除了教育学、心理学的专家之外，还有大量的经济学的、社会学的、历史学的、自然科学的、工程技术的、医学的、计算机与系统科学的专家参加，他们从不同的学科角度研究教育问题，发挥多学科研究优势。许多教育问题是要从宽阔的视野来探讨，才能深入它的实质。尤其在研究宏观教育理论与分科教育理论上，仅靠教育学、心理学并加上一点哲学理论是不够的。

第三，高等教育学科还不成熟。不成熟本来是缺点，但缺点中包含着优点。正如青年人还不成熟或不够成熟，知识还不丰富或不够丰富，但条条框框较少，敢想敢说。他们所发表的意见，可能是幼稚的，但其中往往包含着某些新意，提出某些真理。这里丝毫没有轻视教育基本理论之意，更没有贬低教育理论家的学术水平与贡献。我还是希望从事高等教育研究工作的同志，要认真学习基本理论和心理学知识。

下面所要简述的高等教育理论研究的新进展，就有许多是关系到教育科学的基本理论问题。我于1988年为《中国教育科学的回顾与展望》所写的《高等教育科学研究十年来的进展》一文，已经阐述了的，这里就先提一下，然后着重阐述20世纪80年代后期以来的新进展。

在《高等教育科学研究十年来的进展》一文中所简介的理论研究，主要有如下5个方面：

（1）教育同经济和社会发展关系的新认识；
（2）对教育观的思考；
（3）对高等教育结构的研究；
（4）对高等学校思想政治教育的探索；
（5）对高等学校教学理论的研究。

在前10年高等教育理论研究基础上，近年来理论研究的新进展主要有：

1. 从一般的论述到研究高等教育同经济和社会发展的关系

从认识教育的外部关系规律，到运用教育的外部关系规律，研究高等教育与商品经济的关系，如何主动适应经济体制的改革。1988年底，在南京航空学院召开的"商品经济与高等教育思想"研讨会上，大多数同志认为高等教育应该适应商品经济的发展，引进竞争机制，发挥人才市场的调节作用，开展有偿服务，这样可以促进高等教育改革的深化，为社会主义建设服务。也有不少同志认为商品经济与教育是不同质的事物，教育不应该按商品经济规律办学。在商品经济冲击下，许多高校已经出现了教育秩序混乱、政治思想滑坡、教学质量下降、人才流失等不良现象。办学应当采取措施抵制这种冲击和影响。经过会上讨论以及其后各个刊物所发表的文章看来，人们逐渐认识到，社会主义初级阶段经济体制的改革取向，是从有计划的产品经济向有计划的商品经济转移。高等教育必然要与商品经济的发展相适应，才能生存和发展，这是教育的外部关系规律所决定的，不以人们的主观意志为转移。高等教育作为相对独立的教育主体，应当发挥主体的判断、选择作用，主动适应商品经济的积极方面，尽力避免或减轻其消极方面的影响。这一基本的理论认识，无疑对于高等教育面向商品经济形势采取对策，有其理论指导意义。最近，党的十四大进一步提出建立社会主义市场经济体制，高等教育是否也应当"推向市场"，这又是一个新的研究课题。

2. 从一般的讨论教育观到讨论教育的基本功能

20世纪80年代中期以前，高等教育理论界主要围绕教育观、人才观、道德观、教学观，讨论了传统教育思想的现代化变革问题。讨论的实质集中于教育的价值观上，众多的理论可以概括为两大类：一类认为社会发展的需要是衡量教育价值的最终尺度；一类认为教育的最终价值在于人的自我实现，满足人的自我发展。这两类教育价值观都有各自的历史渊源和当代的思想背景，形成两股对立的学术思潮，相互激荡。到了80年代后期，发展为关于教育基本功能的争论，认为人是教育的主体，教育的基本功能在于促进人的自然发展的观点，居于主导地位；1989年之后，认为教育的基本功能在于满足社会的需要，促进社会的发展的观点成为主流。个别文章或研讨会发言越出了学术之争，多数文章能正确对待不同观点，更多的文章能辩证地从人的发展与社会的发展的统一性来阐述教育的基本功能。有些学术理论问题是很难甚至不可能做出简单结论的，尤其是社会科学理论。没有结论的讨论并非无益之争。它的意义在于繁荣学术，加深认识。既然不同的观点都有理有据，也就可以从中得到某些启发。例如，从社会发展功能论中认识教育必须面对社会和现实；从个人发展功能论中认识人在教育中的主体地位。正是某种没有简单结论的争论可能不断地引导人们对事物的认识更加全面些，更加深入些，在方法上更加辩证些。70 年代末至 80 年代初关于教育的社会属性之争如此，80 年代末至 90 年代初关于教育基本功能之争也如此。

3. 从高等学校思想政治教育的探讨中引发对校园文化的讨论

从 20 世纪 80 年代中期以来，大学生们和一些青年教师经常在一起谈论校园文化问题，但一般只是抒发某种哲理诗情的感触。到了 80 年代后期，高等学校面临改革开放新时期如何转变思想政治教育任务、内容与方法的新问题，在总结经验中，发现校园文化环境对大学生的思想观念、行为习惯的形成具有强大的影响力，从而重视校园文化的建设。校园文化成为政工干部的热门话题，许多高等教育理论工作者也参加校园文化的性质、作用与如何优化的研究。从多次研讨会和报刊发表的许多文章看来，对校园文化的讨论主要来自两个方面：一是从文化社会学的角度谈校园文化，参加者大多数是青年教师与大学生，思想活跃，深度不够；一是从思想政治、道德品质教育的角度研究校园文化的建设，参加者大多数是政工干部，把校园文化作为德育途径研究，视野较窄。但前者的文章可引发人们的思考，后者的研究成果已促使高等学校对校园文化的建设采取了一些措施。

校园文化是一个广泛的概念。广义的校园文化包括精神文化与物质文化。从组织在课程中的科学知识、思想观点到校园中的物质环境、组织制度、文体活动、生活方式、校风学风，都包含在校园文化这一概念中。校园文化在一定程度上反映了社会文化，而又是一个区别于社会主流文化的亚文化。它对大学生的德、智、体、美、知、情、意、行都起着潜移默化的作用。它不但在传播社会的主流文化，也在创造新的文化，对社会文化的变革与发展起到推动作用。从作为思想政治、道德品质教育的途径来研究校园文化的建设，无疑有它的现实意义，但如果要全面深入地研究校园文化的性质、意义、功能、作用，以及校园文化的优化，还必须从文化学、社会学、心理学等方面进行多角度的探讨，把校园文化摆在时代与社会的背景中进行考察，而当前的研究大多数只停留在浅层次的议论上。

二、关于分支学科的出现与进展

理论研究进展的另一个值得重视的方面,则是分支学科的出现与进展,特别是大学生心理学、大学学习论、比较高等教育学和高等教育史这几个分支学科的出现与进展。

1. 大学生心理学

从学科分类来说,大学生心理学应归属于心理科学,但它也是高等教育学的理论基础与重要组成部分。在中国,它的学科建设与其说是由于心理科学自身的逻辑发展结果,不如说是应高等教育研究的需要而产生。因为研究高等学校的教育、教学问题,不能不研究大学生的心理。在此之前,只有几本有关青年心理的译书和散见于报刊的译文,十余年来,不但青年心理学的专著已有多本,大学生心理学的专著也有好几部。顺便说一下青年心理学与大学生心理学的异同:两者实质是相同的,因为现时国内外青年心理学著作,一般都是以知识青年为研究对象。但重点不同,青年心理学着重研究发展心理学中青年期这一阶段的心理特征与变化,而大学生心理学则着重研究大学教育过程中的心理现象;年龄范围也不同,国外的青年心理学著作实际上只研究13、14岁至17、18岁的青春期和青年早期,而大学生心理学则着重研究17、18岁至21、22岁青年中期的心理,也可涉及年龄更大的大学生。

近年来,大学生心理学的研究,主要围绕下面这些课题:

——大学生思维心理,特别是创造性思维心理;

——大学生学习心理与非智力因素在教学过程中的作用;

——大学生的自我意识;

——大学生的非正规群体(或称无形组织)的心理;

——大学生心理素质测评;

——大学生心理咨询;

——大学生心理障碍及其调治;

——大学生专业定向问题,等等。

其中,关于大学生创造性思维、自我意识、非智力因素在教学过程中的作用等研究比较集中，成果也较多。与此同时，有的大学开设大学生学习心理、心理卫生等课程，许多大学开展大学生心理咨询工作，从而心理咨询的研究近年来也形成热门。

2. *大学学习论的研究*

如果说，20世纪80年代初期，教学论研究的一个重要成果是确认学生在教学过程中的主体地位，那么，80年代中期以来，如何发挥学生在学习过程中的主体作用，就成为广大教师和教育理论工作者所热心研究的课题，由此形成了一个新的研究领域——"学习论"或"学习学"。从1987年到1991年间，发表的论文数以千计，出版的专著我所看到的就有10余本。这些论文和专著，大多数着重于应用研究，也有一定的理论研究，涉及学习的概念和学习的规律，学习的功能与价值，学习的动力系统，学习心理、学习原则、方法与技能，学习指导的理论与实验，学习学的学科体系，等等。起初，有些教育理论工作者对这一学科和建设颇不以为意，不甚重视，但广大师生则很欢迎，据说已有100多所高等学校和职业学校开设了学习指导课程，召开了3次全国性的和多次地区性或层次性的研讨会，成立了"全国学习学研究会筹委会"。这一领域的研究，有广泛的群众基础，因此发展迅速，研究水平有所提高，并提出了许多新见解。在当前高等教育着重于宏观体制与管理方面的研究，忽视微观的教育教学的研究中，学习论的研究异军突起，对于深化教育改革，提高教学质量，必将起到积极的作用。希望教育学家、心理学家给予支持与指导，以提高这一领域的研究水平。

3. *比较高等教育学的建立*

高等教育的改革，离不开国际比较。但过去的比较教育，着重普通教育比较，只是偶尔涉及高等教育比较。10余年来，介绍国外高等教育的文章逐渐增加，国别研究如美国高教、日本高教、印度高教等也出版了几本专著。第一本以比较高等教育作为书名的当推1987年出版的符娟明主编的《比较高等教育》。该书以专题为纲，以国别为目，纵横交错，有所比较，可以说标志着这一分支学科的建立。其后出版的中央教育科学研究所比较教育研究室主编的《六国高等教育结构》，着重研究高等教育的结构现状与改革，并联系中国实际，提出一些可资借鉴的问题。但这两本著作，都只比较5个或6个发达国家的高等教育，尽管如此，对我国来说，发展中国家高等教育在发展过程中的成功经验与失败教训的比较研究，也很有借鉴的价值。1992年厦门大学高等教育科学研究所乘邀请美国著名的比较高等教育家P. G. 阿尔特巴赫前来讲学之机，召开了比较高等教育研讨会，可以说是我国第一次正式召开的比较高等教育研究会，也有其历史意义。

4. 高等教育史

高等教育理论研究，尤其是高等教育规律的探讨，同样离不开教育史的研究。但以前的教育史，也只是以一般的教育思想和教育制度为研究对象，很少陈述高等教育制度，更少涉及高等教育家的思想。"论从史出"，高等教育史的研究不多，史料不足，势必影响高等教育学的研究深度。所以，在高等教育理论研究开展的同时，就有同志开始研究高等教育史。1982年出版的蔡克勇所编写的《高等教育简史》，包含中外高等教育的重要历史，其后又出版了熊明安的《中国高等教育史》。两书都是从中外教育史中抽出重要的教育家的思想和有关高等教育的史料编成。在对高等教育历史还很少有专门研究之前，这些著作在学科建设上是有意义的。近年来，许多同志认为高等教育史应当写出有别于一般教育史的特点，即以高等教育家的思想和高等教育制度史料为研究对象。据我所知，已经有一些同志致力于研究过去一般教育史所未提及的高等教育家的思想和一般教育史过于简略的高等教育制度演变过程。但高等教育专门史的研究，需要积累大量文献资料，并涉及不同时代的经济、政治、哲学、科学诸多方面的历史，需要较长时间的准备，不能急于求成。现时已经出版或发表的高等教育史书或文章，大多是新中国成立以来的当代历史或参考国外有关史书所编写的国别史。特别值得介绍的是湖南教育出版社陆续出版的"世界著名学府"丛书和报刊上陆续发表的一些著名的高等教育家的思想评价，提供了研究世界高等教育的重要史料。

除了上述几门分支学科之外，还有高等教育经济学和高等教育系统工程的研究。两者起步都较早，但近年来进展不快。因为教育经济学仍然集中于研究投入与产出的统计理论与方法，以及高等教育投资经济效益的衡量标准。出于所借鉴的人力资本理论存在某些缺陷，更由于教育投资的直接经济效益与间接经济效益、短期经济效益与长期经济效益，存在许多不确定性，很难做出比较精确并为大家所认可的统计，所以研究的进展不快。最近我和一些同志提出教育综合效益的观点，把教育效益问题放到较为广阔的视野中进行考察，可能有助于解决这一难题。但这个观点仅仅是一个初步的假设，还缺乏充分的论证，更难以制订切实可行的评估综合效益指标。至于教育系统工程，包括教育控制论的研究，困难之处在于如何把系统科学的理论和某些原则方法融合于教育理论与教育实践之中，以之指导教育理论研究和教学、管理实践，而不是停留在系统论加教育例子上。尽管现在还很不成熟，但这是一门很有发展前途的新兴学科，它的研究成果，可能促使教育理论研究从经验性理论走向科学性理论。

从上面所述的若干高等教育理论研究的进展和分支学科的建立与发展，可以说明理论研究是有成果、有收获的。值得高兴的是，随着高等教育研究为人们所普遍认识，高等教育学科在整个教育科学的重要地位也渐为人们所确认。许多师范院校教育系或教育研究所的专家教授也认为高等教育中许多问题的研究是有理论价值的，这个研究领域可以大有作为，从而参加到这个研究队伍中。以他们的理论基础和学术水平从事高等教育研究，无疑可以大大地提高高等教育学科的理论水平。许多分支学科，尤其是比较高等教育和高等教育史的开拓，就是得力于比较教育和教育史专家所做的贡献。

三、关于应用研究的新进展

如果说，近年来高等教育理论研究在广度与深度上大有进展，那么，应用研究的进展就更快些，更活跃些。这是因为理论研究的队伍毕竟不能像应用性研究的队伍那样庞大，理论研究的成果也不能像应用性研究成果那样直接转化为教育实践，解决现实问题。因此，报刊上发表的高等教育论文，全国或地方召开的高等教育研讨会，80%以上是属于应用性研究的，中国高教学会所属的28个专业委员会，就有25个基本上是应用性的研究组织。当然，这只是就其总体而言，理论性研究与应用性研究，并无绝对的鸿沟，有时是相互交叉、相互渗透的。例如关于教学、科研、生产联合体（一体化）的研究，关于高等教育地方化、为地方服务的研究，都是近年来的热点，都可以从理论上探讨它们的内在机制，也可以从应用上研究它们的措施办法。又如，近年来所出版的高等工程教育、高等师范教育、高等职业教育、医学教育等专著，就其总体来说，是应用高等教育理论以研究各科类的问题，但都各有自己的特点，需要探索各自的特殊规律。在应用研究上，发表文章最多的是课程、教材、教法的研究，占高教论文的41.96%，其中绝大多数是大学教师就所担任的某一门课或所用的某一种教学方法所写的总结或心得。因为是分散的，各谈各的，未能形成问题中心。20世纪80年代以来，应用性研究的热门始终集中于高等教育体制与高等教育管理两个方面。但研究的重点，80年代前期与后期有所不同，反映了高等教育体制与管理改革的深化。

1. 高等教育体制改革的研究

20世纪80年代中期以前，主要是根据系统科学的原理，研究我国整个高等教育系统的结构与功能，写出几本有影响的著作。80年代后期以来，则从整体结构的研究，发展到各级各类高等教育体制的研究，并着重于一些以前较少注意的方面。主要有：

——关于高等专科教育的研究。自1990年下半年以来，对高等专科教育的性质、特点、地位、作用，发表了不少文章。主要在于引起人们对专科教育特殊性的重视，确认专科教育的独立地位，以及专科教育在经济发展中的重要性。还编写了高等师范专科、高等工程专科等专著。

——关于高等职业技术教育的研究。许多国家和地区，在经济起飞时期，无不得力于职业技术教育所培养的专门人才，职业技术教育的重要性日益为人们所重视。高等职业教育不同于普通高等教育，应当具有鲜明的职业性、技术性，面向生产，面向基层，当前应当特别着重培养第三产业的从业人员。近年来高等职业技术教育的研究，着重于高等职业学校如何办出特色，多形式、多层次、多规格培养经济和社会发展所需要的人才。

——关于成人高等教育的研究。我国成人高等教育发展很快，到1987年前后，在校生已接近于全日制普通高等学校。如何根据成人在职学习的特点，确定成人高等教育的目标，编纂成人适用的教材，运用函授、电视广播等教学手段，提高教学效果，保证教育质量，以及成人高校的管理，都有许多需要研究的问题。

——关于高等教育自学考试的研究。高等教育自学考试是我国创建的高等教育形式。它的特点是个人自学、社会助学、国家考试相结合。其中考试是主导性的一环。如何通过国家考试来引导个人自学，组织社会助学，是自学考试的中心问题。1987年为此成立全国高等教育自学考试研究委员会。开始时侧重于教育测量学方面的理论与技术，研究现代测量理论在自学考试中的应用、试题库的建设，以及计算机的试卷成卷方法、毕业生质量的评估指标等等。其后，根据高等教育自学考试改革与发展的需要，也开展对这一制度的理论探讨和管理研究，如高等教育自学考试的性质、功能、特点及其在整个高等教育体系中的地位与作用，考务管理、考籍管理、命题管理、自学考试管理质量评价指标体系，社会助学的组织，等等。从1988年至1992年5年间，已经组织了147个科研项目，出版了两本论文集和几本专著，并召开了一次国际研讨会。

　　——民办高等教育研究。社会主义初级阶段的所有制结构是以公有制为主体，多种经济成分长期共同发展。20世纪80年代以来，个体经济、私营经济、三资企业、乡镇企业有了很快发展，加之海外侨胞热心捐资办学，民办高等教育有了它的经济基础，全国已经自发地办起几百所民办高校，民办高等教育体制的研究也相应地开展起来。成立了全国民办高等教育研究会，出版了《民办高教通讯》；《中国人才报》也辟专栏讨论民办高教问题；厦门大学高教研究所出版了论文集《民办高等教育研究》。这个时期的研究，主要集中于对民办高校的性质、作用与可行性的研究，以解决认识问题。同时也开展民办高校立法问题的研究。随着高等教育体制改革加快步伐，今后民办高教研究无疑将更受重视。

　　2. 高等教育管理的研究

　　从高等教育学科建立以来，高等教育管理的研究始终是这一学科的热门领域。在理论研究上一个突出的特点是，10余年来，坚持不懈地进行学科建设的努力。从照搬企业管理理论到探索教育管理有自己特色的理论。从一般管理理论加部门管理工作经验的体系到力图建构完整的体系，提出种种的体系方案并据以编写专书。如职能体系、系统体系、四论（学科论、目标论、组织论、方法论）体系、逻辑体系等等。总的趋势是理论性有所加深，操作性也有所加强。

与此同时，各部门管理工作的研究也齐头并进。如教学管理、科研管理、思想教育管理、师资管理、学生管理、总务（后勤）管理、财务管理、图书资料管理、实验室管理、膳食管理、校舍管理、保卫管理、办公室管理等等，不但发表大量论文，而且都写成专著，还组成全国或地方的研究会。中国高教学会所属的28个专业研究会，有14个就是高等学校各部门工作的研究会。由于这些部门管理研究，具体实用，能够密切结合高校干部各自岗位的实际工作，更由于部门管理研究资金比较充裕，所以活动最为频繁。

除了高等教育管理学科建设和部门管理工作研究外，高等教育管理研究在下面两个领域有较大的进展：

——从高等教育规划研究向高等教育战略研究发展。20世纪80年代中期以前，对于高等教育事业和发展，着重于规划研究。这项研究，开始时由北京、上海几个地方试点，以后通过教育行政系统，推行至全国。几乎各省市、各地市都组织专门班子，集中了大量人力，投入了大量资金，大搞教育规划，包括高等教育规划。但由于理论与方法的准备不足，原始数据信度较差，更由于政策多变，规划既不准确，又难执行，以致汗牛充栋，束之高阁。80年代后期以来，人们悟到采用稿纸上计算出来的精细规划，不如搞宏观的发展战略，更有指导实践的意义，因而把重点转移到教育发展战略研究中来。既研究战略理论，也将理论应用于制订实施战略。除全国正在制订的教育战略外，引人注目的地区性教育战略有上海、苏南、珠江三角洲、闽南等，都是理论与实际结合的研究。战略研究成果，即使由于形势变化以致具体的对策、措施失效，而战略理论的研究、战略方针的制定，在提高认识、扩大服务、提供信息及制订方案上仍是有参考价值的。

——高等教育评估理论与评估指标体系的研究。从80年代中期以来，高等教育评估就成为高等教育研究的重要领域。开始是介绍国外的评估理论与评估指标体系、评估方法。在一些高等学校试点的基础上，结合我国实际，逐步铺开。从办学水平、学科专业、课程教学三个层次的评估看，课程教学的评估，理论与实际结合较为紧密，故而指标体系的科学性与可行性较高，对教学有一定的促进作用；办学水平的评估情况较为复杂，困难也较多。今后高等教育管理体制改革，管理职能转变，着重于宏观管理、目标管理，评估将更为重要。如何完善评估指标体系与评估方法，将是长期的重要课题。

高等教育的应用研究，门类繁多，进展各异，在这篇短文中，无法一一赘述。

四、高等教育研究的展望

1990年，我在题为《高等教育的比较、困惑与前景》的报告中说："高等教育总要深化改革，高等教育事业总要向前发展，而改革与发展，就要理论指导。从长远看，高等教育研究的前景是光明的。"又说："在当前高等教育调整整顿中，高等教育理论研究可能不会像前一个时期那么热，但有必要也有可能在总结前一个时期研究工作与研究成果的基础上，有计划地进行扎实、深入的研究。赶热闹的文章可能少一些，而实践总结、实验活动、调查报告以及紧密联系实际的理论研究文章可能多一些……出现高教研究逐渐深化，逐步提高的新局面。"这段话是在高等教育整顿提高时期说的。1992年以来，经济体制改革与经济发展加快步伐，高等教育的改革与发展也必然随之加快步伐。我的基本看法仍是如此，只是从当前的形势看，理论研究正在深化，应用研究仍是热门。从1990年10月在上海召开的全国高等学校高教研究所（室）第二次工作会议的情况看，高等教育应用研究已经展开一个新的态势。

可以预见的是高等教育的应用性研究，20世纪90年代，尤其是"八五"的后三年，将集中于高等教育在适应经济发展与经济体制改革中所需要解决的理论与实际问题，围绕高等教育与社会主义市场经济的关系展开这个总课题。对此，国家教委高教司和高教研究中心已经提出了一个包括6个方面32个课题的研究规划，值得考虑。这6个方面是：

（1）高等教育与社会主义市场经济的理论研究；

（2）新形势下高等教育发展的道路和模式的研究；

（3）高等学校面向社会自主办学的研究；

（4）新形势下高等教育与生产劳动、科学研究结合的理论、机制和模式的研究；

（5）新形势下深化教学改革，全面提高教育质量的研究；

（6）政府及其教育行政部门转换职能的研究。

在新形势下，高等教育的改革与发展所需研究的课题很多。下面举几个例子：

——高等教育发展的规模与速度。从经济的发展势头看，高等教育可能要加快发展，而从数量与质量、需要与可能的矛盾关系看，规模与速度只能适度发展。解决矛盾的途径，可能要根据社会多样化的需求，考虑当前与长远的需要，对不同层次、科类、形式、地区的高等教育，采取不同的发展规模与速度，有的可以放手较快地发展，有的必须在保证质量的前提下适度发展，有的还必须规定规模。对此，既要根据历史经验，国际比较，进行理论探讨；更要根据不同地区、不同高校的实际，制订发展规划。

——管理体制的改革、管理职能的转换、管理机制的运行，将是高等教育管理研究所面临的主要课题。从改革趋势看，可能不只是一个上级下放多少行政权，高等学校增加多少自主权的问题。更为根本的是转变管理观念、转换管理职能的问题。要从单纯的行政管理转变为依法治教，在立法的基础上，运用经济手段与行政手段管理高等教育，变过程管理为目标管理，变干预为服务。而地方、高校拥有较多的自主权，就必须建立和完善自我发展、自我约束的机制，避免重复"一放就乱，一乱就收"的怪圈。同时，必须加强宏观管理、立法研究与评估研究。

——多种形式的高等教育研究。对一些"二战"之后经济发展迅速的国家和地区的高等教育与经济关系的比较研究表明，职业性、技术性、应用性的高等教育，对经济发展直接起作用。这些国家或地区经济的起飞或加速发展，得力于这类高等教育所提供的人才资源。我国高等教育发展战略研究也表明，在一定时期，高等教育的发展应当重心向下。我国培养这类人才的有高等专科教育、高等职业教育、成人高等教育、高等教育自学考试等。这些高等教育形式过去往往按全日制普通本科教育的模式办学，培养目标不够明确，很难办出各自的特色、发挥各自的优势，以适应经济发展的实际需要。因此，多种形式的高等教育的性质、特点、发展方向、培养目标、专业与课程、教材与教法管理体制以及其他特殊问题，有必要进行分门别类的研究。同时，在社会主义制度下，对民办高等教育如何发展，如何立法，如何办理，也将提出大量理论与实践问题。

——深化教学改革的研究。当前高等教育改革的热点虽在教育体制与管理体制方面，但改革的深化，必将进入教学领域，才能达到提高教育与教学质量的目的。事实上，不少高等学校，尤其是综合改革的试点高校，已注意到教学改革的重要性，许多教师，已就其所担任的课程，积极地进行教材教法的改革试验。教学改革，首先是专业的调整与改革。这项工作，已经进行的大体有：拓宽专业口径、合并相近专业、按系招生、采取主辅修制度等，以加强毕业生的社会适应性。为了灵活机动地适应人才市场的变化，恐怕还要研究如何建立一套专业调整的动态机制，否则，统一的专业目录，有可能限制高等学校的主动性。其次，教育体制与管理体制理顺之后，课程、教材、教法、考试等的改革，必将提到日程上来，教学法的理论研究与方法试验，也将受到应有的重视。

——高等教育与科学研究、生产劳动相结合的研究。为了贯彻教育与生产劳动相结合的方针与理论联系实际的原则，也为了谋求企业界对高等教育的支持，教学、科研、生产联合体（一体化）、"合作教育"，社会参与或双向参与的理论、机制、模式的研究，将成为推动高等教育改革与发展的课题。

除了上述所举的例子之外，还有一些更为具体的问题需要研究。例如：毕业生的就业咨询与指导、学生收费与招收自费生、学校后勤工作社会化等等，将是高等学校各部门所要研究的现实问题。

在围绕高等教育与社会主义市场经济这个总课题之下展开应用研究的同时，高等教育理论界有一部分科研工作者也很重视高等教育基本理论研究。正如在第二次全国高等学校高教研究所（室）会议上，有的同志所指出的"理论研究是应用研究的前导与后盾"。相对来说，高等教育基本理论研究的开展，不可能像应用研究那样形成热潮，但是，汲取应用研究的成果与问题，遵循学科自身的逻辑，理论研究对一些基本问题可能站得较高，看得更全面深远。

关于高等教育基本理论研究，20世纪80—90年代初曾经接触而未充分展开的问题，有的可能逐步深化。例如：

——高等教育与文化的关系。80年代中期，曾经进行过一些有益的探索，后来并没有深入下去。如果只研究高等教育与经济的关系而不涉及文化方面，对许多教育现象就会迷惘不解，对许多教育问题的思考就不全面，对高等教育改革与发展的预见就会简单化。因为一切经济、政治、科技、生产力对高等教育的作用，往往要通过文化传统、意识形态为中介，而这方面的理论认识我们研究得很不够，这是一个深层次的研究课题。

——高等教育的综合效益。教育的效益，不只是体现在经济上，也体现在政治上、道德上、文化上以及社会的其他诸多方面。生产力的提高、经济的发达是社会进步的基础，但社会进步的标志不只是物质文明方面，更不是GDP和人均GDP多少，还有精神文明方面。社会进步，是社会诸多因素的综合体现，教育的最终目的在于推动社会的不断进步，因而教育的效益也是综合的。对此，我们只是提出问题，研究还未开始。这个课题的研究难度很大。一般来说，理论上还比较容易说清楚，综合效益的评估指标体系则很难建立。

除了高等教育基本理论研究之外，高等教育学科的建设，包括各个分支学科——高等教育经济学、高等教育社会学、高等教育系统工程、高等教育管理学、中外高等教育史、比较高等教育，以及大学生心理学、大学学习学等等，都有一些同志在锲而不舍地探索。预期将在各自已有的基础上，逐步深入，逐步提高，为繁荣高等教育科学领域做出贡献。

加强高等教育基本理论的研究工作[①]

　　高等教育学研究会的筹备工作是从 1992 年 12 月 19—21 日在厦门大学召开的"全国高等教育学科建设研讨会"开始的，历时 10 个月。但确切地说，建立高等教育学研究会的准备工作不是 10 个月，而是 14 年。

　　1979 年 10 月 15—17 日，就在这个地方——上海华东师大，召开了历史上第一次关于成立全国高等教育学研究会的筹备会。筹备会的发起单位是厦门大学和华东师大。参加第一次历史性的筹备会的有兰州大学、清华大学、北京师范大学、上海交通大学、华东师范大学、厦门大学等 7 所高校的高教研究室、高教研究会、教学指导组和上海高教研究会筹备组，共 8 个单位，出席会议的代表 10 余人。余老（余立）当时也参加了会议。刘老（刘佛年）是会议主持人，我是报告人，余老则以上海高教局局长的身份来指导工作的，而且自始至终指导了三整天。会议讨论了高等教育学的研究课题、全国高等教育学研究会的章程和筹备工作计划，并成立了筹备联络组。会后，向刚成立不久的中国教育学会写了个报告，申请作为中国教育学会所属的一个"研究会"，并且通告许多高等学校。

　　中国教育学会对这个研究会的申请特别重视，向教育部党组做了报告。党组也特别重视，认为应当建立的是与中国高等教育研究会平行的中国高等

[①] 原载《高等教育研究》，1994 年第 1 期。本文是潘懋元在全国高等教育学研究会成立大会暨第二届学术研讨会上的开幕词。

教育学会。但目前条件尚不成熟，可以继续筹备，待各省市已经成立相当数量的省市级高教学会后，在这个基础上再正式成立中国高教学会。

对于党组这一决定，我们是一则以喜，一则以忧。喜的是领导重视，规格提高，将大大有利于高等教育研究事业的发展；忧的是超出我们原先的目标和任务，不是我们这些理论工作者所能胜任的。

因此，在第二年，即1980年8月25—29日，在厦门市鼓浪屿召开第二次筹备会。这次筹备会改名为"中国高等教育学会筹备会"，参加者增加至34个地区和高校代表，共44人。张健同志代表教育部和中国教育学会传达了党组的指示。我们利用这一时机，大张旗鼓地号召各省和各高校成立高教学会及研究组织。到1983年，已有17个省市成立了高教学会，几百所高校建立了研究组织，出版了200多份刊物。于是，1983年5月28—30日在北京正式成立了中国高等教育学会。正如我们所喜所忧的一样，整个高等教育研究事业发展了，扩大了，规格提高了，而原来所设想的高等教育学研究会也就不存在了。

中国高教学会成立之后，正如大家所知道的，事业发展、扩大很快。到1992年，已有72个团体会员组织，其中专业研究会32个。高等教育管理的研究组织特别多，除了全国高教管理研究会之外，还有高校师资管理、后勤管理、科研管理、实验室工作、基本建设、计划管理、招生工作、外国留学生管理、出国留学生工作、保卫工作、毕业生就业管理、社会科学科研管理等部门管理工作的研究会；还有高等工程教育、医学教育、保健医学、外语教学、教材建设、工程热物理、导引养生学、秘书学、新闻教育等研究会。但遗憾的就是没有一个研究高等教育基本理论的高等教育学研究会，没有一个像中国教育学会之下的第一个研究会——教育学研究会。当然，没有一个高等教育学研究会不等于中国就没有教育基本理论的研究，但是各校、各人各自为政，从组织观点看，总是一件使高教理论工作者感到遗憾的事。也曾经有些青年理论工作者自发组织了一个高等学校理论研究组织，但因为得不到支持而昙花一现；还有搞大学学习理论研究的一批同志组织了大学学习学研究会，搞得有声有色，但一直未能正式作为中国高教学会的团体会员。

感谢中国高教学会秘书处的倡议与支持，才使我们搞教育基本理论的同志有了勇气，重新组织高等教育学研究会。去年（1993年）在厦门大学召开的高等教育学科建设研讨会，实际上就是为重新组织高等教育学研究会做宣传与组织的准备工作。

这次会议与1992年的学科建设研讨会是有连续性的。今年这个会的许多代表，去年已参加过研讨会。但也有些代表是去年未参加的。去年研讨会的综述和几篇论文、报告，已刊登在华中理工大学的《高等教育研究》上，文辅相同志特意带来散发，以保持两次会议的连续性。

为什么中国高教学会已有32个专业研究会，还要成立1个高等教育学研究会？理由很简单。高等教育要改革，要发展，就要有高等教育理论的指导，不但要有专业理论指导，还要有基本理论指导；而专业理论一般也要建立在基本理论的基础上，才能更好地提高与加深。基本理论一般不能直接转化为社会实践，但却具有更为普遍的、深层次的指导改革实践的作用。在今年8月4—7日在长春召开的为1996年第五次全国高教会议做准备的"建设有中国特色社会主义高等教育理论研讨会"上，我就深有此感。这次研讨会所研讨的，主要的还不是一些高等教育改革的具体措施，而是高等教育的本质和功能、高等教育与经济的关系，高等教育的体制、发展道路以及教育思想等基本理论问题。会上成立了一个课题组，提出了为期3年的研究计划，1996年第五次高等教育会议以其研究成果作为深化教育改革决策的理论依据。也就是说，为了指导高等教育发展与改革，为了高等教育学的学科建设，为了高等教育科学的学科群的发展与提高，高等教育学的理论工作者有必要建立一个组织，交流信息、研讨基本理论问题，在深层次上促进中国高等教育的发展，也可能在国际上形成有中国特色的社会主义高等教育学派而产生国际影响。

一个研究会，经过14年的筹备才得以成立，是难事，也是好事。如果当初就成立，那么在理论的广度与深度上，在队伍的壮大与年轻化上，就非今日所可比。现在，我们已出版了多本高等教育学、大学教学论、大学学习学、大学生心理学、高等教育史、比较高等教育等基本理论专著，近日还出版了高等学校教学改革理论研究专著，另有高等教育学新论即将出版。而这些基本理论专著，大多数又是青年理论工作者的研究成果或老中青合作研究的成果。如果说，队伍的老化和第二次人才断层的危机，正在困扰着中国的科学界，那么，我对高等教育理论队伍的持续发展还是比较乐观的。在今年评审教育学科的博士点、硕士点上，获得通过的3个博士点就有一个是高等教育学的；获得通过的12个硕士点就有4个是高等教育学和高等教育管理学的，各占1/3，也占教育学科群16个二级学科的1/3（当然这还要经国务院学位委员会的批准）。连同前几届已经批准的2个博士点和8个硕士点（其中2个是高等教育管理硕士点），共有3个博士点、12个硕士点。每年将有几十名具有博士、硕士学位水平的青年学者参加到我们的队伍中来，还有更多的青年理论工作者在教学、科研和其他教育实践中成长起来，参加进来。因此，对于高等教育理论研究后继有人、持续发展，我是持乐观态度的。

但是，我们也要看到我们所面临的困难。正因为高等教育基本理论一般不能直接转化为社会实践，在市场经济条件下，研究课题申请立项难、研究成果出版难、开会经费筹措难。上次的会，这次的会，都是得到中国高教学会秘书处的特别资助。这次的会还是得到上海高教学会和华东师范大学教科所的大力支持才得以召开的。这次，我再次代表筹备组表示深深的感谢，也希望同志们在讨论学科建设的理论时，也研究一下如何开辟经费来源渠道这样的具体问题。

这次会议限于经费，所邀请的只是为数不多的高等教育理论工作者中的一部分，大多是对高等教育基本理论有所研究，已有造诣的理论工作者。我相信这将是一次高水平的会议。

总结交流经验，加强高等教育学科研究生培养工作①

本次研究生培养工作研讨会是由厦门大学、北京大学、华东师范大学、华中理工大学4所大学的高等教育科学研究所共同发起的。经向国家教委研究生办公室提出报告，得到有关领导的支持和重视。

一、第一次研讨会的回顾

第一次研讨会开于1992年4月18—20日，由厦门大学高教所和北京大学高教所联合召开，地点在北京大学。当时全国有高等教育学科博士授予点2个，硕士授予点8个（其中2个是高等教育管理）。博士点是厦门大学和北京大学，硕士点是厦门大学、北京大学、北京师范大学、华东师范大学、华中理工大学、清华大学、北京航空航天大学、北京科技大学。会议交流了各校高教所培养研究生的情况与经验，肯定了高等教育学科、专业研究生教育发展较快，培养了一批人才，为高等教育学科的进一步发展打下了基础，也指出了不足之处，讨论了一些共同的问题。

为什么说高等教育学科研究生教育发展较快？

高等教育学科是1981年才开始招收硕士生，1984年才正式列为教育学的

---

① 原载《高等教育研究》，1997年第2期。本文是潘懋元在第二届全国高等教育学科研究生培养工作研讨会上的主题报告。

二级学科，并批准成立第一个硕士授予点的（当时的规定是先招生培养，后报批学位授予点），1986 年才有第一个博士点。到1991 年底，10 年间，共招收研究生214 名，其中博士生8 名，硕士生166 名，研究生班学生40 名；已毕业的研究生113 名，其中获博士学位的2 名，硕士学位的82 名；在读研究生96 名，其中博士生6 名，硕士生90 名。绝大多数的毕业生和学位获得者在高等学校、教育行政部门从事科研、教学、编辑和管理工作，或在国内外攻读高一级学位。对毕业生的追踪调查表明，他们中的绝大多数在政治、思想、业务和工作等方面的表现，能较好地适应社会需要，成为称职的高等教育理论工作者或管理工作者。有的表现突出，已成为各单位的骨干。但由于刚毕业不久，他们的社会影响还不大。

发展较快也体现在各个学科、专业点都已制订了各具特色的教学计划与培养方案，开设了相应的课程，积累了初步的培养经验，为进一步的发展打下了良好的基础。但是，在高等教育学科的培养目标、专业方向、专业口径、课程设置、思想教育、培养方式方法，以及各学科点之间的交流与协作上，还存在许多有待商讨的问题。

在第一次研讨会上，对一些共同感兴趣的问题进行了探讨，并初步达成下列若干共识。

（1）在研究生培养工作中，要坚持社会主义方向，认真解决一些深层次的思想认识问题。即体现在学术研究和其他活动中的世界观、价值观、人生观以及教育观问题。同时，要对研究生加强事业心与责任感的教育。

（2）要拓宽专业口径。在培养高等教育理论研究人才的同时，要注意培养高等教育管理方面的人才。专业方向可以是三级学科，但不应过窄，更不宜以研究课题为专业方向。

（3）学位课程是专业的主干课程，除外语、政治外，应有 4～5 门专业基础课与专业课。主要课程要有一定的规范，不能因人设课；但对一般必修课与选修课应留有余地，以便各个学科专业点发挥自己的优势，形成特色。例如师范大学、综合大学、理工科大学所开课程，可以有所不同。

（4）应当重视基础理论的功底，注重教学、科研、管理能力的培养，要尽可能让研究生做些实证性的研究工作，避免只在书本上搞研究。

（5）要加强各学科专业点的交流与协作。例如交换资料、互派进修教师和访问学者、接待访学的研究生以及互聘指导教师等。为了加强交流协作，必要时可以由某一个点或几个点发起召开研讨会或座谈会，但不成立常设性的组织，以免增加行政工作负担。

现在，经过四年半的时间，又由4个单位联合发起召开第二次研讨会。

二、召开第二次研讨会的背景

为什么要召开第二次研讨会？

（一）高等教育学科研究生教育的迅速发展

四年半来，我国高等教育学科的研究生教育发展迅速。从数量的增长看，首先是学位授予点增加了，博士点从2个增至4个，增加了1倍；硕士点从8个增至19个（清华大学教科所有2个），增加了1倍多（硕士点名单是国家教委研究生办公室于1996年8月间所提供的，可能有的有硕士点评审权的省份尚未上报，还有个别未有学位授予权而特批先行招收研究生的培养点，因此，全国硕士点实际上多于19个）。其次，高等教育学科的研究生增加了，现时全国的在读研究生多少，历年累计的博士、硕士多少，准备在这次会上请各单位填表以便统计。只就厦门大学高教所来说，在读博士生由1992年的5名增至今年的14名，硕士生受招生指标的限制，没有增加；获得博士学位的由1992年的2人增至今年的11人，获得硕士学位的由1992年的32人增至今年的63人。4年间，全国增加了许多学位授予点，新招的、扩招的合并计算，数量增长一定是很快的。

学位点的增加和在读研究生、授予博士、授予硕士人数的增加，从一个侧面反映了高等教育学科研究生培养工作的发展迅猛。在教育学科众多的二级学科中，高等教育学科是增长率最高的一个。预计今后每年将有数以百计的高等教育学科博士、硕士充实到高等教育理论工作队伍中来。我曾不止一次地强调，高等教育理论研究需要多学科的协作配合：高等教育理论工作队伍，不论外国或中国，大量的是来自各门学科的专家，不一定非要"科班出身"不可。但是，一批"科班出身"的人才加进这个队伍，成为专职的教学、科研与管理人员，对于队伍的稳定与发展，对于理论研究的加深与提高，毕竟是强劲的生力军。

发展，不但要看数量的增长，还应看质量的提高。质量提高，体现于下列几个方面。

1. 师资队伍的壮大

1992年全国仅有2位博士生导师，现在已增加至8位，新增的博士生导师大多是中青年的学术带头人，他们在高等教育理论和管理研究上都有很高的造诣。1992年的硕士生导师也为数不多，现在虽未统计，但估计19个点已近百名，新增的硕士生导师大多是中青年学术骨干。这些师资，有的是从国外或其他学科引进的，更多的是这几年在教学、科研实践中成长起来的。他们都各有所专，大大扩大了高等教育学科研究的视野与领域。也就是说，高等教育学科不但培养了大量的研究生，也在培养研究生的过程中壮大了师资队伍。

2. 课程与教材建设

如果说，1992年以前只能开出高等教育学、高等教育管理、比较高等教育、中国和外国高等教育发展史、青年心理学和一般的教育管理心理、教育研究方法等不多的几门专业课程，现在则每个学科专业点，甚至每个专业方向，都能开出若干门新的、学科交叉的、学科分化的课程，如高等教育系统工程、高等教育评估、高等教育经济学、高等教育社会学、高等教育哲学（思想）、大学课程论（教学论）、大学生心理卫生与咨询、大学德育理论等课程，还有许多更为专深的选修课程或讲座。在教材建设上，随着研究范围的扩大、理论研究的深入，许多研究新成果及时地融入教材之中。如果说，1992年以前只有寥寥可数的几部教材和不多的若干部专著，有时一门课程很难找到一两本合适的教材，那么现时则琳琅满目，出版了不少有价值的专著与教材。当然，也免不了有些质量不高的出版物。更值得提出的是，许多研究生培养单位经常举行一些反映学科前沿和热点问题的讲座或理论研讨班，这无疑对于研究生培养质量的提高有着重要的作用。

3. 研究生的科研成果

研究生的培养质量，本来应当直接体现在他们的学习成绩上。但由于各学位点学习成绩的可比性很低，很难据以推断培养质量的高低。而研究生参加科研的情况及其科研成果，则不失为衡量培养质量的有效依据之一。近年来，许多学位点的博士生以至硕士生参加科研工作比较踊跃。不少研究生承担或协助各级重点课题的研究工作，发表有相当质量的学术论文。除了发表于各地各校的高等教育期刊之外，不少论文为核心刊物所采用，有的还在国外刊物上发表。如今研究生和导师的论文，已成为许多高教刊物重要的稿源和质量较高的文章，受到普遍的欢迎。对各种高教研究刊物相应也起到了促进与提高的作用。

研究生的科研成果，主要集中在他们的学位论文上。近年来研究生论文选题范围较广，除了一些基本理论问题之外，更多的是结合实际的应用性课题，实证性的研究成果也有所增加。选题范围的广泛与多样化，以及承担国家、部委、行业、地方、高校委托研究课题，无疑对高等教育理论研究的拓宽与提高起了积极的作用。全国高等教育学研究会与华中理工大学共同主办的《高等教育研究》，开辟专栏刊载全国高等教育博士、硕士论文提要，从中可以看到许多有理论价值与现实意义的选题。同时，也希望各学科专业点将已通过答辩的单位论文，按照该刊的要求，及时投寄，以便于广泛交流。

（二）经验交流与问题探讨的需要

高等教育学科研究生教育发展迅速，这就意味着有许多经验值得交流，有许多问题需要探讨。高等教育学与高等教育管理研究生培养单位，有的历史稍长，积累了较多经验；有的则是刚建立的，希望参考其他单位的培养工作经验。但新的也有新的优势，就是条条框框较少，有较多新的构想，老的需要从新的单位获得某些启发。同时，各个学科专业点情况不同，有的设在师范大学中，更多的是设在综合大学、理工大学中，因而在办学的思路上，在培养目标、课程设置、教学方法上，各有特色，大家可以互相借鉴。例如，厦大高教所这个点，就受师范院校教育系科的影响较多，重视高等教育基本理论研究，对于适应科技革命与市场经济带来的变革较差，需要借鉴理工科大学的思路与模式。这几年来，我深深地感到理工科大学的高等教育学科研究生培养思路较活，善于运用自然科学的理论与方法来培养研究生。当然，我的意思并不是说要放弃或削弱高等教育基本理论研究，而是说从交流借鉴中可以获得某些改革的启迪。

在数量增长、质量提高的同时，随着经济的变革和科技的发展，研究生培养工作上也出现了许多新问题，有待探讨。厦大高教所最近对已毕业的研究生进行第二次追踪调查，在这次会上，发了一份调查报告，提出了许多有待研究的问题。这些问题，可能只存在于厦大高教所的培养工作与就业问题中，可能其他单位也有某些类似的问题。例如：高等教育学科硕士越来越多，原来以培养理论研究与教学为主的培养目标要不要有所改变，以适应人才市场的需要？要不要对研究生进行素质教育，如何进行？如何看待研究生的专业思想问题？应当着重培养研究生哪些能力？培养单位与用人单位的关系如何协调？如何防止社会上不正之风对研究生培养工作的负面影响？如此等等。

三、本次研讨会的任务

根据上述背景，本次研讨会的主要任务有以下4项。

（一）交流经验，以交流硕士研究生培养工作经验为主

这是因为参加本次研讨会的单位都有培养硕士生的任务。博士生点只有4个单位，研究生课程班情况复杂，可以涉及，但不作为主要的交流任务。要交流的主要经验有：

1. 培养目标的制订

要着重交流培养目标的制订，如何才能与社会主义现代化建设对于高等教育理论人才的需要相适应，如何处理理论与应用的关系等方面的经验。

2. 课程设置与教学计划、培养方案的制订

要交流各培养单位所开设的课程，论述为什么要开设这些课程，如何开出这些课程；比较理工大学、综合大学、师范院校所开课程的异同；基本理论课程、应用理论课程（战略性、政策性、管理性等）的比例关系；等等。

3. 学习年限与学分分配

学习年限既与教学内容，更与硕士生这一层次教育的定位有关。如这一层次的教育若是本科生教育的延长或博士生教育的预备阶段，年限就可以较短；如作为一个独立的层次，加上外语课、计算机课、政治课等教学内容，

年限则很难缩短。此外，教学实践或教育管理实践如何进行，论文工作的时间需要多少等问题，也有必要交流。

4. 如何进行素质教育的经验

包括开设培养人文素质课程和设置各种"隐蔽课程"的方式，也包括学术气氛的形成与导师群体或个体如何既教书又教人的经验。

5. 培养方式方法

以研究为主还是以学习为主？学习与研究如何结合？厦大高教所大多数专业课程采用的是"学习、研究、教学实践三结合"的教学方法，将提请大家评论。

6. 毕业研究生的就业指导问题

如何使毕业研究生能用其所学，如何解决过分集中的人才流向问题，在这方面大家有些什么经验。

（二）探讨上述种种问题的经验与交流

这也就包含诸多问题的探讨。此外，大家还可探讨一些感到需要解决的一般问题或特殊问题。这些问题，可能有的是大问题，如培养目标如何坚持社会主义的政治方向与高等教育的业务方向？如何处理课程的规范化与多样化的矛盾？小的问题，可以是一门课程如何选择教材、进行教学？招收研究生要不要预先确定导师？还是入学之后，共同培养，经过一段时间，才根据师生的主客观条件，指定导师，如此等等。讨论问题，各抒己见，不做结论。我们的研讨会是民间性的，没有行政约束力。同时，所讨论的问题，大多带有学术性、理论性，难以下结论。能取得某种共识最好，不能取得共识，也有"兼听则明"、拓宽思路的好处。你认为正确的、有用的可采用，你认为不符合本单位情况或不以为然的，听了就算了。如有较集中的意见或可行的建议，可以向上反映请国家教委研究生办公室指示。

我们这个研讨会，研讨的虽是高等教育这个学科研究生培养工作中的问题，但其中许多问题恐怕是带有普遍性的。同时，我们都是研究高等教育的，学位与研究生教育问题，本来就属于高等教育研究的范围。我们有责任也有能力来研究学位与研究生教育的共同问题。当然，我所指的是通过特殊反映一般，而不是离开特殊泛论一般。

（三）相互了解，加强合作

这也是本次研讨会的主要任务。以往，我们各单位之间已经有了资料交换、论文评审、互访互聘等良好的合作关系，但是还不够密切。有些单位还很少与其他单位来往，我们对这些单位主动关心也不够。希望通过本次研讨会，使我们的合作更为密切与经常。还可以开展更多的合作方式，如跨校聘请指导教师、联合指导。例如，北京地区、武汉地区的高等教育学科专业点较多，他们的合作就搞得很好，值得我们学习。

（四）汇总培养研究生的有关数据

会上将发一个表格，请各位代表填报各单位的专业方向（名称及个数）、在学学生数、招生和毕业生以及学位授予的累计数、各单位的教师数和导师数等，以便汇总统计。

高等教育理论研究必须更好地为高等教育实践服务[①]

两年前我们在汕头会议上相约，第四届研讨会在天津相聚。现在这个愿望终于实现了。下面，我准备围绕会议主题谈3个问题。

一、为什么要以"高等教育理论研究如何更好地为高等教育发展与改革实践服务"作为本次研讨会的主题

我们是为着研究问题而走到一起来的。每隔一两年，研究会都要召开一次学术研讨会。前三届研讨会每届都有一个主题，总的来说，都是研究高等教育学科建设问题。概括来说，主要的收获是：第一，对于高等教育学的若干基本概念、基本理论的认识有所加深；第二，对高等教育学作为一门独立学科以及以高等教育学为主干的高等教育科学的学科群的构建理出了一条比较清晰的思路；第三，研讨会起到了一个高级理论研讨班的作用。由于参加会议的代表都是对高等教育理论研究有素或有浓厚兴趣的专家学者，所以，在每次会上代表们都能够在较高学术水平上交换意见，相互启发，发现问题，开阔思路。每次会议不但有明显的、直接的效益，而且有潜在的、间接的效益。许多代表从会上获得了大量的研究素材和思想火花，这对自己会后的研究工作起到了加深、提高与开阔视野的作用。

在中国高教学会所属的众多以具体领域、实际工作为研究对象的专业研

[①] 原载《高等教育研究》，1997年第4期。本文是潘懋元在全国高等教育研究会第四届学术研讨会上的主题报告，发表时略有删节。

究会中，以高等教育基本理论为研究对象的我们这个研究会有自己的特色；在众多追随各种各样的热门话题而召开的研讨会中，本会召开的超越热门话题而研讨深层理论问题乃至元教育学问题的学术研讨会有其特殊的价值。

我们这个研究会有两大任务：一个是开展高等教育学的学科建设；一个是加强高等教育理论研究对高教实践的服务功能。两大任务实质上是相互联系、相互促进的，二者不可偏废。如果我们老是只围绕一个方面，即高等教育学的学科建设问题讨论下去，故步自封，而不去接触火热的高等教育实践，就会由于钻牛角尖而走到死胡同。例如，如果一味地在那里冥思苦想如何构建一个科学的、完美的学科理论体系，一味地在那里冥思苦想如何找到一个建立学科理论体系的逻辑起点，就可能导致我们的研究工作严重地脱离实际，以为只有搞出一个理论体系才有意义、有价值，而鄙视已经存在的、得到了较大发展并产生了实际效益的学科的知识体系。这里，我并不是说不要再研究高等教育学的学科理论体系了，不要再寻找适当的逻辑起点了，我的观点是，我们应当把研究会的两项任务联系起来考虑。至于如何进一步深化学科建设，构建科学的学科理论体系问题，我认为我们应当在理论与实践相结合上做文章。"坐而论道"实际上既无助于理论联系实际，也无助于高等教育学的学科建设。所以，我和一些同志商量之后，认为可以把对高等教育学学科理论体系问题的探讨暂时放一放，希望大家都来关注"高等教育理论研究如何更好地为高等教育发展与改革实践服务"的问题。之所以要做这一转变，除了上面谈到的原因外，还基于以下两方面的考虑。

第一，客观需要。目前高等教育改革与发展中，有许多问题，包括尚未被人重视的重要问题，尤其是教学改革、课程改革中的很多问题，亟须理论指导，以免重复过去"文化大革命"中许多盲目的甚至错误的所谓"改革"。据我所知，国家教育行政领导部门，相对来说现在已经比较重视决策的理论依据，不但重视政治理论依据，而且重视教育理论依据。下面举几个实例。

在座的许多同志都参加过或正在参加国家教委组织的"有中国特色的社会主义高等教育"和"21世纪的中国高等教育"研究，这是两次决策前的理论研究。

"面向21世纪的教学内容和课程体系改革"是国家教委组织的一个庞大

的研究项目，参加这项研究工作的有321所高校，共10 202人。这个项目包括了217个大项目，953个子项目（还没有包括各省和各校自己设立的项目）。教学内容和课程体系如何改革？如果没有教学理论、课程理论的指导，很可能就是全靠各自的经验，或者是拿国外的有关资料作为蓝本，依样画葫芦。而国外的教学改革、课程编制，一般是要各门学科专家、教育理论与教学法专家，有时还要教育心理学家共同参与的。我参加了这个项目的顾问组工作，深感课程理论专家的重要性。

近来国家教委召集了多次大学生素质教育研讨会，请许多大学的校长、教务处长参加。他们提出了许多做法方面的意见。但是，就大学生素质教育的理论研究来讲，是很不够的。

现在许多大学根据国家教委的本科教学工作评价方案（包括工科、综合、农林、师范等的合格评价与优秀评价两类），准备申请评价。评价指标的第一项就是"教育思想与教学工作思路"，要评价校、系领导的教育思想及对教育工作的研究和教学工作的思路，并要求有研究教育思想的论著，有科学的教学工作的思路。当然，这里所要求的不可能是理论体系、逻辑起点之类的基本理论论著与思路，而是知识性、工作性的论著与思路。我们高等教育理论工作者有责任主动地配合，帮助校、系领导确立正确的教育思想与教学工作思路。这些都是具体的客观需要。

第二，主观需要。我们的高等教育理论研究，有很多研究成果是有理有据的，但不可否认，有许多所谓的理论研究存在"大、空、洋"的倾向。"大"就是题目大、口气大，往往"前不见古人"，或别人的研究都一无是处，只有自己的观点、理论才是最新的、最正确的；"空"即空对空，依据和结果往往纯粹由理论推导出来，有的甚至连逻辑也不顾，空话连篇；"洋"就是喜欢搬洋人的话，以壮大自己的声势，有的研究连篇累牍地引用外国二三流作品的内容，而对中国自己的理论建树不屑一顾。很多青年理论工作者颇有才气，但如果不联系实际，光放空炮，这样的才气是难有生命力的。

因此，我们的高等教育的理论研究，有必要通过如何为高等教育改革与实践服务的研究来纠正我们研究工作中的偏向。

二、高等教育理论研究为高等教育改革与发展服务的难点在哪里

理论要联系实际，理论要对实践有指导作用才有意义。我想大家对此是没有疑义的。但是，要真正做到却不是很容易的事情。难，既难在主观上，也难在客观上。

首先看主观方面的困难。这有两种情况。第一种情况是，有的研究者主观上认为理论工作者的任务就是研究理论，至于理论如何应用于实际，是实际工作者的事。他们的理由是，理论研究的目的是求真而不是求用。理论的作用在于认识世界，而不是改造世界。至于用，即改造世界，是实际工作者的责任。就好比心理学家研究心理问题，只管揭示心理现象的奥秘，弄清心理现象的生理机能、心理活动的规律。至于心理学的理论如何应用于教育或医疗过程，那是教育工作者或医疗工作者的事。这种情况是存在的，但还不普遍，更多的是第二种情况。即不少研究者主观上是想要贯彻理论联系实际的原则，要使理论的研究成果符合于实际的，但由于缺乏实际知识、实践经验，心有余而力不足。例如，一些关于高等教育发展规模和速度问题的研究，往往不顾我国实际国情和高教实际发展状况，单纯地根据某些国家国内生产总值（GNP）负担大学生人数或每万人口中大学生人数，来推导我国高等教育的发展规模和速度。

其次是客观方面的困难。这里所指的客观困难，不是那些具体的困难，如领导不重视、经费不足、资料不足等。这是大家都知道的。我所指的困难，是理论的抽象性与实践的具体性，理论的一般性与实践的特殊性的矛盾。众所周知，理论往往是抽象的、一般的，不是抽象的、一般的就不能成其为可能涵盖众多事物、众多现象的理论、规律。而要把抽象的、一般的理论转化为具体的、特殊的实践，其中有众多条件和中间环节。就好比工程技术研究试制成功一项新产品后，如果要进行大批量生产，必须具备种种条件，包括工艺流程、生产设备、材料供应以及生产成本的核算等等。哪一个条件不具备，比如没有适当的新设备、没有所需的原材料、或成本太高不合算等，新产品尽管很好，也不能投入大批量生产，只能停留在"样机"或"样品"

上。能不能解决生产条件问题，如何解决这些问题，一般需经过小批量的中间生产（或称中试）。同样，教育理论要转化为教育实践，也需要具备一些必要的条件，要经过中间环节，而且它的中间环节可能不只是一个而是多个。

那么，在教育理论与教育实践之间究竟有哪些中间环节呢？一般来说，如果基本理论是正确的，要转化为实践，它必须经过这样一些中间环节：基本理论→应用研究（开发研究）→政策（一般指宏观的）→操作性措施→实践，或基本理论→应用研究（开发研究）→操作性措施（一般指微观的）→实践。

例如，市场经济与高等教育的关系的理论研究成果，要转化为高教实践行动，大致需要经过以下几个中间环节：市场经济对高等教育的改革与发展起制约作用→对大学生就业制度改革的研究、对高等教育结构改革的研究、对高等教育管理体制改革的研究、对高等教育投资体制改革的研究等→制定有关的政策→制定具体实施细则或措施→政策、措施的执行。

又如，大学生素质教育研究成果，要转化为教育教学活动，一般需要经过如下中间环节：大学生素质教育原理→课程上如何体现素质教育的研究、如何利用校园文化进行素质教育的研究、如何通过社会实践与劳动进行素质教育的研究、如何与家庭和社区配合进行素质教育的研究等→根据具体校情制订大学生素质教育方案（或计划）→方案或计划的实施。

总之，理论，尤其是基本理论同实践之间，是有一定距离的。理论要转化为实践，要受许多条件的制约，要经过一定的中间环节。因此，不能只是埋怨理论工作者的理论脱离实际，或者只是埋怨实际工作者不重视理论，要重视解决理论转化为实践的条件问题，要重视在理论和实践之间架设桥梁。

三、如何克服理论转化为可操作性的知识与方法的困难

如上所述，理论转化为可操作性的知识与方法过程中的困难，不仅有主观方面的，而且有客观方面的。因此，要解决理论转化为实践的问题，需要理论工作者和实际工作者双方的努力。首先从认识上解决问题。理论工作者要转变观念，树立理论研究既要求真也要求用的观念。既不应只求真而不求

用，把求用看成是功利主义行为而予以轻视；又不能因片面求用而有害于求真，如屈从于领导部门的压力而不敢坚持真理。在求真与求用的问题上，我认为，总的原则应该是在求真的前提下求用。既要坚持真理，又要心中有个实际，把科学性与可行性结合起来，用科学的理论解释、说明或论证实际现象或问题，并根据主客观实际条件，探讨解决问题的可能途径或方案。

实际工作者也要转变观念。高等教育界既存在理论脱离实际的问题，也存在实践脱离理论的问题。没有理论指导的实践，是盲目的实践。这方面的事例很多，它们对高等教育发展所造成的危害恐怕比理论脱离实际造成的危害要大得多。所以，实际工作者应当转变思想，尊重理论，尊重规律，不能拍脑袋决策或凭经验决策，对于重要决策，一定要进行实事求是的理论论证。

其次，理论工作者和实际工作者要力戒互相埋怨，要互相谅解，共同为理论向实践的转化架设中间桥梁。一部分理论工作者，如本会的代表，可以以基本理论研究为主，同时参与一定的应用性、开发性以至政策性、工作性研究；更多的理论工作者应当以应用性、开发性、政策性、工作性研究为主，并尽可能吸纳实际工作者参与从事与其本职工作相关的研究。理论工作者和实际工作者如果能在中间环节上相互接近，共同努力，那么，高等教育理论研究将在为实践服务的过程中产生良好的社会效益，并由此而受到有关方面的重视。

应该说，现在是架设理论与实际结合桥梁的又一个较好时机。20 世纪 70 年代末 80 年代初，高等教育理论研究与高等教育实践曾经得到了较好的结合。现在高等教育的改革与发展又为我们创造了新的机遇。现在已有许多（不是所有）教育行政领导和高校各级管理者，在实际需要中越来越感到高等教育理论研究的重要性，不少人通过参加理论研究尝到了甜头。只要我们的理论研究主动地走出去，面向实际，面向实践的需要，我相信高等教育理论研究一定会形成一个新的热潮。

高等教育研究在中国发展的轨迹[①]

一、这是一个新兴的、规模宏大的研究领域

有一位外国高等教育家来中国访问、考察,听取了我们的介绍,参观了我们的资料室之后赞叹说:"中国是一个高等教育研究的大国!"如果就规模说,这是事实:

——高等教育研究文章,每年在15 000篇以上;出版专著,每年近百部。

——高等教育研究刊物(不包括一般教育研究刊物和大学学报)400多种。

——1996年申报"九五"教育科学规划的课题,在14个分组中,高等教育组占12.2%,如果加上分在教育管理、教育发展战略、成人教育、职业技术教育、师范教育、民族教育、军事教育以及比较教育、教育史、教育心理、德育、体卫各分组的高等教育课题,约占40%以上。

——高等教育研究机构,仅就全日制普通高等学校所设的,不完全的统计约700所,加上成人高等学校和各省、各行业所设的,约800所。

——高等教育专职研究人员约3 000名,兼职研究人员数以万计。

——全国有高等教育学和高等教育管理博士学位授予点4个;硕士学位

[①] 原载《高等教育研究》,1998年第1期。

授予点 19 个；还未计入学科教学论硕士点中的高等教育的学科教学论和一般管理学科硕士点或博士点中的高等教育管理专业方向。还有更多的大学为新教师、新干部开设高等教育学、高等教育管理、教育评估、大学教学法、大学学习法等课程，或开办作为继续教育的高等教育培训班。每年修习高等教育课程的大学教师、干部数以万计。

——更为重要的是，在中国的高等教育研究领域中，已经形成一个庞大的高等教育科学的学科群。这个宏大的高等教育研究领域，是在短短不到 20 年的时间开拓出来的。

二、轨迹的起点

关于高等教育问题的研究，在中国早已有之，清末民初的著名教育家张之洞、梁启超，特别是蔡元培，已有若干关于高等教育目标、学制的议论；著名的大学校长如张伯苓、竺可桢、梅贻琦等发表了许多办学的见解。20 世纪 50 年代，高教部还曾出版了一种《高等教育通讯》（1953—1957），它的内容，除了发布公告、交流经验之外，也发表了一些调查研究报告。

作为一个专门的学术研究领域，并建立一门新的学科，以至形成庞大的高等教育学科群，则是 1978 年以后才开始的。作为这一学科发展轨迹起点的标志是：

——1978 年，厦门大学成立了高等教育科学研究室（后改为研究所）。这是中国第一个以高等教育作为研究对象的专门研究机构。

——1979 年，由厦门大学、华东师范大学、北京师范大学、南京大学、清华大学、兰州大学、上海交通大学和上海高教局 8 个单位在上海联合筹备组建全国高等教育研究会；次年又在厦门召开了有 34 个单位参加的中国高等教育学会筹备会议。

——1981 年，中国教育学会在福州召开第二次年会，讨论中国第一部《高等教育学》的编写大纲。

——1983 年，国务院学位委员会公布的学科专业目录，将高等教育学正式列为教育学的二级学科；同年，中国高等教育学会正式成立；潘懋元主讲的《高等教育学讲座》公开出版,作为建立高等教育学科的先声。

——1984年,潘懋元主编、9位专家合作编写的《高等教育学》(上下卷)由人民教育出版社和福建教育出版社联合出版。这是中国第一部高等教育学的系统专著,它标志着高等教育学科作为一门新兴的独立学科的确立。

继此之后,中国的高等教育科学研究沿着两条并行而又有所交叉的轨道发展。其一是高等教育学及其分支学科的建设,逐步形成了一个庞大的高等教育科学的学科群;其二是结合中国高等教育改革与发展的实际,为解决高等教育实践中所提出的问题而进行的应用性研究。如果说,前者属于教育基本理论或应用理论研究,那么后者则相当于应用性研究或开发性研究。下面分别简介这两条轨迹。

三、以高等教育学为主干的学科群建设

(一)高等教育学学科建设

高等教育学继第一部专著之后,10余年来,又陆续出版了各有特色的近20部著作。主要有郑启明与薛天祥主编的《高等教育学》(1986)、田建国编写的《高等教育学》(1990)、胡建华等编撰的《高等教育学新论》(1995)、潘懋元与王伟廉主编的《高等教育学》(1995)和潘懋元主编的《新编高等教育学》(1996)等等。

在高等教育学学科建设上,10余年来,在两个方面进行研究并取得了一些重要的研究成果。第一方面是作为本门学科研究对象的高等教育基本概念与基本理论的研究。如对"高等教育"的界定——它的内涵与外延;高等教育的本质与社会功能——主要研究高等教育的经济功能与文化功能;高等学校的基本职能——培养人才、发展科学、直接为社会服务等;以及高等教育的学术性与职业性、通才教育与专才教育、业务教育与素质教育、高等学校的教学过程与教学原则、知识与能力的关系等等。同时,还从高等教育的角度,探讨了一些教育的基本理论,如教育价值观、教育的内部关系基本规律和外部关系基本规律。这些基本概念与基本理论的深入研究,为高等教育学科从经验性向理论发展打好了基础。第二方面是本门学科的学科体系与方法

论的研究，也即元教育科学的研究。包括高等教育学科的性质——基础理论学科还是应用科学；研究的范围与重点——研究各级各类高等教育还是研究高等教育抽象的一般共性，是否应以全日制普通高等学校本科为研究重点；高等教育学科体系——知识体系（工作体系、经验体系）、理论体系、课程体系的区别与关系；建构高等教育学科理论体系的逻辑起点；高等教育学科的价值取向——理论价值与应用价值的统一、抽象理论通过中间环节转化为可操作性的知识方法以指导实践；等等。由于高等教育学学科的建立为时短暂，学科的理论体系尚不成熟，更由于高等教育是一个多种学科的研究领域，学科建立之初，有的学者提出：高等教育只是一个研究领域不是一门独立学科，经过研讨，大多数学者的共识是：它是一个多学科的研究领域，也是一门正在走向成熟的独立学科。

在高等教育学学科建设上，有两个研究组织所起的推动作用值得一提：一是中国高等教育学会所属的"全国高等教育学研究会"。这个研究会于1993年、1994年、1995年连续开过三次年会，都是以高等教育学科建设为主题，广泛交流了高等教育的基本理论与学科建设的观点；1997年召开的第四次年会，进一步探讨高等教育学理论如何能转化为可操作性的知识与方法以推动中国高等教育的改革与发展。另一个组织是由华中理工大学、湖南大学、南京航空航天大学等3所大学共同组织的"大学教育思想研讨会"，每两年开会一次，已经开过六次年会，每次年会主题都是从理论高度探讨中国高等教育在发展的各个阶段所提出的热点问题，如市场经济与高等教育的关系、高等教育的文化功能、大学生的素质教育、知识与能力的关系等应用理论问题。

（二）高等教育学学科群（分支学科）的发展

高等教育学，只是高等教育科学的学科群中的一门基本的、综合的主干学科。由于高教实践的需要，10余年来，中国的高等教育科学已经出现了众多分支学科，形成了一个庞大的学科群。这些分支学科，相对于二级学科的高等教育学来说，可以说是三级学科甚至是四级学科了。

中国的高等教育科学所包含的分支学科，大体上可以分为三类：

第一类是从高等教育学这门基本学科分化出来的分支学科。如大学德育论、大学教学论（课程论）、大学学习学、中外高等教育史、比较高等教育、高等教育思想研究、高等教育研究法以及各科类的学科教学论等等。

第二类是高等教育学与其他学科结合产生的交叉学科。如高等教育经济学、高等教育管理学、高等教育结构学、大学生心理学、高等教育系统工程等等。

第三类是应用高等教育学理论以研究不同类型高等教育所构成的学科。如高等工程教育、高等师范教育、高等医学教育、高等农林教育、高等专科教育、学位与研究生教育、留学生教育、成人高等教育、高等教育自学考试等等。

当然，以上分类，只是相对的划分。如高等教育史、学科教学论，既可归于第一类，也可归于第二类。同时，这只是按照各分支学科的总体性质划分，至于各分支学科的内容，则更加纷繁错杂，相互渗透。某些学科内容属于这一类，另外一些内容则可能属于另一类。一般说，第一类、第二类，就其总体来说属于理论科学，但包含许多应用性以及技术性的内容；第三类，就其总体来说，是应用高等教育学的理论来认识不同对象的教育现象，解决不同对象的教育问题，基本上属于应用性学科，但应用性学科也有其应用性理论，并且以其理论研究的成果，不断丰富与加深高等教育学的基本理论。

上面所列举的各门分支学科，都有系统的专著出版，并且大多已作为课程列入教学计划。有的分支学科，又进一步分化为若干次一级的分支学科（第四级学科）。其中以高等教育管理发展最快，分支最多。

高等教育管理已分出高等教育行政学、高等教育评估学、高等教育管理心理学以及高等学校课程管理、高等学校科研管理、高等学校后勤管理、高等学校财务管理等次一级学科或专门研究领域。其发展之快，参加的研究人员之多、研究成果之丰富，是其他学科所不可比拟的，中国高教学会所属的"全国高教管理研究会"以及各个地区的研究会，也是最为庞大的组织。同时，高等教育管理这一分支学科，差不多是与高等教育学的研究同时起步的。朱九思主编的《高等学校管理》和王亚朴主编的《高等教育管理》（1983），是最早公开出版的两部专著。其后又有余立与薛天祥主编的《高等教育管理体系》（1988）、刘文修与汪培栋主编的《高等教育管理》（1993）、母国光与翁史烈主编的《高等教育管理》（1996）专著数十部。这些专著，或着重研究高等教育管理原理，或着重阐述高等教育宏观管理与微观管理各个部门的工作，各有特点。如果加上次一级分支学科的专著，估计已有 100 多部了。

另一研究成果最丰富的是高等工程教育。由于工科大学（现多改为理工大学或科技大学）在高等教育研究上最为活跃，除出版全国性的期刊《高等工程教育研究》之外，许多工科大学与工业部门所出版的高教研究期刊，达 100 多种，专著 10 余部。特别值得提出的是清华大学、西安交通大学、上海交通大学、东南大学、浙江大学、重庆大学等 13 所重点工科大学所组成的"协作组"及其所属的"高等工程教育研究会"，在推动高等工程研究，为国家制订工程教育政策提供咨询方面，起到了重要的作用。

其他比较活跃、研究成果丰富的分支学科或研究领域，还有大学德育论、大学学习学、比较高等教育、大学生心理学、学位与研究生教育、成人高等教育、高等职业技术教育、高等教育自学考试等等。至于高等教育史、高等教育经济学、高等教育结构学、大学课程论（教学论）等分支学科，虽然研究成果相对较少，但都有一些富有学术价值与实用价值的专著，从而形成了以高等教育学为主干的高等教育科学庞大的学科群。

四、应用研究的进展

高等教育学科在中国的发展，是与中国高等教育的改革与发展的实践紧密结合，同步进行的。上述学科建设，本来就是在高等教育改革与发展的实践推动下进行的。但学科有其自身的逻辑体系，而实践提出的问题则往往是综合的。更多的研究工作是围绕高等教育改革与发展中不断提出的实践问题进行的，以提供决策咨询或指导实际工作。

高等教育改革与发展在实践中所提出的问题，涉及方方面面，难以列举。下面只就 10 余年来一些热点问题做适当归类简介。

（一）有关高等教育的基本理论问题

20 世纪 80 年代中期以前，高等教育理论界就围绕着高等教育培养目标，讨论教育观、人才观、教学观以及传统教育思想与现代化的关系。讨论的实质集中于教育的价值观上，众多的理论可以概括为两大类：一类认为社会发展的需要是衡量教育价值的尺度；另一类认为教育的最终价值在于人的自我实现，满足人的自我发展。这两类教育价值观都有各自的历史渊源和当代的思想背景。开始是各说各的，未有明显的交锋。到了80年代后期，发展为教育基本功能的争论。一种观点，认为人是教育的主体，教育的基本功能在于促进人性的自我发展，达到个性的全面发展；另一种观点，认为教育是一种社会活动，按社会发展的需要塑造人，教育的基本功能在于满足社会的需要，促进社会的发展。两股对立的思潮，相互激荡，交替占据主流地位。由于两种观点都有理有据，很难做出简单的结论。作为社会科学的学术问题，没有结论的讨论并非无益之争。它的意义在于繁荣学术，加深认识，人们可以从中获得某些启发。例如，从个人发展功能论中，认识人在教育中的主体地位，从而推动个性心理发展；从社会发展功能论中，认识教育必须面对社会和现实，从而推动教育社会学的发展；争论的后期，更多的文章辩证地从人的发展与社会发展的统一性来阐明教育功能，大多数人达到某种程度的共识。

围绕高等教育培养目标所讨论的基本理论问题，还有高等教育如何为社会主义现代化建设服务、教育与生产劳动相结合、政治与业务的关系、通才教育与专才教育、知识与能力的关系等问题。

（二）高等教育同社会发展的关系

教育同社会的经济、政治、文化之间，存在内在的必然联系、本质之间的关系，这就是教育的外部关系规律。这条规律的作用，在高等教育领域特别明显与重要，因为高等教育所培养的是专门人才，将直接进入社会各个部门就业，社会的任何变革，都会直接地、迅速地影响高等教育。中国的社会主义现代化建设，是以经济为中心，从计划经济向市场经济转变。因此，高等教育与商品经济、市场经济的关系，就成为20世纪80年代以来的热门研究课题。有一种意见认为高等教育必须由市场经济来引导，必须"商品化""市场化"，才能在适应市场经济中得到发展；另一种意见认为高等教育有其自身特殊的规律与功能，必须保持其独立性，抵制市场经济的冲击。经过讨论，大多数学者认识到市场经济对高等教育的冲击的必然性。这种冲击有积极作用也有消极影响。高等教育不应被动地被市场经济牵着走，而应主动地适应市场经济，即发展市场经济对高等教育的积极作用而尽可能避免或减少其消极影响。如何主动适应市场经济,许多具体问题尚待探讨。

20世纪80年代初期,高等教育界就提出要迎接世界科技革命的挑战,加速高科技人才的培养与高科技研究,并取得明显效果。但在80年代中期以后,由于适应市场经济的问题成为热点话题,对于如何迎接科技革命挑战的研究有所冲淡,没有深入下去。90年代以来,由于信息技术的迅猛发展,更由于生态环境的破坏严重,高等教育与科技关系的问题再次受到高等教育理论研究的重视。

20世纪80年代后期以来,文化与高等教育的关系也为高等教育理论界所关注。教育的基本功能,本来就是文化的传承,而传承就得经过选择,选择就得经过批判。因此,文化的传承、选择、批判,是一切教育共同的文化功能,不过高等教育在文化选择与批判上,起着更重要的作用。高等教育还有一项特殊的文化功能,即文化创造或创新。高等教育理论界对传承、选择、批判、创造文化的研究正在逐步深入。研究的范围还涉及如何对待传统文化、外来文化、本土文化的种种理论问题。

(三) 高等教育宏观结构调整与体制改革

宏观结构调整与体制改革,一直是中国高等教育改革的重点工作。高等教育的宏观结构,包括科类结构、层次结构、布局结构、管理结构。郝克明与汪永铨主编的《中国高等教育结构研究》(1987)一书,对中国所进行的宏观结构调整以及国际比较进行了全面系统的论述。更多的文章,集中于科类与层次结构调整的研究上,至于体制改革,研究的重点有:

——招生与就业体制。着重于论述"统招统配"体制的缺点,探索如何完善统考制度、优化生源、自主择业与就业指导等问题。

——投资体制。研究如何以政府投入为主,多渠道筹集办学资金的模式。

——管理体制。着重研究如何加强地方与高校的办学自主权,改变单一的行政管理为行政、立法、经济、学术权威的多元管理方式,加强管理的科学化与民主化。

——私立高等教育体制。中国的私立高等学校,在20世纪80年代中期就已经重新出现并自发地发展起来,但它在教育体制中的地位,一直没有得到确认。1992年以前,着重于论证私立高等教育在中国发展的可能性与必然性；1992年之后，私立高等教育体制基本上得到认可，研究的重点转为如何立法以保障私立高等学校的办学自主权和保证私立高等教育的健康发展。

——中心城市办大学的体制。随着经济体制的改革、地区经济的发展，全国许多中心城市办起了大学，尤其是沿海经济发达的江苏、广东两省，中心城市大学发展很快。中心城市大学的性质、职能、层次及其管理体制，是当前探讨的主要问题。

——教学、科研、生产联合体（一体化）。为了贯彻教育与生产劳动相结合的方针和理论联系实际的原则，教学、科研、生产的沟通与结合，一直为高等教育理论界所关注。改革开放以来，为了谋求企业界对高等教育的支持，这种体制已在若干高等学校全面或局部推行。高等教育研究者借鉴国外的"合作教育"模式与经验，对联合体的理论、机制进行了持续不断的研究与试验。

——联合办学体制。为了优化教育资源配置，提高办学的规模效益。政府在近年来大力提倡高等学校联合办学。联合的方式有合并、合作、共建（两级政府或两个部门共同投资）等。收到了一定的效果，也产生了许多问题。如何解决这些问题，也是当前高等教育研究的热点。

值得特别提出的是，中国高等教育改革的研究，近年来已从静态的结构、体制改革研究进入动态的运行机制的研究，即把高等教育作为一个社会有机系统，将其放在相关社会结构中，探讨社会诸因素在高等教育运行过程中的联结关系及其运转方式，使体制改革具有切实可操作性。

（四）高等教育管理问题

高等教育管理改革，除集权与分权、科学化与民主化、社会参与等原则性的问题之外，具体的问题特别多，包括教学管理、科研管理、人事管理、后勤管理、图书馆与实验室管理，都进行了许多具体的研究，获得了许多可以改进管理工作的研究成果。这里不必一一罗列，只提出两项完善管理体制的研究工作：一是高等教育的立法研究。围绕制定高等教育法，20世纪90年代以来，从立法的原则、高教法的国际比较到法律的实施与保障，开展了大量的研究工作。另一项是高等教育的评估，80年代中期以来，从评估的理论、原则，到评估的指标体系、实施办法，进行了大量的探索与试验，逐渐趋于成熟。现时各种类型大学的合格的与优秀的教学工作评估体系，已经在许多大学推行，对提高教学质量起到了积极的作用。

（五）高等教育经济问题

高等教育经济问题的研究，在中国起步虽较早，但由于所借鉴的人力资本理论存在某些缺陷，更由于教育投资的直接经济效益与间接经济效益，存在许多不确定性，很难做出比较精确并为大学所认可的统计，所以作为一门学科建设，进展不快。但对于高等教育经济的实际问题，讨论则很热烈。主要有：如何根据经济发展的可能与需要，确定高等教育发展的规模与速度；如何提高国家财政性教育经费支出占国内生产总值的比例，到20世纪末达到4%；各种筹集高等教育经费的渠道与措施的得失利弊；以及大学生收费问题、大学教师待遇问题；等等。近来强调高等教育资源合理配置问题，也是一个研究的热点。

（六）高等学校德育问题

高等学校的德育问题，始终是高等教育理论界所关注的问题。理论研究的视野，随着改革开放而逐步拓宽。早期的研究热点在于如何加强思想政治教育；在市场经济冲击下，焦点转移到对道德观和道德教育的研究；20世纪90年代开始，校园文化所起的潜移默化的德育作用受到理论界的关注；当前研究的视野又拓宽至大学生的素质教育，特别是人文素质教育。加强人文素质教育，是当前世界大学生教育的趋势，也是中国高等教育现实的、富有生气的研究课题。这一课题的研究，现在才刚开始，预期将有很多研究新成果，以提高大学生的整体素质。

（七）高等学校的教学改革

教学改革是高等教育改革的核心。但是这个核心，多年来被忽视，只停留在一般号召上，并未真正摆上改革日程。除了宏观专业调整之外，在课程体系、教学内容、教学方法、教学手段的改革上，缺乏具体的措施。一些高校、一些院系、一些教师，借鉴国外的课程理论与教学方法，自发地进行了一些改革试验，写出了大量的经验总结与试验报告的文章，占全国高教论文的42%。但各自为政，力量分散，得不到支持，成绩不佳，即或有所得，也难以推广。以致教育改革虽进行多年，教学质量却并未提高。从1994年开始,国家教委开始了一项"21世纪高等学校教学内容与课程体系改革"的宏大工程。以本科教育为主,对各科类的教学,从专业设置、课程体系、教材内容、教学方法、教学手段到教学管理,立下200多个项目,900多个课题,全国各所大学参加研究与试验工作的达1万多人。各省各校,也纷纷在本省、本校的范围内,增加研究项目。预期这项宏大的研究工程,将对全国的教学改革起到巨大的推动作用。

(八)面向21世纪的高等教育发展战略研究

20世纪80年代中期以前,全国各地普遍开展人才需求预测,制订了各种人才培养规划。但由于理论与方法的准备不足,又缺乏切实可靠的统计材料,随意性很大,更由于政策多变,规划既不准确,又难以执行,虽耗费了大量的人力财力,却劳而无功。80年代后期以来,人们悟到与其采用稿纸上计算出来的"精确规划",不如研究高等教育的宏观发展战略。上海、苏南、闽南等地的发展战略研究在推动各地高等教育发展上起了一定作用。但由于各地分散研究,对世界高教发展趋势和中国高等教育发展全局未能很好掌握,强调地区发展需要多而考虑可能的条件少,因而所制定的发展战略,往往由于脱离实际难以实现。90年代以来,面临世纪之交,战略研究开始向世界经济与科技发展趋势转移,结合中国国情,预测面临的挑战,提出有理有据的建议。21世纪中国高等教育的改革与发展,成为越来越受重视的研究课题。对此,高等教育理论界已开过多次研讨会,写出数以千计的文章,其中不乏有远见卓识的研究成果,可以作为制定发展战略的依据。特别值得重视的是国家教委所属几个单位所组织的两个连续性的研究项目:一个是"建设有中国特色的社会主义高等教育理论研究",从1993年开题到1996年取得阶段性成果,出版了三大卷的论文集,写出了一个比较完整的专题报告;另一个是"21世纪的中国高等教育"研究项目,分为宏观背景、历史经验、世界比较、高教思想、高教体制、结构布局、教学改革、管理体制、党的建设9个课题和52个专题,对面向21世纪中国的高等教育发展战略进行全面研究。这项研究工作已于1996年开题,于20世纪完成,用以指导21世纪特别是21世纪初的高等教育发展战略。

总之,中国的高等教育研究,在解决中国高等教育改革的实践问题,为国家高等教育决策提供咨询，推进中国高等教育事业的发展上，做了大量的富有成效的研究工作。

五、中国高等教育研究的特点、优势、展望

对中国高等教育学科的发展轨迹和现状进行考察，不难发现中国高等教育研究有如下一些特点：

——中国高等教育学科，是在中国本土产生与发展起来的，而不是从他国引进的。如果说，中国的学校教育制度，包括高等学校教育制度，是先后借鉴日本、英美、苏联，中国19世纪末至20世纪初的教育理论，也是从翻译国外教育专著开始，并一直带着浓厚的"从属理论"气息的话；那么，中国的高等教育理论的主流，则始终带着浓厚的本土气息。在20世纪70年代末至80年代初，高等教育理论研究开始时，对于国外高等教育研究的进展情况和研究成果了解不多，"土生土长""土里土气"，必然限制了研究的视野。当然，后来国际学术交流增多了，对国外的高等教育研究了解较多，也就在一定程度上受国外尤其是美国某些高等教育理论与经验的影响，这对学科的建设与发展是起了促进作用的。高等教育经济学、比较高等教育以及某些研究领域，如继续教育、合作教育、教育评估的理论，基本上是从国外引进之后开始研究的，但大量的研究课题是从中国高等教育的改革与发展的实际出发，进行了理论探讨的。国际交流，相互借鉴，是发展中国高等教育理论重要的助力，但中国不可能也不应当把立足点放在国外，崇奉西方的教育价值观，照搬国外的理论。我们要建立的是中国特色社会主义高等教育学科。即使是上述开始时从国外引进的分支学科或研究领域，也应立足本国，不应成为"从属理论"。

——中国高等教育研究队伍中，教育专业科班出身者少，由其他专业或岗位转行搞高教研究者多；专职研究人员少，兼职或短期参加研究工作者多。许多研究者的教育理论基础可能不够浓厚，但却符合高等教育这一学科的特殊要求。高等教育是一个多学科的研究领域，又是一门与社会各个部门密切联系的应用性很强的学科，它需要各科类的专家和有丰富的实践经验的教师

与干部参加研究,而这一研究领域对他们也有特殊的吸引力。当然,一定数量的科班出身的研究者也很重要,在理论提高上可以发挥作用。因此,队伍"庞杂"不是它的缺点,恰恰是它的优势。

——高等教育研究机构的群众性与自发性。中国高等学校的组织机构,无论是专业性的院、系、所、室,或是行政性的处、科、办,都有上级颁发的文件为依据。只有全国众多的高等教育研究机构的设立,都是各校、各地区自发组织的,全国并无统一系统、统一规定。这在许多国家不足为奇,在中国则是特例。全国虽有"中国高等教育学会",各省也大多有高等教育研究所,但与各校的高等教育研究机构并无隶属关系。这一群众性、自发性的特点,有利于高等教育的学术繁荣,但也带来了无序的困扰和办事的困难。现在国家通过教育科学规划和组织巨型的科研项目,在一定程度上促使高等教育研究从无序走向相对的有序。

——在中国高等教育的研究领域中,高等教育学及其分支科学的建设和高等教育改革与发展的实践问题的研究这两条轨道并行地向前发展,相辅相成。学科建设为研究实践问题提供理论依据,实践问题的研究为学科建设不断地提供新的信息。少数的高等教育理论工作者侧重于理论探讨、学科建设,也从事一定的实践问题的研究;更多的高等教育理论工作者从事全国的、本地区的、本大学的实践问题的研究,并从中探索规律性的东西。互有交叉,相映生辉,使中国成为"高等教育研究的大国"。

展望 21 世纪,我们高等教育理论工作者,坚信中国的高等教育研究将更兴旺发达。这是由于中国高等教育研究具有如下优势:

——中国不仅是一个"高等教育研究的大国",也是一个高等教育的大国。高等教育规模宏大,在校的大学生(不计各种继续教育的培训班与高等教育自学考试)已达 600 万之众,仅次于美国而位列世界第二。这是高等教育研究的土壤。

——中国正在进行高等教育改革,在改革过程中,提出了大量的实际问题,需要高等教育理论来解决。这是高等教育研究的动力。

——中国有庞大的、热心于高等教育研究事业的专兼职理论工作者。老一辈的高等教育家虽已逐渐退出去,而新的中青年高等教育理论工作者正在茁壮成长。全国 23 个高等教育博士点和硕士点，每年培养出数以百计的博士或硕士，还有更多的各门学科的中青年专家参加到这个研究领域中，队伍不断壮大。这是高等教育研究持续发展的保证。

预期中国高等教育研究，将仍沿着学科建设与应用研究两条并行而交叉的轨道前进：一方面加深理论深度，提高理论水平，建设中国特色社会主义高等教育学科体系；另一方面扩大研究领域，普及高等教育理论知识，为中国高等教育事业的发展做出更大的贡献。

中国高等教育科学：
世纪末的回顾与前瞻①

中国高等教育科学研究的产生背景是从本国实际需要出发而不是从他国引进的，把高等教育研究作为一个学科领域开展研究的历史很短，仅有20年左右的时间，但发展很快。

一、从数字看中国高等教育科学的发展

——每年发表的文章在15 000篇以上，出版专著近100部；

——全国高等教育研究所（室），仅全日制普通高校有500~600个，成人高校、民办高校以及省市地方合计，在800个以上；

——高等教育研究刊物，前后出版600~700种，现许多刊物并入或转为学报，但仍保留300种以上；

——中国高教学会所属专业研究会达48个，加上地方高教学会28个、行业高教学会16个，总计92个；

——高等教育专职研究队伍全国约3 000名，兼职及不定期参加研究者数以万计；

——全国高等教育学与高等教育管理学博士点4个、硕士点（包括双学

---

① 原载《天津市教科院学报》，2001年第2期。本文是潘懋元2000年12月在纪念天津市教科院15周年院庆学术会议上的讲话。

士点) 40 个以上;在学博士生近 100 名;硕士生近 1 000 名;还有博士课程班、硕士课程班不脱产学习者也约有此数;新教师、新干部或准备提升职称的教师要修高等教育学、高等教育管理学、大学教学法、大学生心理学等课程,为数更多。

以上数字充分说明,高等教育不仅在数量上有了较快的增长,而且已经形成了一个庞大的学科群,这对中国高等教育事业发展起着很重要的作用。

二、中国高等教育科学研究,沿着两条并行而有所交叉的轨道发展

一条轨道属于基本理论或应用理论的研究,另一条轨道相当于应用性、政策性、开发性的研究。下面分别就这两条轨道的研究情况做简要说明。

(一) 以高等教育学为主干的高等教育学科群的建设

这条轨道是高等教育学及其分支学科的建设,形成了庞大的学科群,教育科学有什么分支学科,高等教育科学也有相应的三级分支学科。如:教育管理学——高等教育管理学,教育史——高等教育史,教学法——大学教学法,教育哲学——高等教育哲学,教育经济学——高等教育经济学,等等。这些学科都有不同于普通教育科学的研究领域、理论体系,都有专著、课程与教材,并不是简单的普通教育理论加高等教育。这主要包括:

1. 高等教育学的学科建设

20 年来,作为高等教育学科主干的高等教育学学科的建设,主要研究高等教育的基本概念、基本理论等。

(1) 高等教育概念内涵与外延的界定。什么是"高等教育"? 作为常识性的概念,谁都懂得,一经推敲,却很模糊。这个概念的内涵和外延至今很难说清楚。我认为,"高等教育是建立在普通教育基础上的专业教育"可以视为高等教育的定义。但这种界定也受到日益复杂多样的高等教育形式与内容的挑战。它很难涵盖多样化的高等教育。高等教育多样化也意味着高等教育外延的扩大。因此,很难为"高等教育"下个精确的定义。对此,我认为,我们所说的高等教育学,实际上是高等教育学科群中的最基本的一门学科。它不应也没必要涵盖各种各样的高等教育,而应研究基础性的、共性的问题,

探索一般规律。对其他层次、类型高等教育的研究，可作为高等教育科学的分支学科，分门别类地加以探讨。

（2）高等教育的本质、特点、结构、功能、规律及规律的运用，这是高等教育基本的理论问题。所谓本质就是一种事物区别于其他事物的质的规定性，在逻辑上也可称之为本质属性。我认为，教育的本质属性就是舍此属性不成为教育的东西，"培养人"就是教育特有的本质属性。高等教育同样属于培养人的活动，这是高等教育与一般教育的共性。由于高等教育在国民经济、社会发展中的特殊及重要地位，高等教育在培养人方面有区别于一般教育的个性。这就是高等教育的两个基本特点，即高等教育是建立在普通教育基础之上的专业教育；高等教育的培养对象一般是20岁左右的青年。正是这两个基本特点，产生了一系列高等教育的特殊问题。换句话说，高等教育的其他众多特点、问题主要是由这两个基本特点派生出来的。

"培养人"是教育的本质属性。教育社会属性或社会功能就是教育通过培养人体现为社会、经济、文化服务。那么，"教育"这一培养人的社会活动就与政治、经济等社会现象有必然的联系。表现为教育受一定社会的政治、经济制约并通过培养人为之服务。这条规律就是教育的外部关系规律。而"社会主义教育必须通过德、智、体培养全面发展的人"就是教育的内部规律。教育的内部规律不能离开教育的外部关系的制约。教育的外部规律必须通过内部规律起作用，教育工作者必须掌握两者的统一性才能使教育事业健康发展。

在高等教育发展与改革中，"结构"是一个关键环节。高等教育结构是多方面、多样化的。从宏观方面看，主要有层次结构、科类或专业结构、形式结构、布局结构、宏观管理结构等；从微观方面看，除同样的专业结构、管理结构外，主要有课程结构、师资结构、基础设施结构等；从受教育的个体看，则主要为素质结构、知识结构、智能结构等。探讨中国高等教育的合理结构及其变化规律，对当前深化教育改革，制定教育发展战略，从宏观上控制与调整高等教育，推动教育事业的发展，无疑是有理论指导意义的。

（3）高等学校的社会职能。现在世界比较公认的有三个社会职能：第一，培养人才。体现在学校的主要活动——教育活动和教学活动之中。第二，发展科学。体现在学校的科研活动里面。第三，直接为社会服务。又有人提出高等教育不只有三个职能，还应该有国际交流、社会批判等职能。

（4）高等教育课程理论。关于高等教育课程理论，国外很重视。课程原理、课程编制的理论和原则、课程编制的技术是我国高等教育研究最薄弱的部分。

（5）高等教育产学研结合的理论与实践。这个问题不断地在研究，不断地有进展。从"文化大革命"前就开始研究教学、科研、生产相结合，现在处于知识经济时代，产学研结合有新的理论和新的实践经验。

（6）高等教育的价值观、质量观、人才观、发展观。高等教育改革，很重要的是要转变高等教育思想，所以，这几年对高等教育的价值观、质量观、人才观、发展观等研究很重视。

（7）高等教育学的理论体系及其逻辑起点。一门社会科学的学科，可能有三种相互联系的不同体系：第一，理论体系；第二，知识体系（经验体系、工作体系）；第三，课程体系（教材体系）。一门成熟的学科，必须有它完整的科学理论体系。高等教育学的专著与教材已经出版了多部，但因理论知识少，应用知识多，故称之为经验体系或工作体系。我认为，形成高等教育学科的理论体系，编写出符合课程体系的教材，是高等教育学走向成熟的标志，也是高教研究工作者应长期努力完成的任务。

此外，还应着重研究"通才"与"专才"、"通识教育"与"人文素质教育"、"学术性"与"职业性"等，为高等教育科学从经验性向理论性发展打下基础。

2. 高等教育科学分支学科的建设

中国高等教育科学的学科群已出现众多的分支学科，大体可归纳为三类：

（1）从高等教育学分化出来成为独立的新学科。如：大学德育论、大学课程论、大学教学法、各科类学科教学论（四级）、大学生学习学、中外高等教育史、比较高等教育等。

（2）高等教育学与其他学科交叉产生的新学科。如：高等教育哲学、高等教育经济学、高等教育管理学、高等教育评估学（四级）、高等教育结构学、大学生心理学、高等教育研究方法等。

（3）应用教育学或高等教育学理论，研究不同类型的高等教育所构成的新学科。如高等工程教育、高等师范教育、高等职业技术教育、高等专科教育、学位与研究生教育、留学生教育、民办高等教育、成人高等教育、高等教育自学考试等。

以上所列举或未列举的分支学科，都在各自的研究领域中有其重要的研究成果。在扩大高等教育研究领域，丰富高等教育科学，以及在促进高等教育事业发展上，起到了重要作用。

（二）结合高等教育的改革与发展的实际，进行应用研究

这一条轨道是结合中国高等教育改革与发展的实际，为解决实践中所提出的问题，进行应用研究。随着经济与社会的发展和高等教育自身的改革与发展，不同时期往往有不同的实际问题。比较集中讨论的主要问题，称为热点问题。

1. 20世纪70年代末至80年代初期

（1）拨乱反正，建立高等学校教育秩序（在这种大的社会背景下，按教育的客观规律办教育事业就成为新时代的需要，"教育的内部规律与教育的外部规律"的观点也应运而生）。

（2）向发达国家学习，借鉴先进经验（这个时期，纠正学习苏联的错误，向西方发达国家学习，比较高等教育介绍成为一个热点）。

（3）学科交叉、文理渗透、通才教育、大学生能力培养。

（4）高等教育迎接新科技革命挑战等。

2. 20世纪80年代后期

（1）高等教育与商品经济的关系、高等教育的社会功能与主体功能的论争（争论的主要结论是不能把社会需要和主体需要两者截然分开，两者是辩证关系）。

（2）在各种外来思潮涌进中，对大学生的思想政治、道德教育问题等。

3. 20世纪90年代初期

（1）高等教育与市场经济的关系。市场经济是一种经济制度，根据教育外部关系规律，市场经济对教育的制约是必然的，不是要不要、好不好的问题。高等教育一定要面向市场经济进行改革，适应市场经济并为市场经济的发展服务，才能求得自身的发展。

(2) 传统文化与高等教育的关系。

(3) 高等教育体制（主要是管理体制与投资体制）的改革等。投资体制主要研究如何以政府投入为主，多渠道筹集办学资金的模式。管理体制着重研究如何加强地方与高校的办学自主权，改革单一的行政管理为行政、立法、经济、学术权威的多元管理方式，加强管理的科学化与民主化。

4. 20世纪90年代后期

(1) 高等教育发展的规模速度。中国是高等教育的大国，绝对数很多，但高等教育的相对数很少。不但落后于发达国家（40.2%），而且落后于发展中国家的平均数（18.8%），仅为7.5%。高等教育的发展速度，应当满足经济、科技以及整个社会发展的需要。而且作为基础工程，必须适当超前发展，但要受国家财力和毕业生就业机会所制约，并且要与基础教育、职业教育取得平衡。

(2) 启动"21世纪高等教育课程体系与教学改革研究"课题。此课题有200个子课题，900多个分支课题，有上万名大学一线教师和专家参加。现在基本上告一段落，标志是制订了一些教学计划和教学大纲，以及网络教学等。还准备出1 000本教材。前不久已经出了500本。

(3) 讨论高等教育思想的转变。传统思想不转变，改革将寸步难行，因此，又提出转变高等教育思想理念是先导。研究如何转变高等教育思想成了90年代后期，尤其是近几年来的热点问题。

(4) 根据世界高等教育发展趋势，研究中国高等教育回应国际化、大众化、多样化、网络化及创建一流大学、培养高科技人才等问题。

从1998年开始，围绕振兴教育行动计划和高等教育大众化，新的研究热点不断涌现，形成高等教育应用研究的热潮。

三、进入21世纪，高等教育应用研究的热点问题

（一）当前背景

人类即将进入知识经济时代，高等教育的地位和作用将发生重大变化。农业经济时代，高等教育游离于经济社会之外；工业经济时代，高等教育处

于经济社会边缘；而随着知识经济时代的到来，高等教育将被推向经济社会的中心，进入经济运行过程，直接参与经济活动。大学，作为知识的"创造源"、"人才库"、文化的传播者和知识型产业的孵化器，是我国知识经济形成与发展的基础和动力。21世纪中国知识经济的发展和推进，也必须依靠大学的力量，充分发挥大学的作用。

党中央提出"科教兴国"的战略，加强我国的综合国力。而高等学校所培养出来的人才的数量和质量、高等学校所创造出来的科学技术是我们综合国力最重要的组成部分。

我国即将加入WTO，面向国际市场，中国高等教育如何应对？怎样培养能够在世界市场有竞争力的竞争者？对中国大学既是一个严峻的挑战，又是一次难得的机遇。

还有电子信息网络进入高等教育，对我们传统教学过程、教学模式是一个很大的冲击，教学过程可能要有一次大的革命。

世纪之交，形势逼人，在当前以及未来的若干年，我国高等教育将有什么热点问题？

（二）正在进行和可以预见的热点问题

1. 高科技、高素质、创新能力、创业精神的人才培养问题

为了适应知识经济时代，需要高科技人才，但是，仅靠科技人才是不行的。发达国家有一个沉痛的教训：仅有高科技，没有高素质的人，是不会给社会带来幸福的，只能给社会带来灾难。因此，我们必须培养高科技、高素质的人才。我们大学里提倡人文素质教育，就是针对这个问题。这些高科技、高素质的人才是知识经济时代的带头人，没有创新能力、创业精神是不行的。中国高等教育恰恰在这方面比较薄弱，也是需要研究的一个热点话题。

2. 建立产学研一体化的新体制问题

面向知识经济时代，高等教育如何走进社会中心，其中一条比较有效的方法就是以高等教育为核心，建立产学研一体化的新体制。

3. 高等教育大众化问题（教育资源、教育质量、毕业生就业）

20世纪90年代初，高等教育速度应快一些还是慢一些，规模大一些还是小一些，是一个有争论的问题。1998年政策有了一个大的转变，不提高等教

育"稳步发展"、"适度"发展了，而提出"积极稳步发展"。1995年，中国教育部制订的2000年教育发展计划和2010年的发展规划中提到，2000年毛入学率要达到8%，2010年要达到11%。后来又改为2000年的毛入学率要达到11%，2010年要达到15%，进入大众化阶段。

我赞成教育大众化，这是世界发展的大趋势。原因之一，中国要科教兴国，加强综合国力，而高等教育的数量与质量是综合国力的重要组成部分，没有人力支持，国民经济产值是不能上去的。原因之二，经济发展了，人们整体的生活水平有所提高，国家也必须满足人民日益增长的接受高等教育的要求。原因之三，可以启动内需，拉动经济（不是根本原因）。有一些反对高等教育大众化的人，理由也很具体：其一，教育资源问题。钱从哪里来？教师从哪里来？增加一个百分点，就得增加100万个学生，教师、房子、经费等问题如何解决？其二，教育质量如何能够保证？其三，毕业生就业问题。就业困难，势必引起社会动荡。这些问题在相当长的一个时期里，一定会是高等教育研究的热点问题。

4. 发展民办高等教育问题（多种办学体制与教育产权）

现在民办高等教育发展很快，有多少，没有进行具体的统计，但数量已超过了全日制普通高等学校的数量。发展民办高等教育逐步受到重视。因为它是解决教育资源不足，尤其是资金投入不足的一个途径。但目前有两个重要问题没能很好解决。民办高等学校多种体制问题，现有国有民办、民办公助、一校两制、股份制等。哪一种体制好？另外，教育产权问题，对民办学校是一个关键问题。中国的教育法明确规定，"不得以营利为办学宗旨"，这是符合教育事业的社会性质的。但是，教育又有产品性的一面，在市场经济体制下，私人及私营企业投资办高等教育，可否以营利为目的，尚值得研究，不宜过早下结论。在另一方面，"不得以营利为目的"不等于学校不得从事营利活动。现在要研究，怎样才能有利于发展我们的教育事业，应该采取什么样的措施等此类问题。

5. 发展新型高等职业技术教育问题（定位、培养目标与教学组织）

定位要准确，否则，培养目标不准确。我们发展的高等职业教育应该是新型的职业高等教育，有一定的目标、教学要求，人们思想不转变，新高职就会办成"老大专"。

此外，还有面向世界市场，培养国际竞争人才问题；电子信息网络进入高等教育领域；高等学校教学过程网络化和开设网络课程、虚拟大学问题等。

四、回顾与展望

（一）为什么 20 年来高等教育科学发展如此迅速

（1）中国的高等教育要改革和发展，就要有理论指导，要有理论指导就必须开展研究工作。许多问题需要高等教育改革提供理论研究和理论依据，需要高等教育理论的导向与支持。

（2）有一支庞大的、热心于高等教育科学研究的队伍，包括：教育理论工作者与多学科的专家结合；理论工作者与实际工作者结合。高等教育研究队伍来自四面八方，即所谓队伍"庞杂"，既是新学科、应用学科建立过程的必然性，又是多学科研究自身内在的必要性。高等教育领域不同于以中小学为主要研究对象的普通教育领域，一方面，它的教学内容复杂多样；另一方面，它同社会的经济、政治、文化、科技直接联系，只有多种学科的专家和实践经验丰富的行家参加研究，才能从多方面、多角度来探讨高等教育的理论问题与实际问题，其研究成果才具有更高的科学性与更合乎实际的可行性。

（3）有相当一部分高教领导和大学领导的重视与支持。当年高等教育研究刚起步时，如果不是有一批大学校长倡导并参加，这一研究领域不可能那样迅速发展；而几百所院校所属的高等教育研究所、室，如果不是众多高等学校领导的重视与策划，挤出编制与经费建立起来，那也是不可能的。

（4）普通教育学为高等教育学的产生与发展提供一定的理论基础。高等教育学是在教育学基础上创立起来的，特别是在学科初创时期，免不了要参照普通教育学的体系来构建。从已有的高等教育的知识体系来看，大多是从教育学的知识体系移植过来的。我的第一部《高等教育学》有许多理论，还是从普通教育学拿来的。但现在感觉到还不够，受基础教育的束缚，跳不出去，会受到这个条条框框的限制。不管怎样，普通教育为高等教育的产生、发展提供了一定的理论基础，使得许多问题我们能够比较容易解决。

（二）展望

（1）随着高等教育事业的发展，将会提出越来越多的理论与实际问题，需要高等教育理论来解决。高等教育科学是一门正在走向成熟的学科，能提供给研究者许多研究的课题，将使研究者大有可为。

（2）老一辈的高等教育家逐渐退出去，而新的中青年高等教育理论工作者正在茁壮成长。每年培养的几十名博士、几百名硕士散布在高等教育的领域，还有更多学科的中青年专家参加到这个研究领域中，高等教育研究队伍不断扩大，后继有人。

多学科观点的高等教育研究[①]

　　1994年我在广东一所大学当客座教授时，广东高教界的朋友们希望我编写一本新的《高等教育学》。这是一个好主意。我所主编的第一部《高等教育学》是1984年出版的，从编制大纲、组织编写、反复修改、油印试用，到定稿出版，前后历经6年。许多材料，都是20年前搜集的，陈旧了；有些观点也应有所发展和完善。说实在的，20世纪80年代之前，我个人的高等教育知识也很有限，20年来，在教学与科研的过程中，知识有所积累，思想有所发展。因此，我欣然接受这一任务，当时就着手组织力量对原书进行修改。1996年由北京师范大学出版社出版的《新编高等教育学》，只是在原书的框架上，发展了某些观点，更换了大量材料，删去了已经成为分支学科并有专著出版的章节，增加了几个以前缺乏研究的章节，并在体例上稍加调整，但仍是一本知识体系（经验体系、工作体系）的著作，而不是进行了一种理论体系的建构。[②]

　　为了建构高等教育学的理论体系，全国高等教育学研究会从筹备到成立之后，连续三次年会讨论"高等教育学科建设问题"，虽有进展，但无结果，原因就是条件不成熟，我为此感到困惑与力不从心。因为"学科的科学体系，是指该门学科的概念和联结这些概念的判断，通过推理、论证，形成一个层

　　[①] 原载《高等教育研究》，2002年第1期。本文为《多学科观点的高等教育研究》（上海教育出版社，2001）一书的总论。

　　[②] 一门社会科学的学科，可能有三种互有联系的不同体系：理论体系、知识体系（经验体系、工作体系）、课程体系（教材体系）。每种体系，各有其使用价值。

次分明、结构严密的逻辑系统。教育学科的理论体系，应当揭示一系列教育科学的科学概念、规律。构成逻辑严密的科学理论体系，而这个理论体系应当充分反映教育本身固有的内在逻辑"①。因此，建构一门学科的理论体系，不是拍脑袋所能顿悟出来的。它需要：首先，有宽厚的实践经验为基础，虽然理论体系是高度抽象的概括，似乎远离实际，但归根结底，它是建立在既宽又厚的实践经验基础上的；其次，要有一系列的理论准备，并且这些理论能从某一点上深入到高等教育的内在实质而不是泛泛之谈，它的科学性能经得起实践的检验和时间的考验；最后，还要运用科学的方法论，使之能综合已有的抽象的理论，并从抽象到具体，形成严谨的、能充分反映学科自身内在逻辑的科学体系。如果条件不具备而急于建构学科的理论体系，则是舍本逐末，流于空谈，即使外观堂皇，终究是建在沙滩上的"大厦"。

"临渊羡鱼，不如退而结网。"为了建构高等教育学科理论体系，我们在研究高等教育现实问题（应用研究）的基础上，要有计划地进行一系列的理论与实际结合的研究，做好理论准备和方法论准备，逐步向学科建设的目标逼近。这就是我们编写这本《多学科观点的高等教育研究》的动机。

近年来，我们在高等教育的应用研究中，更加深刻地理解到高等教育是一个复杂的、多层结构的开放系统。它比其他教育系统更需要同环境的方方面面交流信息。一方面，高等教育的基本功能是为社会的各个部门培养专门人才，它必须同经济、政治、文化、科学等系统交流不断变化着的信息，受社会各有关系统制约并为之提供服务，以便在主动适应外部环境的变化中获得社会的支持并增强自身的活力，发挥自身的功能，实现自身的价值。另一方面，高等教育是由各种专业组成的，每种专业都是一门或宽或窄、或单一或综合的学科，并且联系着其他有关学科，它必须同各门学科交流信息，获得各门学科最新进展的信息，及时转化为教育资源，以便提高所培养的人才知识水平和学术视野，并且通过科学研究，促使学科的发展。总之，无论从高等教育系统与社会各个系统的外部关系上，或从高等教育各个专业、各门

---

① 潘懋元. 关于高等教育学科建设的若干问题[M]//潘懋元论高等教育. 福州：福建教育出版社，2000：66.

学科的内部关系上，都有必要从不同的学科观点，运用不同的学科方法来认识高等教育的功能与价值。

以往我们对高等教育的研究，一般是从教育学的观点、方法开始的。运用教育学的原理来研究高等教育问题，这是必要的，也是基本的。因为高等教育是教育系统的一个子系统，高等教育学是教育学科的一门分支学科，教育学原理无疑也是高等教育学的重要理论基础。但是，以往的教育学原理，一般是从普通中小学的实践基础上发展起来的。普通中小学的培养目标是合格的公民，既不分专业，同社会的关系又比较简单。因此，只从普通教育学的观点认识高等教育，往往忽视高等教育的特殊性与复杂性，很难全面深入。哲学和心理学是传统教育学的两大支柱，普通教育学所重视的是世界观、伦理观、儿童心理学以及由少年儿童年龄特征所形成的教育心理学。当然，世界观、伦理观、教育心理学等原理，都是高等教育所应重视的；而高等教育科学，更加重视的是认识论、方法论、社会心理学、青年心理学等等。这些原理与方法，对于研究高等教育的本质、功能、价值以及教学过程的规律，都有其特殊的必要性。同时，研究高等教育，局限于哲学与心理学的观点，还不能掌握高等教育同经济、政治、文化、科技复杂的关系。高等教育走出"象牙塔"，走进社会，同社会的方方面面关系越来越密切、复杂，还必须从社会学、经济学、政治学、文化学、管理学等高度审视高等教育。同时，纵向的历史学观点和横向的系统科学与比较分析方法也有特殊的必要性。高等教育的基本理论，不论是宏观的外部关系或微观的内部结构的研究，都涉及诸多学科，需要诸多学科的支持，从多学科、多视角进行审视、探索，才能比较全面和深入理解高等教育的本质、功能、价值，掌握高等教育的内外关系规律。

"横看成岭侧成峰，远近高低各不同。不识庐山真面目，只缘身在此山中。"对于高等教育来说，既要横看，看到它的逶迤壮观，又要侧看，看到它的千仞雄姿；既要入山探宝，洞悉其奥秘，又要走出山外，遥望它的全貌。但是，不论横看、侧看、山中、山外，都只能看到其中的一部分。也就是说，从不同的学科观点考察高等教育，都有其局限性。如果以为某一学科的观点是唯一的，以偏概全，就会从正确的观点出发，引出错误的结论。这种例子是很多的。例如，中国的经济体制，正从计划经济转变为市场经济，高等教育应当面向市场经济，适应市场经济，从经济学的观点看，这是完全正确的。但是，把过去的教育，不论成就或问题，不分青红皂白都塞进计划经济的筐筐，一概丢弃；把当前的改革，都纳进市场经济单一的轨道，把市场经济作为高等教育改革的唯一导向，甚至以市场经济的规律代替高等教育自身的规律，这种简单化的思维方式，就会导出片面性的结论。以其作为决策依据，必将走偏方向。人们常说"政策多变"，其认识原因，就在于决策所依据的观点是单一的，认识是片面的，思维方式是简单的。

每一门社会科学的研究对象和范围，仅是社会系统中的特定因素或部分。从某一门学科的观点考察高等教育，只能看到高等教育的一个侧面。在研究高等教育的过程中，对某些问题可以而且必须着重就一个适当的学科观点进行深入探讨，不能眉毛胡子一把抓，也不要忘记同其他学科观点的联系。只有把多门学科观点的研究成果综合起来，比较分析，才能获得比较全面的认识。从这个意义上说，多学科的高等教育研究，对于高等教育理论体系的建设，是一项重要的准备工作。

这一准备工作之所以重要，不仅是各门学科研究成果的积累，更在于具有方法论的意义。一门学科的建设，既要有独特的研究对象、完整的理论体系，还要逐渐形成独特的研究方法。高等教育学的独特的研究方法可能就是多学科研究方法。据我所知，开创这种研究方法的是伯顿·克拉克（Burton R. Clack）。他于 1984 年出版了《高等教育的观点：八个学科的比较观念》（*Perspectives on Higher Education: Eight Disciplinary and Compartive Views*）一书。在该书中文版序中，他特别强调这本书的方法论意义："各门社会科学及其主要的专业所展开的广泛的观点，为我们提供了了解高等教育的基本工具，不管这个学科是历史学、经济学或政治学，还是其他社会科学，都给我们提供了考察世界的方法，我们可以把它应用到高等教育部门。"王承绪教授从国际比较教育的角度，在"译者序"中也称："本书可以说是一本有关比较高等教育方法论的专著，为比较高等教育的研究开辟了一个新的路子。"确实如此，但还可以从更广泛的意义上进一步说，这是一本高等教育方法论的专著，为多学科观点研究高等教育开辟了一条新的路子。

多学科观点的高等教育研究，具有如下的方法论意义：

1. 研究领域宽阔

多学科交叉的高等教育领域，"没有一种研究方法，能揭示一切；宽阔的论述必须是多学科的"[①]。"教育家们可以在这些观点中自行转换，利用不同的观点解决不同的问题，或进行不同的争论。"[②] 例如，社会学可以研究社会分层与高等教育机会的关系，高等教育促进社会阶层的流动等问题；经济学从人力资本理论研究高等教育的经济效益；政治学研究高等教育管理中合理的权力结构；文化学研究文化的传承与创新；心理学研究高等教育改革中的心理冲突与心理适应；哲学从人与社会两个方面研究高等教育的理念，如此等等。高等教育每个方面的问题，适合于运用某一门或某几门的学科观点进行研究。但是，包括哲学在内，都不可能包揽高等教育方方面面问题的研究。只有聚合多种学科观点，才能获得较完整的认识，这种分析与综合相结合的方法，对研究领域广阔的高等教育有特殊意义。

2. 开拓研究者的视野与思路，促进学科间的相互理解

减少自以为是的"井蛙之见"，提倡学术研究的谦虚谨慎作风。长期以来，一些学科专家，总以为自己所从事的学科是最重要的，自己的观点是最正确甚至是唯一正确的。多学科研究有利于打破严格的学科疆界，在高等教育问题的研究上看到自己所从事的学科观点的不足，重视相关学科的研究成果，从而加强学科间的理解与合作。

3. 多学科研究方法提供了一种新的思维方式

这种新的思维方式符合人类认识的发展，即从单义性到多义性、从线性研究到非线性研究、从绝对性到相对性、从精确性到模糊性、从单面视角到多维视角、从单一方法到系统方法，如此等等。多学科研究方法，可能不仅适用于高等教育学研究，也适用于其他学科领域的研究。高等教育以其特殊需要而走在前面，也对其他领域的研究有所启发。

伯顿·克拉克主编的书出版之后，由于"在研究方法上进行了新的突

[①②] 克拉克. 高等教育新论：多学科的研究 [M]. 王承绪，等译. 杭州：浙江教育出版社，1988.

破"①，在欧美各国广为流传。在中国，由王承绪教授主持翻译的中文版于1988年出版之后，对中国高等教育的研究也起到了积极作用。我把此书作为历届研究生的参考书，并要他们各就此书写出一篇"读书报告"。从报告中反映，他们都有很好的心得，但也反映了一些不足之处。其一，这本书的作者，主要是美、英两国专家和法国、巴西各一人。它的内容主要反映几个发达国家的传统理念与知识经验，"只是稍微注意了一下发展中国家，并偶尔评论共产主义国家的高等教育"②。大学生数居世界第二位的中国这个高等教育大国，并不在该书的视野中。其二，这本书所刊载的8篇论文，写成于1977年，虽于1982年组织了讨论修改，但成书较早，未能反映20年来世界高等教育的改革与发展以及新的理念，如可持续发展的高等教育、知识经济时代高等教育的使命、21世纪高等教育所面临的挑战和对策等。其三，8个学科（有的只是领域）虽然都与高等教育有密切的关系，都很重要，但有些同样重要并且更密切的学科"被遗漏"了，如心理学的观点、哲学的观点、系统科学的观点等。因此，在我组织编写《新编高等教育学》之后，就同一群青年学者讨论结合世界高等教育发展的新趋势、新理念和中国高等教育的实践经验，编写一本有中国特色的高等教育多学科研究专著，作为建构高等教育学理论体系的准备工作。经过几番讨论，拟定一个基本框架和编写体例，各施所长，分头研究，集体讨论，分工撰稿。该课题于1996年向"全国高等教育科学规划领导小组办公室"申报立项，1997年被批准为"九五"规划国家级重点课题。经过几年的研究、修改，终于完成了这本专著。

应当承认，参加研究与撰稿的青年学者，不具备伯顿·克拉克所组织的8个学科的撰稿者那样的权威，他们只是学有所长的教授、副教授、博士。但他们来自不同的学科领域，并曾在大学里担任过相应学科的教学和研究工作，汇集在一起同我共同研究高等教育理论。这里有必要说明一下：高等教育学是一门多学科交叉的科学，高等教育的研究生并非都是教育专业的"科班出身"。高等教育学的博士学位向文史哲经、理工农医各个学科敞开大门。他们

---

①② 克拉克．高等教育新论：多学科的研究［M］．王承绪，等译．杭州：浙江教育出版社，1988．

获得博士学位的论文，一般是结合其原来学科专长撰写的。他们的权威不够高，但他们对学科交叉处都十分敏感，思维十分活跃，他们不但都有大学教学经验，有的还是现职领导、管理干部。例如，《高等学校的二元权力结构及其运行》的作者，不仅在国外攻读社会学与政治学，在国内教授高等教育学，而且身处高等学校行政权力与学术权力这个二元权力结构的"矛盾漩涡中"，其切身体验对其理论研究不无帮助；《大学理念——理性认识与理想追求》的作者，出身于孔子故乡，饱读儒家经典，而又在国内国外钻研西方哲学，作为一名大学领导，正在致力于实践其大学理念；《文化视野中的高等教育》的作者，从教授地质学到当政治课教师，在攻读博士学位阶段，以5年时间研究"文化与高等教育的关系"，又以"教育与人的关系"为博士后研究重点，担任高等教育学博士生导师后仍是围绕着"文化—教育—人"的课题进行研究；《科学发展与高等教育的变革》的作者，从物理学学士、自然辩证法硕士到高等教育学博士，如今正在领导一所大学的教学与科研工作。这些跨学科的青年学者，正是多学科交叉、理论与实践结合所塑造出来的人才。

  由于要让大家充分发挥自由思想，对于各个子课题的研究，不强求一律，只是提出了以教育外部关系规律和内部关系规律为主线，尽可能以高等教育的本质、功能、价值和发展规律为研究重点，从各自学科的观点、方法考察高等教育，而不是以某门学科的理论代替高等教育理论。可以把高等教育作为一个整体来研究，也可以只就最能体现学科观点的某个高等教育问题做深入的探讨。例如，哲学的观点，只研究大学的理念；社会学的观点，只研究社会分层与高等教育的关系；管理学的观点，只研究管理中的权力结构。而有的问题，如高等教育权力结构，既是政治学所关心的问题，又是管理学的核心问题，都以之为研究对象，横看侧看，并不重复。总之，不拘一格，但求言之成理，持之有据。

  各个子课题的研究，是分头并进、各自成篇的。同一问题，由于学科不同，可能看法不同；同一资料，可能被多处引用。在统稿时，虽在不影响作者的学术观点和逻辑体系的前提下，有所增删，但某些重复，在所难免。好在这是一本初具体系的论文集合本，不是一本系统的专著。

  下面，简介各篇的突出点，并借此抒发主编者之管见。

（一）历史学的观点：高等教育是一个历史的概念——兼论高等教育理论与高等教育历史的关系

本书将历史学的观点，作为多学科的第一个观点提出来，是因为高等教育的思想、目标、体制、模式以及课程、方法、手段等，都是一定历史的产物，并都随着历史或将随着历史的发展而变化。历史的观点，最能从宏观上把握高等教育的本质、功能与规律。

在论述历史学的观点中，作者不可能用历史的观点与方法分析所有的高等教育现象，只集中于两个带有根本性的问题上：其一，阐述"高等教育"这个概念，它所体现的是人类社会在一定历史阶段教育系统的一个层次；其二，讨论高等教育历史与高等教育理论的关系，研究高等教育改革的历史借鉴。如果说，前者所论述的是涉及高等教育的本质问题，则后者所讨论的实质上是高等教育史的价值问题。

作者首先提出，教育是一个永恒的概念，而高等教育则是一个历史的概念。教育的永恒性在于它是作为社会主体的人的成长因素和作为社会劳动力再生产的必要条件与人类文化的传承方式。"自有人生，便有教育。"[①] 高等教育的历史性，在于它既未与人类社会同始，也不会在人类社会中无穷地延续下去，它只存在于一定历史阶段。在整个教育系统中，逐渐分化出一个相对独立的层次，逐渐形成了自己的种种特征——功能、理念、组织形式等等。而作为"高等教育"这一统一的概念的出现，更是这一层次的教育以不同的名称存在与发展了很久之后，大约在19世纪后期才被人们所普遍采纳。也就是说，它是特指近现代建立在普通教育基础上的专业教育。随着经济的发展，社会的进步，生活和生产方式的多样化，出现了各种各样的中学后教育形式，还有介于高等与中等之间的各种教育形式和课程内容，"高等教育"已经很难概括属于或接近于这一层次的种种教育形式。因此，作为一个统一的概念，它已缺乏明确的内涵与外延。人们曾试图用"中学后教育""第三级教育"这些名称来代替"高等教育"，也由于某些介于高等与中等层次之间的教育形

---

① 杨贤江. 新教育大纲 [M] // 杨贤江全集：第三卷. 郑州：河南教育出版社，1995：266.

式与课程内容的出现，以及"终身教育""学习社会""网络教育"的出现而含混不清。这也就是联合国教科文组织企图为"高等教育"下定义而始终难以做出科学的界定的症结所在。因此，"高等教育"作为一个教育层次的统一的概念，可能分化成为各种各样的教育形式而被赋予各种各样的名称（概念），也可能为另一概括性更高的概念所代替。如果统一的高等教育层次不存在，"高等教育"这个概念也就可能随之消失；也可能只作为更高的概念之下的一个子概念，正如"大学"这个概念一样，现在只是"高等教育"之下的子概念，特指作为传承与研究高深学问的教育形式。

意识到"高等教育"的历史性，有利于我们更准确地把握高等教育的本质及其特征，也更有利于我们认识高等教育的规律。"高等教育"这个概念可能变化甚至消失，但历史是有连续性与继承性的，研究高等教育或其衍变的某种教育形式的理论，必须研究高等教育历史，才能掌握其规律，也就是"论从史出"。理论来源于实践，教育理论来源于三个方面的教育实践：其一是前人的实践（高等教育史）；其二是他国的实践（比较高等教育）；其三是当前的与自己的实践。教育史就是前人丰富的实践记录。研究高等教育理论，必须"鉴古知今"；进行高等教育改革，必须"古为今用"，这就是高等教育史的价值所在。

（二）哲学的观点：大学理念——理性认识与理想追求

哲学是传统教育学的两大理论支柱之一，以哲学的观点研究、阐释教育基本理论，仍是最基本的途径。

从哲学上研究教育，一般是直接指向教育的本质观，探讨教育基本规律，然后研究与哲学密切相关的价值观、人生观、道德观以及教学过程的原理，那是要写成一本教育哲学专著的，而这种专著国外是车载斗量，国内近年来也出版了好几本这方面的专著。作者没有这样做，而是从人们对于大学的理性认识与理想追求的"大学理念"切入，通过对大学观念的辨析来理解高等教育的本质、功能与规律。之所以这样选择，基于下面三个原因：

其一，研究高等教育本质、功能、规律，是各门有关学科的共同任务。必须从各门学科的视角审视高等教育，才能较全面地理解高等教育丰富的本质内涵，认清高等教育功能的发展变化，掌握和运用高等教育的规律。哲学上的研究是最重要的，但不是唯一的，不能以哲学的观点包揽一切学科的观点，否则就只要从哲学的原理进行演绎推理就行了，那样将导致对高等教育本质、功能、规律认识的简单化。

其二，大学理念虽然是一个上位性、综合性的高等教育哲学概念，但它不仅反映高等教育的本质，而且涉及时代、社会、个体诸多方面的因素。从"理念"切入，不但可以更好地把握高等教育的本质、功能、规律，而且能更好地理解高等教育规律如何制约和支持人们对高等教育的认识与追求。

其三，当前大学正面临着"理念危机"——大学理想的黯淡、大学观念的落后、大学精神的失落、大学形象的扭曲、大学使命的弱化、大学目标的混乱。这些正需要从哲学的高度来拯救，用哲学的观点和方法来重新审视、梳理、明晰、匡正，确立符合时代精神与需要的"大学理念"。

众所周知，经典的大学理念是洪堡建立柏林大学时所概括的学术自由、大学自治、教授治校、教育与研究统一的思想原则。这些理念，有其历史与现实的价值，在各国大学的变革与发展中，具有重要的地位与作用，是大学理念由自发向自觉转变，从朦胧到清晰的显著标志。它符合大学发展的内在逻辑，也是大学合理存在并绵延千载的认识基础。其合理的精髓，对今天大学保持其精神与形象，进行变革与发展仍具有重大的价值。但是，时代毕竟不同了，经济的发展、社会的进步，以及大学职能的扩展，尤其是大学从远离社会的"象牙塔"走向社会的中心，高等教育日益受到外部关系规律的制约，社会也日益要求大学为经济、政治、文化、科学的发展提供有效的服务，根据19世纪以前高等教育发展历程所总结的经典大学理念，已不能全面反映社会与高等教育关系的新进展，也不能满足人们对高等教育改革与发展的新追求。因此，20世纪以来，尤其是世纪之交，人们不断地提出许多新兴的大学理念。既有反映大学内部发展逻辑的，如"科学教育与人文精神相结合""个性化与人本化"等，更多的是反映高等教育外部关系的新理念。其中谈得最多的是"高等教育大众化与普及化""面向社会、面向市场""兴国育才""可持续发展"以及"民族特色与国际化"等等。对这些新兴大学理念的产生、嬗变、特点、内容及其对大学教育实践的意义的研究，已经超出了哲学观点的范围，要从经济学、社会学、文化人类学等学科角度探讨。哲学的观点，只能是把"大学理念"作为整体概念来探析。这样做，既有利于反映高等教育的本质、功能、规律，又不至于包揽各门学科的研究。

（三）心理学的观点：高等教育改革过程中的心理因素——心理冲突与心理适应

教育的对象是人，必须根据人的心理活动规律进行教育，因此心理学是教育学的另一理论支柱。这对于普通教育来说，已是一种常识，而对于高等教育来说，却往往被忽视。教育改革过程，从心理学的角度看，是心理冲突与心理适应的过程，而对于高等教育的改革，人们往往只重视经济、政治、文化、科学等教育的外部关系的适应，而忽视社会心理的制约作用；高等教育改革的最终成果，应该落实到教育质量即大学生素质的提高上，而素质教育，归根结底也是一个心理学的问题。因此，研究高等教育活动或研究高等教育改革、心理学，特别是社会心理学、个性心理学和青年心理学，应当是不可代替的重要学科。这就是为什么伯顿·克拉克在综述 8 个学科观点之后，不无遗憾地说："还有什么遗漏呢？我们没有考虑高等教育的社会心理学，这个观点集中研究个人的特征，促进对学生特性的广泛研究。这方面的研究主要在美国，其他国家很少开展，也还没有研究宏观的整个高等教育系统的各种现象。"[①] 我们认为，美国"也还没有研究"的事，不等于其他国家就不可能研究，不仅是宏观的，而且是微观的，当我们深入到高等教育微观方面的教学改革和大学生素质教育时，更加认识到不能让克拉克的遗憾也成为我们的遗憾。

作者在这篇不长的宏观与微观结合的研究论文中，着重抓住两个重要问题：其一是高等教育改革过程中的心理冲突与心理适应；其二是高等教育改革与大学生心理素质的提高。作者认为，相对于制约高等教育的政治、经济等因素，社会心理的作用是潜在而持久的。社会心理能对高等教育的改革起到推动或阻碍的作用。如果高等教育改革已经有比较良好的心理背景，改革的措施与现有的社会心理意识和价值标准比较一致，改革就可能得到比较广

---

① 克拉克.高等教育新论：多学科的研究 [M].王承绪，等译.杭州：浙江教育出版社，1998：19.

泛的社会心理支持；相反，如果缺乏一定的社会心理基础，与传统的价值取向不一致或相抵触，社会心理就会成为一种顽固的阻力，阻碍改革的进程，或使改革偏离预定的目标。如果客观条件已经具备，而缺乏社会心理基础，与传统的价值取向不一致，那就必须首先考虑能否营造有利的社会心理基础或改变传统的价值取向。有可能，就得先做转变思想的工作；不可能或一时不可能，则应当取消或延缓这种改革政策的实施。

如何解决心理冲突问题，首先要探讨形成心理冲突的原因，进而消除或缓解心理冲突，促使心理适应。心理冲突的原因主要有：认识的局限性、社会心理定势、利益权衡所造成的心理压力等等。促进心理适应要从激发改革动机和培养与提高改革的心理承受力两个方面进行。

作者进一步指出，高等教育改革的最终目的是提高教育质量，质量的最终标准是大学生素质的提高。无论是提高大学生的智力，还是进行情感教育，发展大学生的个性，促进大学生的心理健康，都应当依据大学生心理发展的特点和规律。总之，必须从心理学的角度来研究高等教育的改革、发展与提高。

（四）文化学的观点：文化视野中的高等教育

高等教育与文化的关系，既密切又复杂，可以概括为两种关系和两种作用：既是外部关系，又是内部关系；既起直接作用，又起中介作用。也就是说，只有从文化的视野考察高等教育，才能较好地认识高等教育的功能。

就外部关系来说，文化同经济、政治一样，制约着高等教育的改革与发展。它虽不像经济那样起决定性作用，也不像政治那样起强制性作用，它对高等教育的制约作用是潜在的、直接的。而经济、政治的制约作用往往要以文化为中介。

就内部关系来说，高等教育本身就是一种传承、适应、批判—选择、创造文化的人类社会活动。传承文化、适应文化，是一切教育的共有功能；批判—选择，首先是高等教育的功能，普通教育的选择则是在高等教育选择的基础上再选择；创造文化，一般来说，是只有高等教育才具有的特殊功能。

作者首先考察了中国和西方关于"文化"和"culture"的辞源，认为文化的本质就是"人化"，表明人的进步发展的过程，也就是广义的教育过程。

文化与教育的"共生同源",既表明了文化与教育的本质关系,也表明了文化功能是教育的基本功能。

作者在论述高等教育的文化功能上,除了阐述传承与适应的一般功能之外,特别强调高等教育特殊的文化功能:批判—选择与创造的功能;在文化对高等教育的制约与影响上,深入分析文化作用的潜在性与中介性等深层次的机制;在讨论文化变迁与高等教育的关系上,着重论述文化多元化导致高等教育模式多样化的必然性,批判"西方文化中心说"所派生的"从属理论"。同时,联系当前高等教育的现实问题,论述"文化整合"和"科学教育人文化","文化交融"与"高等教育国际化"等理念。这些研究成果,为建设有中国特色的社会主义高等教育体系和对大学生开展人文素质教育提供了重要的理论依据。

(五)科学学的观点:科学发展与高等教育的变革

近代高等学校区别于古代大学,是以科学(自然科学)进入大学课程为发端的。在此之前,大学坚持中世纪的传统,只传授人文、神学、法学以及医学等非生产知识,排斥自然科学进入课程。但从18世纪自然科学闯进大学课堂之后,不但取得与人文学科同等的教育地位,而且以其显著的功利性更快地占据高等教育的主导地位。由此可见,科学的发展与高等教育的近代化变革存在内在的本质联系,这种联系越来越紧密,可以说,没有近现代科学就没有近现代高等教育。从科学学的观点考察近现代高等教育演变,才能掌握近现代高等教育的本质、功能及其发展规律。

为什么科学能在高等教育的发展中起到如此重要的作用,取得辉煌的地位?作者首先论述科学的建制化与高等教育的近代化的关系。所谓科学的建制化,是指科学、技术和社会发展的一体化;也即科学作为一种新的文化系统得到社会的认同和支持的过程。高等教育作为一个社会系统,在这个过程中,也就由接纳科学、推崇科学到让科学在大学殿堂上占据主导的地位。

科学的发达,促进了经济的发展,也滋长了以追求近期经济利益为主的"功利主义"思想膨胀,由此而产生的"科学主义",使大学弱化甚至丧失了它的人文精神。因此,大学的学者、教授,近一个世纪以来,不断呼吁要加强"人文主义"以抗衡"科学主义"。但"功利"与"科学"都是不可抗拒的，重视人文精神不应视为"人文主义"的复归。大学在迎接新的科学技术革命的同时，所应提倡的是"科学教育与人文精神的结合"，使"科学教育人文化"。在知识经济时代，大学应当在人才培养与科学创新上，在高新科技与人文精神的结合上，更为完善、美妙。

作者在探讨科学建制化与高等教育近代化相互作用过程和内在机制之后，着重讨论大学科学活动的类型、特点、地位、作用和发展规律。最后提出新科技革命及其延伸的知识经济的挑战和高等教育的变革对策。作者认为，新科技革命给高等教育提出了三个方面的问题：首先是学科专业的分化发展趋势同职业技术的综合应用之间的矛盾和冲突；其次是知识和信息剧增与教育时效性、成效性之间的矛盾；最后是在"科学主义"思想背景下如何进行大学文化的重构与整合。针对这三个问题，作者认为相应的对策一是要重构学科专业结构，提高学科、专业的综合程度；二是要强调批判性思维能力和创造能力的培养；三是要实现科学的人文化，实施人文素质教育，重构现代高新科学与社会文化之间的平衡关系和价值观念体系。

（六）经济学的观点：高等教育与经济，双向多维的非均衡互动关系——兼论结构、规模与经济效益

在制约高等教育改革与发展的外部诸因素中，经济因素所起的作用是基本的、决定性的。而经济的发展，教育是基础。高等教育是经济发展与转型的动力与支点，在知识经济时代，高等教育还将主导经济的发展。因此高等教育与经济必然要求相互适应。这种适应是双向多维的非均衡互动关系。从经济学的观点考察高等教育，可以使我们对当前高等教育的改革以及未来的发展趋势，有比较清晰的认识。

作者从经济学的角度探讨高等教育的有关问题，重点探讨了经济增长、经济发展与高等教育的关系，高等教育的结构、规模与效益之间的关系，区域经济的发展与高等教育的地方化之间的关系，以及高等教育资源配置模式与高等学校经济效益之间的关系等四个方面的问题，主要提出了以下一些基本观点：

（1）人们对于高等教育与经济增长、经济发展关系的认识，是伴随着经济与高等教育自身的发展进步而逐步深化的。近现代西方资本主义经济的飞速发展不仅促进了高等教育规模扩展和高等学校职能的多元化,而且促进了人们对高等教育与经济发展的关系认识的深化。经济增长理论尤其是人力资本理论的提出,是人们对高等教育与经济发展关系认识深化的集中表现,而从单纯的经济增长角度到从经济社会协调发展的角度来认识高等教育与经济的关系,则更是人类认识史上的一大进步。作者在此提出了一个重要论点,认为高等教育与经济发展之间的关系,本质上是一种双向多维的非均衡互动关系。

(2) 高等教育的结构、规模与效益问题,是高等教育经济学研究的核心问题。从宏观层次上看,高等教育的结构与规模是决定高等教育经济效益的基础性因素。因此,高等教育结构的合理化和规模的适度化是一个国家或地区在制定高等教育发展战略及有关政策时首先必须考虑的问题,中外高等教育发展的经验教训无不证明了这一点。总体上讲,高等教育结构的整体效能取决于它与社会的经济结构相适应的程度,高等教育发展规模首先应表现为与国民经济和社会发展总体规模相适应,然而高等教育自身的特点和发展的规模,又决定了高等教育与经济发展之间必须有适度的张力,保持一定的弹性。它要求高等教育结构和规模具有先导性。我国高等教育结构与发展规模所面临的实际问题说明,必须把结构调整和规模调控、外延发展与内涵发展有机结合起来。

(3) 当代经济发展的一个重要特点是经济发展的区域化。区域经济发展的一个必然结果是要建立一个与之相适应的区域性高等教育体系,故高等教育的地方化成为区域经济发展的必然趋势。高等教育地方化一方面要求高等教育主动为地方(区域)经济及社会发展服务;另一方面要求重新调适中央与地方、政府与高等院校的关系,从而为区域高等教育的发展创造条件。高等教育地方化具有双面效应,因而在高等教育地方化过程中要妥善处理好各种关系,扬其长而避其短。

(4) 高等教育资源配置模式直接制约着各种教育资源的使用效率,进而极大地影响高等学校的经济效益和高等教育的整体效益。世界各国高等教育资源配置的方式主要有官僚(行政)控制、学院控制、市场调节三种模式,每种模式均有得失。我国高等教育资源配置模式基本上是一种行政控制模式或称国家主导型模式，它曾发挥过巨大的积极作用，但随着社会主义市场经济体制的建立，暴露出种种不足。这些不足只有通过进一步促进高等教育投资主体多元化、投资决策科学化和投资行为规范化来逐步加以克服。除此之外，高等学校专业结构与规模、教育教学的质量、教育资源使用程度以及经营管理水平等都是制约高等学校经济效益的重要因素。

（七）社会学的观点：社会分层与高等教育机会

教育是社会大系统中的一个子系统，高等教育又是教育系统中同社会关系最为直接的一个教育层次。高等教育的许多问题，从高等教育的本质、功能、价值，到高等教育机会、大学毕业生就业，都可以从社会学的角度进行研究，使高等教育的改革、发展与社会的进步耦合。作者只选择以社会分层与高等教育机会的关系考察高等教育，这是社会学与高等教育学密切联系的一个关键性问题，也是当前人们最关心的问题。

作者从社会分层对高等教育的影响和高等教育对社会分层的影响两方面进行双向的研究。前者主要研究高等教育机会，不同层次的家庭，其子女的高等教育机会不均等；后者主要研究高等教育促使社会阶层间的流动，文章特别阐述了高等教育在社会纵向和横向流动中所起的作用，这是一个过去中国高等教育学很少研究的问题。文章聚焦于分层与高等教育机会和职业与学历的关系这两个问题上，这是两个当前我国社会所关心的热点问题，人们可以用社会学的理论得到合理的解释。

因此，这篇文章实际上要达到的是两个目的：其一，通过社会分层与高等教育的关系，说明社会学观点在高等教育研究上的意义；其二，用社会学的观点解释职业与学历、高等教育机会等现实问题。

（八）政治学的观点：高等学校的二元权力结构及其运行

"权力是构成一个团体或机构的基本要素，是人类社会和群体、组织存在和发展的必要条件。"权力的研究，虽不限于政治学的观点，如法律学、管理学也要在各自视角中研究权力问题，但政治学对权力的研究特别关注。在本书中，政治学的观点、管理学的观点，都选择权力问题作为考察高等教育的聚焦点。

高等学校是学术性的社会组织机构，作为社会组织机构来说，任何组织机构都有其组织目标、结构、规范，都有一定的内部或外部的行政事务，在其运转中，都要行使一定的行政权力；作为学术性机构，高等学校的主要职能是教学、科研等学术性活动。为达到学术目的、完成学术任务，必须赋予大学教师和科研人员以充分的学术权力。因此，在高等学校中，行政权力与学术权力的存在都是必然的、合理的。

但是，任何权力的行使，都有一定的范围与限度，学术权力只适宜于处理学术性事务，协调校内外的学术性活动，对于有关的非学术事务可以提出建议而不应直接行使权力；行政权力应当限于处理行政事务，过分行使行政权力以干预学术活动，处理学术事务，势必导致高等学校丧失其学术活力，扼杀其学术生机。所以，高等学校的学术权力与行政权力都有其局限性。

二元权力的合理性与局限性并存，其本身就必然导致学术权力与行政权力的矛盾冲突。随着高等教育的社会地位日见重要，学术活动和学术事务日益增加，高等学校规模日渐扩大，内部组织机构日益庞杂，同社会的关系也日益复杂，这种冲突就更为频繁。学术权力要求处理大学事务都要依据学术标准，而行政权力所强调的是法规制度；学术权力要求学术自由、学术民主，而行政权力要求效率和约束。矛盾冲突的不可避免，并非都是消极的。行政权力与学术权力协调得宜，不但能起相互支持、相互促进的作用，而且能够形成一种有效的内部制约机制。而自我约束机制是学校面向社会、自主办学的必要条件。

本文在充分论述二元权力结构的合理性、局限性以及矛盾冲突后，着重探讨合理的运行机制。作者认为重构我国高等学校的学术权力和行政权力关系模式的基本点应该是，改变过分依靠行政权力进行决策管理的现象，充分发挥学术权力在决策管理中的作用，健全决策、审议、咨询、执行、监督、保证的运行体系，使学术权力和行政权力互补协调，共同发挥作用。

（九）管理学的观点：高等教育管理中的权力问题

权力问题，是政治学所关注的问题，也是管理学所研究的核心问题。从两个不同的学科观点来研究同一对象，更能说明多学科研究的意义。本篇是围绕高等教育管理中的权力结构展开研究的。

高等教育管理权力的功能在于调整和规范高等教育管理中的各种关系。

如中央与地方的关系，政府与高校的关系，校内院、系、所、室与行政职能部门的关系，以及教师与学生的关系，等等。它区别于社会上的经济权力、政治权力的特性就在于它是一种学术性权力，以繁荣学术事业、促进学术进步为宗旨。高等教育管理权力主要由宏观的高等教育行政权力和微观的高等学校管理权力组成。因此，高等教育管理权力结构主要包括高等教育行政权力结构和高等学校管理权力结构两个层次。

作者认为，高等教育行政权力是一种国家权力，是国家赋予行政机关管理学术性事业的权力。新中国成立以来，我国先后实行过三种高等教育行政权力结构：中央分权模式、地方分权模式和中央地方分级分权模式。现行的中央地方分级分权模式是政府部门经济所有制和部门行政体制的产物。在市场经济条件下，该模式已经显示出行政权威无序、分权限度无序和行政职能无序等弊端，并导致我国高等教育管理功能"三弱一强"的问题。改革的目标应当是建立中央统一领导，地方统筹协调，政府集中宏观管理和高等学校自主办学的新模式。改革的战略可以选择：（1）适当集中与下放中央各部委所属院校；（2）中央部门与省级政府共同管理部委所属院校；（3）落实高等学校办学自主权，等等。

高等学校管理权力是一种处理高校内部学术事务及其相关事务的权力。高等学校管理的权力主体有学生、教师、行政管理人员以及校外人士等等。不过，各类人员所执掌的权力不但有大小之分，而且有性质之别。就我国高等学校管理的现实情况来说，教师权力和行政权力本是两种起主要作用的权力，但行政权力长期主导管理权力结构。在这种权力结构下，教师权力薄弱，不利于高等学校按教育规律办学；中下层权力过小，不利于调动广大教职员的办学积极性。改革的战略可以是：（1）培植教师集体权力，健全教师参与管理机制；（2）扩大中下层管理权力，调动广大教职员的办学积极性；（3）审慎试验董事会体制，合理引导社会力量参与办学。

（十）系统科学的观点：作为社会学术系统的高等教育系统

高等教育是社会大系统的一个子系统。作者以系统科学的观点，对这一个子系统的性质与功能、结构与结构矩阵、社会支持与制约机制三个方面进行考察。

高等教育是从事社会高级智力活动的有机组织体系，它区别于其他社会系统的特殊性质就是它鲜明的学术性。首先，它以成熟的学术性学科和专业为基础；其次，它的办学主体是具有学术修养的学者集体；最后，它实现自身社会功能的主要途径是传播和探究人类高深学问，即从事学术活动。系统的性质决定系统的功能。现代高等教育系统发展了多种社会功能，历史地看，培养社会高级专门人才是其原生功能，而发展文化科学技术和直接为社会服务等都是在高等教育发展过程中逐步形成的，是其派生功能。

高等教育系统的结构复杂而多样，既有表层结构，如层次结构、布局结构、形式结构等，又有深层结构即科类结构。表层结构反映高等教育系统的体表特征与状况，深层结构则反映高等教育系统的核质。透过其表层结构看深层结构，可以发现高等教育系统内部存在一系列纵横交错的结构矩阵，比如科类—层次结构矩阵、科类—布局结构矩阵和科类—形式结构矩阵等。

高等教育系统是一个开放系统。它与社会大系统之间保持着密切的人力、资源、信息交换关系。通过社会交换，一方面高等教育系统向社会输出功能成果，包括人才、科技成果和智力服务等；另一方面，高等教育系统从社会获得必需的人力、资源、信息等方面的支持。与此同时，社会也对高等教育系统的运行施加必要的限制，以规范高等教育系统的活动与活动方式。社会对高等教育系统的支持和制约一般通过比较稳定的组织机制实现。这些组织机制主要包括招生制度、毕业生就业制度、投资体制和管理体制等。当然，社会文化与社会心理等非组织因素也对高等教育系统具有重要的支持与制约作用。社会文化与社会心理等因素的影响有直接和间接的。直接影响是无形的、潜在的熏陶，而间接的影响则是通过上述组织机制而间接地影响高等教育系统的运行。

（十一）比较教育学的观点：比较分析在高等教育改革与发展研究中的运用

如果说，从不同的学科观点考察高等教育，就包括用不同的学科方法研究高等教育，那么，从系统科学的观点和比较教育的观点考察高等教育，就更加突出方法的意义及其运用。比较教育之所以作为一门学科，就标志着它是以比较分析的方法来研究国家与国家、地区与地区、民族与民族之间的关系，以资相互借鉴，增进相互理解，并探索教育发展的共同规律与不同的特点。比较教育学家划分这门学科的发展阶段，往往以比较分析方法的进步作为分期的标准。如认为早期是描述性比较，其后是因素分析比较，现代则更重视多种方法（历史法、因素分析法、系统科学方法）并用，并且从比较分析孤立的教育现象到比较分析教育与社会发展的关系。

作者对比较分析方法在高等教育研究中的运用，提出了应当特别重视的几方面的问题。除第一和第二方面阐释比较教育的概念和比较教育与发展教育的关系之外，第三到第六方面，都是比较分析方法在运用中应当注意的问题。如可比性、定量与定性、分类与比较单元的选择以及资料的可靠性等。文章以大量的经验材料说明正确运用比较分析方法的重要性。

第二方面所讨论的问题是全文的重心。作者认为，比较教育研究的中心问题是社会发展中的问题，它的主线是研究教育、学校和社会之间的互动关系，要把教育制度放在特定的社会背景中研究。比较教育和发展教育具有内在的密切联系。正因如此，在重视研究发达国家的发展结果的同时，更要重视研究发展中国家的发展过程，而这正是当前比较教育学容易忽视的重要任务。

比较高等教育作为一门学科或一个研究领域，可以说，稍迟于高等教育学这门学科的形成，中外均如此。但广义的比较高等教育，则是与高等教育理论研究同时开始的。研究高等教育，离不开国际比较。从理论上说，高等教育理论是建立在前人的、他国的与自己的教育实践基础上的。他国的教育实践经验就是通过比较教育获得的。因此，比较教育是教育理论的源泉之一。就实际来说，一国的教育模式，多是从国外引进而后加工成为自己的模式。有的又把加工了的模式再输出到其他国家。美国的高等教育模式，先后从英国和德国引进，而后创造出自己的模式，再输出到许多国家去；日本的教育模式，最先是从荷兰、德国等欧洲国家引进的，其后又按照美国模式进行改造（现在还在继续改造中），但都与中国传统文化和日本本土文化相融合，形成了日本模式；东南亚国家，大多模仿英国（也有模仿荷兰、西班牙的），其后又受美国的影响；至于中国近代高等教育，清末学日并通过学日而学欧，民国学美，新中国成立后学苏联，20世纪80年代以来，又向美国倾斜，现在正在致力于融合各国所长，建设有中国特色的社会主义高等教育体系。因此，正确地运用比较分析方法以借鉴而不是照搬国外经验，对于研究中国高等教育的改革与发展，特别重要。

以上简介11门学科的观点，从历史学的观点开始，以比较教育学的观点殿后，一前一后，其用意不仅在于显示高等教育理论源泉，也在于突出学科观点的方法论意义。至于其他学科观点的排列，虽无衔接联系，无轻重之分，但也有一定逻辑顺序。表明本书并非兼收并蓄的论文集，而是一本初具体系的集体性专著。

中国高等教育研究：
历史、现实与未来[1]

当代中国不仅是一个在校大学生数量庞大的高等教育大国，而且是一个新兴的"高等教育研究大国"。中国的高教研究虽然作为一个专门研究领域起步较晚，但发展相当迅猛，目前已成为中国教育科学中最具活力，研究机构、研究队伍和研究成果最多的领域。本文试图沿着历史、现实和未来的发展线索，简要地回顾中国高教研究的演进轨迹，考察中国高教研究的现状，并展望21世纪中国高教研究的发展趋势，以期使国际学术界能更多地了解中国高教研究的情况，并关注未来中国高教研究的进展。

一、中国高等教育学科的建立和发展

（一）中国高等教育研究的历史溯源

中国近代的高等教育发轫于清末洋务学堂，对高等教育问题的探讨也从那时就开始了。清末洋务派的代表人物张之洞、盛宣怀等以及维新派代表人物梁启超等，都曾提出过若干关于高等教育目标、学制、留学教育的主张。进入民国时期以后，随着中国现代高等教育制度的建立，教育界有更多的学者开始关注高等教育问题。例如当时的北大校长蔡元培、南开校长张伯苓、

---

[1] 原载《高等教育：历史、现实与未来》，北京：人民教育出版社，2004。作者：潘懋元，李均，陈小红。本文英文稿发表在：Change: Transformations in Education, University of Sydney, Volume 5, No. 2, November 2002.

清华校长梅贻琦、浙大校长竺可桢等都发表过许多大学办学的见解。蔡元培是他们中间的代表人物，这位既有深厚的国学功底，又曾留学欧洲的杰出教育家，担任北大校长后提出了不少重要的高等教育思想。例如，他认为："大学者，研究高深学问者也"[1]，大学乃"囊括大典，网罗众家之学府"[2]。这些观点对当时中国大学教育有重要的影响。此外，民国时期一些学者还撰写和翻译了几部研究大学教育的专著。例如，1932年，郑若谷翻译出版了E. W. 威尔金斯的《大学教育新论》；1934年，孟宪承出版了《大学教育》一书。但从总体来看，民国时期，学者们只是自发地对高等教育进行一些零星的研究和评论，高等教育还没有形成一个专门研究领域。

1949年，中华人民共和国成立，从此中国开始探索社会主义社会的高等教育发展道路。1953年，高等教育部开始定期出版《高等教育通讯》杂志，它的内容，除了发布公告、交流经验之外，也刊登一些调查研究报告，可惜这份杂志在1957年停办了。但就在这一年，厦门大学教育学教研组编写了一本《高等学校教育学讲义》，虽然这本内部发行的教材还"仅能做到普通教育学的一般原理原则与高等教育若干论点与材料的糅合"[3]，但毕竟这是对建立专门的高等教育学科的第一次重要尝试。从世界范围看，系统和较大规模的高等教育研究也是20世纪50年代以后才兴起的。因此，我们认为，如果中国的高教研究工作者在当时能以《高等学校教育学讲义》为起点，积极开展高教理论研究的话，中国的高等教育学科早就建立起来了，中国对世界高教研究做出的贡献也会比现在更大。但令人遗憾的是，由于政治原因，中国教育理论工作者建立高等教育学科的探索被迫停下来，而且一停就是整整20年。

（二）中国高等教育学科的建立

20世纪70年代后期，中国开始进入改革开放的新历史时期。中国的科学事业迎来了"春天"，中国的高等教育事业也从此步入健康发展的轨道。在这一背景下，以潘懋元为代表的教育理论工作者开始大力倡导高等教育研究工

---

[1] 蔡元培. 蔡元培选集［M］. 北京：中华书局，1959：23.
[2] 高平叔. 蔡元培教育文选［M］. 北京：人民教育出版社，1980：222.
[3] 厦门大学教育学教研组. 高等学校教育学讲义［Z］. 1957.

作。1978年，潘懋元发表《必须开展高等教育理论的研究》《开展高等教育理论的研究》等文章，时隔20年后又一次不失时机地发出开展高教研究的呼吁。

1978年5月，中国第一个专门的高等教育研究机构——厦门大学高等教育科学研究室成立（1984年，经国家教委批准改为高等教育科学研究所），这是高教研究在中国成为一个专门研究领域的重要标志。此后几年，北京大学、清华大学、华中工学院（华中理工大学）等大学也相继成立了高等教育的研究机构。

1979年，由厦门大学、华东师范大学、北京师范大学、南京大学、清华大学、兰州大学、上海交通大学和上海高教局8个单位在上海联合筹备组建全国高等教育研究会。次年又在厦门召开了34个单位参加的中国高等教育学会筹备会议。中国高教学会在3年后正式成立，它的成立使当时全国已经设立的十几个地方性高教学会联成一个系统，使中国高教研究开始向有组织的方向发展。

1981年，厦门大学招收了中国第一个高等教育学专业的硕士研究生。在稍后几年，又有北京大学、华中工学院等大学开始招收高等教育学专业的研究生。高等教育学专业人才的培养工作由此展开。

1983年，潘懋元主讲的《高等教育学讲座》公开出版。同年，国务院学位委员会公布的学科专业目录，将高等教育学正式列为教育学的二级学科。1984年，潘懋元主编、9位专家合作编写的《高等教育学》（上、下）正式出版。这是中国第一部高等教育学的系统专著，它的诞生标志着中国高等教育学科作为一门新兴独立学科的正式确立。

1978—1984年是中国高教研究的起步和建立学科的阶段，这几年所做的许多重要工作都可以载入中国高教研究的史册。无论是高教研究机构和高等教育学会的建立，还是高等教育学科的正式确立，都为中国后来高教研究的繁荣发展打下了一个坚实的基础。

（三）高等教育科学的学科群建设与高教研究的迅猛发展

20世纪80年代中期以后，随着中国教育体制改革的全面展开，高等教育研究的范围扩大了，研究的内容也加深了，在全国范围内形成了研究高等教育的热潮。这一热潮持续了 10 多年,经久不衰。据不完全统计,到了 90 年代中期,全国的高教研究机构达到 800 多所;高等教育专职研究人员达到 3 000 名左右,兼职研究人员数以万计;高等教育研究的刊物达到 400 多种,每年发表的高等教育研究的文章在 15 000 篇以上,每年出版的高教研究专著近百部[①]。这些事实足以表明,中国在 90 年代已经成为一个"高等教育研究的大国"。

中国高等教育学科建立之后,高教研究大体上是沿着两条并行而又相互交叉的轨道发展:其一是以高等教育学科建设为重点的理论研究;其二是以对中国高等教育改革与发展实际问题研究为重点的应用研究。

在高等教育学科建设方面。继第一部《高等教育学》出版以后,其后 10 多年间又陆续出版了 20 多部各具特色的高等教育学著作。主要有郑启明、薛天祥主编的《高等教育学》(1986)、田建国编写的《高等教育学》(1990)、胡建华等编撰的《高等教育学新论》、潘懋元和王伟廉主编的《高等教育学》(1995)、潘懋元主编的《新编高等教育学》(1996)等。与此同时,高教理论界对高等教育学的研究对象、学科性质、学科体系、研究方法等进行了系统而深入的探讨。1993 年,全国高等教育学研究会成立,这个以高等教育理论研究为主旨的研究会的前三次研讨会都是以高等教育学学科建设为主题,广泛交流了高等教育学的基本理论和学科建设的观点,取得许多重要成果。

在建设高等教育学的同时,根据学科发展和高等教育实践的需要,高等教育科学的各分支学科也在 20 世纪 80 年代以后陆续建立起来,逐渐形成了一个庞大的高等教育科学的学科群。

中国高等教育科学所包含的分支学科,大体可以分为三类:

第一类是从高等教育学这门基本学科分化出来的分支学科。如大学教学论、大学课程论、大学德育论、大学学习学、高等教育史、比较高等教育、高等教育思想研究、高等教育研究方法以及各科类的学科教学论等等。

第二类是高等教育学与其他学科结合产生的交叉学科。如高等教育经济学、高等教育管理学、高等教育结构学、大学生心理学、高等教育系统工程

---

① 潘懋元. 潘懋元论高等教育[M]. 福州:福建教育出版社,2000:94 - 95.

等等。

第三类是运用高等教育学理论以研究不同类型、不同层次高等教育所构成的学科。如高等工程教育、高等师范教育、高等医学教育、高等农林教育、高等专科教育、高等职业教育、学位与研究生教育、留学生教育、成人高等教育、高等教育自学考试等等。

以上所列的各门分支学科,都有系统的专著出版。有的还作为研究生课程列入教学计划。有的分支学科,又根据需要分化为次一级的分支学科。如高等教育管理学已分出高等教育行政学、高等教育评估学、高等教育管理心理学以及高校科研管理、高校课程管理、高校后勤管理等次一级学科或专门研究领域。

需要指出的是,中国高教研究虽然重视建立学科、构建学科体系,但并不局限于自身的学科建设之中,高教研究工作者从来都没有忽视对高等教育改革与发展中问题的研究。20 世纪 80 年代中期以前,高等教育理论界专门探讨了高等教育与科技革命挑战的课题,并围绕着高等教育培养目标,讨论了教育观、人才观、教学观以及传统教育思想与现代化的关系等问题。80 年代中期以后,着重研究了高等教育与商品经济、市场经济的关系,高等教育与文化的关系、高等教育宏观结构调整、高等教育管理体制改革、高等教育地方化、高等学校的教学改革、高等学校的德育工作、高等教育发展战略等重大问题。这些研究,对于 80 年代中期以后的中国高等教育改革的决策起到一定的参考作用。

二、20 世纪 90 年代中期以来中国高教研究的新进展

近 5 年,随着《高等教育法》《面向 21 世纪中国教育振兴行动计划》等重要法规文件的颁布,随着全面推行素质教育、实现高等教育大众化、建设世界一流大学等重大决策相继出台,中国的高等教育的改革进一步深化。与此相适应,中国高等教育研究也进入了一个稳步发展与提高的新阶段。

从近 5 年中国高教研究的总体情况看,研究机构、研究人员、研究刊物、研究成果的数量与 20 世纪 90 年代中期相比,保持相对稳定,没有太大的变化,唯一发展迅速的是高等教育专业研究生培养工作。1984 年和 1986 年中国

第一个高等教育学的硕士点和博士点相继在厦门大学高教所设立之后，到 1996 年，全国也只有 4 个高等教育专业博士点和不到 20 个高等教育专业的硕士点。近 5 年，全国高等教育专业的硕士点数量增长迅速。据不完全统计，目前全国高等教育学专业和以高等教育为方向的教育经济与管理专业的硕士点超过 70 个，在校硕士生数超过 500 人。同时，又有 2 所大学获得招收高等教育专业博士研究生的资格，高等教育专业博士生的数量大大增加。1994 年，全国取得高等教育学博士学位的人数仅 6 人，而截至 2001 年，仅厦门大学已授予高等教育学博士学位的人数就达到 30 人。同一年度该校正在攻读高等教育学博士学位的学生也达到 30 人。扩大高等教育专业研究生培养数量，为高教研究培养更多的高层次专业人才，这对提高中国高教研究的科学化水平，促进中国高教研究的长期繁荣发展是有深远意义的。

在高等教育研究方面，近 5 年仍然沿着学科建设与应用研究两条并行而又交叉的轨道前进，但由于中国高等教育形势的变化和学科发展的需要，这两种研究更多地体现出交叉和融合的趋势。

（一）学科建设的进展

20 世纪 80 年代到 90 年代中期，由于高等教育学科才刚刚建立，还很不成熟，因而对高等教育学及其分支学科进行建设，一直是这段时间中国高教理论研究的一个重点方向。经过 10 多年的努力，高等教育学科建设取得较大的成绩，对高等教育学的若干基本概念、基本理论的认识有所加深；对高等教育学作为一门独立学科以及以高等教育学为主干的高等教育科学的学科群的构建也理出一条比较清晰的思路。尽管高等教育学科还不是一个成熟的学科，但高教理论界开始意识到如果老是围绕高等教育学的学科建设讨论下去，不去接触火热的高等教育实践，就会使高教理论研究脱离实际，高等教育学科最终也难以走向成熟。因此，1997 年召开的全国高等教育学研究会第四次学术研讨会上决定把高等教育学学科理论体系问题的探讨暂时放一放，把高教理论研究的重点转移到"高等教育理论研究如何更好地为高等教育发展与改革实践服务"[①] 的问题上。

---

① 潘懋元．高等教育理论研究必须更好地为实践服务 [J]．高等教育研究，1997（4）．

近 5 年，高等教育学科建设虽然不是理论研究的重点，但这方面的探索不仅没有停下来，而且还有高质量的成果得以问世。2001 年，由潘懋元主编、10 位学者共同参加编写的《多学科观点的高等教育研究》出版，该书用历史学、哲学、心理学、文化学、科学学、经济学、社会学、政治学、管理学、系统科学以及比较教育学等 11 个学科的观点和方法对高等教育进行了研究。编写这本书的动机就是通过多学科的研究，来为构建高等教育学科理论体系做好理论和方法论的准备。① 我们认为，利用多学科研究高等教育的方法，是中国高教研究在方法论上的一个重大突破，它不仅对于以普通教育学作为基础建立起来的中国高等教育学学科建设有特殊意义，而且也符合当今世界高教界多学科研究的趋势。

此外，2000 年，由陈学飞等选编的大型高等教育研究专集——《中国高等教育研究 50 年（1949—1999）》出版。这部大型专题文献资料，既是对新中国成立 50 年来高等教育研究历程、研究成果的全面展示，也为系统考察我国高等教育研究状况提供了丰富的素材。2000 年和 2001 年，由薛天祥和王伟廉主编的两部《高等教育学》先后出版，这两部著作分别以"高深学问"和"课程与教学"作为逻辑起点来对高等教育学的理论问题展开论述，在构建高等教育学理论体系方面进行了重要的探索。

（二）应用研究的进展

从中国高教研究近 5 年的总体情况看，对中国高等教育改革与发展中的理论问题和实践问题的研究已经成为研究重点，研究课题涉及中国高等教育改革与发展的方方面面。1996—2001 年，正是国家和各部委实施教育科学研究第九个"五年计划"的阶段，在各类课题研究规划中，高等教育应用研究都占有很大比重。例如全国教育科学"九五"规划的课题中，有关高等教育的课题约占 40%，其中大多数属于应用型课题。

同前些年相比，近几年高教应用研究更加重视高等教育基本理论的指导，成果的质量有所提高，特别令人振奋的是已经有更多的研究成果为政府部门所重视和采纳。如果说 20 世纪 90 年代中期以前高教研究成果对政府决策的

---

① 潘懋元. 多学科观点的高等教育研究［M］. 上海：上海教育出版社，2001：2.

影响还比较有限的话，那么近5年中国高教研究的许多成果已经逐渐被决策部门重视和采纳，有的研究还对中国高等教育的改革产生重大影响。例如，最近几年政府关于推行素质教育和实现高等教育大众化的决策都深受教育研究的影响，甚至从某种意义上可以认为，这两个对中国整个教育发展全局产生重大影响的决策，正是受教育研究工作者研究的启发而产生的。以下就以这两个高教界普遍关注的重要课题为例来介绍一下应用研究的情况。

1. 大学素质教育

素质教育作为一个有中国特色的教育新概念，虽然是在20世纪90年代前期提出来的，但对它进行深入研究并付诸实践则是近5年的事情。从收录中文论文最广泛的"中国期刊网"上可以发现，从1995年至2001年，被该网站全文收入的论文中以"素质教育"为篇名的就多达12 383篇，其中关于大学素质教育的文章有2 519篇；如果登录中国知名的中文网站"新浪网"，输入"素质教育"一词，至少可以检索出20万个以上网页。这表明素质教育不仅是这几年中国教育研究的一大热点，而且也受到社会各方面的广泛关注。

素质教育刚刚提出的时候，对于什么是素质教育，是否有必要提出素质教育等问题，在教育理论界引起了热烈的讨论，其中不乏反对意见。例如有的学者认为，素质教育的提法不科学，"素质"是先天的，教育是后天的，后天的教育培养不出先天的素质；也有学者认为，素质教育含义不明，容易引起思想混乱，与其如此，还不如用早已存在的、家喻户晓的"全面发展教育"的提法更好。对于"大学素质教育"，有的学者则持不以为然的态度，认为素质教育是中小学的任务，与大学无关。

经过这几年理论工作者的探索和实际工作者的实践总结，对素质教育的一些基本理论问题已经逐渐取得共识：一是对素质教育概念的理解逐渐统一。认为"人的素质"是先天遗传的禀赋与后天环境影响、教育作用的结合而形成的相对稳定的基本品质结构。因此，"素质教育"这个概念是科学的。二是素质教育的内涵丰富了。素质教育不仅包括了原来全面发展教育所提出的思想品德、文化科学、身体健康、审美情趣等要求，还增加了心理素质等新的要求。三是素质教育的外延扩大了。素质教育起初只是针对中小学教育中的"应试教育"提出来的。后来逐渐认识到，高等教育培养的专业人才只有具备优良的素质才能更好地为社会做出贡献,因此,高等教育也要提倡素质教育,而这种素质教育是针对单纯的科技教育、过分狭隘的专业教育而提出来的,更侧重于人文素质教育,使科学教育与人文教育整合,培养出高科技与高素质相结合的专门人才。四是对素质教育意义的认识提高了。现在素质教育已经成为中国教育改革和人才培养的指导思想。[①]

对素质教育的基本理论达成共识之后,高教理论界对素质教育研究的重点已不再是对素质教育的内涵、意义的探讨,而是着重研究如何在大学推行素质教育,并且重视在实践中探索素质教育的方法和途径。高教研究学者普遍认为,实施素质教育首先要转变教育观念,并且要以加强人文素质教育作为推进大学素质教育的突破口。对于实施素质教育的途径则总结为三条:一是结合已开设的专业课来实施素质教育;二是开设相当于西方通识教育课程的素质教育课程;三是校园文化和课外活动。其中第一个途径,已经被不少学者认为是实施素质教育的主要渠道,这与西方通识教育主要通过开设通识课程的做法不同。

正因为教育研究界对素质教育的深入研究和热烈讨论,国家教育决策部门也逐渐开始重视素质教育,并组织大学素质教育的试点工作。从20世纪90年代中期开始,原国家教委就在全国50多所大学有计划地进行加强文化素质教育的试点工作,并在一些大学建立了文化素质教育的基地。1999年1月,国务院批转教育部制定的《面向21世纪教育振兴行动计划》,该计划明确提出要实施"跨世纪素质教育工程",整体推进素质教育,全面提高国民素质和民族创新能力。同年6月,中共中央和国务院又颁布《关于深化教育改革全面推进素质教育的决定》,使素质教育成为中国教育改革的指导思想。这两个文件中,都对大学素质教育做出具体的规定。可以说,在中国,大学素质教育能从理论研究变成政府决策,与高教研究工作者的努力是分不开的。

2. 中国高等教育大众化

高等教育大众化是当代世界高等教育发展的大趋势。发达国家在20世纪六七十年代就已经进入高等教育大众化阶段,许多发展中国家也在八九十年

---

① 潘懋元. 试论素质教育 [J]. 教育评论, 1997 (5).

代陆续进入大众化阶段。据联合国教科文组织的统计，1996年全世界高等教育的毛入学率达到16.7%。① 而中国在同一年度高等教育的毛入学率只有8.03%，远远低于世界平均水平。② 中国这样一个发展中国家是否需要实现高等教育的大众化呢？

20世纪90年代中期以前，高教研究界还很少有学者注意到高等教育大众化这样一个问题，但当时对高等教育发展的规模和速度问题的争论也相当热烈。在发展速度上，有稳步发展、积极发展、加快发展等多种提法。90年代中期以后，当中国是否要实现大众化的问题被高教研究界首先提出来后，便引起更加广泛和热烈的讨论。不少学者是赞同高等教育大众化的，认为在中国实现高等教育大众化是"必然选择"或"战略选择"；但也有学者持反对的态度，认为高等教育大众化不适合中国国情，提出在中国实现高等教育大众化是一种"理论误导"。在赞同高等教育大众化的学者中，对于高等教育大众化的量化指标、实现形式等问题也存在很多的争论。正是有这些学术上的争论，才使得高等教育大众化的研究得以深入，并引起教育决策部门对这个问题的关注。

1999年国家颁布的《面向21世纪教育振兴行动计划》提出在2010年高等教育的入学率将达到适龄青年的15%，2001年颁布的《中华人民共和国国民经济与社会发展第十个五年计划纲要》又把这个目标提前到2005年。这足以表明国家决策部门对实现高等教育大众化的积极态度。耐人寻味的是，仅仅在1995年政府制定的2010年"远景规划"中也只是把2010年高等教育毛入学率的目标定在11%，这说明当时大众化还没有提到政策的日程。是什么原因促使政府对大众化的态度由相对保守转变为积极呢？我们认为，高教研究界近年来对高等教育大众化的热烈争论和深入研究，对政府决策的转变起到了不可忽视的作用。

目前，中国高教研究界对实现高等教育大众化的必要性的认识已经基本达成共识，对这一问题的探讨则进一步深入到更具体和微观的层面。尤其对

---

① UNESCO. Statistical Yearbook [J]. 1998（2）：11.
② 谢作栩. 中国高等教育大众化发展道路的研究 [M]. 福州：福建教育出版社，2001：141.

与实现高等教育大众化密切相关的教育质量、经费、师资、教育资源的配置、教育结构、高校招生与就业等问题进行了专门研究,取得了许多有价值的成果。例如,现在已经逐渐认识到高等教育大众化的进程不仅包括量的增长,而且还包括质的变化;高等教育大众化的前提是办学模式的多样化,其核心是教育质量标准的多样化;政府在高等教育大众化的进程中要承担计划、调控和管理的责任,应制定相应政策,解决好规模速度、资金投入、资源的开发与合理配置、毕业生就业等问题。①

以上着重介绍的这两个课题只是近年来中国高教研究众多课题中的两个,这两个课题所取得的成果不仅深刻地影响了中国政府的决策,而且对世界高教理论研究也做出了应有的贡献。我们认为,素质教育的理论是对西方博雅教育、通识教育理论的创新和发展;对中国高等教育大众化的探讨则丰富了以马丁·特罗理论为代表的国际高等教育大众化理论,并为发展中国家实现高等教育大众化提供了重要的理论和实践模式。

除上述两个课题外,近5年,高教研究界研究和讨论的重大课题还有:面向21世纪高等教育思想的转变;21世纪的中国高等教育模式;面向21世纪高等学校教学内容和课程体系改革;大学创新人才的培养;知识经济与高等教育的改革与发展;可持续发展的高等教育发展观;高等教育产业化;高等教育的质量与效益;高等教育宏观结构调整;高等教育管理体制改革;建设世界一流大学;高等职业教育的培养目标与教育模式;民办高等教育的发展与立法;进入WTO对中国高等教育的影响;等等。

三、新世纪中国高等教育研究的发展趋势

对近20多年中国高等教育研究发展的历史和现状进行考察,可以发现,中国高等教育研究虽然起步晚,但发展快,成绩斐然:一是从实践到理论,建立了中国自己的高等教育学科;二是从理论到实践,运用新创建的高等教育理论探讨和解决了中国高等教育改革与发展的若干重大问题。我们认为,

---

① 潘懋元. 中国高等教育大众化的理论与政策 [J]. 高等教育研究, 2001 (6).

高教研究的这两大成就可以看作中国高教研究的两次飞跃。经过这两次飞跃，高教研究已成为教育科学领域中最具活力的领域之一，中国高教研究呈现前所未有的繁荣局面。由于当代中国高教研究的人员多、机构多、刊物多、成果更多，因而有国外高教研究专家把我国誉为"高等教育研究的大国"。

值得注意的是，中国高教研究的这两次飞跃是根据中国高等教育改革与发展的实际需要，主要依靠我们自己的力量完成的，这同教育学有很大不同。中国的教育学是在清末通过翻译日本教育学著作引进国门的，其后经历了先仿效欧美、再学习苏联的演进轨迹，直到20世纪八九十年代以后，教育理论界才开始明确提出"教育学中国化、本土化"的问题。而高等教育学是在中国本土产生和发展起来的，虽然其后也适当借鉴了发达国家高等教育的某些见解与经验，但中国高等教育理论的主流始终带着浓厚的本土气息。也许正因为如此，中国高教研究在学科建设和研究范式上已经初步形成较为鲜明的中国特色。例如，中国高教研究重视以学科形态进行系统研究，这一特色与西方高教研究偏重问题研究有较大不同。在西方国家，高等教育研究至今没有形成为一门独立的学科。由于中国高教研究是"学科指向"的，中国的高等教育学学科建设便无可争议地走在西方的前面。潘懋元编写的《高等教育学讲座》不仅是中国也是世界第一部以"高等教育学"为名的高等教育学专著。除了建立高等教育学科这一重大成果之外，中国高教研究工作者还提出了一系列重要的理论，如教育内外部关系规律学说、对高等教育概念的界定、对高等教育功能与高等学校职能的研究以及前文所述的若干理论都具有相当的理论价值和创新性，在世界高教理论中应该占据重要的一席之地。

21世纪已经来临，如果说20世纪的高等教育研究还是一个初露锋芒的领域的话，21世纪随着知识经济时代的到来，高等学校将逐步由社会的边缘走向社会的中心，高等教育研究也将大展宏图，在教育科学领域中占据更加重要的地位，在促进高等教育改革与发展方面发挥更大的作用。展望未来，我们认为，21世纪初期中国高等教育研究有两大重要的战略目标：

一是中国高教研究将继续立足国内。一方面继续加强高等教育学学科建设，提高高等教育理论的科学化水平，构建有中国特色的高等教育学科体系，并逐渐形成中国高等教育理论学派。另一方面，高教理论研究将更广泛地运用到中国高等教育改革与发展的实践中，在政府的教育决策中发挥更重要的影响和作用。

二是中国高教研究要力争走向世界。未来的中国高教研究界要进一步加强与国际高教研究界的交流与合作，让我们的研究成果为世界同行所熟知和认可，并逐步确立中国高教研究和中国高等教育理论学派在世界学术界的地位。同时，积极参与跨国性的重大高等教育课题的研究工作，为世界高教研究的发展和人类学术的进步与繁荣做出我们中国学者应有的贡献。

大学应当研究自己[①]
——中国高等教育科学研究的发展与特征

20世纪初曾有一位学者说过,大学什么都研究,就是不研究自己。20世纪中叶之前,只有以研究中小学教育为主的"普通教育学"或"基础教育学"。长期以来,高等教育既不是一个专门的研究领域,"高等教育学"更不是一个独立的学科。然而,高等教育有自己特殊的问题,有自己的特殊规律,不是普通教育学所能涵盖的。

20世纪中叶以后,世界高等教育发展迅速,主要表现为经济发展和科技进步促进了高等学校数量的增多,规模的扩大,办学形式的多样,大学的社会职能日趋复杂,社会重要性不断提高,接受高等教育从少数人的特权变为多数人的权利。随着高等教育的大发展,问题也相应增多。问题的解决,呼吁理论研究的支持,于是,在20世纪50年代,高等教育成为一个特殊的研究领域,这就迫切要求建立一门研究高等教育的新学科——高等教育学。

今天,对于高等教育究竟是一个多学科的研究领域还是一门独立的学科,还存在着争议。然而在中国,高等教育系统研究的发端却是直接起源于学科的建立的。

---

① 原载《大学教育科学》,2003年第1期。

一、中国高等教育学科的产生和发展

1. 从历史事实看高等教育学科的产生

关于高等教育问题的研究，在中国早已有之。清末民初的著名教育家张之洞、梁启超，特别是蔡元培，已有若干关于高等教育目标、学制的议论；著名的大学校长，如张伯苓、竺可桢、梅贻琦等，也发表了许多办学的见解。20世纪50年代，前高教部还曾出版了《高等教育通讯》（1953—1957），除了发布公告、交流经验之外，也发表了一些调查研究报告。而作为一个专门的学术研究领域，并建立一门新的学科，以至形成庞大的高等教育学科群，则是1978年以后才开始的。作为这一学科发展轨迹起点的标志是：

1978年，成立第一个以高等教育作为研究对象的专门研究机构。

1981年，招收第一个高等教育硕士生。

1983年，成立中国高等教育学会；同年，国务院学位委员会公布的学科（专业）目录将高等教育学正式列为教育学的二级学科。

1984年，第一部《高等教育学》由人民教育出版社与福建教育出版社联合公开出版。

1986年，国务院学位委员会批准建立第一个高等教育学博士点，招收第一批高等教育学博士生。

从此，高等教育科学研究在我国迅速发展起来。

2. 从数字看中国高等教育科学研究的发展

随着20世纪80年代中国教育改革的拓展，高等教育的研究范围更宽，研究成果不断丰富。同时，高等教育研究机构纷纷建立。现以一些数据为例看中国高等教育科学研究发展的概况：

每年发表的高等教育研究方面的文章在1.5万篇以上，出版专著近100部。

全国的高等教育研究所（室），仅全日制普通高校就有500~600个，加上成人高校、民办高校以及省市地方的研究机构，合计在800个以上。

高等教育研究刊物前后有600~700份。现在许多刊物并入或转为学报，但仍保留有 300 份以上。

中国高等教育学会所属专业研究会达 48 个，加上地方高等教育学会 28 个，行业高等教育学会 16 个，总计 92 个。

全国有高等教育专职研究人员约 3 000 名，兼职及不定期参加研究者数以万计。

全国高等教育学与高等教育管理学博士点 4 个（厦门大学、北京大学、华东师范大学、华中科技大学），加上两个一级学科博士点（北京师范大学、南京师范大学），有权授予高等教育学博士学位的大学共 6 所；硕士点约 50 个；在学博士生约 200 名，硕士生 1 000 多名；还有博士课程班、硕士课程班也约有此数。许多省市规定，新教师、新干部或准备提升职称的教师要修高等教育学、高等教育管理学、大学教学法、大学生心理学等课程，这样算来，人数更多。

这些数据都证明，中国的高等教育研究取得了显著的进展，中国也由此在 20 世纪 90 年代被外国专家称为"高等教育研究的大国"。

二、中国高等教育科学研究沿着两条并行而又有所交叉的轨道发展

如果说 1978 年至 1984 年是中国高等教育研究向制度化发展过程中非常关键的几年，高等教育学科正式建立，那么 20 世纪 80 年代中期之后，中国的高等教育科学研究就踏上了稳步的发展之路，并沿着两条并行而又有所交叉的轨道发展。这两条轨道一是高等教育学及其分支学科的建设，逐步形成了一个庞大的高等教育科学的学科群；二是结合中国高等教育改革与发展的实际，为解决高等教育实践中所提出的问题而进行的应用研究。可以说，前者属于教育基本理论或应用理论研究；后者则相当于应用性、政策性或开发性研究。下面分别简介这两条轨迹。

1. **以高等教育学为主干的学科群的建立**

20 世纪 80 年代中期到 90 年代中期的 10 年间，高等教育研究的主要任务在于建立学科和相应的分支学科，这对于一门新兴的尚不成熟的学科而言，是必然的也是必要的。在高等教育学学科建设上，10 余年来，在两个方面进

行了研究并取得了一些重要的研究成果：一是对高等教育的基本概念与基本理论的研究，即高等教育学的学科建设；二是对以高等教育学为核心的学科群的建设。

（1）高等教育学的学科建设。从研究的问题来看，主要研究高等教育的基本概念和基本理论，如高等教育概念内涵与外延的界定；高等教育本质、特点、结构、功能、规律及规律的运用；高等学校的社会职能；高等教育产学研结合的理论与实践；高等教育的价值观、质量观、人才观、发展观；高等教育学的理论体系及其逻辑起点；等等。此外，还着重研究了大学的理念，通才与专才、通识教育与人文素质教育、学术性与职业性等，为高等教育科学从经验性向理论性发展打下了基础。

从研究成果来看，继1984年第一部高等教育学专著出版之后，10余年来，又陆续出版了各有特色的近20部高等教育学著作，如郑启明与薛天祥主编的《高等教育学》（1986）、田建国编写的《高等教育学》（1990）、胡建华等编撰的《高等教育学新论》（1995）、潘懋元与王伟廉主编的《高等教育学》（1995）、潘懋元主编的《新编高等教育学》（1996）等。值得一提的是，1993年全国高等教育学研究会成立后，前三届年会的主题都聚焦于高等教育学科建设，广泛交流了高等教育基本理论与学科建设的观点，并取得了许多重要的成果。

在20世纪90年代中期之后的几年中，高等教育学科继续发展，出现了许多重要的成果。其中，《多学科高等教育研究》（潘懋元主编，2001）一书针对高等教育是一个复杂、多层的开放系统的特点，提出了有必要从不同学科，运用不同学科的方法来研究高等教育的观点，并列出了11个不同学科，它们分别是历史学、哲学、心理学、文化学、科学学、经济学、社会学、政治学、管理学、系统科学和比较教育学等。该书为中国高等教育学科的建立提供了理论和方法论上的准备。

此外，由陈学飞等选编的《中国高等教育研究50年（1949—1999）》在2000年出版。这本大型专题文献资料回顾了新中国成立后50年来高等教育研究的发展，展示了50年来高等教育研究的成果，并且为系统考察我国高等教育研究状况提供了丰富的素材。在2000年和2001年，由薛天祥主编和王伟廉主编的两本《高等教育学》连续出版，这两部著作分别以"高深学问"和"课程与教学"为逻辑起点，在构建高等教育学理论体系方面进行了重要的探索。

（2）高等教育科学学科群（分支学科）的发展。高等教育学只是高等教育学学科群中的一门基本的、综合的主干学科。由于高等教育实践的需要，10余年来，中国的高等教育科学已经出现了众多三级或四级分支学科，教育科学有什么分支学科，高等教育学也有相应的三级分支学科，形成了以高等教育学为主干的庞大的学科群。

中国的高等教育科学所包含的分支学科大体上可以分为三类：第一类是从高等教育学分化出来的独立新学科，如大学德育论、大学教学论、课程论、大学学习学、中外高等教育史、比较高等教育、高等教育思想研究、高等教育研究法以及各科类的学科教学论等。第二类是高等教育学与其他学科交叉产生的新学科，如高等教育经济学、高等教育管理、高等教育结构学、大学生心理学、高等教育系统工程等。第三类是应用高等教育学理论，研究不同类型高等教育所构成的新学科，如高等工程教育、高等师范教育、高等医学教育、高等农林教育、高等专科教育、学位与研究生教育、留学生教育、成人高等教育、高等教育自学考试等。

上面所列举的各门分支学科，都有不同于普通教育科学的研究领域与理论体系；都有专著、课程、教材，并不是普通教育理论加高等教育例子；都在各自的研究领域中有重要的研究成果，在扩大高等教育研究领域，丰富高等教育科学，以及在促进高等教育事业发展上，都起到了重要的作用。

2. 结合高等教育改革与发展实践的应用研究

中国高等教育研究不仅仅局限在学科的建立和发展上，高等教育学科在中国的发展是与中国高等教育的改革与发展的实践紧密结合、同步进行的。诚然，中国高等教育学的学科建设是基于高等教育改革与发展实践的推动而产生、发展、进行的，但学科有其自身的逻辑体系，而实践提出的问题则往往是综合的。因此，更多的研究工作是围绕高等教育改革与发展中不断提出的实际问题进行的，以提供决策咨询或指导实际工作。

1997年的第四届"全国高等教育学研究会"将会议的主题从建立高等教

育学科的理论体系转为如何将高等教育理论转化为可操作的知识与方法，以推动中国高等教育的改革与发展。高等教育学界研究的焦点开始集中于如何将高等教育理论运用于实践之中，并将这一点作为衡量高等教育学科是否成熟的标志。高等教育在改革与发展实践中所提出的问题，涉及方方面面，下面以热点问题为线索来窥视一斑。

（1）不同时期应用研究的热点问题。20世纪70年代末至80年代初期：拨乱反正，建立高等学校教育秩序；向发达国家学习，借鉴先进经验；学科交叉，文理渗透，通才教育，大学生能力培养；高等教育迎接新科技革命，等等。

20世纪80年代后期：高等教育与商品经济的关系；高等教育的社会功能与主体功能的论争；在各种思潮涌进中，对大学生的道德教育与爱国主义教育问题；等等。

20世纪90年代初期：高等教育与市场经济的关系；传统文化与高等教育的关系；高等教育体制（主要是管理体制与投资体制）的改革；等等。

20世纪90年代后期：高等教育发展的规模速度；启动"21世纪高等教育课程体系与教学改革研究"课题；讨论高等教育思想的转变；根据世界高等教育发展的趋势，研究中国高等教育的回应——国际化、大众化、多样化、网络化。

从1998年开始，围绕《振兴教育行动计划》和高等教育大众化，新的研究热点不断涌现，形成高等教育应用研究的热潮。

这些研究对于中国高等教育改革的决策起到了一定的参考作用，并逐渐发展到被教育主管部门所重视和采纳，有的研究还对中国的高等教育改革产生了重大影响。一些研究，如大学素质教育、高等教育大众化，不但对政府的决策起到了积极的影响作用，同时还对国际范围内的高等教育研究有所贡献。例如，对中国高等教育大众化的研究和争论，就丰富了马丁·特罗的大众化理论，并为其他发展中国家发展大众化高等教育提供了理论和实践上的范型。

（2）进入21世纪，应用研究正在进行，可以预见的热点问题有：高科技、高素质、创新能力、创业精神的人才培养问题；面向知识经济，以高等学校为核心，建立产学研一体化的新体制问题；建设"一流大学"的问题；

高等教育大众化问题（教育资源、教育质量、毕业生就业）；发展民办高等教育问题（多种办学体制与教育产权）；发展新型高等职业技术教育问题（定位、培养目标与教学组织）；进入 WTO，面向世界市场，培养国际性竞争人才问题；高等教育课程改革与高等教育制度改革问题；信息通信技术进入高等教育领域，高等学校教学过程网络化和开设网络课程、虚拟大学等问题。

总之，中国的高等教育研究，今后将依然在中国高等教育改革与发展的实践问题上进行深入而富有成效的研究工作，为国家高等教育决策提供咨询，不断推进中国高等教育事业的发展。

三、中国高等教育研究的特点、优势及展望

1. 特点

对 20 多年来中国高等教育科学研究的历史和现状进行考察不难看出，中国的高等教育研究虽然起步较晚，但发展迅速，并取得了一系列重要的成果，对高等教育改革与高等教育事业的发展起到了一定的推动作用。究其原因，具有如下一些特点：

（1）中国的高等教育理论研究是学科建设与应用研究两条轨道并行发展、互相交叉的。由于教育实践的需要而建立的有中国自己特色的高等教育学科，又以学科的创新理论，探讨中国高等教育改革与发展中的重大问题，相互辉映，相得益彰。

值得注意的是，中国的高等教育理论是在特定的时代背景下从中国本土产生与发展起来的，富有中国自己的特色。虽然其后也借鉴、融入了西方高等教育的理论与经验，特别是高等教育经济学、高等教育评估学这些分支学科，以及高等教育大众化、继续教育、终身教育等从西方引进的理念，但中国高等教育理论的主流始终带有浓厚的本土气息。它的优点是与中国实际紧密结合，能够较好地解释中国高等教育现象与解决中国高等教育发展中的问题。不足之处是研究的视野狭窄。随着高等教育的国际化，中国的高等教育研究也必然将更多地吸取国外的研究成果，但应坚持立足本国，不应成为西方的"从属理论"。

（2）在中国高等教育的研究队伍中，教育专业科班出身者少，其他学科专业的专家参加研究工作的多。许多研究者的教育理论基础可能不够深厚，但却符合高等教育这一学科的特殊要求。高等教育是一个多学科的研究领域，又是一门与社会各个部门密切联系的应用性很强的学科，它需要各科类的专家和有丰富实践经验的教师与干部参加研究，而这一研究领域对他们也有特殊的吸引力。当然，一定数量的科班出身的研究者也很有必要，在理论提高上可以发挥作用。因此，队伍庞杂不是它的缺点，恰恰是它的优势。

（3）高等教育研究机构的群众性与自发性。中国高等学校的组织机构，无论是专业性的院、系、所、室，或是行政性的处、科、办，都有上级颁发的文件为依据，只有全国众多的高等教育研究机构的设立，是各校、各地区自发组织的，全国并无统一的系统和统一的规定。这在许多国家不足为奇，在中国则是特例。全国虽有"中国高等教育学会"，各省也大多有高等教育研究所，但与各校的高等教育研究机构并无隶属关系。这一群众性、自发性的特点，有利于高等教育的学术繁荣，但也带来了无序的困扰和办事的困难。现在国家通过教育科学规划和组织巨型的科研项目，在一定程度上促使了高等教育研究从无序走向相对的有序。

2. 优势

高等教育理论工作者坚信，中国的高等教育研究事业将更加兴旺发达。这是由于中国高等教育研究具有如下优势：

（1）中国是一个高等教育的大国，高等教育规模宏大。据 2001 年教育部公布的统计数字，目前中国高等学校在校生已达 1 214.37 万人之众。其中，普通高等教育（本专科与研究生）在校生 758.39 万人，仅次于美国而位列世界第二。这是高等教育研究的肥沃土壤。

（2）中国正在进行高等教育的改革。在改革过程中，提出了大量的实际问题，需要高等教育理论来解决。这是高等教育研究的动力。

（3）中国有庞大的、热心于高等教育研究事业的专兼职理论工作者。老一辈的高等教育家虽逐渐退出，但新的中青年高等教育理论工作者正在茁壮成长。全国有数十个高等教育学博士点和硕士点，每年培养出数以千计的博士和硕士，还有更多的各门学科的中青年专家参加到这个领域中来，队伍不断壮大,这是高等教育研究持续发展的保证。

3. 根据市场经济的开放性原则,必须坚持改革开放和社会主义方向

市场经济是一种全方位开放的经济制度,我们要学习和借鉴包括现代资本主义国家在内的一切人类文明成果,充分利用其有利于发展生产力的一面,为社会主义现代化建设服务。市场经济开放性原则要求我们必须坚持改革开放。我们在打开窗户的同时,也要关紧纱窗,防止我们在引进西方先进的管理方法和科学技术时,资本主义腐朽没落的思想和意识形态乘虚而入,腐蚀人们的思想和灵魂。因此,我们的改革开放和市场经济建设必须坚持社会主义方向,高擎社会主义大旗;必须大力倡导社会主义和共产主义道德,让人民群众在思想上有坚定的理想信念,对社会主义有坚定的信心,这样才能保证改革开放和社会主义市场经济建设沿着正确的轨道前进。

参考文献

[1] 罗国杰. 建设与社会主义市场经济相适应的道德体系 [N]. 光明日报, 2001 – 03 – 04.

[2] 公民道德建设实施纲要, 2001 – 10 – 24.

[3] 徐少华. 大学生道德层次分析及现实意义 [J]. 高等教育研究, 1997 (2): 45 – 47.

21世纪初我国高等教育研究的进展与问题[①]

新旧世纪之交，我国高等教育改革与发展形势出现了重大变化。面对经济社会发展对高等教育提出的更高要求和人民群众接受高等教育日益强烈的愿望，我国政府做出迅速扩大高等教育规模的重大决策。在21世纪之初，随着高等教育规模的急剧扩张，高等教育理论和实践领域出现了一系列新的重大问题、热点问题。围绕这些问题，高等教育研究也出现了一个新的高潮，产生了一系列富有创新性的研究成果。笔者曾在2000年末对我国高等教育科学研究做了世纪末的回顾和展望[②]。本文作为其姊妹篇，将概述与探讨21世纪初的新进展和新问题。

一、当前我国高等教育研究概述

我国高等教育科学研究的产生有两个特点：其一，是从本国的现实出发，包括当时高等教育的实际情况与发展高等教育的实际需要，而不是从国外引进的；其二，一开始就作为独立学科进行建构，而不只是作为一个领域进行研究。把高等教育研究作为一个学科开展研究的历史不长，仅有20多年，但发展却很快，这些已在笔者2000年末对我国高教研究规模所做的粗略数字统

---

① 原载《国家教育行政学院学报》，2006年第8期。作者：潘懋元，刘小强。
② 潘懋元. 中国高等教育科学：世纪末的回顾与展望 [J]. 天津市教学科学报，2001（2）.

计中得到反映①。近几年来，由于高等教育大众化带来了许多的新问题，也由于高教研究界自身的努力，这些数字在今天又被刷新。

当前我国高等教育研究的特点主要体现在以下四个方面：

1. 研究成果数量庞大

新旧世纪之交，我国每年发表的高等教育研究学术论文数量在15 000 篇以上，出版专著近100 部。今天，随着研究队伍的扩大，这些数字可能已被大幅度地超过。虽然没有确切的统计数字，但从高等教育研究期刊的增加和许多报刊及网站纷纷开辟有关高等教育研究的专栏中可见一斑。例如，仅中国高教学会系统近年来就新创了《中国现代教育装备》《高校后勤研究》《实验室科学》等一批刊物；其他一些新办刊物还有《民办教育研究》《复旦教育论坛》《北京大学教育评论》《教育发展研究·B 版》等。另外，一些报刊也先后加大了对高教研究成果的宣传，甚至创办了高教研究专刊，如《科学时报·大学周刊》《现代教育报·求学与就业周刊》等。

2. 研究机构规模扩大

高等教育研究的队伍不断壮大，不仅有大量的专职研究人员，还有更为广泛的群众基础（广大高校教师和干部）。20 世纪90 年代中期，全国高等教育研究所（室）有700~800 个。其后，由于高校精简机构，一些平时很少开展研究工作的单位被精简或合并了，数目虽略有减少，但总体水平却有所提高。新旧世纪之交，中国高等教育大众化启动，新建院校激增，许多新建的地方本科院校、公办高职、民办高校也纷纷成立高等教育研究机构。因此，教育部办公厅于2004 年首次正式颁发《关于进一步加强高等教育研究机构建设的意见》，对高等教育研究所（室）的发展进行了认可和规范。② 中国高教学会自1983 年成立后，规模也不断扩大。其所属机构已由2000 年的92 个增加到目前的107 个，其中省级高等教育学会28 个、行业教育（高等教育）学

---

① 潘懋元. 中国高等教育科学：世纪末的回顾与展望［J］. 天津市教学科学报，2001（2）.

② 教育部办公厅关于进一步加强高等教育研究机构建设的意见［EB/OL］.（2006 - 06 - 23）http://www.hie.edu.cn/ltzt/bzh/jybyj.htm.

会15个、专业委员会（分会）56个①。一批重点大学如武汉大学、南开大学、浙江大学、上海交通大学、清华大学、中国人民大学、华中科技大学、中国地质大学（武汉）、哈尔滨工业大学等在近几年里也先后建立起学校的高等教育学会（研究会），有些高校的高等教育学会与中国高教学会直接联系。高校的高教学会（研究会）有力地推动了这些学校的群众性教育科学研究（特别是校本研究）的开展，在组织基层研究力量、扩充研究组织基础方面有重要的意义。同时，由于多学科研究高等教育的盛行，一些其他学科的教师和研究生也踊跃加盟高教研究，使高教研究队伍不断壮大。

3. 学科专业增加，人才辈出

20世纪90年代，全国仅有高等教育学科专业博士点4个、硕士点20多个。21世纪以来，培养研究生的博士点与硕士点陡增，规模扩大。据粗略统计，到目前为止，全国有权招收高等教育学博士生的单位已达14个，其中拥有高等教育学博士点的单位8个，教育学一级学科下招收高等教育学博士生的单位4个，其他专业下涉及高等教育学招生方向的单位为2个。高等教育学硕士授予单位达60～70个。从授予高等教育学博士学位的人数来看，2003年的数量为147人，比2001年的70人增长一倍。② 今天，每年培养的博士数以百计、培养的硕士数以千计。这些"科班出身"的博士、硕士，大多数在高等学校从事研究、教学或行政工作。而早期培养的博士、硕士不少已成为高教研究的骨干力量。大批专业人才的培养，壮大了研究队伍，提高了研究成果的数量和质量。

4. 研究环境不断改善，影响不断扩大

随着研究成果的不断丰富、研究队伍的不断扩大。高等教育研究的影响力也在增强。越来越多的教育行政部门和高校将高等教育研究作为其制定政策的基础，越来越多的教师将高等教育研究作为其提高教育质量、进行教学改革的指导。由于研究成果在实际应用和学科建设方面的效果日益明显，因而高等教育研究作为一门学科存在的意义和价值逐步得到了社会和学者的认

---

① 中国高等教育学会简介 [EB/OL]. （2006-06-04）. http://www.hie.edu.cn/gixh/xhij.ASP.

② 蔡国春. 院校研究与现代大学管理 [M]. 北京：教育科学出版社，2006：267.

同，研究环境在不断改善。政府对高等教育研究的资助渐成规模，以全国教育科学规划课题为例，高等教育方面的课题立项已从"六五"规划的13项增加到"十五"规划的410项。① 高等教育课题在这些年的增长迅速，表明国家对高等教育研究的重视程度在逐渐增强。另外，在全国有影响的期刊评价体系中，优秀的高等教育期刊数量达到了可喜的规模。如在北京大学图书馆编制的《中文核心期刊要目》中，列入高等教育专栏的期刊达到14项；在南京大学的社会科学期刊评价体系中，有11家高等教育刊物被收录进了2006年版CSSCI（《中国社会科学引文索引》）来源期刊目录。此外，关于高等教育的各种论坛也在不断创设。如教育部的"中外大学校长论坛"，此外，许多大学在校庆时也开设了中外大学校长论坛，中国高教学会每年也会和一些省教育厅举办国际高等教育系列论坛，许多大学也先后举办了全国、地区、国际高教学术研讨会等。这些论坛都吸引了一大批国内外大学校长、专家的参与。通过媒体广泛报道后，这些论坛产生了广泛的社会影响与国际影响。如果说，21世纪中国高等教育以其学生数量最多而成为高等教育大国，那么，中国的高教研究以其队伍庞大和特色显著而成为高等教育研究的大国。

二、两条轨道、三个方面

我国的高等教育研究从一开始就以两条并行而有所交叉的轨道发展：一条以基本理论和学科建设为主；另一条以解决现实问题为主，开展应用性、开发性研究。前者是一个方面，而后者又可根据现实问题分为两个方面：一方面是宏观的现实问题研究，如高等教育大众化、高等教育体制、高职教育问题、民办高教问题等；另一方面是微观的（也有人认为是中观与微观的）校本研究（或称院校研究），如学校的发展战略规划、课程与教学、师资队伍建设等。

1. 高等教育基本理论和学科建设研究

（1）高等教育理念研究。纵览世界高等教育思想史，理念研究受到重视

---

① 胡建华. 近20余年来我国高等教育研究发展的实证分析［J］. 现代大学教育，2005（2）.

时,"往往都处于社会转型或大学变革的关键时期,无论是社会还是大学,都面临着深刻的社会危机和大学理想与信念的危机"①。世界如此,中国也如此。如杨东平的《大学精神》一书中有关大学理念的文章,大多是民国初年社会剧变时期大学校长与学者的言论;金耀基的《大学之理念》曾在内地和港澳台地区重版多次、影响广泛,也反映了人们在社会变革时期对大学精神失落的迷惘。1998年联合国教科文组织在首次世界高等教育大会上发布的《世界高等教育宣言》,揭示了适应世界新形势的现代高教新理念。在新旧世纪之交,中国的经济、社会正处在转型中,高等教育从精英阶段进入了大众化阶段。面对不断增多的教育需求和人才需求,面对全球化时代多元文化的猛烈冲击,面对"高等教育应是什么"的迷惘与思考,人们不断进行探讨。正因为如此,才有一批高等教育理念研究的文章和专著涌现出来。如肖海涛的《大学的理念》可以说是这一时期较早的以大学理念为研究对象的专著;韩延明的《高等教育理念论纲》从理论层面对高等教育的理念做了系统探索;卢晓中的《当代世界高等教育理念及其对中国的影响》集中阐述了《世界高等教育宣言》所提出的高等教育新理念及其对中国的影响;田建国的《现代大学新理念》则是阐述当前教育政策的重要理念;赵婷婷的《大学何为——理想与现实的冲突及协调》从大学理想的发展轨迹和当前的时代背景出发,揭示出大学是在理想与现实的矛盾冲突和相互协调中艰难地前进;睦依凡的《大学校长的教育理念与治校》则探讨了校长个人理念对大学治理的重要性。与高等教育理念相关的研究还有关于大学精神、大学文化的研究。一些研究者认为,理念是精神的核心,而精神又是文化的支柱。近年来,关于大学文化的研究受到了重视,如:王冀生出版了《大学文化学》的专著;北京大学、清华大学和高等教育出版社联合成立了大学文化发展与研究中心,通过开展课题研究、举办论坛等活动,做了一些卓有成效的工作,并且编撰了"大学文化百年"系列丛书。这些高等教育理念、精神和文化的探讨,是对进入大众化阶段后处于市场经济冲击中的高等教育的理性沉思。这些研究对于办学

---

① 赵婷婷. 大学何为:理想与现实的冲突及协调 [M]. 北京:高等教育出版社,2005.

者认识研究型大学的性质、功能无疑具有启发作用。

（2）高等教育规律、职能和高等学校职能研究。高等教育学研究会成立前后，高教研究者对于高等教育学的基本理论问题如本质、特点、结构、规律、功能、职能等进行了集中的探讨。其后，由于主攻方向转向现实问题的研究，一些基本理论问题的探讨被暂时搁置起来。从近几年有限的基本理论研究来看，高等教育规律和高等学校职能似乎较受重视。首先，薛天祥主编的《高等教育学》阐述了高等教育的内外部关系和两条规律（即"高等教育必须适应和促进社会的发展"，"高等教育必须适应大学生身心发展的特征和促进大学生德智体美等方面的全面发展"），并进行了详解。[①] 更多的研究者集中在外部关系规律（主要是教育与经济的关系）在当今时代的体现和运用方面。围绕知识经济时代经济形态的变化对高等教育的人才培养、科学研究和大学体制等各方面产生的影响以及中国加入 WTO 后高等教育面临的挑战等问题出了一大批研究成果。与此同时，理论界还就"教育产业化"问题进行了激烈的论争，这一争论并未因有关部门的表态而停止。在学术层面上，这一争论对于应对市场经济的挑战、全面认识高等教育与经济的关系、深入研究高等教育规律的作用是有意义的。其次，在高等学校职能方面，近年来的一些研究在传统的高等学校人才培养、科学研究和社会服务等三大职能的基础上提出了一些补充。如方展画提出了"技术创新"[②]、陈昌贵提出了"国际合作"[③]。此外，还有一些学者直接或间接地提出了"创造新职业""社会批判""改造社会""创业""营利"等一些职能。应该说，这些补充都能反映高等学校社会责任的某些方面。这些研究能否得到公认而成为高等学校的新的基本社会职能虽然还很难说，但这些研究对于高等学校增强责任感、认清使命还是有意义的。

（3）高等教育科学体系的建设。高等教育科学体系的建设牵涉到高等教育学的学科属性、高等教育学科的体系与逻辑起点、学科建设路线、高等教

[①] 薛天祥. 高等教育学 [M]. 桂林：广西师范大学出版社，2001：92 - 101.
[②] 方展画. 高等教育"第四职能"：技术创新 [J]. 教育研究，2000（11）.
[③] 陈昌贵. 国际合作：高等学校的第四职能：兼论中国高等教育的国际化 [J]. 高等教育研究，1998（5）.

育科学的学科群问题。它对于巩固和发展学科、促进学科内在建制的完善具有重大意义。在 20 世纪 90 年代的上半期,全国高等教育学研究会曾就这些问题组织力量进行了数年的研究,并就有些问题取得了共识。随后由于研究方向的调整,这些问题一直没有得到足够的重视,研究的论文较少,但许多高等教育研究所鼓励博士生深入探讨、发表论文。值得称道的是,华东师范大学高教所有一支力量仍然在坚持这方面的研究。近年来,他们在分支学科的建设上取得了一些成绩,出版了一套专著,如《高等教育管理学》《高等教育经济学》《高等教育社会学》《比较高等教育学》《研究生教育学》《高等教育发展论》《高等教育改革论》《高等教育系统论》等。应该说,学科体系建设对于提高我们高等教育学的科学性和学科声誉与地位是非常重要的,我们要有紧迫感。但是,学科体系建设又不是一蹴而就的事情,需要长期的艰苦的探索,希望理论基础好的研究者敢于"坐冷板凳",取得一些突破。

(4) 高等教育研究的方法论研究。长期以来,对于高等教育研究方法的研究可以说一直未停止。许多研究者,主要是青年学者,借鉴其他学科的模式,引进了一些新概念、新方法,以此来研究高等教育问题。这虽然不够娴熟,但却为高等教育研究注入了新鲜血液与力量。近几年来,又掀起了一个小小的高潮,其焦点主要是多学科研究方法与高等教育的学科建设。这既是由于高等教育研究长期以来未有独特的研究方法而受到学术界诸多质疑以外,也是由于知识经济时代来临,大学逐步走向社会中心而受到各界(尤其是经济学界)普遍关注所引起的。2001 年,浙江教育出版社将伯顿·克拉克的《高等教育新论》再版。同年,笔者主编的《多学科观点的高等教育研究》出版,该书提出的"高等教育学的独特的研究方法可能就是多学科研究方法"[①]的观点得到了理论界的关注。其后,一大批中青年学者加入这一观点的讨论。讨论主要围绕着高等教育的复杂性与独特性,阐述了高等教育研究为什么要使用多学科研究方法、多学科研究方法对于高等教育学学科建设的利弊、在高等教育研究过程中如何使用多学科研究方法等问题。应该说,目前的研究还有待深入,特别是关于多学科研究方法的机制和弊端的解决等问题

---

① 潘懋元. 多学科观点的高等教育研究 [M]. 上海:上海教育出版社,2001.

尚没有突破性的进展。但是，这些研究对于我们拓宽思路、重新认识高等教育学的学科建设之路仍然具有十分重要的作用。

2. 高等教育的现实问题研究

（1）宏观的现实问题研究。

①高等教育大众化问题研究。20世纪90年代中期，高等教育理论界就开始对高等教育大众化问题进行了讨论。1998年政府做出了扩大高等教育招生规模的决策，进一步推动了高等教育大众化问题的研究。总的来看，研究呈现阶段性，从最早的引进介绍，到结合中国实际研究如何推动大众化进程，再到对大众化进程中的问题，如规模速度、招生就业、质量保障等进行研究，逐渐具体和深入。其中，厦门大学高教所较早、较集中地组织了一批研究力量，全面系统地进行了理论介绍，如翻译马丁·特罗的论文《从精英向大众高等教育转变中的问题》。在此基础上，基于对美国、日本和西欧大众化进程的研究，理论界开始对马丁·特罗的理论提出质疑和补充，并进而探讨适用于我国具体国情的理论。如我国高等教育大众化进程中的"过渡阶段"理论、"预警"理论等都可以看作是这类探索。进入21世纪以来，大众化操作层面的研究可以说规模宏大、论著甚多。值得提出的是谢作栩于2001年出版的专著《中国高等教育大众化发展道路的研究》。该书全面集中地探讨了我国高等教育大众化的实践道路，从理论介绍到实施对策探索的相互呼应，体现了研究的综合性；从国外到国内的实际比较，体现了研究的宽广视野。通过这些研究，使得理论界和决策层对大众化理论的认识更加全面、理性，为我国高等教育大众化道路的探索提供了理论指导。

②高等教育体制研究。体制改革是教育改革的关键。高等教育体制改革一直是高等教育研究的热点。20世纪90年代以前，一般是分别研究投资体制、招生与就业体制、管理体制的改革。进入21世纪以来，一方面是经济体制加快从计划经济向市场经济的转型，政府、高校和市场关系的问题凸显出来；另一方面，进入大众化阶段，传统单一化的高等教育体制在诸多方面已不适应，亟须转变观点、探索新理论。尤其在管理体制方面，许多研究者从现代行政管理理论、公共管理理论、社会组织理论和行政法等角度，较集中地论述了政府、高校和市场的关系，强调了高校的自主权。首先是大量地引

入西方理论，介绍西方高等教育行政管理实践，提出了一系列有创新意义的理论和观点，如引进"第三部门"理论、制度经济学理论等等。有一些研究者通过借鉴西方经济与社会领域中的"治理"理论，来构建多种主体参与的新型高等教育行政管理体制；另有些研究者介绍日本的大学法人化改革，并提出我国大学的法人化改革设想等。至于高校内部管理体制方面，对于学术权力和行政权力关系的讨论是较集中的热点之一，研究者从过去只强调学术权力的重要性到承认大众化时期高校行政权力的合理性，提出了建立两种权力和谐共生的观点；有些研究者从组织学的角度考察大众化时期规模不断扩大的高校组织结构，提出了按高校类型设计不同的高校组织结构思想。另外，对现代大学制度的探讨也已经逐渐兴起，这些研究涉及现代大学制度的概念含义、演变历程以及现代大学制度的文化、哲学、经济基础、构建等问题。此外，随着巨型大学的出现，巨型大学的管理体制包括多校园的管理也成为研究的热点。

③高等教育质量保障研究。面对扩招以来高校学生数量急剧增长而教育资源相对不足的矛盾，政府、高校、社会对教育质量极为关注，高等教育质量下降的呼声不绝于耳，因此理论界关于高等教育质量问题的研究也迅速增多。其焦点集中于两个方面：一是质量的概念含义。如大众化阶段的高等教育质量观；教育质量的概念和新的教育质量观，如多样性、发展性、特色性、整体性和适应性等。二是大众化阶段高等教育的质量保障体系建设问题。如提出了"必须建立以市场机制为核心的教育教学质量保障机制，建立分类型、分层次的高校教育教学评价制度"①。另一些学者提出了法制化、制度化和规范化，多主体参与的质量保障机制等观点。与此同时，一些研究者还试着将工业企业管理的 ISO 9000 系列引入到高等学校质量管理中来。虽然人们对此颇有争论，但作为高教质量管理的尝试，却是一种有价值的探索。

④建设一流大学的研究。进入高等教育大众化阶段，精英教育仍应有所发展与提高。国家在提高高等教育入学率、扩大高等教育规模的同时，也提

---

① 张应强. 高等教育大众化背景下的教学质量保障问题 [J]. 高等教育研究，2003 (6).

出了建设一批世界一流大学的设想，并在原"211工程"的基础上增加了"985工程"以及重点实验室、重点教学基地和重点研究基地的建设。因此，对于什么是世界一流大学、如何建设世界一流大学等问题的研究是近几年来我国高教研究的又一热点。在一流大学内涵和标准等理论问题上，香港中文大学学者丁学良认为，一流大学的建设应包括教师的素质、学生的素质、课程的广度和深度、研究基金的数量、师生比例、办学的硬件设施、财源、毕业生的声望和成就、学校的学术声誉等。① 他的观点具有代表性和较大影响。在如何建设一流大学的实践问题上，从战略层面开展的一些研究产生了广泛的政策性效应。如重点大学应当实施精英教育而不是实施大众化教育；世界一流大学应该从全世界招聘人才；一流大学应以基础研究为己任，着重在科学发现和原创性研究方面为人类做贡献；等等。② 《清华大学教育研究》为这方面的研究提供了一个很好的园地，它持续集中地编发了一系列文章，逐渐认识了一流大学的内涵，厘清了一流大学的建设途径。

⑤高职教育研究。高职教育是高等教育大众化的主力军，大众化促使高职教育突飞猛进。如今，高职院校数和每年招生数都已超过本科院校。面对尚未定型而规模又不断扩大的高等职业技术教育，从性质、功能到发展方向，从适应人才市场机制到教育质量保障，都存在许多亟须研究的问题。近年来的研究主要围绕着以下几个问题展开：高职教育的人才培养模式构建，高职教育体系的完善，高职教育与市场、企业的结合，高职课程与教学，等等。例如，在高职教育体制的研究上，有研究者提出，职业技术教育是一种教育类型而不是一种教育层次的观点，并进而提出了发展本科及以上层次高职教育的建议。在人才培养模式上，研究者进一步阐明了高职人才培养目标的特殊性，强调高职在课程、教学方法等方面与普通高校的区别；高职生的人文素质教育也提到了研究的日程上。

⑥民办高等教育研究。进入高等教育大众化阶段，民办高等教育的地位日益突出，相关研究也迅速繁荣起来。在中国期刊网上，我们分别以"民办

---

① 丁学良. 什么是世界一流大学［J］. 高等教育研究，2001（3）.
② 耿有权. 世界一流大学研究的现状及其走势分析［J］. 清华大学教育研究，2005（2）.

高等教育"和"民办高校"为关键词，以"篇名"为检索项，检索到自 1979 年以来的论文总数分别为 568 篇和 941 篇，而其中 1998 年以后发表的分别是 541 篇和 918 篇，① 分别占 95% 和 98%，可见高等教育大众化促进了民办高等教育的研究。这一方面研究的焦点，集中于民办教育的社会地位及其与公办教育的公平待遇问题、民办高校的经营管理问题、民办高校的产权问题、民办高等教育的成本分析、高等教育介入资本市场问题、《民办教育促进法》及其"实施条例"的评析、独立学院的性质及其特殊性问题等方面。民办高等教育的刊物也已出版多种，如北京的《民办教育通讯》、西安的《民办教育研究》、重庆的《民办高等教育研究》等；上海每年出版一本大型的《中国民办教育绿皮书》；西安外事学院建立了一个颇具规模的"七方民办教育研究所"，并投入巨额经费，向全国立项招标，有计划地出版研究成果。他们第一套"民办教育丛书"已于 2003 年出版，第二套也即将出版。

⑦分类定位问题研究。进入大众化阶段，高等教育的一个典型特征就是高等院校类型、结构、功能的分化，以满足社会对不同人才的需要和受教育者的不同需求。近年来，如何对高等教育进行分类、如何对高等院校进行定位等问题逐步引起了研究者的兴趣和政府部门的关注。厦门大学高教所在此方面的研究起步较早，笔者以及指导的几位博士生从 20 世纪初就开始发表系列文章并出版了专著。现在，教育界对于分类定位的重要性已有了一些共识，但离构建我国自己的、能得到公认的分类标准和定位机制还有一定距离。而要将分类定位的理论研究成果转化为实践，最终还必须落实到高等教育学制的制定上，并使之成为国家的教育法规。厦门大学高教所正组织人力从事这一课题研究。以上只是列举一些 21 世纪以来宏观现实问题方面的、新的研究热点。20 世纪已经开始并在继续研究的重要问题，如人文素质教育、大学生思想道德教育、高考与就业、后勤社会化等等，大多有新的进展与加深，限于篇幅，就不一一列举。

（2）校本问题研究。校本研究是对一所高等院校自身发展中的现实问题

---

① 中国期刊网 [EB/OL]. (2006 - 06 - 20). http://ckrd.cnki、ne/grid20/Navigator.aspx？ID = 1.

所进行的研究，属于微观（或称中观）研究。这种研究盛行于美国的高等教育中，称为院校研究（Institutional Research）。它既不同于案例研究，也有别于中国的经验总结。案例研究的研究对象必须具有典型性，通过特殊而反映一般；而研究者院校研究的出发点和归宿，都在自己的高校，并不关心或企图将研究成果推广于其他院校。经验总结只是在经验层面上分析情况、提出建议，而院校研究则重视理论观照，用科学的方法研究客观存在的问题，要求保持"价值中立"。微观现实问题的研究有很大一部分就是立足学校、为了学校的改革和发展而进行的校本研究。这种研究经常是由学校内部的教学、研究或管理人员承担，关注的是学校发展过程中的具体问题，为学校各方面的改革和发展提供更具有针对性和应用性的咨询。查阅中国期刊网的文献，最早专门介绍院校研究的论文是程星、周川于1995年发表的《美国院校研究的历史与现状》[1]。论文发表后一直没有得到学术界和高校的重视。直到高校扩招后，由于高校面临着诸多问题，也由于普通中小学提倡校本研究，院校研究才又被提起。2002年刘献君和赵炬明发表《加强院校研究：高等学校改革和发展的必然要求》[2] 和《发展院校研究提高高校管理水平——关于高教所应如何为高校服务的思考》[3] 两篇论文后，这一问题迅速成为我国高教研究的热点。在此后的几年里，刘献君、程星、周川、赵炬明、蔡国春等连续发表一些论文，介绍了美国院校研究的定义、组织和实际情况，并在此基础上积极探索在中国开展院校研究的意义，提出了一些新的观点。如周川认为，院校研究的定义是"在一定理论观照下，应用科学的方法和程式（特别是定量分析的方法和程式），对单个高等院校运行中的实际问题进行分析评估论证，从而直接服务于该校管理决策的一种研究范式"。他还阐述了院校研究在内容和范式，研究对象、任务、方法、主体和功能上的许多特点。[4] 刘献君提

---

[1] 程星，周川. 美国院校研究的历史与现状［J］. 苏州大学学报（哲社版），1995（4）.

[2] 刘献君，赵炬明. 加强院校研究：高等学校改革和发展的必然要求［J］. 高等教育研究，2002（2）.

[3] 刘献君，赵炬明. 发展院校研究提高高校管理水平：关于高教所应如何为高校服务的思考［J］. 中国高教研究，2002（3）.

[4] 程星，周川. 院校研究的性质与特征［J］. 教育研究，2003（7）.

出了院校研究四种哲学方法论层面的研究范式（经验主义、实证主义、结构主义和人本主义）。① 刘鸿等提出，当前我国开展院校研究"迫切需要树立'校本'研究理念、遵循'行动'研究范式、采用'实用'研究方法和建立'专业'研究队伍"等策略。② 到目前，我国院校研究主要以华中科技大学（该校2002年成立"院校发展研究中心"）和以江苏部分高校（主要是苏州大学和徐州师范大学）为基地，以《高等教育研究》杂志为主要园地展开。2003年和2004年，学术界先后召开了"全国首届院校发展研究学术研讨会"和"院校研究与现代大学管理"国际学术研讨会等大型学术会议，并在此基础上成立了"中国院校研究专业委员会"。应该说，目前我国的院校研究还处在引进、介绍和理论探讨阶段，自身原创性的研究成果尚不多。但由于这种研究直接为本校的决策服务，必然会受到院校领导的重视。随着高等学校自主权的落实和管理科学化的实现，院校研究的重要性必将日益彰显。可以预见，它将成为大多数高校所属研究所（室）的主要研究任务，成为高教研究的重要领域。就这几年的研究情况看，主要集中于校本发展战略、课程与教学改革、大学生思想政治教育工作和管理体制改革等方面：①在校本发展战略研究上，主要有校本定位与特色问题、发展规模与速度问题、专业设置与层次提高问题以及发展方向问题等。②在课程与教学改革研究上，学分制重新成为研究的热点，不是一般地讨论学分制问题，而是分别研究不同类型、不同层次高校的学分制实施问题。如本科院校、研究生教育、高职院校、成人高校的学分制实施，以及与学分制密切相关的选修课程、教学组织结构等问题。③大学生的思想德育工作是一个常议常新的研究领域。21世纪所面临的新情况是面对市场经济的转型。在传统价值观与年轻一代价值观的矛盾冲突中，如何根据"以人为本"的理念正确引导大学生。这一方面的研究，主要是在不同高校进行了校本调查，从大量调查研究中逐渐达成一种共识：学生的问题，多数不是政治思想问题而是心理健康问题。这一认识，促使高校

---

① 刘献君. 院校研究的基本范式：定性模式与定量模式［J］. 现代大学教育，2003（3）.

② 刘鸿，曾山金. 我国开展院校研究的若干策略［J］. 南京航空航天大学学报（社会科学版），2004（6）.

纷纷建立心理健康机构，开展大学生心理咨询活动。④近年来，管理体制的改革研究主要集中于教学管理体制和人事管理体制两方面。教学管理着重于如何构建个性化的教学管理体制和教学良性运行的配套管理措施上；人事管理着重于引进人才、激励机制和教师评聘制度的改革上。此外，校本研究还涉及校园文化建设、多校区管理、大学城和大学科技园建设等诸多问题，在此不再一一列举。

三、问题分析与前瞻

从上面的概括和归纳可以看出，现实问题的研究是围绕国家经济转型（粗放型向集约型、计划型向市场型）和高等教育大众化这两个相互联系的背景而向四面八方辐射的。即使是高等教育基本理论研究和学科建设，也都或隐或现、或正向或逆向地与这一时代背景有关。回顾历史与考察当前的现实，有几个问题值得探讨：

1. 实践研究与理论研究的关系

总体上说，高等教育学是一门应用性学科，是教育学的二级学科。它将教育学的基本理论用于解释和解决高等教育领域的现象和问题，并在应用研究中不断充实、提高、完善高等教育学科的理论；同时，对于过去只以普通教育研究为基础的教育学基本理论，也起到了拓宽视野、补充不足的作用。例如，教育与经济、政治、文化的关系是一条适用于一切教育的外部关系规律，通过高等教育的研究，可以更深入具体地掌握其内涵。因此，高等教育学科创建之初，研究者非常重视学科理论建设，其成果是在中国确立了高等教育学这门新学科，并成为中国高等教育研究的特色，但是它目前还很不成熟。因此，全国高等教育学研究会于1991年筹备并召开第一次学术研讨会时，就以学科建设作为自己的主要任务，以区别于其他以高等教育现实问题为研究任务的形形色色的专业委员会。从1992年到研究会成立后的1993年、1995年，连续三届学术年会都将有关学科建设的基本问题作为研讨的主题。这三届年会期间，还召开了多次专题研究会。对于高等教育学的若干基本概念、基本理论的研究有所加深，对于高等教育学的理论体系与逻辑起点进行了初步的探讨。但是，这些研究因离开了火热的高等教育实践而难有进展。

因此，第四届年会的主题定为"高等教育理论研究如何更好地为高等教育实践服务"。这届年会，促使我国高等教育研究从着重基本理论研究轨道向着重现实问题研究轨道转移。自此之后，有关基本理论、学科建设的文章渐少。特别是新旧世纪之交，高等教育迅速向大众化发展，研究者面对大量重大的、急于解决的现实问题，无暇顾及基本理论研究，学科建设的研究更是"门前冷落车马稀"，以至于有的学者提出"高等教育理论研究被边缘化""高等教育研究迷失方向"的责难。我们认为，作为一门应用性学科，关心现实问题、服务实践是高等教育学义不容辞的责任，是向社会证明其存在合理性、必要性，以及得到高校、政府和社会重视并获得研究资源所必需的，是其实现理论突破、学科水平提高的重要源泉。但是，如果没有经常性、一定规模的基本理论和学科建设研究，高等教育学就会迷失在纷繁的现实问题之中而疏于理论的梳理和创新，这最终会丧失高等教育学作为一门学科的理论基础和在理论高度服务社会的能力。因此，从高等教育学的未来发展来看，理论研究和现实问题研究应该保持一定的平衡，两者应该互相促进，不可偏废。

2. 研究机构和人员的分工

基本理论、学科建设研究与宏观的、微观的现实问题研究不可偏废，是就高等教育研究工作整体来说的。如今，高等教育研究的机构众多、队伍庞大。就机构说，既有理论水平较高、实力相当雄厚、在国内享有较高声誉、在国际已有一定影响的高教研究机构，这些机构主要分布在国内一些研究型重点大学之中，也有其他研究机构，分布于不同层次、不同类型的高等学校之中。就研究队伍来说，既有高等教育专职的研究人员，也有其他学科教师兼高等教育研究者，更有大批实践经验丰富的高校或行政部门的管理干部。目前的情况是：不同层次、不同类型的研究机构在研究领域、研究课题的选择上缺乏分工和协调；研究人员缺乏有效的组织，"散兵游勇、单兵作战"的游击型研究占很大比例，有组织的集体研究有待加强，长期坚持的深入研究更是凤毛麟角。

为了更好地组织集体力量、提高研究的效率和质量，有必要在研究机构和人员上进行适当的分工。可否这样设想：具有高等教育博士授予权的单位和其他水平较高、实力较强的研究机构可侧重于学科基本理论和重大宏观现实问题的研究；一般研究机构以微观（或中观）现实问题研究为主；不同类型的高校（如高职院校、民办高校、网络学院）所属研究机构应主要研究各自类型的教育问题，包括各自类型的理论（分支学科）建设；有丰富经验的教师侧重研究高等学校的课程、教学和素质教育问题，以不断提高教育质量；行政管理干部则主要研究各自部门的教育管理工作，为学校的改革献计献策，以加强学校决策的科学化。同时，要有计划地组织研究生，特别是博士生参加有关研究工作。这是一股重要的、富有活力的研究力量。

当然，适当分工只是有所侧重，不是强行限制，但我们不主张所有研究机构都去研究基本理论和宏观重大现实问题。正如在高等教育大众化阶段，我们不主张所有高等学校都争奔研究型大学这条道一样，应当鼓励更多的研究机构面向学校、面向实际开展校本研究，以便为学校的改革和发展，为提高教育教学质量提供咨询。即使是研究型重点大学所属的研究机构，也应在侧重学术研究的同时，注重为本校提供服务。一般高教研究机构更应如此。

3. 数量和质量的关系

高等教育研究机构众多、研究队伍庞杂，期刊和报纸专栏、网上专栏不计其数，论文、专著车载斗量。这既是兴旺繁荣的可喜现象，又令这一领域的专家学者有所担心或被责难：量多质低，社会效益不高，造成浪费。应当如何看待这个问题？

我们的看法是，如果用"学术水平"这把尺子来衡量当前高等教育研究成果的话，绝大多数的论文以及专著的理论水平的确不高，低水平、经验性的文章很多，原创的论文不够。但有一得之见的文章不少。这里，有一个用什么标准来衡量研究成果与社会效益的问题。

在高等教育大众化阶段，既有精英教育的高校也有大众化教育的高校。但人们往往以精英教育的标准来衡量大众化的高等教育，得出"高等教育质量严重下降"的结论。殊不知，精英教育同大众化教育在培养目标、规格、要求、课程设置和教学方式方法等方面都有所不同，因而质量标准也应有所不同。精英教育的大学追求的是"高深学问"，而大众化教育的大学则以人才市场上"适销对路"为标准。也就是说，大众化阶段的质量观应当是多样化、适应性的。

同样，对于不同层次、不同类型的高等教育研究成果，也应当持多样化、适应性的质量观。对于基本理论研究、宏观重大现实问题研究，其研究成果应当只有较高的理论水平与原创性。而对于数量庞大的微观研究、校本研究，应当重视的是能否应用这些理论解决具体问题，能否对一所学校的改革与发展起到出谋划策的咨询作用，或对教师、干部改进教学、管理有参考价值。

因此，如果以多样化、适应性的质量观来看待高等教育研究成果，那么，"阳春白雪""下里巴人"都有其一定的艺术价值与社会效益。当然，由于当前教师晋级、干部考评往往以论文多寡作为重要的考核项目，难免出现拼拼凑凑、滥竽充数甚至弄虚作假的现象。但那已不是质量高低的问题，而是制度问题、社会问题。

4. 国际化与本土化的关系

值得隐忧的不是研究成果"理论水平不高"，而是有一定"理论水平"却不能正确处理高等教育研究中的国际化与本土化的关系问题。

如前所述，中国高等教育研究的特点是：第一，以学科建设为先导，引领现实问题研究，不同于西方只将高等教育作为一个研究领域而进行的问题研究。第二，学科建设是在中国本土产生与发展的，而不是依附他国引进的，即使问题研究也是紧密追踪中国高等教育的现实问题、热点问题，体现出鲜明的主体意识。它的缺点是视野不宽，不能及时地充分地借鉴、吸收国外先进的理念和研究成果。因此，高等教育研究应当加强国际交流与合作，通过国际化来促进中国高等教育的改革与发展。

但是，在国际化进程中，应当注意克服另一种倾向，即把国际化理解为西方化，把双向的国际交流理解为单向的认同、依附，把学习、借鉴西方先进的东西理解为依附发展。有人认为，只有依附西方（核心）的辐射，发展中国家（边缘）的高等教育才能发展。有些研究者并不认真研究中国的现实问题，而是将西方发达国家的理论、模式、制度、措施、经验等生搬硬套，企图将其用来指导中国的高等教育实践，解决中国高等教育的问题。这种倾向发展下去，将导致主体迷失、民族文化被边缘化，更谈不上自主创新了。

国际化与民族化、本土化并不是对立的概念。国际化是建立在民族化、本土化基础上的。多元的文化交流、碰撞、融合，促进了世界高等教育的进步，也促使各自国家高等教育的完善。"早发内生型"的国家可以为"后发外生型"的国家提供更多的借鉴，但后者也不是一张白纸或一无是处。中国高等教育的成就是为世界所瞩目的。据我们所知，加拿大教育家许美德（Rutb

Havoe）教授正在研究的课题就是"中国高等教育对世界的影响"。

我们认为：第一，高等教育研究者应当进一步扩大国际交流与合作，包括同发达国家和发展中国家的交流与合作，积极吸收一切先进的东西，同时应积极将中国的成就，包括高等教育研究的成果推向世界。第二，要进一步重视本民族优秀文化传统和文化教育的成就，增强文化自觉意识和自信心。在新的世纪，中国高等教育学的学科建设既要克服"民族本位主义"的倾向，也要克服"民族虚无主义"的倾向，努力做到在继承中学习、在借鉴中超越，从而实现中国高等教育学科的自主创新。

回顾过去，我们高等教育理论工作者颇感欣慰：中国高等教育研究的确走了一条艰难而非凡的道路。经过20多年的努力，我们建立了富有中国特色的高等教育学科并形成了庞大的学科群，培养了数以千计的专门人才，已经解决和正在解决许多现实问题，推动了高等教育的发展。展望未来，我们更加信心百倍，因为我们的研究环境具有两大优势：第一，中国已是一个高等教育大国，但远未成为高等教育强国。因为是大国，情况复杂多样，研究的空间很大；因为不是强国，在图强的过程中，需要研究、解决的现实问题也很多，在"科教兴国"的国策中，高等教育研究工作者大有用武之地。第二，中国有数量庞大的、热心于高等教育研究事业的专兼职研究工作者。老一辈高等教育家虽已逐渐退出，但一大批受过良好专业教育的中青年学者已加入这一研究队伍。他们基础扎实、眼界开阔、思想活跃、敢于创新，是研究队伍的生力军，也是高等教育研究持续发展的保证。

正是由于有此优势和保证，21世纪的中国高等教育研究，仍将沿着学科建设与应用研究两条并行而有所交叉的轨道持续前进。一方面将不断加深理论深度、提高理论水平，建成有中国特色的高等教育学学科体系；另一方面将扩大研究领域、普及高等教育理论知识，从而为发展中国的高等教育事业做出更大的贡献。

中国高等教育研究的历史与未来①

经常有人问我,你成为著名教育家有何奥秘?当前乃至今后中国高等教育研究应注意哪些问题?诸如此类,不一而足。每当这时,我多是笑而不答,一是因为觉得自己并未成"家",也不著名,更无奥秘可言;二是因为高等教育研究中的问题太多,三言两语无法说清。不过,既然经常有人关心,说明这些的确是问题,似乎不容回避。所以,我不得不做简单答复,算是对过去的回顾和对未来的展望。

一、岁月回想:机遇偏爱有准备的头脑

不知从什么时候开始,我被人封为"教育家"。对此,我是诚惶诚恐的。细细想来,被封为"家",大概是已年近花甲的事了,只能说是一种偶然的机遇——20世纪50年代,我曾提倡要研究高等专业教育理论,这是一个有别于普通教育学的研究领域。为此,写过几篇探讨高等教育特点、规律和教学过程原则的论文,同当时教研组的同志们合编过一本《高等学校教育学讲义》。但这几件事当时并没有什么反响。70年代末,我旧事重提。当时正值党的十一届三中全会带来历史的转折,中国迎来了科学的春天,高等教育也在春风中勃发生机。人们反思此前30年间高等教育的多次失误,认为大多是由于违

---

① 原载《中国地质大学学报(社会科学版)》,2006年第5期。

反教育规律办事。研究教育规律,成为当时高等教育界的热门话题。我的《必须开展高等教育的理论研究——建立高等教育学刍议》得到回响;《高等教育学及其规律》等报告稿被印成小册子辗转流传;我邀请几位同志合编的《高等教育学》多次获奖;和其他同志一起筹建的"中国高等教育学会"也得到教育领导部门的支持。正是有此种种机遇,我才不由自主地被封为"教育家"。看来,机遇是很重要的。

但是,对于一个人来说,机遇并不是可以侥幸抓到的。我相信一位科学家的名言:"机遇只偏爱那种有准备的头脑。"机遇对于我的"偏爱",可能是我已有两个方面的准备:一是理论准备,一是实践准备。理论准备是在此之前,我曾学过哲学(新中国成立前读了几本哲学的书,新中国成立后在中国人民大学上了政治课)、经济学(在大学念书的副系是经济学,修了32个学分)、教育学、心理学(念过师范学校、教育系、教育学研究生班),对文学、历史和逻辑学也有所涉猎。20世纪50年代以来,又研究过中国近代教育史和高等教育理论,关于高等教育的特点、高等教育的基本规律、高等学校教学的过程与原则、大学生的心理特征等,逐渐形成粗浅的却是自己的见解。但高等教育学是一门应用性、实践性很强的学科,光有理论准备还不足以学有所用,同时还得靠我几十年的教育实践。我当过小学教师和校长,中学教师和教务主任;从40年代起,在当大学教师的同时,先后兼任过教学研究科长、教务处处长、副校长、校党委常委等。这些实践经验的积累,使我对抓住机遇有了准备。我总认为,研究社会科学,理论准备重要,实践准备也重要。

但有了准备,抓住了机遇,并不是就万事大吉了。高等教育理论研究,在前进的道路上困难重重,挑战仍然来自两个方面:理论方面,还不成熟,还没有系统的科学体系;实践方面,还存在许多脱离实际的空论,不能有效地转化为教育实践或不能有效地指导教育实践。总的来说,高等教育要改革,要发展,就需要理论。中国特色社会主义高等教育现代化建设,需要有中国特色社会主义高等教育理论指导。这是机遇,但我们的准备不足。我愿意为这一新学科的建设继续奋斗,并寄希望于青年人。我坚信中国年轻一代的高等教育研究者将会把这一事业继承下去,使中国的高等教育学屹立于世界学术之林,并为中国教育的振兴和中华民族的文化复兴做出应有的贡献。

二、寄语未来：从大国到强国

进入 21 世纪，我国高等教育迎来一个必须紧紧抓住并且可以大有作为的重要战略机遇。这既是一个发展的黄金期，也是一个矛盾凸显期。一方面，我国高等教育实现了跨越式大发展，进入了大众化阶段，成为世界上的高等教育大国；另一方面，我国远非高等教育强国，在深化改革中问题丛生，面临着如何从大国走向强国的考验。高等教育实践呼唤理论指导，高等教育研究者应该勇敢地担负起时代赋予的历史使命：在加强理论创新与实践指导的过程中，实现高等教育研究也从大国向强国的迈进。这是一个重大课题。作为高等教育研究战线上的一名老兵，我愿意从元高等教育研究的层面谈谈个人对如何开展高等教育研究的浅见，聊作参考。

（一）质与量

近 20 多年来，中国高等教育研究从兴起到发展，取得了丰硕的成果，主要表现为：建立了以高等教育学为主干的高等教育科学学科群，成立了遍及全国的高等教育研究机构，训练和培养了一大批专业人才，高等教育研究刊物大量涌现，刊发了数以万计的高等教育研究论文，出版了数以百计的专著和教材，并根据中国高等教育改革与发展的实际需要，承担并完成了一大批重大攻关项目，在解决中国高等教育改革的实践问题、为国家高等教育决策提供咨询、推进中国高等教育事业的发展上，做了大量的富有成效的研究工作。总之，中国高等教育研究已成为教育科学领域中最具活力的领域之一，越来越多的教育理论工作者、高校教师和管理干部加入到高教研究的队伍中，中国高教研究呈现前所未有的繁荣局面。由于当代中国高教研究的人员多、机构多、刊物多和成果多，因而有外国高教研究专家把我国誉为"高等教育研究的大国"。

作为"高等教育研究的大国"，不能满足于高等教育研究"量"上的增加，更重要的是"质"（科学化水平和应用价值）的提升。我个人认为，影响我国高等教育研究"质"的提升的关键问题有两个：

1. 高等教育学还是一门尚未成熟的学科，还未形成科学的理论体系

我曾在第四届全国高等教育学研究会的主题报告中讲过，我们的高等教育理论研究，有很多研究成果是有理有据的，但不可否认，有一些所谓的理论研究存在"大、空、洋"的倾向。"大"就是题目大、口气大，往往"不见古人"，或别人的研究一无是处，只有自己的观点、理论才是最新的、最正确的。"空"即空对空，依据和结果往往都纯粹由理论推导出来，有的甚至连逻辑也不顾，空话连篇。"洋"就是喜欢搬洋人的话，以壮大自己的声势。有的研究连篇累牍地引用外国二三流作品，而对中国自己的理论建树不屑一顾，以为"洋"的就是好的。这是十年前的看法，好像现在依然有同感。

近些年来，可能是受后现代思潮的影响，当前对高等教育学学科建设方面的探讨，激进、消极的解构多，理性、积极的建设少；真正肯沉潜下来进行深入研究的不多，原创性的科研成果更是罕见。例如，经常看到一些颇有才气的青年理论工作者提出"高等教育学合法性危机""高等教育学贫困"和"高等教育研究泛化"等批评。应该说批评者大多是从良好的愿望出发，目的是为了高等教育学学科的发展。但其中许多是由于对历史缺乏必要的了解和对前人的研究成果缺乏尊重，其实他们提出的不少问题早在学科创立之初就已有所探讨并取得了较好成果。这就导致有的研究实际上是在重复前人已经完成的工作，甚至在研究水平和研究方法上还出现了某种程度的退化。更有甚者无视高等教育研究的主流，抓住前进中出现的一些消极现象，否定建立高等教育学的必要性和合理性。在新形势下出现这样那样的杂音并不奇怪，应该认真对待。"物之初生，其形必丑。"学科的发展与成熟不可能一蹴而就，不能因为它现在的缺点与不成熟而一概否定，应该主动承担起责任，为它的成熟献计献策、贡献力量。

2. 应用研究较多地停留在现行政策解释和经验总结层面，理论深度不够，缺乏理论说服力

教育理论界常常指责高等教育研究队伍庞杂，许多研究者不是科班出身，"三教九流"都有，不少研究缺乏规范，理论深度不够。对此，我一直认为要一分为二地看。一方面，要承认队伍庞杂，水平参差不齐，问题不少，不容忽视。特别要强调的是，高等教育的应用研究不能只停留在描述功能层面，

还要深入到解释与解决功能层面,以至预测功能层面。另一方面,研究队伍庞杂并非全是缺点,可能正是中国高教研究的一个特点。中国每年数以万计的高教研究论文,绝大多数是应用研究,而应用研究中又大多出自一线的教师和管理干部之手。尽管这些文章理论水平不高,多为经验总结,但也有它的实际作用,"下里巴人"的社会价值,不一定低于"阳春白雪"。它的价值在于针对具体的实际问题,发表一得之见,以供决策咨询,或总结一点经验,以供同行参考。就像现代管理学的开拓者彼得·德鲁克教授所说的那样:"管理是一种实践,其本质不在于知,而在于行;其验证不在于逻辑,而在于成果;其唯一权威就是成就。"高等教育应用研究也是这样,高等教育应用研究的成果最终要接受实践的检验,唯一能证明这一点的是成就而不是知识。如果试图通过向高教研究者"颁发许可证",或把研究工作完全"专业化",不是专家或"科班出身者"不得从事研究,那将会对我们的高等教育研究事业的发展造成极大的损失。中国高教研究需要广大教师和管理人员的广泛参与,这样高教研究才有活力,才能保持长久的繁荣。当然,我在这里并不是说高等教育研究只要能解决一些具体的实际问题就行,高等教育研究不能没有基本理论方面的研究,这是基础。致力于基本理论研究的学者既要耐得住寂寞,探微钩沉,从容深思;又应该紧扣时代发展的脉搏,针对那些具有全局性、综合性的理论前沿论题,以敏锐的观察、开放的视野、前瞻的构思和富有使命感的态度,展开系统性的研究。当然,这种抽象的理论也许离现实较远,但一个学科一定要有一部分人从事这种研究。从事这种研究需要有"板凳敢坐十年冷"的勇气和精神。值得注意的是,当前高等教育研究发展相当迅速,但能安下心来搞基本理论研究的人却很少,包括我自己在内,往往像赶集一样,被动奔忙。

总而言之,在高等教育研究相对繁荣的今天,我们要在稳定发展的基础上,鼓励创新,注重质的提高,既期待大量高质量应用研究成果的涌现,更渴望高质量的原创性基本理论研究成果的产生。在两类成果中,理论创新更为关键。没有理论上的创新,就不可能创立中国高等教育学派,不可能成为高等教育研究的强国。

(二)学与用

早在20世纪60年代初,我在有关理论联系实际原则的"试论""再论"

两篇论文中，就曾经指出高等教育在研究方法论上存在两个主要问题：一是理论脱离实际，内容贫乏，理论空泛，教条味重；一是实际脱离理论，铺叙事实，就事论事，发表局部经验或个人感想，以偏概全，不能上升到理论上来。现在，这些情况虽然有所变化，但并无根本改观。某些高教研究工作者，热衷于闭门造车、孤芳自赏，对热火朝天、日新月异的高等教育改革实践视而不见，不重视调查研究，不注意从实际问题中选择研究课题，以至于研究出来的成果空洞无物、晦涩难懂、从概念到概念、从理论到理论，即使出版或发表，也只能束之高阁，对高等教育实践起不到任何作用。同时，一些现实问题研究者或政策制定者不重视理论运用，凭感想写文章，凭经验做决策。无论理论脱离实际，还是实际脱离理论，都不利于高等教育研究的开展。

理论工作者时常埋怨实际工作者不重视理论研究的成果，而实际工作者又往往批评理论工作者脱离实际，两者都有一定道理，但都存在忽略中间环节的问题。理论与实践，尤其是基本理论与实践之间，是有一定距离的。理论要转化为实践，是要受许多条件制约，要经过一定的中间环节的。因此，不能只埋怨理论工作者的理论脱离实际，或者只埋怨实际工作者不重视理论，而是要重视解决理论转化为实践的条件问题，重视在理论与实践之间架设一座桥梁。在全国高等教育学研究会第四届学术研讨会上，我曾提出一个中间环节的示意图：基本理论→应用研究（开发研究）→政策（一般指宏观的）→操作性措施（一般指微观的）→实践，或基本理论→应用研究→操作性措施→实践。

例如，市场经济与高等教育的关系的理论研究成果，要转化为高等教育实践行动，大致需要经过以下几个环节：

市场经济对高等教育的改革与发展起制约作用→对大学生就业制度改革的研究，对高等教育结构改革的研究，对高等教育管理体制改革的研究，对高等教育投资体制改革的研究，等等→制定有关的政策→制定具体实施细则或措施→政策、措施的执行。

又如，大学生素质教育研究成果，要转化为教育教学活动，一般需要经过如下环节：

大学生素质教育原理→课程上如何体现素质教育的研究，如何利用校园文化进行素质教育研究，如何通过社会实践与劳动进行素质教育的研究，如何与家庭、社区配合进行素质教育的研究，等等→根据具体校情制订大学生素质教育方案（或计划）→方案（或计划）的实施。

简言之，高等教育研究有两大任务：一个是开展高等教育学的学科建设，一个是发挥高等教育理论研究对高教实践的服务功能；或称一个为基本理论研究，一个为应用研究。这两大任务实质上是相互联系、相互促进的。不过，在特定时期，可能出现畸重畸轻的情况。例如，在高等教育学学科创立之初，我们对高等教育学学科建设较为偏重，对现实问题的关注较少，这可以从全国高等教育学研究会的头三届年会的讨论主题都是围绕高等教育学学科建设这一事实来验证。应该说，这种现象在当时是正常的。但在这个过程中，我渐渐感觉到：我们若总是只围绕一个方面即高等教育学的学科建设问题讨论下去，不去接触火热的高等教育实践，就会钻牛角尖从而走进死胡同；我们如果一味地在那里冥思苦想如何构建一个科学的、完美的学科理论体系，一味地在那里冥思苦想如何找到一个建立学科理论体系的逻辑起点，就可能导致我们的研究工作严重脱离实际，以为只有搞出一个理论体系才有意义、有价值，而轻视已经存在的、得到较大发展并产生实际效益的学科的知识体系。"坐而论道"，理论不联系实际，无助于高等教育学的学科建设。所以，针对当时的情况，在和一些同志商量后，我在第四届全国高等教育学研究会年会的主题报告中提出，不能继续只停留在高等教育学学科理论体系的建设上，可把这个问题的探讨暂时放一放，希望大家来关注"高等教育理论研究如何更好地为高等教育发展与改革实践服务"这个问题，在理论与实践相结合上做文章。事实上，当时客观上也需要我们重视现实问题研究，因为在当时高等教育的改革与发展中有许多问题，包括一些尚未被人重视的重要问题，尤其是教学改革、课程改革中的许多问题，亟须理论指导。当然，我当初提出的这个转向并不是说我们完全不要高等教育基本理论研究了，不要高等教育学的学科建设了，只是说要加强对现实问题的应用研究。但是，后来的高等教育研究越来越侧重于对现实问题的应用研究，以至于对高等教育的基本理论的研究明显放松，一些先前热衷于基本理论研究的学者纷纷把注意力转移到现实问题的研究上了。针对这种情况，我于2005年底在上海举行的第八届全国高等教育学研究会年会上提出，要重新重视高等教育的基本理论问题。这种重视并不是要求高等教育的基本理论研究和应用研究在成果数量上平分秋色，在人员比例上旗鼓相当，或在时间精力上平均分配，而是少数人着重基本理论研究，绝大多数人应该从事应用研究，从事基本理论研究的也应关心应用研究。问题在于这些研究成果的质量如何？尤其是基本理论研究成果的质量如何？我认为，即使高等教育理论研究成果只占10%，其中若有一些高质量的，那就很好了。

总之，这需要理论工作者和实际工作者双方的通力合作，而非互相埋怨、疏离。20世纪70年代末80年代初，高等教育理论研究与高等教育实践曾经得到了较好的结合。现在高等教育的改革与发展又为我们创造了新的机遇。现在已有许多教育行政领导和高校各级管理者，从实际需要中越来越感到高等教育理论研究的重要性，不少人通过参加理论研究尝到了甜头。我相信，只要理论研究主动地走出去，面向实际，面向实践的需要，高等教育理论研究就会形成一个新的热潮。

（三）古与今

科学的方法论，应该是一种"建立在通晓思维的历史和成就的基础上的理论思维"（恩格斯语）。或者说，考察学术问题"最可靠、最必需、最重要的就是不要忘记基本的历史联系"（列宁语）。因此，高等教育研究应重视高等教育史。然而，重视历史，并非提倡固执于历史，生搬硬套的食古不化，也不提倡厚古薄今的"以古非今"，而是坚持"论从史出"和"以论论史"相结合，取其精华，去其糟粕，使古为今用。

我向来重视教育史的研究。在一次全国高等教育史研讨会上，我曾提出这样的观点，教育理论的源泉有三：一是教育史的研究；二是比较教育的研究；三是对现实教育实践经验的总结与提高。历史的与外国的，是借鉴前人和国外的经验及其所总结的理论，而现实的是根据当前我国教育实践或研究者个人的教育实践所总结提高的，三条源泉在实质上是一致的。在高等教育理论研究过程中，我更加清楚地认识到教育史尤其是高等教育史研究的重要性。从20世纪80年代早期开始，我就倡导结合高等教育改革与发展的实际开展高等教育史的研究。1984年在厦门大学召开的全国高等教育史研究会理事会上，当讨论年会的研讨课题时，我怀着迫切的心情，一口气提出高等教育改革中亟须解决的许多教育史问题，其中很多是与高教改革实际密切相关的高等教育史问题，如：传统教育与现代教育的关系，教育观的历史演变，功利主义与人本主义教育思想的产生、发展及其影响，大学职能的演变，大学在创造与发展文化上的历史作用，通才教育概念的演变，大学科学教育发展的历史，中外古今启发式教学的比较，学位制的历史演变，学分制的历史演变，私立大学的产生、发展及其作用，中国留学教育在社会发展中所起的作用及其经验教训，等等。但遗憾的是，这些从教育改革的现实需要出发所提出的问题在理事会上并未引起重视，没有被列为年会的中心课题。随后，我多次撰文呼吁提高对高等教育史研究的重视。

　　从教育史中获得的理论和规律有其特殊意义。这一方面是因为历史往往有惊人的相似之处，因而可以借鉴历史经验和吸取历史教训，使古为今用，而且从历史的长河来看问题，视野更开阔，站在前人的肩膀上攀登，可以避免坐井观天；另一方面，历史已经过去，能看得比较客观，不会被许多表面现象所困惑、干扰。正是因为教育规律一般可以从教育史上总结和揭示出来，因此，研究教育理论应有一定的教育史知识，这样才能了解高等教育的内在联系，研究才能有深度、有远见。缺乏历史分析，往往只能就事论事，浮于表面。

　　高等教育研究理应包括高等教育史的研究，但更深的含义是，高等教育理论建设，有赖于高等教育史研究的支持。我对教育理论界仍然存在的某些历史虚无主义的态度和观点，如"教育改革要与传统彻底决裂""素质教育与考试决裂"等表示担忧。教育改革不是突变，而是新质代替旧质的渐变过程，因此，古代、近代的许多东西现在还可以用，教育理论和教育实践工作者都要重视教育史上的规律、经验和教训。一些人不重视教育史，想当然地提出所谓"新理论"，殊不知这在历史上早已有之，这是对历史的无知。懂得历史，就不会重复历史上的错误。观今而不鉴古，是短视的、浅薄的。在今天"论"满天飞的时代，没有"史"的根基，"论"就是虚无缥缈的；没有"史"的"服务"，"论"就是无力的。

　　教育史研究与现实问题研究之间的作用是双向的。一方面，"鉴古知今"，

"古为今用"。但不能把"古为今用"作狭隘的实用主义理解,更不能要求每本书、每篇论文都要直接针对实际问题来写作,更不是像有人所误解的那样,要求教育史研究给处理具体问题提出什么方案。相反,教育史解决教育现实问题应当站在历史的高度,透过历史长河的演变从而更好地认识教育发展规律。另一方面,与"鉴古知今"相对的还有一个"知今通古"的问题。一般来说,"通于古者窒于今,长于论者短于用"。专注于过往的世界,有时容易出现"窒于今"的情况。实际上,一个人越是了解现实社会的一些问题,也就越容易认识历史上相似问题的真相。对现实问题的关注,能使教育史研究工作富有活力与生机。在一定意义上,古与今是互补为用的。

(四)土与洋

中国高等教育学是一门年轻而又富有活力的学科,同时又是一门立足本土,并非依附于西方理论而建立和发展起来的学科。如果说中国高等教育制度和理论,早期主要是从西方引进而带有一定依附性的话,那么,中国高等教育学学科发展的历史证明,通过提升文化自觉,立足本国实际,大胆借鉴,不断超越,勇于创新,所走的完全是一条非依附发展的道路:第一,中国高等教育学学科是在中国本土产生与发展起来的,而不是从他国引进的;第二,中国高等教育科学研究紧密追踪中国高等教育的重大现实问题、热点问题;第三,我国高等教育学学科建设重视学科建制,和西方高等教育的"问题研究"取向有明显的不同。

这些特点是由客观现实和主观选择两者共同促成的。在20世纪70年代末80年代初高等教育学创立时,对于国外高等教育科学研究的进展状况和研究成果,了解不多,因此只能自力更生,"土生土长"。"土生土长"的缺点是"土里土气",视野不宽,但也证明了发展中国家,能够建立起自己的社会主义高等教育理论与指导中国的高等教育实践,解决中国的若干高等教育问题。在其发展过程中,对西方的高等教育理论,必然有所借鉴,甚至某些分支学科或研究领域,首先是从国外引进,但其主流始终是本土的。即使从西方引进的某些分支学科,也结合中国实际,有所改造,有所创新。简言之,中国高等教育学科对西方的经验与理论,虽有所借鉴,但始终以本土化为立足点,在追踪中国高等教育现实问题的过程中,创立富有本土气息的理论框架,并逐渐臻于科学化。

以上话题,我在《中国高等教育学科建设之路》一文中有专门论述。另外,在李均同志不久前出版的《中国高等教育研究史》中有更为详细的论证,该专著是他在厦门大学高等教育科学研究所攻读博士学位所撰写的博士论文的基础上修改而成的。这本专著,以翔实的历史资料证明了中国高等教育理论并非依附性发展。

可以说,中国高等教育研究发展20多年,走出了一条本土化、自主发展之路,并初步形成了自己的特色。但必须承认,从世界高教研究的整体格局来看,中国高教研究仍游离于"中心"之外。由于在相当长一段时间内缺乏与国际的交流与合作,我们有不少研究成果是在相对封闭的学术环境中产生的,这导致我们的研究视野狭窄,对国外先进成果借鉴不够,研究的科学化程度不高。与此同时,在国际高教研究的大平台上,中国学者发出的声音还很微弱。对于将中国高等教育置于全球化的视野中考察,促使高等教育研究成果能够引起世界其他国家教育学者的关注,中国教育学者一直不太关心,甚至不像国外有些人那样热心。如加拿大的许美德(Ruth Havhoe)、美国的白杰瑞(Gerard A. Po Stiglione)和挪威的阿里·谢沃(Arild Tjeldvoll)等学者,都曾经或正在致力于介绍中国的高等教育理论与实践。现在,为数不多的在国际高教研究刊物上发表的论文多数只停留在高教情况介绍上,缺乏展示中国高教理论研究特色的深层次理论探讨,这势必造成我们有些本来已经达到或接近国际先进水平的研究成果,无法引起国际高教研究界的关注,从而丧失了"文明对话"与"文化输出"的机会和可能。事实上,正如全球对中国近年来的经济成就已表现出相当的兴趣,现在人们同样渴望知道,在高等教育理论、政策和实践方面,中国能为世界贡献什么。同10年前相比,全球想要了解中国高等教育思想以及中国高等教育发展的热情越来越高涨。中国高教研究者有责任向世界介绍我国的教育思想和成就,应该为各文明间的对话做出更大的贡献。

总之,作为高等教育研究的大国,不能满足于规模大、成果多,更重要的是沉下心来不断提高科学化(不是八股化)水平和应用价值。高等教育研究者要切实担负起自己的历史责任,瞄准学术发展前沿,打开认识视野,拓展思维空间，既立足当代又继承传统，既立足本国又学习外国，大力推进学术观点创新、学科体系创新和科研方法创新，形成国际高等教育研究中的中国学派，努力建设具有中国特色、中国风格和中国气派的高等教育学科群。

从元高等教育研究的层面来看，我国高等教育研究需要注意的问题远非以上四个方面，内部关系规律与外部关系规律、研究方法上的单一与多样、规范与自由、继承与创新等也都是值得注意的问题，鉴于这些问题有的已在前面谈及，有的则于文中隐约提到，就不再赘述。相信今后会有更多的学者关注这些问题，提出更深刻、更全面的看法和建议，共同致力于中国高教研究的蓬勃发展。

30年回顾与感悟
——厦门大学教育研究院成立30周年大会发言[①]

中国传统纪年，以30年为一世。"必世而后仁。"(《论语·子路》) 回顾一个世代所走过的道路，可以悟出一些道理，理解一些问题，坚定发展信心。在厦门大学教育研究院庆祝成立30周年之际，作为走过整个世代全程的过来人，借此机会，在回顾30年的历程中，抒发久藏胸臆的感悟。

厦门大学教育研究院，是在高等教育科学研究所的基础上构建的。高教所建所之初，就曾制定了一个粗线条的发展战略。战略目标是：在中国建立高等教育学新学科，研究高等教育历史与现实问题，培养高等教育学研究生。战略步骤分为三个阶段：

第一阶段以建设高等教育学科为基本任务。围绕学科建设，编写一部《高等教育学》，促进建所工作。这一阶段的任务，到1984年高等教育学被确认为教育学的二级学科、第一部《高等教育学》公开出版、教育部批准正式建所并下达编制指标而告完成。

第二阶段以培养研究生为主要任务，围绕课程建设，扩大研究领域，积聚研究力量，提高高教所在全国的影响力。这一阶段的任务，到1991—1992年间，培养了七届硕士毕业生和第一届博士毕业生，主持了一连串的全国性学术会议，特别是全国首届比较高等教育和首届高等教育史学术会议，初步

---

① 原载《厦门大学报》，2008年5月11日。

形成学科群，并被评为全国重点学科点而基本完成。

第三阶段的任务，是在较高水平上进行教学、科学研究和咨询服务，建成名副其实的全国高等教育重点学科点。这一阶段的任务，通过高等教育学科被批准为国家"211工程"和"985工程"重点建设项目，成立国家人文社科重点研究基地高等教育研究中心和荣获国家级优秀教学成果一等奖，一篇博士论文进入"全国百篇优秀博士论文"行列，多篇博士论文被中国高教学会评为一等奖，以及多次为教育部和地方提供咨询服务等等，而证明其在教学、科学研究与社会服务上达到较高水平。

那么，进入第二个世代，厦门大学教育研究院是否应该跨进一个新的阶段？新的阶段也就是第四个阶段的战略任务又是什么？在这世代交替之际，有必要提出来征询大家意见。

我认为：厦大教育研究院第四个阶段的主要战略任务应当是进一步推进中国高等教育学学科的国际化。

近30年来，尤其是21世纪以来，教育研究院在国际化上已经做了一些工作，打下一定的基础：包括前后邀请了几十位国外专家讲学，聘请了五位国外兼职教授，接待了多批国外学者和研究生的学术访问团，举办多届国际学术会议，与欧洲几个国家建立长期合作关系，教师轮流出国考察、进修或参加会议，和日本、荷兰等国的研究机构合作培养博士生，开出多门双语课程……但是，总的来说，接纳多而输出少，在国外影响甚微。国际化的意义在学术交流，既要有所接纳，也应有所贡献。因此，进一步国际化的着重点，应当是将中国高等教育学学科及其研究成果推向国际，扩大和提高国际影响的力度。

中国高等教育研究，不是"依附发展"，而是自主创新。30年来，我们以学科建制带动问题研究，在问题研究中，不断推进学科建设。这种学科建制的特点，有别于西方只把高等教育作为一个研究领域，只进行问题研究与院校研究。它的特色与意义，已开始为西方一些学者所认识与重视。今后如何将中国特色的高等教育学学科建制的模式和中国高等教育问题研究的成果推向国际，在高等教育国际学术论坛上有我们的话语权，有待于我们和国内兄弟单位共同努力。

在回顾与前瞻的基础上，谈谈30年来悟出的两点道理：

（一）"敢为天下先"

大学中的研究机构所做的工作，不论培养研究生或从事科学研究，都应当是处于学科前沿、有创新意义的工作。这种工作，需要勇气和自信心，就是"敢为天下先"。"敢"字当头，不是暴虎冯河的莽撞，而是经过苦苦的探索，找准方向，深思熟虑，敢坐冷板凳、敢于失败、敢于持恒。正是这种"敢为天下先"的勇气和自信心，厦门大学教育研究院才能在高等教育学科点创下了10个"第一"（建立了第一个高等教育研究机构、出版了第一部《高等教育学》专著、获得了第一个高等教育学硕士点和第一个博士点、成为第一个重点学科点、建立了本学科第一个国家人文学科基地、第一个"211工程"和第一个"985工程"项目、获得了本学科第一个国家级优秀成果一等奖和第一篇博士论文进入"全国百篇优秀博士论文"系列）。这些"第一"，都不是轰轰烈烈的宣传效应，而是艰苦而坚定地"敢于坐冷板凳"（学科创建的预备阶段就坐了22年的冷板凳）、"敢于失败"、"敢于持恒"的收获。

（二）"要第一，不要唯一"

一门学科的创建，可以由一个研究机构"敢为天下先"而首倡；但学科的发展、繁荣不可能"一枝独秀"，必须聚集众多学者、众多机构、众多有关学科的共同努力。"一枝独秀不是春，百花齐放春满园。"这就是我们为什么于1990年对第二个博士点的建立、2007年对第二个重点学科的通过，倍感高兴。当年，我到北京大学高教所祝贺他们的高等教育学学科经国务院学位委员会批准成为博士点时，我的报告第一句话就是："我们是竞争的对手，也是合作的伙伴。"没有竞争，就没有危机感；没有危机感，就缺乏发愤图强的动力；没有合作，就不能凝聚更多的力量，不断地推进学科的持续发展。"要第一"，要有"敢为天下先"的勇气与自信心；"不要唯一"，要有合作的精神和宽阔的胸怀。

基于这一认识，厦门大学教育研究院30周年院庆的意义，不只是一所大学二级学院的院庆，而是中国高等教育学学科建立与发展的缩影，应当把它摆在中国改革开放30年中来庆祝。祝贺它同中国高等教育学学科一起成长；祝贺它借力于中国改革开放的大潮，并为推进中国高等教育的改革开放做出了贡献。

　　厦门大学教育研究院已经走过了 30 年,现在是一个新的世代的开始。希望在中国高等教育学会指导和厦门大学领导之下,同兄弟单位进一步紧密合作,共同推进中国高等教育学学科的发展;更寄希望于年轻一代已毕业、未毕业的研究生们,将中国高等教育学学科推上国际化的平台。

高等教育研究60年：
后来居上　异军突起[①]

新中国成立以来，中国高等教育研究走过了一条艰难而非凡的道路。1978年以前，它是一个相当薄弱、几乎不为人知的弱小领域。1978年以后，它沐浴着改革开放的春风，后来居上，异军突起，取得举世瞩目的成就：不仅创造性地建立了高等教育学新学科，而且在高等教育问题研究领域取得丰硕成果；不仅专业研究机构、人员、刊物、成果等多项指标居于世界前列，使中国成为高等教育研究大国，而且探索出一系列推动高等教育研究事业发展的宝贵经验，在推动中国高等教育改革发展上发挥了重要的作用。在新中国成立60周年的今天，回顾中国高等教育研究的创业历程，总结成功经验，展望未来道路，对于推动中国高等教育研究事业的持续、健康、繁荣发展，具有重要的现实意义。

一、新中国高等教育研究的发展历程

本文以中国高等教育学学科的建立和发展为主线，结合研究重点的转移、标志性事件或成果的产生以及高等教育研究宏观背景的变化等因素，把新中国高等教育研究的历史划分为以下四个时期。

[①] 原载《中国高等教育》，2009年第19期。作者：潘懋元，李均。

（一）前学科时期（1949—1977）

中国近代高等教育研究的历史，可追溯到清末郑观应、张之洞、康有为、梁启超、王国维等学者对传统高等教育进行了初步反思，发表了一些关于高等教育的评论和建议。民国时期高等教育研究的范围扩大，当时一些知名学者和大学校长如蔡元培、蒋梦麟、梅贻琦、胡适、傅斯年、雷沛鸿、孟宪承、郑若谷、庄泽宣等都是高等教育专家，他们发表的不少高等教育名篇佳作是留给后人的珍贵遗产。

新中国成立初期，高等教育领域的一系列改革基本上以苏联的经验为蓝本。为了适应这一新形势的要求，高等教育界围绕学习苏联经验开展了一系列翻译和研究工作，《苏联的大学》《苏联高等教育》《苏联高等学校的教学方法》等都是当时有较大影响的译著。1953 年 5 月，新成立的高等教育部创办了不定期出版的内部刊物《高等教育通讯》（后来改为《高等教育》）。该刊除了发布公告、交流经验之外，也刊登一些介绍苏联高等教育的文章和国内高等教育调查研究的报告。

1956 年 5 月，毛泽东提出"百花齐放、百家争鸣"方针后，高等教育界积极响应。高校不少教师干部围绕教育教学改革工作开展了热烈的讨论，讨论的话题包括教育方针与全面发展的教育目的、学习苏联高等教育理论与教学方法、批判资产阶级教育理论、建设又红又专的教师队伍、解决学生学习负担过重等多个方面。从 1956 年下半年到 1957 年上半年，《高等教育》开辟专栏讨论教学改革的各种问题，其中关于教学中的"百家争鸣"问题的争鸣最为热烈，各派观点相互交锋，各抒己见，一时掀起了教学研究的"小高潮"。

1957 年，厦门大学教育学教研组编写了一本《高等学校教育学讲义》（以下简称《讲义》），在建立高等教育学学科方面进行了第一次重要探索，其前言明确提出，应逐步地建立一门称为"高等专业教育学"或"高等学校教育学"的教育科学。虽然《讲义》因为政治运动的原因未能公开出版，但它提出了建立高等教育学科的构想，为 20 世纪 70 年代末高等教育学科的创建打下了重要基础。

1957 年开始的"整风""反右""大跃进"等政治运动使高等学校的教育

教学工作受到冲击，高等教育研究被迫中止，取而代之的是对"教育革命"和"红专大学"的宣传。20世纪60年代上半期，高等学校教学秩序有所恢复，知识分子政策得以执行，为高等教育研究的恢复提供了契机。1962年和1963年，为贯彻"高教六十条"，教育部召开了一系列会议，就高校教学和科研工作中的问题进行了广泛的讨论。这一时期，高等教育研究主要讨论了如何解决运动过多、劳动过多，贯彻"少而精原则""教育与生产劳动相结合"的原则以及半工半读等问题，这些研究多数以经验总结为主，也开始出现了一些理论性文章。

1966年"文化大革命"爆发，高等学校教学和科研陷于停顿状态，全国各地的教育刊物和大学学报全部停刊，致使新中国成立后前十七年已经形成的以教学研究为重点的高等教育研究工作被迫完全停止下来。当时的高等教育文章主要发表在《人民日报》《红旗》和《教育革命通讯》等报刊上，基本上是宣传"文化大革命"中所提出的错误的主张，并对"前十七年"教育路线进行否定和诋毁。

1949—1977年这段历史时期，不同阶段的高等教育研究具有不同的特点和表现形式，但它们都具备"前学科时期"高等教育研究的一些共同特征：一是高等教育研究尚未形成专门领域。当时几乎没有专门从事高等教育研究的专业人员，也没有专门的高等教育研究机构，还没有形成"高等教育研究"这一概念。二是高等教育研究以实践经验为主，理论研究相当薄弱。尽管这一时期也有学者对高等教育理论问题进行过思考和探讨，但与高等教育实践研究相比，成果极少。三是高等教育研究不重视理论指导，也不重视研究方法，当时无论是实践研究，还是理论研究，绝大多数都是简单描述，就事论事，甚至是随感而发，几乎谈不上有什么理论指导，也很少运用科学的研究方法。只有极少数学者开始运用普通教育学理论和方法来探讨高等教育问题。

（二）学科建立时期（1978—1984）

20世纪70年代后期，高考制度的恢复揭开了教育领域拨乱反正的序幕，全国科学大会带来了"科学的春天"，改革开放推动了高等教育事业的恢复和发展，高等教育实践对高等教育研究的客观需求日益显现，也意味着中国高等教育研究的春天已经到来。在这一背景下，刘佛年、朱九思、潘懋元等一些教育理论工作者开始大力倡导高等教育理论研究。1978年，潘懋元发表《必须开展高等教育理论的研究》《开展高等教育理论的研究》等文章，时隔20年，再次发出开展高等教育研究的呼吁。

1978年5月，中国第一个专门研究高等教育的机构——厦门大学高等教育科学研究室成立，这是高等教育研究在中国成为一个专门研究领域的重要标志。此后几年，北京大学、清华大学、兰州大学、华东师范大学、华中工学院等大学也相继成立了高等教育的研究机构。

1979年，由厦门大学、华东师范大学、上海市高教育局等8个单位在上海联合筹备组建全国高等教育研究会。次年又在厦门召开了有34个单位参加的中国高等教育学会筹备会议。中国高教学会于1983年5月正式成立，它的成立使当时全国已经设立的十几个地方性高教学会联成一个系统，使中国高等教育研究开始向有组织的方向发展。

1981年，厦门大学招收了中国第一个高等教育学专业的硕士研究生，并于1984年被国务院学位委员会批准为中国第一个高等教育学硕士点。

1983年，国务院学位委员会公布的学科专业目录，将高等教育学正式列为教育学的二级学科，高等教育学的学科建制得到确认；1984年，潘懋元主编、九位专家合作编写的《高等教育学》出版。这是中国第一部高等教育学的系统专著，它的诞生标志着中国高等教育学作为一门新兴学科的正式确立。

这一时期，国内高等教育研究界还出版了一批重要的高等教育专著和译著，除上述两部高等教育学专著外，还有蔡克勇编著的《高等教育简史》（1982）、潘懋元著的《高等教育学讲座》（1983）、朱九思等主编的《高等学校管理》（1983）、王亚朴主编的《高等教育管理》（1983）、熊明安著的《中国高等教育史》（1983）、滕大春等翻译英国阿什比（E. Ashby）的《科技发达时代的大学教育》（1983）以及人民教育出版社组织编写的《外国高等教育丛书》（1979—1980）等。由于当时高等教育著作极少，这些著作成为高等教育科学研究主要的教材和参考资料，它们对中国高等教育科学研究产生的广泛而深远的影响是后来出版的众多同类著作难以企及的。此外，这一时期对改革开放初期高等教育改革与发展若干问题的研究也逐步展开。高等学校教学改革、大学生智能培养、高等学校教学科研"两个中心"问题、高等教育培养目标（人才观）、大学德育改革、高等教育如何迎接新技术革命挑战等都是当时比较热门的研究课题。

1978—1984年是中国高等教育科学研究的起步和学科建立的阶段，当时的许多重要工作都可以载入中国高等教育研究的史册。这一时期的高等教育研究较过去发生了一系列质的变化：

——高等教育研究成为专门的研究领域。专门研究机构和专职人员的出现，使高等教育研究成为一门专业。

——高等教育学学科正式建立，并促使高等教育研究作为专门领域在中国学科化、合法化。高等教育学建制也成为中国高等教育研究区别于西方高等教育研究的一个重要特点。

——科学的研究方法在高等教育研究中开始受到重视和运用。是否运用科学的研究方法是高等教育科学研究与发表高等教育议论的本质区别。1978年以后，调查法、统计法、文献法、比较法等教育科学研究的常用方法开始为广大高等教育研究工作者所熟悉，并在研究中得到运用，这是中国高等教育研究向科学化方向迈出的关键一步。

（三）规模扩充时期（1985—1998）

1985年5月，出台的《中共中央关于教育体制改革的决定》，对高等教育目标、体制、结构等进行了全面的调整和改革。1992年，邓小平视察南方并发表重要讲话与党的十四大确定以建立社会主义市场经济体制为改革目标，揭开了中国改革开放和社会主义现代化建设的新篇章。在新形势下，中国高等教育改革的步伐大大加快，中国高等教育研究进入了一个快速拓展的新时期。

据不完全统计，到了20世纪90年代中期，全国的高等教育研究机构达到800多个，高等教育研究专职人员达到3 000名左右，兼职研究人员数以万计。一批高等教育学硕士、博士学位点的建立为高等教育研究队伍输送了源源不断的新生力量。截至1998年，高等教育学博士点有4个（厦门大学、北京大学、华东师范大学、华中理工大学），高等教育学硕士点有23个。

高等教育研究成果更是增长迅速。20世纪70年代末每年发表的高等教育研究论文有几百篇，而据集美航海学院教育研究室和厦门大学高教所合作开发的"高教研究信息微机处理系统"所输录的论文条目，90年代上半期，全国每年发表的高等教育研究论文在15 000篇以上，这还只是一个不完全的统计数字。同时，1985年以后每年都有100部以上的高等教育著作公开出版。根据陈学飞总主编的《中国高等教育研究50年（1949—1999）》一书中收入的高等教育著作目录统计，1985—1998年共出版高等教育著作2 197部，平均每年出版157部，而1978—1984年7年间才出版著作113部。

这一时期，高等教育研究不仅规模得到扩充，研究的领域也有较大的拓展。

1984年中国高等教育学学科建立之后，高等教育研究大体上是沿着两条并行而又相互交叉的轨道发展：一条是以高等教育学学科建设为重点的理论研究；另一条是以对中国高等教育改革与发展实际问题研究为重点的应用研究或称"问题研究"。

在高等教育学学科建设方面，逐步形成了以高等教育学为主干的高等教育科学学科群。这一时期，陆续有多部各具特色的高等教育学专著问世，如郑启明、薛天祥主编的《高等教育学》（1985）、田建国著的《高等教育学》（1990）、潘懋元主编的《高等教育学》（1995）和《新编高等教育学》（1996）、胡建华等学者合著的《高等教育学新论》（1996）等。对高等教育学学科若干理论问题的研究受到重视，不少学者参与了对高等教育学的研究对象、学科性质、学科体系、研究方法等理论的探讨。1993年，全国高等教育学研究会成立，这个以高等教育理论研究为主旨的研究会的前三次研讨会都是以高等教育学学科建设为主题，广泛交流了高等教育学的基本理论和学科建设的观点，如高等教育学理论体系的逻辑起点问题、高等教育理论与实践的中介环节等。取得许多重要成果，对高等教育学的学科理论体系和研究范式的形成有重要的意义。与此同时，高等教育科学分支学科建设得到加强。20世纪80年代初期就已经问世的高等教育管理学、高等教育史等分支学科进一步得到发展，比较高等教育、大学生教学论、学习论、德育论、大学生心理学、高等教育经济学、高等工程教育学等一批新的分支学科也都陆续建立，出版专著，各类分支学科的数量达到20多个。

在问题研究方面，随着高等教育体制改革的逐步开展，大量出现的高等教育新问题需要从理论层面进行深入的思考。高等教育研究界围绕高等教育思想、高等教育结构、高等教育体制改革、高等学校教学、高等学校德育、民办高等教育、高等教育地位、高等教育与市场经济关系等主题展开了深入探讨。如20世纪80年代中期和90年代中期的两次高等教育思想大讨论影响很大，涉及众多问题。第一次大讨论的主要问题有传统教育思想与现代教育、高等学校教学与科研的关系、高等教育人才观、高等教育价值观等，第二次大讨论的问题包括转变教育价值观、教育质量观、教育发展观，提倡素质教育、创新教育、可持续发展教育等方面，这些讨论加深了人们对高等教育改革与发展的理性认识。

总之，1985—1998年是中国高等教育研究规模扩充的时期，与20世纪70年代末和80年代初的"学科建立时期"相比，高等教育研究发展呈现以下两大特点：一是高等教育研究事业的规模得到迅速扩充。遍布全国的研究机构和组织、日益壮大的研究队伍、数量众多的研究刊物和数量庞大的专著、论文，使中国迈入"高等教育研究大国"之列。二是高等教育研究领域进一步拓展，学科建设与问题研究齐头并进，新成果和新观点不断涌现，共同取得较大的发展。

（四）稳步提高时期（1999年以来）

新旧世纪之交，中国高等教育改革与发展进入一个新的历史阶段。1999年国家颁布的《面向21世纪教育振兴行动计划》提出在2010年高等教育的入学率将达到适龄青年的15%，正式吹响了高等教育大众化的号角，中国高等教育事业进入前所未有的繁荣时期。与此同时，中国高等教育研究事业在过去几年快速发展的基础上，进一步得到巩固和完善，步入一个稳步提高的新阶段。

——高等教育研究专业化水平有了明显提高。同20世纪90年代中期以前相比，1999年以来高等教育研究机构、研究人员、研究刊物保持相对的稳定，但研究组织和机构的力量有所加强，研究队伍的结构和素质有所改善。特别是2004年《教育部办公厅关于进一步加强高等教育研究机构建设的意见》发布后，高等教育研究机构的建设和发展有了制度保障。新兴学科的建设，最基本的工作是研究人才的培养与成长。随着我国学位授权审核制度的重大改革，新的高等教育学科博士点和硕士点不断涌现。据不完全统计，目前全国高等教育学专业和以高等教育为主要方向的相关专业博士点近20个，硕士点超过100个，在校生数千人。高等教育学研究生教育不断扩充，为高等教育研究事业的发展注入了活力，不少高等教育学硕士和博士研究生成为高等教育研究的骨干力量。2008—2009年间出版的"中国高等教育学中青年学者论丛"第一批的12位后起之秀的中青年，都是获得博士学位、从事高等教育研究的高等教育学博士生导师，并有重要的研究成果。

——高等教育学学科建设进一步受到重视。在高等教育学学科建设方面，近年来新出版的高等教育学著作有十部之多。与以往出版的高等教育学著作相比，一些高等教育学著作在高等教育学科理论体系的建构上做出了有价值的探索。如薛天祥主编的《高等教育学》（2001年版）、王伟廉编的《高等教育学》（2001年版）分别以"高深学问"和"课程与教学"作为逻辑起点来对高等教育学的理论问题展开论述，在构建高等教育学理论体系方面进行了尝试。同时，高等教育科学分支学科也得到了较好的发展，研究成果分门别类，蔚为大观。例如，在高等教育史学科建设上，2003年由黄福涛和贺国庆分别主编的《外国高等教育史》分别出版，填补了外国高等教育史学科无系统专著的空白；在新中国高等教育史、高等教育思想史、地方高等教育史、各类高等教育发展史、科举史、书院史、留学史、教会大学史等方面也不断推出新成果。在高等教育管理学科建设上，各类研究进一步深入和细化，形成了诸如学位与研究生教育管理、成人高等教育管理、自学考试管理校长学、科研管理、师资管理、后勤管理、高等教育评估与评价多个新兴领域或学科。在比较高等教育学科建设上，国别研究的范围有所拓展，亚洲、拉美的发展中国家高等教育得到重视；更多的外国高等教育名著被翻译出版，为高等教育科学研究提供了更丰富的参考资料，特别是2001年王承绪等学者组织编译了"汉译世界高等教育名著丛书"，在国内高教研究界产生了广泛的影响。又如2008年出版的《高等教育经济学》、王伟廉著的"高等学校课程研究系列"也产生了广泛的社会影响。

——高等教育理论与实践的关系更加密切。随着市场经济体制的逐步建立和高等教育改革的不断深化，服务实践、服务决策的理念更加深入人心，高等教育研究与高教实践的关系更为密切。大学素质教育、高等教育可持续发展、高等教育与知识经济、高等学校学科建设、高等学校德育建设、高考教育体制改革、高等教育大众化、高等教育国际化、高等教育发展战略、一流大学建设、高等学校分类与定位、高等学校招生与就业、民办高等教育、高等职业教育、学位与研究生教育等陆续成为研究的热点问题。其中的重要成果有2009年潘懋元主编的"高等教育大众化研究丛书"被列入"十一五"国家重点图书出版规划（其中《现代高等教育思想的演变——从20世纪到21世纪初期》被选入第二届"三个一百"原创图书出版工程）。尤为令人振奋的是，已经有更多的研究成果为政府部门所重视和采纳，有的研究还对中国高等教育的改革产生了重大影响。例如，近年来政府关于推行大学素质教育和实现高等教育大众化的决策都深受高等教育研究的影响。

——高等教育研究方法有了新的进展。多学科的高等教育研究受到重视，在高等教育一些重大现实问题的研究中得到充分运用，丰富了高等教育研究范式。传统的定量研究、定性研究有所提高和完善，各种形式的质性研究被广泛采用。研究方法的多样化能够更好地适应不同的研究对象和研究课题，加深对高等教育的认识和解决不同的高等教育问题，提高了高等教育研究的科学化程度。高等教育的预警性、前瞻性研究成为新的亮点，在高校招生与就业、高等教育大众化、高等教育发展规划以及金融危机对高等教育的影响等重大政策研究中得到运用，提高了高等教育研究的实效性。

——高等教育研究的国际化有了较快的发展。高等教育研究工作者出国、出境参加国际性、双边性的高等教育学术会议逐年增加，国内召开的高等教育国际学术会议也逐年增加。特别是中国高教学会每年召开一次的国际学术会议和博士生论坛，吸引了许多国家的高等教育研究专家学者前来参加。高等教育论文或译文在国外发表的日渐增多，有些学者及其研究成果也被介绍到国外、境外，国内外、境内外合作研究的项目也日渐增多。

可见，60年来新中国高等教育研究经历了一个从弱小到壮大、从数量扩充到质量提高的演进过程。特别是1978年以后，中国高等教育研究发展速度极为迅猛，呈现超常规、跨越式发展的特征，不仅研究规模庞大，而且创立了高等教育学以及分支学科，形成有中国特色的"高等教育学科范式"，创造了世界高等教育研究史上的奇迹。

二、新中国高等教育研究的主要经验

由于1978年以前的中国高等教育研究尚未成为一个独立的研究领域，新中国高等教育研究的经验主要是在改革开放以后取得的。通过上述历史回顾不难发现：近30年中国高等教育研究之所以发展如此迅猛，归功于改革开放和中国高等教育研究工作者在开创这项崭新事业道路中探索出来的若干宝贵经验。这些颇具中国特色的经验凝聚着中国高等教育研究工作者的精神、勇气和智慧，对中国高等教育研究的繁荣发展有至关重要的意义。

（一）以学科建设促进高等教育研究发展

众所周知，西方高等教育研究虽然起步较早，但一直未能成为一门独立学科。而中国高等教育研究从一开始就选择了一条不同于西方的发展道路，通过建立专门的高等教育学来带动整个高等教育研究事业的发展。历史证明，这条道路适应了中国国情和中国高等教育研究发展的实际需要，推动了中国高等教育研究的超常规、跨越式发展。

1978年以前，高等教育研究没有形成专门学科，只是星星点点，发表个人见解，虽不乏深刻的见解，但缺乏理论的深度。1978年后，高等教育学的学科建立过程也是中国高等教育研究制度化过程。建立一门学科是一个系统的、复杂的工程，不仅要有学科之名，还要有学科之实；不仅要形成教育学分支的系统化、理论化的知识体系，还必须建立学科研究的规范、规则、范式，建立包括学会、专业研究机构、专门出版机构及专业刊物等社会建制在内的学术共同体。因此，建立高等教育学，不仅使高等教育研究在中国取得合法地位，而且有力地带动了高等教育研究机构、组织、队伍、成果的大发展。特别是高等教育学本身达到理论化、系统化的知识形态，可以作为课程在大学出现，这对高等教育研究专业人才的培养具有重要的作用。

高等教育学的建立提高了高等教育理论解决问题的有效性，加快了高等教育研究的科学化进程。多学科问题研究范式的价值虽毋庸置疑，但该范式在整合研究兴趣多元性等方面存在缺陷。高等教育学作为专门研究高等教育的学科，必然以整个"高等教育"作为"问题域"，具有多学科问题研究范式无法替代的作用。从高等教育的全局来整体把握高等教育问题，整合多学科理论和方法，从而更好地探索高等教育发展的特殊矛盾和特殊规律，建立相对完整和系统的高等教育理论体系。因此，建立以高等教育为问题域、整合多种理论的高等教育学有可能提高高等教育理论解决问题的有效性，从而提高高等教育研究的科学化程度。

（二）以开放姿态推动高等教育研究繁荣

尽管中国首创了高等教育学，并按照学科的理论开展研究、培养专业人才，但高等教育学并未成为中国高等教育研究的唯一范式。中国高等教育研究从未把自己封闭起来，而是始终保持一种开放的姿态，这是中国高等教育研究保持长期繁荣和活力的重要原因。

在研究队伍的开放性方面，中国高等教育研究遵循"来者不拒，一视同仁"的原则：无论是教育专业的"科班出身者"，还是其他专业的"半路出家者"，甚至"业余爱好者"都可以加入高等教育学的研究行列，都可以在学科领域发表自己的观点，都可以通过自己的成果赢得同行的尊重。高等教育学所培养的硕士生、博士生也是来自多种不同学科的青年学者，聚集在高等教育研究组织中，进行跨学科的交流、探讨。与其他社会科学学科不同的是，中国高等教育学从建立以来就没有为所谓"垄断解释权"进行过任何努力。相反，争取尽可能多的学科专家加盟高等教育研究队伍一直是这个新兴学科的不懈追求。事实证明，大批来自其他学科的人员、学生的加入既是高等教育研究繁荣发展的标志，也是繁荣发展的重要原因。不仅来自其他学科的人员可以充分利用自己原来的学科专业背景和研究方法来进行高等教育多学科研究，而且高等教育研究的发展离不开高校一线广大教师和干部的支持。

在研究方法的多样性方面，中国高等教育研究推崇"兼容并包，海纳百川"的气度：创建高等教育学，不唯高等教育学的学科"独尊"；重视学科范式，不忽略其他相关学科范式和方法对高等教育研究的意义。近十多年来，随着高等教育改革的深入，对高等教育问题的探讨越来越需要借助不同学科的理论、观点和方法，多学科研究方法受到了前所未有的关注。

在借鉴国际先进理论的主动性方面，中国高等教育研究实行"主动借鉴，洋为中用"的方略：在坚持独立自主发展道路的前提下，根据中国高等教育研究自身需要，主动引进和借鉴国外先进的高等教育理论成果。改革开放以来，中国学者对国外高等教育理论的主动借鉴，极大地提高了中国高等教育研究的理论水平，加快了中国高等教育研究的国际化步伐。同时，中国学者对国际高等教育理论是主动借鉴而非被动接受，我们在借鉴国外理论的同时，能够根据中国国情有所发展和创新，从而为世界高等教育理论的发展做出贡献。近年来，中国学者对马丁·特罗高等教育大众化理论的修订与发展就是其中一个典型案例。

（三）以服务实践引领高等教育研究方向

高等教育学建立之后，中国高等教育研究工作者并未故步自封、陶醉其中，而是积极运用新兴的高等教育学学科理论来解决高等教育实际问题。中国高等教育研究虽然是以学科建设为其特色，但从整体上讲，中国高等教育研究不是"学科指向"，而是"实践指向"：无论是高等教育学的学科建设，还是高等教育问题研究，其目的都是为了服务实践、服务决策。可以说，中国高等教育研究工作者正是通过服务实践、服务决策引领了中国高等教育研究的方向。

通过对不同时期高等教育研究重大课题的回顾不难发现，中国高等教育研究热点问题的转移与中国高等教育改革发展的进展是基本同步的。服务实践和决策引领了中国高等教育研究的重点与热点，为中国高等教育研究的发展注入了取之不尽、用之不竭的动力。这不仅符合高等教育研究的"实践性""应用性"特点，也反映了当代社会科学研究与公共政策相互依存的趋势。作为应用性特征鲜明的高等教育研究若不能与教育实践、教育决策建立起相互依存的和谐关系，就很容易陷入"知识乌托邦"而孤芳自赏。

中国高等教育研究之所以能从一个默默无闻的新兴领域发展成为繁荣而庞大的事业，正是因为它与中国高等教育实践有天然的和谐关系，也正是因为中国高等教育问题研究与高等教育学的学科建设都以服务实践为目的，两者才能相互交融，相得益彰，共同促成中国高等教育研究今日之繁荣。

三、对未来中国高等教育研究的展望

尽管中国高等教育研究取得了辉煌的成就，但我们不能满足于现状。中国高等教育研究毕竟是一项年轻的事业，在学科建设、制度建设、国际交流以及对实践的服务力度等方面还有诸多不足，一些教育管理部门和高校的领导对高等教育研究的认识还存在一些误区。因此，我们必须正视不足，加快改革发展的步伐，朝着更高的战略目标前行。

进入21世纪，我国高等教育迎来一个必须紧紧抓住并且可以大有作为的重要战略机遇。这既是一个发展的黄金期，也是一个矛盾凸显期。一方面我国高等教育实现了跨越式大发展，进入了大众化阶段，成为世界上高等教育第一大国；另一方面我国远非高等教育强国，在深化改革中问题丛生，面临着如何从大国走向强国的历史任务。高等教育实践呼唤理论指导，高等教育研究者应该担负起时代赋予的历史使命：在加强理论创新与实践指导的过程中，实现高等教育研究也从大国向强国的迈进。

作为一个具有前瞻性的崭新命题，建设"高等教育研究强国"是中国高等教育研究自身不断发展、不断超越自我的必然要求。这不是一个近期的、一蹴而就的目标，而是一项长期的、艰巨的工程。对此，笔者曾经撰文从把握好"质与量""学与用""古与今""土与洋"几个辩证关系的角度谈了自己的看法。以下再从21世纪中国高等教育研究的范式变革、制度建设和道路选择等几个方面进行一定的分析和展望。

（一）中国高等教育研究的范式变革

未来中国高等教育研究要在范式上取得新的突破：既保持高等教育学的学科研究特色，又积极吸纳一切相关学科的理论和方法，形成以高等教育学的学科范式为主导，多种范式并存的开放、多元的高等教育研究范式。

该观点可进一步分解为两个方面：一方面，学科范式不是高等教育研究唯一的范式。仅仅运用学科范式将无法解决日趋复杂的高等教育问题，固守单一的高等教育学的学科范式必将限制高等教育研究的开放与发展，也不符合高等教育研究的方法论特点。只有高等教育学的学科与政治学、经济学、

文化学等多种学科范式相辅相成，才能真正有效地解决高等教育问题。另一方面，高等教育研究走向开放，采取多范式研究，绝不意味着高等教育学学科从此就走向终结。在未来的开放、多范式研究中，高等教育学学科的范式仍然占据主导地位，高等教育学的学科范式在保证高等教育研究的相对独立性、把握高等教育研究的全局和方向、整合多学科研究、聚集和培训高等教育研究人才等方面继续发挥其他范式难以替代的作用。

今后，高等教育学要更加开放，学科建设的思路也要更加多样。高等教育学不必因其他学科的广泛介入而妄自菲薄，应以一种更加开放、更加自信的学科意识，在主动接纳其他学科资源的过程中，重建自己的理论、观点和规范。同时，未来的知识经济时代，高等学校将从社会的边缘走向社会的中心，高等教育学作为研究高等教育的专门学科，将受到更多的关注，必然有更多的学者加入到高等教育学的学科队伍中来，高等教育学大有可能成为新世纪的"显学"或"朝阳学科"，这又为学科建设提出了更高的目标和要求。

（二）中国高等教育研究的制度建设

高等教育研究制度是规范研究行为的准则体系和支撑研究发展的基础结构体系，通常包括研究的机构、人才、刊物、著作以及图书文献中心、学术会议、课题管理、研究经费、人才培养、学术规范、学术评价等各种要素。近30年来，我们已经初步搭建了高等教育研究制度的框架，但框架内部各种配套制度的建设存在很大的欠缺。未来只有加强研究制度的建设，才能保障高等教育研究事业的持续、健康、繁荣发展。

未来高等教育研究制度的建设主要包括以下方面：完善保障高等教育研究机构自主发展的制度和机制，建立若干高等教育研究专业网站与虚拟高等教育研究平台，建立高等教育研究机构之间的合作制度和机制，建立高等教育研究刊物分类管理和质量保障制度，建立全国性和区域性高等教育研究文献资料中心和数据库，建立保障高等教育研究经费投入和有效使用的制度，完善高等教育课题研究和课题管理制度，完善高等教育研究人才培养制度，建立高等教育研究成果转化制度和机制，鼓励多元化的高等教育研究成果评价标准，完善高等教育研究学术规范等。制度建设，既要力求规范、完善，又要避免烦琐、僵化。

（三）中国高等教育研究发展的道路选择

未来中国高等教育研究要向"高等教育研究强国"的目标迈进，必须选择一条正确的道路。这条道路是坚持自主发展的道路，还是依附发展的道路？这是中国高等教育研究必须要明确的方向性、战略性问题。

一方面，中国高等教育研究将继续支持独立自主的发展道路。中国高等教育研究近 30 年繁荣发展的历史已经证明了坚持独立自主的发展道路是正确选择，各国社会科学发展的历史也证明了没有哪个国家是通过选择依附发展的道路成为社会科学研究强国的。依附发展和从属理论不仅解决不了中国的实际问题，还会对高等教育研究的健康发展产生负面影响。

另一方面，中国高等教育研究将逐步走向世界。未来的中国高等教育研究要加大对外开放的力度，进一步加强与国际高等教育研究界的交流与合作，不仅要以更为宽广的胸怀借鉴世界一切先进的、优秀的高等教育理论，还要通过交流与合作，让中国高等教育研究的成果为世界同行所熟知和认可，并逐步确立中国高等教育研究在世界学术界的地位。同时，积极参与跨国性的重大高等教育课题的研究工作，在国际化与本土化的相互作用、相互补充中不断取得新的进步。

总之，要建设高等教育研究的强国，就不能满足于规模大、成果多，更重要的是沉下心来不断提高科学化水平和应用价值。高等教育研究者要切实担负起自己的历史责任，瞄准学术发展前沿，打开认识视野，拓展思维空间，既立足当代又继承传统，既立足本国又学习外国，大力推进学术观点创新、学科体系创新和科研方法创新，形成国际高等教育研究中国学派，努力建设具有中国特色、中国风格和中国气派的高等教育学科群，为世界高等教育研究的发展做出我们中国学者应有的贡献。

高等教育研究的社会责任①

一、为什么要探讨高等教育研究的社会责任

有两个原因促发我向本次学术研讨会（"高等教育研究的社会责任"学术研讨会）提出这个主题。

第一，关于金融危机与高等教育的关系。

2007年开始席卷全球的这场新的金融风暴，经济理论界议论热烈，而教育理论界却似乎事不关己。2008年有的西方国家高等教育界才开始关心这个问题，但所讨论的基本是教育资金困难这类浅层次问题；中国高等教育界因为公办高校的资金不太受影响，只对媒体上已经炒得很厉害的大学生就业问题有所反应，还偶有文章谈及趁机引进"海归"人才。这些都是属于显而易见的浅层次问题。

2008年开学后，我和一批研究生的学术沙龙活动，组织了几次金融危机对高等教育影响的讨论，十分热烈。开始涉及一些较深层次的问题，如专业结构的调整（从就业情况反映的社会人才结构需要调整）、课程教学的改革（加强应用型人才培养）、某些教材内容的更新（如对新自由主义经济理论的重新评价，对马克思主义政治经济学理论的重新研究、学习），以及金融危机对各种类型高等教育不同的影响等，写了十几篇论文，除在《中国教育报》

---

① 原载《中国高等教育评论》，2011年第2卷。

编了一个专栏之外，散见于几本高等教育刊物，但反应一般。如今，高等教育界似乎对金融危机已经淡忘了。而欧盟则正在制订走出后危机时代的《2020年战略》，把教育和培训作为走出后危机时代的主要战略手段（江洋，2010）。

这就引起我们思考，高等教育研究者对于高等教育的改革与发展，是否应当负起预测、预警、评论、咨询的社会责任？

第二，关于高等教育问责制的讨论。

问责制（accountability system）原来是西方国家的一种行政制度，用以制约官员的行政权力，称为行政问责制；一般也用于制约企业的高管人员的经营管理权力，称为企业问责制；其后，又延伸至非政府组织的NGO（Non-Governmental Organizations）问责制，高等教育问责制也在一些国家流行。中国近年来有些省市和部门开始制定了有关领导干部问责的规定。2010年中共中央办公厅和国务院办公厅正式颁发了《关于实行党政领导干部问责的暂行规定》，正式建立行政问责制。至于社会问责如高等教育问责制，也开始有人写文章介绍、讨论。

问责是与权力相对应的。问责的"责"，是在行使权力中应当负起的责任或具有某种权力应当承担的责任，包括有某种权力而不作为的责任。理论研究工作者，既无行政权力，也无经营权力，因此不在问责制的范围之中。这也就引起我们思考：理论研究工作者，面向社会，是否也应负有一定的社会责任？这种社会责任的性质，不同于问责制所规定的责任，是一种道德理性的责任。这里所说的，是问责制的提出促使我们思考高等教育研究的社会责任，而不是要将问责制套在教育研究上。如果一定要"问责"的话，应该重在自我问责。

二、高等教育研究应负什么社会责任

可以从社会和研究者两个方面，提出多种社会责任。这里我只从社会科学研究与社会发展的关系上，提出对高等教育研究应负的社会责任。

（一）从研究与政策的关系说

我认为对政府制定政策和宣传（解读）政策提供服务，是高等教育研究的重要作用之一，但必须摆正理论与政策的关系：首先是政策来源于在社会实践中所形成的理论，而不是理论来源于政策；其次才是政策为规范社会实践而需要研究者的解读（解读应当包含宣传与评论）。这也是"从群众中来，到群众中去"的原意。现在政策制定者往往只要求研究者为政策"到群众中去"服务，忘记或不要求研究者为政策"从群众中来"起作用；而对于"到群众中去"，也只是要求研究者宣传政策而不愿听到评论。值得高兴的是，经过近两年的酝酿、沟通、修改的《教育规划纲要》，在一定程度上吸纳了群众的意见，包括研究者的意见，较好地体现了"从群众中来"，因而可能较好地"到群众中去"，也使研究者能较好地负起社会责任。

（二）从研究与实践的关系说

在中国，宏观的教育理论研究成果，一般要通过政策作为中介才能较好地转化为实践；但微观的教育理论研究成果，大多不需要通过政策而能直接转化为师生的实践。如非制度性的课程、教学的改革，师生有较多的自主权。从数量上说，后者多于前者，但往往进不了教育领导管理部门的视野，也很难得到教育研究规划的立项与资助。据我所知，只有20世纪90年代教育部高等教育司所制定的"高等教育面向21世纪教学内容和课程体系改革计划"的立项，其研究成果大多可以不必通过政策而直接转化为群众性实践。但由于缺乏后继资金支持，第二批立项有的不了了之。这就很难对研究者"问责"。

作为高等教育研究者，研究工作为教育政策服务或直接为教育实践服务，都是我们的社会责任。最好是能够将两者结合起来。例如，承担《教育规划纲要》的重大项目和参与改革试点，既提供政策延续的理论指导，又或多或少可以直接转化为教育实践。

（三）从研究与应用的关系说

理论的探索是研究工作的社会责任，理论的应用也是研究工作的社会责任，后者可能是一种更为现实与更为重要的社会责任。在教育理论探索上有所创新并被确认为具有一定的普适性与可行性不容易，而运用教育理论解释教育现象、解决教育问题，并具有一定的预见性也不容易。关于金融危机对高等教育的影响预见不足，从而不能预为之谋就是我们研究工作者所应当自我"问责"的。总之，高等教育研究的社会责任，不仅在于探索与创新理论，更在于应用理论，分析现状，发现问题，提出意见，总结过去，预测未来，及时提出预测、预警。

最后，让我用几句话来说明这个研讨会的意义：

如果说，在半个世纪之前，"人们常常指责大学对什么都进行研究而就是不研究自己"（帕金，1982），那么，这种指责现在已经不存在了。因为近半个世纪以来，世界许多大学都有了"研究自己"的机构和队伍。单就中国说，设在高等院校里就有 700~800 个高等教育研究机构在"研究自己"和 17 个博士点、83 个硕士点在培养"研究自己"的专门人才。现在要"指责"的是高等教育研究者对什么高等教育问题都进行研究而就是不研究自己。那就让我们反躬自问，从研究自己的社会责任开始吧！

参考文献

[1] 江洋. 教育：欧盟后危机时代的教育战略选择 [N]. 中国教育报，2010-06-30.

[2] 帕金. 高等教育的革新：英国 U. K. H. J. 的新大学 [M] //纳伊曼. 世界高等教育的探讨. 令华，严南德，译. 北京：教育科学出版社，1982.

高等教育管理的价值问题研究

本研究从价值论的视角,以马克思主义为指导,运用文献研究、思辨研究和多学科(高等教育学、管理学、哲学、伦理学、价值学、组织学、历史学等)的研究方法,对高等教育管理的价值问题进行较为系统深入的研究。

前三章是本研究的铺垫和前奏。第一章"导论"从反思高等教育实践困境、高等教育管理本质、现代管理科学发展轨迹和趋势以及高等教育管理研究者"公共理性"的责任与使命等方面表明选题缘由,阐述本研究对高等教育管理实践、理论发展与学科建设的重要意义,并综述文献、界定概念、提出研究假设、明确研究思路。第二章"高等教育管理理论的历史发展"通过回顾、梳理、总结古典管理理论、人际关系理论、行为科学理论、教育管理科学论、教育管理主观论、教育管理整合论等西方教育管理理论的历史与发展趋势以及新中国成立前中国高等教育管理理论研究的历史状况、新中国成立后高等教育管理学研究进展(冷态、恢复、经验研究向理论形态转变、理论研究的多元深化),揭示了教育管理理论发展历程中价值追求的变革特点,确立了本研究的历史基点。第三章"高等教育管理的特殊性研究"探析了高等教育管理的本质、逻辑起点(高深知识传播、创新与应用的效能)、高等教育系统——大学组织的特殊性、高等教育管理的人性基础——"学术人",提出了自己的独特观点,揭示了高等教育管理的特殊性。

第四章至第六章是本研究的核心和主体。在总论高等教育管理价值内涵、属性的基础上,从理论和实践两个方面深入分析了高等教育管理的工具性价值(效率、秩序、民主)和目的性价值(公正、自由、发展)体系的内涵、历史发展、本质特点与实践要求。

关于高等教育管理价值体系中的价值冲突及其表现形式、解决原则以及高等教育管理价值的实现问题在论文的最后部分得到了阐述。"结语"指出，高等教育管理的世界是一个属人的价值世界，高等教育管理价值追求的过程就是一个人类在实践的基础上作为"类主体"不断追求高等教育美好理想价值的过程，就是一个不断走向人的最终解放与自由之全面发展的过程。

本研究的价值在于对高等教育管理的价值体系做了第一次的探索性系统研究，为高等教育管理实践的理性开展和高等教育管理理论研究的深化提供了一个基本的参考框架。本研究的最大创新之处在于运用新的研究视角，从价值论的角度初步构建了一个关于高等教育管理价值的理论框架，为深化和发展高等教育管理学、建构高等教育管理哲学理论做出了理论贡献。

大学不应只比"大"不比"学"[①]

高校同质化，是中国高校发展中应该认真解决的问题。同质化，首先表现在高等职业教育与普通高等教育的同质化。许多高职院校想"专升本"，升本之后想招硕士生，招了硕士又想招博士生，最终都想办成研究型大学。这样大家都在一条道上走，势必形成"千校一面"。同质化，还表现在由于扩招和合并，许多本科高校办学规模求大，专业设置求全，行业特色型高校的特色专业被"稀释"。以前，地矿院校专门搞地矿，农林大学专门研究农林，各有所长。但现在很多高校都朝着学科齐全的方向努力，专业设置也差不多。大多数院校都有英语、计算机、财经与会计专业，全国居然有1 400所高校设有艺术类专业，占全国高校（包括高职）的60%。造成同质化的原因很多，最关键的是现行的高校考评模式和评价标准存在问题。评估体系基本上是根据精英教育、研究型大学的标准来设定，着重于学术评价。在评价体系中，最重要的衡量参数是学校规模、层次和学位点数量。高校之间比"高"与"大"，而不比"学"，这对高校是一种误导。另外，还有行政管理的问题。高职院校是副厅级，本科院校是正厅级，如果学校进了"985"，可能就是副部级，不仅仅是领导地位提高，整个学校的地位也提高了。高校同质化所带来的问题不可忽视，那就是很难满足社会对多样化人才的需求。社会需要科学家、理论家，但也需要大量工程技术人才，大量服务第一线的技能型人才。如果应用型、职业型教育没有受到应有的重视，必将影响社会经济的发展。

[①] 原载《职业技术教育》，2011年第32卷第27期。

要克服同质化，应坚持多层次发展。现有的"211"院校，算作是研究型、学术型大学，可将其作为龙头；其他几百所本科院校可以成为应用型大学，培养国家需要的大量应用型人才，可作为中坚力量；还有1 000多所高职院校可以培养技能型人才，作为基础。总之，高校要敢于坚持特色发展。

国际论坛与国际话语[①]

21世纪以来,中国高等教育学会的主要工作之一,也是亮点之一,就是每年举办一届高等教育国际论坛,并于第三届开始增设博士生论坛。以中国高等教育学会的声望和地方政府的协办,参加论坛者除高等教育研究工作者之外,还有政府官员、教育管理部门领导、高等学校领导与干部,以及相当一批年轻的博士生。在论坛上,对国家高等教育发展战略与政策的解读与宣传,对地方和高校高等教育改革实践的指导与影响,对博士生们的引导与培养,起了重要作用。这些作用,可能不都是立竿见影的,但却是深远的。

十年来,已召开的十届高等教育国际论坛的主题,除个别外,都是当时中国高等教育改革与发展中重大的宏观战略课题,如第五届的"科学发展观与中国高等教育",第六届的"建设创新型国家和中国高等教育的改革与发展",等等。而最近三届(包括即将召开的第十一届),更是从不同侧面集中讨论"建设高等教育强国"的战略课题。这一课题,既是中国从高等教育大国走向高等教育强国的现实问题,也是高等教育学会所承担的重大攻关课题。作为全国性的高等教育研究组织,有计划地集中力量于国家宏观战略问题的研究是正确的、必要的。历届论坛所讨论的问题,所交流的成果,对国家宏观决策、地方和高校的改革实践都有重要的影响,显示了中国高等教育学会在推动中国高等教育建设中所起的作用。

作为高等教育论坛,在国内已有重要影响。但是,作为国际高等教育论

[①] 原载《中国高教研究》,2011年第9期。

坛，可能还有进一步发展的空间。每届论坛，虽然邀请几名国外专家参加，但因所讨论的主题多是中国自身的问题，所以外籍专家只是提供一些经验或意见，以供中国借鉴；也可能带去一些中国的政策或经验，起一定的交流作用。但都未能充分体现作为"国际高等教育论坛"的本义——在国际性的平台上，中国对世界高等教育事务的话语权。

我认为，国际性教育论坛，有别于全国性教育论坛，应有三个层次的意义：其一，根据国内需要，借鉴他国经验；其二，平等对话，达到相互理解；其三，讨论国际性共同问题，探讨世界教育发展趋势与规律。基于此，我认为第二届主题"人文教育与科学教育的融合"、第三届主题"加强教育科学研究，促进高等教育创新"等，既是中国高等教育应当研究的问题，也是20世纪70年代以来，世界高等教育界所共同关心的问题。

世界和中国所共同面临的问题很多。例如，中国高等教育当前的任务是"提高质量"，而世界高等教育自20世纪50年代以来，每10年翻一番，到2008年时，大学生已达1.6亿人。由于数量剧增，优质教育资源稀释，导致质量下降，是世界和中国所共同面临的挑战，因而，高等教育质量保障是共同的问题。而优质教育资源保障最重要的是师资队伍建设，因而大学教师专业发展也成为世界高等教育发展的共同问题。其实，国际上共同感兴趣的问题很多。例如，合作办学、学位与学历互认、弱势群体的教育、妇女教育，以及终身教育体系的建设等等。

在国际教育的平台上，讨论这些问题，都应有中国的声音。中国的专家学者可以介绍中国高等教育的成就与问题，也可以畅谈对世界高等教育发展的预测与评论；可以汲取他国的经验、理论，也可以宣传我们的思想、观点。对于年轻的博士生们，更可以扩大视野，增强信心。

希望中国高等教育学会主办的国际论坛，能够更好地站在国际的高度上，吸引更多的国际眼光，在讨论世界和中国共同关心的高等教育问题上，有中国教育领导和专家的话语。让国际能够更好地感受到中国正在从教育大国走向教育强国，正在从教育研究大国进入教育研究强国。

高等教育研究在中国发展的轨迹①

中国高等教育研究的特点，是在早期对高等教育问题分散研究的基础上，着重学科建制，形成学科建设与问题研究两条并列发展而又有所交叉的轨迹。也就是说，高等教育研究，既是一个专门的学术领域，又建立了一门新的学科，进而形成了一个庞大的高等教育学科群。作为宽广的研究领域，高等教育研究及时对高等教育改革与发展中各种各样的问题做出回应，进行不同角度、或深或浅的探讨；作为一门学科，高等教育研究对高等教育基本理论进行系统探索，并将其研究的范围延伸至高等教育的各个层次、各个方面，出现众多分支学科，形成庞大的学科群。高等教育改革与发展中现实问题的研究，既需要运用高等教育学科所提供的理论，又能够为高等教育学科理论研究提供丰富的资源。因此，两者的区别只是相对的，在发展中往往相互交叉。下面分别简述两条发展轨迹。

一、以高等教育学为主干的学科建设

中国高等教育研究领域之所以能从20世纪80年代开始蓬勃发展，在短时间内形成高等教育研究大国，得益于学科建制。主要的标志是1983年，国务院学位委员会公布的培养研究生"专业目录"，将"高等教育学"列为教育学的二级学科，正式承认它的学科地位；同年，"中国高等教育学会"作为

---

① 原载《中国高等教育评论》，2012年第3期。

教育部领导的一级学会正式成立［在此之前，已有 18 个省（市）成立省（市）高教学会或筹备会］。1984 年，中国第一部《高等教育学》由人民教育出版社和福建教育出版社联合出版，标志着作为一门独立新兴学科的高等教育学学科体系的确立。同年，厦门大学高等教育科学研究所被国务院批准为中国第一个高等教育学科硕士学位授予点，1986 年被批准为中国第一个高等教育学科博士学位授予点，标志着这门新兴学科开始培养学术人才。时至今日，全国已有 19 所大学可以培养高等教育学科博士生，近百所大学可以培养硕士生。每年获得博士、硕士学位的高等教育学专门人才数以千计。加上从有关学科毕业参与高等教育研究的工作者，形成浩大的高等教育研究工作者大军。如果没有国家认可的学科建制，这种发展成就在中国的现行体制下是很难设想的。

高等教育学科建设，可分为主干学科的基本理论研究和分支学科的形成。

（一）高等教育学科基本概念、基本理论的研究

包括"高等教育"概念的界定、高等教育的本质、高等教育的主体功能与社会功能、高等教育的价值观与质量观、高等教育的社会职能，以及高等教育的学术性与职业性、通才教育与专才教育、专业教育与素质教育、大学的精神和大学的理念、高等教育的课程理论与教学理论等。对这些基本概念、基本理论的认识，都有所加深。例如：结合中国社会的特性，对高等教育的经济功能、文化功能进行了多方面的大量的研究；对高等学校的社会职能，除了国内外共识的人才培养、科学发展和社会服务三个主要职能以外，不少论文探讨是否还有其他重要职能，其中主张将国际合作与交流、引领社会文化等作为高等学校的第四个主要职能者较多。此外，高等教育的可持续发展、知识经济时代高等教育的地位与作用等，也作为现代高等教育的新理论写入高等教育学中。继第一部《高等教育学》之后，已经公开出版了 20 多部各具特色的《高等教育学》（或称高等教育学"新论""导论""引论"等）。

学科的基本理论建设，包括方法论及其独特的研究方法。对于社会科学来说，许多研究方法是共同的，在方法的运用上，可以有所侧重，但很难确定某种研究方法是某门学科的特殊方法。高等教育是一个复杂的开放系统：一方面，它所开设的课程包含多种学科；另一方面，它所培养的人才将要面

向多个领域。因此，多学科观点研究方法对高等教育研究有其特殊意义。开创多学科观点研究方法的是伯顿·克拉克（Butron R. Clark），他于1984年出版了《高等教育的观点：八个学科的比较观点》一书，对中国高等教育学科的方法论建设起了重大的推动作用。这一方法论的意义在于提供一种新的思维方式，拓宽研究领域，开拓研究者的视野与思路（潘懋元，2001）。

（二）高等教育学科群的形成

在建设高等教育学的同时，根据学科发展细化与交叉的趋势和高等教育实践的需要，高等教育学科的许多分支学科也在20世纪80年代之后陆续建立起来，逐渐形成庞大的高等教育学科群。

中国高等教育学科的分支学科，大体可以分为三类。

第一类是从高等教育学这门主干学科的基本理论中细化出来的分支学科，如高等学校课程论与教学论、大学生学习学、高等学校德育论、高等教育史、比较高等教育、高等教育哲学、高等教育研究方法等。

第二类是高等教育学与其他学科结合产生的交叉学科。如高等教育经济学、高等教育管理学、高等教育生态学、高等教育结构学、大学生心理学、高等教育系统工程，以及各科类的学科教育学等。

第三类是运用高等教育理论研究不同类型、不同层次高等教育所构成的学科。如高等工程教育、高等师范教育、高等医学教育、高等农业教育、高等专科教育、高等职业教育、成人高等教育、学位与研究生教育、留学生教育、高等教育自学考试等。

以上所列举的分支学科，都已有系统的专著出版，其中大多数已出版专著多部；有的还作为研究生课程，作为高等教育学研究生教学计划中的必修课程或选修课程。有的分支学科，又根据需要分化为次一级分支学科。如高等教育管理学已分出高等教育行政学、高等学校管理学、高等教育评估学、高等教育管理心理学，以及高等学校学生管理、课程管理、科研管理、后勤管理等更次一级的学科或专门研究领域。

与普通教育学不同，中国高等教育学产生于中国本土，虽然在其发展过程中也适当借鉴了发达国家高等教育的某些见解与经验，但高等教育理论的主流与重要的创新性研究成果，都以中国本土的实践为基础，在思维方式与价值观上具有鲜明的中国特色，并非所谓的"依附发展"（Dependent Development）（潘懋元、陈兴德，2012）。西方把高等教育只是作为一个研究领域进行问题研究，不承认高等教育是一门学科，更不可能建构一门学科的理论体系。而中国是在问题研究的基础上，构建了一门独立的高等教育学，虽然整个理论体系还不够成熟，但其基本概念、基本理论成为理论工作者的共识，并运用于研究高等教育领域中改革与发展的实际问题，在理论与实践的互动中持续发展。

二、高等教育改革发展中的问题研究

高等教育学科的产生与发展，是与中国高等教育的改革与发展紧密结合、同步进行的。上述学科建设，本来就是在高等教育改革与发展的推动下进行的。但学科有相对稳定的逻辑体系，而实践提出的问题则是个别的、动态的。高等教育研究工作者在构建理论体系，进行基本理论研究的同时，没有忽视改革与发展实践中所提出的问题。大多数研究工作是围绕不同时期所提出的问题开展研究的。这些研究，一方面在高等教育学基本理论的引导下进行；另一方面又以其生动的研究成果不断地反哺高等教育学科，提供丰富的理论资源。

下面分别简介 20 世纪末期（即高等教育改革与发展初期）和 21 世纪初期（即中国高等教育进入大众化时期）两个时期高等教育研究所探索的重要问题。

（一）20 世纪末期的重要问题

中国于 20 世纪 70 年代末至 80 年代初开始确定改革与开放的发展方针。这一方针不但以经济为中心，而且制约各个方面，包括高等教育的改革与发展。在这个过程中，出现了许多热点问题需要研究解决。下面就一些重要的热点问题适当进行归类简介。

1. 高等教育培养目标

改革开放之初，高等教育界就围绕高等教育的培养目标，讨论教育观、人才观以及传统教育思想与现代化的关系，讨论的实质是教育的价值观，众多的理论可以概括为两大类：一类认为教育的价值在于满足社会发展的需要，能否更好地满足社会需要是教育价值的尺度；另一类认为教育的价值在于满足个体的成长需要，教育的最终价值在于人的自我实现。这两类价值观都有其历史渊源和现实背景。开始是各说各的，未有明显交锋。到了20世纪80年代末期，在特定的环境中，发展为教育功能之争。一种观点认为人是教育的主体，教育的基本功能就在于促进人性的自我成长，达到个性的全面发展；另一种观点认为教育是一种社会活动，按社会的需要塑造人，教育的价值在于满足社会的需要，促进社会的发展。人本主义和工具主义两股对立的思潮，相互激荡，交替占据主流地位。由于两种功能观都有理有据，很难做出简单的结论。对于社会科学的学术问题，没有结论的讨论并非无益之争。它的意义在于百家争鸣，繁荣学术，加深认识，使人们可以从中获得某些启发。例如：从人本主义教育功能观的理论中，认识人在教育中的主体地位，从而推进个性的心理学研究；从社会发展功能论中，认识教育必须面对社会的现实，从而推动教育经济学、教育社会学的研究。争论的后期，更多的文章从人的成长与社会发展的统一性来阐明教育功能，大多数人达到了某种程度的共识。

围绕高等教育培养目标的讨论，借助教育基本功能的认识，这一时期还讨论了教育与生产劳动相结合、政治与业务的关系、通才教育与专才教育并重、知识与能力的关系等问题。这些问题的研究，最终都归结到高等教育如何为社会主义现代化建设服务上。

2. 高等教育同社会发展的关系

教育同社会的经济、政治、文化之间，存在内在的必然联系和本质之间的关系，这是教育的外部关系规律。这条规律的作用，对高等教育特别明显与重要。因为高等教育所培养的人才，将直接进入社会各个部门就业，社会的任何变革都会直接地、迅速地冲击高等教育。中国的社会主义现代化建设，是以经济为中心，从计划经济向市场经济转型。因此，高等教育与商品经济、市场经济的关系，就成为20世纪80年代之后的重要研究课题。有一种意见认为高等教育必须适应市场经济，才能得到发展；另一种意见认为高等教育有其自身特殊的价值、功能，必须保持其独立性，坚持大学精神，抵制市场经济的冲击。经过讨论，大多数高等教育研究工作者认识到市场经济对高等教育冲击的必然性,这种冲击有消极面也有积极面。高等教育不应被动地被市场经济牵着走,以经济规律代替教育规律,而应主动地适应市场经济,即发挥市场经济对高等教育的积极作用,尽可能避免或减轻市场冲击的消极作用。如何主动适应市场经济,成为在高等教育改革发展中需要不断研究的问题。

20世纪80年代中期,中国高等教育界提出迎接世界科技革命的挑战,加速高科技人才的培养与尖端课题的研究,并取得明显效果。但在一个时期内,由于受市场经济消极面的影响,高等学校忙于所谓的"创收",有关如何迎接科技革命挑战的研究有所冲淡,没有深入下去。90年代之后,由于信息技术的迅速发展,更由于生态环境的严重破坏,高等教育与科技的关系以及创新人才的培养再次成为研究的重点。

20世纪90年代中期以来,文化与高等教育的关系也为高等教育理论界所重视。教育的基本功能本来就是文化的传承,而传承就要经过选择,选择就得经过批判,因此,文化的传承、选择、批判、创新就是一切教育的基本功能,不过大学在文化选择、批判、创新上起着更重要的作用。高等教育理论界对于这些文化功能,尤其是创造、创新功能的研究正在逐步加深。同时,研究的范围还涉及关于传统文化、外来文化、本土文化的种种理论问题。

3. 高等教育体制改革

20世纪80年代中期,国家根据经济体制转型提出加强教育体制改革的政策。结合当时的国情,高等教育研究的体制改革重点有以下四项。

——招生与就业体制。着重于批判计划经济时期"统招统配"体制的缺点,探索如何将完善统一高考和自主招生相结合,如何让学生自主择业,并加强就业指导等问题。在实践上,自主招生的难度很大,进展不大,自主择业已完全实现,就业指导也有所加强。

——投资体制。研究如何完善以政府投入为主,多渠道筹集办学资金的教育投资模式。对于政府投入,提出要达到GDP的4%,政府也做出了承诺。但由于当时财政收入占GDP的比例过低,一直无法达到所承诺的4%。直到21世纪初,财政投入比例大增,2012年达到高等教育界所提出的要求。同时,进行多渠道集资的研究,推动民办(私立)教育体制的恢复与发展。

中国的私立高等学校，在80年代中期就已出现并自发地发展起来，但它在教育体制上一直未得到确认。1992年以前，着重于论证民办（私立）高等教育在中国存在与发展的可能性和必然性；1992年之后，民办（私立）教育体制基本上得到认可，研究的重点转为以立法保障私立高等学校的办学自主权与发展的空间，从而推动人大制定了《中华人民共和国民办教育促进法》。

——管理体制。着重研究如何加强地方与高校办学自主权，变单一的行政管理为行政、立法、经济、学术权威的多元化管理，加强管理的科学化和民主化。在实践上，地方的办学自主权大大加强，高校的办学自主权也体现在《中华人民共和国高等教育法》中，有所加强但未能完全落实。

——联合办学体制。为了优化教育资源配置，提高办学的规模效益，20世纪90年代，提出了联合办学的四种模式，即合作、合并、转制、共建。学者着重于提倡校校合作，资源共享；而政府着重于推行合并与转制，在"求大求全"的思想引导下，许多大学合并成巨型大学。在政企分开的体制改革中，许多部委举办的大学转制为地方高校。对于合并与转制，因其是政府行为，除了政策性宣传文章外，学者很少认真研究。这些被合并和被转制的高校，经过多年的磨合，虽逐渐适应新的办学体制，但仍留下一些有待解决的问题。

4. 大学生德育

高等学校的德育工作，始终是高等教育理论界关注的问题，理论研究的视野也随着改革开放而逐步拓宽。早期的研究重点在于如何加强大学生的思想政治教育；在市场经济冲击下，焦点转移到道德观和个性心理的研究上，20世纪90年代开始，校园文化所起的潜移默化的德育作用受到理论界的关注；其后，研究的视野又拓宽到大学生的素质教育。

素质教育，原本是基础教育为抵制"应试教育"而提出的，在实践上对"应试教育"的抵制作用不大，但在理论上却有利于贯彻人的全面发展的教育方针，并因此而受到重视。高等学校所提倡的素质教育，着重于人文素质教育，是针对"重理工、轻人文，重专业训练、轻综合素质"的弊端（杨叔子等，1996）而提出的。华中理工大学（现称华中科技大学）从20世纪90年代起开设"人文讲座"，影响遍及全国。加强人文素质教育，使科学教育人文化，人文教育与科学教育相结合，既是世界的趋势，也是中国高等教育现实的需要。

5. 高等学校教学改革

教学改革是高等学校教育改革的核心，也是广大教师所关心的问题。但这个核心多年来被忽视，只停留在一般号召上，并未真正提上改革的工作日程。高等教育理论工作者也只是在专业调整、学分制实施这些问题上做文章，很少深入教学过程探讨学科建设、课程体系、教学内容、教学方法等改革的问题。倒是有些高校教师借鉴国外的课程理论和教学方法，对自己所教的学科课程进行一些试验，写出大量的经验总结性文章，在各类学报或高教刊物上发表，其比例占全国高教论文总数的40%以上。但往往各自为政，力量分散，即或有所得，也难以推广，以致教育改革虽进行多年，教学质量却并未提高。从1994年起，教育部开始实施一项名为"21世纪高等学校教学内容与课程体系改革"的大规模协同研究计划，以本科教育为主，对各科类的教学改革，从专业设置、课程体系、教材编写、教学方法、教学技术到教学管理，立下了200多个项目、900多个课题，全国参加研究与试验的大学教师（主要是研究型大学）达1万多人。各省各校也纷纷在本省本校的范围内增加研究项目。这些举措对全国本科教学改革起了一定的推动作用，尤其是编写了一些质量较高的教材。但由于经验不足和人事变换，这项庞大的教学研究计划未能坚持下去，有点虎头蛇尾。其后教育主管部门改为每五年一次评选优秀教学成果奖，以鼓励高校和教师开展教学研究与试验。

以上只是列举了高等教育研究在这一时期探讨的一些重要问题。此外，这一时期高等教育研究还对许多问题予以了关注，如各地各校的高等教育发展战略、学生管理的改革，从不收学费、部分收费到全部收费的合理性，产学研合作教育及其推广等。每年发表的高等教育论文达1.5万篇以上，遍及高等教学改革与发展的方方面面。

（二）21世纪初的重要研究领域

进入21世纪，中国高等教育最大的变化就是从1999年开始扩大招生，向高等教育大众化阶段迈进。扩招之前的1998年，普通高等学校的大学生只有360万人，加上接受成人教育的大学生也只有643万人，是世界高等教育毛入学率不及 10% 的低文化水平的国家之一。

连续扩招 4 年，到 2002 年，高校毛入学率就达到 15%，达到高等教育大众化的数量门槛；到 2011 年，大学生数已达 3 167 万人，毛入学率达到 26.7%，超过世界平均水平。预计到 2020 年毛入学率将达到 40%。

量的增长必然引起质的变化。毛入学率 15% ~ 50% 只是高等教育大众化的数量指标，进入大众化阶段后，高等教育精英化时期所形成的教育理念、培养目标、课程教学、管理模式，已经不适应或不完全适应大众化阶段的实际，急切需要高等教育研究工作者进行理论的、应用的研究，作为改革与发展的决策和实践依据。一向凭经验决策的教育管理部门面临新形势，老经验已不足以应对新问题，因此也重视理论研究，向理论工作者提出大量研究课题。因此，进入 21 世纪，高等教育形势喜人，高等教育研究也空前活跃。

1. 由大众化直接引发的研究问题

——招生问题。每年普通高考和成人高考的考生数以千万计，改变统考统招体制的呼声越来越高，研究的意见与方案也数不胜数。但对于这一事关千家万户的大事，稳健的改革派占优势。10 余年来，只推行了由中央统一高考到部分权力下放给省（市），并在研究型大学中实行少量的自主招生的政策。由于生源不足，近年来也允许高职院校部分自主招生。

——就业问题。扩招之前，毕业生就业问题已经出现，扩招之后，更加严重；2008 年之后，又受世界金融危机的影响，雪上加霜。就业问题既成为全国的重大社会问题，也是高教界、经济界研究的热点问题，高教界的研究着重于调整专业结构和加强就业指导、生涯指导。

——高校及其专业的分类问题。在精英教育阶段，大学的任务就是"研究高深学问"，普通高等教育本科培养学术人才，专科学校也办成压缩型的本科。其所培养的人才虽然存在脱离社会实际的问题，但在"统一分配"的时期矛盾尚不突出。进入大众化阶段，每年几百万名大学生到社会上自主就业，不可能都从事学术研究，人才培养目标必须分类。精英教育仍将存在并有适当的发展，而大量的高校及其专业应当面向社会实际，培养应用技术人才和职业技能人才。这方面的研究从 2005 年前后开始展开，如今已转化为政策。但是如何转变办学者的传统观念，落实应用型、职业型人才的培养目标与培养方案，仍是高等教育研究工作的艰难任务。

2. 对不同类型高等学校及其专业的研究

不同类型高等学校及其专业的改革发展，除了有共同的问题外，各有不同的问题需要研究。

——传统的研究型大学，特别是国家评定的"211大学"和"985大学"，主要的研究课题是建设世界一流大学和一流学科，提高科学研究水平，培养创新人才。

——适应大众化需要而重建的高职院校，一开始就成为高等教育研究领域的重点。在培养目标、课程设置、实训基地和双师型师资队伍建设等问题的研究上，都已收到明显的效果。现在研究的主要问题是建立高等职业教育独立体系和自主招生、扩大生源等。

——一般普通本科院校，尤其是新建本科院校，面临如何定位的问题。这类院校，在大众化初期仍沿着传统大学的道路办学，求大求全、缺乏特色，高教研究工作者正在为这类院校如何从传统大学向应用型大学转变，面向地方，为地方服务，办出各自特色，进行课程与教学改革的研究。

——民办高等学校，在高等教育大众化期间，发展空间较大，数量增长较快，2011年在校生达505.1万人，占全国普通本专科在校生的21.4%。现在面临的问题是：如何消除政策上的歧视，提高民办高校的社会地位，使其教师、学生享有与公办高校师生同样的地位与待遇；如何分类管理、规范管理而又保持其办学自主权；如何解决民办高校的产权问题和招生问题；等等。

除上述几种类型的高等教育外，对于成人高等教育、继续教育、电视广播大学、开放大学、远程高等教育以及高等教育自学考试等如何适应高等教育大众化时期的新形势的问题，也都在分别展开研究。

3. 高等教育质量问题

由于扩招太快，教育资源尤其是优质资源不可能同步增长，高等教育总体资源不足，优质资源稀释，导致高等教育质量下降。因此，国家将提高高等教育质量作为当前高等教育发展的核心问题，这也是当前中国高等教育研究的中心课题。

教育资源包括人、财、物，也就是师资、经费与设备，尤其是师资水平决定了教育质量。师资水平包括两个方面：一方面是学术水平，以往教师中除留学回国者外，大多数是本科毕业留校当助教，而现在大多数是国外或本国有关学科的博士，至少是硕士，在学术水平上问题不大；另一方面是教育教学的经验，其主要问题是新教师经验不足，尤其是思想准备不足。扩招之前，全国普通高校教师约有 41 万人，生师比为 8.84∶1；2011 年达到 139 万人，生师比达 17.76∶1。每年有数以 10 万计的新教师进入高等学校，他们的教学负担重，而业绩考核又着重于科研成果、发表论文篇数，因此培养新教师、端正教师的教育思想、提高教师的教育理论知识和教学工作能力，成为质量研究的重点。

对于应用型和职业型高等学校，产学研三结合的培养方式在提高学生的技术能力方面有重大作用。20 世纪 90 年代，我国就已借鉴国外的"合作教育"进行试点；进入高等教育大众化阶段，作为开拓实训基地和培养双师型教师的重要措施，产学研三结合的培养方式在应用型和职业型高校普遍展开，成为提高培养质量的热门课题。

高等学校的教学评估，是质量的反馈、监督、保障机制，也是当前高等教育管理研究的重点。过去的教学评估都由政府主持，统一标准，学校与教师是被动的被评估者，缺乏社会监督和学校自律机制。当前正在研究如何以自律为主，分不同类型高校，制定评估标准，建立社会中介机构对高校学科、专业、课程水平和质量进行多元评估。

4. 落实《教育规划纲要》，建设现代大学制度

中共中央国务院于 2010 年公布的《国家中长期教育改革和发展规划纲要（2010—2020 年）》（以下简称《教育规划纲要》），经过近两年的制定过程，采纳了许多教育研究工作者的研究成果，是一份让人民满意的行动计划。在《教育规划纲要》中，特别提出了 10 个重大项目和 10 个改革试点，这些都需要研究工作的紧密配合。对于高等教育，特别提出了"提升高等教育质量"和"现代大学制度改革试点"。因此，当前高等教育研究工作围绕《教育规划纲要》的实施和重大项目、改革试点而展开，具体如下。

——探索建立符合学校特点的管理制度和配套政策，克服行政化的倾向，取消行政化管理模式。人们将其简称为"去行政化"。此项研究，学者的呼声

很高，但在实践上阻力很大。

——探索校长治校、教授治学的有效途径。要求校长"职业化"，探索教授如何在教学、学术研究和学术管理中发挥作用，学术委员会如何在学科建设、学术评价、学术发展中起决策性的作用。在大学治理上，探索如何尊重学术自由，营造宽松的学术环境，以利于培养拔尖创新人才和协同创新科研成果。

——探索如何落实和扩大学校办学自主权。各类高校正在研究制定章程，经民主讨论、上级批准后，就得依照章程规定管理学校。

——探索现代高等学校社会化。探索高校同行业、企业、科研机构、社会团体合作共建或共享机制，探索如何建立社会参与的高等学校理事会或董事会等。

为了办好一所大学，要研究、解决现代大学办学中方方面面的问题。从21世纪开始，引进自美国的校院研究（institute researches）通过研究本校的发展战略、学科专业结构、教学、科研、学生管理、后勤事务等方方面面的问题，在办学的科学化、合理化、高效率上起了良好的作用。校院研究也可以称为校本研究，它不同于一般例行的工作总结或经验总结，必须依据教育理论或政策，运用教育研究方法，独立地调研本校中的某一现象或问题，写成研究报告，提出改革发展的建议或方案，以供学校作为制定规划或决策的依据。如今，校院研究已成为许多高等学校高等教育研究所（室）的主要研究任务，成为推动高等学校改革发展，建设现代大学制度的重要力量。

众所周知，中国已经是世界上的高等教育大国，正在建设高等教育强国。中国的高等教育研究，无论从遍及全国高等学校的高等教育研究所（室）、参加研究的人员、出版的专著与期刊、每年发表的论文，还是从每年培养的高等教育学和高等教育管理的研究生来看，都是世界上的高等教育大国，但还不是高等教育研究的强国。中国的高等教育研究，还需在理论研究的深入、研究方法的改革与提高、国际化与本土化的结合上不断提高，促进中国成为高等教育研究的强国。

参考文献

[1] 教育部发展规划司. 中国教育统计年鉴（2017）[M]. 北京：人民教育出版社，2018.

[2] 潘懋元. 多学科观点的高等教育研究 [M]. 上海：上海教育出版社，2001：5-6.

[3] 潘懋元，陈兴德. 中国高等教育自主发展路程研究 [M]. 北京：高等教育出版社，2012.

[4] 潘懋元. 潘懋元文集：卷二 理论研究 上 [M]. 广州：广东高等教育出版社，2010：182-198.

[5] 杨叔子，等. 中国大学人文启思录 [M]. 武汉：华中科技大学出版社，1996.

"协同创新"的高等教育研究[①]

我之所以把20年前,从1999年开始,历经5年完成的"建设有中国特色社会主义高等教育理论研究"视为一次"协同创新"的高等教育研究活动,是因为那时虽然还未出现"协同创新"这一概念,也未具备今天所推行的"2011计划"规定的模式,但已具有"协同创新"的某些要素,既有协同的机制,又有创新的成果,可视为"协同创新"的原生态,属于面向文化传承创新的协同创新类型。

当年,王冀生同志在"建设有中国特色社会主义高等教育理论研究"第三次研讨会做总结时指出,这一重大课题的研究"集中了国内一些著名的教育家、一些有经验的高教管理工作者和很多有识的人士",是"政府与群众相结合,管理部门与学校、研究单位相结合,中央与地方相结合,老、中、青相结合",开创了"把决策研究和理论研究结合起来的新阶段"。因此,研究成果能够较快较好地转化为决策与实践,使得"我们研究工作的过程实际上已经在全国产生了广泛的影响,已经对我国高等教育发展和改革起了一定的促进作用"[1]。这些研究成果不但在当时及时转化为决策与实践,在20年后的今天进行回顾,许多观点和理论对当前高等教育的改革与发展仍有重要的指导意义。

举例说,高等教育进入大众化阶段,分类培养人才是必然的趋势。因此,《国家中长期教育改革和发展规划纲要(2010—2020年)》提出:"建设高校

---

① 原载《中国高教研究》,2013年第6期。

分类体系……引导高校合理定位，克服同质化倾向，形成各自的办学理念和风格，在不同层次、不同领域办出特色，争创一流。"而近20年前的"理论要点"，在大众化尚未到来之前，就审时度势，提出"分类指导，加强重点，是从我国经济与教育发展不平衡性的实际出发，在高等教育的发展上区别对待，有针对性地加以指导"；要"逐步形成少数既是科研中心又是教学中心的教学科研型院校、多数以本科教育为主的院校、大量主要是培养实用型、技能型人才的高等专科学校和高等职业学校相结合的，以及综合性、多科性、单科性院校相结合的合理的院校类型结构"[2]。当年经过充分讨论就已提出三种类型，即少量的学术研究型、多数的理论应用型本科、大量的技能型高职，以及综合性、多科性、单科性高校并存，而不是把具有行业特色的院校都办成同质化的多科性本科院校。遗憾的是这一分类发展、分类指导的正确的理论见解，受传统的"重学轻术"理念所影响，加上大规模的院校合并以及统一的评估、统一的招生制度的制约，导致同质化问题严重。至今，分类发展、分类指导的问题尚未能很好解决。

这种政府与学校、富有工作经验的管理干部与从事理论研究的专家相结合的协同创新研究，有利于制定既遵循规律又符合国情的顶层设计。当年高等教育改革与发展的顶层设计是"增加投入是前提，体制改革是关键，教学改革是核心"。其后，又增加"思想转变是先导"①。这一顶层设计成为当时全国高等教育改革与发展的共识，基本上也是改革实践所遵循的原则。其中，"增加投入"这一前提，由于当时政府财力不足，民办高等教育刚恢复，增加财力有限；作为关键的体制改革，在当年的成效是比较明显的，如招生分配，从统招统配改变为自主择业，不包分配；投入体制，从不收学费到交费上学；管理体制，从条条为主到块块自主；办学体制，由统一公办到鼓励民间捐资或投资办学；等等。但作为核心的教学改革，则是稍后由国家教委主导的《面向21世纪教学内容和课程体系改革计划》才启动的。后者是一项比"理论要点"研究规模更大、参加的高校和专家更多的"协同创新"课题。

---

① 当时也有称为"思想改革是先导"。但思想不是外加的改革，只能是主体内在的变化，故提法不当。

据对陆续参加课题的高校和专家的统计,有 500 多所高校、数以万计的大学教师参加,前后申报了 3 000 多个项目,经审批组成 221 个大项目、985 个子项目。主要是研究 21 世纪对专门人才知识、能力和身心素质的要求,改革人才培养模式;研究如何调整专业结构,修改主要专业或专业群的培养计划、课程结构,特别是基础课程、主干课程的教学内容和体系;编写出版了一批"面向 21 世纪课程教材"。

与此同时,还在 1998 年,由时任国家教委副主任的周远清同志主持,在武汉召开了唯一的一次"全国普通高等学校教学工作会议"。至于后来增加的"思想转变是先导",则不是顶层设计,而是自下而上形成的。当年许多高校在改革发展中感到"要把什么样的高等教育带进 21 世纪,先要解决把什么样的教育思想带进 21 世纪"。因此,"一场讨论教育思想的热潮,正在悄然兴起"。这一群众性自发的活动就被概括为第四句话"思想转变是先导"。

"建设有中国特色社会主义高等教育理论研究"分别在长春、无锡、江门三市召开三次大会,出版了三本论文集,选编的宏观研究论文近 200 篇。与此并列,组织了一个综合研究组,在众多论文和讨论结果的基础上,提炼成 14 方面 60 条要点,写出《建设有中国特色社会主义高等教育理论要点》一书,这是一本简明的高等教育基本理论和发展战略相结合的纲要,对今天掌握高等教育理论和指导高等教育改革发展实践,仍然具有现实意义。

值得称道的是,这种具有协同创新要素的研究方式,在高等教育理论研究的组织上一直延续下来并有所发展。

除了上述的规模更大、成果更多的《面向 21 世纪教学内容和课程体系改革》之外,还有 2000 年启动、由全国高等学校教学研究会组织的《21 世纪初中国高等教育人才培养体系研究计划》,有全国众多高校的领导和管理干部、研究机构和教师参加,立项课题达 600 多项,涉及培养人才的理论、制度、课程、教学、教师发展、质量评估等方面;以及 2008 年启动,由中国高等教育学会组织的"遵循科学发展,建设高等教育强国"课题研究,分为 13 个板块,召开了四次国际会议,从理论到现实,从历史到未来,展示了从高等教育大国到高等教育强国的发展之道。目前,各个板块正在陆续结题中。整个课题研究成果对于推进高等教育大众化发展,提高高等教育质量,建设高等教育强国，必将起到指引与推动的作用。

　　高等教育的改革、提高、创新、发展是一个不断探索前进的过程，也是一个理论前沿的课题。现在，教育部启动"2011 计划"，对协同创新中心的构建，有比较明确的要求，并且特别重视以哲学社会科学为主体，通过高校、科研院所等，建设面向文化传承创新的协同创新中心，提升国家文化软实力。高等教育理论界，已经有了超前的经验，应当继建设高等教育强国的理论研究之后，构建协同创新的新课题，在高等教育研究领域上，为追寻高等教育的"中国梦"做出贡献。

参考文献

[1] 潘懋元. 建设有中国特色社会主义高等教育理论研究（第 3 集）[M]. 北京：高等教育出版社，1996.

[2] 潘懋元. 建设有中国特色社会主义高等教育理论要点 [M]. 北京：高等教育出版社，1997.

2014年中国高等教育研究回顾与述评[①]

2014年与往年一样,高等教育研究百花园中精彩纷呈,硕果累累。不仅高等教育研究的专业期刊发表了大量的高等教育研究成果,一般教育期刊、部分高校学报以及综合类期刊和多种学术专题研讨会、报刊理论文章等也发表了大量高等教育研究论文。通过检索国内重要学术期刊数据库显示,2014年共发表了高等教育研究论文14 000余篇,各类学术研讨会交流论文也逾千篇,充分展现了我国高等教育研究的繁荣态势。通过检索研读发现,高等教育研究的成果覆盖了高等教育各个领域,从高等教育基本原理、高等教育史、国际与比较高等教育、高校教学与课程研究到高等教育国际化发展、高等教育管理与战略、现代大学制度、拔尖创新人才培养、世界一流大学建设、高等教育评估与质量保障、各类高校转型发展等等,都有大批研究论文发表。从研究主题看,理论研究有拓展,实践研究仍占了绝大多数;从研究内容看,既有往年研究的继续,又有创新性的突破;从研究人员看,部分资深学者保持了旺盛的学术创造力,越来越多的中青年学者发挥了主力军的作用。文章重点选择七个各方关注较多的主题对2014年高等教育研究状况做一回顾,可能挂一漏万,还可能误解误读作者原意。有鉴于此,特别提醒读者:本篇回顾述评只是作为一个提要,要了解实际研究和成果,还需参考原刊原文。

---

① 原载《高校教育管理》,2015年第9卷第2期。作者:潘懋元、别敦荣、陈斌、王严淞、罗先锋、魏晓艳、李胜利。

一、高等教育原理研究有争论、有深化，成果颇丰

高等教育原理研究历来是高等教育研究的一个重要领域，也是高等教育学科走向成熟的重要基础。一些不承认高等教育学独立性的人往往以高等教育原理薄弱为攻击点，所以，在高等教育研究中，原理研究有着十分重要的意义。2014年高等教育研究不仅在中外高等教育史学研究、国际与比较研究、课程与教学研究、现代大学制度研究、高等教育的社会功能研究等诸多领域涉及高等教育原理问题，而且在一些重要主题上有了争论，有所深化，比如，关于高等教育本质与本质属性的研究。针对有学者提出的"高等教育的本质是一种特殊类型的知识再生产活动"，有学者认为，马克思生产理论有其特殊的内涵和规定，机械地根据马克思社会再生产理论将教育划分为传递"基本知识和技能"的初等教育与"知识的扩大再生产"的高等教育，进而认为得出上面的高等教育的本质论逻辑上明显失当，付诸实践只会进一步扭曲我国高校的办学方向[1]。针对有学者提出高等教育的本质属性是认知理性，我国高等教育应当回归认知理性的命题，有学者提出："无论从高等教育内部关系出发还是从外部关系出发，高等教育都不可能坚持认知理性独尊的地位。"[2]讨论的中心问题是高等教育的发展要不要同社会的经济、政治、文化发展相适应。在讨论中，涉及人的成长与社会发展的关系，如何理解教育的自主性、独立性问题，以及认知理性是否先于实践理性等问题。通过争论与辩论，加深了教育基本理论规律及其在高等教育中的运用的认识[3]。应该说，这场关于高等教育适应论的讨论对高等教育学科发展是有益的，这也是近年来少有的学术自由争鸣。有学者甚至认为，重建批判之维是我国高教研究必然的理性选择[4]。

二、"立德树人"受到重视，多维视角，深入探索

党的十八届三中全会《中共中央关于全面深化改革若干重大问题的决定》提出："坚持立德树人，加强社会主义核心价值体系教育，完善中华优秀传

文化教育。"这是深化教育领域改革的目标性要求,是进一步强化"培养什么人"和"怎样培养人"的根本性问题。2014 年 3 月 30 日,教育部出台《教育部关于全面深化课程改革,落实立德树人根本任务的意见》,从四方面对立德树人做出了相关要求。在此背景下,高等教育领域的管理者、研究者围绕立德树人的重要意义、本质内涵、现实困境和实践方略等方面展开了积极探讨。

关于"立德树人"的重要意义,有学者认为"立德树人"既是教育的根本任务,又是教育的根本目的,"人是活生生的生命体,有思想、有情感、有个性、有自己的精神世界。人是一个整体,德、智、体、美不可分割,而德是方向、是人生发展的关键"[5]。关于立德树人的本质内涵,不同学者的理解不尽相同。有学者指出:"在当代中国,大学教育中的立德树人,重点应在'立四德、三树人',所谓'立四德',即政治品德、社会公德、职业道德、生活美德,'三树人'指的是人的社会责任感、创新精神和实践能力。"[6]也有学者认为,大学教师职业道德的起点是敬重大学教育,中心是领悟学术与教学的双重逻辑,归宿是获得大学教师职业生活的趣味[7]。

21 世纪已降,随着科技的迅猛发展,全球化趋势的日益加剧,转型期社会矛盾愈加凸显,多元文化频繁碰撞,这些都对高校立德树人提出了新的挑战。为此,时任教育部部长袁贵仁指出,目前在高校教师中存在贪污挪用科研经费以及个别教师师德败坏问题。有学者从文化的角度指出高校在立德树人中存在的问题,包括教育忘记了人是有德性的动物,其目的是培养现代公民,"对一所学校而言,没有文化的存在,便没有学校的存在;没有优秀文化,就没有卓越的学校"[8]。

关于"立德树人"实现路径,不同学者从多个层面进行了探讨。有学者以北京工业大学为例,指出要"以'立德'为基础,助推教师职业发展;以'立业'为着眼点,提升高校教师的思想政治素质;以'立人'为落脚点,搭建全员育人平台的'立德—立业—立人'模式,形成三位一体协调发展的育人模式"[9]。有学者指出,实践中贡献智慧是思想政治教育学科活力的源泉,提出思想服务于大学生思想政治教育实践,在立德树人的实践过程中锻造思想政治教育智库等策略。

高等教育持续发展与质量提升的关键在于大学教师，而大学教师的核心使命在于以"立德"实现"树人"的终极旨归。因此，"立德树人"不仅是时代赋予大学教师的职责使命，也是高等教育内在规律的应然诉求。

三、地方院校转型成为热点，研究成果方兴未艾

2014年年初，教育部发布《关于地方本科高校转型发展的指导意见》，提出"引导部分普通本科高校向应用技术型高校转型"，一时间，学术界激起千层浪。2014年，关于"地方院校转型"的相关研究论文多达千余篇，关于地方院校转型的研究主要围绕四个方面进行，包括转型主体、转型目标、转型过程和转型影响。

转型主体研究主要围绕哪些院校应转型为应用技术大学。多数学者认为需要有一部分院校进行转型。有学者指出："发展应用技术大学是我国高等教育结构调整的需要，是一次科学决策的尝试，是走向技术发达时代的必然选择。"[10]值得注意的是，学者们在探讨哪部分院校适合并需要转型这一问题时存有分歧，出现了"地方本科院校""部分地方本科院校""新建地方本科院校"和"部分新建地方本科院校"等多种表述。尽管如此，大多数学者认为新建地方本科院校转型发展势在必行，因而比较赞成"新建地方本科院校"作为转型主体。转型目标研究主要是探究应用技术大学的内涵、本质以及办学特色等，其观点大致有两类：一类认为应用技术大学是既不同于普通本科院校，也不同于高职院校的新型大学；而另一类认为，应用技术大学并不是新型大学，其本质是我国学术界十余年来所建设的"应用型大学"。转型过程研究以探讨新建本科院校如何顺利转型成为应用技术大学为主。在这一问题上，学者们的观点大致可以分为三个层次：分别是表层变革、较深层次变革与深层变革。表层变革包括课程与教学变革、人才培养模式变革、学科和专业结构优化以及师资队伍建设等；较深层次变革主要是制度和体制变革，包括管理体制变革、运行机制调整及保障机制建立等；深层变革主要是观念变革，包括教学观、科研观和质量观等变革。有学者指出："地方本科院校转型发展不是单纯的制度变迁与技术革新，更涉及深层次的观念变革，即涉及对

高等教育认识论与方法论的新诉求。"[11]关于转型影响研究主要是预测新建地方本科院校转型之后所带来的影响,一方面是探究转型对于新建本科院校自身的影响,另一方面是分析转型对于其他类型高校的影响。前者包括转型能否解决新建本科院校现实困境,能否较好地解决大学生就业难的问题。后者则包括研究非转型院校是否还需要进行应用型学科知识和技术研究,是否还需要进行应用型学科硕士、博士学位体系的建设和人才培养,以及高职院校生源是否会遭受到更大冲击,等等。

总之,2014年学术界在新建地方本科院校转型政策出台的背景下,理性、客观、冷静地分析了"转不转""转成什么型"以及"如何转型"等具体问题,这些研究不仅有助于人们更清楚地认识和了解我国高等教育发展现状,也为新建地方本科院校发展提供了参考。

四、高考改革研究已见成果,考试招生理论有待深化

考试招生制度一直以来都是学术界和社会舆论关注的热点,其不仅是彰显社会民主平等的重要工具,更是促进社会阶层流动的有效机制。高考作为考试招生制度重要组成部分,更是牵动着千家万户。2013年12月《考试招生改革总体方案》(以下简称《方案》)的公布,更使得高考改革成了2014年高等教育研究的"焦点话题"。

总体来看,2014年高教界以高考改革研究为中心,对考试招生制度展开了系列思考。在对高考改革的探讨上,学者们大多认为高考改革对教育与社会具有重要意义。有学者将《方案》中关于高考的内容归纳为六个方面:全面实施高中学业水平考试制度、加快推行职业院校分类招考和注册入学、外语科目实行社会化一年多考、减少考试科目、不分文理科、普通高校逐步推行基于同一高考和高中学业水平考试成绩的综合评价与多元录取机制[12]。同时,多位学者对顺利推动高考改革提出了不同的解决策略,有学者认为高考招生改革应与高中教育有机衔接,"高考招生制度改革若不与高中教育有机衔接,不仅不利于素质教育与全面发展教育的实施,也会直接影响到高考招生的科学性与公平性"[13];也有学者认为高考改革离不开技术的推动;还有学

者指出权力与利益应成为高考改革的抓手。此外，部分学者通过借鉴域外经验为我国高考改革提供参考。除上述对高考改革顺利推进给予建议的宏观研究外，一些学者还聚焦于微观领域，如研究高考考试科目设置改革、"双轨制"高考改革、高考社会化改革、异地高考改革等。

对高考改革的研究离不开考试招生制度相关理论的支撑。尽管2014年大量研究都以高考改革为中心，但是有关考试招生制度理论研究仍在进一步深化，包括考试招生制度复杂性分析、制度制定原则厘清以及制度创新探究等方面。在考试招生制度复杂性分析方面，学者们认为，考试招生制度是十分复杂且具有全局性的问题，牵一发动全身，应谨慎视之。在制度设定原则厘清方面，公平和效率仍是一个悬而未决的话题。"公平"与"效率"的争论实则反映了我国国情和高等教育发展现状。然而，尽管学者对此争论不断，但大部分学者还是认为，目前考试招生制度主要原则仍是首重公平。在制度创新探究方面，多元录取机制、自主招生改革、中学校长实名推荐制度以及浙江省试点的"三位一体"招生模式都是学者们密切关注的重点。

总体来看，我国2014年有关考试招生制度的研究大多集中在政策探讨之上，学术界对这一改革的科学性较为肯定，但对改革实践的可行性还存有一定疑虑。基于此，学者们对促进改革成效做出了一些预测并提出了相关建议，以期能够有助于推动改革的顺利进行。

五、现代大学制度研究持续升温，治理体系和治理能力现代化视野拓宽

2014年现代大学制度仍是高等教育领域的研究热点。党的十八届三中、四中全会提出"推进管办评分离""扩大高校办学自主权""依法治教"等系列教育思想，建立和完善中国特色的现代大学制度，成为国家教育治理体系能力的重要内容和促进高等学校内涵发展的重要制度保障。2014年CNKI中国期刊全文数据库中，以"现代大学制度"为关键词的核心文献共214篇，其研究内容主要分为三大方面：现代大学制度原理，现代大学制度建设内容、路径、方法、模式以及不同类型院校制度建设及其他研究。

什么是现代大学制度？现代大学制度与古典和传统大学制度有什么区别

与联系？西方现行的大学制度是否就是现代大学制度？这些问题不仅令理论研究者深感困惑，而且使高等教育改革实践难以认清方向、步履艰难。学者们在现代大学制度的基本理论问题上进行了诸多探讨，一些问题得到了澄清。有学者提出，现代性是大学制度发展进入社会历史的现代时期后所获得的一种属性，是此前的大学制度所不具有的一种属性。相对于古代大学制度，现代大学制度是一种进步的制度，是一种创新的制度，这种进步和创新集中表现在其现代性上，但大学制度的现代性并不排斥古典性，恰恰相反，现代大学制度是在古典大学制度的基础上建立起来的，现代性不仅包含了古典性，而且发展了古典性。现代性与传统性是相互交集的关系，传统存在于现代之中，传统之所以富有绵延不绝的生命力，能够发挥恒久的作用，就在于它被内化到了现代大学制度之中，成为现代大学制度的基本元素[14]。关于现代大学制度建设内容，有学者认为其主要涉及大学制度环境和内部治理结构两个层面[15]；也有学者将大学法律章程、使命宣言、治理结构视为现代大学制度的"根""魂"和"骨架"[16]。不少学者认为完善治理结构，加快章程建设是建设中国特色现代大学制度的核心内容。治理方面，理念上学术是大学精神和制度的灵魂；本质上是各种利益和权力的协调、配置、制衡与平衡；特点上已形成了党委领导下的校长负责制，由"计划供给"逐步向"市场需求"转换的治理机制和管理科层化。对于治理结构完善，研究从权力划分、治理结构安排、治理机制建设及制度文化培育等多个角度展开。章程方面，学者们围绕属性、使命、功用等问题进行了深入探讨，如提出特殊属性是政策性，使命是提高内生发展质量；功用方面提出大学自治的法律基础、大学治理的制度保障、大学成员的行为规范和社会监督大学的主要依据等，这些观点颇具启发性。有学者提出，我国大学章程是一种在现实的办学环境下解决内外部管理中某些突出问题的政策文件，政策性是其特殊属性。作为一种政策性文件，它应当以国家有关法律精神为指导，在涉及大学办学的若干重要问题上，尤其是在宏观领导管理关系、内部党委书记和校长的关系、专业权力与行政权力的关系等方面，为大学办学与管理改革指明了方向[17]。研究还认为内外环境阻力、法律效力不足等是章程制定的主要困境，制定策略应从院校内部着手，也需顶层设计。围绕2014年发布的《高等学校学术委员会规程》，研究提议应改善治学环境，运用章程厘清政府与大学关系和高校内部各权力边界，发挥学术委员会作用，落实教授治学，并构建学术权力运行监督机制。

关于现代大学制度构建的方法、路径、模式，理论层面，有学者认为应从顶层设计、实践探索、理论研究、措施推进四个方面着手[18]，也有学者提出应从大学的二级学院治理结构改起，自下而上建设[19]。研究还批判了当前行政驱动型的制度构建路线过于强调技术理性，忽视了价值理性。实践层面，学者们对现代大学制度在全国、省及校试点的成效、经验进行总结，并提出制度构建应"加强理论和实践的探索，落实和扩大学校办学自主权，做好以章程为载体的制度建设，彰显学术调整大学内部治理结构"[20]；同时，也应改进质量评价方式，健全学校绩效评估体系并注重追踪改革效果。就院校而言，对于章程建设和完善学院层级治理结构是较好路径。另外，现代大学制度研究呈现出重心下移及主题多样化等趋势，不仅高职、民办高校、新建本科等不同类型院校的现代大学制度建设问题得以被关注，诸如审计制度、融资制度等具体制度建设、高等教育管理模式、现代性及大学精神相关主题亦被研究。

在现代大学制度研究不断深化的同时，高等教育治理的研究范畴有了新的突破，高等教育治理体系和治理能力现代化成为研究的新热点。不少学者从推进国家治理体系和治理能力现代化角度出发，论述了高等教育治理改革的方向在于治理体系和治理能力的现代化。有学者认为，在治理理念下，要转变政府对高等教育的管理模式，健全高等教育内部治理结构，提升高校内部治理能力，创新高等教育评估机制，实现管办评分离，从而建设中国特色高等教育治理体系，推进治理能力的现代化[21]。

六、大学教师发展研究备受关注，研究层次各有特色

后大众化时期，教师发展成为世界高等教育质量提升的核心战略。2012年我国大学教师发展示范中心启动建设，带动了高校教师发展中心的建设风潮。适逢教师30周年节庆，大学教师发展及其组织建设成为高校热衷的主

题。学术界对大学教师发展的必要性与重要性等前沿性问题基本达成共识，热议观点主要集中在如何具体促进教学发展和教师发展组织建设等问题上。

关于大学教师发展的内涵与特征，2014年7月，"大学教师发展的理念、内涵、方式、动力"被纳入教育部人文社会科学重点研究基地重大课题项目，拟以八个子课题围绕我国大学教师发展进行分层分类研究，并借鉴中外大学教师专业发展的理论与经验，解决大学教师发展理念、内涵、动力等重要理论问题。有学者通过对优秀高校教师成长历程的质性研究，归纳出高校教师成长与发展的规律性特征，指出高校教师发展项目应充分体现这些规律性特征。促进教学发展是教师发展的首要目标成为研究共识。2014年11月中旬，"两岸四地大学教学文化与教师发展学术研讨会"在厦门大学召开，两百余名专家学者共同探讨大学教学文化与教师发展的热点议题。在会上，有学者提出，大学教师教学发展中心既要关注"教"，也要关注"学"，要从教与学一体化的角度，推动大学生转变学习观念，更新学习方式，建构新型学习模式，提高学习效率和学习质量。

教师教学发展中心是大学教师发展的主要载体。有学者认为，大学教师教学发展中心应致力于促进大学教师从基于个人体悟与自省的经验发展模式，向基于理性训练与培育的专业发展模式转型。它既不能是纯粹的行政机构，也不能是纯粹的学术机构，而应兼具行政机构与学术机构的双重性质，将行政机构和学术机构的性质有机地融为一体，成为担负教师专业发展责任的专门机构。教师教学发展中心的主要功能，在于强化教学专业认知、提升教学专业伦理、培育教学专业文化，以及促进大学办学水平和人才培养质量的提高[22]。有学者提出，要注意通过建设多元性和整合性统一的学术组织促进教师教学发展。

关于大学教师发展中心的性质与功能。有学者认为是配合"教学为要"来提升教师教学水平和教学能力；也有学者认为是将教学研究成果应用于大学教师教学发展，以提高和改进教学水平为基本目的的专门化服务组织，主要功能在于教学观念和文化的传播、教学培训与指导、教学与课程的研究以及教学评价与反馈等。

关于如何建设大学教师发展中心。有学者认为应通过引起教师关注、展示发展中心的重要价值、恰当激励、组织学习共同体、推动学校重视教学文化等方面妥善解决现实课题；还有学者提出扎根学科专业、兼顾个体教学与集体教学、获得制度保障等是我国教师发展中心建设须遵循的途径。也有学者认为应加强大学教学资源建设，改变目前重科研、轻教学的机制体制。此外，有团队通过研究指出，应努力探索建立适合本校实际、具有本校特色的教师教学发展中心运行机制是实现中心职能的重要保障。还有学者以高校 LAP 模式为依托，探究了本土化大学教师教学发展模式对推进教师发展工作的意义。

制度建设是大学教师发展的重要基础。有学者提出通过对教师制度的调整和评估，建立严格的教师筛选机制，以确保和促进高水平教师队伍建设。值得关注的是，在教师分类发展的问题上，学者观点并不一致，有学者从现代大学组织变革的视角，提出应用现代大学理念重构教师群体，区别教学为主型、科研为主型、教学科研型等不同类型。也有学者反对在教师专任队伍中划分科研系列、教学系列以及教学科研系列并制度化为可见的人事管理系列，认为其不利于教师发展，导致教师在教学与科研之间寻找合适位置的选择矛盾。此外，还有学者认为，应采用类似法律权威来规制教学、提供物质刺激，激发教师提升教学或树立某些榜样诱导教师走向卓越教学。

七、大数据推动高等教育信息化加速发展，慕课研究趋于理性

随着云计算、物联网等技术的兴起与发展，数据正以前所未有的速度飞快增长和累积，大数据时代已经来临，整个学术界、工业界、政府都开始关注大数据问题。高校既是大数据的生产大户，又是大数据的使用大户。大数据是高等教育信息化的基础，有学者认为，大数据时代高等教育信息化面临数据集成、分析、存储、融合与使用等多方面的挑战，为此，应当学习大数据时代的基础平台和支撑技术；学习大数据时代的文件系统，如 Google 的 GFS 系统，开源的 HDFS、Cloud Store 系统等；学习大数据时代的数据分析技术；做好大数据时代的数据管理，积极升级、改造相关存储设备，以满足大数据时代的要求[23]。

慕课（Massive Open Online Courses，简称 MOOCs）仍是高等教育研究的热点，2014 年相关研究主要呈现四个特征：第一，研究视角多元化。就 MOOCs 与高等教育变革的互动关系而言，有学者认为 MOOCs 的兴起，恰恰有助于我国大学走出人文教育的困境。MOOCs 为所有人接受高等教育提供了新的机会，同时也为高校教学改革提供了试验场所。MOOCs 的产生与发展须臾离不开互联网，有人把 MOOCs 的出现视为"新""旧"网络教育的分水岭，MOOCs 使得网络教育的主导权从教育体系转移到信息技术以及新媒体方面。第二，研究内容实践化。研究表明，MOOCs 的发展也存在着一些现实问题。有学者进行了个案分析，具有较强的说服力。有学者把 MOOCs 称为一种教学模式，并将其与具体课程教学改革相联结，如"慕课教学模式对深化大学物理课程建设产生了积极的推动作用"[24]。有学者认为，MOOCs 的成败关键在于教师。"MOOCs 的基本前提条件是信息技术，但关键取决于教师的专业能力。"[25] 第三，研究意识主体化。无论从名称还是操作方式来看，MOOCs 始自美欧，"中国式慕课"的提出无疑体现了我国学者在研究中的主体意识。有学者认为，将"MOOCs"译为"慕课"既切合"MOOCs"的本质特征，又符合术语翻译的基本标准，还暗合了缩略词翻译的一般规律，这实质上是 MOOCs 本土化的一种尝试。有学者认为，认识、制作、体制是中国"慕课"面临的三大问题，并指出"慕课是精英和特色高校、品牌教授、精品课程的天地"[26]。在经历了趋之若鹜的热潮之后，随着实践效果的逐步展现，MOOCs 学习者只有不到 16% 的课程完成率引起了学界的反思，甚至反 MOOCs 的呼声初见端倪。第四，应对态度理性化。我国学者在应对 MOOCs 的态度上显示出了理性化的特点。有学者指出，我们既不能因为把 MOOCs 理论上所具有的优越性当作现实的优点而盲目乐观，也不要因为 MOOCs 在发展中遇到的挑战而对其失去信心。要正视 MOOCs 在发展中所遇到的学习者学习持续性不强、退学率高、交流互动不足以及网络教学难以适应实践教学需要、教学模式单一、学分认证遭到质疑等问题，要将 MOOCs 与传统课堂教学和其他新型教学模式结合起来，让 MOOCs 发挥其应有的功能，实现信息技术对教育发展的"革命性影响"。

（厦门大学教育研究院博士研究生陈斌、王严淞、罗先锋、魏晓艳、李胜利为本研究搜集分析了大量资料,特此致谢!)

参考文献

[1] 杨兴林. "高等教育的本质是知识的扩大再生产"观点辨正 [J]. 复旦教育论坛, 2014 (3): 5-11.

[2] 王洪才. 论高等教育"适应论"及其超越:对高等教育"理性视角"的理性再审视 [J]. 高等教育, 2014 (2): 3-17.

[3] 潘懋元. 关于高等教育学科建设的反思 [J]. 中国教育科学, 2014 (4): 2-19.

[4] 李均,陈露. 重建批判之维:中国高等教育研究的理性选择 [J]. 大学教育科学, 2014 (2): 16-21.

[5] 刘献君. 立德树人是教育的根本目的 [J]. 中国高等教育, 2014 (3): 62.

[6] 王建南. 把立德树人作为大学的根本任务 [N]. 人民日报, 2014-04-16 (07).

[7] 刘铁芳. 大学教师之德:走进学与教的人生 [J]. 教育研究, 2014 (6): 102-108.

[8] 许军国. 从校园文化视角看立德树人 [J]. 中国教育学刊, 2014 (4): 15-18.

[9] 王秀彦. 高等学校立德树人的实践探索:北京工业大学"立德—立业—立人"育人模式 [J]. 教育研究, 2014 (10): 146-150.

[10] 王洪才. 中国该如何发展应用技术大学 [J]. 高校教育管理, 2014 (6): 16-20.

[11] 刘振天. 地方本科院校转型发展与高等教育认识论及方法论诉求 [J]. 中国高教研究, 2014 (6): 11-17.

[12] 刘海峰. 高考改革的新阶段思考 [J]. 中国高等教育, 2014 (5): 14-16.

[13] 郑若玲. 高考招生改革应与高中教育有机衔接 [J]. 中国高等教育, 2014 (7): 11-14.

[14] 别敦荣. 论现代大学制度之现代性 [J]. 教育研究, 2014 (8): 59-66.

[15] 张应强. 追寻大学治理的原点:《学术是大学的逻辑起点》序 [J]. 高教探索, 2014 (6): 189-192.

[16] 史静寰. 现代大学制度建设需要"根""魂"及"骨架" [J]. 中国高教研究, 2014 (4): 1-6.

[17] 别敦荣. 论我国大学章程的属性 [J]. 高等教育研究, 2014 (2): 19-26.

[18] 周川. "现代大学制度"及其改革路径问题 [J]. 江苏高教, 2014 (6): 22-26.

[19] 刘绍怀. 探寻完善中国特色现代大学制度的路径与方法 [J]. 中国高等教育, 2014 (Z1): 16-18.

[20] 许杰. 建设中国特色现代大学制度:成效、问题与对策——基于试点院校的探索实践 [J]. 教育研究, 2014 (10): 57-64.

[21] 瞿振元. 建设中国特色高等教育治理体系推进治理能力现代化 [J]. 中国高教研究, 2014 (1): 1-4.

[22] 别敦荣, 李家新. 大学教师教育发展中心的性质与功能 [J]. 复旦教育论坛, 2014 (4): 41-47.

[23] 罗军峰, 锁志海. 大数据时代的高等教育信息化 [J]. 中国教育信息化, 2014 (1): 8-9.

[24] 王祖源, 倪忠强, 王瑜, 等. 从 OC 到 MOOC 大学物理课程建设再思考 [J]. 中国大学教学, 2014 (6): 53-56.

[25] 宋灵青. MOOC 时代教师面临的挑战与专业发展研究 [J]. 中国电化教育, 2014 (9): 139-143.

[26] 郭英剑. "慕课"与中国高等教育的未来 [J]. 高校教育管理, 2014 (5): 29-32.

高等教育学
学科建设

潘懋元文集
PANMAOYUAN WENJI

冬游（2005年）

《高等学校教育学讲义》前言[①]

综合大学的主要任务是培养在理论科学或基础科学方面从事研究和教学工作的专门人才，也就是培养科学研究工作者和高等学校、中等学校的师资。为了完成培养师资的任务，综合大学多数专业的教学计划设置了教育课程。我校自从教学改革以来，就在汉语言文学、历史、动物、植物、数学各专业陆续开设教育学、分科教学法等课程并进行教育实习（在数学专业内只开教育学）。教育学的内容，最初仅限于普通教育理论，后来增加了一些高等学校教材，以"面向中学，适当照顾高等学校"为编纂教材的原则。于1955—1956学年度编写了一份《综合大学文科各专业应用的教育学教学大纲》和一部分讲义。由于近几年来综合大学学生分配在高等学校任教的较多，迫切需要掌握高等学校教育与教学的科学知识，因此我校的教育学课程，自1956—1957学年度起，改开"高等学校教育学"，并试编了这份讲义以应教学需要。

高等学校和普通学校的教育与教学问题，在原理原则上，基本上是一致的。但也各有自己的专门特点，需要专门研究。需要专门研究的，又不仅是制度方法上的问题，还有很多涉及原理的问题。忽视高等学校教育与教学理论的专门特点，硬搬普通教育理论的一套，是不恰当的。例如："学生身心特征和教育""教学方法""学校组织与领导"等问题，高等学校与普通学校的差别很大；即使像"共产主义道德教育的原则与方法""学生集体的组织与教

---

① 此文当时（1957年7月）落款为"厦门大学教育学教研组"。

育""教学计划、大纲和教材"等问题，也有各自的特殊性。究竟什么原因使高等学校教育问题和普通学校教育问题之间存在很大的差别呢？主要由于下列两个因素：（1）高等学校教育，就其性质而言，是专业的，内容复杂，与国民经济各个部门直接联系；就其系统而言，是建立在普通教育基础上的高等教育。（2）大学生是十八九岁以上的青年人，已经达到成人阶段，他们的身心发展特征与社会经验不同于中小学生。

由此可见，专门研究高等学校的教育与教学理论，是有必要的。它的研究工作，是整个教育科学的一个重要组成部分，但却不是以普通学校教育为研究对象的普通教育学所能概括的。必须像"学前教育学"那样，逐步地建立一门称为"高等学校教育学"或"高等专业教育学"的教育科学。但据我们所知，国内外尚未建立起这样的一门科学体系。我们打算朝着这个方向努力，做"抛砖引玉"的工作。

建立一门新的学科，当然不是一件简单的事。由于客观事物发展的结果，经过长期的经验累积和高度的理论概括，才能从实践的需要和在实践的基础上产生比较成熟的理论体系。由于高等教育的发展，日益有了建立自己科学理论的需要。作为一门新的学科的出现，已经具有需要与可能。但是，系统的理论工作，过去注意得少，尚待教育科学工作者有计划地进行长期的艰巨的工作。这份讲义，仅是应综合大学培养师资的需要编写的。由于缺乏长期的和深入的研究，只能依据普通教育学的体系，增加一些高等教育理论，删减一些与高等教育、与教学问题关系较少的普通教材，其中如学生的身心特征和教育、新中国的高等教育、教学内容、教学组织与方法、课外活动、学校组织和领导等章节，或者是普通教育学所没有的，或者和普通教育学的材料基本不同的。教师、教学大纲和教科书，美育、体育、学校中共青团组织和学生会等章节，也和普通教育学材料有很多不同之处。至于教育学的基本原理、共产主义教育目的和任务、中华人民共和国新学制、教学过程与教学原则、共产主义道德教育、学生集体的作用和特征等，其内容与普通教育学是基本相同的。总之，这份讲义，仅能做到普通教育学的一般原理原则与高等教育若干论点与材料的糅合，尚不能从大量的高等教育实践经验中概括出完整的理论体系来。但是，任何一门科学，当它从较一般或相近的科学门类分化出来之初，也都是理论不够成熟、体系不够严谨的。"始生之物，其形必丑。"问题在于必须迈开第一步，才能从不完全走向完全，从粗糙走向精细。希望高等教育部门和兄弟学校予以批评和指正。

这份讲义是由教育学教研组编写的，并承教学研究科协助。其中第一、二、七、八章由潘懋元同志执笔，第三、五、六、九、十、十一章由陈汝惠同志执笔，第四、十二章由张曼因同志执笔。（第十三章因目前分歧意见较大，暂缓编写）教育学教研组李培囿、汪西林诸同志，教学研究科林鸿祺、杨菊卿、黄碧钦、刘涉珍诸同志，协助校订或搜集资料的工作。

高等教育学的若干问题（上）[①]

第一讲　高等教育学引论

这次中南地区高等学校干部进修班给我一个机会，和进修班的同志们共同学习，与从事教育行政工作的同行来交换一下意见。

近几年来，我是提倡研究高等教育理论、建立高等教育学这门新学科的。但提倡者未必已有研究，而是在实际工作中感到有许多问题需要从理论上解决，希望大家来研究解决。所以，我不是来讲课，而是来向大家请教的。

进修班给我出了一个题目："高等教育学概论"。由于现在高等教育学还没有成熟的东西可以概括，因此，我所讲的只能称之为"高等教育学引论"。"引"，就是"抛砖引玉"的"引"。

一、高等教育理论研究的必要性

过去的教育学，无论中外，其研究对象都是普通学校教育。本来从学科

[①] 原载《高等教育研究》，1983年第1期（总第11期）。本文为1982年4月时任厦门大学副校长的潘懋元教授在中南地区高等学校干部进修班的讲课录音整理稿，本文发表时，经过潘懋元教授修正。

分类上来说，应有以普通学校教育为研究对象的"普通教育学"和以一切教育为研究对象的"一般教育学"之分，现在是合二为一了。

对于高等学校教育工作者来说，学习普通教育学是否合适，是否有用？我认为有用，但不够。为什么说有用？首先，普通教育和高等教育都是教育，有共性，它们最基本的原理、原则是一致的。比如，教育的本质、作用，党的教育方针，教学过程的基本原理，思想政治教育的基本内容等等，都有共性。其次，普通教育中的一些原则方法，即使我们不能直接应用，但还是有参考价值、启发作用的。为什么说不够？因为高等教育有它自己的特殊性。高等学校有许多特殊问题，对于这些特殊问题，普通教育学没有谈到。如现有的教育学就没有一章一节讲到专业设置、专业培养目标，而这对高等学校教育来说是一个重要的、基本的问题。至于科学研究、生产实习、毕业论文这些内容更是没有。又如，在高等教育学中，有些题目、标题与普通教育学中的题目、标题相同或基本相同，但内容和要求却很不相同。普通教育学要讲思想政治教育，要讲德育，所讲的方法对于少年、儿童是合适的，但用于青年就不一定合适，如果照搬，效果就不好。课堂教学，在大学和中小学中都是教学的基本形式，但二者大不相同。大学、中学都有实验课，但大学的实验课不能照搬中学的那一套方法。至于学校组织管理更是大不相同，中、小学的行政机构一般只设两处（教导处、总务处），而大学就复杂得多了。诸如此类的问题还有很多。如果将普通教育学照搬到高等教育中去，不仅是不够，有时还会出现差错。

在20世纪50年代，我们就"照搬"过。比如，在大学里也搞课堂提问，尽管课堂提问在中、小学教学中是行之有效的，但在大学教学中，课堂提问应给予什么样的评价？占有什么位置？要还是不要？什么情况下要？这都大有讲究。当时还有一些提法，如"当天功课当天清""在课堂上基本解决问题"等，对高等学校就不适用。综合大学有培训师资的任务，50年代也开教育学、分科教学法和教育实习等课程。当时提倡干部变外行为内行，干部也要学点教育学。因此，我们就开了教育学。可是学生有意见，干部也有意见，因为没有讲到怎样教大学生。就是在这样的情况下，我们感到需要研究高等教育理论，写出以高等学校教育为研究对象的高等教育学来。当时我们厦门大学就曾写过一本《高等学校教育学讲义》，这是被逼出来的。但只印了一次，就没有再印了。因为1958年之后连普通教育学、心理学都挨批判了，综合大学取消这些课程了。我们虽还做了一些研究，但是得不到什么支持。

我们不搞了，人家却在大搞。正是在20世纪50年代后期，国外兴起对高等教育学的研究。而在这以前，国外也只有普通教育学。高等教育理论研究在世界范围内展开是近20年来的事情，即50年代后期以来。而高等教育学形成一门系统的学科基本上则是在70年代。苏联写出了《高等学校教育学》，以及由苏联高教部审定公布《高等学校教育学原理大纲》，都是70年代的事了。

高等学校早就有了，为什么研究高等教育理论在20世纪50年代后期才兴起？最基本的原因是当时世界上的发达国家和部分发展中国家的高等教育有了很迅速的发展。有一些数据可以说明：一是学生数增加得很快，入学率提高。在1961—1970年这十年中，美国大学生年平均增长率为8.27%，整个欧洲在60年代前几年超过10%。像西德、苏联、日本的大学生已分别达到适龄青年的20%以上，美国则达到50%以上。所以有人把这一时期称之为高等教育"普及化"的时期。当然，是否达到了"普及"那是另外一回事，但数量的确增长很快。到了80年代，由于资本主义经济发展的停滞和适龄青年的减少，数量的增长已经逐渐减慢以至停滞了。二是办学形式多样化。我们是提倡"两条腿"走路，但走到中学教育阶段之后就只剩下一条"腿"。而从世界各国来看，高等教育却发展为"多条腿"、多种形式，如短期大学、社区学院、函授大学、开放大学等等，还有只注册不上课的大学。各种各样的形式多得很，其学习时间不受限制。成人高等教育也有大的发展，受教育的不只是青年，还有许多成年人，有在职的或失业的。因而，出现了许多新的概念，如"继续教育""终身教育"，美国叫作"回归教育"，甚至还办"老人教育"。

以上是从数量方面看，再从质量方面看：首先，高等教育教学内容革新较快，教学内容现代化，需要把最新科学成就迅速反映到教材中去。其次，是加宽了基础知识面，培养通才。美国在苏联卫星上天后，认为落后的原因在于教育，提出了国防教育方案，要求大学加强三门课（数学、自然科学、外语），称为"新三科"。总之，是使教学内容适应现代科技发展需要。最后，培养了更多的比大学生水平更高的专门人才（研究生）。从 20 世纪 50 年代后期至 60 年代，研究生的增长速度在许多国家里比本科生的增长速度要快得多。如果说大学生是成倍地增加，有的国家增加了 3 倍、5 倍，那么研究生在许多国家则是增长十几倍。美国增长了 15 倍，英国增长了 13 倍。有的国家是"硕士满天飞，博士排成队"，还出现了"博士后研究生"。

总之，20 世纪 50 年代后期，世界高等教育在量和质两方面都发展得很快，其原因可概括为一句话，就是经济发展的需要，也就是科学技术发展的需要。第二次世界大战后，资本主义世界经过一个经济恢复时期之后，有一个相对稳定的经济发展时期。经济的发展促进了科技的发展，科技的发展又促使生产的现代化，生产的现代化就要求更多的科技人才和管理人才。这些人才不能仅靠中等职业学校培养，因此要大力发展高等教育。

在资本主义社会里，发展教育，特别是发展高等教育，他们称之为"人才开发""智力投资"。资本家认为教育投资是最有利可图的。所以，他们发展了一门新学科，叫"教育经济学"，主要是研究如何以最少的教育投资获得最大的经济效益。目前，计算投资收益的公式和方法很多，但一致认为教育投资的利润率是相当高的。以美国为例，1972 年，美国布鲁克林研究所向美国国会提交了一份报告书，报告了 1948—1969 年美国经济增长的各种因素。统计分析的结果认为：量的因素占 41.5%（量的因素指增加工人或工时和扩大固定资产），质的因素占 58.5%（质的因素主要指科技的进步和管理的改善，工人教育水平和技术熟练的提高）。由于采取了新的科学技术，采用了科学的管理方法而增加的收益达 30%。由于工人的教育水平和技术的提高而增加的收益占 11%，两者合起来共占 41%，这些都是依靠教育所取得的成果。可见，教育同增加工人和设备起同样大的作用，而高等教育又在其中起了主要作用。我们知道，资本家对无利可图的事是不干的。为什么资本主义社会能够大量投资搞高等教育呢？一句话，就是为了获得最高限度的利润。为此，就有许多问题要研究。例如，如何改革教学内容，如何改革教育体制，如何改进学校管理，使得高等学校能够更快更好地培养适应社会需要的科技人才和管理人才。教育理论研究就是在这种形势下发展起来的。由此可见，经济的发展促进科技的发展，科技的发展促进高等教育的发展，高等教育的发展促进高等教育理论研究的开展。所以，高等教育理论在20世纪50年代后逐渐受到重视，现在在国际上成为研究的热门，归根结底，是经济发展的产物。

资本主义国家研究高等教育理论不少是为了追求利润。那么，它们的这些理论对于中国来说是否适用呢？当然从目的来说，是不同的。我们是为了"四化"建设，为了培养更多更好的专门人才以适应社会主义"四化"建设的需要。但是在适应社会需要、在讲究经济效益、在提高培养科技人才的质量上有其共性。所以，这方面有许多理论值得我们借鉴。我们当然不是为了追求私人利润，但是要更快更好地培养人才，要讲究培养人才的经济效益，要提高培养人才的质量，这些方面仍然是有共性的。

重视高等教育理论的研究在我国只是近年来的事情，说得确切些，是近几年的事。当然，只能说在一定程度上被重视。各地的重视程度不同，各教育部门的重视程度也不同，甚至教育理论家的看法也不相同。有的人囿于传统成见，认为教育理论就是教育理论，还分什么高等教育理论，认为是标新立异。但更多的从事高等教育工作的同志，由于在"四化"建设中发展高等教育遇到了一些新情况、新问题，觉得只凭老经验无法解决，必须从理论上弄清楚。如高等学校的体制问题、结构问题、思想政治教育问题、智能培养问题、学校的科学管理问题等，都需要进行科学的研究，从理论上来弄清楚。当然，有些问题已经有经验，但经验是否对？有些方面已有资料，但资料如何使用？都需要研究。拿学位问题来说，学士、硕士、博士，这些学位的水平有没有客观标准？有没有国际标准？社会主义社会与资本主义社会的学位的标准有没有不同？培养方式有没有不同？苏联采取的是"读书式"，美国采取的是"放羊式"，我们应当怎样培养？苏联重视学位，一个拥有博士学位的大学校长与没有博士学位的校长工资相差一倍，教授也是如此。中国是否也应该搞工资级差？这些实际问题都需要从理论上弄清楚。类似的问题在高等教育学中多得很，一般都是靠经验去解决。但是认真想一下，的确觉得光有经验不行。正因为如此，近几年根据我们收到的材料所做的不完全统计，全国现有195所院校有高等教育研究组织，有的是研究室，有的是群众性的研究会。数量最多的是工科大学，其次是师范院校。已出版的高等教育研究刊物共 87 种，大多数是内部刊物。有 17 个省、市、自治区成立了高等教育学会、研究会或筹备会。有些地方还准备出专著。

干部专业化，教育干部也要专业化。对于高等学校工作的干部和教师来说，学习高等教育理论是干部专业化的重要内容。什么是专业化？搞教育的干部怎样才算专业化？前些时候，有些人认为老干部没有念过大学，才有个专业化的问题。请一位教授来当学校领导，专业化问题是否解决了呢？他开过课，搞过科学研究，学术水平很高，请他来当校长，是不是就专业化了呢？是不是就是内行呢？事情并不是这样简单。实践表明，这些同志担任领导工作也会产生很多困难，甚至在一定期间困难更大。多年来，我们的两支队伍都有所欠缺：一支是老干部队伍。新中国成立初期曾提出变外行为内行，办起工农速成中学，让许多 20 多岁的青年干部去学习，但多数并没有进一步到大学去学习。因为后来说外行领导内行是规律，又何必辛辛苦苦去变外行为内行呢？这样，就使得我们的干部长期没有向专业化发展。另一支是知识分子队伍，大多数人不可能搞领导管理工作，至多当个不太管事的系主任，缺乏管理经验，也没有机会锻炼管理能力，就立即当上领导，这能说是专业化吗？一支队伍缺少专业知识，一支队伍缺少管理经验，我认为这都不符合专业化的要求，领导干部的专业化应该包括必要的专业知识和管理经验。

最近我看到一份翻译资料，是研究加拿大高等学校校长的资历的。加拿大很重视校长的学术地位，大学校长有 80% 是博士；同时，加拿大也很重视校长的工作经验，大学校长平均每人有 10.6 年的行政管理经验，有 53% 的人当过教务长，36% 的人当过系主任。可见国外对选拔高等学校的领导人，也不是只重视学术水平而不重视实践经验的。

同时，无论是老干部还是教师，作为教育管理工作者来说，都有一个学习教育理论、学习管理科学的问题。胡耀邦同志曾在师范教育工作会议上对教师提出三点要求：第一，要有比较渊博的知识；第二，要认真掌握教育科学，懂得教育规律；第三，要有高尚的道德品质和崇高的精神境界。这三点要求不仅对广大的中小学教师合适，对高等学校的教育工作者来说，我认为也是合适的。

大学教师也有一个专业化的问题。当然，从他所教的那门学科来说，他已经专业化了,即使是助教也起码是本科毕业了,只不过是专业化的程度不同而已。但是,就他们所从事的教育、教学工作来说,现在大多数的大学教师还有一个如何专业化的问题。目前,许多学校对大学教师的培养工作是:第一,补基础或学专业知识。第二,学外语。是否还应该有"第三"呢?我认为应当还有"第三",那就是学一点教育科学知识,掌握一些教育、教学的规律,使之成为一个比较专业化的教师。但是,在我们的大学里有一种传统的偏见,认为只有中小学教师才需要教育理论,对大学教师来说,有学术水平就行了。如果真是这样,那么,教师的学术水平究竟起什么作用呢?教师工作好与不好,是要反映在他的教学效果上。如果一个教师没有一点教育、教学的知识和技能,学术水平虽高,教学效果也不一定好。重视与不重视教学法学习,是教师工作态度的一个重要标志。因为一个负责任的教师,对自己的教学工作,是不能只顾耕耘,不问收获,只管教,不管学的。要教好学生,就必须考虑教学法问题。国家规定教师工作量中有80～120小时为教学法研究工作时间,但现在在不少大学中,这部分工作量实际上成了教师的补贴工时,这就失掉了它的意义。过去教师评职称,只看学术论文。现在采取新的方法,要问教学的量和质,要看是否完成三分之二的教学工作量,还要建立业务档案。过去提升职称的论文都是专业论文,现在教材、教学法方面的文章都同样被认为是研究成果,因为教学法方面的文章并不比专业论文容易写。这样做是有利于提高教育质量的。

对于从事教育领导工作的干部来说,应该有更高的要求。因为领导干部是要领导教师、管理教师、指导教师、评价教师的,你根据什么东西来进行这些工作呢?归根结底,还是要根据教育、教学的规律以及反映规律的原则。例如,领导同志应该去听课,以便了解和指导教师的教学工作。当然领导干部不可能每门学科内容都懂,只能从教学法的角度听课。听完课总要肯定成绩,指出问题,提出建议等,这些都要根据教育理论、教学原则提出。院长、校长应听课,教务处长应听课,我认为总务处长最好也听听课。你听听课,才能对教师的工作有比较深入的体会,做好为教学服务的工作。领导干部最好还要懂得一点青年心理学,懂一点教师心理学。如发现年轻教师的优点,及时给予积极的鼓励,对有经验的教师要能提出一点帮助他继续前进的意见。

当然，还要学一点学校管理学。总之，不论是大学的领导干部还是教师，都应该学一点高等教育理论，开展一点高等教育研究。

二、高等教育的基本特点

高等教育对比普通教育，有许多不同的特点。如培养目标、教学计划、教学方法、科学研究、师资结构、领导体制、学校组织与管理、德育和体育的要求与方法等等。在众多的特点中，什么是基本的特点呢？

高等教育不同于普通教育的基本特点，我认为是两个：（1）性质任务不同于普通教育，它是高等专业教育；（2）培养对象不同于中小学生，一般来说，是20岁左右的大学生。其他众多的特点，都是由这两个基本特点所派生的。

先谈第一个基本特点，高等教育是建立在普通教育基础之上的专业教育。它在性质上不同于普通教育，而在程度上又高于中等专业教育。可以用"高"与"专"两个字来概括。普通教育是基础教育，理论上，它是每个公民必须接受的普通教育，也是每个专门人才所必须具备的基础教育。它的任务是提高学生一般的科学文化水平，培养一般的劳动力，而不是特殊部门的劳动力。中等专业学校以及技术学校、技工学校，是培养特殊部门、特殊工种的劳动力；但高等教育不是培养技术工人、技术员，而是培养"师"：工程师、农艺师、会计师、统计师、医师、教师（在发达的资本主义国家，小学教师也要求从高等学校培养出来）等等。

高等教育这一性质任务，反映在培养目标上，就是培养社会主义建设所需要的专门人才。它除了同普通教育一样以培养"有社会主义觉悟、有文化的劳动者"为目的之外，还必须在总的教育目的指引下，根据国民经济各部门以及上层建筑各部门在社会主义建设中的需要，制定自己特殊的专业培养目标，以造就千百万又红又专的专门人才。大学生应该以普通劳动者的身份参加社会主义建设，但就其文化科学的专业知识来说，决不能说成"与普通工人农民画等号"，抹杀专业培养的特点，否定社会分工，无视各部门需要较高水平的专业人才，否定专业培养目标。

高等教育这一性质任务，反映在教学计划上，要求教学内容要有一定的广度与深度。既要打好宽厚的基础，又要掌握一定的专业知识与技能。因此，必须正确处理一般基础课、专业课和选修课的关系，课堂教学与实习、设计、论文的关系，理论与实践的关系；在教学大纲与教材上，必须正确处理当前需要与长远需要的关系，基础理论与科学技术最新成就的关系，学科系统性与专业针对性的关系，等等。

由于高等专业教育的性质任务要求大学教育的学术水平与师资结构，必须与这一性质任务相适应。大学教师不只是要具有较高的文化科学基础，而且要在某一科学领域里具有一定的学术水平，还要有科学研究的能力。又由于高等学校拥有各个科学领域中具有一定学术水平和科研能力的大学教师，又有较好的仪器设备，所以，高等学校有可能也有必要承担国家的科学研究任务，成为科研力量的一个方面军。更由于高等学校既有各种专业的教学任务，又有科研任务，同政治、经济、文化科学各部门、各方面有着紧密的联系，以及其他因素，使得高等学校的领导、组织与管理远较普通学校复杂、多样。

总之，建立在普通教育基础之上的专业教育，这一高等教育的特点，是形成其他许多特点的基本特点之一。

高等教育的另一个基本特点是高等教育的培养对象是20岁左右的男女知识青年，属于青年中、晚期，他们的生理、心理，具有不同于中小学生的特征，他们受过普通教育，又有一定的社会经验。所以，大学生不同于中小学生，但也不同于已经成熟了的成年人。

这里要顺带说明一下，就是关于大学本科学生的学龄问题。由于需要解决"文化大革命"所遗留的问题和学制的调整，大学生的入学年龄很不正常。1977级、1978级偏高，1979级、1980级、1981级偏低。据厦门大学的统计：1977级入学平均年龄为21.86岁，1978级为20.44岁，偏高了；1979级为17.63岁，1980级、1981级都是16.9岁，偏低了。据了解，全国大致如此。因此，1977级、1978级有不少25岁以至30岁以上的新生，而1980级、1981级则有不少16岁以至15岁以下的新生。世界上大学生入学年龄，按规定多在18岁左右。如英、美、法、日、澳为18岁，联邦德国、瑞士为19岁，苏联中小学十年或十一年制，大学入学年龄也为17~18岁。我国"文化大革命"前规定 7 岁进小学,中小学 12 年,大学入学年龄为 19 岁。一般来说,大学本科生的在学年龄为 18~23 岁。近年来,发达的资本主义国家也有部分大学生入学年龄较高的,他们大多数是在工厂做了几年工再上大学的,是属于"继续教育"的,而一般还是以 18 岁左右为多。入学年龄太高,除非是属于"继续教育"的需要,否则不利于早出人才;入学年龄太低,十四五岁就当大学生,是不是越早越好呢?我并不反对个别天才少年很早进大学,并采取某种特殊的教育方法,如中国科技大学办的少年班,可以试验。但就一般的人说并不是越早读大学就越好。18 岁左右是比较合理的大学入学年龄。大学入学的最佳年龄,不是可以主观任意定的。

(1)要根据青年的身心发展情况。大体来说,18 岁,有的材料说是 17 岁,大脑皮质发育基本成熟,意味着可以从事复杂的、高度的、抽象的思维活动,艰苦的脑力劳动,可以承担大学的理论学习任务。(2)要有一定的知识积累和社会经验。如上所说,高等教育是建立在普通基础上的专业教育,而普通教育的全过程一般要经过十一二年。从六七岁入小学,到高中毕业,也就是 18 岁左右了。特别是读政治、财经、师范的,没有一定的社会经验,要领会某些理论知识是较为困难的。所以作为高等教育培养对象的大学生,是 20 岁左右的青年。

下面,简要地谈谈这个年龄阶段的青年身心发展特征。

首先,谈谈生理上的特征。十七八岁以上的男女青年,生理发育已经基本成熟(一般说,女青年较早些,男青年较迟些,同时,也存在个别差异),包括骨骼、肌肉、循环系统、精神系统的发育基本成熟了。十七八岁以前,是身体发育的第二高峰期。到了十七八岁之后,发育就缓慢了,但还有缓慢的发育,如身高还可能继续增长一两厘米。到了 20~22 岁,身体发育就基本停止了(有人说现代青年的成熟期比以前提前了一些,还有待于生理学家的研究)。

身体的发育与生理功能的发展是相对的。如果在这个年龄阶段得到适当的、合理的锻炼,肌肉、胸围、握力、肺活量等等,都可能有明显的增强。各个生理系统也可以发展得更为健康与完善。

十七八岁青年生理上的主要特征是性的成熟。性激素的分泌旺盛,对男女青年的身体和心理影响很大。如果保护、指导得宜,不但有利于增进身体健康,而且使他们充满着青春活力、乐观自信;如果保护、指导不当,会引起许多疾病,特别是女大学生的妇女病,也可能形成悲观、忧郁的心情或产生骄傲、放纵的心理。必须根据青春期男女青年的特点,发挥青春活力在教育、生活上的作用而避免产生不良影响。

同教学关系最大的是中枢神经、大脑皮质,二者发育基本成熟,就具有从事复杂的、高度抽象的思维活动的生理基础了。如果得到良好的培养、训练,可以迅速而有效地充分发展大学生的抽象思维能力。但如果得不到良好的培养、训练,例如,要求他们呆读死记,就很可能压抑智力、能力的发展。十七八岁以前是身体发展的第二高峰期,需要充足的营养、休息与锻炼,十七八岁以后,是思维发展的黄金时期,也需要知识的营养与智能的锻炼。

其次,谈谈心理上的特征。由于大学生的中枢神经活动和大脑皮质的发育已经成熟,又在普通教育过程中受过系统的抽象思维训练,并积累了一定的基础知识和生活经验,使大学生的感觉和知觉比中学生精密和深刻。定向注意力能够持续160分钟以上,逻辑记忆能力有了较大的发展。对许多学习内容,逻辑记忆逐步取代机械记忆。逻辑推理能力已经加强,善于运用联想、推理掌握事物的内部联系,因而喜欢根据自己的观察对事物独立下判断,观察和分析也比中学生较能抓住事物的主要方面和深入事物的本质。由于抽象思维能力的发展,他们能够比较容易地接受抽象概念,他们往往觉得高等数学并不比初等数学难以理解。许多大学生喜欢从事抽象问题的思考与争辩,这是智育上的有利条件,应当要求大学生的思维活动能够达到更高的抽象水平、更高的概括能力,以便完成复杂、艰深的学习任务,并为从事科学研究打下基础。

必须指出,在今天的高等学校中,有计划地采取有效的方法来培养学生抽象思维能力的工作是做得很不够的,填鸭式的讲课和死记硬背的考试,比比皆是(某些公式和生词的背记还是必要的)。这就是说,教师还不善于充分利用大学生思维上的有利条件,发挥其潜力,更好地完成智育任务。

在培养大学生抽象思维能力上,还应注意到问题的另一面。大学生的社会经验毕竟有限,科学基础也不够深广。他们在观察事物,对问题下结论时,往往带主观片面性,不够全面或缺乏足够的根据就下结论。对理论学习的兴趣很高,但有时脱离实际。针对这些缺点,应当加强对学生思想方法的训练,引导他们全面地、辩证地思考问题,引导他们参加社会实践,重视实际经验。

从大学生的思维的有利条件与缺点来看,在高等学校的教育和教学工作中,贯彻理论联系实际的原则,培养学生独立思考能力,加强学生分析问题、解决问题能力的训练,有重大的意义。这赋予高等教育理论研究重大的任务:必须充实普通教育学所总结的教学原则、教学组织与教学方法。例如,启发式教学方法必须更多地调动学生逻辑思维的积极性,自学、作业以及实习必须具有更多的独立思维、独立工作的因素。普通学校的课堂教学结构一般的已不适合大学生的上课要求。由于大学生思维能力的提高与定向注意力的持久,高等学校的课堂教学结构不需要太多的教学形式上的变换,可以两个学时或更长些,稳定持续地用一种教学方法;教师的讲授要更多地注意教学内容的内在联系和逻辑结构,引导学生深入理解事物的本质,培养学生的逻辑思维方法。普通学校中许多教中小学生的教学方法不用或少用了;许多适应大学生的学习内容和学习心理的教学方法的重要性增加了,如写学习报告、学习笔记或摘要、查文献、做卡片、进行社会调查等等,另外一些教学形式与方法则赋予了教的内容与要求,如自学、课外作业、实习、实验等等。

上面所谈的是大学生的抽象思维的心理特征,下面再谈一些个性心理特征。个性的心理特征,对智育有重要的影响,对德育的影响更大。个性心理特征包括了兴趣、理想、情感、意志、性格、自我意识等等,这里只能举例简单谈某些方面。

青年人的兴趣爱好,很不一致。有的比较广泛,有的比较集中,但都不像儿童、少年那样容易转移。在接受专业教育的过程中,如果引导得好,能够使大学生的兴趣越来越集中于与专业有关的学习和活动上,这是推动学习的有利条件。新生入学后,往往有许多人对专业不满意,这是完全可以理解的,因为他报考大学时对专业并没有接触。有的是听人家这么说,那么说,他就选择了这个专业作为志愿;有的是凭自己的主观设想,有的甚至连主观设想也没有,只找录取分数线较低的。只有进大学之后同专业接触多了,同专业老师和同学接触多了,又认识到将来要为人民服务,必须学会专业的知识本领。引导得好，他的兴趣就会越来越集中在此专业上。当然，也有少数学生在专业学习上存在难以克服的困难，如果转专业，可能学习得比较好些。我们过去读大学，同学中就不乏这种转系科而成才的例子。最近教育部提出了新的《学籍管理办法》征求意见稿，对于转专业的限制有所放宽，并把审核批准权下放给系与教务部门，我认为这是好的。当然，不能片面强调兴趣，放任自流，要有指导，要有适当的分寸，以免影响国家培养人才的计划。

专业兴趣的集中，对于培养专门人才来说是好事，但也要避免兴趣过偏过窄，如避免大学生对非专业性的政治活动、社会活动、文体活动以及同专业无直接联系的文化知识、学术活动毫无兴趣。大学生应当是一个社会的成员，应当过社会的生活，应当有生动活泼、丰富多彩的文化生活。

兴趣，表现为个人的心理活动，但很大程度是受社会所影响，有家庭的影响、学校的影响以及社会舆论、风尚等影响。同时，个人的兴趣，也将对社会起一定的影响。所以，对于兴趣问题，不能完全看作个人的"私事"而忽视。专业兴趣，尤其是对培养人才、发挥人才作用方面是不可忽视的因素。

兴趣和理想有着密切的联系，但又不是一码事。兴趣所在不一定都是理想所在，但有理想而无一定兴趣为支柱是很难实现的。大学生的理想，不同于少年、儿童的理想。儿童、少年的理想，往往只是一些朦朦胧胧的远景，而大学生的理想，能够同政治认知、专业目标以及个人的能力、兴趣结合起来。当前，不少青年人的理想更多地受社会环境、家庭条件所制约。青年人的理想能够建立在一定的现实基础上，不像儿童、少年那样往往是脱离现实的幻想。这是好的，但也容易受某些社会、家庭中不良风气所影响，如追求物质享受，讲求实惠，以及西方资产阶级自由思想，这就使得一些大学生失去青年人本来应当具有的远大理想。如何帮助青年人树立为国家前途、为社会发展、为人民服务的远大理想，是培养社会主义专门人才带有根本性的德育任务。

树立远大理想，关键在于要有革命的人生观。人生观教育是对青年进行德育教育的核心。一个青年，有了革命的、为人民服务的人生观，那么，他就容易接受党的路线、方针、政策，以及组织纪律、艰苦奋斗教育。如果一个青年，他的人生观是享受的或颓废的，对他进行为祖国、为人民、为人类谋幸福的崇高理想的教育，他是很难听得进的。大学青年，是人生观确立的时期，到了中年以后，人生观基本定型了，就很难改变了。一个青年的理想、人生观，是某一个青年的个性心理；而社会上一般青年的理想、人生观，就不是某一个青年的"个人问题"，而是整个社会是兴旺发达还是衰败没落的严重问题。在"文化大革命"之后，在西方资产阶级自由化思想的影响之下，如何帮助青年树立远大理想和革命人生观，是思想政治教育工作的根本性问题。

再谈一下同德育关系密切的情感问题。青年人的情感生活是丰富而又往往比较脆弱的。当然，大学生由于思维能力的发展，自我意识调节作用的加强，相对来说，对于情感已经有一定的控制能力，但比之成熟了的成年人往往较易激动并引起情绪的波动。对于青年人的情感教育，过去往往认为是个人私生活问题，或者重视不够，或者不得其法，收效较微。

应当正确培养青年对祖国、对社会主义、对人民群众热爱的感情。同时对青年人生活中必然要出现的情感生活应当谨慎处理，正确引导他们向健康方向发展而不挫伤他们的心灵。有两种情感生活，在青年人中显得特别重要，应当慎重处理，一是友谊，一是爱情。

友谊在青年人的情感生活中占有很重要的地位。厦门大学曾对部分大学生进行心理测试，不少被试者在某些试题表露了友谊在生活中的意义。如对"苦恼"的联想，回答："失掉友谊"；对"请说出一个人最需要的一件东西"，回答："在孤独时最需要友谊"；"请想象一件最危险的事情"，回答："失掉友谊和信任"；等等。青年人的友谊是比较单纯、坦率的，而又比少年时期较为稳定。健康的友谊是应该受鼓励的。人与人之间，总有几个人谈得来一些，来往较多一些，这是情感生活中的正常现象。但要注意某些不健康的现象，如有的把友谊摆在集体之上，几个好朋友混在一起，带有明显的狭隘性与排他性，在集体中闹不团结。有的把友谊看得比原则性还高，对朋友提出过分的要求，或无原则地迁就。所以对青年朋友关系不要随便扣什么"宗派主义"的帽子，但是要有所引导、指导。

爱情生活是青年身心发展至一定时期必然要出现的现象。正当的、健康的恋爱不应认为对德育不利，也不一定会影响大学生的学习。男女朋友之间的相互鼓励，能起积极的作用。但是，在青年人的爱情生活中，往往出现一些不健康的、错误的思想行为，这就要求教育者给予及时的劝告、指导，化不利因素为有利因素。有人认为应当禁止大学生谈恋爱，以免分心，影响学习。以前也曾经禁止过，但事实证明禁止不了。你禁止，他们就搞地下活动，照样谈。为什么禁止不了？因为这是青年身心发展规律必然出现的现象，规律性的东西是禁止不了的。错误的恋爱观对德育不利，爱情生活处理不当会影响学习。这恰恰说明不应回避而应关心指导。不回避，才能做好指导工作。例如，教育青年应当树立正确的恋爱观，应当正确处理恋爱与学习、爱情与友谊的关系。对于当前有些年龄小的大学生，也应劝其不要急于谈恋爱。青年人的爱情生活，是一种复杂敏感的心理活动。能够劝说大学生暂缓谈恋爱，我是赞成的，但如果出现了，与其简单化地指责，不如关心指导，引导他们向健康方面发展。总之，大学生谈恋爱，从心理学、教育学的角度看，我认为最好一不提倡，二不禁止，三要指导。对于这个问题，教育者看法的分歧较大，我的看法不一定对，仅供参考。

大学生个性心理特征，还有意志、性格等，特别是青年人的自我意识有许多值得研究的问题。这是"青年心理学"或"大学生心理学"所要研究的东西。以上只是举例说明，高等教育工作者必须掌握大学生生理、心理特征，按照他们的身心发展规律来进行教育，而不能按照自己的主观愿望来对他们进行教育。同时，以上所讲，只是一般的特征，不论是思维能力，还是个性心理，都存在个体差异。掌握一般规律，还必须研究个体差异。其次，一般特征，也不能代替对于当前大学生思想现状的分析研究，还必须对大学生当前的思想特点进行调查，做好科学的分析研究，才能从实际出发，有针对性地做好教育工作。

三、高等教育学的基本体系和内容

现在只能谈一点关于高等教育学基本体系和内容的一些设想，因为现在中国还没有一部高等教育学的著作。

上面讲过高等教育学与普通教育学都是研究教育基本理论的，有共性的一面。因此，高等教育学的基本体系同普通教育学的基本体系是一致的。进修班的同志每人手上都有一本五所院校合编的《教育学》，或者还有其他版本的《教育学》教材。尽管各教材的编排有些不同，但大体上都是由三个部分组成的。同样的，高等教育学的体系也可以由三部分组成。第一部分是总论，也就是教育学的基本原理，包括高等教育的性质、任务、培养目标、大学生的身心发展特征，以及大学教师的职责、任务等。第二部分是分论。社会主义的全面发展要通过德、智、体、美等方面来进行，所以在分论里面包括了德育论、智育论、体育论以及美育论等。高等教育学的分论也应分别论述对大学生进行德育、智育、体育、美育的任务、原则、方式、方法，成为德育论、智育论、体育论、美育论。这是总论的展开。第三部分是学校的体制和组织管理，是实现全面发展教育的组织保证。一本普通教育学可以各人自己编，一本高等教育学具体怎么编，也可以有所不同。我们现在正在试编一本，准备搞个征求意见稿，趁今天这个机会提出来，请同志们指教。

　　我们的《高等教育学》准备分六编。第一编，总论；第二编，大学生和大学教师；第三编，教学论，相当于智育论；第四编，教育论，也就是德育论、体育论；第五编，高等学校的体制与管理；第六编，历史与方法。第一、二编相当于刚才所说的总论，第三、四编相当于分论，第五编相当于第三部分的体制和组织管理，第六编是历史和研究方法，这可以说是附录性质的，也可以说是研究性质的。关于各编的内容，在这里没有办法详细说，只能做个简单的介绍。

　　刚才说过，第一、二编相当于总论，除绪论论述高等教育学的研究对象的任务之外，还包括这样四章：第一章，高等教育的性质和任务；第二章，教育的目的和专业培养目标。这两章讲的是教育的两条基本规律。第一章讲教育的外部规律，第二章讲教育的内部基本规律。第三、四章讲大学生和大学教师，这是构成教育的两个方面：一方面是受教育者，这是主体，要研究他们的身心发展特征与教育的关系；另一方面是大学教师，这是教育的主导者，要研究他们的职责、任务。搞教育理论的同志都知道，苏联出了一本《教育学概论》基本上就是讲的这几个问题。

　　学校以教学为主，所以第三编先谈教学论，相当于智育论。这一编内容比较多，而且特殊性比较多，是因为高等教育不同于普通教育，主要是在智育方面。这一编共有五章，第一章讲教学过程的原理和高等学校教学的原则。高等教育的原理、原则与普通教育基本相同，但是高等学校由于它的特殊性，不能把高等学校的教学过程理解为单纯的传授知识的过程，而应该着重于培养和发展学生的智力、能力，特别是创造性活动的能力应该占有特殊的地位。第二、三、四、五章分别讲研究教学的几个方面。第二章是课程论或者叫教学内容；第三章是教学组织与方法；第四章是学生成绩的检查与评定；第五章是现代化教学手段，包括实验手段、电教手段等等。这四章与普通教育学基本不同，必须总结高等教育的经验。

第四编是教育论，包括德育、体育、美育、劳动教育等等。教育论这个名词并不准确。为什么把智育摆在外面，把德育、体育等算作教育呢？但一向如此用法，现在也想不出新的名词可以代替。这一编包括了共产主义的教育，内容很丰富，尤其是德育的方法是很多的，用一章专门论述。第二章是大学生的集体组织与教育。德育可以有几条途径，集体组织可以说是一条最有效的途径，因为根据青年的心理特征，集体的组织活动、集体的舆论对他有着强有力的教育作用，这与儿童少年不同。对儿童少年来说，老师的作用比集体的作用大；而对大学生来说，集体的作用往往超过老师的作用。第三章是体育、劳动、军训、保健等等。

第五编是体制，有三章：第一章是高等学校的教育制度，即学制，第二章是科学研究，第三章是学校管理与领导。为什么把科学研究作为一章放在这里呢？科学研究已在教学论中论述，因为高等学校的教学过程中要有科学研究的活动。但是，作为高等学校的两个社会职能之一来说，那是高等学校体制的一个组成部分，所以作为社会职能的科学研究应该属于体制。它包括高等学校的科学研究的任务、课题、人力的组织、研究的机构、学术委员会，国内的科研协作，国际的学术交流等等，这些都是必须单独研究的。

第六编是历史和方法。历史，也就是把过去的东西做一个总结，作为结论。那么是不是到此为止呢？现成的理论只能给我们一个一般性的原理、原则，如何解决具体问题还得进行研究，并把研究的成果回过头来丰富高等教育的理论，所以最后要讲高等教育的研究方法，表示学习告一段落而研究正在开始。高等教育学的体系和内容大致如此。这个体系是否合适，先在这里征求大家的意见，特别是征求教育专家们的意见。

四、高等教育研究方法中的若干问题

高等教育的研究方法同教育学科的研究方法一样，有调查法、观察法、测量法、统计法、个案法、历史法、问卷法等。而研究态度最根本的就是实事求是的科学态度和严肃认真的负责精神。我这里只着重谈谈有关高等教育研究方法中的若干问题。

（一）定性研究与定量研究

自然科学研究越来越从定性研究走向定量研究，社会科学研究，如经济研究多年来只重视定性研究，不重视定量研究，结果导致主观意见多，缺少客观的科学根据。这说明只做定性研究不大可靠，还必须要进行定量研究。我们教育科学也必须重视定量研究，不能只停留在定性研究上。一些论文，多是谈感想、谈看法，然后举一些个别例子加以论证，或从经典著作中找几句话作为引证。这样的论文在科学性上是不够的。应该尽可能有统计材料，以大量的调查材料作为依据，而不能仅仅依靠一般视察所得到的个别事例来进行主观想象，或凭空推断。例如搞质量的分析，召开座谈会来听取意见是必要的，是不是还可以搞点民意测验，让更多的教师填表，也可以拿以前的考题或同等难度的考题来考现在的大学生，也可以拿一些外国考题给学生做，然后用大量统计来求得数据。这样的质量分析得出的结论就比较科学了。进行定量分析不等于不要定性分析，定量只能提供数据，只能看到事物的现象，在定量分析的基础上再进行定性分析，才能深入到事物的本质，进而得出比较中肯的结论。

（二）关于经验总结的意义及其局限性

总结经验很重要，理论必须建立在总结经验或实验的基础上。但是经验本身还不是理论，还不是规律，要在总结经验的基础上向理论方面提高。轻视经验固然不对，但是经验有一定的局限性和主观性。经验是在一定时期内、一定条件下的产物，而在另一个时期碰到新的情况，经验就不一定正确。思想政治工作经验如果完全照搬20世纪50年代的，就不一定能行得通。还有的经验只不过是一时有效，而从长远观点来看并不可取。如高考搞复习提纲，猜考题，你说有效吗？如果没有效，大家为什么非常热心？肯定还是有一定效果的。有的恰巧也猜对了，会猜考题的老师吃香得很。但这样搞不仅压抑了学生智力能力的发展，而且还会把学生引导到侥幸取胜的不正常道路上。所以，从长远观点看是不足取的。

再说典型经验。解剖麻雀是一种很好的研究方法，教育科学上叫作个案法。但典型总结对典型的选择必须很好地进行研究。平常人们对典型有两种理解：一种是树榜样，大家向典型学习，这是有意地选最好的当典型；一种是科学研究中的典型，通过特殊典型寻找一般的规律，从特殊走向一般。这就不应根据主观找最好的或最坏的作为典型。报纸上有的报道往往是只举极端的事例，这样做报道宣传可能有作用，但作为科学研究工作就不能这样做。提出一个问题就找极端的典型，这样的苦头，我们吃得太多了。你说好，我就找一个好事例来满足你的要求；你说坏，我可以找一个坏事例来满足你的要求，都是说真话，都满足了你的要求。但是这样的研究是不科学的，据此来制定政策，指导工作，岂不误事。

（三）搞点实验

自然科学离不开实验研究，社会科学在可能的条件下，也应搞点实验。现在我们可以设想许多培养智能的方法，但最好要通过自己的亲自试验。根据实验的原则与方法，把成果作为论证的材料，其理论就比较可靠可信，具有科学价值。现在中小学的教育研究开始比较重视实验了，但在高等教育的理论研究中，实验方法用得不太多，所以理论的效度与信度必然也不会高。高等教育的理论研究中，我们除了应该坚持必不可少的实验原则外，还应当注意：

第一，实验不能专找最好的教师、最好的学生和最好的条件。实验成果是所有实验因素互相作用的结果，但是多种因素都起作用，就很难分清优劣好坏了，这样的实验，还有什么价值呢？所以实验工作要在正常状态下进行，要注意双方的同等条件。赞科夫搞试验，就是找一个刚从师范学校毕业出来的新教师来进行。

第二，尽可能搞点对比实验，有比较才能得出较为明确与正确的结论。

社会科学研究的对象是社会现象，教育科学研究的对象是人不是物，人有思想，会用脑，所以要更多地运用观察法，并且要进行长期观察，忠实记录，追踪研究。如果只靠短期观察，又没有忠实地记录，只凭我所需，那就不行。

我们搞过追踪研究，研究学生高考入学成绩跟在学成绩的关系。有人说高考没意思，考上好的大学学习不一定好；有人说考得好的当然学得好。两种观点都可以举出例子来证明，但论据都不足。要用相关系数来表现高考入学成绩与在学成绩的关系，看二者有没有必然联系，关系密切不密切。我们从1977级开始搞，搞了一年，结果不能发表，因为时间太短，科学性不够。我们统计了2 000名学生，要追踪4年到毕业，再进行对比。已经搞4年了，1977级也毕业了。我们还要做1978级、1979级，多做它几年，然后再说话。在阶段研究中也发现了一些问题，如物理或化学一科的在学成绩，同高考入学数理化总成绩相关系数最高，物理对物理、化学对化学的单科成绩相关系数反而较低，说明数学、物理、化学三科基础都要打得好。

总之，研究工作要放在比较科学的基础上，这样研究的结果，才有科学价值。

第二讲　教育的基本规律及其对高等学校教育的作用

上次谈到干部专业化的问题，许多同志比较感兴趣，这是一个值得探讨的问题。干部专业化，一是要有专业知识，一是要有所从事工作的经验。知识和经验要符合客观规律，所以干部专业化，归根结底是干部要掌握教育规律办教育。今天要讲的教育的基本规律是一般的、具有共同性的。只能联系规律在高等学校教育实践中所起的作用。

一、教育基本规律与教育方针、教育目的、培养目标的关系

什么是教育规律？教育有哪几条规律？一般的《教育学》书本并没有明

确写出来。实际上,整本《教育学》除了一些具体问题的叙述、解释之外,应该说基本上都是规律的阐述,是大大小小的规律的阐述及规律的运用。不过没有像社会主义政治经济学那样标明社会主义经济有哪几条规律而已。规律是多层次的:有外延很宽的,也有较窄的,有制约全面的,也有只制约某一方面的。通俗地说:规律有大有小,教育基本规律是管一切教育工作的,这是第一层次的规律。教学方面有教学过程的规律,是管教学工作的;思想政治教育方面有德育规律,是管思想政治教育和道德教育的;学校组织与管理方面有科学管理规律,是管学校行政工作的,这是第二层次的规律。第二层次之下还有更窄的规律,如教学方法方面有循序渐进、启发式、量力性等种种规律;思想政治教育方法有认识、情感与行为一致性等规律,这是第三层次的规律。这一层次之下还有下一层次的规律,如课堂教学的规律、实验课的规律、实习课的规律,都属于这一层次,这是第四层次的规律。不过这些低层次的规律常被写成定理、原则、关系、联系等。如果它是反映客观必然性的东西,那它就是规律的阐述。问题不在于它的大小,而在于它是否反映客观必然性。规律是客观存在的,理论、原则是主观对客观的认识。这些原则有的是正确反映客观规律的,有的是错误的或不完全地反映客观规律的主观认识。

既然教育规律有大有小,是多层次的,在一次讲课中,显然不可能把大大小小的规律都涉及,只能讲其中的两条基本规律,并在必要时联系谈及一些第二、第三层次的规律。

教育的第一条基本规律是指教育与政治、经济、文化的关系,即教育这种社会活动与社会的其他活动的关系。社会有政治活动、经济活动、文化活动等等,最基本的是经济活动。第一条规律就是指教育活动同这些活动,特别是与经济活动之间所存在的必然关系与联系。顺便说一说,一般《教育学》都把教育写成:"教育是一种社会现象。"这大概是从苏联译过来的。我认为不如按中国的习惯,叫作"教育是一种社会活动",说"社会活动",正可以表述教育是一个动态的过程。

教育活动与政治活动、经济活动、文化活动之间的关系、联系,从整个社会来说是内部的,从教育来说是外部的,所以这个关系、联系叫作教育的外部规律，也就是通常《教育学》第一章的主要内容。第二章是全面发展教育的理论，即培养社会主义年轻一代的总方针、目的，这是一切教育活动应遵循的东西。它所反映的是另一条基本规律，即教育内部的基本规律。关于这些规律有两点应说明：

（一）基本规律管下一层次的规律

基本规律管下一层次的规律，即下位规律，而下一层次的规律必然要符合上一层次的规律，即上位规律。如果下位规律和上位规律是相矛盾的、相抵触的、相违反的，那就不是真的规律，而是主观错误的认识。上位的规律必须通过下位的规律来实现，否则，上位的规律就是空的。全面发展是教育内部的基本规律，它管所有的教育过程。如果我们总结出的一些教育经验，提出的一些教育原则，跟这一规律相抵触的话，那就不是真的规律。例如，用过重的负担来使学生多获得知识，以至影响身体健康，这样的做法不管你怎样提到理论原则上说，也是假的、主观的、错误的认识；用注入式教育来多灌输知识，虽然知识的灌输多一些，但是它阻碍了学生智力的发展，抑制了学生能力的发展，所以不能认为它是符合规律的，这也是一种错误的认识和做法。所以说上位的规律要通过下位的规律来实现，下位的规律必须要符合上位的规律。

（二）教育的外部规律制约着教育的内部规律

教育的外部规律必须通过内部规律来实现。教育同政治、经济、文化的关系，决定了教育要为政治、经济、文化服务。教育如何为政治、经济、文化服务呢？就是通过培养人来为政治、经济、文化服务。培养什么人？社会主义社会要培养全面发展的人。所以，这条外部规律的实现要通过内部规律来起作用，通过培养全面发展的人来体现。但是外部规律是制约着内部规律的，只有在一定政治、经济、文化条件下的教育，即社会主义制度、大工业生产、科学发展等，才能彻底实现人的全面发展。

教育规律同教育工作方针、教育目的之间有什么关系呢？教育方针、教育目的如果是正确的，它应当是根据客观规律，联系一定历史时期的实际情况来制定的。教育的方针、教育目的是主观的，如果它是正确的话，应该是反映客观规律的必然性，而又联系着一定历史时期的任务、条件的。教育的方针、教育的目的同教育规律的关系是：规律是客观的，方针、目的是主观的。正确的方针、目的是正确地反映了客观的规律，并联系一定历史时期的实际，用一定的形式和立法手段规定下来的。一般来说，教育工作方针反映教育外部规律；教育目的反映教育内部基本规律。我们现在还没有教育法律，宪法也没有写上这一条，因此，对教育方针有种种提法。有人统计了一下，大致有四五种提法。虽然具体提法有所不同，但我同意有些同志所说的，精神实质是一致的。教育目的反映了教育的内部基本规律，也是各级各类教育总的一般的目的，但是各级各类教育在总的教育目的之下应该还有它自己的培养目标，普通学校教育、高等学校教育都各有自己的培养目标。所有的培养目标都要根据总的教育目的制定，符合总的教育目的，总的教育目的又必须通过各级各类教育的培养目标来实现。这是培养目标和教育目的的关系。因此，可以形成这样一个概念——教育工作方针制约着教育目的，教育目的制约着培养目标。也可以这样认为：高等教育培养目标是根据总的教育目的制定的，总的教育目的是根据教育工作方针制定的，教育工作方针和教育目的分别反映了教育的外部、内部客观规律。这就形成了一个相互联系、相互制约的基本原理体系。

二、教育的外部规律

教育的外部规律是指教育与政治、经济、文化的关系。教育必须与社会发展相适应，社会主义教育必须与社会主义社会发展相适应。这种适应包含两个方面的意义：一方面，教育要受一定社会的政治、经济、文化科学所制约；另一方面，教育必须为一定社会的政治、经济、文化科学服务。所以，这条规律可以表述为："教育必须受一定社会的政治、经济、文化科学所制约，并为一定社会的政治、经济、文化科学服务。"我们谈的是社会主义的教育规律，就可以把"一定社会"换作"社会主义社会"。因此可具体地表述为："社会主义教育必须受社会主义政治、经济、文化科学所制约，并为巩固人民民主专政、建设社会主义四个现代化、发展国民经济服务。"这就是社会主义教育的外部规律。它一方面"受到制约"，一方面"为之服务"，二者之中"受制约"是前提。教育必须受政治、经济、文化科学所制约，才能为政治、经济、文化科学服务，如果不受制约，就违反规律，违反规律就行不通，就谈不到为之服务。教育是怎样受政治、经济、文化科学所制约呢？分别论述如下。

（1）受政治制约，必须从理论上予以肯定。如何从理论上予以肯定，谈起来是比较复杂的。简单说，教育是上层建筑，不管你从教育的整体上说是上层建筑，或说教育观点、教育制度是上层建筑，而某些内容和方法是非上层建筑（即所谓"两部分论"），你总得承认方向性的、决定性的观点、制度是上层建筑，而不能说成是像劳动力、生产工具那样的生产力。既然教育是上层建筑（或所谓部分是上层建筑），就得受经济基础所制约并为经济基础服务，而政治是经济的集中表现，就得受政治所制约并为政治服务。社会主义教育就要受人民民主专政所制约，要受四项基本原则所制约，在处理具体问题上就必须按这个规律办事。例如，有的外国人想来中国办学校，这种学校，由他们出钱办，他们领导，按照外国的一套办法，在中国招生，看起来好像是为我国培养人才，这样做行吗？有的人颇为赞同，有的人觉得不太好，又说不出道理。我看是不行的。因为办教育和办工厂不同，办教育所造就的是人，办工厂生产的是物，物没有思想，人有思想，人要受政治制约，这关系到我们的教育方针、教育目的。我们可以吸引外资、侨资来办学校，但他们只能出钱，我们不能由他们决定教育目的，主持学校行政，因为他们不能干涉我们学校的教育方针、教育目的。理论根据就是，社会主义教育必须受社会主义的政治制约。其实，任何社会的教育实际上都要受当时占统治地位的政治制约，只不过有的制约得了，有的制约不了。我们的社会主义社会不允许教育不受政治制约，不允许教育搞自由化。

（2）受经济制约。这一制约是多方面的，首先，教育发展的速度一定要受经济发展的速度制约。20世纪50年代前期，我国的高等教育平均每年的递增数达到18%左右，当然，这同当时的基数很低有关，但也是相当迅速的。在当时，基本上是经济发展所允许的，所以，教育能比较稳步地发展。1958—1960年"大跃进"时期，教育的发展贪多求快。想摆脱经济制约，一下子办起许多不够大学水平的"大学"，当时一股风，很多人都进各种各样的学校,其实并没有那么多钱办学,超出了经济的承受能力,以致后来不得不降下来,形成大起大落的局面,平均每年递增率反而低于1958年以前。1978年制订教育规划,提出了指标,要办多少"万人大学"。这也是由于当时对整个经济发展速度的估计错误,从而导致对整个教育的发展速度也做了错误的估计,当然行不通。想叫教育不受经济制约,必然行不通。国外也有这种情况。斯里兰卡的高等教育发展很快,还有埃塞俄比亚这个穷国,大量地投资于高等教育,高等教育发展很快,结果培养出大量的大学生没有地方用。因为他们的工业发展水平容纳不下这么多的专门人才,其他方面也容纳不了,只好大量外流。单纯发展高等教育,结果,花了国家大量的资财,培养出了一些人又没有地方去。由此可见,教育的发展速度是要受经济发展速度制约的。

教育结构也要受经济结构制约,特别是高等教育结构归根结底是要反映经济以及上层建筑各领域的结构的。不受制约,就会造成比例失调。我国这些年中等教育的比例失调,造成整个社会普通中学毕业生太多,就业压力很大,工厂用人又得不到有技术的劳动力。现在正在搞调整,调整是很困难的。现在全国的中专生比大学生还少。农业中学更少,有的县还没有。高等教育结构也有不合理的地方,现在,政法、财经等学科的比例太低,理、工、农、医的比例较高,这是历史所形成的。我们过去对管理人才、政法人才的看法存在很大的片面性,导致政法、财经等专业人才培养工作得不到发展,甚至招生数逐年下降,到"文化大革命"期间停办,政法院校基本上被砍光了,财经院校剩下的也只有几所。现在要调整,按什么样的模式来调整呢?据统计,在美国的高等教育结构中,理、工、农、医占24%,人文、社会科学占42%。在日本的高等教育结构中,理、工、农、医占27%,文、法、财经、社会科学占44.5%。粗略地说,美国、日本都是文科占40%多,理科占20%多。我们是否按这个比例来调整?把它当成最佳比例的模式是否可以?我认为不行。根据我国的国情,在可以预见的若干年内,我们不能按美国、日本的模式来调整我们的教育结构比例。因为我国是一个以自力更生为主,独立自主的发展中国家。我们已有的理、工、农、医等方面的专业人才,数量不是太多而是还不够。政法、财经专业人才的确需要,但也不能一下子猛然发展太快。资本主义国家的高等教育结构不一定都是很合理的，有的甚至比我们更不合理。我在这里介绍一下泰国的情况。这个国家也是发展中国家，农业比较发达，现在还一直出口大米，但他们的农科大学生只占全部大学生的2.2%。据1979年统计，整个理、工、农、医只占15.2%，而他们的社会科学（主要是商业经济和政法专业）的大学生却占了58.79%。这样的比例是否合适呢？他们的大学部官员自己都承认这样的比例是不能适应社会发展需要的。但是没有办法，大学毕业生要受劳动市场的支配，因为律师、会计师，以及搞银行工作的最好赚钱，所以大家都去学社会科学，学政法、商业。学农的比较艰苦，也不易发财，大家都不想学农。农科大学招生不足，都有空额。

资本主义社会的教育结构直接受劳动力市场的支配，也就是受价值规律所支配。比如说，大学生大量失业，找不到工作，自然要改学别的专业。但是这种作用是被动的，缺少远见，对发展经济不利，像泰国这样他们很难摆脱半殖民地性质的经济状况。泰国大学与重工业和尖端科学相关的专业很少，只有一所，还是外国人办的。

我们的教育结构不能靠当前劳动力市场来支配，不能完全受价值规律支配，主要应根据国民经济有计划、按比较发展的规律来规划。我们的教育结构一定要符合当前和相当一个时期经济发展的需要。邓小平同志说："我们培养和训练专家和劳动后备军，不但要看到国民经济发展的近期的需要，而且必须预见远期的需要；不但要依据生产发展的要求，而且必须估计到现代科学技术发展的趋势。"我们在制定规划时，一定要调查当前以及若干年内我们的经济结构和上层建筑各部门的需要，制定一个最佳的结构。这个结构不仅是理、工、农、医、文、法、财经等学科门类的比例协调，还要预测具体的专业。从事这样的调查和预测工作的，有一门专门学科叫作"教育未来学"。当然，"教育经济学"也要研究这方面的问题，但主要由"教育未来学"研究高等教育的结构问题。但预测、估计总会有些误差，因此，除了规划外，在培养中还应考虑使学生毕业后的适应性强一些，能从这个专业转到相近的专业而不感到太大的困难。

（3）教育事业发展还要受到文化科学发展的制约。为什么呢？很显然，教育内容要受文化科学发展的制约。例如国际上有一些科学发展的最新成就，我们的师资、设备条件有限，不能充分纳入教学内容。又如，尖端科学的学科设置也受到文化科学发展制约，若大量去培养尖端科学人才，大家都学尖端科学、前沿科学，就会超出我们科学发展对人才的实际需要。我这样说，并不是说不应该搞尖端科学，只是不要大家一哄而上，赶时髦。如今在大学生分配中就发生了这样的情况：尖端科学专业的毕业生供过于求，分配不出去；而学政法、学经济的毕业生则供不应求，不够分配。这说明我们的"教育未来学"没搞好，也证明教育的发展要受文化科学的发展制约，培养研究生也有这个问题。当然，培养研究生有利于发展科学技术，但是否马上就像美、英那样按1：5的比例发展？师资呢？设备呢？教授、副教授本来就不多，都去培养研究生，势必和培养本科生形成矛盾。现在培养博士研究生，每人每年经费为6 000元，够买什么呢？所以只能靠原来的设备，但能否新建一个实验室？能否满足需要的全部设备？这要有一个发展过程，受到一定制约。所以，研究生也不可发展太快，否则，太快太急可能降低质量，甚至降低本科生的培养质量。

还有一个重要方面，高等教育发展受师资与设备的制约。师资与设备的制约不能都归结为经济的制约，而是属于文化科学制约。社会上不了解学校的师资与设备的增长是有一个过程的，不是今天给钱，今天就能招生的。目前全国大学的正副教授、讲师、教员、助教为25万多名，学生120多万名，按教师的工作量算，起码还可以多招几十万大学生。但实际上不行。因为一个大学教师不是一个普通劳动力，不是今天叫他推车，明天就可以叫他挑水。现在，财经、政法专业很吃香，这些专业急需培养大量专业人才，但按去年统计全国财经专业只有4 000多名教师，其中教授、副教授只有400名多一点。政法方面全国只有几十名教授、副教授，教师总数只有800余名。这样少的师资，怎么能一下子增加许多招生任务呢？一个教授、副教授、讲师的成长不是那么快的，比造房子的周期要长得多。师资培养是长期的。现在我们厦门大学的经济学院有1 000多名学生，加上各种各样短训班的学员近2 000名，现在人民银行、财政部、省里都愿拿出钱来要我们多招生，但我们很为难，因为受到师资和设备的制约。所以说高等教育的发展不是凭主观愿望所决定的，而要认真研究各个方面的因素，这就要应用系统工程的理论和方法来解决了。

教育必须与社会发展相适应所包含的意义的另一方面是，教育要为一定社会的政治、经济、文化科学服务，促进政治、经济、文化科学的发展，一般称之为教育的社会职能，或者把它叫作阶级斗争和生产斗争的工具。

教育作为生产斗争的工具，是指劳动力再生产手段。也就是说，教育使人获得一定的劳动技能、技巧，能从事某个部门的生产，成为劳动力。这个意思还包括使人掌握了一定的科学知识，能革新和创造生产工具，推动生产力的发展。总之，教育的这种社会职能起着把生产经验、劳动技能、科学知识转化到具体的人身上去，使其成为能参加生产活动的劳动者，同时也通过教育培养出科学家、技术人员来把科学知识转化为生产工具。这两种转化都需要教育做中介，所以教育是生产发展必不可少的条件，是生产斗争的工具。

教育作为阶级斗争的工具，是指在阶级社会中，统治者为了维护统治阶级的利益，巩固他们的统治，维持社会秩序，必须对年轻一代进行道德教育。在封建社会叫作"伦理教育"，在资本主义社会叫作"公民教育"，在社会主义社会称为"思想政治教育"。不过社会主义社会的思想政治教育是维护劳动人民利益的，而不是维护少数人的利益。但所有这些都是为了维护一定社会制度，维护一定的社会秩序，维护一定生产关系而对年轻一代进行道德教育的。其实，即使在无阶级社会，教育也必然有这一方面的职能，当然不叫阶级斗争的工具，也不叫政治教育，而是维持社会秩序。否则社会生活无法保持，社会生产也无法进行。因此，教育同社会生活、社会生产永远是一起存在的，只要社会存在就必须有这两方面的教育。

教育的这两个职能反映了人类社会的生产方式，即反映了生产力和生产关系这两个方面。任何社会的生产都存在着这两个方面，这两个方面是相互联系、互为依存、相互制约的。因为进行社会生产就需要社会秩序，若不进行道德教育，连起码的组织纪律和公共道德都没有，生产就无法进行。因此，教育所具有的反映这两个方面的职能也是存在着内在联系的，不能把两者截然分开，上面分开讲只是为了讨论问题的方便。对这个问题的认识在今天更具有现实的意义。如果只看到教育作为阶级斗争的工具这一职能，就会导致政治冲击业务、冲击教学，科技人员就培养不出来，生产就受影响，人民民主专政的巩固也会受到危害，对此我们是有教训的。当然，我们现在不会整天搞运动，但对指导思想来说，把这个问题提到理论原则的高度来认识，记住这个理论原则，对今后的工作是有好处的。另一方面，若只看到教育作为生产斗争的工具这一职能，也不行。前一段时间，在宣传方面有偏向，只重视钻研业务，掌握技术，放松了思想政治工作，导致有的青年学生对政治不关心，有的甚至厌烦政治学习，以至于辨不清方向，怀疑"四项基本原则"，倾向于资产阶级自由化，公共秩序、公共道德、组织纪律都不要了。这样培养出来的人能否从事社会主义建设就成为问题，四化建设也就难以进行。

各级各类学校都要按这条外部规律办事，尤其是高等学校更为重要。因为高等学校培养出来的是专门人才，与国家政治、经济、文化科学的关系更密切、更直接。高等院校所培养出来的人才在各个部门是要起骨干作用的。一个国家文化科学的发达，最终取决于高等院校培养出来的人才的数量和质量；一个国家国民经济的发展在很大程度上也取决于高等教育所培养出来的人才的数量和质量；一个国家国力的强弱，除了经济、军事力量外，人才资源也是一个很重要的方面。

教育这一外部规律还必须通过内部规律起作用，就是说还要看培养什么样的人和如何培养人来实现这条外部规律。以下就讲教育的内部基本规律。

三、教育内部基本规律

教育的内部基本规律可以这样表述："社会主义教育必须培养全面发展的人。"或者说："社会主义教育必须通过德育、智育、体育培养全面发展的人。"当然也可以加上美育。这条规律是教育内部的基本规律，教育内部总的规律。这条规律制约着各级各类的教育和一切教育过程。"使受教育者在德育、智育、体育几方面都得到发展，成为有社会主义觉悟的有文化的劳动者。"这个教育目的就是根据这条内部基本规律所制定的，是符合这条内部基本规律的。关于教育目的，我们搞教育工作的同志是很熟悉的，而且学习过很多次了，不必从头谈起。这里只就对全面发展的问题谈一谈个人的看法。

因为这个问题大家经常碰到，而且也存在着一些问题，谈一谈，大家可以讨论一下。

  对全面发展的提法有三种：第一种叫作智力、体力全面发展，第二种叫作德、智、体全面发展，第三种叫作德、智、体、美全面发展。究竟哪一种提法准确，实际上也就是说全面发展的含义是什么？究竟是只有智和体两个组成部分呢，还是德、智、体三个组成部分呢，还是德、智、体、美四个组成部分呢？第一种提法中智力和体力的全面的、充分的、和谐的发展，是有根据的，是马克思的著作里提到的。马克思认为劳动者必须是智力和体力全面发展的。马克思这个提法对不对呢？对的。但是，马克思当时谈全面发展是在他的经济著作里谈的，主要是从生产的角度来谈的，主要是把教育作为生产斗争的工具，根据这个职能来谈的。也就是说，把人作为生产力的因素，从这个角度来谈全面发展的。作为大工业生产的生产力因素的劳动力，必须是体力与脑力劳动相结合。所以我们要从当时特定的时间、条件、背景来理解这个提法。同时，马克思也是针对着当时资本主义社会机器生产存在的问题来谈的。在资本主义社会中，机器的生产使人片面发展，特别是对童工的教育非常差。当时，马克思从大工业生产的不断发展，要求今后劳动者体、脑结合这个方面来谈这个问题，也是从共产主义社会最终要消灭脑力劳动和体力劳动的差别这个理想来谈这个问题的。我想如果把人作为劳动力来看待，的确要脑力劳动和体力劳动相结合，人作为一个自然的人来说，也就是精神和身体两个方面。所以从这个角度来论述人的全面发展，着重论述智力和体力的发展是正确的，在当时是必要的。他当时为什么没有谈德育这个问题，1866年马克思在他一次发言中说得很清楚："学校不可能给予那种教育，这应当从成人那里去学习。"（见《马克思恩格斯全集》第16卷第656页）人们时常引用的马克思的话："我们把教育理解为以下三件事：第一，智育。第二，体育……第三，技术教育……"有的人还把它作为马克思对教育所下的定义。这是离开了一定的历史背景、时间和条件来理解马克思的话，把马克思在特殊历史条件下、在特定范围内作为合法斗争而提出的话作为共产主义教育的一般原理。马克思在写给格尔曼的一封信上对他的要点曾经做了这样的说明："我故意把纲领局限于这样几点，这几点使工人能够直接达成协议和采取共同行动。而对阶级斗争和工人组成为阶级的需要则给以直接的滋养和推动。"① 这就是说，为什么只说智育、体育、技术教育，是针对资本主义工厂中的工人来谈教育这个问题的，至于阶级斗争教育即德育是要在斗争中来进行的，是要在工人运动中来进行的。

第二种提法是德、智、体全面发展，这是我们的教育目的提出来的。如果说，马克思是着重从把教育作为当时生产斗争工具这个角度提出智力与体力全面发展，那么我们的教育目的所提的德、智、体全面发展就是从今天教育的两个社会职能全面地提出来的。教育的"两个斗争"的任务，只有培养德、智、体全面发展的人才能完成，才能符合两个社会职能的需要。从上面所说的外部规律来看，那么这个内部规律提出德、智、体是符合外部规律的要求的，也是比较全面的提法。

现在争论较多的是第三种提法。德、智、体、美的全面发展。美，是不是人的全面发展的组成部分？美育，是不是全面发展的组成部分，是不是一个必要因素，是不是应该把美育包括进去才能比较全面？这个问题有争论。如何理解这个问题，如何看待这个争论？我不直接就美育谈美育，要从整个社会的目的谈起。

前面谈到教育的外部规律时说过，教育是通过培养人来为生产斗争、阶级斗争服务的，它是生产斗争、阶级斗争的工具。那么，生产斗争、阶级斗争的最终目的是什么？前些时候，经济学界讨论生产的目的，认为生产的目的不是为了更多的生产，更不是为了仓库而生产。生产的目的，正如斯大林所提出的：是为了人及其需要，即满足人的物质和文化的需要。所以社会主义社会的基本经济规律是为了保证最大限度地满足人民群众日益增长的物质和文化的需要。革命的最终目的是解放全人类，使人的自身能够充分地发展。也就是马克思所说过的："人以一种全面的方式，也就是说，作为一个完整的人，占有自己的本质。"② 不应当把人的价值只是理解为劳动者、劳动工具。人必须作为劳动力，必须从事生产斗争、阶级斗争，这是对的，是完全必要

---

① 马克思，恩格斯. 马克思恩格斯书简［M］//中共中央马克思恩格斯列宁斯大林著作编译局. 北京：人民出版社，1965：24.

② 马克思恩格斯全集：第23卷［M］. 北京：人民出版社，1972：123.

的；但是，人还要有发展自己的需要。在一定范围来说，教育是作为生产斗争、阶级斗争的工具和手段，但是，从革命的目的、从生产的发展的出发点和归宿来看，人的全面发展可以说是社会发展的最终目的，而生产斗争、阶级斗争是解放人和发展人的手段。所以培养全面发展的人既是手段，又是目的，而归根结底是目的。这个看法对不对，大家可以讨论。总之，教育既是作为生产斗争、阶级斗争的工具，也是为了满足人类自身发展的需要。于光远同志在1980年《教育研究》第4期和1981年厦门大学的《中国经济问题》第1期上所发表的文章，都谈到人的自身发展问题，当然他只是从经济与教育的关系这个角度来谈的，我觉得他谈得有道理。教育为了生产斗争的需要，就要对学生进行科学技术教育；为了阶级斗争的需要，就要对学生进行思想政治教育。但是，我们还必须满足人的自身发展的需要。如果从这个角度来看，我比较倾向于提德、智、体、美全面发展，使我们培养出来的学生既有高尚的道德品质，有高度的文化修养，有健康的体魄，又有美的情操、美的精神境界。如果教育只有两个社会职能，那么美育的确很难摆进两个职能之中去。艺术院校培养一个音乐家、美术家，是从事阶级斗争，还是从事生产斗争？当然，可以摆到生产斗争中去，更可以摆到阶级斗争中去，两者都可以起作用的，但是总是比较勉强。普通中小学开音乐、美术课程，课外学习唱歌跳舞，把学生带出去旅游，是属于生产斗争还是阶级斗争的需要呢？人的生活是多方面的，阶级斗争、生产斗争是我们主要的社会实践，但生活除了阶级斗争、生产斗争以外，还有没有别的内容，特别是青年人还有没有别的生活内容？社会关系是多方面的，生产关系是最主要的。马克思既把人当作生产力，也把人叫作社会关系的总和。青年人有强烈的发展自己的欲望，比如说，他们有求知欲，这是好事；他们有理想，这也是好事。他们喜欢有点艺术的享受，你说这是对的，还是错的？我说这是对的。青年人应该得到艺术享受，应该满足他的艺术享受的要求。青年人有情感生活，教育应该满足、指导、引导他们的情感生活，也就是教育应该满足青年人自身发展的需要。因此作为满足人的自身发展的需要，我认为我们的教育应该有美育这个组成部分，因为生活有美的方面，人类有美的发展的需要。我们现在为什么提倡"五讲四美"，为什么不把"四美"分别归之于道德、知识、健康等方面,而要叫作"四美"呢?因为,美能够协调德、智、体,美能够提高人的精神境界,美有助于发展人的智力,美可以使人感情升华。总而言之,美能够使人们的生活美好,精神高尚,所以人的全面发展如果缺乏美的因素,总好像有点欠缺。至于在教育目的上是否写明?可以不写。不写,不等于美育就不存在。但是,无论如何,作为一个教育工作者,应当重视青年人的美育,这个方面我们学校教育,特别是高等学校是不太重视的。我们只常常看到政治与业务有矛盾,要解决;学习与健康有矛盾,要解决;但从未听说过美育与什么有矛盾,要解决,这是因为美育根本没有提到议事日程上来。所以,过去高等学校的美育教育若有若无,如果有的话,也只不过是几个爱好戏剧、音乐、美术的同学自己在课外搞些活动。美,也是需要教育者来引导、指导、教育、培养的。青年人有美的需要,但不引导、教育他,不但不能提高他的审美能力、欣赏能力,而且有时会辨别不清什么是美,什么是丑,把庸俗、丑陋、腐朽、灰暗的东西当成美来追求。我在这里对这个问题之所以要多说几句,意思无非是说,对于培养具有高度精神文明的大学生来说,美育应该引起学校领导和教师的重视。

　　刚才说过人的全面发展是社会主义教育的基本规律,各级各类教育都应遵循这条规律,不能违反。下面略谈一下贯彻"全面发展"中的一些问题。

　　从消极方面来说,我们要防止只抓某一个方面,而忽视另一个方面,甚至妨碍某一个方面。比如:加强思想政治教育是非常重要的,这个道理大家都懂,不必多说;但不应当重复过去政治冲击业务的种种做法,因为那会削弱、妨碍智育。又如强调智育,提高教学质量是正确的,不应该再对这种强调扣什么"资产阶级质量观"的帽子。同时,我也不赞成这种说法:前一段时间,学校的思想政治教育削弱了,是因为强调了智育。智育一段时间比较强调了,这是完全正确的。现在要强调,将来还要强调,并不是我们的智育太强调了,抓多了,而是还没有抓好。但是,如果采取的方法不对,或是只片面鼓励学生钻研业务,以至于像前一段时间那样,宣传上出现片面性,宣传科学家就是高度近视眼、驼背、不修边幅,就是不参加政治活动、社会活动,不关心政治。这样的宣传不好,这不是因为强调了智育,而是强调的方法不对。如果这种方法影响了德育、体育、美育,那就不好了。强调德、智两方面固然重要，那体育要不要？要。现在强调不够，学生体质有所下降，患各种慢性病的很多。举例说：有一个抽样调查的统计材料，1980年18岁男青年新生的平均身高为169.5厘米，平均体重为55.4公斤；而1956年同年龄的新生平均身高166.59厘米，低于现时学生，而平均体重为57.22公斤，重于现时学生；其他各年龄段的女生也有类似情况。又如国家体育研究单位1979年抽查十所大学1 326名在校大学生，研究发现近视率为39.59%，失眠、神经衰弱率为27.14%，胃病、消化不良率为24.36%，女大学生有妇科病的有16.7%。这是应该引起重视的。但是，强调体育，加强体育，应该在两个"全面"的思想指导下进行。一个就是要有"全面发展"的观点，不要突出体育，而妨碍了德育、智育，认为运动员学习差些，自由散漫些也无所谓。再一个就是要"全面照顾"，也就是说，把主要力量用于大力开展群体运动，要求全体学生都提高身体素质，而不单是培养几个运动员取得好成绩。现在有一种做法，我认为不太好：降低高考分数，在新生录取时招几个运动员，然后开小灶，加工培养，替学校拿几个奖项，就说这个学校的体育好，以此来评价学校的体育。我认为这种做法是违反教育基本规律的。现在大家都这么做，一个学校不做还不行，压力很大。但是，不能以此评价一个学校体育工作的好坏。一个学校体育搞得好不好，应该看这个学校全体学生的身体素质如何。体育的目的是什么？它的目的是锻炼身体，增强体质。但是，我们现在的体育课是以运动竞技为纲。运动竞技对身体健康有无好处？有好处，但它毕竟不是按照身体发展的规律组织体育活动，进行体育教学。所以，贯彻教育规律，实现教育目的应当全面，不应当强调一个影响另一个。

从积极方面来说，任何教育活动都要考虑如何有利于全面发展。举例说，评价一个大学生的操行，必须把学习态度、参加体育活动的积极性作为评价的重要内容。这样，抓德育就有利于智育和体育。在进行教学的过程中，不能只单纯地传授业务知识，还要进行思想政治教育，注意提高学生的思想觉悟。对学生进行体育训练，也应当有全面发展的教育观点，应当像毛泽东同志在《体育之研究》一文中所说："至于强筋骨，因而增知识，因而调感情，因而强意志。"就是说，体育不只是强筋骨。我们进行体育时，直接的是强筋骨、增强体质，但是，还要看到它可以增知识，有利于智育；可以调感情，有利于美育；可以强意志，有利于德育。在进行体育活动中，思想上就要考虑它与德育、智育之间的相互关系，不要单打一。至于如何全面发展，这是整个学校教育工作的问题，是整个"教育学"的内容，要通过下面第二层次规律、第三层次规律的学习来解决这个问题，这里不可能详细谈了。

高等教育学的若干问题（下）[①]

第三讲　教学的基本规律和若干教学原则

人的全面发展，要通过德育、智育、体育、美育来实现。智育是全面发展教育的中心。智育，主要通过教学来实现。学校以教学为主，教学是学校师生的中心工作。

教学过程的规律是属于教育规律的第二层次的规律，它从属于全面发展的基本规律。当然，教学过程的规律对教学工作来说，又是基本规律。

本讲以教学过程的规律为纲，同时也涉及第三层次的规律，连带谈一些教学原则。

什么是教学过程？教学过程是一种认识过程，是学生的认识过程。它具有认识过程的一般性、共同性，也有它作为学生认识过程的特点。这个特点是：有教师的引导，是在教师的引导下，根据一定的目的，有计划地进行的；在这个过程中，既要使学生掌握知识，又要发展学生的智能，同时，还要通过这一过程，有意识地对学生进行思想政治工作。这些都不是一般认识过程所必有的。根据这些特点，教学过程的基本规律可以表述为：教学过程是在教师有目的、有计划的引导下，学生主动积极地掌握知识技能，发展智能，

---

① 原载《高等教育研究》，1983 年第 2 期。

形成科学世界观和共产主义道德品质的过程。

这条教学过程的规律，包含如下四个意义：第一，教学过程是认识过程，但相对于一般认识过程来说，它有自己的特殊性；第二，教学必须在教师引导下发挥学生的主动性、积极性；第三，在教学过程中必须使学生既掌握知识又发展智能；第四，教学必须在传授科学知识的基础上，形成学生科学世界观和共产主义道德品质。

一、教学过程的特殊性

教学过程是一种认识过程，但是相对于一般的认识过程来说，具有自己的特殊性。高等学校的教学过程，又具有某些特殊性。

人类的一般认识过程是：从实践到认识，从感性认识到理论认识，再从认识到实践。列宁简明地概括为："从生动的直观到抽象的思维，并从抽象的思维到实践。"也就是毛泽东同志在《实践论》中所表述的认识过程："实践、认识、再实践、再认识。"

学生的认识过程总的来说，也要通过一定的实践获得一定的感性经验作为基础，如果没有一定的实践和一定的感性经验，也必须从形象思维活动到抽象思维活动，最终要上升到抽象的理论认识。同时，学生学习理论，最终也要回到实践中去指导实践，这就是"学以致用"。所以，学生的认识过程总的来说，是符合一般认识过程的。

但是，在学校学习期间，是不是学生的认识过程都要先从实践获得感性经验，从感性经验上升到理论认识，然后又要回到实践中去指导实践？不可能。即使是小学生，他们所获得的知识也不可能都是先通过实践然后才获得的，不可能都先来感知一番。对于大学生来说，更不可能。在大学里读书，可以从书本开始，可以从理论开始，可以从一个概念过渡到另一个概念。人们往往把"从概念到概念"作为"理论脱离实际"的贬语，但如果排除从概念到概念，要求大学生获得每个概念都必须通过自己的实践，从感性经验中概括出来，那是不可设想的；而且，有许多知识是无法通过实践来获得感性认识，然后飞跃到理论认识的。如微观的电子、原子，宇宙的天体，数学的许多定理，历史的规律，以及许多哲学概念，等等。它们常常是从一个概念过渡到另外一个概念，以一个或若干已知的概念、定理为前提，通过推导来获得的；同时，也不可能要求学生把从教学过程中所获得的认识，马上就应用到实践中去。许多知识，学生学了之后，要到毕业以后才有机会用。即使是在学校里面就可以通过实践验证的理论，也不可能都安排学生亲自参与实践。如物理的理论知识、化学的理论知识，虽然在学校里就可以搞实验观察，但也只能选择重要的，进行某些重点的实验和观察，而无法一一重复人类过去千百年获得这些知识的全部认识过程。如果是那样，大学的学习就不知要花多少时间。

在大学短短的几年里，不可能去实践前人经过千百年的实践获得的知识的全过程。我们只能像牛顿所说的："踩在巨人的肩膀上。"学生就是要踩着前人的肩膀，踩着巨人的肩膀爬上去。这就形成了学生认识过程的特殊性，学生的认识过程可以而且应该利用前人的成果，从前人所总结的书本知识开始，而不必要一一从个人自己的实践经验开始；同时也可不必马上回到实践中去，只是有重点地进行一些作业的实践、实验的实践，在教育上有个专门名词叫作"教学实践"。所以，有人说，大学生的学习过程，即教学过程，不是"实践—理论—实践"，而是"理论—实践—理论"。这话有一定的道理，但是不完整。为什么不完整呢？因为作为学生个人来说，可以从读书、从学理论开始，但是书本知识、理论知识却是前人经过实践得来的。正如毛泽东同志所说："多数的知识都是间接经验的东西……在我为间接经验者，在人则仍为直接经验，因此，就知识的总体说来，无论何种知识都是不能离开直接经验的。""理论—实践—理论"的公式没有能够完整地反映出学生所学习的理论的源泉是什么，这样就会离开人类认识的总体，孤立地来看教学过程。这就是它的不完整之处。同时，就学生个人认识的全过程来说，包括从小学到大学，进小学以前，也就是从出生以后，这样一个认识的总体，也是要有一定的实践，要有一定的感性认识作为基础，否则，一个人就根本不可能有所认识。人没有一定的感性认识，是不可能对客观事物有所认识的。

那么，学生在学校里学习，从理论开始，从间接经验开始，他的感性认识基础从哪里获得的呢？有两个获得的来源。

一个是在教学过程之外,例如:在学生没有学习电学之前,不管初中学生,还是高中学生,他已经接触到一些用电的常识,也就是说,他已经有了一些有关电的感性认识。因此,学习电学时,就不必把这些东西重新搬出来,再来感知一番,而可以通过第二信号系统把学生原有的感性认识召唤回来。学生熟悉了的东西,我们只要通过语言文字的描绘,或甚至提一下,就能把他原有的表象召唤回来。又如,医科的学生,当然有许多知识需要在临床实习中掌握,但是学病理学时,有些现象,譬如说发烧,学生一般都有发烧的常识,就不必要先到医院去摸一摸患者怎样发烧,获得感性认识,然后再进行病理理论教学。所以,虽然从理论教学开始、从书本开始,但是从个人整个认识过程来说,学生还是有感性认识做基础的。那么,那些没有办法得到感性认识的教学内容该怎么办呢?如原子、宇宙天体、历史规律,诸如此类,学生无法直接感知。这也可以利用语言或图表来重组他已有的感性认识,使他获得新的知识。当然这种做法不同于前者,它的感性认识基础不是完整的,教师只能够模拟式地对学生进行讲解。如我们说原子核处于原子的中间,电子绕核高速运动。原子结构是否就这样简单呢?实际上并不完全如此。但在学生尚未学习量子力学之前,就只能如此描述。它不完全,但仍有一定的真实性。

另一个是教师可以通过第二信号系统来重新组织学生已有的有关的或相似的感性认识,使他们的理性认识能建立在一定的感性认识的基础上。现在生物学上讲DNA(脱氧核糖核酸)的双螺旋结构,我们就很少有人看见过它,在一般的实验室也不一定看得清楚这种结构。那么,怎样给学生形成DNA的双螺旋结构的感性认识基础呢?这就得通过图表、教具或通过语言的描述。由此可见,"理论—实践—理论"这个公式,无论从人类认识的总体说,或从学生个人认识的总体,都没有完整地反映出学生个人认识过程的总体。所以说,这个公式是不够完整的。我们是否可以用这样的公式比较完整地表述学生的认识过程:"实践……理论—实践—理论……实践"。这个公式表明,教学过程还是符合一般认识过程的,因为它的理论的源泉是实践,它的理论的归宿也是实践,不过教学过程与一般认识过程相比也有其特殊性,这就是实践不一定在教学过程之中,而可以在教学过程之外。明确这一点是很重要的。

"四人帮"批判所谓"三中心",否定了书本知识,否定了课堂教学。大家已经知道,这种"批判"是错误的,但为什么是错误的,如果你不从理论上分清是非,换上另一种说法,就很难判别它的是非。例如,有人提出学生的"学习要在实践的基础上向理论方面发展"。这个提法对不对呢?对于研究工作来说,这个提法当然是正确的。然而对于教学过程来说,它就是错误的。如果把在实践的基础上向理论方面发展作为教学过程的规律,那就只好让学生一天到晚去开门办学,搞现场教学,这就把学生获得知识的途径限制在个人的狭隘的经验之中,只能靠个人狭隘的经验获得一些表面现象,然后再提高到理论认识上来。这样,学生将无法掌握高深的理论。实践已经证明,这是少、慢、差、费的教学。那么,它的错误的实质何在呢?它的错误的实质就在于借口遵循人类认识过程的一般规律,违反教学过程的特殊规律。"四人帮"把"实践第一"的论点作为打人的棍子,实际上却把"实践第一"的观点简单化、机械化,从而粗暴地践踏了这个正确的观点。

按照"实践……理论—实践—理论……实践"的公式,学生的学习可以从书本开始,可以而且应该搞"三个中心"。当然,要有一定的直观教学和课堂演示,要尽可能多安排一些实验、实习以及现场教学、社会调查等等,不要又走向另一个偏向,把实验、实习大量压缩了。但是绝不能由此否定"三个中心"。只有这样,才能使学生在较短的时间内掌握大量的知识,学习高深的理论,也才能培养学生的抽象思维能力。我们说"开门办学"是错的,那么,"关门读书"是不是就对呢?也不对。"开门办学",错不在于"开门",适当的开门到现场去是必要的,错在于把"开门办学"作为基本教学形式,以实践代替理论学习,以劳动代替教学。"关门读书",错不在于关门,难道读书不要在教室里、图书馆里读吗?天天在外面东奔西跑,能钻研理论吗?错在于把"关门读书"作为唯一的教学形式,什么政治活动、社会活动、生产实习、社会调查都不搞了。

上面说教学过程可以从书本开始,也可以从理论开始。但也应该看到,这个特殊过程隐藏着一个消极因素,那就是容易导致理论脱离实际;同时,所学习的理论知识也不牢固,容易被遗忘。学生读书,如果一直是从书本到书本，从理论到理论，往往就会以为理论本身就是"自足"的、"完整"的，就容易产生理论脱离实际的问题。为了解决这个问题，在教学过程中要遵循一条重要原则，叫作"理论联系实际"。为了使知识不易被遗忘，还有一条原则，叫作"巩固性原则"，即学生对所学知识还要做巩固工作。

"理论联系实际"的原则，"四人帮"横行时期叫得最响。当时所有的教学理论都被批判了，所有的教学原则都不能够讲了。所有的教学方法除"十大教授法"外也不能够讲了。但是，有一条原则是可以大讲特讲的，那就是"理论联系实际"，这条原则"四人帮"是不敢反对的，但是，却被他们严重地歪曲了。

这条原则叫作"理论联系实际"，不叫"实际联系理论"，更不叫"实际代替理论"。如上所述，从人类认识的总过程来看，实践是主体，理论是从实践中抽象出来的；但是，从教学过程来看，理论是主体，大学生的学习就是为了掌握理论。所以，不应该倒过来。有没有人提出过"实际联系理论"这样一个口号呢？没有！但是前些年实际上却在这样提倡。"四人帮"提出的"典型产品（工程）组织教学"，就是"实际联系理论"，甚至是"实际代替理论"。为什么？主体是典型产品（工程），通过典型产品（工程）这一实际，做到哪里，学到哪里，做的时候不通不懂时，再学一点有关的知识。其结果是东补一块，西补一块，学生所学的知识支离破碎。如当时提出过造船专业的学生入学后，三年之内造好一条船，就算学了一个造船专业，就可以毕业。我们知道，造一条船首先要搞设计，如船体设计、动力设计以及其他设计，而最困难的正是设计。造船一定要从船体设计开始，然后才能施工。大学一年级的学生，造船的基本知识都没有学过，怎么能搞船体设计？结果还是老师代学生做。可是1975—1976年之间的报纸却把这事吹得神乎其神，甚至有人提出把学生招来后，装一台电子计算机，装完以后就算电子计算机专业毕业。这是根本行不通的。其原因就在于任何一个产品都凝结着众多的学科理论，哪怕一个最简单的产品，都需要凝结着数学的、化学的、力学的、电子学的各门学科知识。而任何一门学科的理论不只是应用在一个具体的产品上，而是可以应用于许多的产品上。生产产品的系统跟学科系统是两码事，通过搞一个典型产品的教学，对于一个产品来说是完整的，但是对学科理论来说是割裂的、片面化的。这样做，并不是"理论联系实际"，而是"实际联系理论"或者是"实际代替理论"。

那么如何正确理解与贯彻"理论联系实际"这一原则呢？第一，要学好学科的系统理论；第二，要适当地联系实际。一般来说，教师应先讲清理论，然后联系实际。根据不同的教材，联系实际可以有不同的方式和方法。如把理论的实践根据说清楚；把理论在实际中如何运用，在实际中产生什么作用，尽可能地告诉学生；还可以设计一些实践性的作业，安排实验来验证理论；还要尽可能安排一定时间的参观、实习、现场教学等等，使学生尽可能接触到具体实际的东西。所有这些作业、实习、实验都是联系实际，并非只有开门办学才是联系实际。

前些年对课堂教学、书本知识，批评者有一种说法，那就是批评教师在黑板上开拖拉机，在书本里种田，至今还能听到这种批评。可是你要学习拖拉机，尤其是学习内燃机，你不在黑板上"开"拖拉机行不行？如果不是单纯学习驾驶，而是要学习构造原理，不用线条、图表、符号在黑板上弄清楚，行吗？一个大型化工厂，管道很多，流程复杂，要学化工产品的生产流程，不在黑板上画，光到一个大工厂看，你是弄不清楚的。恩格斯在《自然辩证法》中说过：十万部蒸汽机并不比一部理想的蒸汽机更能令人信服地证明从热当中能够得出机械运动；而这部蒸汽机却是撇开了辅助条件像几何学的线或面一样只是表现着纯粹的、独立的、真正的过程，它是绝不可能制造出来的，但却能使人弄清楚热的机械当量。

"四人帮"宣扬的"典型产品组织教学"，是完全错误的，它歪曲了理论联系实际的原则。这种"以干代学"的做法是实用主义的货色，对提高教学质量是有害的；但是，批判"典型产品组织教学"不能批过了头，不能认为绝对不可以用典型产品来组织教学。高等学校是专业教育，有它的特殊性。有些课程，或其中某些章节是属于工艺性的，学生已经学过了基础理论知识，现在需要把理论知识用到某一产品的生产过程中去，用一个具体的典型产品来组织教学是完全可以的，因为它并没有破坏学科的系统性。如工科的某些工艺课程，往往就需要拿一个典型产品来"解剖麻雀"。学生在实习中，也往往要通过典型产品或典型工程来组织教学。这样做，是不是违反了教学过程的特殊规律呢？当然不是，因为这里所指的是在学生已经掌握按学科组织的系统理论知识的基础上，才可以按生产过程的系统来组织教学，把按生产过程的系统来组织教学作为前者的补充与发展，作为理论联系生产实际的重要环节。对于专业教育，尤其是工科的专业教育，完全是必要的。我们批判"典型产品组织教学"，是批判把"典型产品组织教学"作为教学过程的指导思想或原则，而不是把它作为一种具体的组织教学的方法。

由此可见，高等学校的教学过程，除了具有一般教学过程的特殊性之外，还具有某些特殊性：高等教育是培养专门人才的教育。一方面，专门人才的教育，不仅要掌握基础理论知识，而且要能运用理论知识解决实际问题。不仅要掌握自然科学，而且大多数专业要学习应用科学，以至工艺课程。这一点同普通中学是不同的，同中专有共同之处。还有更重要的一方面，专门人才的培养，科学研究能力、创造革新能力是很重要的。因此，创造性活动在大学教学过程中有重要的意义，专业教学计划中有课程设计、毕业设计、学年论文、毕业论文、科学研究训练等活动，都是培养学生创造能力、科研能力的重要形式。这些既是大学教学过程的组成部分，又是科学研究的过程。既然是科学研究的过程，大学的教学过程就可以有一部分是在实践的基础上，经过自己的分析、综合、抽象、概括，进行理论上的提高，再得出结论，这就遵循了人类的一般认识过程。总之，大学的教学过程，基本上仍是传授知识的过程，但已经把科学研究的因素引进教学过程中来。这就不能完全照搬普通教育学中所说的教学过程的特殊性。以为任何从实践开始，获得的感性认识，然后自己做理论加工，向理论方面发展，都是不符合教学过程特殊性的。高等学校教学过程，还有更为独特的特殊性。它是螺旋式地上升，既遵循教学过程这一特殊认识过程的规律，又回到人类的一般认识过程中来。

二、教学必须在教师主导下发挥学生的主动性和积极性

教学包含"教"与"学"两个方面。所有教学过程都是教师的"教"与学生的"学"共同活动的过程。教师是已知者，学生是未知者（相对来说），只有已知者才能有目的、有计划地引导未知者，并使之转化为已知者。所以

在教学过程中，教师一定要起主导作用，而不可能是学生起主导作用。过去曾经人为地让学生在教学过程中起主导作用，"大跃进"时期、"文化大革命"时期都搞过，但行不通。实践证明这是违反教师主导作用的规律的。其实，这种做法不是什么创造，不过是实用主义的那一套，外国早就有，而中国在那几年的做法比外国更突出一点罢了。

但教学过程的主体是学生，教师的工作对象是学生，教师是为学生服务的。教师的工作目的就是把自己的知识转化为学生的知识。这个转化过程只能在学生自己头脑内部进行。所有知识的接受和消化都要靠学生积极的思维活动，这是内因，教师只能起调节和促进作用，是外因。一方面，教师的主导和学生的主动是统一的，学生的主动要在教师的主导之下进行，否则，就很难按照一定的教学计划、教学大纲来进行系统的学习；另一方面，教师的主导作用只有通过学生的主动，才能体现出来。如果没有学生的主动，只靠教师"硬灌"，"硬灌"不是主导。现在教学方法上普遍存在的问题就是教师不是"导"而是"灌"，教师只注意自己的活动，而不注意学生的活动，甚至以教师的活动代替学生的活动，这样做的结果是不好的。现在我们在教学上有某些倾向与国外不同，教学计划的课时不断在增加，学生自己活动的时间不断在减少，然而国外许多大学的课时却在逐渐减少，学生自己活动的时间在增加。即使是以往着重"灌输"的苏联式教学，现在也在力图改变那种方式。如苏联编的物理课大纲，上课时间比原来减少了三分之一，学生课堂讨论、实验时间却增加了一倍。我们的教学计划为什么要不断增加课时呢？因为教师总觉得教材多，需要增加课时才能讲完。这里的关键问题在于教师习惯于"灌"而不是"导"。从实效来说，往往是"灌"得多反而学得少，只有"少而精"，学生才能学得多。因此，在教学过程中，特别是在高等教育过程中要重视"少而精"的原则。

要"少而精"，就要变"灌"为"导"；而这是有一定困难的，既有认识上的问题，也有实际问题。一般说来，"灌"比较容易，只要写好讲稿照着本本讲就行了，"导"就困难得多。首先教师对所掌握的知识一定要理解深透，如果教师对知识的理解不深不透，当然无法教好学生，"以其昏昏，使人昭昭"是不行的。同时"导"还有个教学问题。教师对学生一定要善于引导，特别是讲课,如何通过讲课引导学生学习和思考,如何变"灌"为"导",这是当前摆在我们面前的一个重要问题。不同年级、不同课程要讲究不同的教学方法。如对一年级新生,刚入学时就采用对大学高年级学生的讲课方法还是不行的,因为学生刚从中学来到大学,要有一个适应过程,教师要从学生的实际出发,要从"灌"尽快过渡到"导"来,直到完全采用"启发式"教学。

一般说来,只要教师善于引导,学生的学习潜力还是很大的。赞可夫搞了20年试验,得出一条结论。苏联小学学制可以不用原定的四年,只用三年就够。当然他们的幼儿园已经相当普遍,幼儿园已有一定的读、写、算的基础。他提出了这样两条教学原则:高速度原则和高难度原则。对这两条原则,我们不能只从字面上来理解,而要从学生实际出发,充分发挥学生的学习潜力。我们认为,从实际出发,教学过程应有一条高速度与循序渐进相结合的原则和一条高难度与量力性相结合的原则。这样就能更好地促进学生智力能力的发展。

三、在教学过程中必须使学生既掌握知识又发展智力能力

在教学过程中必须使学生既掌握知识又发展智力能力,这是两个平行的密切相关的任务。只有在掌握知识的过程中,学生的智能才能发展,否则,发展学生智能就成为无源之水、无本之木。比如,要发展学生的思维能力,学生总得运用已经掌握了的知识作为基础才能进行思维活动,若没有知识基础,培养思维能力就无从谈起。

一般说来,知识的积累与智能的发展是一致的。但有了知识,不一定就自然而然地发展了智能。有人学习了许多知识,但不会应用知识,是"书呆子";有人掌握的知识并不是那么多,但善于灵活运用这些知识来解决问题。考试的时候,就很容易看出来。有的学校培养出来的学生,对于记忆性的考题,可以照书本问答的考题,考得很好。但考题如果是应用知识来解决书本上所没有提及的实际问题,或者问题稍为拐个弯,就考不好。我国留学生在国外也有这样的情况,不少人很勤奋,但不一定考得过外国学生,主要原因

是学得不够灵活，考试的时候，答题的机敏性跟不上，所以掌握了知识不见得就是发展了智能。这主要看教师，在传授知识的同时是否注意培养了学生的智能。所以，教学过程中有一条重要的原则，就是"传授知识与发展智能相结合"的原则。这是一条重要的教学原则，不重视这条原则，哪怕你讲得再清楚明白，辅导得再认真；哪怕你布置的作业再多，考试再严格，仍然可能培养出"书呆子"。只有全面贯彻这个原则，才能培养出有知识有能力的人才。但要注意，如果教师不重视基础知识的教学，尽出一些感想式的考题，学生就会夸夸其谈，不认真读书，不认真掌握科学知识，浅尝辄止，这对学生也不利，因为他不能掌握扎扎实实的科学知识，也就不能充分发展智能。

究竟教师如何在传授知识的同时发展学生的智能呢？在谈这个问题之前，先谈谈什么是智能。智能即智力和能力：智力是人认识客观事物并做出反应的一种心理能力，或者叫作"聪明程度"。智力有一定的遗传因素。但除少数天才和低能儿之外，对于一般人来说，先天的遗传因素并不起决定性作用，大多数人的智力主要是靠后天发展起来的。智力，一般指注意力、观察力、记忆力、思维力、想象力的总和。其中最重要的是思维力，思维力是智力的核心，特别对于培养高级专门人才来说更是如此。当然，对专门人才的培养这些心理能力都是必要的，但具体的专业其重要性也并不完全相同。如培养科学家，观察力、想象力就很重要；律师，注意力、记忆力很重要；医生，观察力很重要。但所有这些能力当中，最重要的都是思维力。智力的高低，一般指的是这些心理能力，特别是思维力的敏捷性、周密性与深刻性。能力是指运用智力以掌握知识，应用知识解决问题的本领。能力的种类是无穷的，对于高等学校培养的专门人才来说最重要的是自学能力、表达能力（书面的、口头的）、操作能力、创造能力、组织管理能力等等。

从概念上来划分，智力与能力是有区别的。但人们往往统称"能力"或"智能"，因为智力是内在的，它往往要借能力才能表现出来。而能力总是建立在一定智力的基础上，是智力的综合运用，两者存在内在的紧密联系，在实际上是很难区分的。

如何在传授知识的同时发展智能，这个问题很复杂，很多方法要靠教师自己的经验。这里谈一些原则性的意见。

（一）教师传授的知识应该是规律性的知识

规律性的知识，即属于科学的基本概念、基本原理，是从许多复杂现象中抽象出来的具有共性的规律，有一定的稳定性。学生掌握了这些知识，就可能在复杂的事物中透过现象把握事物的实质，也有可能拿这个具有共性的规律来解决千差万别的实际问题。如果你装了满肚子的具体经验，缺少共性和稳定性，当情况变化时，就用不上了。在学习心理上还有一条规律，叫作"知识迁移"的规律，即已获得的知识对新知识的获得起促进作用。简单地说，就是"举一反三"。善于举一反三是一种智力的表现。什么"一"才能反"三"？这个"一"与"三"之间应该具有本质的联系，所以，这个"一"应当是事物的本质，而不是局部的现象和经验。掌握基本的科学概念和原理，有利于知识的迁移。布鲁纳主张要教给学生的是科学的"基本结构"。所谓"基本结构"就是学科的基本原理、基本概念，把它构成一个完整的模型。把概念放在整个结构中容易掌握些，有利于培养知识迁移能力。他说："学科的基本结构是通向训练迁移的大道。"如果不教学科基本结构，只教学生一些现象，一些非基本的东西，"从激发智慧来说不大有收获"。如果学生所学的知识杂乱无章，是一些各自孤立的、应用性的、经验性的知识，要发展学生的智能是困难的。

（二）要善于提出问题，引导学生解决问题

教师上课，布置作业、课堂讨论等环节中，要善于提出问题。所谓善于提出问题，是指所提出的问题，是学生觉得需要解决而自己又难以解决的问题。这就是孔子所说的："不愤，不启，不悱，不发。""愤"和"悱"就是学生要解决问题或表达思想而又难以解决、难以表达的那种心理状态。当学生在"愤"和"悱"时心理处于求知的兴奋状态，这时教师给他以及时的、正确的启发，学生就能获得新的知识，并且发展思维能力。这就叫"启发式"教学。教师要善于引导学生"愤"和"悱"，然后对学生进行"启"与"发"，这样学生就能获得知识，进行合乎逻辑的推理，发展学生的逻辑思维能力。只要教师精心安排，是完全可以达到这样的效果的。

（三）教材要有一定难度

教学要从学生的实际水平出发，但是，不能够迁就学生的现有水平。有

的教师不讲难度大的教材内容，只把容易的拿出来讲，或把复杂的东西搞得简单，把深刻的理论讲得肤浅，这样，可能有些学生没有意见，领导更无意见，因为"教学效果好"，学生满意了嘛！但是，没有完成教学任务。因为太容易的东西会使学生的智力活动的负荷不足。前面已说过，学生的智力是很有潜力的，如果负荷不足，就不能充分发挥学生的潜力。这不但不能使学生掌握更多的知识，而且不能使学生得到很好的思维训练。长期的负荷不足，还会压抑学生的智能发展。你老把食物嚼得很烂，喂给他吃，或者长期只给他吃流质的东西，他的胃功能就会衰退；人的脑子也是这样，是越用越灵的。长期从事艰苦的脑力劳动（当然不能超载，这点要说清楚），脑力不容易衰退，青年人更是这样。青年人的智能有个发展问题，如果长期不给他必要的负荷，就会压抑他的智能发展。老年人也是这样，脑袋长期不用，很快就衰退了。现在说什么脑力活动40岁以后就不行了，哪有这样的事。50岁还行，我看60岁还可以嘛，70岁我不敢保证。当然，把记忆力包括进去就很难说了。记忆力早发展，早衰退；思维力后发展，后衰退。何时衰退？主要看你是否经常使用，经常用，思维力的确不容易衰退。所以，我们掌握这个道理，对教材的难度和布置作业的难度就要很好地、周密地考虑，要给学生一定的难度，使他们通过努力后能完成，这就是量力性和高难度相结合。我们反对教师辅导时，不厌其烦地把细节一一都跟学生讲，不需学生再稍加思考，这样做不好。教师辅导应当着重于启发学生思考，如果学生经过反复启发仍没有成效，教师才对学生进行比较具体的帮助。现在有些学生，总希望老师把答案弄得一清二楚，然后他就来背这个答案，应付考试。这对学生不利，压抑了他的智能发展。同时，我们搞教学的领导同志，对这一点也要理解，否则，就会错误地给教师施加压力。因为学生一听不懂，就告到领导那里去。如果我们领导不仔细调查研究，偏听偏信，轻易地叫教师把教学内容搞容易点，可能那个教师的教法恰恰是对的，被领导批评了，只好迁就。这样，教师的积极性就不能发挥。所以，这一条不仅教师要懂得，作为领导来说，也很重要。

（四）通过各种途径提高学生能力

其实，不同的学科，各种不同的教学形式都有它发展学生智力的特殊作用。所以，还要根据不同学科的性质和不同的教学形式着重发展学生某一方面的智能。这要教师进行很好的研究。比如说：在课堂演示时，在参观的时候，我们应着重考虑如何培养学生的观察力；在布置作业时，在实验课时，应着重考虑如何培养学生应用已学知识，去解决问题的能力；通过选修课，应考虑如何更好地培养学生的自学能力；通过实验课、实习课，应考虑如何更好地培养学生的操作能力；通过毕业设计和毕业论文等，应考虑如何培养学生的科学研究能力；等等。总的来说，就是要根据不同学科的性质，不同的教学形式，千方百计地发展学生的智能。我们相信，只要教师认识到培养学生智能的重要性，而且认识到我们教师有责任培养学生的智能，如果不培养学生智能，只顾教课，那么我们的责任最多只完成了一半。如此，教师就会千方百计地想办法去完成这项任务。教育理论无法具体地告诉你应当怎样做，不可能讲得太具体，这有待于教师自己想办法，自己总结经验。

湖北省高教研究会曾经举行培养大学生智能的讨论会，集中讨论了许多好的经验，这是很好的。当然，从第一次举行的会议来说，论文数量还比较少。如果能经常考虑这个问题，我们相信教师会想出更多的培养学生智能的好办法。这个讨论会上有许多问题也探讨得比较深入，如华中师范学院出的《高教研究》第四期的一个综合报道材料。

以上只是把教学过程作为智育的过程来谈。但是，教学过程不仅仅是完成智育任务，还要完成一定的德育任务。

四、在传授科学知识的基础上形成学生科学的世界观和共产主义道德品质

这一条对大学生来说特别重要。思想政治工作要做得深入，教学过程是一条主要的途径。从长远观点看，也是一条效果较好的途径。因为，大学生已经是成年人了，他们有一定的知识基础，有一定的社会经验，有一定的思考能力。他们对许多问题都要问一个为什么，都要从理论上弄清楚。有人说：当代的青年，是"思考的一代"。其实，任何时代的青年，尤其是大学生，都是好思考的。不过由于社会的、历史的原因，使当代青年更好思考，这是好事，但对我们教育者也提出了更多的要求。如果要学生接受一个观点，没有

充分的事实根据，不经过科学的论证而只是凭着简单的说教：应该这样子，不应该那样子，这对中小学生来说，特别是对小学生来说是可以的，但对大学生来说效果不好。所以，对大学生进行思想政治教育，要有科学的根据，要有逻辑论证，才有说服力。否则，你说了，他听了，但缺少说服力，不能在他思想上生根，不能形成他自己的信念。对于资产阶级来说，思想性和科学性是不一致的，当然，不能在传授科学知识的基础上进行资产阶级的思想政治教育。我们要培养的是辩证唯物主义的世界观，是科学的世界观。思想政治教育与科学知识是一致的，我们要培养的是共产主义道德品质，而共产主义是科学的结论，共产主义的道德品质与科学性是一致的。对于无产阶级来说，思想性和科学性是一致的。因此，在我们的教学过程中，在社会主义学校的教学过程中，在马列主义指导下的教学过程中，就可以有这样一条原则，叫作"科学性与思想性相结合"的原则。如果我们的思想政治教育和科学性不一致，那就不是社会主义、马列主义的思想政治教育。"四人帮"所谓的"马列主义"跟科学性不一致，甚至是背道而驰的，他们是假马列主义，是反马列主义的，所以无法使青年人相信。即使开始时能起欺骗作用，但是讲到后来，许多理论自己越讲越不通，广大的知识青年就是这样从怀疑到抵制、到反对。

辩证唯物主义的世界观是科学的。只有科学性，才能有真正的马列主义思想性。因此，通过科学理论的教学对学生进行思想政治教育，不但是可能的，而且是必要的。从深入、巩固来说，它的作用是深远的。但我们过去通过教学对学生进行思想政治教育做得很少，是对这条主要途径重视不够，甚至很少运用这条途径。我们的思想政治教育的形式通常是大会报告、党团活动、班级活动、谈心活动、批评与自我批评，这些都是必要的，也是很重要的。但是单单靠这些对大学生进行思想政治教育不够。我们应当重视通过教学对大学生进行思想政治和道德品质教育。这条途径可能不会立竿见影，但它是潜移默化的。它不是一夜之间，就能把学生的思想搞通的。不像搞一次运动，开一次会，大家批一通，检查一番，表一个态，完了，第二次再来。它不可能这样立见成效，但它的效果却是深远的。同时，学校是以教学为主，学生的时间六分之五以上是在学习科学知识，如果放弃这六分之五的学习时间，只抓六分之一的政治活动时间，在这个时间里才来进行思想政治教育，这是很失算。学校里教师人数多，跟学生经常接触，政工干部毕竟是少数，思想政治工作不应只依靠少数人来做，应当发动更多的人来做。过去为什么对这条途径不太重视呢？这是因为过去在"左"的思想影响下，总认为思想政治工作只是政工干部的事，不相信或不太相信教师能够完成这个任务。甚至一谈到知识分子，特别是高级知识分子，就认为都是资产阶级的，让资产阶级的教师来做无产阶级的思想政治工作，那怎么行呢？利用他的业务还马马虎虎，还得时时刻刻提防他在课堂上"放毒"，怎么敢让他们来做思想政治工作呢？当然过去也提过"教书教人"，但往往只是说说而已。过去，政工干部诉苦，说资产阶级在课堂上跟我们争夺年轻一代，而争夺的结果往往又是他们赢了，我们输了。因为学生一天到晚在课堂上听他讲，而且许多学生一般比较听教师的话。当然这是过去的事了，现在不会是这样，但是对教师不太放心的情况，恐怕在某些领导同志的思想上还是存在的。我并不是说所有的教师的思想水平都是很高的，但是你总应该相信教师的大多数嘛，相信教师的主流嘛，相信作为教师，他自己愿意为人师表嘛。如果教师在课堂上能够而且愿意进行思想政治教育工作的话，我相信大多数是会做得比较深入、比较有说服力的。当然也可能出些纰漏，不要因为出一点纰漏就以偏概全。通过教学对学生进行思想教育是重要的途径，不是唯一途径。政治活动、党团组织的教育都是重要的。如果学校能够调动教师做思想政治工作的积极性，把政工干部的力量和教师的力量拧在一起，我想，思想政治教育工作可以大大加强，可以做得更好。如果两者的力量相互抵消，或者只靠一方面的力量，思想教育工作的效果就会削弱。因此，在教学中要强调科学性与思想性相结合，强调这条原则是有现实意义的。做法是：第一提要求，第二要通气。政工干部要经常和教师通气。让教师对学生进行与所传授的科学知识有密切联系的思想教育，但是不要硬派任务，不要要求他们在课堂上附加一些与教学内容无关的"思想"教育。我们所说的是要密切结合教学内容，要从长远打算，要有计划地解决一些带根本性的认识问题。过去，在课堂上念几条语录就算是思想教育，那种教育事实已经证明是无效的。

  上面，我只讲了教学的基本规律，没有讲教学任务。但从上面所讲，可以看出教学工作必须完成三个方面的任务：传授知识，发展智能，进行思想政治和道德教育。这三个任务都是评价教育质量的标志。唐代韩愈把教师的任务概括为："传道""受业""解惑"。如果换成现代的说法，所谓"传道"就是思想教育，所谓"受业"就是从师学习，所谓"解惑"就是发展智能的意思。教师在进行教学时，思想上有了这三个任务，教学就会考虑得周到一点。当然，要完成这三个任务，比单纯只是传授知识一项任务要复杂得多，困难得多，因此，做教师工作的就必须研究教学法。如果一个教师只是单纯地传授知识，不全面考虑如何完成教学任务，只要这个教师口齿伶俐一些、表达能力强一些也就可以上好课。常常听到有的教师说，我不研究教学法，课照样上得好。对的，作为传授知识来说，你的课也许上得不坏，但如果问你是否三个任务都完成得好，这就很难说了。同样，作为学校领导在评价一个教师的教学效果时，也应当根据这三个任务来全面衡量，这样才能促进我们的教学质量全面提高。

第四讲　课堂讲授

上一讲讲了教学基本规律和若干教学原则。教学基本规律和教学原则是要具体体现在教材内容的组织和运用上，体现在教学方法上的。由于大学的专业、课程各不相同，教学形式方法也是各种各样，不可能都讲，只能通过一种教学形式来谈谈如何理解教学基本规律和教学原则。现在就以课堂讲授为例子。为什么要以课堂讲授作为例子来讲呢？因为课堂讲授是教学的基本形式，每个教师都要接触到课堂讲授，干部管理教学对课堂讲授的情况也要了解清楚，同时，课堂讲授比较全面地体现教学过程的基本规律和各个教学原则。

一、课堂讲授的基本要求

课堂讲授是学校教学的基本形式，这是由传授知识的特点所决定的。科学知识是前人的实践经验所总结的理论知识，具有高度的概括性和深刻性。

如何掌握，需要由已经掌握了知识的教师来给学生阐明。不经讲授，由学生自学行不行？行！不是有自修大学、自学成才吗？但就一般情况而言，由于学生水平和时间的限制，往往不可能或不容易抓住最基本、最本质的东西，完全靠学生自己探讨要花很多时间，而且往往事倍功半。在短短的大学学习期间，要掌握大量知识，就需要教师通过课堂讲授加以引导，以便较经济地取得知识。如读一本历史书，学生可能自己逐步地理解历史规律，也可能陷入历史现象、历史故事，而不能通过现象看到历史发展的规律，掌握不到本质问题。我的意思并不是说自学不重要。恰恰相反，在教学过程中，讲授不能过多，要有一定时间让学生自学，时间应当尽可能多些。但课堂讲授还是起主导的作用，其他的教学形式，就其主要任务来说，多数是围绕课堂所讲授的知识的巩固、加深、扩大和运用。如复习是对课堂讲授的巩固、加深；实验是对课堂所获得的理论的验证；生产实习、毕业论文是对几年来课堂讲授的知识的综合应用等；这些都是对课堂讲授不同程度的巩固、加深、扩大或者运用，或者是课堂讲授的继续、延伸。学生自学，一般也是围绕课堂讲授进行的。一所大学的教学质量如何，主要决定于课堂讲授的学术水平和教学效果。这并不排斥其他教学形式所起的作用，而是以课堂讲授为基本形式，配合其他教学形式才能构成一个完整的教学法体系来完成教学任务。鉴于它的重要性，我们对于课堂讲授应有更高的要求。助教一般不能当主讲教师，要由较高水平的教师来担任课堂讲授工作。

课堂讲授有些什么要求呢？概括地说：

第一，课堂讲授要有明确的目的性。任何一门课都是教学计划的一个组成部分，在教学计划中占有一定的地位和作用。每门课都要从自己本门课程的角度出发来实现专业培养目标，不是由教师随意决定的。所以，要求讲授要有明确的目的性，要求教师的课堂讲授应当体现专业培养目标的要求。这就不能由教师随心所欲地决定想讲什么就讲什么。比如，工科院校的"金属材料"这门课程是冶金专业、机械专业、建筑专业、材料专业都要开设的专业基础课。开设这门课，冶金专业着重于讲金属材料的微观结构；机械专业着重于讲金属材料的工艺性能及热处理方面；建筑专业着重于讲金属材料的强度、机械性能；材料专业着重于讲金属材料的使用性能、检测规格及储运、保管等。不同专业对同一门课程有不同的侧重点，教师要根据不同专业的培养目标，确定本门课的教学目的、要求和重点，以便为这个专业的培养目标服务。教师和学生都应该明确这一点，基础课、专业课都要为培养目标服务。

第二，课堂讲授要保证科学性。讲授的目的性的实现要依靠讲授的科学性。教材必须是科学的，讲授才可能是科学的。这个道理是显而易见的。以下只讲几个有关的问题：（1）大学的课堂讲授能不能搞"百家争鸣"？能不能讲唯心主义的东西？对中小学来说，讲这些东西是不妥当的，必须讲科学上已有定论的东西。大学的情况不同，可以把"百家争鸣"引进课堂，可以讲唯心主义的东西。因为大学生无论是从思维能力还是从培养目标方面都不同于中小学生。这样做，可以扩大大学生的眼界，知识不单调，可以训练大学生辨别是非的能力。过去，我们不敢把唯心主义的东西拿到课堂上来讲，那样做的结果不利于学生的提高。即使引进了课堂也是仅仅简单地摘其片言只语作为批判的靶子，这也不利于发展学生的智能。记得有一位大学毕业生竟然提出"美国的教育学是否认为教育属于上层建筑"这样令人啼笑皆非的问题。看来这位同学根本不知道，资产阶级哲学是不讲"上层建筑"这一马克思主义的概念的。我们在课堂上允许"百家争鸣"，不是宣扬错误的东西，也不是纯客观地介绍，而是在马克思主义指导下，进行正确的分析和评价。这样做会不会违反科学呢？不会，这正是科学的要求。（2）关于介绍科学新成就的问题。教科书的内容是相对成熟的。教师讲授时，可以在教材之外不断引进新的科学成就，以充实学生的新知识，引起学生对新科学成果的兴趣，养成学生注意科学发展的习惯。但是，引进新成就应该是属于基本的、重大的成就，而不是丢开教材的许多重要内容不讲，去讲一些枝节的零碎的东西，以炫耀教师自己的知识渊博。那样做是错误的。（3）讲述的概念要准确，必须是科学的概念。使用概念也必须严格，不能在课堂上随便讲不科学的概念，或运用概念不当。比如，普通化学中的原子与离子、电离与电解、液态与溶液、白色与无色、同系物与衍生物等都不能混用，要注意概念的准确性。

第三，要求讲授具有思想性。讲授的科学性本身就包含了思想性，但不等于讲授的科学性就是讲授的思想性。对于与课程、教材紧密联系的思想观点，教师可以适当点明、发挥，但不宜延伸过远，"离题万里"。思想性必须同科学性结合起来,如讲授有关自然科学发展的历史就要有意识地培养学生的科学的世界观,讲明唯物主义同唯心主义的斗争,进行辩证唯物主义的教育,讲述科学家如何为科学事业的发展,为人类的文明幸福,毕生奋斗,以进行为人民服务的人生观教育;讲授"中国科技史"时,要进行爱国主义教育。选用教材、补充教材,特别是文科讲课,举例子都要注意思想性。至于教师的态度、动作、语言也要考虑到思想教育的作用,不能给学生带来不良的影响。有的教师由于课前准备不足,在课堂上推导公式或演算题目老出差错,搞得满头大汗,不但教学效果不好,教育效果也不好。如果教师总是出差错,他又怎么能严格要求学生呢?

第四,要重视理论联系实际。课堂上是讲授理论的,同时也正是联系实际最重要的环节。怎样联系实际呢?首先,应讲明这个理论产生的实践根据,说明理论是在一定时间、条件下所产生,并能解决一定的实际问题的。使学生所掌握的理论是与实际密切联系的理论,而不是空洞的教条。其次,举出相应的实际例子,尽可能地说清楚理论在实践中的应用,但是,并不是所有的理论都可以在课堂讲授中讲清它的实用价值的。因此,不要太勉强,不要庸俗化,不能要求把那些高度抽象化的理论,一一说出它如何在实际中应用。许多数学原理、定理就无法简单化地说明它的实用性。

二、课堂讲授的若干方法问题

在这里不可能把课堂讲授的方法做系统的讲解,只是讲几个经常碰到的问题:

(1) 系统性与重点突出的问题。科学有严格的系统结构,因此传授科学知识要注意系统性,不能破坏其严格的体系,但讲授又不应按照教材一字一句,一点不漏地照本宣科。讲授要重点突出,要处理好讲授的系统性与突出重点的关系。

先讲突出重点。讲授的重点应包括三种:教材的重点,学生的难点,教材内在的逻辑联系,特别是关键之处的内在逻辑联系。第一种比较容易确定,有的教科书上已经用标题或黑体字标明了。教材的重点大致就是教材的中心内容，影响全局的内容，基本定律、基本概念等。第二种比较难确定。学生的难点是指学生不易理解或易于误解的地方。有经验的老教师往往能相当准确地估计学生的难点，但对于新教师就不那么容易了。一般在讲课前都要进行调查，要了解学生已学过的知识，学生现有水平，学生平时的思想方法等，然后才可能抓住学生的难点。一般说来，教材的重点往往也是学生的难点。重点和难点是一致的。比如讲商品的二重性，即价值和使用价值，其中价值是重点也是难点；劳动二重性，即抽象劳动和具体劳动，抽象劳动是重点，也是难点，都是一致的，较易掌握。但并非所有的重点都是难点。比如讲授"画法几何"时，直线与立体相贯，求直线与立体表面的共点，是重点，但一般来说学生较易理解；而求共点过程中要用过顶线法，却是较难理解的，求此共同点是重点，而难点却是过顶线法，二者并不一致。教师拿到教材后，要先找出重点和难点。围绕重点，组织讲授内容；分析难点，研究如何解说、论证、设喻、举例等等，使学生较易理解。所以，讲授不一定要按教材的系统来组织。

这是否说教学不必系统化呢？不是这个意思。讲授的系统性，总的说来，要受教材的系统性制约，但不等于教材的系统性。教材的系统性是书面的系统，而讲授的系统是刺激学生大脑皮层的系统。书面的系统性，只要求比较全面而又条理分明就行，而讲授的系统性是要在学生头脑中建立知识与知识之间、思路与思路之间的联系。如果你没有建立这些联系，尽管你平铺直叙地讲出一条又一条，但学生不能在大脑皮层形成兴奋点之间的联系，教学效果就差。因此，第三种，我们就应该着重抓住重点与重点之间的内在联系，要善于讲清它们之间的逻辑联系，使学生脑子里形成理论的体系。例如上面讲的商品二重性和劳动二重性就要通过讲授把它们联系起来，着重使学生懂得价值与抽象劳动的内在联系。至于先讲价值后讲抽象劳动，以抽象劳动论证价值这种一般教科书的讲法也好，先讲抽象劳动后讲价值，由抽象劳动推出价值也好，只要你能把两者的内在联系说清楚，不应当规定教师非按教材的编排顺序讲不可。讲课的条理性与重点突出是统一的，教师处理得好，对传授知识有好处，更有利于学生思维力的培养。

（2）启发式在讲授中的应用。大家都知道课堂讲授要用"启发式"，不要用"注入式",不要"满堂灌"。但是,课堂讲授怎样才能不"满堂灌",搞好"启发式"呢?

为了进行"启发式"教学,我们曾经提倡过课堂提问,为的是集中学生的注意力,课前提问,使学生搞好预习,课后提问,帮助学生进行复习,等等,把中学的一套搬过来。提问好不好呢?不能说完全不好,我也不反对在课堂上适当地提问。但是,大学的启发式主要不表现在形式上,而表现在内容上,不是在课堂上多搞几种活动就叫作启发式,两节课一直讲下去,从头讲到尾就叫"满堂灌"。不能这样看问题,主要看你讲的内容实质。也就是说,判断一个大学教师是采用"启发式",还是搞"满堂灌",是看他是否能够以他的积极思维活动来引导学生的积极思维活动。简单地说,就是他的讲授是否能够引起学生思维活动的共鸣。如果他讲课时不是简单地讲这个原理是什么,应该怎样,而是把他怎么思考这个原理,怎么论证这个原理的思维过程用语言表达出来,引起学生跟他同步思维,这样双方都在积极思维中,这一堂课一定上得很好。如果教师照念讲稿,讲得虽然条理分明、简单明白,但学生不用动脑筋,照记不误,那么,这堂课哪怕他讲得再多,再有条理,也不能认为是成功的课。因为学生学的知识是记在纸上,不是印在脑里,更不能训练他们的思维力。

讲授之所以能引起学生的积极思维,是由于讲授过程本身就是教师内在的、深刻的思维过程的外在表现。那么,怎样才能在课堂上用自己的积极思维去引起学生思维活动的共鸣呢?有两条必要的条件。一条是必须对教材熟练掌握,才能融会贯通,才能掌握它的实质,才能运用自如。这是讲好每堂课的前提。另一条是要有符合逻辑的推理,符合逻辑的表达。如果逻辑混乱,就无法引起学生的积极思维。所以一定要把如何推理的逻辑弄清,要从这个论点有逻辑地过渡到另一个论点。这样,在讲课时,才能把学生的注意力集中起来。为了集中大家的注意力,跟着你的思维过程同步前进,讲课时常用的一种方法是有意地把问题引到矛盾的焦点,然后稍为停顿一下,让学生们动动脑筋。例如:讲形式逻辑的"零类概念"("虚假概念")可以简单地为"零类概念"下个定义,说明"零类概念"是对客观事物的属性歪曲的反映,并举几个"零类概念"的例子。学生能听懂,但不能引起积极思维活动。换一个讲授方法，先提个问题：神、鬼、天堂、地狱等名词算不算概念？如果你说它们是概念，世界上却没有跟它们相对应的客观事物，因为客观上既没有神、鬼，也没有天堂……如果说它们不是概念，可是它们有特定的内涵，可以作为思维的素材。讲课时，有意提出这样的矛盾，这样就必然引起学生的积极思维活动。当然，不是所有的地方都要这样。这里不过是说，为了引起学生的积极思维，可以用这些方法。有经验的教师，都有很好地引起学生积极思维的方法。当然更重要的是对教材的掌握和合乎逻辑的推理。

顺便说一下，现在大家常常谈起美国式的课堂讲授方法，有些美籍教授来我国讲学，常常只讲几个要点，然后让听课者提问题，没有问题他就走了，一般你给他三小时讲课，他大概只讲一个小时或一个半小时，剩下的时间让你提问题。这种讲授方法到底好不好？我们大学的课堂讲授这样做行不行？我说可以试一试，但最好在高年级的选修课中试一下，不宜在低年级课堂教学中铺开。运用这种讲授方法，应在课前周密考虑好重点，把重点简单扼要地讲出来，然后让学生思考，引导学生在思维过程中提出问题，再作解答，加深印象，这样做是好的。但如果掌握教材不够，不能很好地突出重点，而是不负责地信口开河讲几点，然后让大家随便提，结果一堂课下来，究竟能解决些什么问题，掌握了什么基本知识呢？这里牵涉到一个问题，即对苏联式的讲课、美国式的讲课、中国式的讲课的评价问题。我认为各有所长，不能说苏联式的讲课都好，因为过去它偏重灌输式，方法比较呆板，在发展人的聪明才智方面的确是有不利的一面，但它在给学生打好基础方面毕竟是有成效的。美国式的教学方法可以培养天才，也可以产生大量的"废品"。我们举例常常举那么几个天才，而忘记了大量的"废品"。当然，我们也不要只看到它有"废品"，没有看到它能充分发挥人的智力。我们应当走自己的路，也不排斥学习人家的长处。对美国式教学方式，我赞成拿来试一试，但不赞成在低年级打基础的时候也用那种教学方法，更不赞成只学习人家一点皮毛，学人家的短处，学习那种不经过周密考虑的、即兴式的所谓"启发"。这是我个人的看法。

（3）关于指导学生听课记笔记的问题，这也是一个比较重要的问题。过去我们对这个问题一般注意得较少，教师、班主任，有时也指导一下，但往往让学生自己去摸索。

　　大学生边听课边记笔记，是大学的课堂讲授与中学的一个不同点。中学生，特别是高中生也记笔记，但往往是记老师在黑板上所写下来的内容，或是念给学生记下来的内容。大学的讲授则一般要求学生边听边记，有无教科书、讲义都要记笔记。为什么？因为这样做是有好处的。一个好处是可以记下教师所讲的重要内容。大学教师讲课的内容与中学教师照着课本教，把课本解释清楚是不同的。大学教师在课堂上是集中讲重点难点、逻辑联系。有时教师还讲自己创造性的见解。学生把这些记下来，不仅可以获得一些知识，而且可以学会教师的思维方法，而这些思维方法往往是教科书和参考书中所没有的。记笔记还有个好处，就是能帮助学生集中听课，促进学生的积极思维活动。

　　记笔记是个相当复杂的活动过程。首先你要听进去，然后通过大脑进行分析综合，懂得词语的意思，并和自己已有的知识相结合，从而唤起了思维活动，这就是人们所谓的"理解"或"体会"。理解之后，把所理解的东西转化为适当的词语，这个转化过程并不比理解过程容易，因为既要建立在理解的基础上，又要思索适当的、能表达所理解的内容的词语，然后再由大脑发布命令指挥你的手，把它记下来。这样一个复杂的活动，可以防止学生注意力的分散。因为你要积极思维，就要在大脑中形成一个很强的兴奋中心，而其他的活动就会受到抑制，也就是说，注意力不容易分散。如果你没有记笔记，思想就容易"开小差"。更重要的是积极方面，可以强化思维活动，强化对知识的理解，从而也有利于知识的巩固，不容易遗忘。同时还可以培养学生的积极思维能力和习惯。刚才说过，记笔记时会在大脑中形成一个兴奋中心，这个兴奋中心要重复进行两次的分析与综合活动。听进来以后要进行分析综合，这是第一次，理解后又要把它转化为书面表达的词语，这是第二次。两次活动就加强了条件反射，理解得比较深，也容易巩固。

　　大学生上课记笔记是件好事情，但不是什么样的记笔记方式都能收到好的效果，用得不当，有时还会起些消极作用。如录音式的记笔记就不能收到这个效果，如果学生不能按照记笔记的正确要求，听课时不是先理解，然后再变成自己的词语记到笔记本上，只是照录，就没有两次积极思维活动，这样的记笔记不好。我们常看到学生忙于记笔记，想把教师的每一句话都记下来，但无论怎样拼命记，也赶不上教师的讲课速度，结果就必然要丢三落四，把不重要的东西"录"下来，而把重要的东西丢掉了，抓不住要点。因此，指导学生记笔记，第一要"简略"。低年级的学生可能要记得详细些，因为他的分析能力比较差，越到高年级，越要求他记得更简单些，所记的东西应该是基本的，或是教科书之外的需要补充的东西，不要听一句记一句。还可以用各种自己能看懂的简略符号来记。要告诉学生，记笔记一定要经过自己的思维活动，用自己的词语记下来，哪怕你用自己的词语记下来没有老师所表达的那样准确，也不要紧。只有定义式的东西，关键所在的地方，需要非常准确的地方，才要求学生逐字逐句地记下来。这时，教师应该放慢速度，给学生思考的机会和逐字逐句记录的时间。有时如果需要演示，要学生观察某一样东西，可以叫学生不要记笔记，停下来，让他观察完后，再停几分钟让他把要点记下来。

同时，学生记笔记要学会起标题，学会按要点分段。笔记最好不要记得太密，要留一定的空位，课后便于整理笔记，做补充、修改。要告诉学生，课后笔记不要重抄，如果那样做，负担会很重。还有一个问题，就是有教科书，而且教师基本上是按教科书讲的，还要不要学生记笔记？为了集中学生的思维活动，一般上课还是要叫学生记笔记。如果学生上课不记笔记，东翻书，西翻书，思维反而不那么连贯。所以，教师讲课时，宁可叫学生把书本合起来，按照教师的讲课内容，连贯地记笔记，不要去看教科书，只有在教师需要学生看书的时候，才让学生打开教科书来看，而且只看哪一页哪几行。不要把记笔记看作是一件小事，它对学生学习有许多好的作用，教师要很好地指导学生记笔记，特别是对一年级新入学的学生，我们的系主任或者班主任就应该好好地给他们上一课，告诉他们如何记笔记。

总之，课堂讲授就是教师把自己所掌握的知识转化为学生所掌握的知识，这个转化过程可以采用许多方法技术。事实上不只是讲课的方法技术问题，还有讲课的艺术问题。你说教师讲课是技术的活动呢，还是艺术的活动？实际上是二者皆有。所以，我认为教师既是"教书匠"，也是"艺术家"。

（4）讲授的艺术性。我们说讲授要有艺术性，不是要求教师在讲台上要有像演员在舞台上那样的艺术表演，那不行。有些教师为了追求生动，在讲台上谈笑风生，讲许多有趣的东西，手舞足蹈，走来走去，学生就看着他"演戏"，这不好。教师教学既要生动，又要严肃，要严肃的生动，而不是庸俗的生动。因此在语言、板书、动作、感情等方面都要讲究。

语言要清晰，这不用多说，还要有高、有低、有快、有慢。究竟是快点好，还是慢点好？不能太快，也不能太慢，而是要有快有慢。不能太高，也不能太低，而是要有高有低。什么地方高，什么地方低，什么地方快，什么地方慢，要自己掌握。如果太快，像机关枪一样，学生的思维活动跟不上；如果太慢，教学任务很难完成，也不能很好地连贯，学生的注意力容易涣散。太低当然不好，后排听不清，太高好不好呢？有的人讲课老是扯着喉咙大喊大叫，叫了两个小时之后，教师自己的喉咙哑了，而不断的强刺激也会引起学生的神经疲劳。有人认为重要的地方讲课声音要提高，不一定。有的重要的地方提高一些可以，有时反而要放低，低沉的声音有时更能引起学生的集中注意，这里面就有个艺术问题。讲课是教师的独白，一般字与字、词与词之间不能间断，但句与句之间要适当地间断。如果句与句之间不间断的话，那就很难引导学生跟着思维。当然更重要的是语言要清晰，而语言的清晰是与思维的逻辑性分不开的。只有逻辑条理分明，语言才能清晰，语言的清晰是由思维的清晰所决定的。

语言不仅要有逻辑性，而且要有感染力。当然并不是说，教师上课时都要用宣传鼓动的语言，用戏剧性的语言。教师上课时语言的感染力，是对教材的内在的感情。就是说，当你对教材深刻地理解了，有所体会了，你讲的时候，感情就会自然地表露出来，而不是在那里故意表现喜、怒、哀、乐。一个教师如果对教材熟悉，对他从事的这个学科很热爱，那他的课堂讲授，对他自己来说，是一种很好的劳动享受。这堂课如果能把他的思想传达出来，引起大家的共鸣，这堂课下来时，这个教师是非常愉快的。但是，这种心情恐怕不是每个人都能体会到的。如果你把讲课当成了完成教学工作量没有办法推托的负担，对这门课没有热爱，没有喜悦，你就享受不了这种快乐。我个人有个体会，觉得听好的课也是一种很好的享受，你可以在这里获得很多的知识，分享师生思想交流的乐趣。所以说应该充满感情来上课，而不是说我当了教师，没有办法，只好来上几节课，当了领导，没办法，只好来听几堂课。

板书虽然是个具体细节，也是有讲究的。板书要清晰，要有条理，也要灵活。一般说中、小学教师很讲究板书，写得端端正正的，一条一条的，当然，这对中、小学生是必要的，但在大学里不能搞得那么呆板。那么，怎样才能做到既有条理又灵活呢？要有条理就得有计划，所以事先要计划好。很多有经验的教师都知道，讲课的时候，如章、节、要点要写在黑板上，当他讲完后，整堂课的提纲也就在那里了，大点、小点很有条理。中间一块地方，最好不写提纲，作为书写新词，加强语气或临时补充教材之用。这一小块天地，可以灵活书写。有些教师常常不太注意，板书之后，就站在黑板的中间，自己的脑袋就把它遮住了。学生就不好记笔记了。写完后，教师要站在黑板左侧或右侧。挂图也是这样，必要的挂图可以挂在黑板的两侧，挂完后，教师不要站在图表前面，以免把图表挡住了。这里有很多具体细节，教师往往不太注意。例如，指东西不要背对着学生指，你指右边用右手，指左边用左手。这些都是很细节的东西，要是处理好了，可以增强教学效果。总之，如果教师在备课时能充分考虑这些问题，教学效果就能提高。所以，在课堂上的两小时内要取得最佳效果，必须充分备课。

三、备课

新教师要备课，老教师也要备课。为什么老教师，包括教一些比较稳定的课程的老教师也要备课呢？第一，因为新的知识在不断地出现，我们不能备一次课用几年，这个道理很简单，不用多说。更重要的是，我们教师要把自己理解的东西转化为学生所能掌握的东西，这个转化必须要了解对象，根据不同的对象，组织好内容和采用适当的教学方法。现在，1977级的学生刚刚毕业出去，在校的是1978级、1979级、1980级、1981级的学生。大家知道，1977级的学生25岁以上，甚至30岁以上的很多，现在在校的学生平均年龄只有17岁，不少还是十五六岁的。教30岁的学生与教十五六岁的学生，显然应根据不同年龄特点来组织教学。备课也要因对象不同而不同，讲课的深度都要有所不同，不能采用同一教学方案。而且讲课不只是讲出来就完事，还要有艺术，有感情，有细节的安排。这个艺术、感情以及细节上的安排，不能不在上课前做好心理上的准备。有人说，第一次讲不好，第二次熟练一点就讲好了，新课讲不好，老课讲得好。我个人的体验是，不一定。新课当然有教材掌握得不深透的地方，但是新课钻进去以后，印象深而新，心理准备很充足。所以，往往第一次课还讲得好些，有感染力。第二次讲课，如果不重新做心理上的准备，把老讲稿拿来匆匆忙忙看一下，就去上课，这堂课讲下来一定不满意。所以新教师要备课，教过多遍的老师也还要备课。比如我到这里来讲课，好多东西以前已经讲过了，有的同志说可以不备课了，那不行。不备课就会干巴巴的，就讲不好了。当然，即使备了课以后，限于自己的能力，也可能还是讲不好。

备课最重要的是钻研教材。教师所教的课，一般说来，应该都是教师所专长的。就是新教师也是因为他在这方面有专长，才请他来教这门课的，而不是从头学起。现在常听到有人说，我准备一门新课，要一两个学期，甚至一两年，我是不同意这种看法的。你不是从头学起嘛，如果是从头学起，你就不该来教这门课了。当然，不是从头学起也要备课，因为你过去是学，而现在是教，如《学记》中所说的："学然后知不足，教然后知困。"我们都有这个体会，学得很好，却不一定教得好。学是一码事，教是另一码事。通过学，可以发现自己的不足之处，到教的时候才真正知道困难之所在。"知不足，然后能自反也，知困，然后能自强也。故曰：教学相长也。"这段话原来的意思是说，教然后知困，就要更认真刻苦地学习，教推动学，倒不一定说是学生来推动教师。现在常指学生与教师之间的关系，当然这样解释也可以，但原意并不是这样。所以为了教，要重新钻研。那么如何钻研，钻研些什么呢？第一，要把教材的理论、概念弄透彻，弄准确。第二，要把需要推导的过程、需要演算的公式弄熟练。如果课堂上要进行演示，事先也要准备好，不要临时出差错。第三，要掌握教材的内在的逻辑联系。这一切准备好后，第二步就要编写讲稿或讲授提纲。这要看个人而定。我主张新教师要写详细的讲稿，老教师也要写比较详细的提纲。为什么？是不是要大家写好详细的讲稿，以便在课堂上念讲稿呢？不是这个意思。写讲稿的目的主要是为了通过写讲稿的过程，深入、具体地组织教材内容，写讲稿的过程，实际上是自己的思维活动具体化的过程，而不是为了拿着讲稿到课堂上照本宣科。如果熟练的话，不拿讲稿，不看讲稿，完全可以，但还得写讲稿，要有这样一个过程。同时，正因为写讲稿是一个思维的具体化过程，所以，我不主张写讲稿时东摘西抄，而主张教师自己想，想好后，用自己的语言文字表达出来。如果只是抄人家的东西，即使看懂了，表达的时候也可能会显得生硬。如果用自己的语言文字写出来，可能不像抄来的那样准确、通顺，但那是你自己消化了的东西，讲起来就比较顺畅。当然，重要的定义、公式及重要的条文，还是要一字不漏地抄下来，然后用自己的语言加以解释。

如果既有教材，又有讲稿，那么教材与讲稿是一套呢，还是各搞一套呢？我的看法是，如果有现成的教材，讲稿与教材的关系应该是："不即不离，若即若离。"不能完全"即"，但一般不能完全"离"。低年级要"多即少离"，到高年级就应"少即多离"。特别情况下，完全另讲一套，让学生自己去读指定的教材，也没有什么不可以。这个问题，我们当学校领导的同志也要理解。因为有的学生常向领导反映，说这个教师不好，教材是一套，讲课又是一套，以后考试我到底按哪一套呢？如果领导不好好地考虑这个问题，就会不加分析地指责教师"加重了学生负担"，"搞得学生无所适从"。我认为讲稿与教材写得完全一模一样的教师，肯定不是好教师，如果讲稿与教材写的是两套的话，这个教师可能是一个很好的教师。为什么呢？只有讲稿与教材有所不同，才能加深、增加学生的知识，引导学生综合两套的能力。当然，对低年级的学生要求不要过高，但是，应当培养学生的这种能力。

有的教师认为，讲稿写完，备课任务就完成了，只等上课。其实不然。还有第三个重要步骤，即教学法的准备工作。因为你钻研了教材，写好了讲稿，只能说你掌握了知识，同时把知识整理了。但是，如何把你所掌握的知识转化为学生的知识，如何在课堂上启发学生的思维活动，培养学生的智能，这些问题还未解决，而这些恰好是教师备课的重要任务。大学教师可以不必像中、小学教师那样写教案，可以在讲稿的适当地方留空白做你写教学法的注意之点。

那么教学法的准备应考虑些什么呢？我认为应考虑这样一些问题：这堂

课你准备如何组织；开头怎么讲，上次讲的东西要不要重复，要不要和上次的东西联系起来；中间怎么讲，要分成几部分，这几部分如何衔接，每部分所讲的时间大体上要安排一下；结束时讲些什么，是否要小结，布置参考书、作业等。一堂课怎么组织，这是教学法工作要考虑的第一点。

在教学过程中如何引导学生积极思维。某些地方如何引导学生动脑筋，某些地方是否应有所停顿，给学生思考一下，都要在讲稿上做必要的符号。还有，讲课时举什么例子，要在备课时做好准备，不要在课堂上临时凑合，那样容易出纰漏。如果有直观教具、模型要当场演示的话，应该考虑如何摆，如何演示，才能让学生看清楚，同时要注意哪些地方需要让学生观察。太小的模型怎么才能使几十个甚至上百个学生看清楚。这些都是教师应该事先考虑的教学法问题。板书也要考虑，板书有的有计划，有的似乎无计划，实际是有计划的。当然板书一般不宜过多。再就是要不要指定学生看参考书，现在我们不太习惯给学生指定参考书，应该在上完课后，至少每章结束后，指导学生看参考书。当然，教学法的准备工作还有很多，刚才说的只是举几个例子，其目的是为了说明教师的备课必须包括教学法的准备工作，决不能认为写完讲稿就完成备课工作了。

那么，教学法的准备工作完成后，备课是否完了呢？可以说完了，也可以说还没有完。为什么还没有完呢？因为，临上课之前，教师还得重新看一遍，把重要的内容记一下，把自己备课时的思维活动重温一遍，这样，上课时才能做到有充分的心理准备，胸有成竹。我个人的经验是如果没有最后这个备课工作，课堂讲授往往陷于被动，哪怕备课时已经弄得一清二楚的问题，到讲课的时候常常就忘记了，或者会丢三落四。

刚才所说的只是举一些例子，每个人根据自己的情况，根据不同的习惯，备课可以有所不同。刚才所说的第一步、第二步……都是相对的，不一定都要按照一、二、三、四……这些要求来备课。

现在，把讲过的这四讲简单地回顾一下：

第一讲，讲了为什么要学习和研究高等教育的理论，同时把高等教育的基本特点、基本内容做了一些介绍，是引论的性质。目的在于说明学习、研究高等教育理论的必要性，同时描述了一个基本轮廓，便于同志们在目前还没有一本《高等教育学》著作的情况下学习和研究高等教育理论，找适当的参考书和参考资料来看。

第二讲，讲了高等教育学最基本的东西，就是教育的基本规律，讲了教育的外部规律及教育的内部基本规律，着重说明两者的关系以及在高等教育上的应用。只是扼要地讲，并没有系统地把这些规律的所有内容都谈。因为没有必要讲，大家可以找任何一本《教育学》的第一、二章看一看，自己可以学习，所以，我只是抓住要点或有问题的地方说一说。

第三讲，讲了教学过程的规律。因为学校是以教学为主，对于教学的过程的规律讲得比较详细，而且把有关的教学原则也放进去了，最后引出了三个教学任务，那就是传授知识、发展智能，培养世界观和道德品质。这是讲教育的第二层次的规律。第二层次牵涉到第三层次。这些教学规律、原则如何具体应用、如何指导我们的教学法呢？不可能都讲，所以在第四讲中，专门讲了"课堂讲授"，无非是"解剖麻雀"，但也只是讲了它的基本要求和容易碰到的一些问题。

今天参加听课的同志多数是高等学校的领导干部，以上讲课是不是有点"无的放矢"？我看可能有一点，但也可能不完全是。因为教学是学校的主要工作，我感到高等学校的领导干部，不论是管哪方面工作的，懂一点高等教育学都有好处。本来还应该谈一谈高等学校的科学管理，这样才更有针对性，但因为我对这方面仅仅有些经验，缺乏研究，讲课是不应只讲经验的。明天开小型座谈会，大家相互交流行政管理工作的经验，那是可以的。

讲课中有些不妥的地方，请大家多多指教。

在《高等教育学》教材听取意见座谈会上的发言①

第一次发言：关于《高等教育学》（征求意见稿）编写经过及若干问题的说明

(1983年11月14日下午)

教育部高教一司请朱九思同志主持召开这次听取意见座谈会，我代表《高等教育学》编写组的全体同志，向朱院长、出席会议的专家、代表和华中工学院参加工作的同志致谢。

在听取意见之前，让我将《高等教育学》（征求意见稿）的编写经过以及若干有关问题做简要的说明。

（一）编写经过

这本教材是在1957年厦门大学教育学教研室所编的《高等学校教育学讲义》基础上编写的。20世纪50年代高等学校的干部、教师要学点教育学，综合大学又有培养高等学校师资的任务，所以编了一本《高等学校教育学讲义》。非为全国交流讲义，只是应当时需要。以后由于情况的变化，未能修改出版，搁置达20年之久。1978年厦门大学高等教育科学研究室成立之后，为响应中央关于按教育规律办学的号召，就以重新编写《高等教育学》为主要研究任务之一。从1979年开始围绕这一任务，搜集国内外有关资料，并进行

---

① 原载《高等教育研究》，1984年第1期。

若干专题研究。1981年初，经反复讨论后，由我拟出一份《高等教育学大纲》（讨论稿），分送国内有关专家和研究单位征求意见，并于当年4月份在福州召开的全国第二次教育学研究会上提出讨论。根据大家所提意见，对《高等教育学大纲》（讨论稿）做了修改，作为编写《高等教育学》的基本依据。当然，在编写过程中，对大纲又做了一些必要的调整与补充。

大纲发出之后，得到许多兄弟单位和同行的热情鼓励和支持，敦促我们早日编出书稿。当他们知道我们研究室力量不够时，有的单位还表示愿意协助搜集资料，支援编写力量，愿意和我们合作，这对我们是莫大的鼓励和鞭策。

1981年底，在兄弟单位和同行的支持下，我们开始组织力量编写。一本综合性的教材，虽然篇幅不多，但涉及面很广，许多方面的问题，我们缺乏必要的研究。在征得有关单位的同意后，邀请了上海市高教局杨德广、华东师范大学薛天祥、河北大学汪培栋、北京工业大学张树森四位同志，同厦门大学高教研究室的王增炳、吴丽卿、王仁欣、罗杞秀等同志共同编写。他们所执笔的部分，见各章署名。

每章一般都经过两三次修改，有的修改了四次。经过一年半时间，全书初稿已完成，分订四册，陆续发出征求意见，得到多方面的热情支持和帮助。有的单位不仅给我们寄来宝贵意见，还提出要把它作为高等学校干部进修或高等学校教师学习的教材，以应急需。我们认为这本征求意见稿很不成熟，不敢贸然同意。但有些兄弟院校还是翻印或部分翻印了试用。当然，在试用过程中，可以发现更多问题，这对我们也是有所帮助的。

（二）若干问题的说明

限于编写者的水平，这本初稿问题不少，有错误更在所难免。现在就我们在编写中所意识到的或在征求意见中大家所提的几个问题，提请专家、代表们指导。

1. 关于编写教材的指导思想

我们力图以马列主义、毛泽东思想为指导，坚持四项基本原则，总结我国高等教育的实践经验，特别是新中国成立以来高等教育的经验与教训，吸取已被历史证明为符合教育规律的中外教育理论，特别是马列主义的教育基本原理，用以分析和研究高等教育的理论和实际问题。在阐明高等教育的理论时，以高等教育区别于普通教育的两个基本特点为依据而展开。这两个基本特点就是：高等教育是建立在普通教育基础上的专业性教育；普通高等学校的培养对象主要是 20 岁左右的青年。

2. 关于教材的体系

这本《高等教育学》的基本体系是：（1）总论，（2）分论，（3）体制，（4）历史与方法。第一部分总论包括高等教育学的研究对象和任务、高等教育的性质任务、高等学校的培养目标、大学生身心发展特征和大学教师等，从第一章至第五章共五章。第二部分，分别论述德、智、体诸育。其中教学论内容较多，包括教学过程的原理与原则、课程论、教学过程的组织与方法、学业的检查与评定以及教学手段等；其次为德育论与学校体育。这一部分要研究德、智、体育的原理，还要阐述主要的内容、组织和方法，所以篇幅较多，从第六章至第十三章，约占全书的一半。第三部分论述高等学校教育制度、领导管理等，是论述如何从制度上保证学校教育与教学工作的进行。作为大学特殊的社会职能的科学研究，着重从制度上予以阐明，也摆在这一部分。从第十四章至第十六章共三章。第四部分论述历史与方法。学完上述各章之后，学点高等教育发展简史，有利于加深对高等教育理论与实际的认识；学点研究方法，有利于运用高等教育理论，研究高等教育实际问题，从而不断发展教育理论。

这个体系，总的来说，是参考普通教育学的一般体系而定的，但并非照搬。有必要把我们的想法说明一下：

（1）"大学教师"这一章摆在总论中而"学校教育制度"这一章不摆在总论之中。我们的想法是学校教育是师生的双向活动。在总论中，既要论述受教育者的身心发展规律，作为施教的依据，又要阐明教育者的作用与任务，明确教育者的职责。凯洛夫《教育学》20 世纪 50 年代修订版将教师这一章提到总论中，其后柯瓦列夫《教育学概论》更把教师这一章作为全书的第一章，是有其用意的。至于学校教育制度，摆在体制这一部分，作为教育工作的保证，理由已如上述。

（2）教学过程的原理与原则和课程论这两章，哪一章摆在前面较为恰当？

普通教育学的处理并不一致，凯洛夫《教育学》前后两版处理也不一致。我们认为，教学的四个因素，是教师、学生、教材、方法。在教学过程中，教师采用一定的教材，运用一定的方法，对学生进行教学。教学过程的原理与原则，不但对教学的组织与方法有制约作用，对课程与教材也有制约作用。例如教学计划的编制、教学大纲的制定、教材的选择等等，也必须根据教学过程的原理与原则来进行。因此，以先阐述原理和原则比较符合学科的系统性与学习的循序性。

（3）科学研究作为教学过程的组成部分，是在教学论中阐述的，科学研究作为高等学校的社会职能之一，在高等学校体制中占有特殊地位。本书第十五章"科学研究"，就是从体制方面来阐述科学研究这一社会职能在学校的组织、管理中是如何实现的。当然，这样摆是否恰当，还可进一步研究。

（4）关于研究方法，一般教科书多作为绪论的其中一节。当学生还未学习本门学科的理论之前，所谓研究方法，实际上只是学习方法。而我们把它作为垫后的一章，除了根据循序渐进原则之外，还有这样的一层意思，就是学完《高等教育学》，只是学习了一些现成的基本知识。高等教育在发展中，高等教育理论也在发展中，希望学习者运用高等教育学的基本理论，研究实际问题，不断充实和发展高等教育理论。

高等教育学是一门新学科，并无成熟的科学体系可以遵循。我们所设想的体系，很不完整。我们自己也并不满意，希望同志们给予指导。

3. 关于读者对象问题

我们的设想，这本教材可以供综合大学和其他具有培养高等学校教师任务的院校的本科生，特别是研究生学习，也可以供高等学校的教师和干部学习。考虑到读者对象一般并未学习过普通教育学，所以普通教育学所阐述的一般教育与教学的重要理论，在高等教育学中仍应有所阐述。正如普通教育学往往是通过中小学教育来反映一般教育规律一样，高等教育学也要通过高等学校教育来反映一般教育规律。虽然某些标题同普通教育学相同或相似，但不言而喻，它的内容是从高等教育方面取材，不同于普通教育学。

教材，应当是科学研究成果的全面的、系统的反映。由于我国过去对高等教育理论研究的成果不多，这几年来虽然研究活动颇为活跃，刊物不少，文章很多，但一般多是经验总结，理论上的概括尚不成熟。我们又限于水平，未能做好深入的理论加工，所以这本教材大多只能根据经验总结，铺叙政策制度，描述高等教育现象，理论的深度很不够。正如前言所说："始生之物，其形必丑。问题是迈开了第一步，才能由粗到精，由不成熟到比较成熟。"随着全国高等教育科学研究的普遍深入开展，我们将不断地充实教材内容，加深理论分析，加强教材的科学性。

恳请同志们提出批评与意见。谢谢！

第二次发言：关于《高等教育学》（征求意见稿）的修改意见

(1983年11月19日上午)

感谢朱九思院长和出席座谈会的专家、代表们，花了几天的时间，对这本初稿提了许多宝贵的意见，并就若干重要问题进行了充分的讨论。大家所提的意见都很好。例如，希望本书要充分地反映高等教育要面向四个现代化、面向世界、面向未来这个总的方向；要充分反映教育改革的要求，对高等教育的改革工作有所帮助；要尽可能充分地反映这几年来我国高等教育的研究成果，加强理论性，删减叙述性的内容；等等。对于章节的调整，以及概念的确定、用词的规范，也都提了不少好意见。我们还来不及充分消化，编写组也还来不及开会讨论。下面谈几个问题，只是我个人的意见。

1. 关于高等教育概念的扩大和本书的论述范围问题

高等教育概念的外延要扩大，这是肯定的。外延扩大，就会产生两个问题：一是内涵相应地减少。如成年高等教育就不限定于以青年为培养对象；函授、广播大学和自学考试等没有一定的学校场所，也不一定以班级组织的课堂教授为主。二是教材内容要大大增加，不但要论述全日制普通高等学校，而且要逐一论及各种各样办学形式的特殊问题。我认为，当前在我国，全日制普通高等学校仍然是高等教育的主要办学形式，培养对象主要仍是青年。为了避免教材内容过于庞杂分散，本书的研究对象和论述范围，仍应以全日制普通高等学校的本科和专修科教育为主。研究生教育可以另辟专章论述，其他各种办学形式可以在高等教育制度这一章简介。各种办学形式的特殊问题，应当在总结经验的基础上，分别写成专书，才能充分论述。同时，外延的扩大，内涵中的本质属性仍然是不变的。这个问题，关系到高等教育的水平与质量问题。

2. 关于体系问题

大家所提意见，我们都将加以认真地考虑，适当增删调整。现在要形成一个成熟的学科体系还不可能，但应尽量使之比较严整而又符合教学法要求。因为编写组还未开会研究，具体的调整就不多说了。

3. 一般与特殊的关系

一般不是普通。普通教育学是以普通中小学作为研究对象，所以也是特殊的。普通教育学不但写中小学的特殊问题，也写一般教育理论，甚至一般教育理论的内容多于普通中小学的特殊问题。不过由于历史原因，人们已习惯于把普通教育学和一般教育理论混同起来。高等教育学，由于读者对象多未能先读普通教育学或教育学原理一类著作，所以，我认为仍应兼顾一般。至于怎样写，是"由一般到特殊"，还是"寓一般于特殊之中"？无疑后一种写法比较好，但也比较难。有的部分可以这样写，如教育与社会发展的关系，可以通过论述高等教育与经济、政治、文化科学的关系得出一般的原理，而不必做历史的一般论述，有的部分就不一定能这样写，如寓社会主义教育目的于高等学校培养目标之中，就不如先论述社会主义教育目的，然后论述高等学校培养目标。选择哪种写法，要视不同教材内容而定。

与此有关的一个问题，是高等学校教学过程的特殊性与高等学校教学原则问题。一方面，对于普通教育学所总结出来具有共性的主要教学原则，仍应作为高等学校教学原则，虽有一定共性但在高等学校教学中并非主要的，可以删减。另一方面，反映高等学校教学过程特殊性的原则，如发挥学生的创造性、独立性，专业性与综合性结合，教学与科学研究结合等，应当予以充分的研究。对于这个问题，我最近写了一篇《高等学校教学原则初探》，准备印出来请同志们进一步指教。

4. 现状与改革的问题

一本《高等教育学》，应当反映高等教育改革的要求，以推动高等教育的改革，这是没有疑问的。但作为教材而不是论文，现实的制度、方法等的叙述与阐释仍是必要的。因为现实的东西毕竟是前人所总结的知识，有其现实的运用性，学习这些知识是必要的。对于改革的见解、理论，如果确是具有科学性的研究成果并经过一定的实践检验，应当及时反映在教材中，尤其是对于改革的展望，更应当充分重视。但是对于国外形形色色的改革方案，还是应当持慎重的态度。

5. 有一个内部规律与外部规律的问题

这个问题这次会上讨论不多，但在征求意见过程中，反映较多。有赞同的，也有怀疑的。赞同的主要理由是这样写能够简单明确地表述教育的外部联系与内部联系；怀疑的唯一理由认为规律只能存在于事物"内部的"，没听说过有什么"外部的"。什么是规律？规律是事物发展过程中的本质联系和必然趋势。教育同经济、政治、文化科学的本质联系是教育的外部联系或关系。这种本质联系或关系是客观存在的，人们一般称之为"教育的外部关系"。从教育来说是"外部的"，从整个社会发展过程来说，则又是"内部的"本质联系。如果因为"没有听说过"，则称之为外部联系或关系也无不可，这样也许比较稳妥些。

以上几点意见，是在同志们的启发下所想到的，是个人不成熟的意见，并不代表我们编写组的意见。最后再说一句：衷心地感谢同志们的支持与帮助！

关于建设具有中国特色的教育科学体系问题[①]

——在"教育研究"座谈会上的发言

中国社会主义教育只能在发展的过程中形成我们自己的特色。鲁迅说：路是人走出来的。当然我们也不是说漫无目的，走到哪里算哪里。刚才郝克明同志提的那几点我觉得是应该的。比如从打好基础来说，要发展基础教育，发展农村教育；但是从长远考虑，我们还得抓好高等教育。这个轮廓我看是可以画的。现在我们走这条路的时候，一面要在传统教育基础上来批判传统教育，一面要借鉴国外的现代教育，但又要清楚我们是社会主义的现代教育。如果说前者是为我们现代化扫清道路，那么后者是为了使我们的教育现代化不至于走入歧途，不至于走弯路。既然如此，有很多东西要我们去判断。关于传统教育的批判我们过去谈得比较多，但对于教育的现代化建设和现代教育的关系及其区别，我们过去谈得比较少，或者说在开始阶段不宜于说得太多，但是现在必须说一说。

我们现在所说的现代教育，不是指现代派教育，大家心目中的现代教育是指发达国家的现状，或者发达国家的教育思想及其现状，尤其是指西方发达国家的教育思想及其现状。这里有许多东西可学，或者说在思想认识上可以认同，有共性的东西可以认同。我最近和研究生谈到这个问题，发现青年中这种可认同论的思想非常深。他们认为很多东西可认同，美国和苏联可认

---

① 原载《教育研究》，1987年第10期。

同，通才教育和专才教育靠拢可认同。现在大家说怎样改革，就是有很多东西要认同。日本和中国也有所认同，中国向日本、日本向中国认同，一个强调主导，一个强调学生主体，相互认同。但是否所有东西都可以认同？为此我特意研究了西方的认同论。现在基本上弄清楚了，西方不管是美国还是欧洲，许多未来学家和社会学家，他们都主张认同，或如我们翻译过来所说的趋同。一派叫现代趋同论。他们的理论主要是：科学技术是无国界的，是共同的，不过有的走得快些，有的走得慢些。发达国家之所以叫发达国家就是由于科学技术走得快些，因此生产力发展水平也比较高，同时人的素质也提高得快，这条路迟早是要走的。无论是哪个国家，哪种社会制度，都可以以发达国家的社会或教育为模式来认同。这即是现代趋同论的主要意思。如果我们的教育只受科学技术的制约，那么认同论可以成立。

认同有一个过程，但受制约的因素不止一个。鲁洁同志讲的四个层次，我叫它四个因素，四个层次是从四个因素来的。先从第二个层次说起，一定时代的教育受生产力科学技术制约；第三个层次是受社会制度所制约，除资本主义和社会主义两大制度外还有许多制度；第四个层次，受中国的文化传统、意识形态，特别是文化传统的制约。第一个层次，中外古今教育的共性是受什么制约呢？是受身心发展的规律所制约。第一个因素和第二个因素中共性较多。科学技术的影响和身心发展的影响共性较多，可是共性之中有特殊性。因为科学技术发展的层次有不同。第三、第四个因素中个性较多，一个是社会制度不同，一个是文化传统不同，一个是社会主义的，一个是中国的。可是在社会制度不同之中，在这个特性之中也可能有共性。我们搞教育立法还可以看看日本、美国是怎么立法的，可见这也还有共同之处。中国的特性很多，教育文化也互相影响，所以这个情况非常复杂。这就说明，要找中国式的社会主义教育的模式，只能够在四个因素的相互影响之中自己来走，边走边总结经验。

总的指导思想，我归结为这样几句话：第一句，以马列主义为指导；第二句，迎着新科学、新技术革命的潮流和浪潮，立足国情，面向世界，立足现实，面向未来。教育要面向现代化、面向世界、面向未来是小平同志从我们的远景考虑而提出的。如何面向，起步走还要立足国情，立足现实。这样做，第一指导思想明确了，我们还是要坚持马列主义的指导。一个是时代感，因为我们要迎接技术革命的浪潮，我们不能关起门来。再一个是中国式的，立足国情、立足现实，指的是中国式的，最终达到教育的现代化。这条路这样走，能走出自己的特色。为什么是自己的特色呢？就是总是比人家好，如果我们的特色没有比人家好，何必要特色呢？那就跟在人家后面转就行了，那是不行的。

我们过去有一种自高自大、骄傲自满的情况。而到了现在则有一种相当厉害的自卑情绪，我觉得这是要不得的。外国也不是什么都比我们高明，比我们强的，外国也羡慕我们。总的来说，从生产力、科学技术上来说，我们落后，但不等于所有的东西都落后，包括我们的教育科学研究不一定落后。我春节到日本去走了一趟，我到广岛大学高教研究中心和他们交谈，结果觉得中国高等教育的研究和日本高等教育的研究相比，其强处，就是国际性比咱们强。广岛大学高教研究中心的比较教育研究在国际上是比较好的。但是从日本全国来说，他们的高等教育研究，在数量上不能与中国比。中国现在有几百个高等教育研究室，有300多种高等教育研究刊物，日本就没有这么多。我请了广岛大学的一位日本教授来讲学，讲课的地方就在阅览室，他要求站在书报栏旁边拍一张照。他说，我拍完以后寄回去，这琳琅满目的高等教育刊物，我们日本有几份呢？还有他们微观研究不一定比我们强。我只知道高等教育，不知全面的情况。但日本宏观教育方面的研究比我们多。所以各有所长，我们不一定要自卑。我们是有前途的，是应该有自信心的。

关于高等教育学学科建设的若干问题[①]

——在全国高等教育学学科建设研讨会上的报告

今天这个会议,它的全称应是"高等教育科学的学科建设研讨会"。也就是说,所要研讨的是高等教育科学,包括各个分支学科的学科群的建设问题,不只是研讨高等教育学一门学科。由于各个分支学科的建设问题,将有许多专门研究的同志发言,我这里只着重谈高等教育学这门学科在建设中所遇到的若干基本问题,偶或也涉及高等教育科学的学科群的建设问题。

一、高等教育学的学科性质问题

高等教育学是教育科学体系中的一门分支学科。教育学是一级学科,高等教育学是二级学科。为研讨高等教育学学科性质,有必要从教育科学体系谈起。

教育科学,所包含的分支学科,大体上可以分为三类。

第一类是从教育学这门基础学科分化出来的分支学科,如教育原理、德育原理、课程论、教学论等等。

第二类是教育学与其他学科结合产生的交叉学科,如教育哲学、教育心

---

① 原载《高等教育研究》,1993年第2期。

理学、教育社会学、教育经济学、教育人类学（教育文化学）、教育管理学、教育法学、教育卫生学、教育统计学、教育工艺学等等。

第三类是研究不同教育对象所构成的分支学科，如学前教育学、普通教育学、高等教育学、成人教育学、特殊教育学等等。

当然，上述分类，只是相对的划分，如教育史、比较教育、学科教育学（分科教材教法）等，既可归于第一类，也可归于第二类。同时，只是按照学科的总体性质分类，至于学科的内容，则更加纷繁错杂，某些内容属于这一类，某些内容可能属于另一类。一般来说，第一类、第二类，就其总体来说，基本上属于理论科学，但包含许多应用性以至技术性内容；第三类，就其总体来说，是应用教育学的基本理论来认识不同对象的教育现象，解决不同对象的教育问题，基本上属于应用科学。但应用科学也有其应用的理论。高等教育学不可能只是简单地应用现成的教育学基本理论直接解释高等教育现象和解决高等教育问题。一方面，它必须在教育基本理论与高等教育实际活动之间架起桥梁；另一方面，它还要探讨高等教育的特殊规律。而对于高等教育问题的研究和高等教育规律的探讨，在丰富和发展教育基本理论上，具有重要的作用。这是因为现成的教育基本理论，大多是以普通教育为研究对象所概括出来的，或在哲学、心理学的基础理论上所引申出来的，在科学技术高度发达、经济和社会迅猛发展的今天，已显得贫乏、落后，必须不断充实、加深、更新、提高。高等教育同科学技术、经济和社会的关系，比普通教育更为直接与密切，因而以高等教育为研究对象的高等教育学，可能为教育学基本理论提供新的信息与理论；教育基本理论的研究，也有必要汲取高等教育学的研究成果，以丰富和发展教育基本理论。

总之，高等教育学就其总体来说，它是一门应用学科；而就其研究任务来说，既有应用教育学的基本理论以认识高等教育现象，解决高等教育问题的任务，又有以其研究成果来丰富和发展教育基本理论的作用。高等教育的研究工作，大多是应用、开发的研究，但也必须重视理论研究，包括应用理论和基本理论研究。

高等教育学作为教育科学体系中的一门分支学科，在中国已被大家所确认。在1983年国务院学位委员会所公布的学科、专业目录中已被确定为二级学科。但在国外是有不同意见的，从而影响国内也有争论。首先是搞比较教育的同志提出怀疑，理由是高等教育理论还未具备作为一门独立学科的条件，只能作为一个研究领域。那么，作为一门学科应当具备什么条件呢？众说纷纭，标准不一。比较权威的说法是：要有特殊的研究对象，要有完整的理论体系，要有公认的专门术语和方法论体系，有的还加上要有代表人物和代表著作。这些条件的要求是很高的。除了一些古老的、很成熟的自然科学学科和社会科学中的经济学等之外，众多已被称为"学科"的学科，很难说都符合这些条件。因此，国外有人认为教育学也只是一个研究领域而不是一门学科，遑论高等教育学了。

1992年5月在厦门大学高教所召开的全国比较高等教育研讨会上，我同意周南照研究员的说法："从广义上说，高等教育是一个研究领域；从发展上说，高等教育学是正在走向成熟的一门学科。"我认为，研究领域与学科，不是不可逾越的界限，更不是两个对立的概念。研究领域指的是有一定的研究对象的范围，而学科的首要条件正是特殊的研究对象。高等教育学由于有它独特的不可替代的研究对象，更由于它有其特殊的不同于普通教育的规律，因而可以构成一门独立的学科。至于理论体系、专门术语、方法论体系等，只有在它的发展过程中不断完善，不断成熟。确切地说，它既是一个研究领域，也是一门正在走向成熟的学科。正因为它还不成熟，所以高等教育理论工作者，必须面对艰巨的学科建设任务；正因为必须面对艰巨的学科建设任务，我们这个学科建设研讨会更具重大的理论意义。

二、高等教育学的研究对象、范围与重点问题

高等教育学的研究对象，不言而喻，就是"高等教育"。但什么是"高等教育"？作为常识性的概念，谁都懂得；一经推敲，却很模糊。这些研究对象的共同特点是什么？哪些教育现象属于高等教育？简单说，这个概念的内涵与外延至今很难说清楚，因而很难为"高等教育"下个精确的定义。联合国教科文组织曾花了很大力气，要为高等教育下定义。1962年在非洲举行的一次高等教育国际会议上，形成了这样的一个定义："高等教育是由大学、文理

学院、理工学院、师范学院等机构实施的各种类型的教育。"这种列举式的下定义，既没有从内涵上体现它的本质属性或共同特点，又没有从外延上穷尽各类的高等教育，很难令人满意。因而又加了三个界定：（1）入学条件是受完中等教育；（2）入学年龄通常为18岁；（3）修完课程即授予相应的学位、文凭或高等学历证书。前两个界定同我在20世纪50年代所提出，其后写在《高等教育学》绪论中的两个特点差不多。这两个特点是：（1）高等教育是建立在普通教育基础上的专业教育；（2）一般全日制大学本科的年龄是20岁左右的青年。其主要的不同点是有没有指明专业教育。我认为，第一个特点可以视为高等教育的定义，即"高等教育是建立在普通教育基础上的专业教育"。

但是，不论是这两个特点，还是联合国教科文组织的定义与界定，都受到日益复杂多样的高等教育形式与内容的挑战：有许多称为大学或高等学校的教育，并不一定建立在普通教育基础之上或以受完中等教育为入学条件；国外有的高等教育并不是专业性的教育，而仅仅实施高于中学的普通教育课程，而且这种情况有继续发展的趋势，有相当一部分高等教育将逐渐成为中学所实施的普通教育的延长；大量的成人高等教育、继续教育、研究生教育，入学年龄不是18岁，在学年龄也不是20岁左右。即使大学本科学历教育，国外也大多没有年龄的限制。因此，严格意义的高等教育的共同特点，由于高等教育的多样化而几乎不复存在。国外干脆称之为"第三级教育"或"中学后教育"。但同样很难涵盖多样化的高等教育。这是在概念内涵上所遇到的难题。

那么，在概念外延上呢？高等教育多样化也意味着高等教育外延的扩大。现在高等教育机构已经不只是大学、文理学院、理工学院、师范学院等。高等教育随着社会发展的需要而向下发展为专科教育（短期大学、社区学院等），向上发展为研究生教育，向旁发展出现多种多样的职业技术教育、成人高等教育、培训班、进修班等，还有中国的高等教育自学考试，也是一种高等教育形式。那么，高等教育学是不是应当把各层次、各类型的高等教育都作为它的研究对象呢？这又是在概念外延上所遇到的难题。

当然，作为高等教育学学科群中最基本的一门学科，高等教育学不可能也不必要一一铺叙各种各样的高等教育，只能研究共性的问题，探索一般的规律。这样，问题仍然又回到上面所说的"共同特点"来。如果只能研究共性的东西，则许多从本科教育所总结出来的理论、原则就不适用了。例如，大学生的年龄特征，把科研引进教学之中的原则等等，并非都适用于各种各样的高等教育，甚至培养德智体全面发展的高级专门人才这一共同目标，也很难在各种各样的高等教育中都能得到实现。

如何解决这个难题？我认为，高等教育学还是应当以全日制普通高等教育的本科教育作为它的主要研究对象。这是因为本科教育是高等教育体系中的基本组成部分。它在高等教育体系中地位比较稳定，经验比较丰富，理论比较成熟。它的理论、原则，虽不尽符合各种各样高等教育的实际，但有一定的典型性与代表性。同时，我们所研究的是有中国特色的社会主义高等教育学，要从中国的实际出发，上面所说的两个特点，仍然是符合中国高等教育实际的，至少在相当长的一个历史时期仍然是有效的。当然，在必要处，也可以适当论述其他层次、类型的高等教育。如在"高等教育结构""高等教育学制"等篇章中，要给予其必要的地位，甚至可以专章、专节论述高等专科教育、研究生教育、成人高等教育等等，但不作为主要的研究对象。对于各种各样非本科的高等教育，应作为高等教育科学的分支学科，分门别类，专门研究，编写专书。

三、高等教育科学与高等教育学体系问题

教育科学是一个学科群，教育学只是其中一门学科，以研究教育的基本理论，探索教育的一般规律，在学科分类上把它作为一级学科。高等教育科学也是一个学科群，高等教育学只是其中一门学科，以研究高等教育学带有一定共性的问题，着重研究本科教育，探索高等教育的一般规律（共同特殊规律），因此在学科分类上，也就把它作为教育学的二级学科。

高等教育科学作为一个学科群，也有它的学科体系，其下同样可以分为若干分支学科，可以算作三级学科。这在逻辑上是顺理成章的。在实际上，也已出现了不少可以称为三级学科的高等教育科学分支学科，如高等教育哲

学、高等教育经济学、高等教育史、比较高等教育、高等教育管理学、大学生心理学、高等学校思想政治教育、大学课程论、大学教学论、大学生学习学、高等学校体育论、高等学校美育论等，以及高等工程教育、高等师范教育、高等军事教育、高等专科教育、高等职业技术教育等，这些三级学科，在国外早已出现，在国内近10年来，犹如雨后春笋，破土而出。这些三级学科，大多同教育科学的二级学科相对应，它们实际上是由相关的二级学科与高等教育学结合的交叉学科。对如此多新冒出来的三级学科，一般教育理论工作者大多持不承认态度；高等教育理论工作者也有持怀疑态度的。但恰恰是这些在学科地位上被怀疑的新学科，往往很受教育实际工作者欢迎，大家参加研究的积极性很高，有很好的群众基础。高等教育管理学、大学生学习学，这两门学科在近10年来的蓬勃发展，便是突出的例子。

应当如何对待这个问题呢？逻辑上顺理成章，因为学科的分化与交叉是科学发展的必然趋势；实际上已经大量涌现并有群众基础，因为这些三级学科多数更为贴近高等教育实际，实践性、可操作性更强。我们理论工作者，是固守几条"学科标准"而不予承认呢，还是从实际出发而积极支持呢？当然，积极支持应当是有条件的。那就是必须有充分的实践基础与理论论证。那种凭空构想，持之无故，言不成理，以为只要冠上一个"学"字，便可以自立门户，成为一门独立的新学科，那是不足取的。

一门社会科学的学科，可能有三种相互联系的不同体系：第一，理论体系；第二，知识体系（经验体系、工作体系）；第三，课程体系（教材体系）。

如上所述，一门成熟的学科，必须有它完整的科学理论体系。高等教育学的专著与教材已经出版了多部，但尚未形成完整的科学理论体系。所以，它还不是成熟的学科，或者说，是一门"正在走向成熟的学科"。有的同志把学科的建设过程分为三个阶段：初创阶段、发展阶段、成熟阶段。我认为当前只能说是发展阶段初期。学科建设所要努力的最终目的是建成完整的科学理论体系。

学科的科学理论体系，是指该门学科的概念和联结这些概念的判断，通过推理、论证，形成一个层次分明、结构严密的逻辑系统。教育学科的理论体系，应当揭示一系列的教育科学概念、规律，构成逻辑严密的科学理论体系，而这个理论体系应当充分反映教育本身固有的内在逻辑。因而，最重要的工作是确定理论体系的逻辑起点。

一般认为教育科学理论体系的逻辑起点应是一切教育活动中最普遍、最基本的要素，有如《生物学》中的细胞、《资本论》中论述的商品。从逻辑起点出发，借助逻辑手段，层层推导，逐步展开，从抽象上升为具体，构成严密的逻辑系统。这样的科学理论体系，不但高等教育学尚未形成，教育学也很难说已经形成。例如，教育理论界对于什么是教育学体系的逻辑起点——人性？社会？生活？知识？教学？教师？学生？众说纷纭，只能说是各种"假设"，还未见有据之形成科学理论体系的著作。

因此，当前讨论高等教育学的学科体系，只能先解决第二种学科体系的建设问题，即如何建构高等教育学的知识体系。

已有的高等教育学专著的知识体系，大多是从教育学的知识体系移植过来的。我国教育学的知识体系，一般是用历史与逻辑统一的方法，从教育的发生与发展说起，然后论述教育与人的关系和教育与社会的关系，一定社会的教育目的、教育方针，接着是教育内部诸因素的关系，最后是教育工作的各个方面，包括教育工作、非教学工作的其他教育工作、管理工作等。因理论知识少而应用知识多，有人就称之为经验体系或工作体系。这种知识体系的教育著作是有实用价值的。它包含了一定的理论、知识和经验，并且有一定的规范、方法、措施，有的可以直接运用它来解决实际问题，但并不要求其完整地反映教育自身固有的内在逻辑体系。它也不像课程体系，因为课程体系还必须根据培养目标对知识进行选择，并且要根据认知心理和教学原则来组织与编写教材，应充分考虑学生的可接受性，例如由易到难，由浅入深。现在许多作为教材的教育学，往往是由深到浅，由难到易，反其道而行之，实际上是知识体系而不是课程体系。

现时以《高等教育学》或《高等教育学概论》为题出版的书，我手头就有7部，其中6部，包括我所主编的第一部《高等教育学》，基本上是从教育学移植过来的知识体系，只是根据高等教育的特点和问题，有所增删，如增加大学教学方法、科研工作、研究生教育等等，并尽可能写得便于自学。只有田建国的《高等教育学》另立体系，分为三编。上编是高等教育基础理论，中编是宏观高等教育学，下编是微观高等教育学。相对接近于理论体系，但基本上仍是知识体系。

现时的教育学专书，一般只是以普通教育为研究对象的普通教育学。普通教育学近10年来，在体系上正在力图摆脱凯洛夫《教育学》的框框，使之较为合理与完善，如把智育论与教学论分开（智育论与教学论合并，在逻辑系统上显然不合理，但因智育主要是通过教学工作来实现，教学工作大量是智育，从工作体系来说，也有一定的道理）。已出版的6本高等教育学专书，仍然没有把智育论与教学论分开。田建国的《高等教育学》，没有教学论，不谈教学工作，智育论也只谈"创造教育"。智育是全面发展教育的基本因素，课程论与教学论是教育理论的核心组成部分，略而不论，似有所欠缺。我们正在重编一部新的高等教育学，尝试把智育论与教学论分开，使之既不脱节，又不重复，难点在于教学论仍保留着浓厚的智育论痕迹而不能充分地全面体现德智体美诸育的教学过程。

我认为，不论普通教育学还是高等教育学，学科建设的努力方向，都应当一方面努力探索如何形成学科的科学理论体系，另一方面编写出符合认知心理与教学原则的课程教材。但这些都需要长期的努力。目前只能要求使知识体系合理些、完善些，并富有中国的社会主义教育特色，便于学习，便于操作。

四、高等教育理论研究的方法与价值问题

上面提到，教育科学的学科理论体系，要以最普遍、最基本的概念（范畴）作为它的逻辑起点。那么，研究工作是否也要从最普遍、最基本的抽象概念出发，借助逻辑手段，层层推导，逐步展开呢？我的看法，一般是不可以的。高等教育学是应用科学，应用科学的应用理论研究，不能像哲学、数学的纯粹理论那样，从"公式""定理"出发进行推导。一般必须建立在大量的教育实践、总结的基础上。也就是要经过教育实践→经验总结→应用理论。即使是教育学的基本理论，也同样要建立在一定的实践、总结的基础上，

不过比应用型理论较为间接，更为概括。也就是经过教育实践→经验总结→应用理论→基本理论。这里所指实践、总结的基础，包括历史的、外国的、中国当前的。最重要的是从中国当前的教育实践所总结的经验，包括间接经验和自己的实践经验。

建立学科理论体系和进行研究工作，是密切联系的两码事。研究工作要从具体上升为抽象，而建立学科体系要从抽象上升为具体。马克思在《资本论》中所说的认识的两个阶段或两条道路，前者称为研究的方法，后者称为叙述的方法。"在形式上，叙述方法必须与研究方法不同。研究必须充分占有材料，分析它的各种发展形式，探索这些形式的内在联系。只有这项工作完成之后，现实的运动才能适当地叙述出来。这一点一旦做到，材料的生命一旦从观念中反映出来，呈现在我们面前的就好像是一个先验的结构。"学科的理论体系是按照叙述的方法展开的，它的逻辑起点"好像是一个先验的结构"。但学科理论体系的展开只能在研究工作的基础上进行，只有研究工作完成之后，"现实的运动才能适当地叙述出来"。逻辑起点只是形式上好像先验的结构，实质上则是以充分的实践材料为基础。我们有些理论研究者只看到呈现于面前的好像先验的结构，以为研究工作也可以从抽象的概念出发，往往以某种主观的"假设"作为前提，导致理论脱离实际。当然，我这里所指的是社会科学、教育科学的研究，至于像数学这一类最抽象的理论研究，是不是可以从抽象的"公式""定理"出发，不敢妄言。但我想即使以"公式""定理"作为研究的起点，而"公式""定理"可能已包含着"不证自明"的实践基础。

在学科建设中，人们更为关心的是学科理论的现实意义，有没有社会的实际价值，有没有指导教育实践的作用。一般说，越是基本的理论，就越一般、越抽象，离实际越远，但也越能涵盖众多教育现象，越具普遍性。教育的外部关系和内部关系的基本规律，是教育活动中最一般的规律，在我们一切的教育活动中，无处不存在，无处不起作用。用它来考察一切教育问题，能够看得更全面，更深远，更能揭示事物的本质。改革开放之初，我们之所以对地区性高等教育和民办高等教育必将随经济体制的改革和经济发展而产生与发展确信不疑，就是以"两个前提"为依据：一是事实的依据——我国经济体制改革的取向和经济发展的现状与前景；一是理论的依据——教育外部关系规律对高等教育的改革与发展的制约作用。

但是，也应看到，抽象的理论与具体的现实是有距离的，在理论与现实之间存在一连串中间环节。因此，并不是大家都能清楚地洞悉它们之间的关系。同时，理论研究的成果是"无价"的。我所说的"无价"，有两层意义：一是抽象理论不能直接转化为生产力（社会实践），没有现实的经济价值，不能申请"专利"；一是科学的理论是"无价之宝"。一般人只看到它没有直接的、现实的经济价值，而很少能认识到它是"无价之宝"。因此，在市场经济还处于初级阶段，搞理论研究，尤其是基本理论研究，包括我们开这个会研讨学科的理论建设，就显得与当前的气氛不太协调，暂时会受冷遇。搞理论研究，尤其搞基础理论研究的，就要有"板凳甘坐十年冷"的思想准备。

加强高等教育学学科体系建设[①]

1992年12月，在厦门大学召开的第一届"全国高等教育学学科建设研讨会"上，我曾就高等教育学的学科体系建设问题谈了自己的看法。我认为："社会科学的学科，可能有三种相互联系的不同体系：第一，理论体系；第二，知识体系（经验体系、工作体系）；第三，课程体系（教材体系）。"在中国，高等教育学的专著、教材虽然已经出版了多部，但只有知识体系或课程体系尚未能形成完整的科学理论体系，因而高等教育学尚不是一门成熟的学科。学科建设，应当把最终建立完整的科学理论体系作为一个长远努力的目标。追求达到这个目标，已不是我力所能及，只能期望于正在成长的年轻的高等教育理论工作者。

当时我已经知道，几位执着于高等教育理论研究而又富于创新精神的青年学者已经在积极地思索与追求，并已写出一部近于理论体系的专著初稿。经过一番修改、统稿，终于在1993年10月在华东师范大学召开的第二届"全国高等教育学学科建设研讨会"开会时，送来了这部《高等教育学新论》的校样，并要我为之写序。作为一名高等教育理论队伍的马前卒，对这部新著，我的心情是欣喜、宽慰、感激！

《高等教育学新论》是否已是一本完整的科学理论体系的专著，并已达到

---

① 原载《高等研究与探索》，1994年第2期。本文系潘懋元为《高等教育学新论》（胡建华、陈列、同川、龚放著，江苏教育出版社，1994）一书所写的序言。

学科建设的最终目标呢？我的看法是，朝向这个目标跨进一大步，在"走向成熟的学科"的峰岩间攀上了一个新台阶。

《高等教育学新论》的作者们，是以构建"一个新的学科体系"（该书第一章第27页）自许的，而也确实构建了一个有别于知识体系、课程体系的学科框架。这个框架的主线是历史—现实—未来，导前有高等教育学科论，殿后有高等教育研究论。主线中的主体部分是"现实篇"，基本构件是论述高等教育的外部关系规律，高等教育的价值、目的、结构、过程这些学科建设中的基本理论，全书条理清晰，结构严整，具有中国式的学科体系构建的特色，超越西方某些把高等教育只是作为一个研究领域而构建的散漫的、无序的论著。

但是，学科的科学理论体系，一般认为首先应当确定它的逻辑起点，从逻辑起点出发，借助逻辑手段，按照学科的内在规律，层层推导，逐步展开，从抽象上升为具体，构成严谨的逻辑系统。如果按此要求，则这部《高等教育学新论》，是属于"高等教育原理"一类的专著。从知识体系到抽象、概括的原理，也就是"走向成熟的学科"过程中的一个重要台阶。这里有必要指出，把最终建立完整的科学理论体系作为学科建设的一个长远努力目标，并不就是唯一的目标，在学科建设过程中，每个基本理论问题的研究，都有它的理论意义，都是走向成为学科的积累。即使是知识体系，也有其理论与现实的意义。从而知识体系的完善与发展，也是学科建设的任务，甚至是更为紧迫的任务。那种轻视、排斥知识体系的建设，不是实事求是的态度。

作为高等教育原理的《高等教育学新论》，有许多优点：首先是信息量较大，尤其是汇集了西方从哲学的、经济学的、社会学的、文化人类学的以及自然科学的多个角度来研究高等教育理论的许多有参考价值的观点。有的地方，作者们还发表了自己精辟的见解。例如，关于制约高等教育的经济因素与其他因素的关系、文化因素与高等教育的特殊关系、外部因素与高等教育活动的内在逻辑的关系、高等教育的价值原理、高等学校教学过程的性质与走向、探索未来教育的基本思路等等，都有助于澄清当前理论界的某些混乱现象。关于人的全面发展，虽着墨不多，但以人的素质为基础来研究人的全面发展而不拘泥于经典著作词句的诠释，无疑开拓了研究全面发展教育的新思路。这些，都体现了作者们具有广博的知识、宽阔的视野，是深入钻研的科研成果，而不是当前流行的口气大、花架多的空谈。

　　本书的不足之处是：有些篇章，对中国的高等教育改革的实践和一些高等教育理论工作者的科研成果，不像对西方的教育理论与教育实际那样重视。借鉴西方的高等教育经验，吸收西方某些正确的教育理论是必要的，但要建设有中国特色的社会主义高等教育理论，还必须对中国的教育实践与教育理论做更深入的研究。立足中国，面向世界，这是我对作者们进一步的期望。

高等教育学学科建设的回顾与前瞻[①]
——在全国高等教育学研究会第三次学术研讨会开幕式上的报告

一

高等教育学学科建设研讨会,这次是第三次年会。有必要对前两次年会所取得的研究成果和未解决的问题做一个简单的回顾,以便于这次年会与前两次年会保持衔接。

第一次年会是由中国高等教育学会、福建省高等教育学会和厦门大学高等教育科学研究所联合发起的,称为"全国高等教育学学科建设研讨会",于1992年12月19—21日在厦门大学召开。出席会议的代表45名,收到论文30篇。

第一次年会,主要集中讨论了以下几个有关学科建设的基本问题:

(1) 高等教育学的学科性质——高等教育研究是一个研究领域还是已构成一门学科?如果是一门学科,那么它是基础理论学科还是应用理论学科?构成学科的标准是什么?

(2) 高等教育学的学科体系——已经出版的高等教育学或高等教育概论

[①] 原载《高等教育研究》,1995年第3期。

等著作，它们的学科体系，是科学理论体系、知识体系（经验体系、工作体系）还是教材体系？如果还不是高等教育科学理论体系，那么，高等教育学的科学理论体系应当如何建构？应当在解决高等教育问题的过程中逐渐地形成呢，还是应当确定它的逻辑起点然后有逻辑地展开呢？

（3）高等教育学学科建设中的理论与实践之间的中间环节问题——高等教育学是实践性很强的学科，如何在理论与实践之间架起桥梁，使理论研究成果转化为可操作的知识与方法，用以指导实践？这是当前高等教育研究中的薄弱环节。正是由于缺乏中间环节，桥梁不畅通，理论工作者往往埋怨实际工作者不重视理论研究成果的应用，而实际工作者则又埋怨理论工作者脱离实际。应当加强理论如何转化为实践的中间环节的研究。例如教育评估理论与教育评估指标的研究，就是教育价值观与办学实践的中间环节的研究。

此外，还研讨了高等教育学学科建设中一些基本概念与重大问题。如对"高等教育"概念的界定。高等教育的本质、功能，高等学校的职能，专业教育与职业教育，专业性与学术性等的关系与区别，以及高等教育学与高等教育科学的学科群的关系，等等。

第一次年会，取得了两项基本上的共识：（1）在中国改革开放的新形势下，高等教育正面临着各种严峻的挑战。高等教育研究必须对新出现的一系列重大问题从理论上做出回应。因此，探讨高等教育学学科建设问题，不但具有长远的学科建设意义，也有当前解释与解决实际问题的现实意义。（2）对20世纪70年代末以来高等教育学以及整个高等教育科学学科群的建设所取得的成绩给予充分的肯定，也指出以往的高等教育学学科建设，无论在体系上或在内容上，已不能满足高等教育改革与发展的理论需要，必须进一步改造、更新、完善。因此，代表们一致认为，必须建立一个专门的学术团体，交流科研成果，交换学术信息，促进研究工作的深入提高。会上就建立"全国高等教育学研究会"广泛交换了意见，委托一些同志组成了研究会筹备组。

第二次年会，于1993年10月19—22日在华东师范大学召开。由中国高教学会、上海市高教学会、华东师范大学高等教育科学研究所和全国高等教育学研究会筹备组主持。出席会议的代表有55名，来自全国18个省市33所高校的高等教育研究机构。在这次会议上，正式成立了"中国高等教育学会高等教育学研究会"。以"建设有中国特色的社会主义高等教育理论体系"为主题，提交会议论文33篇。在第一次年会的基础上，进一步探讨高等教育学学科建设问题。对于若干重要的问题，有了新的认识或进行了更深入的探讨。主要问题有：

（1）学科体系问题——不少代表对如何构建学科理论体系做了深入探讨。有的同志从方法论的角度提出高等教育学的科学理论体系的框架，应包括存在论、本质论、实践论三部分。存在论解决逻辑起点问题，从逻辑起点展开，探讨高等教育的本质和规律，然后再从抽象上升到具体，探讨指导实践的原则、目标、计划、组织、途径、方法与评价等。有的同志则提出学科体系的框架应由导论编、历史编、现实编、未来编、方法编5个部分组成。有的同志针对"逻辑起点"还提出"逻辑终点"的问题，认为"逻辑起点"是高等学校学生，而"逻辑终点"是高等教育培养目标。还有的同志认为由于"逻辑起点"在教育科学研究上很难取得一致意见，众多逻辑起点都能言之成理，由此构建的科学理论体系可能是多样化的，从而可能形成不同的理论学派。

（2）高等教育学的研究对象——有的同志认为高等教育研究与高等教育学研究不同。高等教育研究的领域遍及高等教育方方面面的问题，而高等教育学研究的对象只能是高等教育最一般的问题。高等教育学研究撇开了高等教育的各种形式、形态、具体条件和特定领域，不以提出解决某个具体问题的对策和某种操作方案为目的，而是把问题抽象到普遍的、一般的意义来观察，目的是揭示高等教育的特殊矛盾和发展规律，为指导实践提供基本理论依据和基本思路，不可能研究高等教育的具体问题。

（3）教育的基本规律问题——有的同志对构建教育基本规律提出了新的认识和思路，认为教育的基本关系是人、社会和教育三者组成的三角形的三个角；教育与人的发展、教育与社会的发展、人与社会的发展，这三种关系是三角形的三条边，也就是教育的基本规律，即教育与人的发展相适应、教育与社会发展相适应、人的发展与社会发展相互作用。认为这样来揭示教育规律更加逻辑化，从而逻辑地构建高等教育学学科体系。

（4）高等学校职能问题——主要是结合当前高等学校的实际，探讨直接为社会服务的职能。直接为社会服务这一职能的本来意义，在于使高等学校的教育资源、科研成果，更快地转化为社会生产力——社会实践。这既密切了高等学校与社会的联系，增强了高校的实力，也及时满足了社会的需要，推动了社会的发展。这是高校与社会的共同要求。但在"创收"的思想影响下，这一本来意义发生了质的变化。因此，许多同志对高等学校这一职能的形式、内容、条件和发展方向进行了实事求是的探讨。但有的同志不同意教学、科研、社会服务三项职能的提法，认为应当从高等学校的活动性质分析高等学校的基本职能，提出了保存知识、传授知识与培养人才、传播知识、增进知识、应用知识、社会批判与监督六项基本职能。还有的同志从社会学、文化学的角度进行研究，提出除了大家所认可的教学、科研、社会服务三项职能之外，至少还具有两项重要职能：一是文化创造与导向的职能；一是个人社会升迁的职能，包括社会地位的升迁和个人财富的积累。认为必须正视和研究这两项社会职能，以之制定高等教育办学政策，才是明智的、切合实际的。

还有不少同志提出，高等教育学学科建设，必须对各种基本概念有明确的界定。概念的界定与使用，必须具有科学性与基本性两个特征。现在许多基本概念的使用很混乱，如把高等教育与高等学校、高等学校与大学、学科与专业等混淆起来。在引进国外所使用的概念时，也应该从概念的本来含义上去使用，而不应随心所欲地改变它的内涵与外延。

两次年会提交的论文共63篇，大小会议发言的人次更多，提出了许多观点。在众多学术性问题上，有的逐渐取得共识，更多的是各抒己见，认识并不一致。对此应当如何看待，也就是对两次年会如何评价的问题。

我认为：理论性、学术性的问题，尤其是社会科学理论问题，不要强求一致。首先，共识只能在研究与实践的过程中逐渐地、自然地形成；其次，一时达不到共识或永远不可能达成共识的观点，也有加深认识的意义和促使认识不断深化的作用。举例说，教育社会属性的争论，教育功能的争论，至今没有一致的认识。但前者对于教育与社会各方面的关系，后者对于教育在人的发展与社会发展中所起的作用，在认识上是深入得多了。因此，我认为前两次年会在高等教育学学科建设上的研讨，是有其深刻的、长远的意义的。

二

现在是举行第三次年会了。这次年会的主题是"在当前形势下，需要重新认识的高等教育基本理论问题"。这个主题有如下3个要点：

（1）它所探讨的是基本理论问题，与前两次年会保持衔接。

（2）它要研讨的是在当前形势下，需要重新认识的基本理论问题。也就是说，要从当前高等教育改革与发展的实际出发，对理论研究提出新的要求。

（3）它是广泛的，又是明确的。说广泛，因为没有规定具体的题目。这次年会的第一次《通知》本来规定了要探讨宏观的高等教育本质、功能、价值观等和微观的人才素质、教学理论、学习理论等问题。第二次《通知》采纳了一些同志的建议，连这些规定也取消了，以便同志们能充分发表各自最新的研究心得。说明确一点，就是以邓小平同志建设有中国特色的社会主义理论为指导，希望通过讨论，进一步深化和完善有中国特色的社会主义高等教育理论，并为高等教育改革实践提供理论依据。

那么，这一主题，是不是同另一个研讨会，即"建设有中国特色的社会主义高等教育理论"研讨会的主题相同、重复？我的理解是既相同又不同，主要表现在起点相同而终点不同。

"建设有中国特色的社会主义高等教育理论"研讨会，是由国家教委的4个单位发起组织的。它的直接任务就是为准备于1996年召开的第5次全国高等教育工作会议做准备。那个会从1993年2月份就开始着手准备，于1993年和1994年分别在长春和无锡开过两次大会，还开过几次小会，把任务分配给6个省市、3个部委、30多所高等学校。1995年下半年还将召开第三次大会。那个研讨会我对它有较高的评价。倒不是因为它的声势很大，而是它标志着教育行政领导部门开始重视教育决策前的理论研究。过去许多教育工作会议，开会之前，一般都会到一些学校搞调查，总结经验，并且召开一些座谈会征询意见。而这次是在决策之前，用3年时间先做理论准备。我在长春会议的发言对它的评价是"开始重视理论研究对决策的作用。它的潜在意义在于向教育决策的科学化与民主化迈出了重要的一步"。也就是说，为了制定高等教育进一步改革发展的方案，不是停留在经验的水平上，而是要提出有理论论证的决策。我们参加过那个研讨会的同志都感到，要研究如何建立有中国特色的社会主义高等教育，一方面要从中国当前改革与发展的实际出发，另一方面要探讨许多基本理论问题，包括要界定一些基本概念，弄清一些规律性的问题。因此，在那个会议上，高等教育的本质、功能，高等教育的社会属性，高等学校的社会职能以及高等教育的发展动力、发展战略，高等教育的结构、体制、运行机制，都成为研讨的重要课题。从这一方面看，那个会同我们这个会的任务是相同的。我们这个会也要从当前的改革与发展的形势出发，重新认识高等教育的基本理论问题，为进一步改革实践提供理论依据。

但是，那个研讨会就其总体说，是政策性的研讨会；我们这个会则是学科建设的研讨会。那个会，是从制定政策的需要出发来探讨与制定政策有关的一些理论问题，使理论为制定政策服务，它的终点是政策；这个会，是从学科建设需要，从各个学科角度、各种思想流派的评价来探讨基本理论问题，它的终点是学科建设。政策性的研讨最后必须得出一个明确的结论，也就是要从不同的理论观点、不同的论证方法中评价、选择合理与可行方案作为制定政策的依据，学术性的研讨，并不要求得出什么结论。有价值的研究成果，可以为教育实践提供理论依据，当然也可作为制定政策的参考。但不仅仅是为当前政策提供参考，还有它更长远的目标，那就是建设中国的高等教育学理论体系。中国高等教育学理论，要立足社会主义的中国，也要面向世界，面向未来，要使中国的高等教育学能够在世界高等教育理论领域以其特色而形成有影响的学派，与西方某些高等教育理论比高低、争长短，能为世界高等教育理论的发展做出我们的贡献。

建设一个中国高等教育理论学派，我认为是有条件的，问题是有没有信心。条件包括以下三个方面。

（1）中国有悠久的文化传统。中国的文化传统在东方国家有广泛的影响；中国正在进行社会主义现代化建设，中国现代化建设的成就为世界所瞩目；中国的综合国力迅速增强，在国际事务中越来越具影响力。

（2）中国有庞大的高等教育阵容。这个阵容，从学生数量说，相对数量虽较低，但绝对数量已达527.9万人（根据国家统计局1994年统计数字），仅次于美国，与印度不相上下，高于俄罗斯；从办学形式说，世界各国所有的办学形式，中国大多数都有了：全日制、半日制、业余制，面授的、远距离的，还有自学考试的；从教育质量说，某些方面不如西方发达国家，有些方面则有较高水平。更重要的是中国正在有计划、有步骤地进行高等教育现代化的改革，在改革发展中，情况复杂、问题很多。矛盾充分暴露，对于理论研究来说，不是坏事，是好事。也就是我们所常说的"机遇与挑战并存"。

（3）中国已有一支庞大的高等教育科学研究队伍。在世界上，恐怕还没有一个国家有中国所拥有的如此众多的高等教育研究机构和专兼职研究人员，这么多的高等教育研究刊物，每年发表数以万计的论文和出版数以百计的专著。更重要的是大批中青年的高等教育理论工作者正在成长并活跃于高等教育科学学科群的各个领域中。

当然，我们应当承认，我们的研究水平还不高，还未能形成高等教育学科的科学理论体系。现在绝大多数的高等教育论著还停留在经验体系、知识体系、工作体系的水平上。但轮船已经起锚，航程已经开始，我们应有信心建立中国高等教育理论学派。

但我们也应当清醒地认识到，在高等教育学学科建设中，有两种束缚我们前进的阻力，一是只看到中国当前高等教育问题成堆，而忙于解决各种各样的具体问题，缺乏面向现代化、面向世界、面向未来21世纪的高瞻远瞩的视野，不敢与西方发达国家的高等教育理论比高低、争长短，甘居于从属理论的地位。从属理论认为西方发达国家的理论才是现代化的、先进的、高水平的，发展中国家只能亦步亦趋，努力认同。西方学者这样提倡，不足为奇；奇怪的是许多发展中国家的教育理论界，包括不少的中国教育理论工作者，也是这样认识，甘居于从属理论地位。我们应当向西方发达国家学习先进的理论，还应当向其他发展中国家学习有价值的东西，但不能老跟在人家后面。应当有敢为天下先的雄心壮志。根据我们的条件，发挥我们的优势，建立中国高等教育理论学派，不是不可能的。

当然，这是较长远的目标而不能急于求成。高等教育学学科建设，必须踏实地逐步进行。有的同志主张不要急于搭一个高等教育学学科理论框架，而要做好建立学科体系的准备工作。我很赞成这种主张。准备工作可以从两个方面进行。一方面，对高等教育学的基本概念、基本原理，逐一地进行深入的研究。例如，高等教育的本质、高等教育学的研究对象、高等教育的价值观、高等教育的特殊规律、高等教育的课程理论、高等教育的宏观结构与微观结构等等。这项工作许多同志已在进行，今后还要有计划地继续进行下去。有的同志建议研究会要在3次年会研究成果的基础上，召开一系列小型的专题研讨会，正如第二次和第三次年会之间所召开的高等教育史研讨会，专门研究中外高等教育史的学科建设与重大问题。这个意见很好。另一方面，组织各门学科的专家，从各个学科的角度研究高等教育的基本理论问题。因为高等教育学是一门多学科交叉的教育科学，高等教育的基本理论涉及多个学科领域，必须从多学科、多角度进行研究，才能拓宽视野，开拓思路。只有在研究观点、研究方法上有所突破，才能有所创新。我们正组织一批来自各个学科的青年学者和博士生，从历史学、哲学、系统科学、经济学、社会学、文化学、科学学、管理学、心理学，以及比较研究理论与方法等学科观点或方法，研究高等教育的价值观问题、功能问题以及其他基本理论问题和发展趋势。试编一本《高等教育的多学科研究》，为高等教育学学科建设做一点探路铺道的工作。在这次会上，将研究提纲发给与会的代表，希望大家指教。

中国高等教育学科建设之路①

一、问题的提出：依附理论及其在高等教育研究中的应用

国外教育依附理论的兴起，主要是在20世纪七八十年代，但由于这一理论本身的诸多不足，当时并没有引起太大的反响。为什么在世纪交替的时候，中国教育界开始注意和研究这一理论，提出中国高等教育依附性问题？笔者认为，主要原因有三：

一是新一轮全球化浪潮兴起。发达国家对全球化的强势推动与发展中国家为维护弱势经济与文化权益形成拉锯。依附理论在一定程度上批判和解释了全球化过程中西方发达国家"后殖民主义""文化殖民主义"现象。

二是中国学者对于中国在全球化中地位角色的关注。随着我国加入WTO，国际教育和学术交流日趋频繁，与此形成反差的是：经过多年发展，我国科技和教育有了长足的进步，但与西方发达国家高等教育和科学研究相比还存在一定差距，在国际交往中处于不利地位。依附理论关于发展中国家与发达国家在国际学术与文化交流中的不对等、不均衡现象，引起国内学者的强烈共鸣。

三是参照或吸收阿尔特巴赫教授有关发展中国家高等教育依附发展的观

---

① 原载《中国教育报》，2004年9月3日。作者：潘懋元、陈兴德。

点，国内一些学者开始用依附理论来解读中国高等教育的历史和现实。

基于上述原因，出现了"中国高等教育依附发展"的理论观点。有学者认为，中国高等教育近代化的历史是依附发展的历史，中国高等教育所获得的成就是通过依附性发展获得的，即使是在当前，中国高等教育对西方高等教育的依附是客观存在的。

我们认为，教育依附理论无论是其前提预设，还是将其引入高等教育研究或者是其他有关高等教育依附发展的诸多观点，都值得商榷。

1. 依附理论基本概念、立场和研究方法值得商榷

首先，自依附理论提出以来，对于该理论基本概念的质疑和批评就从来没有停止过。对于什么是"依附"和"依附性发展"，多大程度上算是"依附"，依附是不是等同于依赖，依附和依存如何区别，怎样区分借鉴、学习与依附的关系？依附论者对此无法给予有说服力的解释。

其次，从研究对象和研究方法上看，依附理论倚重拉美，但是对拉美问题实证性较差。没有做到理论框架和现实的有机结合。同时，过于倚重拉美，忽视了其他不发达地区。在方法论上陷入了褊狭的教条主义和"拉美中心主义"之中。

最后，依附理论有关"中心与边缘"的理论带有浓厚的"西方中心主义"特征。依附理论认为西方发达国家处于世界体系的中心，是现代文化的代表，同时假定第三世界国家没有民族文化，或者说这些国家的传统文化都是前科学、前现代社会的产物；认为西方发达国家在世界教育体系和学术领域里的先进状态是无可挑剔的，而且会永远保持下去。因此，依附理论实质上是用西方的话语系统来消解东方独立发展教育的话语权力。

2. 高等教育研究套用依附理论是否合理

在经济学领域，依附理论已经被证明是过时和缺少解释力的理论。将其移植到高等教育领域，合理性更值得商榷。高等教育的文化与学术，同经济领域的资本与技术之间存在本质上的差异。技术转移的机制未必适用于高等教育。此外，所谓中心国家的经济强权并不必然导致它对边缘国家的文化和教育控制。依附理论将这一问题做了过于简单的推断。因此，教育的依附理论比经济的依附理论呈现出更加多元且复杂的现象，要得出一般的结论更为

困难。就是在依附理论运用最多的比较教育领域,也有学者指出,"试图把中心—边缘作为比较教育研究的基本解释框架。这虽然有其独到之处,但若作为统整这门学科的理论基础,则明显尚嫌视野过于狭小"。

3. 将中国高等教育近代化笼统归结为"依附性发展",是以偏概全

中国高等教育的近代化,是一种"晚发外生"型的近代化,不可避免地存在制度和理论等方面移植和模仿西方尤其是日本的教育模式,这恐怕是一切落后国家近代化起步时的基本特征。但是,依附并不是中国教育近代化的全部特征。实际上,在随后的发展过程中,这种依附性在逐渐减少,民族性和本土性日渐浓厚,中国高等教育的近代化,最终摆脱了依附,走向自主独立。

近代中国高等教育走过的道路,总体上看是一个借鉴与学习西方资本主义并有所创新的过程。在此过程中,曾经向日本、德国、美国学习(新中国成立以后也曾经向苏联学习),但是,今天却没人能说中国教育是日本模式的教育或者美国模式的教育。为什么?近代中国对西方的学习,是为了寻找一种适合自己发展的模式,是一个主体意识逐渐增强的过程。这种探索,是在不断尝试和积累经验中形成的。最终的结果是形成既不是日本式的,也不是德国式的,或者美国式的"中国教育",而是具有典型民族特征,符合中国文化土壤与实际需要的"中国特色"的教育制度与理论。

近百年来中国教育并不是完全照搬西方,而是根据各个时期的需要,有选择地学习西方,并在一定程度上沿袭了中国传统教育的某些成分。例如,一般认为《壬寅·癸卯学制》是照搬日本明治维新时期的学制。但是,该学制最突出的一点是,《壬寅·癸卯学制》中规定大学堂分8科,其中经学科最大,有11个学门,这是日本学制中所没有的。如果认为只有照搬而没有改造,没有创新,这种观点与事实不符。

总体来讲,中国百年教育史,应当是以自主性发展同依附性发展抗争的历史。尽管这一过程有许多不完善之处,但毕竟确立了与中国传统高等教育制度完全不同的、崭新的教育制度,实现了从传统向近代的转变,顺应了中国近代社会与文化发展的趋势,从这个意义上来说,用依附性发展来概括中国高等教育近代化的全部历史,显得片面。

二、中国高等教育自主创新的典型：中国高等教育学学科的发展道路

如果说，中国高等教育制度和理论早期主要是从西方引进而带有一定的依附性的话，那么，中国高等教育学学科发展的历史证明，通过提升文化自觉，立足本国实际，大胆借鉴，不断超越，勇于创新，所走的完全是一条摆脱依附发展的道路。

1. 中国高等教育学学科是在中国本土产生与发展起来，而不是从他国引进的

如果说，中国的学校教育研究，包括高等学校教育制度，是先后借鉴日本、英美、苏联，中国19世纪末至20世纪初的教育理论，也是从翻译国外教育专著开始的，那么，中国的高等教育理论的主流则始终带着浓厚的本土气息。在20世纪20年代末至80年代初，高等教育理论研究开始时，我们对于国外高等教育讲究的进展状况和研究成果了解不多。后来国际学术交流增多了，也就在一定程度上受国外尤其是美国某些高等教育理论与经验的影响，这对学科的建设与发展是起了促进作用的。而高等教育经济学、比较高等教育以及某些研究领域，如继续教育、合作教育、教育评估的理论，基本上是从国外引进之后开始研究的，但大量的研究课题是从中国高等教育的改革与发展的实际出发，进行了理论探讨的。

2. 高等教育学学科研究紧密追踪中国高等教育的重大现实问题、热点问题

近年来，诸如关于高等教育与科学研究和生产劳动相结合问题，高等教育发展规模和高等教育大众化问题，加入WTO对中国高等教育的影响及对策问题，高等教育体制改革问题，民办高等教育的发展与立法问题，等等。这些问题，是中国高等教育产生过程中具有本土性典型特征的问题，体现了中国高等教育研究者强烈的本土意识和主体性反思。

近年来，中国高等教育研究在促进高等教育思想解放和观念更新中发挥了先导作用；在建立新学科、完善学科体系、提高中国高等教育研究的科学化水平中发挥了推动作用；对政府的高等教育决策发挥了咨询作用；在培养教育研究高层次专业人才方面发挥了提升作用；在中外高等教育理论成果和

先进经验交流方面发挥了桥梁作用。

3. 我国高等教育学学科建设重视学科建制，和西方高等教育的"问题研究"取向有明显不同

这是我国高等教育学学科建设和西方高等教育学学科建设的重要区别。我国的高等教育学在初创阶段便是以学科建制为特点的。在西方，高等教育研究历来被看作"问题研究"，至今未形成高等教育学科；苏联的高等学校教育学，也只限于高等学校的教育。中国高等教育研究则具有学科指向的特点，体现了中国高等教育研究的本土化特点。从这个意义上说，我国的高等教育研究和西方的高等教育研究植根于各自不同的文化土壤，是两种不同类型的高等教育研究，彼此之间不存在"先进"和"落后"之分。

三、在继承中学习、在借鉴中超越：中国高等教育学学科创新的必然选择

如何推进中国高等教育研究和学科发展，当前突出的问题是，在深刻把握当前我国高等教育实际的同时，必须要对我国高等教育面临的时代环境有深切的认识。思考我国高等教育研究如何有效应对全球化，走我国高等教育学科的自主创新之路，避免在全球化中沦为发达国家的附庸。

当代世界格局和国际规则，一开始是由西方资本主义发达国家所制定和主导的。随着发展中国家的崛起，发展中国家的声音逐渐得到展现。因此，发展中国家在全球化的浪潮中不应当是毫无作为的。当前的不利局面是，发达国家力图利用其先发优势和有利位置，不断巩固其强势地位。他们力图让发展中国家成为发达国家文化的附庸，通过文化的依附实现对发展中国家的间接控制。

以高等教育和研究来说，正如一些学者所讲，当前，存在一个不平等的国际知识生产和消费的产业链条，形成一个不公平的国际知识网络，在这个网络中，处于"中心"与"边缘"的大学往往处于不平等的地位。举个例子来说，当前"主要的学术杂志、出版社、文献及图书馆都在欧洲和北美。学术杂志主要面向本国读者而对第三世界的科研进展几乎不予关注"。

在不均衡的国际知识网络里，高等教育发达国家采取柔性的力量使发展

中国家的文化和学术向发达国家标准看齐，最典型的就是强调发展中国家与国际规则（实质是发达国家主导的规则）接轨。对外输出价值标准和学术规则，使发展中国家从拒斥到逐渐认同，最后走向主动接纳，从反对被殖民到不自觉地自我殖民，希冀通过依附的途径获得发展。比较典型的是，近年来出现的发展中国家主动要求接受发达国家的学术认证，以获得进入发达国家学术领域的机会，希望由此而获得与发达国家"平等"对话的机会。在与所谓的国际接轨过程中，发展中国家逐渐丧失文化主体意识和对域外文化的反思批判能力。对本国和本民族文化产生历史和文化虚无主义，滋生民族自卑情结。

高等教育研究者对一国的学术与文化再造具有不可推卸的责任和无可替代的作用，因此，必须对上述问题有清醒的认识。而以当前高等教育研究来说，一些问题是比较突出的，需要引起警觉。

一是自觉不自觉地认可学科的"西方中心主义"。现在一说到学术研究，都要求"科学"，也就是要符合西方近代以来的学术范式。这个标准用于自然科学可能比较合适，但是对于与一国历史文化传统、民族心理和思维方式密不可分的人文、社会科学来说就不一定符合。现在的倾向是，一些研究者认为，如果某些研究与西方的理论、方法有差异，那么这些研究就是"非科学的""不成熟的"。一味强调向西方靠拢，最后则是越靠越远。

二是高等教育研究者呈现一定的主体性的迷失。盲目地追求理论和方法的国际"时尚"和"潮流"，忽略对其理论与研究方法深度反思与改造以切合己用。一言以蔽之，是研究者主体意识的丧失和批判能力缺失。现举一例：一向认为我国台湾的研究方法是比较贴近欧美的，是比较讲求"科学"的研究方法的。但是，有台湾学者沉痛地回顾说，"近四十年学术的发展，具有相当浓厚的'加工性'、'殖民性'、'实用性'、'实证性'，以及受到学术研究'边陲'性格的影响，因此研究品质并不十分理想。表面上看，学术市场相当热闹，有逻辑实证论、行为科学、现象学、诠释学……可说'菜单'十全。但若深究其'营养'，实在贫乏得可怜，就像流行服饰般地'无根'"。而"造成此一流弊，主要是近百年来，中国学术文化受西方强势文化的冲击，逐渐失去信心，反而对外来理论或思想过度依赖；再由于'急功近利'心态的作祟，因此研究变成了与自己社会文化'疏离'。其中概念的借用、方法论的混杂、膨胀，导致了'知'与'行'的严重差别，理论无法指导实践，而实践也无法导正理论"。

实际上，就科学研究主体性的迷失而言，中国香港的情况也和中国台湾的情形有某种相似性。不少学者担心，这种削足适履、舍本逐末的学术国际化模式日渐蔓延。中国内地（大陆）也有可能步中国香港和中国台湾的后尘，这是我们不能不警醒的。

对于我们这样一个发展中的大国来说，走依附发展的道路是不可能真正获得学术与文化独立的。因此，我国的学术文化发展必须另寻途径。唯一可行的做法，便是"先借鉴、继超越"的策略。从落后到追赶，从追赶到超越，自有其必经的过程。"这个过程应该是：从检讨到借鉴，从借鉴到取人之长，进而认定方向，凝聚力量，开辟捷径，直达目标。"

在21世纪里，我国高等教育研究如何走好自主创新之路呢？我们提出两点建议：

第一，正确区分依附和借鉴，进一步扩大高等教育对外合作与交流，积极吸收人类一切先进的文明成果。

实际上，不同文化和不同国家之间相互学习和借鉴他国的高等教育模式、理论和研究方法，是高等教育发展的通例。借鉴不仅存在于先行者之间、后来者之间，也存在于先行者与后来者互相之间，借鉴不是只发生于教育现代化的后来者对先行者之间，不是单向的，而是双向的甚至是多向的。依附理论的一个重要缺陷，就是将学习作片面的理解。认为只要是后来者对先行者的学习就是依附，只要是落后国家向先进国家学习就是依附。混淆了主动学习和被动学习的本质区别。实际上，依附，讲的是丧失主权，丧失自我意识，被动的学习；而借鉴，则是主动的学习。所以，主动学习是借鉴，被动学习是依附。这是一个基本的判断标准。

历史上，国家与国家之间的学习和借鉴从来没有中断过，这些国家之所以不是依附性的发展，很重要的原因就是强调学习的主动性。我们知道，18世纪末到19世纪初的德国高等教育体制及办学理论更是受到当时许多国家的推崇，以至于在英、美大学的血液中，都有德国大学的宝贵传统，只是各国为适应本国的学术性传统和社会风尚而有所取舍罢了。同样的，近代日本教育也曾经大规模地学习德国而获得发展。有借鉴，有改造，有创新，最终形成了具有本国特色的高等教育模式，这种借鉴，能说是依附吗？

在保持外交、国防和文化主权基础上，根据本国国情的需要，选择符合本国特点的发展道路和模式，这样的学习，才是我们所需要的。全球化时代，我们不仅要向西方国家学习，也要向一些发展中国家学习，努力吸收一切先进的文明成果。

第二，进一步重视本民族文化传统，增强文化自觉意识。

高等教育研究者如何避免在全球化过程中主体性的迷失。我们认为，还需要重视发挥传统文化在高等教育现代化中的积极作用，进一步凸显文化自觉意识。

对于"后发外生型"现代化国家来说，民族传统文化一个重要作用在于它对于培育民族自信心和自豪感，增强民族内聚力，振奋民族精神，在不利条件下进行现代化建设有着更为突出的作用。"后发外生型"现代化国家，由于其"后发性"和"外生性"，面临的是不甚公平的国际政治、经济秩序，承受着"早发性"现代化国家带来的种种冲击和压力。这就要求这些国家的人民具有更强的民族内聚力和健康的民族心理素质，特别是民族自信心和自豪感以及自强不息、奋发向上的民族精神。

尽管传统文化中存在糟粕和落后的东西，但在总体上它却是这些民族国家现代化建设的根本保证。在一些亚洲国家的现代化历程中，人们无一不对民族的传统文化倍加珍爱。这就从另一方面说明，传统文化是现代化的基础。如何从传统文化中汲取力量，是我们的重要课题。我国高等教育的现代化，需要高等教育研究者以饱满的热情，充分挖掘历史和文化资源，找到适合中国国情，符合科学规律的措施与对策。

我们相信，超越了民族虚无主义和民族本位主义的中国高等教育研究，将一手携着深厚的民族文化和教育的优秀传统，一手携着当代人类先进文明成果，在中国高等教育自主创新道路上阔步前进。

在21世纪，中国高等教育学的学科建设应当克服民族虚无主义和民族本位主义两种倾向，努力做到在继承中学习、在借鉴中超越，实现中国高等教育学的学科创新。

学科建设：元视角的考察
——关于高等教育学学科建设的反思

本文从元学科、元科学层次视角来研究高等教育学的学科建设问题。本文的中心观点是：今天的科学已经或正在进行转型，科学转型带来了学科框架的转变。学科框架的转变为高等教育学学科建设提供了新的方向、目标和策略。

学科建设的目标就是要把一门不成熟的学科建设成成熟的学科。但是关于"什么是成熟学科""成熟学科的判断标准是什么"等问题的认识是受学科框架制约的。学科框架是所有学科共享的"原型框架"，它是隐藏在具体学科背后指导各门学科建设的纲领和指针，不同学科都可以看作是这个原型框架在不同知识领域中的体现。学科框架存在于人们的认识中，我们总是根据我们心中的学科框架来进行学科的建构。

学科框架直接与认识形态、科学形态联系在一起，或者说受制约于后者。科学的不断发展使科学在不同时期表现出不同的形态，即不同的科学型。科学的转型带动了学科框架的转变，不同科学型下的学科框架是不一样的。所以说，学科框架并不是一成不变的，它处于一种动态的发展之中。

今天的科学已经或正在实现转型。科学的转型带来了学科框架的变革，从过去所要求的"客观、独特"的研究对象、"唯一、独特"的研究方法和"线形、单向度"的知识体系转向"相对、系统"的研究对象、"多元化"的研究方法和"球形、多向度"的知识体系。

学科框架的转变要求各门学科的建设工作的方向和目标的转变。高等教育学作为一门年轻的学科，学科建设既要借鉴传统经典学科的建设经验，更要考虑科学转型带来学科框架的改变。新的学科框架要求我们重新思考、厘清高等教育学的学科建设方向和目标，要求我们按照新的学科框架来重新认识高等教育学的研究对象、研究方法和学科知识体系，要求我们构建新型的学科组织和学科文化。

关于高等教育学科建设的反思[①]

我从事高等教育理论研究，如果自20世纪50年代算起，至今已约60个年头；但由于"文革"期间被迫中断，到70年代末才重新开始，再次建议创建高等教育学新学科。当年，赴各地高校做有关高等教育基本理论的报告，并被整理成《高等教育学讲座》，于1983年由人民教育出版社出版；主编第一部《高等教育学》（上、下两卷），由人民教育出版社和福建教育出版社联合于1984年和1985年出版，至今已约30年。在这两本书的前言中，我都申明"初生之物，其形必丑"，只是作为建立高等教育学新学科迈开第一步的"引玉之砖"。可喜的是，30年来，中国高等教育理论研究发展很快，队伍壮大，成果丰硕，有人甚至认为其是当今"显学"之一。30年来，我虽陆续主编过《新编高等教育学》《高等学校教学原理与方法》《多学科观点的高等教育研究》等几本基本理论著作，但身不由己地将主要的时间、精力用在对高等教育改革与发展的现实问题的研究上，特别是对高等教育体制改革、高等教育大众化、民办高等教育、高等职业技术教育以及应用型本科院校建设等问题的研究上。对于高等教育学科建设的基本理论问题，我只在对研究生授课和课内外讨论时有所探讨。感谢《中国教育科学》的约稿，推动我对高等教育学科建设若干基本问题进行了以下一些反思。

[①] 原载《中国教育科学》，2014年第4期。

一、高等教育学研究对象的基本特点、基本概念辨析

（一）基本特点辨析

任何一门学科，都应有其独特的研究对象。高等教育学的研究对象，不言而喻，就是高等教育。高等教育具有什么特点，是建立这门新学科所要明确的前提。

探析高等教育特点的切入点，应当是从高等教育同普通教育（中小学基础教育）的不同点进行分析。高等教育具有不同于普通教育的特点，才有必要建立一门不同于以普通教育为研究对象的"教育学"的新学科。

我在1957年发表的文章《高等教育专业问题在教育学上的重要地位》以及《高等学校教育学讲义》我所执笔撰写的前言和第一章中，都明确地提出了高等教育的两个基本特点。其一，高等教育是建立在普通教育基础上的专业性教育，以培养专门人才为教育目标。其二，一般全日制普通本科学生年龄是20岁左右的青年，他们的身心发展已趋于成熟；他们既不同于身心发展尚未成熟的儿童、少年，也不同于身心发展已经成熟的成人。必须根据他们的年龄特征进行教育。第一个特点表述的是高等教育的本质属性，可以作为高等教育这一概念的界定，即"高等教育是建立在普通教育基础上的专业性教育"；第二个特点只能作为高等教育固有的一般属性，是高等教育工作所应重视的特点。

今天，高等教育这一界定和两个特点，在国内已得到普遍认同。但是，并不是没有某些需要讨论的不同意见。

关于第一个特点，有人提出中专、中职、职业高中以及技工学校的教育，也是建立在普通教育基础上的专业性教育，是不是也应该算作高等教育？也有人提出高等教育不一定是专业性教育。高校要开设大量的普通教育课程（公共课程、通识课程），国外有的短期高校，如美国社区学院的初级部，就只开设普通教育课程，相当于大学本科的一、二年级公共课程；还有人认为现在正在提倡"淡化"专业，有的高校只按系、院招生，不分专业培养人才，

今后还可能本科阶段只上普通教育课程，把专业性教育推迟至研究生阶段。

我认为高等教育的第一个特点仍存在，作为界定仍然是正确的。首先，中专、中职等学校，只招收初中毕业生（"文革"后有一个短时期曾招收高考落第生或为获得城市户口和就业统配资格的农村高中生，只是当年畸形的特例）。初中教育不是完整的普通教育。按照联合国教科文组织的《国际教育标准分类》，初级中学属于基础教育的第二阶段（代码2），不能与高等教育阶段（代码5）衔接；只有高级中学（代码3），或高中后升学或就业的预备班（代码4），才能与高等教育阶段衔接。国外把高等教育称作"中学后教育"，不需要称为"高中后教育"，并不存在与中专、中职等混淆的问题。其次，高等学校开设的许多普通教育课程（公共课程、通识课程），是为了提高专门人才的基础知识、能力与素养，而且大多数是围绕有关专业设置的。比如，工、农、医等科类许多专业必修普通物理、普通化学、普通生物等课程，哲学、经济学、管理学等科类许多专业必修普通数学，等等。高等教育是培养专门人才的教育，其"主修课程""核心课程"一般是专业课程；按系、院招生、培养，只是拓宽专业口径并非废除专业；至于不分院系、不分专业，纯粹是中学课程基础上延伸的普通教育课程，在中国尚不存在，在国外也不多见，美国社区学院的初级部，只修一、二年级的普通教育课程，是为转入大学本科三、四年级做准备，并非完整的高等教育。至于本科阶段，只修普通教育课程，而将专业教育推迟至研究生阶段，只是一种超前的设想。因此，在可见的未来，高等教育的第一个特点作为概念的界定是成立的。

至于第二个特点，因为它不是高等教育的本质属性，即使有所改变，并不影响高等教育的界定。首先，成人高等教育作为在职继续教育，从理论上说，不存在这个特点。但在中国现实中，成人高等学校的学生，绝大多数是没有进入全日制普通高等学校的青年。也就是说，这个特点在中国成人高等教育的现实是存在的。其次，国外高等学校入学一般没有年龄的限制，中国在第一届世界高等教育大会之后，也取消年龄限制。但不论国外或国内，本科以下的普通大学生，绝大多数仍是20岁左右的青年。例如，大学生毛入学的统计，国内外都是以18~23岁的青年为基数。可见，第二个特点不论国内外，现实上仍然存在。掌握这一特点，也就是根据这一年龄段的青年身心发展特征，对高等教育的教育和教学工作非常重要，高等学校的智育、德育、体育以及管理、服务，都要根据大学生的身心发展特征来实施。

正是由于这些特点的存在，高等教育不同于普通教育，不能以研究中小学教育的"教育学"的理论来指导高等教育的实践。必须建立一门以高等教育为研究对象的新学科——高等教育学。

（二）若干基本概念辨析

一般说，基本概念在高等教育学专著或教材中，都有所表述。但书上所写的，往往只是作者研究的结论，至于如何得出这一结论，作者思考、辨析的过程，往往比书上所写的复杂得多。例如，在编写过程中所遇到的问题、出版后读者反馈的意见、自己的认识过程等，没有必要一一写在书上告诉一般读者。但在反思中，有必要把一些未写出来的，也就是"书背后"的研究过程进行再思考。

1. 本门学科的定名问题——"高等学校教育学"还是"高等教育学"

1957年编写的《高等学校教育学讲义》沿用的是苏联的学科名称。那时，我国全面学习苏联，沿用苏联学科名称是很自然的事。但到1978年，我拟定《高等教育学大纲》作为编写第一部专著的提纲时，去掉"学校"两个字，扩大概念的外延，包括非学校机构所实施的高等教育。1980年，教育界开始编写《中国大百科全书·教育》（该书于1985年出版），其中有关高等教育的词条是我提出并撰写释文的。编辑部的同志把"高等教育学"词条又加上"学校"两个字，发回来让我重审一遍。我问他们为什么加上"学校"两个字，他们给出的理由是：第一，苏联称这一学科为"高等学校教育学"，其他国家也没有发现"高等教育学"这一学科名称；第二，当时对高等教育的研究，主要集中于"普通高等学校"的教育问题，名称与内容相符；第三，用"高等教育学"一词，容易引起误解，认为"高等教育学"是高于一般教育学的高级教育理论，师范院校的教授们可能会因歧义而有意见，以为我们贬低了人家所研究的是初级的教育理论。

对此，我回了一封长信解释为什么要删去"学校"两个字，坚持用"高等教育学"这一学科名称，主要理由如下：第一，"高等教育学"的外延比"高等学校教育学"宽，同我当时所编写的《高等教育学大纲》（征求意见稿）的内容宽窄一致（当时第一部《高等教育学》专著尚未出版）。研究可以有重点，先研究高等学校的学历教育，并以本科教育为重点。但概念必须周延，留有余地，以后对非学校、非学历的高等教育研究也可以囊括在内。第二，苏联将高等教育理论作为一门课程，主要是用以培训大学教师，其内容仅限于学校教育的两部分，即教学论和德育论。而我们建立这门新学科，是为了更好地开展对高等教育从宏观到微观，从学校教育到非学校教育的系统研究，不能仅限于学校教育与学历教育。第三，开始时，可能会引起一些人的误解。但时间长了，约定俗成，误解就会消除。师范院校所开设的教育学课程，研究的都是全日制中小学教育，并没有因此称为"中小学教育学"或"普通教育学"，教育学这个概念比中小学教育领域宽得多，并不存在误解问题。《中国大百科全书·教育》编辑部采纳我的意见，"高等教育学"这一学科名称就在权威性的辞书中定下来。而后也就开始通行，并被国务院学位委员会作为"学科专业目录"的教育学二级学科予以确认，从而在建制上得到正名，成为中国特色的一门学科。

现在看来，坚持这一学科定名是正确的。正是这一较宽的外延，可以把非学校形式的高等教育，如远程高等教育、高等教育自学考试、多种多样非学校形式的培训班等，都纳进这一学科的研究范围。如果当时沿用"高等学校教育学"名称的话，那就会很被动。苏联就是如此，后来他们的高等学校教育学科一直无法有大的发展，而中国则很快形成了庞大的学科群。

2. 本门学科研究对象的名称问题——大学（教育）、高等教育、第三级教育、中学后教育

高等教育是建立在普通教育基础上的专业性教育。这个定义在国内已是共识，但在国际上并未通行。因而如何给高等教育下一个准确的定义，一直是国际上存在的一个问题。联合国教科文组织在成立后不久就开过多次会议，试图为高等教育下个定义，但各方意见还是很不一致。

1962年，在非洲召开的一次高等教育会议上，勉强给出了一个列举式的描述性定义，称"高等教育是由大学文理学院、理工学院、师范学院等机构实施的各种类型的教育"。很显然，这个定义并没有按属加种差的逻辑规则来界定高等教育，只是对高等教育外延的描述。而且这个列举式的描述性的外

延太窄了，没有包括非本科的高等教育，更没有包括非学历的高等教育。事实上，这个概念是按照美国高校的现行分类所做的描绘，强加给世界各国，其他各国很多不是这么分类的。显然，这不是高等教育的科学界定。联合国教科文组织后来的文件里也没有采用这个定义，比如，1975年该组织通过的"国际教育标准分类法"就避开"高等教育"这个词，而用第三级教育来代替；在20世纪70年代，欧洲教育部长会议组织了一个调查，叫作"西欧七国第三级教育的调查"，就指出："传统的高等教育制度已不能适应社会发展需要，必须改变为范围较广的、多样化的第三级教育。"以"第三级教育"代替高等教育，是因为原来所做出的高等教育界定，已经不能代表现代高等教育多样化的实际状况，必须采用外延更加广泛的新概念。因此说，用"第三级教育"代替"高等教育"是有一定道理的。不过，高等教育（higher education）这个概念在国际上还是通行的。因此，1993年，联合国教科文组织第27届教育会议又重新将高等教育定义为："高等教育包括大学及国家核准为高等教育机构的其他高等学校实施的中学后层次各种类型的学习、培训或者研究型培训。"这个概念的外延已经比较周全了，但其内涵还不明确。虽已出现"实施中学后层次各种类型的学习"的规定，并未充分体现高等教育这一概念的本质特点。直到2011年第36届大会修正通过的"国际教育标准分类法"才给出一个比较明确的定义："高等教育建立在中等教育之上，在专业化的教育学科领域提供学习活动，它是高度复杂和高度专业化的学习，既包括通常所理解的学术教育，还包括高级职业或专业教育。"这一定义指明了高等教育"中学后"和"专业性"两个区别于普通教育的基本特征，也符合中国早已达成共识的"高等教育是建立在普通教育基础上的专业性教育"的定义。

为什么高等教育的定义如此难以确定呢？根本原因在于，在高等教育发展的过程中，各级各类的中学后教育都挤进了高等教育行列，情况日益复杂。1997年，联合国教科文组织在修订国际教育标准分类的时候，觉得学前、小学、初中、高中教育等都比较简单，但高中以后的教育就很难说清，既有现有学制系统塔尖的博士研究生教育，又有尚未进高校之门的升学或就业预备班，尤其是一些既不高也不专的培训，也挤进高等教育行列，使得高等教育的内涵、外延很难确定。比如，现在令我们非常头痛的是，很多不同层次的职业培训班、网络课程、自学考试等，是不是都可归属于高等教育还很难说清。

由于高等教育的概念如此难以确定，所以我在《多学科观点的高等教育研究》的第一章"历史学的观点：高等教育是一个历史的概念——兼论高等教育理论与高等教育历史的关系"中，第一句话就写道："教育是一个永恒的概念，高等教育是一个历史的概念。"教育是永恒的，自有人类，就有教育；而高等教育则是在历史发展到一定阶段才出现，将来也可能消失。它的发展变化使得可能用别的概念来代替，如第三级教育或中学后教育；也可能作为一个更加宽泛的概念的一部分而存在。比如，高等教育能否融入终身教育体系中，作为终身教育的一个组成部分出现，这都还很难说清。

正如过去人们认为大学教育就是高等教育，现在大家都知道，二者不能等同。大学教育只是高等教育的一个组成部分。大学（university）这个概念，无论国内还是国外，传统意义都是指研究高深学问的、正规的、本科及以上的学校。大学这个概念不会是指专科学校（20世纪80年代中国出现的专科层次的"职业大学"是一个不规范的特例），也不会是指非正规的高校。严格意义上的大学指的就是综合大学，也就是学术型的高等学校。它所研究的是基本理论，不是应用性的知识。新中国成立前的中国大学，必须有文学院与理学院就是这个意思。我们不能把许多应用型的、单科类的院校并在一起就称为综合大学，学科齐全不一定是综合大学，综合大学不是混合大学，而是基础理论学科的综合。当年蔡元培就很严格地奉行大学是研究高深学问场所的理念，认为应用型的学科不能在大学存在，所以他把北京大学的工科分了出去，并入北洋大学（今天的天津大学），他本来还想把法学院也分出去，由于反对意见很多，未成功。现在我们大学名称的使用非常混乱，希望研究高等教育者在应用时要分清楚。但也有例外，不论本科学院或高等职业院校的教师与学生，都可以称为大学教师和大学生。这是约定俗成的，也有一视同仁之意。

3. 本门学科的定位问题

随着高等教育理论研究的发展，高等教育科学已经形成一个庞大的学科群，高等教育学作为其中的一门学科，应该具有什么样的学科定位，是学科建设中的另一个新问题。

同教育学分支繁杂庞大的学科体系相比，高等教育学学科近30年来的发展毫不逊色，也形成了庞大的学科群。由于高等教育学被定位为二级学科，那么这些分支学科就只能称为三级学科。不过，也有一些青年学者，如张应强博士、李均博士、王建华博士、方泽强博士等，著文论述高等教育学应是一个同教育学平行的一级学科，因为教育学实际上只研究普通中小学教育，而高等教育则是研究高等专业教育，将两者视为平行、并列的学科是有道理的。不过目前如此处理恐怕尚不成熟，因为它关系到学科分类建制的许多现实问题。但不管如何，高等教育学许多分支学科自20世纪80年代中期之后，已经陆续建立起来，形成了庞大的学科体系。

中国高等教育科学所包含的分支学科，大体可以分为三类：其一是从高等教育学这门基本学科各组成部分分化出来的分支学科，如大学教学论、大学课程论、大学学习学、大学德育论、高等教育史、比较高等教育、高等教育研究法等等；其二是高等教育学同其他学科结合产生的交叉学科，如高等教育哲学、高等教育经济学、高等教育社会学、高等教育管理学、大学生心理学以及各科类的学科教学论等等；其三是运用高等教育理论以研究不同类型、不同层次的高等教育所构成的学科，如高等工程教育、高等师范教育、高等医学教育、高等职业教育、学位与研究生教育、留学生教育、民办高等教育等等。以上所列各门分支学科，都已有系统的专著并被学界广泛认可。

高等教育科学形成学科群之后，高等教育学这个概念在应用时，产生了广义与狭义两种理解。广义的高等教育学，指的是整个学科群。例如，许多大学设置培养研究生的高等教育学专业，它所研究的对象涵盖上述的分支学科。狭义的高等教育学，指的是学科群中一门主干学科。它所研究的只是高等教育的基本理论、一般规律，是一门介于"原理"与"概论"的学科，具有总论的性质。那么，狭义的高等教育学在学科群中处于什么地位？它同各分支是什么关系？我的理解是：它是学科群中的一门特殊学科。在形式上，它与各分支学科是并列关系；在实质上，它对各分支学科具有总论的性质与统领的任务。如果作为一门课程，它还应包含一定的基本实务，主要是普通本科教育、教学的基本实务。究竟如何更明确地定位，还有待进一步研讨。

二、全面准确地理解教育基本规律及其在高等教育研究上的运用

（一）教育基本规律的提出

任何一门科学性的学科，都是以探讨其研究对象的运行、变化、发展的规律为其主要任务，教育学作为一门科学性的学科，也应以探讨规律为主要任务。例如，我国"文革"后编著出版、发行量最大的《教育学》就改变了"文革"前以诠释教育政策为主要任务的教育学教科书方式，开宗明义就指出："教育学就是通过对教育现象和教育问题的研究，去揭示教育规律的一门科学。"[①] 我于1980年前后，在许多地方和高校开设有关高等教育理论的讲座，题目就是"教育基本规律及其在高等教育的运用"。所不同的是，我认为高等教育作为一门学科，不仅要研究一般教育规律，而且应着重研究一般教育规律在高等教育实践中的运用。同时，我明确地提出两条基本规律，即教育的外部关系规律与教育的内部关系规律。

应当申明，教育两条基本规律的名称是我首先提出的，但这两条基本规律并不是我所发现的。许多教育理论专著或教科书，对这两条规律的内涵已有所阐述与论证。但一般只从社会对教育的制约性和教育对学生成长的主导作用来揭示教育基本规律的内涵，既没有把两者作为基本规律做明确的界定，在内涵的论述上也不够全面。我所做的工作，是把教育系统同社会及其子系统的内在必然联系和教育系统内部诸多因素的必然联系，在实践经验的基础上，运用辩证的系统论方法，进行了比较全面的分析和明确的界定。为求通俗易懂，在口头报告或书面表述上，可能有文字的出入，但基本内涵前后是一致的。

（二）教育基本规律的内涵

全面理解教育基本规律，应当弄清下面几层含义，避免断章取义。

---

① 王道俊，郭文安. 教育学 [M]. 6版. 北京：人民教育出版社，2009：1.

第一，教育内外部关系规律均要求相互适应。

教育外部关系规律，即教育与社会关系的规律，要求教育要与社会发展相适应。教育内部关系规律，即教育内部诸多因素关系规律，主要有教育活动与教育对象的身心发展以及个性特征的关系、全面发展教育各育（智育、德育、体育、美育）的关系、教育过程诸要素（教师、学生、教育影响）的关系。这些关系也是相适应的。

"适应"，包括两个方面的作用，一是"受制约"，一是"起作用"，即作用与反作用，也就是相互适用。

教育外部关系规律：教育要受社会的经济、政治、文化等所制约，并促进社会的经济、政治、文化的发展。

教育内部关系规律：教育过程要受教育对象身心发展（不同发展阶段的"年龄特征"）所制约，又要引导和促进教育对象身心健康发展；同理，全面发展教育的各育，教育过程诸要素均存在相互制约与相互促进的关系。

第二，教育外部或内部的关系都存在复杂性。

教育外部关系包含教育这一社会子系统同其他子系统如经济系统、政治系统、文化系统、科技系统等的关系，以及同社会与自然的诸多因素，如人口、地理、交通、资源、环境、民族、宗教等的关系，从而构成了复杂关系，并非单一对应的线性关系。适应的非线性关系决定了教育同社会相适应的复杂性。在运用这一条规律时，要全面考虑教育与各个社会子系统、各种因素的关系，避免只适应某一系统或因素而损害其他系统或因素。教育内部关系也是如此。比如：既要适应不同阶段年龄特征，又要适应个别差异；既要促使学生全面发展，又要发展学生专长；既要发挥教师主导作用，又要尊重学生的主体性，启发学生的主动性，还要充分利用教育影响的中介作用。

第三，教育外部关系规律与教育内部关系规律存在必然联系。

内部关系规律的运用要受到外部关系规律所制约，外部关系规律要通过内部关系规律才能实现。一方面，人的成长，是在一定的社会环境中培养的，教育目的、培养目标、教育制度、教育内容与方法、办学条件等，不能不受社会所制约，其所培养的人才，也应当为社会发展服务。另一方面，社会发展所需要的人才，只能按照教育内部关系规律来培养才能实现。如果教育目的与培养目标不明，教育制度混乱，教育内容与方法错误，既贻害了年轻一代的成长，也影响了社会的发展。有人提倡高等教育要回到象牙塔中，"为学术而学术"，既不受社会所制约，也不考虑为社会服务。把高等教育的发展寄托在有闲阶层的"闲适好奇"上，在当代既不可取，也不可能。这种提倡，是开历史的倒车。

第四，教育与社会发展相适应，与个体成长相适应，都存在主动适应或被动适应的问题。

主动适应指对正确的、积极的、符合科学发展观的事物，要自觉地发挥其积极作用；对错误的、消极的、违反科学发展观的事物，要尽可能避免或减轻其消极的影响。被动适应指不加判断、选择，一概照搬、盲从。

例如，市场经济的转型，对高等教育具有引进竞争机制，促进改革发展，提高教育和科研质量与水平的积极面；也容易滋长一切向钱看，以金钱衡量人生价值，降低道德水平的消极面。办学者要充分发挥市场经济的积极作用，推动改革发展，提高教育科研质量与水平。对消极影响，完全杜绝是不太可能的；但应有清醒的认识，尽可能避免或减轻其消极影响。

社会的经济系统、政治系统、文化系统以及教育对象的个性特征，往往都存在一定的积极面与消极面，因此，教育工作者都要自觉地采取主动适应的态度与方法。

第五，如何判断事物的正确与错误，积极或消极，符合或违反科学发展观，以便采取主动适应的态度与方法？

运用外部关系规律时，要以是否符合内部关系规律为准绳，即以是否有利于教育对象的健康成长为依据；运用内部关系规律时，要以是否符合外部关系规律为准绳，即以是否有利于社会的发展为依据。

以上这几层含义，我在许多论文或专著中有所阐述。近来发现有些人在转述或应用时，理解不够全面，引起歧义，因此把它整理如上。

（三）对教育基本规律的进一步认识

对教育基本规律的认识，还有两点思考需要补充。

第一，如上所说，一般以普通中小学教育为研究对象的教育理论或普通教育学教科书，对两条基本规律的内涵，大多已有所论述，但不够全面，也不够深入。对于教育与社会发展的外部关系规律，只从历史性、阶段性论述其必然性；对于教育与个体成长的内部关系规律，只从遗传、环境、教育三者的关系论证教育起主导作用；从儿童、少年期一般的年龄特征，说明教育活动必须符合个体的身心发展。通过以高等教育为研究对象的高等教育科学，对两条基本规律，尤其是外部关系规律的研究能比较全面深入地揭示上述含义。因为高等教育是专业性的教育，又是就业性教育。高等教育的各科各类专业，同社会的各行各级的职业相对应；高等教育的课程，主要是专业性课程，直接反映社会生产与生活的方方面面。由此，研究高等教育问题，必须深入到学校以外的社会实践中，探讨教育与社会的关系规律以及培养与社会相适应的专门人才的规律。正因如此，有的高等教育专著或文章，干脆将之称为高等教育基本规律。准确的理解，应是教育的普适性规律及其在高等教育的运用。至于高等教育的特殊规律，作为教育基本规律的下位规律（特殊规律），还有待进一步的研究。

第二，我对外部关系规律的认识与表述：教育要受社会的经济、政治、文化等系统所制约，并促进社会的经济、政治、文化等系统的发展。这个界定没有错，但失之笼统。我在研究教育制度时，发现有些意义不能很好地表述。

首先，教育，尤其是高等教育与科学技术的关系特别密切，高等教育肯定要受科学技术制约并促进科学技术的发展。不仅高等教育的课程内容要反映科学技术的最新成就，高等教育制度、教学方法，以及高等教育理念，也与科学技术存在必然联系。西方中世纪大学转变为现代大学，就在于近代科学技术进入大学的课堂，并且很快地在教学与研究上占据了主要地位。高等教育与科学技术的关系，应该属于什么系统？经济系统还是文化系统？科技与经济的发展密切相关，但在知识经济时代之前，科技并不是经济的内涵；人们习惯上常常把科学与文化放在一起，称为"文化科学"，但科学技术同一般文化不同，所起的作用也不同。

其次，经济这个概念包含两个方面，一是生产力水平，一是经济制度，或者说，包含生产力与生产关系，两者对高等教育所起的作用是不同性质的。当前我国经济处在两个转型之中，一个是从粗放型向集约型的生产方式转变，这是生产力范畴；另一个是从计划经济向市场经济转变，这是属于经济制度范畴。前一个转变主要作用于教育内容，当然还有教育方法、教育技术。生产力提高，也就是生产力的科学技术水平含量提高，使得高校的教学内容要更新，使得高校可以利用更先进的科技手段提高教学效果。例如，现在的高等职业教育就不能停留在过去简单的、粗放的技术层面，而要引进高新科技，因而也就不应限定于专科层次。后一个转变，必然要作用于教育制度，如招生制度、毕业生制度、教师人事与待遇制度、财务制度等。可见，生产力和经济制度对教育的影响是不同的，现在都摆在"经济"系统中，显然失之笼统。

为此，我进一步把这些关系分解组合为：①教育要与生产力和科技水平相适应，把生产力和科技视为一体；②教育要与社会制度相适应，主要是指政治制度与经济制度；③教育要与文化相适应，主要是指文化传统。现简要说明如下。

——为什么把生产力和科技视为一体？因为在现代生产上，科技是潜在的生产力，生产力的高低，就视其科技含量的高低；而在知识经济时代，科技已成为现实的生产力的组成部分。

——把原来笼统的"经济"分解为生产力与经济制度之后，一方面，生产力与科学技术一体化组合了；另一方面，经济制度与政治制度都是人类社会的基本制度。经济制度反映生产关系，而政治是经济的集中体现，归根到底，也是生产关系的间接反映。把两个密切联系的制度合在一起，作为社会基本制度。当然，社会制度不仅有经济制度、政治制度，家庭制度、文化制度等也很重要，也应包含在社会制度之中，也对教育起重要作用。教育要受这些制度所制约，并促进这些制度的发展。

——原来对文化的提法也过于笼统。文化这一概念的内涵很复杂，歧义也很多，同教育尤其是高等教育关系最重要的是文化传统。首先是民族文化传统，其次是外来文化传统。文化传统并非是"排外"的，当外来的优秀文化被接纳了，就成为民族文化传统的组成部分，形成了富有活力的新的民族文化传统。文化传统对社会方方面面都起着渗透性的潜在的引领与制约作用，包括对教育系统的作用；而教育，尤其是高等教育，起着对文化的批判、选择以及继承、保存、创新文化传统的作用。这就是教育与文化相适应的意义。有人认为，大学应当远离社会，躲进象牙塔中，"为学术而学术"，才能研究高深学问，成为所谓的"世界一流大学"，其错误就在无视社会需要学术、包容学术。社会的发展，包含着学术的发展，甚至可以说是学术的发展引领与推动社会的发展。同时，学术也只有在社会中才能得到发展。

——生产力与科学技术、社会制度、文化传统只是三个主要的子系统，还有许多社会的以至自然的因素在起作用。有时，某一因素起主要的作用甚至决定性的作用。比如，中国沿海地区与西部地区教育发展程度不同，就是由于文化传统与地理、交通因素所引起；在少数民族地区，民族、宗教等因素的作用也非常重要。

如上所述，对于社会的经济、政治、文化几个主要子系统的分解组合，只是作为研究教育问题尤其是高等教育问题的精细化。作为教育基本规律的表述，仍可按原来的表述，即"教育要与社会发展相适应"或教育要与社会的经济、政治、文化相适应。

（四）教育规律与教育实践的矛盾

认识规律的意义不是为了满足"闲适好奇"，而是为了以理论指导实践，将规律应用于解释现实的现象与解决现实的问题。但是，规律与实践是存在矛盾关系的。教育规律与教育实践的矛盾体现在如下三个方面。

第一，规律的抽象性、一般性与实践的具体性、特殊性的矛盾。

教育规律是抽象的、一般的，而教育实践都是具体的、特殊的，从一般的规律到具体的实践，中间有许多环节，如果忽略了这些中间环节，规律就成为空洞的教条。直接套用到实践中，就是教条主义了。很多教育实际工作者抱怨我们的教育理论脱离教育实践。不是理论本身脱离实际，凡是正确的理论，都是从实践中总结出来的，都有实践的根据。问题在于理论工作者在运用规律时，忽视对规律转化为实践的中间环节的研究。而规律、理论，一般是不可能直接转化为实践的，必须通过一定的中间环节。

规律、理论转化为实践，中间的环节有许多，概括起来主要有这几个：一是规律要转变为原则，原则比规律具体，但仍然是抽象的；二是原则要转变成政策、制度，但有政策、制度还不够；三是政策、制度还应转变为措施、办法、方案等，然后才能转化为实践。如果缺乏这些中间环节，教育规律与教育实践的矛盾就很难解决。这是第一个矛盾。

第二，规律的客观性和实践的主观性之间的矛盾。

规律是客观的，而认识是主观的，这中间会产生矛盾。规律客观存在，不以人的意志为转移；原则是主观对客观的认识，所以原则具有一定主观性。但原则总是通过大量实践经验总结出来，并经过科学的论证和实践检验的，具有较高的客观性。教育原则还要转变为政策制度，就带有更多主观性，往往带有决策者或制度制定者个人或群体的主观意志。也就是说，对教育规律的认识，往往带有个人或群体的主观成分。比如说，你认为这样做是符合规律的，有时恰恰相反。人们凭自己的经验，总是认为自己的决定是正确的，直到陷入误区，感到不妙，已经造成了损失。在决策上要避免陷入误区，就要广泛听取教育理论工作者和教育实践者的意见，力求做到民主化。

第三，规律的存在是无条件的，规律的应用是有条件的。

规律无处不起作用，但规律的运用要有条件。所以具体问题要具体分析，一切要根据时间、条件而灵活对待。我们常常强调要符合国情、省情和校情，都是指时空、条件不同，不能生搬硬套。例如，20世纪有两个重要理念，一个是教育机会均等理念，一个是人力资本理念，二者对高等教育的影响很大，尤其是对亚洲的高等教育影响很大。20世纪下半叶以来，全世界的高等教育发展每10年差不多翻一番，就是这两个理念在起着助推的作用。教育机会要均等，但是许多国家不看时间，也不看条件，就在短期时间里把全国高等教育几乎均等了，往往导致高等教育质量严重下降。再就是人力资本理论，鼓励国家大力发展教育，加大教育投资。人力资本理论是对的，人力资本的确是最重要的，大力培养专家、培养专门人才也是强国之本。但如果跟经济发展不配套的话，人力浪费、待业、失业反而会变成负面影响。总之，这两个理论都是对的，但是要看时间够不够，条件够不够，需要认真考虑。

正确的理论、规律，如果用在不符合规律的地方，也可能产生负面影响。比如，许多国家招生搞宽进严出，但在中国，不很好地考虑国情就套用宽进严出的话，就会出问题。20世纪80年代，成人高等教育曾搞宽进严出就出了问题。在中国，宽进容易，严出就难了，最后变成宽进宽出。中国跟外国不同，中国大学生的毕业率是95%以上。所以在其他条件不具备的时候，不能这么做。倒是自学考试乘这个机会发展起来了，为什么呢？因为它考教分离，它能做到宽进严出，而一般成人教育是考教不分离的，宽进易严出难。

总之，在规律被发现之后，认识规律不难，应用规律不易。上面所举的应用规律的例子，看起来似乎很简单，其实其过程很复杂。

三、高等教育学科的变化、发展

（一）变与不变是学科建设所要面对的问题

社会在变化发展之中，作为社会子系统之一的教育，相应的变化发展是必然的，也是必要的。人的认识也在发展提高中，对变革中的高等教育的认识不断加深、提高也是必然与必要的。因此，作为高等教育理论建设的高等教育学，必然也必要反映社会与认识的变化。

如上所述，近现代以前的高等教育，指的就是研究高深学问的大学或大学教育，而现在大学只是高等教育中的一个组成部分，还有许多并非研究高深学问的应用型、职业型的专业院校。高等教育这个概念的外延虽然扩大了，但还不足以概括所有建立在普通教育基础上的网络课程、培训班之类的教育，因此国际上又提出了第三级教育、中学后教育等外延更宽的概念。

大学教育—高等教育—第三级教育—中学后教育……概念的外延在不断扩大中。高等教育学，尤其是高等教育学科群的建设，不能不及时反映概念外延的扩大，将正规与非正规、学历与非学历都包括在研究范围之中。

在认识的变化方面，如素质教育、通识教育的提倡与实施，以生为本、大学生自主性的提高，大学教师发展理念的提出与实施，现代大学制度的建设，以及后现代主义思潮的汹涌，对课改的影响，如此等等，无不应当反映在高等教育理论建设中。

还有，网络课程的发展与推广对高等教育课程、方式与方法、制度、管理以及教育理念的冲击，方兴未艾。高等教育学科建设，不能不及时反映这一变化的态势。

但是，作为高等教育核心的内涵，也就是高等教育的本质——建立在普通教育基础上的专业性教育，是不应任意曲解或否定的。如果事物的本质变了，事物也就不复存在，或许变为其他事物。高等教育也许有一天融入终身教育体系之中而不存在了，或者作为终身教育的一个特殊的组成部分而继续存在。

（二）高等教育学科建设要反映从精英高等教育到大众化高等教育的变化

众所周知，将现代高等教育的发展分为精英、大众化、普及化三个阶段是马丁·特罗所提出的。马丁·特罗这一理论提出之后，很快为各国所认同，中国也于20世纪90年代引进这一理论并作为教育发展政策的指导思想。因为这一理论符合高等教育必须与经济社会发展相适应的规律。

就世界范围说，二战之后，发达国家的经济发展迅速，生产力的提高与技术的转型需要大量受过高等专业教育的人才。因此，世界大学生数，自1950年之后，开头30年，几乎每隔10年就翻了一番，其后20年，增长数也很惊人。根据联合国教科文组织1998年的世界教育报告，1950—1997年世界大学生数的增长可见表1：

表1　1950—1997年世界大学生数　　　　　　　单位：万人

年份	1950	1960	1970	1980	1990	1997
大学生数	650	1 210	2 810	5 100	6 860	8 820

又据2009年第二届高等教育大会公报称：2007年全球高等教育机构注册学生已达1.53亿，几乎又翻了一番。

中国学者在20世纪90年代初就引进高等教育大众化的理念。但在政策层面上认同这一理念则是在新旧世纪之交，反映了中国经济社会转型发展的需要。众所周知，中国经济的转型发展，要求生产力要从劳动密集的粗放型向技术密集的集约型转变，经济制度要从计划经济向市场经济转型。前者要求高等学校更多地培养应用型的高级专门人才，后者要求高等教育的体制、机制变革。这就是中国在新旧世纪之交扩招并迅速进入高等教育大众化阶段的时代背景。

应当说，中国高等教育从精英阶段进入大众化阶段是正确的，是符合高等教育必须与社会发展相适应的规律的。但由于准备不足，发展太快，产生了两个方面的问题。

其一是显性的，表现为数量增长与质量下降的矛盾。如果说，世界高等教育的增长，半个多世纪以来，大学生数每10年就几乎增长了一倍，翻了一番，那么，中国从1998年到2008年的10年间，大学生数增长达6倍。由于教育资源，尤其是优质教育资源跟不上，质量的保障成了世界性的问题，1995年联合国教科文组织在《高等教育变革与发展的政策性文件》中，就把"质量"问题作为三大主要挑战之一。而对中国的挑战，更为严重。这就是为什么当前国家对各级教育的战略是：义务教育均衡发展，高中教育加快普及，职业教育大力发展，而高等教育则是提高质量。这一显性的问题是人所共知的。

其二是隐性的，表现为以传统的精英教育的眼光来看待、评价大众化高等教育与制定教育政策。人的认识，往往落后于客观事物的变化、发展。高等教育虽从精英阶段发展至大众化阶段，但许多人，包括学者、专家和决策者，思想认识往往还停留在传统的精英教育阶段，从而不能正确地对待大众化高等教育的变化发展，从而在制定政策上，不能公平、公正地对待大众化阶段的新事物。

高等教育从精英阶段到大众化阶段的变化是方方面面的，比如：

——从培养为数不多的精英人才，到着重培养数量庞大的应用型专门人才；

——从以研究高深学问、追求学术价值为导向，到以适应人才市场需求为导向；

——从单一化教育模式，到多样化教育模式。

多样化是大众化的必然要求，也是大众化发展的必然趋势。在大众化阶段，精英高等教育仍然存在，并应加以保护与适当发展，但只能是多样化教育模式的一个组成部分。多样化体现于大众化的方方面面，包括培养目标与教育质量的多样化、层次与类型的多样化、办学形式与体制的多样化、经营方式的多样化等等。多样化有利于新生事物的产生与发展，有利于高等教育大众化的发展。但人们习惯于用求同、统一的思维定式，对于多样化的事物很难适应，总想将多样化统一起来，这将不利于高等教育大众化的发展。

（三）以"和而不同"的理念协调高等教育变革中出现的矛盾

应当提倡以"和而不同"的理念，来协调高等教育大众化的多样化发展。

在高等教育学科建设中，也应当以"和而不同"的理念，来协调高等教育变革中的矛盾关系。

高等教育从精英阶段进入大众化阶段，不仅是量的增长，而且引发许多质的变化，正如马丁·特罗所指出：高等教育大众化是一个量与质的统一的概念。质的变化包含教育理念的改变、教育功能的扩大、培养目标和教育模式的多样化，课程设置、教育方式与方法以及入学条件、管理方式等一系列的变化。这些变化，虽然大多数是体现在实践层面上的现实问题，但必然要反映到理论层面上。因此，高等教育学科理论建设是保持精英阶段的传统观念还是适应大众化阶段的变化，就突出地体现在高等教育的价值观、质量观、发展观的矛盾上，从而也体现在政策层面上。

1. *价值观的矛盾*

传统观念认为大学的本质是主观的认知理性，高等教育唯一的价值就是学术追求。高等教育应当"为学术而学术"，不应当要求其与社会的经济、政治、文化相适应，以致降低大学的学术水平。

大众化观点则认为高等教育与社会发展和个体发展相适应具有必然性与必要性。高等教育的价值就在于推动社会发展和个体成长，并在社会发展和个体成长中实现自身的发展。凡是符合社会发展和个体成长各级各类教育，都有其存在与发展的价值，都可以成为一流的院校。研究型的大学要在为社会的发展与个人的成长中不断提高学术水平，而应用型的院校则是在满足社会对专门人才的需求和个人的成长中实现其教育价值。其实，精英高等教育也要在同社会、个体的互动中才能实现其教育价值，而不应退回昔日的象牙塔中，只满足少数人的"闲适好奇"。

2. *质量观的矛盾*

传统观念以理论知识的多少、学术水平的高低作为衡量高等教育质量的唯一标准，因而认为高等教育大众化，一方面降低高考录取分数线；另一方面，在学期间，又减少理论课程，着重技术、技能的实训，势必导致高等教育质量严重下降。

大众化观点认为进入大众化阶段，应持多样化的质量观。学生掌握知识、提高能力、适应社会需求和自身全面发展，就是高质量。不应持单一的学术标准来评价多样化的大众化高等教育。

由此观之，对"高等教育质量下降了"这一判断，包含了一个真命题和一个假命题。真命题所指的是扩招太快，教育资源尤其是优质教育资源的增长跟不上大学生数的增长，因此，应当适度降低大众化的速度，加快人、财、物的投入，尤其是提高师资水平，从而逐步提高质量。假命题所指的是以传统的精英教育质量标准来衡量应用型、职业型的教育质量。不少学者、专家，正是自觉不自觉地用传统的质量标准来评价当前多样化的高等教育，从而陷入马丁·特罗所指的"传统的扩张主义者"的窠臼：他们欢迎高等教育规模扩大，但要维护传统精英高等教育的质量标准，从而阻碍了大众化的发展。

3. 发展观的矛盾

维护传统的精英高等教育价值观与质量观，虽然也欢迎高等教育规模扩大，但实际上是不赞成高等教育大众化的。如上所述，大众化是一个量与质统一的概念，没有量的增长，既不能满足经济社会发展、转型的要求，也不能满足个体在民主、平等的社会中对教育机会均等的要求。前一个时期，中国由于扩招太快而影响质量的保持与提高，但总的趋势是积极发展的，近年来已做了适度的调整。

4. 政策上的矛盾

价值观、质量观、发展观必然体现在政策层面上。尤其是传统的求同、统一的思维定式对政策的影响，阻碍了高等教育大众化的变革与发展。例如：大规模的统一高考，重视理论知识而轻视实践技能，不利于应用本科与高职院校选择合适的人才；统一的办学条件不利于大众化多样化办学；以传统教育为基准所制定的统一评估制度驱使高等院校同质化。自 2010 年《国家中长期教育改革和发展规划纲要（2010—2020 年）》颁布施行以来，有的政策已开始有所改变，如高考政策、评估政策，但举步维艰。例如，关于去行政化的政策、对民办教育的歧视政策、不利于高职发展的重本轻专政策等等。

高等教育的理论研究不可能代替政策研究，因为政策的制定，还需要结合现实条件。但是，理论研究负有引导政策的社会责任。面对高等教育的变革与发展，高等教育学学科建设应当与时俱进，从发展的趋势中预见未来，指引政策的制定，推动教育的变革与发展。

关于高等教育若干问题的思考
——厦门大学博士生导师潘懋元先生访谈

潘懋元（1920— ），广东揭阳人。我国高等教育学科的奠基人、开拓者。中共党员，教授，博士生导师，1945 年毕业于厦门大学教育系，其后在中国人民大学、北京师范大学进修研究生课程。曾任厦门大学副校长、顾问、海外教育学院院长，国务院学位委员会教育学科评审组召集人、中国高教学会副会长、全国高等教育学研究会理事长。现任厦门大学教育研究院名誉院长、中国高等教育学会顾问、全国高等教育学研究会名誉理事长。主要研究方向：高等教育理论、高等教育管理、民办教育、大学教师发展、混合所有制办学等。1999 年，英国赫尔大学授予他荣誉博士学位，该校校长迪尔克思（Dilks）教授称他是一位对中国教育做出了重大贡献的学者；英国副首相普雷斯科特（Presctor）还专门发来了贺信。2014 年，入选"全国教书育人楷模"。他培养的研究生现在成为知名学者、专家的近 50 人，已获得学位的硕士、博士百余名。至今，他已出版的个人学术专著 30 多本。2015 年 12 月，《潘懋元文选》英文版由荷兰博睿出版社（Brill Press）正式出版。该书是迄今为止中国高等教育研究领域唯一一本由博睿出版社出版的专书。这是中国高等教育学学科"走出去"的又一重要里程碑，也是以教育研究国际化促进我国教育国际化水平提升的典范。

陈春梅、粟红蕾（以下简称"陈、粟"）：先生，您好！非常感谢您接受

---

① 原载《社会科学家》，2017 年第 2 期。作者：潘懋元、陈春梅、粟红蕾。

此次采访,您从事教育研究已有八十余载,如果要把您的人生(学术)经历分成若干个阶段,您会怎么分?在每个阶段里,有什么特别的事情或感受可以跟我们分享的?

潘懋元(以下简称"潘"):要说人生分阶段,要看你用什么标准来划分。比如从受教育水平来分,可以分为小学阶段、中学阶段、大学阶段、研究生阶段等等,这是一种;这个时期你喜欢什么活动,那个时期你从事什么工作,也是一种。我20岁之前喜欢文学,写过杂文、小说、文学理论等。大概在20岁之后,我感到从事文学非我所长,因为从事文学需要多些感性,少些理性;也就是说,从事文学需要右脑发达,文学不是说道理的,不是逻辑思维的。所以20岁之后,我有自知之明,不搞文学了,专门从事运用逻辑思维的学习与研究,因为我学的是教育,就搞教育理论。我35岁之前学的是普通教育理论,研究的是普通中小学的教育。由于我以前有一定的古文阅读能力,所以着重中国教育史的教学和研究。35岁以后,由于既在大学教书,又在大学兼任行政工作,结合我的教育理论基础,就转为研究高等教育问题,以后就一直从事高等教育研究。

另一种分阶段也可以按我所接受的"知识源流"来分。"文化大革命"时,批判一个文化人往往指责他满脑子"封、资、修"思想。我这个人,真的就是满脑子"封、资、修"的东西……"封"就是中国的传统文化,我从小接受的是中国传统文化。我在小学到初中时期念的就是孔教会办的学校。过去把孔子当成一种宗教,所以新中国成立前全国各地都组织了孔教会。孔教会办的学校老师大多是科举出身的。我的老师中有前清的秀才、举人,校长则是当地有名的贡士。我读了不少《论语》《孟子》《左传》以及《幼学琼林》《古文观止》。这些都是封建时期的教育用书,这是一个时期;念大学的时候,念的是教育系。教育系的课程都是资本主义的教育知识,尤其是美国的教育理论和教学方法。我的老师都是美国留学生,我的系主任也是给我上课最多的就是杜威的学生,翻译过杜威的一本著作。这个阶段我主要学习的是美国教育理论,也就是资本主义的理论。新中国成立后,我于1951年到中国人民大学进修,当时中国人民大学办了一个研究生班,而中国人民大学则是第一个学习苏联的。当时中国有两个大学按照苏联的办学模式办学,文科方面是中国人民大学，理工科方面是哈尔滨理工大学。我在中国人民大学念的联共党史、政治经济学、教育学、逻辑学等课程都是苏联专家开的，只有中国革命史是中国教授开的。我在中国人民大学还大量阅读了苏联有关高等教育的政策文件和规章制度。回到厦大，学校当时正按照苏联的体制进行改革，就是"院系调整"和"教学改革"。我回来后，王亚南校长要我当教务处的教学研究科科长，兼任教改委员会的秘书，我就把苏联的那套东西照搬过来，那不就是后来所批判的所谓"修正主义"吗？所以，我在中年之前的学术人生也可以分为：先受封建主义思想影响，而后接受资本主义，之后是修正主义。其实，学什么不要紧，要紧的是要有批判性思维。而批判性思维，正是在"是是非非"中发展起来的。

陈、粟：我们了解到，您早在1956年就提出必须建立"高等专业教育学"，但由于一系列政治运动导致这一主张搁浅，20年后您再次倡议，最终高等教育学于1984年被国务院学位委员会正式列为独立的二级学科。请问是什么缘由促使您提出创建高等教育学科？又是什么原因让您坚持创立高等教育学科？

潘：第一是世界大趋势。我提倡高等教育研究是在20世纪50年代。当时，国外就有人提出这个问题。1957年，《教育译报》翻译过来一篇当时捷克斯洛伐克科学家的大会发言，指出教育科学理论研究只停留在普通学校教育工作上，很少注意到专业学校的教育问题。其后，又有一位学者指责说：我们大学什么都研究唯独不研究自己本身。我在50年代也感觉到必须研究大学的教育问题。这不是某一个人的偶然性的见解，是世界大趋势。二战前，世界上大学不多，各自凭经验办学就行。50年代，也就是经过几年医治战争的创伤之后，世界经济大发展，教育也相应大发展。过去每个国家只有若干所大学，50年代之后，大学生数差不多每10年翻一番，发达国家的大学很多。中国的高等学校和大学生数也有了较快的增长。新中国成立前，公立、私立大学、学院、专科学校总共也就200所左右。全国大学生最多的1947年约12万人，到1949年只有不到10万人。大学数量很少的时候，凭经验就可办学；同时，大学的教学和中小学不同，中小学的老师不懂怎么教不行，而大学的老师只要学术水平高，能在课堂上念讲稿也过得去，因为大学生的自学能力较强。所以虽然有人偶尔写文章讨论高等教育问题，却没有人提出要把高等教育作为一门学科来研究。但是学校多起来之后，怎么办学、怎么教学，如何提高质量，如何办好学校，引起了大家的注意。所以为什么世界上，在50年代就提出要研究大学自身的问题，包括办学、教学的问题，这都是世界的趋势。高等教育研究的发起是大势所趋，时势所向，是必然要出现的。

第二个原因是个人因素。我毕业之后不久就回到厦大当助教。新中国成立后学习苏联，厦大是一所综合大学，按照苏联模式，综合大学培养的是研究人才。研究人才主要是指大学教师、科研人员、高级工程师以及高级管理人员等，还附带一个任务是适量地培养具备较高学术水平的高中教师。任务主要落在文理基本学科，工科就没有这个任务，因为高中没有工科，只有文科和理科。当时厦大规定中文、历史两个文科和生物、数学两个理科要开设教育学、分科教学法和教育实习，以便培养高中教师。所以院系调整之后，厦门大学的教育系合并到福建师范学院去，还留下一个公共教育学教研室，为这四个系开设教育学科课程。因为我当时兼有行政任务，被留下来。被留下来的还有其他两位老师，以后又增加一位助教，共同组成一个公共教育学教研组。

因为我曾经在中学教过历史，所以负责历史专业的教育学和教学法两门课，还带学生到中学实习。起初我还兼任教研组主任，后来因为行政工作忙，教研组主任由另一位老师担当。当时我们的教育学、教学法，讲的都是普通学校的知识。学生们反映说：我们将来也有可能不当中学老师，而在大学当助教，也应该学点怎么教大学生的理论和方法。我认为这个想法是对的。因此，我们合作开设一门高等学校教育学，既讲普通的教育原理，也着重讲高等教育理论知识。主要是讲大学不同于中小学的基本特点，大学生的心理、大学的教学方法等。基本上就是把中小学的教育和大学的教育混在一起开了高等学校教育学。同时编写了一本讲义，请有实践经验的教务处干部提意见。由于当时我已经是教务处长，教育部正要各个大学把有特色的新编讲义拿到全国交流，我就把这本讲义报上去。经教育部同意，作为全国的交流讲义，主要发到全国的师范院校和综合大学，就这样搞起来的。搞起来以后，我逐渐把精力放在研究高等教育方面的问题。当时写了一些论文，如讨论"高等专业教育问题在教育学上的重要地位""大学教学理论联系实际问题""教学、生产劳动、科学研究相结合的问题""少而精的教学问题"以及大学教师的主导作用等等。这些文章大多在当时的《厦门大学学报（社科版）》和《学术论坛》上发表。这个时期，我已经提出了高等教育区别于中小学教育的两个基本特点：一个是高等教育是建立在普通教育基础上的专业性教育。普通教育是没有专业的，世界的高等教育都有专业，不过有的不一定叫专业。新中国成立前我们叫作系，美国叫作主修，苏联叫作专业，我们学习苏联也改称为专业，现在世界很多国家也叫专业，专业相对其他叫法而言更清楚一些。这是一个特点。另一个特点是教育的对象不同。普通教育的教育对象一般是18岁以下的儿童、少年或青年早期，是未成年人；大学生一般是18岁以上的青年。18岁是一个什么年龄？世界大多数国家都界定18岁为具有选举权与被选举权的公民。18岁以下要有监护人。18岁以上没有监护人。为什么大多都定在18岁？因为18岁生理、心理都比较成熟了。大学的教育对象不是未成熟的青少年，而是已经较为成熟的公民，也就是成人。成人的心理与青少年的心理是不同的，是具备独立承担法律责任的，要对自己的行为负责。同时，大学生是在受普通教育的基础上继续学习的，逻辑思维能力也比较成熟，兴趣爱好也不同。就这个问题我曾提出了谈恋爱这个例子：在过去（"文化大革命"时期之前），大学生是不许谈恋爱的。那个时候在大学里打架最多是批评、处分，而谈恋爱是要被开除的。但是人到18岁以后，由于生理、心理的成熟，自然有这个倾向，所以禁而不止。很多人偷偷地谈，偷偷地谈不如公开地谈，因为偷偷谈恋爱教师不能指导他们，而公开地谈就能够对其进行指导。所以我当时就提出：对大学生恋爱问题，"不提倡，不禁止，要指导"。大学生在这方面是需要指导的，如果禁止了如何进行指导？又如交朋友问题，这个时期是很喜欢交朋友，很怕孤独的。但是交朋友是交什么朋友？交友问题在这个时候是非常重要的；同时，不同于中小学生，大学生还会考虑就业问题、生活问题以及人生如何发展等问题。重要的是逻辑思维能力较强，可以接受比较复杂高深的学问。总之，很多东西都不同了。50年代我就提出了两个特点，我认为到现在这两个特点还是最基本的特点。这是第二个原因。

第三个原因是时机问题。我在20世纪50年代提出要进行高等教育研究的。因为前面两个原因，虽然我坚持研究，但是推广不了。当时讲义已经发出去了，文章也发表了，但没有响应。因为那时候大家一天到晚忙着搞批判运动：教育学被叫作资产阶级教育学，心理学被叫作伪科学，社会学也是资产阶级的。教育学、心理学、社会学、政治学都是被批判对象，这些学科都是难以发展的，谁还敢于搞一门"资产阶级"新学科。正如一些比较学科，如比较文学、比较社会学、比较教育学都是行不通也不敢提倡，因为怕被批判引进西方"资产阶级"的东西。当时只能发展理工科，大学招生最多的是工科，到现在来说也是对的，再来就是理科和师范类的。那个时候全国经济类专业，尤其是财经类的学生比例是很低的，不到百分之四、五，法学生是百分之一左右。所以，在那样的环境下提倡建立高等教育学科没有响应者。到了20世纪70年代末至80年代初，科学的春天到来了。科学的春天也就是高等教育的春天，因为高等教育是研究和发展科学的。加以在拨乱反正中，大家痛定思痛，反思经济处于崩溃边缘的原因是违反经济规律。经济要发展就要按照经济规律办事，要逐步开放商品经济、市场经济。教育是重灾区，同样是违反了教育规律办事，不管是大学校长还是教育部门都在思考如何按照教育规律办教育。那么教育规律是什么？就问我们这些教育理论工作者，逼得我们要研究教育规律。记得最早是《红旗》杂志（现在的《求是》杂志）向当时厦门大学的党委书记兼校长曾鸣，约他写一篇关于办高等教育要按规律办事的文章。当时曾鸣找到我，因为我是研究高等教育的。我当时就替曾鸣写了一篇讨论教育规律的稿子。那时候并不懂什么教育规律，还是按照老的想法——第一条要按照党的政策办事；其次，要尊重知识、尊重教师，还有一条就是以教学为中心。事实上就是总结当时一些政策实施的经验，并不是规律。这个事情过后，我就不得不考虑教育的基本规律到底是什么。我在曾鸣书记的支持下，办了首个高等教育学研究室，有许多地方希望我去讲一讲高等教育问题。当时的一机部在湖南大学办了一个培训班，是一机部所属的高校校长和教务处长的培训班，邀请我去做报告。在这个培训班，我讲的是教育的规律以及教育规律在高等教育上的应用。经过长期的实践经验和教育历史总结，通过理论思考，我提了两条基本规律：一是外部关系规律。

指教育跟社会之间的关系，教育必须跟社会的经济、政治、文化相互适应。二是内部关系规律。指教育内部诸多因素的关系。当时首先提出来的是德、智、体、美诸育应该相互适应，相互协调，不能只强调其一；其后，再继续研究，还有一个更重要的维度是：教育要求与学生的身心发展相适应；幼儿教育小学化；中小学教育成为"应试教育"，都是教育要求与学生身心发展不相适应；还有一个基本的维度，就是在教学过程中，师生通过教育媒体的相互适应。接着，我在《光明日报》提了个建议："建立高等教育学科的刍议"，并在《厦门大学学报（社科版）》发表《必须开展高等教育的理论研究》，进行全面论证。这次时机成熟了。我提出这个以后，各方面纷纷响应，特别是许多高校的校长，因为正是大家需要的。为此，我在70年代末、80年代初最忙的事情就是在全国各地讲高等教育学的基本知识。当时教育部也十分重视，在全国六所师范大学成立了大学教师和干部的培训班，这六个地方我都有去讲学，也在中央教育行政学院做过几次报告。尤其在武汉华中师大的大学干部学习班讲学次数最多。之后，他们把我所讲授的东西整理出来并进行修改，在人民教育出版社出版了第一部《高等教育学讲座》。

对于创建高等教育学新学科的过程，可以总结为：第一，大势所趋；第二，大家努力；第三，时机成熟。1956年开始提出并倡议跟世界是同步的，但是时机不成熟。等到20世纪70年代末才真正开始，这样就比日本落后，日本在1972年就指定广岛大学成立了大学教育研究中心，并由当时广岛大学校长冲元丰兼任中心长。再加上70年代日本经济发展较好，而我国经济当时却非常低速。因此，亚洲多次高等教育会议都在广岛大学开。我就曾去参加过几次。但是到了80年代，我们成立了高教学会，全国都动起来了，轰轰烈烈。日本高教学会却在我们成立很久后才成立起来，到现在也远不如我们那么壮大。成立高教学会也是有故事的：我们当时就在上海依托华东师大（当时的"上海师大"），校长刘佛年教授主持。八个单位参加发起，分别是华东师大（"上海师大"）、厦门大学、兰州大学、清华大学、北京师大、南京大学、上海交大和上海高教局。当时只想成立一个二级学会，放在教育学会下面。筹备会向中国教育学会提出申请，教育学会是教育部直接领导的单位。当时教育学会的负责人认为这个事情需要向教育部党组汇报，当时教育部领导认为高等教育学会的成立是件大事。由于教育学会主要参加者是中小学的教师、校长，而高等教育学会则主要面向大学教师、校长，应该与教育学会并列。当时我得知这个消息是喜忧参半的，喜是高等教育学会地位提高了，忧的是它很可能成为一个行政机构。后来不出所料确实如此。我们在厦门鼓浪屿召开第二次筹备会时，教育部党组讨论后，派张健同志来传达说："同意成立高教学会，可继续筹备。先由各个省成立了省高教学会以后才能成立全国的。"所以，在第二次筹备会后，我们就通知全国各省成立高教学会。1983年已成立了18个高教学会（并不是每个省都有）。当年全国高教学会正式成立，教育部部长蒋南翔任首任高教学会会长。

陈、粟：您最近提出高等教育研究要更加重视微观教学研究，请问您认为微观教学研究应着重从哪些方面入手？

潘：宏观是政策制度方面的研究。微观是教学方面的研究，主要指课程、教材、教学方法这些方面，还要研究教师的发展。教育管理部门所关心的主要是宏观的政策制度，但是真正提高教育质量是要落实到微观方面。宏观的研究指明方向，微观如果缺乏宏观的指导，则方向不明；但宏观要通过微观落实，不然只是空话。这些年来，教育管理部门主要解决的是宏观问题。当然也考虑到微观的东西，比如这些年来搞精品课程、统一教材、教师发展等，也就是微观的指导。但精品教材对大众化的应用性高校往往不太实用。精品课程、教材都是"985""211"高校教授们所编写的。学术水平高而应用技术不足，不切合应用型高校的应用。还有，教学活动、学生指导等，都是具体的、微观的。宏观的政策制度可以通过文件下达而实现，微观则必须由教师具体落实。现在有个很好的时机，就是各个高校成立教师发展中心。如何编写应用型课程、教材，如何改进产学研三结合教学，如何改进课堂教学，如何运用网络教学，这些研究要跟上，我觉得需要更加注意微观方面的研究，需要各方面有关的专家共同研究。所以我在济南会议上提出现在的重点应该转移到微观研究上面。但我现在已是心有余而力不足了，希望更多的学科研究者进行微观研究才能落实下来。

陈、粟：现在提出统筹推进"双一流"，您对此有什么看法？

潘：首先，对"双一流"的理解。现在很多人对"双一流"的理解就是

"排名榜"，大学排名榜和一级学科排名榜。一流大学和一级学科的排名都是按照精英型大学来排的。如果我们都只能按精英型大学的要求来办大学和设置学科是不能适应社会发展要求的。因为现在社会需要转型发展。转型需要科学家，也需要更多的高级工程师、高级管理人才、高水平的有创新性创造力的应用型人才，需要"大国工匠"。我们现在已经进入大众化阶段，为什么世界要进入大众化阶段？因为经济要发展，生产力要发展，生活水平要提高，不应该只是少数人受高等教育，大众化是适应社会发展的需求的。因此，进入大众化阶段和即将进入普及化阶段的"双一流"建设，就不能仅限于排名榜上的几所精英型大学和这些大学中的一级学科。应当有培养科学家的大学，也有培养高级工程师、高级管理人才、高水平有创新性创造力的应用型人才以至职业技能型人才，像"大国工匠"那样的人才。同时，一流学科不应只局限于一级学科。培养高水平的人才，从事高水平的科研，既要有深厚的基础、广阔的知识面，更要有专深的知识能力。科学上、技术上的突破，一般在二级学科而不只是在宽而不专的一级学科。一级学科有利于培养综合型管理人才，二级学科更有利于培养科学创新人才。总之，要统筹推进而不要畸重畸轻。

陈、粟： 现在对于青年教师有个说法——"青椒"。您对当下青年教师发展有何想法？您是怎么看待的？

潘： 所谓"青椒"，说的是青年教师面临的种种"焦虑"。我认为，焦虑是一时的，而选择了当教师是进入幸福的人生。

现在青年教师的学术水平较过去是提高了。当小学、中学教师的，一般具有学士学位水平；大学教师的入职门槛，一般要达到硕士、博士水平。学术水平虽然提高了，但青年教师的教学经验不足，尤其是当教师的思想准备不足，所感觉的是焦虑而不是幸福。因而对于青年教师，最重要的是引导他们"敬业""乐业"。通过外部的鼓励、奖励，使他们具有荣誉感，进而转化为内在的幸福感。我是一名教师，我认为在各行各业中，最幸福的职业就是当教师。

陈、粟： 对于"互联网＋教学"，您有什么看法？它的发展前途如何？

潘： 世界已从工业化时代进入信息化时代，互联网是信息化时代主要的生产工具，承载着作为第一生产力的科学技术向前奔腾。移动互联、人工智能、云计算、大数据等互联网技术取得突破性进展，而虚拟网络世界与现实世界深度融合的物联网更是催生了日新月异的"互联网+"时代。2015年3月李克强总理在《政府工作报告》中提出了"互联网+"行动，就在于推动新的信息技术与各行各业实现深度融合。培养专门人才的高等教育，更应走在前面，以"互联网+教育"作为发展途径。这是去年国际教育信息化大会所发布的"青岛宣言"的要旨。

"互联网+教学"，已经在世界高等学校广泛展开。慕课、可汗学院、翻转课堂是近年来大家所热议的话题。其实，教师利用互联网在线指导学生学习，学生借助互联网检索文献，以及基于互联网大平台的实验、互动讨论等，已经在正规或非正规的高等教育中进行。如今，越来越多的大学生使用博客、维基、播客和其他网络工具进行学习。

对于"互联网+教学"种种虚拟教学模式，有的充分乐观，认为可以代替课堂教学甚至学校教育；有的则忧心忡忡，认为是否将导致"信息迷航""信息超载""信息焦虑"，使大学生迷失在信息海洋之中。碎片化的信息不能提高学生的智慧，缺乏师生、生生互动更将降低学生的情商。

我认为："互联网+教学"是信息化时代在高等教育的体现，是必然的发展趋势。但对大学生在线学习要有一定的保障机制。

首先，应当"虚实结合"。在线学习不应完全否定课堂教学。建立在慕课基础上的翻转课堂，就是由于与实体的课堂讨论、课堂作业、师生互动、生生互动而提高了教育质量、教学效率，方兴未艾。

其次，要具有一定的制度保障。例如，为了提高学习的保持率和完成率，要对每门课程规定若干学分，而每个学分要含多少的学习量。经过考评所获得的学分可以互认或存储于学分银行。

再次，应倡导人际互动。无论教学模式如何改变，即使在虚拟网络上，人与人的互动始终存在。互联网时代，更应发展学生的情商。

总之，"互联网+教学"，符合教育发展规律，是高教改革的必然趋势。我们不讳言在实施中的困难与问题，但有信心在改革实践中逐步解决问题，在不断克服困难中前进。

陈、粟： 听说您正在组织人员研究"现代大学公私混合所有制"课题。您对普通高校的混合所有制有什么看法？

潘： 一是混合所有制在政策层面上首先是针对企业的经营管理的。主要是解决国有企业的活力问题。既然企业推行混合所有制，教育，尤其是高等教育，是否也可以、应该推行混合所有制？事实上也已有不同形式的教育混合所有制学校存在。政策层面上正式提出的是《国务院关于加快发展现代职业教育的决定》中提出要"探索发展股份制、混合所有制职业院校，允许以资本、知识、技术、管理等要素参与办学并享有相应的权利"。所要解决的政策目标同企业的混合所有制不同，主要是改善政府对民办学校的支持与监督，社会对民办学校参与治理，使民办教育的地位有所提高并与公办学校取得同等的地位。同时，民办机制进入公办学校，对公办学校也有提高活力的作用。总之，混合所有制可以更好地发挥政府、高校、社会共同的正向作用而减少单一所有制的负向作用。

二是混合所有制学校在中国早已存在。诸如民办学校法人的股份制在全国许多地方已存在；公私共建的独立学院、学校与企业共建的学院和中外合作办学都早已存在；委托管理的学校也已存在；政府发给适合学生教育券的做法也在一些地方出现过。但是，由于以往政策层面上不明，实践经验总结不多，理论研究更不足。因此，对于教育领域如何推进混合所有制问题，亟须开展深入调查和理论研究。

三是混合所有制办学的核心问题是教育产权结构改革，而产权改革结构优化的过程也是法人治理结构建立的过程。在我国，明晰产权归属成为公私混合所有制办学的首要难题。如果这一问题不能有效解决，就无法实现法人治理结构的真正建立。如果各方投入学校的土地、资金、设备、技术等的归属和权益分享问题不明晰，很可能不能发挥正向作用而加重负向作用。例如行政直接控制学校的一切活动，管理僵化；或学校缺乏章法，放任自流。在混合所有制办学中，扬长避短，相得益彰，是要不断探索研究的问题。这也就是我想带领一批年轻的高等教育理论工作者所要做的事情。

陈、粟： 请问您觉得中国高等教育的未来发展趋势是什么？应注意哪些方面？我们应该在哪些方面下更大的功夫？

潘：中国高等教育还是要继续走大众化普及化的道路。从 1999 年开始，扩招太快，导致教育资源，尤其是优质教育资源不足，质量有所下降。这是由于被动地被经济所制约。提到规律上来认识，则是以经济规律代替教育规律。但是这不是说高等教育不必发展，高等教育仍需要稳步前进，不能停止。由于基数大，增长率慢慢减少是必然的。我们现在应该是减缓增长率，但不能停止更不能倒退。主动适应经济的发展，高等教育还应该适度超前发展。要稍微超前一点，因为人才的培养是需要一个周期。虽然在 21 世纪初我国培养人才数量很大，但不能停下来，如果停下来就会陷入"中等收入陷阱"。经济在转型发展中，例如"2025 制造业"，搞机器人、轨道交通、"互联网+"，这些都是为了转型发展。这就需要培养高水平应用型人才来适应转型发展的需要，推动经济社会的转型发展。所以我们强调要培养应用型人才。而且我们要适度超前于当前的市场，因为培养要有一个过程，毕业后几年才起作用。高校毕业生就业难、工资低，不如打工的，出现了读书无用思想。能否适当提高毕业生的待遇问题？当然，大学生也要从长远来考虑前途，书读好了，后劲大，发展空间大。

陈、粟：听您对高等教育相关问题的解答，相信大家也会有所启发。再次感谢您拨冗接受我们的采访，衷心祝愿您身体健康。

主动适应新时代新形势　发展高等教育中国学派[①]
——在厦门大学教育研究院40周年庆祝大会上的讲话

40年前的今天，厦门大学成立了以高等教育作为专门研究对象的高等教育科学研究室，也是中国第一个高等教育研究机构。从而，在高等教育研究领域又有了更多第一：主编第一部《高等教育学》，设立第一个硕士点、第一个博士点，评为第一个高等教育学国家重点学科，建成第一个国家重点研究基地——厦门大学高等教育研究中心。携手同行，许多兄弟单位也有许多第一或特色。例如，北京大学教育学院拥有国内第一个高等教育经济学；华中科技大学教育科学研究院则以院校研究引领全国众多高校的高等教育研究机构进行校本研究。清华大学、中国人民大学、复旦大学、上海交通大学、北京师范大学、华东师范大学、华中师范大学等的高等教育研究机构，也各有领先与特色。一些地方院校的高等教育研究也以特色支撑领先发展。例如合肥学院的中德高教研究，金华职业技术学院和宁波职业技术学院的职业教育研究，陕西师范大学的西部高教研究，黄河科技学院、西安外事学院、上海杉达学院、浙江树人大学的民办高教研究等。

总之，在高等教育学科领域我们应当提倡力争"第一"，但不要自夸"唯一"。一花独放不是春，百花齐放春满园。这也符合联合国教科文组织在《教育2030行动框架》中所倡导的新理念，其中第一个理念就是"全纳"，也就是"包容"。

---

① 原载《高等教育机构》，2018年第6期。

新时代，我们的高等教育研究面临新形势、新机遇，有众多新问题需要我们合力去研究。

首先是互联网已经进入高等教育教学，虚拟世界与实体世界并存。如何通过虚拟世界与实体世界的兼存、合作，提高培养人才的效益和质量而不是迷失于虚拟世界，这需要我们去研究。MOOCs、翻转课堂等正在运用并逐渐成熟，还有其他模式有待于大家合力去发现、发展。

高等教育的任务是培养专门人才，因而我们已经面临着新难题、新任务。今后的社会，将由自然人和机器人（或称智能人）共同组成。因此，高等教育既要培养自然人，还要培养机器人，使之成为专门人才。培养机器人，事实上已经在进行中。主要是向机器人输入知识，并以云数据、快速运算为基础，通过优化算法培养机器人的独立思考能力，现已在与自然人的对弈中频频取胜。当然，这只是初步的思维能力，如何形成和发展机器人的创新能力将是新的根本性问题。机器人同自然人共同生存于新的社会中，如何和谐共处，还必须具有新的社会伦理道德以及生活能力，这需要前瞻社会进步趋势，而后对机器人进行道德教育、情感教育、美育等，使之与自然人和谐共处，共同推动未来社会的发展。

培养机器人，现在主要倚重脑科学知识与信息技术。自然人的大脑，说到底是由数以百亿计的神经元及更多的树突所构成的，以脑电波为载体进行复杂而敏捷的活动。随着脑科学（神经科学）的发展，将自然人的大脑及其活动技能复制到机器人，不是不可能的。如何教育机器人，将是多学科专家在未来时代的新任务，如何把机器人培养为专门人才，将是高等教育研究所面临的艰巨任务，但也开辟了广阔发展空间，需要众多专家通力合作。

今天，参加大会的有众多从全国各地以及海外回来的院友。厦门大学教育研究院既是科研单位，也是培养高等教育专业人才的单位。相对来说，我认为培养人才更重要。40年来，虽然我们承担了许多研究课题，出版了许多著作，也是智库之一；但40年来我们培养了677名硕士和271名博士，这更值得引以为荣。他们约一半分布在全国各地，从事高等教育研究工作。有的集中于北、上、广重点大学的重点高教研究机构，有的分散于全国各地方院校从事面向地方的高教研究工作，甘肃、内蒙古、新疆、西藏都有我们院友培养人才的硕士点或博士点。另一半是在教育行政部门或高等院校当领导和管理人员,从事管理和服务工作,如校长、处长或辅导员,他们作为有理论素养的领导、管理者、决策者和服务者,较好地引领了高等教育改革与发展。

不久前有媒体问我,中国已经拥有一支庞大的高等教育研究队伍,能否建立高等教育中国学派。我的回答是:不是能不能的问题,高等教育中国学派已经形成了并在发展中。我们以新时代中国特色社会主义思想为指导,扎根于优秀中华文化传统,应当树立并拥有足够的"文化自信"。当然,我们不排斥国际交流与借鉴。我们的自信就在于我们是世界高等教育第一大国,拥有世界最庞大的高等教育研究队伍,我们许多大学还在培养更多"青出于蓝"的高教研究专门人才。

教育本质与规律

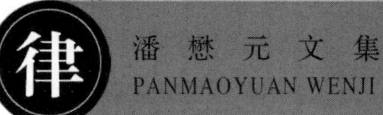
潘懋元文集
PANMAOYUAN WENJI

访问牛津大学（2006年）

作为社会现象的教育之本质及专门特点[①]

马克思主义创始人在其经典著作中，列举上层建筑诸社会现象而未涉及教育。因此，教育是否为上层建筑这一问题，悬而未定。

自斯大林同志关于语言学的经典著作发表后，在这个问题上展开了激烈的辩论。有人根据教育的若干专门特点，认定它不是上层建筑。因为教育是教育者对受教育者所施行的身心感化作用，它随人类社会的产生而产生，发展而发展，为任何社会的物质财富再生产与人类自身再生产所必需的工具；其所根据的条件，是受教育者生理与心理的发展规律，这些规律不随基础的改变而改变；其基本内容如读写算、自然科学知识，也是一视同仁为各个阶层服务的。

从教育的总形态来看，固然它不管历史发展条件如何，但问题在于具体的教育总是与一定的哲学观点、政治制度和社会内容相联系的，抽象的教育是不存在的。因此，不可避免的，教育者对受教育者所施行的身心感化作用是有其一定的阶级目的的。

作为社会现象的东西，其本质问题是为谁服务的问题：为一切人呢——非上层建筑，非阶级性的；抑或是为某一部分人呢——上层建筑，阶级性的。教育既不可避免地有一定的阶级目的，按其本质说，它是上层建筑。

---

① 原载《新厦大》，1954年。

但是，斯大林同志教导我们说，在分析社会现象时，必须揭发它们的专门特点，决不要停止在整个云开见日象的一般共同点上。对于教育，也不可仅停止在上层建筑的一般概念上。

教育有哪些专门特点呢？

首先，必须承认，教育不但具有阶级性与历史性，也具有永恒性，即任何社会的生产劳动都需要教育。这样，使教育与法律、政治等区别开来。

其次，教育的内容，较上层建筑的范围广泛，有些内容是非阶级性的。如读、写、算的基本内容，某些教学技巧，等等。这些，就与其他上层建筑区分开来。

再次，教育的实现，必须根据受教育者的生理与心理的发展规律，与绝大多数的上层建筑不同。

夸大了专门特点，使之掩盖了本质，因而否认教育是上层建筑，必致陷入超阶级、超政治的唯心论的泥淖；只看到上层建筑的共同点而不深入分析教育的专门特点，必致陷入一般化、机械论的泥淖。

开展教育科学研究,探索教育规律[1]

一

教育规律,同经济规律以及其他规律一样,是客观存在,不以人们的意志为转移的。一般来说,当人们按照客观规律办事时,规律虽在起作用,但往往并不明显地表现自己,它似乎并不存在而又无所不在。这就需要进行科学研究工作,通过表面现象来探索、揭示事物内在的规律,使我们能够自觉地掌握它、运用它,把工作做得更好。当人们违反客观规律办事时,它就通过实践的结果明显地表现自己,给人们以惩罚,在这种情况下,客观规律的庄严性与作用也就比较容易为人们所感觉到;但是,要对它有所认识,同样也需要进行科学研究。

新中国成立以来,我们的社会主义教育实践,有了正反两方面丰富的经验,历史的、外国的也有很多值得借鉴的理论与经验。但是,由于以往我们对教育科学研究工作的重要性认识不足、很不重视,好的经验,偶有总结,也往往是就事论事,不能提高到理论上来认识;错误的做法,虽有纠正,也往往就事论事,不能提高到规律上来认识而引以为训,往往导致重蹈覆辙。教育科学的发展,落后于客观形势的需要,不能为教育实践提供理论的指导,

---

[1] 原载《福建教育》,1979 年第 8 期。

以致我们在教育实践上，存在着很大的盲目性。举几个例子：

教育必须适应国民经济发展。这条教育与经济相互关系的基本规律，指的是：一方面，社会主义教育必须促进社会生产力的发展为社会主义国民经济建设服务；另一方面，教育事业的发展必须受社会主义国民经济发展所制约。对于这条基本规律，多年来，我们没有深入研究，认真掌握，以致教育事业的发展忽起忽落。对于教育事业与国民经济的比例关系，对于数量与质量的相互关系，对于学校的结构与布局等方面，由于缺乏科学的根据，往往处理不当，出现了一些问题，造成了一些困难。当前，四个现代化所需要的人才不足，中学与大学的比例不当，中学结构的单一化，都是林彪、"四人帮"干扰破坏留下来的急需调整的问题，如何调整，还得根据教育必须适应国民经济发展这条基本规律，结合当前实际，逐步解决。

学校以教学为主。这是全日制学校所必须遵循的规律，指的是：必须贯彻执行党的教育方针，根据国家统一规定的教学计划、教学大纲和教材进行教学。要正确处理政治与业务、主学与兼学、长知识与长身体的关系。"四人帮"抡起"智育第一"的大棒，扣上"资产阶级教育观"的帽子，践踏这条规律，以致教学质量严重下降。批判了"四人帮"的谬论，加强了教学工作，教师教、学生学的积极性空前高涨，这是十分令人高兴的。但是，如何正确运用这条规律，还有许多问题应当研究。以教学为主，必须坚持正确的政治方向，坚持四项基本原则，这是不能动摇的。以教学为主，必须充分重视学生的身体健康，有利于学生的发育，这也是不能动摇的。以教学为主，必须保证教师与学生有较多的时间与精力用于教和学，政治活动、社会活动、劳动不能占用太多时间；但教学时间，也不是越多越好，重要的是要使学生在有限的时间内，学得好一些，这就要求教师在提高教学质量、提高单位时间学习效率上下功夫。现在有的教师，将之理解为以教学为主，就是增加教材和作业的分量与难度，使学生起早摸黑，背课文、赶作业，以致消化不良，负担过重，体质下降的现象已经出现。这说明我们在教学上，还存在某些不按规律办事，以主观愿望代替客观规律的现象。

循序渐进，这是一条反映教学规律的原则。这条原则指的是：教学必须按照思维的特点、知识的积累性以及学生身心发展的特征，由浅入深，由简到繁，由易到难。"四人帮"破坏这条原则，在高等学校鼓吹"火烧三层楼"，在中学攻击"三基"，使学生在学习上遇到很大的困难。现在，虽然批判了"四人帮"的谬论，重新肯定了这条原则，但是在教学上，违反这条原则办事的还是屡见不鲜。特别是在中学教学上，为了准备高等学校和中专的入学考试，竟以考试提纲为教材，猜考题，背答案，而不是扎扎实实打好基础，以致有不少高考成绩很高的学生，进入大学学习却很困难。从提高教学质量、培养人才来说，扎扎实实地打好基础，比花大力气背诵考试提纲更为重要，因为后者是违反循序渐进原则的。

例子还可以举出许多，无非是说明这么一个道理：教育是复杂的社会现象，要办好学校，提高教育质量，必须按教育规律办事；要认识、掌握、运用教育规律，必须大力开展教育科学研究。

二

教育科学，应当依靠什么人来研究？毫无疑义，教育科学工作者是一支研究教育理论的专业队伍、骨干力量。但是，教育现象那样复杂，教育上的问题那样多，教育的范围那样广，参与教育过程的人那样多（学生两亿多人，教师、干部一千多万人），单靠全国几百名教育科学专业人员和一千多名师范院校教育学教师，是无法完成这个任务的。要研究教育科学，必须从教育实际出发，解决教育实践中所提出的新问题，这就必须有千百万具有丰富的教育实践经验、战斗在教育战线上的教师、干部参加。教育科学工作者必须与广大教师、干部结合起来，才能深入教育实际，研究新情况，解决新问题。

如何动员广大教师、干部来关心和参与教育科学研究呢？

首先，要解决认识问题。有人认为：搞好教育工作，只凭经验就行。有经验的教师，自然会把书教好；有经验的干部，自然会把学校办好。这有一定道理，但是不全面。

经验，无疑是重要的；但实践经验是科学的源泉，不等于科学。认识，在经验阶段，只能反映事物的表面、局部以及带有偶然性的现象；只有科学理论，才能反映事物的本质、整体、必然性和规律；经验丰富的教师、班主任、干部，是办好教育的宝贵人才，他们的经验从不同角度和程度反映了教育规律；如何使这些符合于教育规律的经验，上升为对于规律的认识，这就需要下一番去粗取精、由表及里的科学研究功夫，从经验的阶段达到理论的阶段。只有这样，才能做到按教育规律办事，而不只是按经验办事。只按经验办事，当情况、条件变了，就很难适应。一个有经验的中学教师，调到大学任教，如果光凭教中学的一套老经验，不能很好地培养大学生的独立思考、独立工作能力；一个城市学校的校长，派到农村学校去，也往往很难适应农村的环境与条件。

不掌握教育规律，没有理论指导，往往不能推断某种经验的正确与否。举个例子说，"珍宝岛事件"之后，某省曾经总结了一个以"珍宝岛事件"为教材的大单元教学法，把政治、语文、算术、历史、地理等知识，组成一个大单元的教材，大肆宣传它的教学效果，许多学校纷纷仿效。不过这种大单元的教学方法，可能产生表面的、片面的教学效果。原因是，它是违反教学的系统性与循序渐进原则的，它只能使学生获得某些零碎的、片面的知识，是典型的实用主义教学方法。"四人帮"打着"教育革命"的旗号，推行实用主义教育，之所以能够欺骗一些教师和干部，正是由于许多教师和干部缺乏对教育规律的认识，把片面的甚至错误的经验当作"革命的创举"，从而受骗上当。

有人认为，要认识和掌握教育规律，只要读书就行。读书，无疑是重要的。我们要获得教育规律的一般知识，应当学习前人的教育科学研究成果及他们所编写的教育理论作品。但是，现成的教育理论学习，不能代替教师自己的实践经验和理论研究。书本知识，只能揭示若干一般的规律，如何把这些规律运用到实际中去，如何解决新情况下出现的新问题，都不是现成的"本本"所能满足的。随着教育事业的发展，教育理论也要发展，这就更需要广大的教师和干部，同教育科学工作者一起，共同研究新情况，解决新问题，不断丰富和提高社会主义教育科学理论。

当然，从事科学研究工作，不是简单容易的事，科学研究要花力气，动脑筋，下功夫。所以，只要具有科学的态度，运用科学的方法，从实际出发，勇于探索，就能有所发现，有所发明，有所创造，有所提高。

三

　　研究教育科学，应当具有科学的态度，运用科学的方法。

　　对于社会科学的研究来说，科学的态度，就是历史唯物主义的态度，实事求是的态度。开展社会主义教育科学研究，必须以马列主义、毛泽东思想为指导，坚持社会主义道路，坚持无产阶级专政，坚持共产党的领导，坚持马列主义、毛泽东思想和四项基本原则，否则就会走偏方向。

　　以马列主义、毛泽东思想为指导，指的是要完整、准确地理解马列主义、毛泽东思想，运用马列主义的立场、观点、方法，从实际出发，实事求是地分析问题、解决问题；不是一定要在马列著作、毛泽东著作中寻章摘句。例如：研究教学方法，就是要根据不同学科的教学内容，不同年龄的儿童青少年思维发展规律，进行实验，总结经验，探索教学方法中带有规律性的东西。毛泽东同志曾经在总结对红军上政治课经验的基础上，提出"十条教授法"，这"十条教授法"是反映了教学的规律的，是教学规律在特定条件下的正确运用。我们学习这"十条教授法"，重要的是如何深入理解这些教授法所反映的教学规律，而不是不论讲课、指导实验、批改作业，不论对大、中、小学生教学，都只能是这么"十条"。应当解放思想，坚持实践是检验真理的唯一标准，敢于创新，敢于总结行之有效的新经验，提出经过实践检验的新方法。

　　研究问题，不能从"本本"出发，更不能从主观愿望出发。现在有一种所谓"总结经验"，往往先有个主观的框框，然后去找个别的具体事例来证明，找"生动语言"来渲染，找几条"语录"来发挥。这是实用主义的研究态度，不是科学的态度。当然，不是说科学研究不可以先有所"假设"，要研究一点什么东西，可以而且往往必须先有个"假设"。但是，必须清楚认识到：第一，科学的"假设"，要有一定理论与实践的根据，而不是主观主义的"大胆假设"，例如我们假设集中识字可能是一种效率较高的识字方法，因为那是有一定的心理学理论与某些学校的实践经验作为根据的。第二，要通过认真的反复的实践来检验，而不是费尽心机去寻找有利于"假设"的事例来证明，而置大量不利于"假设"事例的那种所谓"小心求证"。第三，如果通过实践检验证明原来的"假设"是错的，应当勇于改正自己的错误；如果证明是正确的，还应该从总结经验中探索其中具有规律性的东西。

"工欲善其事，必先利其器。"有了科学的态度，还要运用科学的方法。教育科学研究方法很多，如观察法、测验法、问题法、调查法、历史法、比较法、个案法、实验法、统计法等，要根据所研究问题的性质与要求，选定一种或几种方法，有计划、有步骤地进行研究。这里举出两三种研究方法为例，证明选择适当方法的重要性。

研究自然科学，要做实验，才能得出科学的结论，许多教育问题的研究也一样，必须经过实验验证。教育科学实验与自然科学实验一样，都是根据一定的理论或经验提出某种"假设"，设定一定的条件，人为地引起某种现象，进行观察、比较、分析，得出某种结论。不过，在做法与条件上是很不相同的。自然科学实验，是在实验室中模拟自然界的变化，控制一定条件，借助仪器来进行的，而教育科学实验，除某些教育心理实验之外，一般是在学校环境里，在教育实际过程中进行的。因此，它的干扰因素较多，在这个意义上说，它比自然科学实验更为复杂，要求有更严密的计划与组织，否则，实验结果的可靠性就要受影响。一般的教育科学实验，多用对比的实验方法，即选定两个（或两个以上）班级（小组），这两个班级各种影响教育效果的因素（如年龄、知识程度、智力、教师水平与能力、社会条件等），尽可能是均等的。其中一个（或几个）班级，按实验计划进行实验（如用某种集中识字教字法），另一个（或几个）班级，按平常的方法（如一般的识字教学法）进行工作。一定时间之后，就其效果进行分析比较，从而得出实验的结果。由于其他因素相同或基本相同，根据逻辑上的差异法，两个班级的不同效果之差，可以视为实验因素所起的作用。为了使其结果可靠，这样的实验应当多次反复进行。

通过实验得出的结论，一般说，是比单纯依靠教师个人的经验或观察较符合于科学的真实。实践是检验真理的唯一标准，实验，就是科学研究的实践。我们要提倡用实验的方法来研究教育科学，以弥补一般经验总结之不足。

实验法同经验总结有什么不同？实验，也是一种教育经验总结，但它不同于一般的经验总结。它是有计划地设定一定条件，有控制地检验某种"假设"的效果。一般的经验总结，即便是认真的、客观的，也只是对不加控制的事物的发展过程进行总结。但在教育过程中，影响效果的因素很多，教育效果往往是多种因素交互起作用的结果。如一般地总结一个班级集中识字的效果，可能由于教师的水平、能力高低，学生的知识程度与智力高低不同而影响效果的好坏，不一定能表明集中识字效果的好坏。作为教育科学研究，必须尽可能提出准确的结论，因此，不能仅仅满足于一般经验总结，应当在一般经验总结的基础上，提出"假设"，设计实验，通过实验来检验"假设"的真实性。

那么，是否可以用典型总结来代替实验法呢？典型总结，大抵相当于个案法，它的作用，是"解剖麻雀"，即通过特殊事物的分析研究来认识、掌握一般性的规律。在教育科学研究上，无疑是重要的方法之一，但问题在于典型的选择，是否能够代表一般。我们知道，一般属性，是存在于特殊事物之中，但特殊事物，不仅包含一般属性，而且包含非一般属性，即特殊属性、偶然属性等等。如果把特殊属性，甚至把偶然属性，作为一般属性来加以总结，把特殊的、局部的、偶然的东西夸大为规律性的东西，以偏概全，就会引出片面性的、错误的结论来。例如，为了证明"文化大革命"后11年的教育质量"高"，在千万个学生中，找一个"拔尖"的学生做典型来总结；为了证明"文化大革命"前17年的教育质量"低"，也可以找一个"后进"的学生做典型来总结。在形而上学猖獗、唯心主义横行的日子里，如法炮制，用不着说假话，也可以拿出"真"的典型来证明所谓"教育质量高"的谬论。

所以，典型总结应当在实验或统计的基础上来进行，但却不能代替实验。

当然，典型总结还有另一个意义，就是为了学习先进，总结先进典型经验，这是必要的。但作为科学研究，要通过典型，总结一般的规律性的东西，应当选择能够代表一般的典型，"解剖麻雀"，才有科学的意义。

在教育科学研究中，要选取一般的典型，就要运用教育统计方法，从大量的材料统计中，看出一般的趋势、一般的情况，以便选取一般的典型。当然，统计法应用于教育科学研究上，不只是为提供选取典型的依据。统计法在教育科学研究上有其广泛的作用。通过统计方法，可以用数字来掌握全面情况，可以用数据来精确表达研究结果。教育统计学上的集中量数、差异量数、相关系数，可以比较准确地分别表示教育现象的集中趋势、差异情况以及两种以上教育现象的相互关系。正如研究经济问题一样，必须进行数量的分析；许多教育问题的研究，也必须有数量的分析。订计划、提指标，不能满足于大体的估计，更不能凭主观愿望，必须有统计数字作为科学根据；判断一所学校教育质量的高低，研究两种以上教育因素的相互关系，也不能只举一两个例子或只作文字的描述，必须有精确的统计数字作为科学的根据。

严格的科学方法，是探索教育规律的手段。多年来，我们对教育问题的研究，往往只凭一些表面的印象、个人的经验，就轻率地下结论，发议论，甚至可以不需论证说空话，无所根据说假话。在林彪、"四人帮"干扰破坏的时期，我们已经吃够这种苦头了。当前，要特别强调用科学的态度、科学的方法来研究教育问题，探索教育规律，改变那种粗枝大叶、主观主义的学风，使我们能够通过教育科学研究，逐步认识与掌握教育规律，办好教育事业，提高教育质量，更好地为实现四个现代化服务，提高全民族的科学文化水平和培养科学技术人才。

在教育是否属于上层建筑讨论中若干有待商榷的问题[①]

在教育是否属于上层建筑的讨论中有各种不同论点。概括起来,大体有四:(1)教育是上层建筑;(2)教育一部分属于上层建筑,一部分不属于上层建筑;(3)教育与生产直接联系,或可以说教育就是生产力;(4)教育是不能用生产力、经济基础、上层建筑等范畴来归类的社会现象。众所周知,第一种论点早已有之,经过这场争论,得到充实与加深;第二种论点是去年提出来的从而引起了这场争论;第三种论点是在这场争论中引申出来的;第四种论点是对这场争论的否定,认为争论的"问题本身就提得不对",是理论界的一种"简单化的想法"。

我是主张第一种论点的,并认为至今许多反对者所提的理由,尚不足以推翻这种论点。坚持这种论点的同志阐述的主要理由,我也赞同,但不完全赞同他们中某些论据与论证方法。我对于第二、第三种论点,虽不敢苟同,但认为可以从中吸取许多有益的意见,来补充、丰富、加深我们对教育这一上层建筑的认识——不应只满足于认识它具有上层建筑的共同属性,而应深入研究它的特殊属性,探索它的特殊规律。至于第四种论点,因为没有充分展开,暂难评论。

教育属于上层建筑这个论点,诚然,马克思主义经典著作中没有直接予

---

① 原载《学术月刊》,1979 年第 12 期。

以肯定或否定①，但也并不像有的同志所说的，是我国于 1958 年以后才从"当做观念形态的文化"与政治、经济的关系的基本观点作为理论根据引申出来的。早在 20 世纪三四十年代，我国进步教育思想家杨贤江、张栗原、林砺儒等，就在他们的著作②中阐述教育属于上层建筑这一马克思主义的论点。1951—1952 年，苏联关于教育本质问题的讨论，就是围绕着教育是否属于上层建筑以及它的专门特点展开争论，并于 1952 年被介绍到中国来③。当时苏联教育界也曾有人提出种种论点：如教育与生产直接联系，教育一部分不属于上层建筑，教育与语言一样，既不属于生产力基础，也不属于上层建筑，等等。因此，当前这场争论，在教育发展史上并不是新事情，教育属于上层建筑这个论点，也不是从一个内涵不完全相同的概念（文化）引申出来，而是根据历史唯物主义的原理，总结了教育的历史经验，考虑了不同的论点，抓住了教育的本质而提出的。当然，在新情况下，重新讨论这个问题，如上所说，是有新的意义的。这就是，如何正确理解教育与生产的关系。教育作为生产斗争工具的作用，使社会主义教育更好地为建设社会主义现代化强国这一政治任务服务。

教育属于上层建筑这个论点的科学根据与实践证明，许多同志已有所阐述，没有必要一一重复。这里，只对讨论中若干有关论据与论证方法值得商榷的问题提出个人的看法。

一、如何理解上层建筑随基础的变化而变化

提出教育有一部分不属于上层建筑这种"两部分论"或"两因素论"的主要论据是：教育中的某些部分或因素，如关于读、写、算的基本知识，自

---

① 马克思在《共产党宣言》中指出教育由社会关系决定，列宁在《什么是"人民之友"以及他们如何攻击社会民主党人》中曾经提出教育儿女是普遍永恒的范畴；两者都是针对某种错误的论点提出反诘，并未直接论述教育是否属于上层建筑。

② 分别见于杨贤江《新教育大纲》、张栗原《教育哲学》、林砺儒《教育哲学》等著作中。

③ 详见《人民教育》1952 年五月号《苏联"苏维埃教育学"杂志展开关于教育问题的讨论》和七、八月号《关于作为社会现象的教育的专门特点的争论总结》。

然科学技术的教学内容，根据学生身心发展规律和学习心理所采用的教学方法以及某些教学组织形式，既可为资本主义的经济基础服务，也可为社会主义的经济基础服务，它并不随着产生它的旧基础的消灭而消灭。

这是事实，某些教学内容、方法、组织形式，不但不随产生它的旧基础的消灭而消灭，也不能视为仅是旧基础的残余而暂时残存着。在新的基础上，这些东西仍是有用的，有的还要继续发展。也就是说，这些东西是有继承性的。是不是可以把这些东西从整个教育体系中分割出来，和教育目的、方针、政策区别开来，作为非上层建筑部分或因素呢？我认为这样来理解上层建筑与基础的关系是不正确的。

问题的实质在于如何理解上层建筑随基础的变化而变化，如何正确对待上层建筑的继承问题。

关于上层建筑随基础的变化而变化，马克思是这样表述的："随着经济基础的变更，全部庞大的上层建筑也或慢或快地发生变革。"[①] 马克思说的是"变革"，按照事物发展的辩证法，变革就是否定。否定，并不是对旧事物消灭精光。"在辩证法中，否定不是简单地说不，或宣布某一事物不存在，或用任何一种方法把它消灭。"[②] 否定只是对旧事物的扬弃，"扬弃＝结束＝保持（同时保存）"[③]。一方面，是旧事物的结束、终止；另一方面，又是对旧事物中积极因素的保持、保存。变革、否定、扬弃，不能也不可能割断历史、中断文化。在上层建筑的变革中，旧上层建筑中积极的因素被新的基础所利用而保存下来，并以被改造了的形态构成新的上层建筑的有机组成部分，这完全是合乎历史的辩证法的。当它成为新的上层建筑的有机组成部分时，就失去了它原先作为旧的上层建筑的意义而赋予新的生命。例如：普及教育是在资本主义经济基础上所产生并且主要是为资本主义服务的教育制度，在社会

---

① 马克思. 政治经济学批判导言 [M] //马克思恩格斯全集：第13卷. 北京：人民出版社，1998：9.

② 恩格斯. 反杜林论 [M] //马克思恩格斯全集：第20卷. 北京：人民出版社，1971：154-155.

③ 列宁. 哲学笔记 [M] //列宁全集：第38卷. 北京：人民教育出版社，1959：108-109.

主义经济基础上，则成为广大劳动人民的福利事业。又如：科学技术教育，既是发展资本主义生产所需要的教学内容，也是发展社会主义经济所必需的教学内容。

诚然，斯大林对上层建筑随基础的变化而变化的表述是这样的：上层建筑"要随着这个基础的消灭而消灭，随着这个基础的消失而消失"①。斯大林说的是"消灭""消失"，至于用词是否得当，暂置勿论。如果不是只拘泥于个别词语，而是比较全面地理解斯大林关于历史与文化的思想，从斯大林的大量论著中，包括20世纪30年代他所签发或写作的几个关于历史教科书的文件，都不可能发现那种无产阶级文化派的观点。只有无产阶级文化派以及林彪、"四人帮"的"全面专政"论，才认为上层建筑的变革，必须"横扫一切"，使旧的上层建筑消灭精光，不存在继承性，一切从头做起。这种错误的观点所带来的毁灭性的灾难，已被历史实践所证明了。

是不是某些被保存下来的积极因素，可以外在于新的上层建筑的整个体系而把它看作非上层建筑部分呢？可不可以把教育观点、服务对象、学校领导权、思想政治教育和只能为一定基础服务的教学内容，看作上层建筑，而把另一些不随基础的变化而变化，可以为不同基础服务的教学内容、方法与组织形式，看作非上层建筑呢？那么，可不可以把作为上层建筑的艺术以及政治、法律、道德、哲学也分为两个部分呢？可不可以认为艺术观点以及表现阶级斗争的艺术内容是上层建筑，表现生产斗争或自然美的艺术内容以及各种艺术形式是非上层建筑，政治观点是上层建筑而民主选举形式是非上层建筑，法律观点是上层建筑而某些具体法律条文是非上层建筑，道德观和道德原则是上层建筑而许多道德习惯是非上层建筑，哲学观点是上层建筑而"基本的内核""合理的内核"是非上层建筑呢？甚至宗教的某些内容和仪式，既可以为巩固奴隶社会基础服务，也可以为巩固封建社会、资本主义社会基础服务，是否也不属于上层建筑呢？当然，每种上层建筑都有自己的特点，教育的特点就在于传授前人所积累的文化科学财富，"用人类创造的全部知识财富"来培养新的一代，所以继承性的东西多些，而政治法律等，继承

---

① 斯大林. 马克思主义与语言学问题 [M]. 北京：人民出版社，1953：5.

性的东西少些，但在具有某些继承性这一点来说，教育与其他上层建筑并没有什么不同。如果人们不否认艺术、政治、法律等为上层建筑，也不把这些上层建筑割裂为两个部分，为什么却否认教育是上层建筑或把教育割裂为两个部分呢？

由此可见，不能以教育中存在某些继承性的东西作为否定或部分否定教育属于上层建筑的论据，也不能把某些继承性的东西硬从整个教育体系中分割出去，作为非上层建筑部分。这样的论证，势必得出上层建筑没有继承性的错误结论。顺便提一下，有的同志以教育中存在某些非阶级性的东西来论证教育不属于或部分不属于上层建筑，这是逻辑的混乱，因为阶级性只是上层建筑的充分条件而非必要条件。这样的论证，容易导致阶级消灭了，上层建筑也就不存在的误解。

作为上层建筑的教育，正如艺术以及政治、法律、哲学一样，指的是整个体系，而其决定性的东西是它的基本观点，即培养什么样的人，为什么社会制度服务，包括通过什么社会制度为生产服务。它体现在教育方针、教育目的以及一系列的教育政策、措施上。我们的教育方针，指明教育必须为无产阶级政治服务，必须同生产劳动相结合，培养有社会主义觉悟、有文化的劳动者。这个方针完整地体现了社会主义教育既要为巩固无产阶级专政服务，又要为提高社会主义社会生产力、发展社会主义生产服务，即体现了教育作为阶级斗争工具与作为生产斗争工具两种不可分割的作用。有的同志认为教育方针、教育目的因其是有阶级性的，所以才是上层建筑。这样来理解我们的教育方针是不全面的，正是由于我们的教育方针的全面性，所以某些教学内容、方法、组织形式，符合教育方针，即适应新的基础，符合新的观点的，就将被保存下来并被消化吸收了，从而赋予新的意义，成为新的教育体系的组成部分，不适应新的基础，不符合新的观点的，就将或慢或快地被改革掉。不但如此，某些不同的基础所产生的新东西，如资本主义基础上所产生的自然科学技术的教学内容、现代化教学手段，只要是适应社会主义需要的，就可以被利用的，可以被引进来并被消化吸收成为社会主义教育体系的组成部分。这就是"取其精华，弃其糟粕"，也就是"古为今用""洋为中用"。

承认教育是上层建筑，社会主义教育体系是建立在社会主义社会基础上并为它服务的，即为巩固无产阶级专政、发展社会主义"四个现代化"服务。

同时，又承认上层建筑某些非决定性的东西有继承性，社会主义教育可以而且应该吸收一切前人的、外国的有益的东西，加以改造、消化，使之成为自己的教育体系的组成部分。这是总结30年来建设社会主义教育的实践经验与教训的结论，也是符合历史的辩证法的。

二、如何理解教育与生产的联系

提出教育非上层建筑或部分非上层建筑的论点，从而引起这场教育是否属于上层建筑的争论，是有其现实的背景与现实的意义的。1951—1952年间，苏联的那场争论，是由于斯大林发表了《马克思主义与语言学问题》，人们把语言与教育做某种类比所引起的；我国当前这场争论，则是由于要从理论上来阐明教育与生产的联系，论证教育在实现"四个现代化"中的重要性所引起的。人们为了批判"四人帮"所谓"在阶级社会里教育纯粹是阶级斗争的现象"，以政治代替业务，以及鼓吹"全面专政"的谬论，力图阐明教育对生产斗争的重要性，就提出了教育不属于或部分不属于上层建筑、教育与生产直接联系、教育就是生产力等论点，其科学性值得商榷。同时，把教育说成是不属于或部分不属于上层建筑，不必经过基础的中介而与生产直接联系，这种理论是否就能更好地说明教育在实现社会主义"四个现代化"中的重要性，抑或适得其反，这些问题也是必须澄清的。

教育是生产斗争的工具，在阶级社会中，又是阶级斗争的工具。"生产活动是最基本的实践活动，是决定其他一切活动的东西。"[①] 教育作为生产斗争工具，是永远存在的社会职能。教育与生产斗争的联系，是一种更为本质的联系，这是毫无疑问的。无产阶级搞革命，进行阶级斗争，归根结底，是为了解放生产力、发展生产力，建设社会主义和共产主义。这就是无产阶级政治。

教育与生产斗争这种内在的本质的联系，是由于教育是劳动力再生产的必要条件，也是生产工具革新的必要条件。在科学技术高度发达的今天，教育同生产斗争这种本质联系更为突出地表现出来。在生产力诸因素中，生产

---

① 毛泽东. 实践论 [M] //毛泽东选集：第1卷. 北京：人民出版社，1991：259.

工具的现代化，关键在于科学技术的现代化，而发展科学技术，基础在教育，运用现代化生产工具从事生产劳动的劳动力，更需要"通过教育使他获得一定劳动部门的技能和技巧，成为发达的和专门的劳动力"[①]。在科学技术高度发达的今天，提高科学家、生产技术人员和工人的科学技术水平以及管理人员的科学水平，越来越成为极其重要的条件。因而，教育作为生产斗争的工具，越来越显示其重要性。这些道理，是实践已经证明了的。

但是，教育这种重要作用，并不是像生产工具或劳动者那样在物质生产过程中直接起作用，也不是像科学技术那样作为"生产的精神潜力"在一定条件下转化为生产力。教育的作用，是作为把科学技术转化为直接生产力的必要条件起作用的。教育的社会职能是培养人，通过培养人来使用或者制造、变革生产工具从而在生产过程中起作用。不能把培养人的过程说成是物质生产过程，把形成生产力的必要条件说成是生产力本身。形成生产力的必要条件虽不是生产力本身，但丝毫不降低教育作为生产斗争工具的重要性，教育在实现"四个现代化"的重要意义。相反，正说明教育既受生产和生产力发展水平所制约，又是发展生产与生产力的必要条件。

那么，教育受生产、生产力所制约与对发展生产、生产力起作用，是不是直接联系，不需要经过基础的中介呢？

生产，总是社会性的活动；教育，也是社会性的活动。生产与教育，都要处于一定的社会制度之中，具有一定的社会组织形式，受一定的社会关系所影响或决定的。马克思在驳斥资产阶级的观点时就指出："难道你们的教育不是由社会决定的吗？不是由你们借以进行教育的那种社会关系决定的吗？不是由社会通过学校等进行的直接的或间接的干涉决定的吗？共产党人并没有臆造什么社会对教育的影响，他们仅仅是要改变教育的性质，要使教育摆脱统治阶级的影响"[②]。马克思所指的"那种社会关系"，就是"资产阶级的生产关系和所有制关系"。不可能设想生产对教育的作用或教育对生产的作用

---

① 马克思. 资本论 [M] //马克思恩格斯全集：第 23 卷. 北京：人民出版社，1972：195.

② 马克思，恩格斯. 共产党宣言 [M] //马克思恩格斯全集：第 4 卷. 北京：人民出版社，1958：486.

不需要通过基础的中介而直接联系，只要生产有所需要，不管社会制度如何，都能直接决定教育对人的培养，并产生同样的效果，而教育所培养的人，也不管社会制度如何，都能直接影响生产并产生同样的效果。

有的同志用资本主义社会几百年生产关系并没有本质的变化，而由于生产力的发展却促使教育的规模，科学技术教学内容、教学方法与手段起很大变化，或用资本主义社会同社会主义社会的生产关系有本质的不同，却可以采用某些相似或相同的教学内容、方法与手段，来证明生产力对教育的作用不必经过基础的中介，它们之间是有直接联系的；还有的同志认为发达的资本主义国家的生产力水平高，因而科学技术教学水平也高。我国虽然是社会主义国家，但由于生产力水平还不高，所以科学技术教学水平也不高，来证明生产力对教育的作用是直接的。这种论证方法，无疑是把复杂的社会现象简单化了。几百年来资本主义的生产关系虽没有本质的变化，但非本质的变化是很大的，如从自由竞争到垄断资本的统治，国家资本主义的扩大，工人阶级的强大，所有制、阶级关系、分配制度随之发生的某些非本质的变化。因此，在某种程度上，还能暂时适应生产力的某些发展，通过垄断资本的经济基础为中介，科学技术教育在一定程度上也能反映生产力的发展并对资本主义生产的发展起促进作用，有时作用还是很明显的，如近20年来发达的资本主义国家生产与教育都有了较快的发展。然而，我们更应该看到，大量通过教育培养出来掌握科学技术的人才，甚至是得到博士学位的专家，也受到失业的威胁，不能够超越资本主义的生产关系直接把他们的科学技术作用于生产过程；就业的，也只能是受雇于资本家或自己成为资本家才能把他们的科学技术作用于生产过程。在社会主义国家里，虽然生产力发展水平暂时不如发达的资本主义国家，但是，通过社会主义经济基础的中介，却可以促使教育事业更快更好地发展。例如我国在第一个五年计划期间，生产力虽然仍很落后，比新中国成立前也只有一定限度的提高，而当时教育事业发展的速度，不是新中国成立前的教育所可比拟的，也远远超过当时的资本主义国家。教育质量也有很快的提高，当时大、中、小学毕业生的文化科学知识水平，同发达的资本主义国家同级毕业生相比，一般差距不大。这说明生产力对教育的作用，通过以不同的经济基础为中介，其效果是大不相同的。另一方面，教育对生产力起作用也是如此。在社会主义国家里，教育所培养出来的同样水平的科学技术人才，通过社会主义生产关系的中介，能够对生产力的提高与生产的发展起更大的长远的作用。在第一个五年计划期间，我们的高等学校和中等专业学校所培养出来的科学、技术人才：第一，不存在毕业失业的问题；第二，学非所用的情况不同，一般尚能被分配在适当的工作岗位上发挥他们的专长。事实上，20世纪50年代所培养的人才，现在正是生产上的技术骨干，正在起着并将继续起着重要的作用。至于由于受林彪、"四人帮"的干扰破坏，或由于组织管理上的缺点，并没有对生产力的发展起到应有的作用，是特殊的暂时的现象，不能归之于社会主义经济基础本身。想绕过社会主义的经济基础，使教育直接与生产联系起来这种设想是不符合实际的。

有的同志用大量的事例来证明生产力和教育之间存在密切的联系，如生产力的发展、变化，迅速地反映在教学内容、教学方法上，教育的发展受生产的发展所制约，如此等等。这些事例无疑都是真实的，但只能证明生产力与教育之间存在密切联系，却不能证明生产力与教育之间具有直接联系。"直接联系"与"紧密联系"是两个容易混淆但并非相同的概念。说到底，作为上层建筑的教育，受经济基础所决定并为经济基础服务，而经济基础本身就是以生产力对生产关系的相互作用为前提，所以，经济基础与教育的相互关系，就间接地体现了生产力与教育的相互关系。我们既不可以不顾物质基础而侈谈教育的发展，也不可能绕过经济基础而设想生产力与教育直接联系。我们的教育，是社会主义的教育，我们的生产建设，是建设社会主义现代化强国。教育为实现"四个现代化"服务，通过社会主义经济基础的中介，正是社会主义社会教育作为生产斗争工具的优越性所在。这足以证明，我们的教育工作既必须努力为生产建设做出贡献，又必须坚定地走社会主义的道路。作为社会主义社会上层建筑的教育，可以而且必须保存、引进一切有益的东西，消化吸收，使之成为建设社会主义教育的养料，构成社会主义教育体系的有机组成部分，但是，并不改变社会主义教育的性质。

教育的基本规律及其相互关系[①]
——1988年4月在华中理工大学的报告

这个报告准备分三部分：第一部分，讲教育的外部关系规律（简称外部规律）；第二部分，讲教育的内部关系规律（简称内部规律）；第三部分，谈外部规律与内部规律的关系。研究这些规律，目的是为了进一步深化当前的教育改革。

一

教育的第一条基本规律即教育的外部关系规律，就是教育同社会的关系规律。教育同社会存在必然性的关系，必然性关系就是规律。作为整个社会系统来说，这种关系存在于社会系统的内部，作为教育这个系统来说，它所指的是教育与社会的其他子系统之间的关系。这条规律的表述很简单，一句话，就是"教育必须与社会发展相适应"。"适应"这个词，我的理解包括两个方面，一个方面是"受制约"，另一个方面是"为之服务"。因此，这条规律可稍加引申，表述为"教育必须受一定社会的经济、政治、文化所制约，并为一定社会的经济、政治、文化的发展服务"。现在我想就这两个方面展开谈谈。

[①] 原载《高等教育研究》，1988年第3期。

教育要受哪些社会因素制约呢？概括起来，主要有三个因素。

第一个因素是生产力和科学技术的发展水平。生产力的发展是社会发展的动力，因此，生产力的发展也是制约教育发展的最基本的因素。但是为什么我在生产力发展水平提高后，还要加上科学技术的发展水平，把它们归在一起作为第一个制约因素呢？生产力跟科学技术不是一码事，生产力的发展水平不等于科学技术的发展水平；反过来，科学技术的发展水平也不等于生产力的发展水平。现代生产力的发展水平主要决定于科学技术的发展水平，但不能简单地说，有什么样的科学技术水平就有什么样的生产力水平。因为除此以外，还有其他因素对生产力的发展水平起作用。比如说资金，没有资金，生产力的水平上不去；又比如说管理，管理水平不够，生产力也不可能提高。但是，毕竟生产力的发展水平，特别是现代生产力的发展水平，主要决定于科学技术的发展水平。因此，我们说，生产力是社会发展的动力，而科学技术是关键。所以可以把这两者合在一起，作为一个制约因素来看待。

教育的发展，最基本的就是要受生产力和科学技术发展水平的制约。例如，教育发展的规模与速度、各级学校的培养目标和培养规格，特别是大学的专业设置和课程、教材等，都要受生产力、科学技术发展水平的制约。这里举一个例子，谈谈学校教育制度是怎样受生产力发展水平制约的。不管是中国还是欧洲，在古代并无大学、中学、小学之分，也无职业学校、普通学校之别。在中国，叫它国学、太学、四门学也好，叫作州学、府学、县学也好，都是笼笼统统的学校。欧洲的学校，如希腊的修辞学校、哲学学校，即使是雅典大学也是如此。在中国，如果一定要分，那就是学校是按照学生的父辈的官阶高低而分等级，不是按水平高低来分。到了资本主义萌芽时期，学校教育制度才逐渐往上伸，往下伸，往旁伸。往上伸，出现了近代意义的大学；往下伸，出现了小学，或者叫作国民教育，培养有一定的读、写、算能力的工人；往旁伸，出现了职业教育系统。为什么会出现这样的延伸？这是因为受生产力的影响，资本主义的生产力要求学校分化。到了今天，由于科学技术、生产力的更高的发展，一个人在儿童、少年、青年时期所受的学校教育不够了。因此，终身教育、继续教育、大学后教育、回归教育等种种概念引进了我们的学校教育系统。成人高等教育成为正规的学校教育制度，终身教育成为学校教育制度的组成部分。这就是教育受生产力、科学技术发展水平制约的证明。就拿大学里的专业设置来说也是这样的。例如，高、精、尖的科学技术出来了，我们必须及时设立高、精、尖的专业。但是，如果所有的专业都搞高、精、尖，行吗？现在激光专业的毕业生太多了，分配不出去；理论物理专业的学生难分配，应用物理的毕业生也不太好分配。为什么？归根结底，还是由生产力发展水平决定的。因为，我们的生产力发展水平不都是高、精、尖的，有相当大的部分是资金密集型的，还有大量的是劳动密集型的工业。而资金密集型的、劳动密集型的工业，在工业发达国家称之为"夕阳工业"，但在我们中国是"夕阳还没有下山"，还早得很，即使在工业发达国家也还是没有下山。因此，我们的高等学校，对那些所谓的"夕阳工业"部门所需要的人才，还是要培养。而且，我们的乡镇企业要发展需要大量的基层人才，乡镇企业不可能一下子都是高、精、尖企业。所以，专业如何设置，既要看科学技术发展的先进的东西，也要看全国的整个生产力的发展水平如何。

学校教育制度、专业设置要受生产力、科学技术发展水平的制约，更不用说教学内容、教学手段了，这里就不一一列举。

第二个因素是社会制度。社会制度，主要是指社会的经济制度和政治制度，当然还有其他的制度，如文化制度等。社会制度不仅制约教育体制，还要制约我们的教育目的、思想政治教育和某些教学内容。对此，现在我想具体谈谈经济制度是如何影响教育的。现在我们所进行的教育体制改革，就是直接在经济体制改革制约下的改革。社会主义初级阶段的经济，是计划指导下的商品经济，即以有计划的商品经济为主，多种经济成分并存。经济体制反映到教育体制中，表现在教育要引进市场机制。有的不叫市场机制，叫竞争机制，实际上引进的只是市场机制。竞争机制不等于市场机制，它的内涵比市场机制丰富得多。教育领域引进市场机制，是由目前我国所处的经济体制所决定的。因此，它是必然的，是不以人们的意志为转移的。我们对此要有所认识，有思想准备。

1988年1月，福建省的高校和各地区的人事部门在厦门大学联合召开了一次大学生分配会议，会上大家都在讨论如何解决现在大学生分配难这个问题。我认为毕业生分配不出去，与其说是教育问题还不如说是经济问题，或者说是社会问题。我在会上向大家提了个问题："大学毕业生分不出去，是好事还是坏事？"我说："是坏事但更是好事。"为什么？大学生毕业分不出去，据人事部门分析，有六个原因：第一，当前面临政治体制改革，机构要精简，党政机关一般不想招人。第二，工资包干，经费包干，人才流动很难，所以近年来企事业单位都不敢进人。第三，企事业单位现在实行的是短期任期目标责任制，考虑的是短期行为而不重视长远效益，大学生进来要占一个位置，还不知道什么时候才能发挥作用，因此不想进大学毕业生。第四，人事部门对编制控制很严，增干指标不容易拿到。第五，有些专业和社会需要不对口，长线专业太长。第六，更多的是由学生以及学生价值观念所引起的，大学毕业生不愿到基层去，到乡镇企业去。在所分析的原因中，除了短期目标责任制，使企业只有短浅的眼光，是坏事外，其他都是好事。正因为长线太长分不出去，就逼着学校考虑调整专业，进行体制改革，机构压缩，这个从总体上说也是好事。总之，这些原因归根结底会促进我们的教育改革、调整。因此，从这个角度来说，大学毕业生分配不出去基本上是好事。

第三个因素是文化传统。文化传统对学校教育的德、智、体、美各个方面都有广泛的影响，第一个制约因素、第二个制约因素往往需要通过文化传统折射出来。任何一个人在价值观念、伦理观念以及思想方式上都会自觉或者不自觉地、或多或少地受已有文化传统的影响，即使青年人也不例外。而教育是人干出来的，干教育的人既然脑子里有文化传统的影响，他在办教育的时候，怎能不受文化传统的影响呢？而且一旦文化传统形成一股力量的时候，往往不是一两个人，而是整个社会都受其影响，比如说教育价值观。中国古代有"学而优则仕"的传统观念，现在大学生尤其是名牌大学学生中出现的"从政热"是好事，不能说"从政热"就是"学而优则仕"。但是"学而优则仕"的传统观念有没有在人们的头脑中起一定作用呢？我看好像有一点。又如现在为什么大学毕业生不愿到基层、到乡镇企业去，有没有等级思想的影响？恐怕也还是有一点。我说受影响，也不都是坏事。文化传统对教育的影响可能是消极的，但更可能是积极的，而且积极面更大。因此，不要讳言文化传统对我们的影响，而是要正确对待文化传统，发挥文化传统的积极作用，减少它的消极影响。

最近几年，在中国出现了一股"文化热"。这究竟是好事还是坏事呢？我说是好事。它的形成，我认为有两个原因：一个原因是由逆反心理造成的。过去一天到晚讲的是政治、经济、阶级斗争、生产斗争。现在人们觉得在文化中有一些值得我们去寻找、思考的东西。这是人们对过去那些条条框框不满意所形成的"文化热"，作为一定时期人们的心理，是可以理解的。还有更深刻的原因，就是我们过去解释问题、分析研究问题时，往往比较简单化。似乎有什么经济，就有什么政治；有什么政治，就有什么思想。有很多东西解释不清，说不通。例如，为什么生产力水平差不多的国家，它们的教育制度可以不同？为什么社会制度差不多的国家，它们的教育制度也可以不同？这些问题不从第三个方面找原因，就说不清楚。所以，文化传统是不知不觉、无孔不入地在起作用的，我们必须正确地认真对待。但是，不要"热"得过分，否则，就会走向唯心主义。就教育的三个制约因素来说，第一是生产力、科学技术，第二是社会制度，第三是文化传统。文化传统尽管很顽强，但是，在一定情况下，它会或快或慢地改变的。如果把它摆在第一位，那就变成了唯心主义的"文化决定论"了。

以上谈了"受制约"的一面，还有"为之服务"的一面。"受制约"是前提，"为之服务"才是教育努力的方向。《中共中央关于教育体制改革的决定》里面有两句话表述了这条规律"为之服务"的这个方面，即"教育必须为社会主义建设服务，社会主义建设必须依靠教育"，要"为之服务"，就要使我们的教育尤其是高等教育要有主动适应社会发展需要的积极性和能力。对高等学校方面来说，为社会服务就体现在高等学校的三个社会职能上。这三个社会职能，第一个叫作培养人才，第二个叫作发展科学，第三个叫作直接为社会服务。因为培养人才、发展科学归根结底也是为社会服务。

对此，我觉得有几点需要加以说明。

第一，高等学校的三个社会职能是发展的。第一个职能是培养人才，自古以来，有高等学校就有，这是其最基本的职能。第二个职能是发展科学，很难说是从什么时候开始有，但是比较明确地提出来的，一般归之于19世纪初德国的柏林大学（也叫洪堡大学）。当时德国的柏林大学明确提出要把科学研究引进学校教育之中，把科学研究作为学校的一个正式职能提了出来。第三个职能是为社会服务，一般认为是在19世纪后半期从美国发展起来的。美国的威斯康星大学开办之初，就以为本州服务作为它的办学宗旨。我们现在为"创收"所举办的科技咨询、短期培训班，大学的工厂和实验室为社会服务，以及派专家、教师当顾问，为地方承担设计、计划等工作，威斯康星大学当时就这样办了。这所大学为地方在政治、经济、管理、教育等各方面进行的卓有成效的服务工作，受到地方的欢迎，学校也得到地方政府和社团、企业的大量资助。这一做法为当时美国许多州立大学所竞相仿效，后来人们就把它叫作"威斯康星思想"（Wisconsin Idea）。直接为社会服务也就成为高等学校的另一个重要职能。中国的高等学校职能的发展，大体也经历这样的过程，只不过比人家晚一点。培养人才的职能自从清朝末年办大学起，自然就有。第二个职能即大学承担科学研究的职能，过去有人提出过，如蔡元培就提出过，但是，始终没有把它作为一个正式的职能确定下来。20世纪50年代，马叙伦当教育部部长时正式提出过，综合大学要办成既是教学机构又是科学研究机构。但是，因为当时我们受苏联科研和教学分离体制的影响，这一思想在高等学校中并未真正地贯彻执行下去。1976年，制定了12年向科学进军的重大科学研究规划，所有的重点项目都由科学院牵头，大学只是作为协助单位。在70年代末，在高校有了"两个中心"或者叫"一个方面军"的提法，这时，高校的第二个职能才明确了。第三个职能过去也零敲碎打搞过，正式提出来的，大概在1983年间，主要目的是为了"创收"。而一经提出来，它的发展就比任何国家都快，而且富有中国的"特点"。

第二，三个职能发展的历史顺序，也是重要性的顺序。历史不能颠倒过来，重要性也不能颠倒过来。培养人才是基本的，发展科学、直接为社会服务都是必要的，但是，不应该影响第一个职能。如果因为搞科研、直接为社会服务而影响培养人才的质量，从长远的经济效益与社会效益来看，都是不足取的。我个人的看法是，科学研究，如果仅仅为创收，大量地只搞简单的有利可图的产品开发，对于发展科学，特别是对高水平的大学来说，是不利的。更不要说，现在有一股风，好像人才质量如何、科学水平如何都可以不谈了，创收压倒一切。这股风的形成可以理解，但是作为教育决策者和学校领导者，必须冷静对待这个问题。

第三，不同层次、不同类型的高等学校，对三个职能以及每个职能的实际内容，可以根据学校的条件，有所侧重，找出各自适合的范围，不要相互攀比，一拥而上。各个学校如此，各个系也如此。不要人家在这方面较强于你，就赶紧挤；不要一提"两个中心"，所有大学都要办成"两个中心"；不要一提直接为社会服务，就什么都要搞。尤其不宜于什么学校、什么专业都搞"经商"，而且什么生意都做，都开"百货"公司、皮包公司。直接为社会服务，办成开放型的大学是好的，是必然的趋势。但是，小而全、大而全，"万事皆备于我"，是小农经济思想在新的历史时期的反映。

第四，直接为社会服务，它的本质意义是什么？其本质意义就是把培养的人才、科研的成果更直接地、更快地转化为生产力。这样做对促进社会的发展十分有利。现在有人把高校的第三个职能简单地称为"创收"，这就是去掉了它的本质意义。因此，第三个职能要着眼于社会效益，要讲究国家的经济效益，当然高等学校自身的经济效益也要讲。因为现在国家不能够向我们提供充足的办学经费，高校又不可能像国外的私立大学那样，获得财团的资助。所以，在这一特定的历史时期，为学校的经济利益考虑是必要的。《中共中央关于教育体制改革的决定》指出："衡量任何学校工作的根本标准，不是经济效益的多少，而是培养人才的数量和质量。紧紧掌握这一条，改革就不会迷失方向。"换句话说，不掌握这一条，恐怕改革就会迷失方向。中共中央这个决定是1985年公布的，这句话我理解当时是有针对性的。那么，现在还有没有针对性呢？应该说还是有的。遗憾的是，有些高校未能紧紧掌握这一条。

由此可见，教育的外部规律说起来简单，但是要根据这条规律办事，掌握恰当，的确是不容易的。往往会发生违背规律办事，受到规律惩罚的事情。过去违背这条规律，惩罚是落在我们头上，我们千万不要违反这条规律，使惩罚落到我们的后代身上。

二

教育的第二条基本规律，是内部规律，或者叫教育自身的规律。我在

《高等教育学讲座》里是这样表述的:"社会主义教育,必须培养全面发展的人,或者说社会主义教育必须通过德育、智育、体育、美育,培养全面发展的人。"这条规律过去我们一直是作为教育方针提的,因此比较熟悉。这里,我简单地提一下全面发展的含义,集中谈谈作为劳动力的人和作为社会关系的总和的人的培养问题。

人的全面发展的学说,马克思主要是在他的政治经济学理论里面论述的。理所当然,马克思首先是把人作为生产力的劳动力这个因素来说人的全面发展的。人作为劳动力,所需要的是体力、脑力或者是体力、智力这两个方面的充分的、和谐的、统一的发展。马克思是从资本主义的大工业生产所需要的劳动力,提出人必须在体力、智力这两个方面充分地发展。马克思提出这个理论也是针对大工业生产在资本主义制度之下,把人作为机器的附属品,身体被肢解,智力发展被压抑扭曲这一现象的。因此,把全面发展理解为体力与智力的充分发展,对不对呢?对。因为人如果仅仅作为劳动力来说,无非就是体力和智力两个方面。体力,是身体的自然力;智力,如马克思所说的,是精神方面的生产能力,包括文化科学的知识、劳动的技能、生产的经验等等。但是,马克思也把人作为社会关系的总和来对待。把人作为社会关系的总和来对待,那就不仅仅是体力和智力的问题,而应该是包括其他方面。譬如,包括了人的道德、意志、情感、审美情趣等。当然,在这一方面,马克思谈得不太多。但实际上,从总的方面已经提出了德、智、体、美四个方面的丰富内容。

过去,我们把人简单化为劳动力的时候,就不容易理解到马克思把人作为社会关系的总和的丰富的内容。那么,作为社会主义关系的总和的人来说,我们过去又是怎样理解的呢?我们过去只把人作为生产斗争的工具和阶级斗争的工具。作为生产斗争工具的人,要具有体力、智力;作为阶级斗争的工具的人,还得要有政治思想,因此,我们只提德、智、体。其中对德的理解也不很全面,德不只是政治思想,还有其他道德品质。从德、智、体三方面来理解人的全面发展,基本上是正确的,但还不够全面。在社会活动中,最主要的,一个是经济活动,一个是政治活动。但是,作为社会的人,尤其是青年,除此之外,还有没有其他活动呢?当然,生产活动和政治活动是最重要的社会活动，但不是其全部，还有其他丰富的生活内容，如休闲的生活、文化的生活、恋爱、婚姻、组织家庭、交朋友、事业的追求、创造的欲望，等等。因此，我们应该比较全面地理解"全面发展"这个概念。

对人的"全面发展"的全面理解，是有现实的、积极的意义的。可以使我们正确地遵循教育的内部规律办教育，提高培养人才的全面质量。因为这个问题不是今天这个报告的重点，就不展开论述了。

三

教育的内部规律和外部规律的关系是相互起作用的，办教育既要遵循外部规律，又要遵循内部规律，应把内、外部规律很好地统一起来，不能把它们分割开。具体地说，一方面，内部规律的运用要受外部规律的制约；另一方面，外部规律必须通过内部规律来实现。

首先，教育的内部规律的运用要受教育的外部规律的制约。如果只考虑教育的内部规律，也就是"就教育谈教育"，哪怕谈得再好，想得再美，但社会条件不具备，或者是培养出来的人不适应社会的需要，教育的社会效益、经济效益就不能实现。从这个意义上说，内部规律的运用要受外部规律的制约。我们之所以引进市场机制或竞争机制来改革教育，正说明我们不能不考虑外部规律的作用，不能只考虑人的自我完善和个人的价值。

现在有许多文章谈教育价值观的问题。教育的价值是什么？教育的价值观历来有两大派：一种认为，教育的价值应该体现在人的自身发展、人的自我完善上；另一种认为，教育的价值应该体现在国家的利益、社会的利益上。这是两种对立的价值观。过去，我们的教育价值观很简单，人是工具，教育也是工具，是生产斗争的工具和阶级斗争的工具，因而，只有国家的利益、社会的利益。但是，最近一段时间，谈得更多的是人的自身完善、个人的价值，也就是更多地阐述以个人为中心的教育价值观。

这种以个人为中心的价值观，不是今天的新发现，自古有之，尤其是在资本主义初期，或者在封建主义向资本主义过渡的时期，许多进步的教育家，都是持这种教育价值观的。这种教育价值观认为，如果教育要以国家、社会的价值为价值,是功利主义的。功利主义压抑人的发展,使教育失掉了在对人的发展上的真正的价值。但是,教育是要受社会的制约的,这是不以人的意志为转移的客观规律。因此,认为教育可以摆脱社会的制约,不用考虑社会的需要,这样的教育价值观是唯心主义的。我们现在认为他们在历史上是进步的教育家,正是因为他们的价值观本身就是适应当时社会需要所产生的观念,而不是他们离开社会所想出来的。在资本主义跟封建主义做斗争的时候,要摆脱封建的统治,要摆脱宗教的束缚,在那样的历史时期,这种观点是起进步作用的。

那么,我们社会主义社会的教育价值观应该是什么呢?是不是一切为了社会需要的那种教育价值观呢?对!但是不全面,简单化了。社会主义社会的教育价值观应该是社会发展的需要与人的自身发展需要相结合的教育价值观。也就是说,大前提是培养一个社会的人,适应社会的需要。但是,也不能丢开人的自身发展的需要,不要把人变成工具。因此,作为培养人的这个内部规律,既要受外部规律的制约,又不能丢开它自身的规律。过去,在"左"的思想影响下,把教育仅仅作为工具,不管人的自身发展的需要,是片面的。现在许多文章鼓吹人的自身发展的需要,而不顾国家、社会的需要,作为一种逆反心理,可以理解;作为一种教育价值观来说,是片面的、错误的。看教育价值观,应该把内部规律与外部规律统一起来,把社会需要和人的自身发展统一起来。

其次,教育的外部规律要通过内部规律来实现。"就教育谈教育"是行不通的,但是,只就社会的各个因素来谈教育,只就生产力、社会制度、文化传统来谈教育,不顾教育自身的特殊性,违反教育的内部规律办事,也是不全面的。开放改革,引进市场机制,是当前教育工作特别要解决的问题。但是,当我们运用教育外部关系规律的时候,不要又产生另一种偏向,就是只看到社会对教育的制约,对教育的要求,而没有看到教育有它自身的内部的特殊规律。不要忘掉外部规律要通过内部规律来实现。这个偏向已经有所冒头了。市场机制引进后,怎样正确处理教育的内部关系?这就要看你会不会运用教育的内部规律了。不能简单地引进市场机制,大家都去创收就完了。譬如,如何正确处理基础学科之间的关系?如何处理人才这种"商品"在市场流通、市场交换中的机制？等等。如果不重视教育自身的特殊规律，照搬商品生产中的价值规律、市场机制，方便倒是方便，但是恐怕是不行的。即使一时搞得很"活"，后果恐怕不好。实践证明一般化、简单化是不行的。

现在，有人认为引进市场机制，就应该将高等学校作为企业来办。市场有什么需要，高等学校就办什么专业，设什么课程，学什么知识，一切听从市场调节。这种看法，似乎是根据外部规律办教育了，但却没有按照外部规律必须通过内部规律起作用的原则办教育。简单地把市场机制生搬硬套到教育事业上，忽视教育的特点，忽视教育自身的内部规律。"就教育谈教育"是不对的，"不就教育论教育"也是不对的。教育事业，同其他文化事业一样，除了经济效益之外，还有非经济的社会效益，还有政治的、道德的、文化的效益，而这些效益是市场信息难以反馈的。即使就经济效益来说，作为"商品"的人才，经济效益和物质商品的经济效益也不尽相同。一般说，培养人的过程周期长，而产品的生产过程周期短；人才的社会经济效益缓慢，而产品的社会经济效益快速；人才市场的经济效益往往是间接的，而商品市场的经济效益则是直接的。也就是说，教育的效益具有滞后性、长效性与间接性的特点。短期的、及时的、直接的市场机制未必能充分反馈人才的经济效益。对于教育事业的调控，不能仅仅依靠短期的、及时的、直接的市场信息。教育的决策，不能仅仅看到短期的、及时的、直接的经济效益，更要看到滞后的、长效的、间接的经济效益；不能仅仅看到经济效益，还要看到非经济的社会效益。总之，我们要全面地、综合地看问题，避免片面性；要有长远的观点，避免贻误百年大计。

引进竞争机制与教育规律的关系[①]

随着经济体制改革的深入和商品经济的发展，在经济领域引进竞争机制，以调动人的积极性，促进生产力的发展。这一带根本性的变化给教育提出了挑战，要求教育必须主动地适应这种变化，为经济建设培养出新型的、能适应商品经济竞争的人才。要达到这个目的，就必须搞活教育，把竞争机制也引进到教育中来，从而促进教育事业的发展。

但是，人们对于把竞争机制引进教育的意义、目的以及如何引进竞争机制，理解不一，做法各殊。因而有必要从教育规律的角度对此做一探讨，搞清引进竞争机制与教育规律的关系，使教育改革健康地、深入地开展下去。

一、引进竞争机制与教育的外部规律

教育有两条基本的规律。第一条叫作教育的外部关系规律，简称教育的外部规律。这条规律指的是，教育这个子系统与社会其他子系统（主要是经济系统、政治系统和文化系统）之间的相互关系的规律。这种相互关系可以概括为两个方面：一方面，教育要受社会、经济、政治、文化的制约；另一方面，教育要为社会、经济、政治、文化服务。这两方面的相互关系，反映

---

① 原载《江苏高教》，1989年第1期。作者：潘懋元、王伟廉。

了教育与社会之间的本质联系。也就是说,反映了它们之间的规律性。背离了这条规律,教育就会步入歧途。

那么,引进竞争机制与教育的外部规律又是什么关系呢?我们认为,它反映或体现了教育的外部规律,反映或体现了教育这个子系统与经济这个子系统之间相互关系的规律性。为什么这么说呢?我们只要对上面所说的这种相互关系的两个方面做一下分析就比较清楚了。

先谈教育要受经济这个子系统的制约这个方面。经济体制的变化,要求教育体制也要进行相应的调整和改革。当前的经济体制已由过去单纯的计划经济体制转变为有计划的商品经济的体制。这是因为我国目前尚处在社会主义初级阶段,没有商品经济的较充分的发展,没有一定的市场竞争,就很难使生产力有较快的提高。这种经济体制的变革,势必要反映到教育中来。鉴于教育要受经济的制约,因而在新的经济体制之下,过去那种国家包办的单一僵化的旧教育体制就必须进行改革。因此,把竞争机制也引进到教育中来,打破吃大锅饭、平均主义的旧模式,来适应新的经济体制的要求和商品经济发展的需要,就是不可避免的了。从教育要受经济制约这个方面来讲,在教育中引进竞争机制乃是必然趋势,是不以人的意志为转移的。

再谈教育要为经济建设服务这个方面。教育要培养各级各类人才为经济建设服务,其中高等教育承担着主要的任务,教育培养的人才必须适应经济发展的需要。当前经济体制的变革、商品经济的发展、市场机制的引进、对外开放政策的实行,以及其他一系列的变化,对人才的规格也提出了新的要求。这种要求中最重要的一点是,人才的竞争能力成为衡量人才质量的一个重要标准。经济的竞争,归根结底是人才的竞争,人才的竞争能力,最终又要靠教育来培养。因此,在教育中引进竞争机制,为经济建设培养高质量的人才,是教育为经济建设服务这个方面在新形势下的必然要求。而竞争机制的引进,在于促使人才的培养符合社会发展的需要。例如,制定大学生不包分配的政策,就是引进竞争机制的一种尝试。它的根本意义在于调整专业与课程结构,提高所培养的人才的质量,使这些人才能够更好地适应新形势的要求。

概而言之,在教育中引进竞争机制反映了教育的外部关系的规律。但是,竞争机制的引进，势必会对原有的教育体制和政策产生巨大的冲击。在竞争的环境下，一方面，过去的一些做法不用了，另一方面，又要采用很多新的做法。这自然会引起某些不适应。但既然引进竞争机制体现了教育的外部的规律，那么它就具有必然性，我们就必须去遵循它，并且应当在思想上有正确的认识，满腔热情地欢迎它的到来！

二、引进竞争机制与教育的内部规律

教育的另一条基本规律是内部关系的规律，简称内部基本规律。什么是教育的内部规律？概括地讲就是：社会主义教育是培养全面发展的人的教育。这里面包含两层意思：第一层意思是说，教育培养的是人，而不是像企业那样生产的是物，这就要按照培养人的逻辑和规律去办教育；第二层意思是说，教育培养的人是全面发展的人，而不是把人当作某种工具进行片面的训练，这就要正确理解德、智、体、美诸育的关系。

关于全面发展的人，也有两个基本的含义：第一，是作为劳动力的人。在社会主义条件下，必须使教育培养的人做到脑力和体力和谐发展，或者叫脑力与体力劳动相结合。这个含义反映了大工业生产的需要。对此马克思曾经做了极为深刻的阐述。第二，是作为社会关系总和的人。除了作为劳动力，需要具有智力和体力以外，还需要具备其他许多方面，诸如政治思想、道德品质、审美情趣、文化素养、社交能力等等。在这方面，马克思也有概括性的论述。人的全面发展的上述两个含义不可偏废，而应全面地掌握。

社会主义制度为人的全面发展提供了必要的社会条件，但具备了这个必要条件还不等于说就能保证按照这条规律去做，教育工作者还必须遵循培养全面发展的人的这条规律去教育学生。若不按这条规律去办教育，片面地、孤立地发展人的某一个方面，那就是违反了规律，会受到规律的惩罚。所以，培养全面发展的人是教育的内部关系的一条基本规律。

那么引进竞争机制与教育的内部规律之间又是怎样的关系呢？上文说过，引进竞争机制体现了教育的外部规律。因此，引进竞争机制与教育内部规律的关系，也就体现在教育的外部规律与教育的内部规律的关系上。

从总体上看，教育的内部规律与外部规律之间的关系，是特殊与一般的关系。二者是互相起作用的，不可将它们截然分开。它们之间的具体关系可以概括为两条原则。

第一条原则：教育的内部规律要受外部规律的制约，或者说，特殊规律要受制于一般规律。离开了生产力和科技发展水平，离开了社会经济、政治制度来谈培养全面发展的人，"就教育论教育"，其结果，要么是由于社会条件不具备而使预期的教育活动无法开展，要么是培养出来的人不适应社会的需要。具体地说，我国目前正处在社会主义初级阶段，生产力发展水平还很低，国民经济还十分落后，因而必须以经济建设为各项工作的中心，大力发展商品经济来推动和加速经济增长。在这样的经济和社会的条件下，教育所培养的人，在"全面发展"的含义上，就要面对现实，培养多层次、多规格以及或通或专的人才。绝不可把理想中的共产主义社会的那种全面发展的概念，生搬硬套到社会主义初级阶段上来。也不可不顾经济发展水平，一味追求高速度发展教育和高层次培养"高、精、尖"人才。

第二条原则：教育的外部规律要通过内部规律才能实现，或者说，一般规律要通过特殊规律才能实现。

教育是培养人的事业，教育与社会之间关系的规律性，只有通过教育内部人才的培养活动才能够表现出来。例如，人才的培养周期较长，教育具有滞后性、长期性的特点，并需要循着一定的内在逻辑顺序进行。外部的规律性如果不通过这种内部活动的规律性，只求立竿见影，只看到眼前市场价值，就难以培养出真正符合社会发展需要的人才，也就谈不上遵循教育与社会之间关系的规律了。决策者往往只看到社会上的需要，夸大外部规律的作用，而贬低教育的内部规律，甚至用外部规律代替内部规律，使培养人的活动受到不同程度的损害。例如，以政治运动来代替教育活动，以"阶级斗争为纲"来办教育，以"政治挂帅"来取代德、智、体、美的全面发展等。这些做法就是违背了"外部规律要通过内部规律来实现"这条原则。

上面谈了教育的外部规律与内部规律之间关系的两条原则。既然引进竞争机制体现了教育的外部规律，因而它与内部规律的关系，同样可以用这两条原则来解释。具体地说，一方面，教育内部的培养人的活动，在商品经济条件下要受竞争机制的影响和制约；另一方面，竞争机制的引进又必须通过教育内部的规律性才能充分发挥它们的作用。

三、遵循教育规律，正确地引进竞争机制

根据上面的分析，我们看到，在把竞争机制引进教育这个问题上，必须正确认识并处理好教育的内部规律与外部规律之间的关系。这个关系处理不好，不仅收不到应有的效益，反而会延缓教育改革的进程，甚至还会使教育的发展走偏方向。

从教育的内部规律与外部规律的关系的角度看，在引进竞争机制的问题上，我们应当避免三种主要的偏差。

（一）只看到教育的内部规律的作用而忽视或违反外部规律

这种偏差的表现是，习惯于过去平均主义、"大锅饭"的老一套做法，看不到或不愿意看到经济体制改革的深入和商品经济的发展要求对旧有的模式进行相应的变革的潮流，不愿意或反对在教育中引进竞争机制。这种偏差，有时候会因为在引进竞争机制过程中出现的一些缺点、错误做法而加剧。但就目前的趋势来看，越来越多的人已经认识到了把竞争机制引进教育的必然性，因而这种偏差将会随着改革的深入而逐渐得到纠正。

（二）只看到外部规律的作用而忽视或违反教育的内部规律

这种偏差有两种具体表现。

第一种具体表现是，过分夸大了高等学校直接为社会服务的职能，甚至把直接为社会服务理解为"有偿服务"，而贬低了学校培养人的职能，这种情况在当前高等教育中表现得尤为明显。

培养人才、发展科学和直接为社会服务，是高等学校的三项主要社会职能。这三项职能并不是等值的。从它们的产生时间来看，培养人才的职能是与高等学校的产生同时产生的，它是高等学校的基本职能。后来才又出现了发展科学这个职能，而直接为社会服务这个职能则出现得最晚。从它们的重要性来看，是与出现的顺序相一致的。三种职能的重要性既不能并列，更不能颠倒过来。如果把直接为社会服务放在首位，而冲击了第一个基本职能，

从长远的观点看，是得不偿失的。至于把直接为社会服务仅仅看作"创收"，把体现知识价值的"有偿服务"仅仅作为短期经济行为，那就更容易走偏方向。实际上，这种把三种职能颠倒过来的做法，以及对第三个职能狭隘的观点是对引进竞争机制的一种误解。

第二种具体表现是，夸大竞争在人才培养上的作用而忽视其他重要方面。在人才的培养上，除了竞争意识和竞争能力外，还需要具备合作意识和合作能力。过分强调了其中的一个方面，是不符合培养全面发展的人这个教育的内部规律的。

（三）既看到外部规律的作用，也重视内部规律，但忽视外部规律必须通过内部规律来实现这条原则

在教育中引进竞争机制，无非是要调动各方面的积极性，从而促进人们办好教育，更好地为社会培养人才。但是，竞争机制毕竟是一种外在的刺激因素，它对于人才的培养不可能直接发生作用。直接发生作用的，乃是能够将这些外在因素转化为有效的教育内部活动。商品经济的发展需要具有竞争能力的高质量人才，这是外部规律的反映。但是竞争机制的引进只为培养这种人才创造了一定的条件。这种人才的产生，终究要通过思想工作、教学内容、教学方法以及学校管理等才能实现。而这些教育活动都有其自身的规律性。因此，不能用竞争机制代替、包揽一切，对于这一点，应当给予正确的认识。

以上谈了在引进竞争机制时应避免的三种主要的偏差。当然，除了上述偏差外，还可能出现其他一些偏差。那么，究竟怎样才算是正确地引进竞争机制呢？或者说，能否找到一个标准或尺度对各种做法的正确性加以衡量呢？根据上面所做的分析，我们认为，从理论上讲，标准只有一个，那就是看我们采取的措施或实行的政策是不是符合教育规律，或者说，看它们是不是最终有利于为社会发展培养所需要的合格人才。符合了这个标准的政策或措施就是合理的、正确的；违背了这个标准，就是不合理的、不正确的。而从实践上讲，在引进竞争机制的时候，一种政策或做法是不是符合了教育的规律，最终仍然要接受实践的检验。因此，决定某一政策或采取某种做法，对它的科学性与可行性要经过充分的论证和试验，避免一哄而起，应坚决而审慎地前进。

教育外部关系规律辨析[①]

一、概念的辨析

1980年我应原第一机械工业部教育局之邀,到湖南大学为当时该部所属高等学校领导干部教育科学研究班讲课,正式提出教育的两条基本规律。一条是教育的外部关系基本规律,指的是教育作为社会的一个子系统与整个社会系统及其他子系统——主要是经济、政治、文化系统之间的相互关系的规律,简称教育的外部规律;一条是教育的内部关系基本规律,指的是教育作为一个系统,它内部各个因素或子系统之间的相互关系规律,简称教育的内部基本规律。当时的表述是比较粗糙的,针对社会主义教育,前者表述为"社会主义教育必须通过培养全面发展的人为社会主义的政治、经济的发展,生产力的发展服务";后者表述为"社会主义教育必须通过德育、智育、体育培养全面发展的人"。[②] 后来湖南大学把我的讲课录音整理印成《高等教育学及教育规律问题》小册子,内部印发,并被一些地方和单位翻印为多种版本。其后,我所主编的《高等教育学》(人民教育出版社、福建教育出版社联合出版,1984年)将这两条基本规律分别作为第一章"高等教育的性质任务"和第二章"高等学校培养目标"的理论线索,并在《高等教育学讲座》(人民

[①] 原载《厦门大学学报》,1990年第2期。
[②] 潘懋元.高等教育学及教育规律问题[Z].一机部教育局,1980:43.

教育出版社出版，1986年）第二讲"教育的基本规律及其对高等学校教育的作用"做了比较全面的论述。关于教育外部关系的规律表述为："教育必须与社会发展相适应"，并指出"适应，包括两个方面的意义，一方面教育要受一定社会的政治、经济、文化科学所制约；另一方面教育必须为一定社会的政治、经济、文化科学（的发展）服务"，"它一方面'受制约'，一方面'为之服务'，二者之中'受制约'是前提，'为之服务'是方向"。[①] 至于教育内部关系基本规律，仍按前书的表述。至今我认为，外部关系基本规律的表述比较准确，内部关系基本规律的表述尚不成熟。因为教育内部的因素很多，关系复杂，从不同的角度揭露它的基本矛盾，至今没有一致的看法。我只是从教育系统区别于其他社会系统的特点是人的培养，而社会主义教育就其本质说是培养全面发展的人，全面发展教育的组成是德育、智育、体育、美育等等，因而认为德、智、体、美诸育的本质之间的关系是最为基本的。如果从教育者与受教育者（师生）的关系、个体和社会的关系、教育过程中主客体的关系，以及从教育结构、教育管理的角度揭露教育的基本矛盾，可能对内部关系的基本规律有不同的理解与表述。这是一个有待探讨的理论问题，因为不是本文研究的范围，不拟展开论述。

教育的外部关系规律的提出与阐释，为高等教育理论界许多同志所接受，尤其是受教育实际工作者所欢迎，认为教育基本规律明确的表述，有利于人们根据规律来解释与解决现实的教育问题，指导教育实践。对于这条外部关系规律的实质，认识比较一致。其中，1985年中共中央《关于教育体制改革的决定》中所提的"教育必须为社会主义建设服务，社会主义建设必须依靠教育"，我认为正是"教育必须与社会发展相适应"的规律。

问题在于规律是事物内在的必然联系，提外部关系的规律，是否准确、是否有违于哲学常识？1983年在华中工学院召开的《高等教育学》初稿听取意见会上，有的同志就认为哲学教科书或哲学词典关于规律定义为"事物内部的必然联系"，因此，外部关系的提法不妥。对此，我曾做了答辩，与会者认为是可以成立的，因此仍写在正式出版的《高等教育学》中，并已被广泛

[①] 潘懋元. 高等教育学讲座 [M]. 北京：人民教育出版社，1986：34.

引用于一些论文、著作中。近来又有文章认为"就规律而言，它是事物的内部联系……教育与诸社会现象之间存在着本质的关系，这些联系也是教育这一事物的内部的固有的稳定的深刻的联系，不好说它是外部联系、外部规律。若讲'外部'，那只能是事物的非本质的不稳定的联系，非本质的联系可以反映规律，但本身并非规律。所以说什么'教育的外部规律'，是不确切的"①。看来，只在会上做答辩不够，还必须对"外部关系"这一概念做公开的辨析。

哲学教科书或哲学词典，确有（不是所有的）把规律定义为"事物内部的必然联系，决定事物的发展趋势"云云。显然，这里所指的内部，不是空间、范围、系统的"内部"（即"里面"），而是指与表面现象相对的本质的"内部"（即"内在"）。在中文中，"内部"一词，有时可作为"内在"的同义语使用。如以英文表述则前者用的是"inner""inside"或"within"等等，而后者只能用"inherent"表述，如"inherent law"，就不至产生歧义被误解。

那么，系统与系统之间，是否存在相对于本系统来说是外部的，同时也是本质的必然联系呢？也就是说，是否存在本系统与其他系统之间的关系的规律呢？

列宁在《哲学笔记》中对规律的定义是："规律就是关系。……本质的关系或本质之间的关系。"② 列宁在这里不仅指出规律是"本质的关系"，还特别指出"或本质之间的关系"。显然，两者是有区别的，前者指的是事物的内在必然联系，后者则是指这一事物与另一事物之间内在的必然联系。例如，新陈代谢，是生物运动的规律，它是生物机体同外界物质之间通过同化与异化作用，同外界物质进行能量转换而构成了生命现象和过程的规律；同样，个体社会化，是教育活动的规律，它是教育系统同外界经济、政治、文化等系统通过人的主观能动作用，同外界环境进行信息转换而构成的教育过程的规律。列宁又曾指出："外部世界、自然界的规律，乃是人的有目的的活动的基础。"这就是说，外部世界、自然界的规律，是作为基础与人的活动存在必然的联系。既然外在于人的活动的自然界同人的活动之间尚且存在必然的联

---

① 孙喜亭. 十年来我国教育理论的主要成就［M］//《教育研究》杂志编辑部. 党的十一届三中全会以来中国教育科学的回顾与展望. 北京：教育科学出版社，1988：119.

② 列宁. 列宁全集：第38卷［M］. 北京：人民教育出版社，1959：161.

系，则外在于教育系统的政治、经济、文化等活动作为教育活动的基础，同教育活动也必定存在必然的联系。自然相对于人的活动来说是外部世界，政治、经济、文化相对于教育系统来说也是外部世界，教育与这些外部世界的必然联系，就构成了教育外部关系的规律。简单说，教育外部关系的规律的"外部"一词，指的是范围、系统的外部，而不是相对于内在本质的表面现象的所谓"外部"；教育外部关系规律，指的正是教育系统与本系统之外的政治、经济、文化等系统（活动、现象）之间所存在的"本质之间的关系"，而不是"非本质的不稳定的联系"。

如果由于中文的"内部""外部"诸词是多义的，怕外部关系的规律这一提法易产生歧义被误解，那么应当如何表述这种外部关系呢？有人认为："应以规律作用的范围为其根据。将教育规律分为一般规律和特殊规律。为一切教育活动所共有的规律是一般性规律，为特定的教育事实所特有的规律是特殊规律。一般规律总是表现为特殊规律，总是存在于特殊规律之中；而特殊规律包含着一般规律，却比一般更为丰富。这种分类，较之通常说的教育的外部规律、教育的内部规律更科学些。"① 把外部关系作为一般规律，把内部关系作为特殊规律，显然是错误的。因为外部关系规律与内部关系规律所表述的是范围、系统内外的关系，一般规律与特殊规律所表述的是事物的一般与特殊的关系。两者是不同的。我们可以说一般存在于特殊之中，特殊包含着一般；却不能说外部存在于内部之中，内部包含着外部。例如：我们可以说，社会发展总的规律，在教育领域，存在于教育发展规律之中；教育发展规律，包含着社会发展总的规律，却不能说政治规律、经济规律存在于教育规律之中，教育规律包含着政治规律、经济规律。因为前者是社会发展一般规律与教育这一特殊领域之间的关系，而后者则是教育这一社会子系统与社会其他子系统的关系。它们之间，存在着相互制约的关系而不是相互包含的关系。例如，社会主义初级阶段，教育的发展必然要受商品经济、市场机制所制约，但不能认为教育规律就内在地包含商品经济、市场机制的规律。前些时候，在教育与商品经济关系的问题上，正是由于混淆制约与包含的不

---

① 潘懋元. 高等教育学及教育规律问题 [Z]. 一机部教育局，1980：56.

同关系，把商品经济、市场机制的规律作为教育规律，在办学方向上引起某些混乱与失误。

同时，如果以一般规律取代外部规律，以特殊规律取代内部规律，从逻辑上来看势必得出这样的结论：只有教育的外部规律是"为一切教育活动所共有的规律"，而教育的内部规律即使是基本规律也只是"为特定的教育事实所特有的规律"。众所周知，"社会主义教育必须培养全面发展的人"，是一切社会主义教育都应共同遵循的基本规律而不是只为特定的教育事实所特有的规律。

其实，我在《高等教育学讲座》中，对于一般规律与特殊规律的关系、外部规律与内部规律的关系这两类不同性质的关系，已经有所说明，其要点就是："（1）下位规律（即特殊规律）必须符合上位规律（即一般规律），上位规律要通过下位规律来实现。""全面发展是教育内部的基本规律，它管所有的教育过程。如果我们总结出一些教育经验，提出一些教育原则，跟这一规律相抵触的话，那就不是真的规律。例如：用过重的负担来使学生多获得知识，以至影响身体健康，那样的做法不管你怎样提到理论原则上说，也是假的、主观的、错误的认识；用注入式来多灌输知识，虽然知识的灌输多一些，但它阻碍了学生智力的发展，抑制了学生能力的发展，所以不能认为它是符合规律的，这也是一种错误的认识和做法。""（2）教育的外部规律制约着教育的内部规律，教育的外部规律必须通过内部规律来实现。""教育同政治、经济、文化的关系，是教育要为政治、经济、文化服务。教育如何为政治、经济、文化服务呢？要通过培养人来为政治、经济、文化服务。培养什么样的人？社会主义社会要培养全面发展的人。"[①] 由于是根据讲课录音整理的，在语言表述上不像科学论文那样严谨，但意思是明白的。其中：（1）所阐述的就是教育的一般规律与特殊规律的关系；（2）所阐述的就是教育的外部关系规律与内部关系规律的关系。

---

① 潘懋元. 高等教育学讲座 [M]. 北京：人民教育出版社，1986：32 - 33.

二、教育的外部关系规律的提出

教育与政治、经济、文化的本质之间的关系，是客观存在的，人们对此早有认识，并不是研究高等教育理论才发现的。打开以往任何一本以历史唯物主义为指导所编写的教育学教科书，差不多第一章"教育的本质""教育的性质与任务"或"教育的历史性与阶级性"，其论述的就是教育与社会发展的关系。以往教育学讲所谓"教育的本质"，可以概括为两句话：（1）自有人类，就有生产劳动，就有教育，所以教育与生产劳动是密切联系的，是人类永恒的社会现象。（2）不同的社会发展阶段，教育的性质不同，所以教育具有历史性；在阶级社会中，教育具有阶级性。然后，往往按照社会发展史论述原始社会、奴隶社会、封建社会、资本主义社会以及社会主义社会的教育，系统地论证教育的历史性与阶级性。这就是说，以往的教育学，已经清楚地揭示了教育与社会发展的必然联系，与政治、经济的本质之间的关系了。但是，任何一本教育学教科书，都没有明确地表述、分析、论证教育的外部关系规律，而只是对教育与社会发展的关系做出"混沌的关于整体"的描绘。并且只着重于教育与经济基础、社会制度的关系，而对于教育与生产力、科学技术、文化传统的关系，即使不是没涉及，也是浮光掠影（相对来说，西方的教育学对于教育与文化传统、科学技术的关系，倒是比较重视，但也只是停留在现象的描绘上）。这是因为以往的教育理论研究，只是以普通学校教育作为它的主要研究对象，而普通学校教育与社会生产力、政治经济制度以及文化科学的发展之间的关系，相对来说，是间接的。因而只能就总体上把握教育与社会诸因素的关系而难以深入地探讨这些关系的具体机制。在论证过程中，往往也只能从抽象原理的推论中得出一般性的结论，这可能是研究对象单一、占有材料不充分，导致对客观规律的认识不深入具体。

当人们开展高等教育理论研究时，对教育与社会诸因素关系的认识就打开了一个新的局面。因为高等教育是学科性、专业性的教育，对高等教育的理论研究，必须深入到各门学科、各种专业领域，获得丰富的材料；高等教育是培养专门人才的教育，这些人才将直接走向经济以及上层建筑各个部门担任各种专业工作，从事各门科学研究，解决各种实际问题。社会生产力的发展，科学技术的成就，政治制度、经济制度的变革，文化观念的演变，往往会直接地、迅速地反馈到高等学校的办学方向、课程教材之中。因而从高等教育的角度看政治、经济、文化同教育的关系，就比较直接、深入、具体、生动，对于如何使教育与社会发展相适应，更为关心而具有紧迫感。当然，这只是相对的，丝毫没有否定普通学校教育必须同政治、经济、文化的发展相适应之意。但小学的读写算，中学的数理化等基础知识，相对于大学的专业课程来说，是比较稳定的；同社会的政治、经济、文化的发展变化的关系，是有程度差别的。只要不是抱残守缺或抱有成见，就会承认自开展高等教育理论研究以来，已经和正在拓宽教育研究的视野，加深教育原理的认识，包括对教育外部关系规律的认识。这就是教育外部关系规律作为一条教育基本规律首先从高等教育理论研究过程中提出来的缘故。

为什么我在20世纪80年代初把教育必须与社会发展相适应作为外部关系规律提出来，而且一经提出，就被广泛认可呢？这里还有个时机的问题，也可以说是被客观需要逼出来的。"文化大革命"时期，实际是1958年以后，我国在社会各个领域，主要是在经济领域，就出现大量违反客观规律办事的现象。违反客观规律办事，是要受规律惩罚的。在社会活动中，当人们遵循规律办事时，虽然规律无时无处不在起作用，但人们往往是凭经验认识到应当这样办，较难自觉地提到理论认识上来理解为什么必须这样办。而当人们违反规律办事，受到规律惩罚时，痛定思痛，通过对大量现象的考察，总结成功的经验与失败的教训，进行深刻的反思，运用辩证唯物主义的理论武器，透过事物的现象把握事物内在的本质，就比较容易抓住本质的规律性的东西。党的十一届三中全会号召"为了迎接社会主义现代化建设的伟大任务"，必须"保持必要的社会政治安定，按照客观经济规律办事"。要按照客观规律办事，就必须认识客观规律，经济如此，教育也如此。这个时候，教育实际工作者理所当然地要求教育理论工作者说清楚教育的客观规律，教育理论工作者也应当负起这个责任。当然，一部教育学，所阐述的无非都是教育规律及其运用。但是，对于一般干部、教师来说，向他们提出符合科学而又简明的规律的表述，"实现由混沌的关于整体的表象到蒸发为若干简单的规定，然后再回到整体",是必要的。当时我就申明:"认识规律是很难的,表述规律更困难……何况社会的规律,还要随着社会的发展而发展。可以说规律是无穷无尽的,探讨规律也是无穷无尽的。"为满足大家合理的要求,"提出这样规律,那样规律,只是属于探讨性的,不全面"。① 至今我仍认为对于教育规律尤其是教育的外部关系规律的认识,仍是很肤浅、很不全面的。

随着形势的发展,新的矛盾的产生,经验的总结,认识的深化,"我们正在逐步加深对某些规律的认识"②,我在研究学校教育制度与社会发展的关系时,就发现制约学制的外部因素,只提政治、经济、文化,失之笼统。从世界性新技术革命的浪潮和我国社会主义四化建设过程中,从"文化热"的论争中,看到科学技术与文化传统对教育的制约作用至关重要。因此,有了一些新的思考,认为制约一国高等学校教育制度的主要因素应当是:①生产力与科学技术发展水平;②政治制度与经济制度;③文化传统。

生产力发展水平是最基本的制约因素,因为社会的发展,最终决定于生产力的发展,而生产力诸要素渗透着科学技术知识,它的发展水平总是与科学技术结合在一起的。如果说,以往我们对马克思所说的"生产力里面也包括科学在内"这句话的理解不深,重视不够,那么,世界性的新技术革命和我国的四化建设,已经充分地证明了"生产现代化,科技是关键"这一真理。生产力与科技水平对高等教育的制约,不但直接地体现在自然科学与工艺技术专业、课程、教材以及教学手段上,而且间接地制约着整个高等学校教育制度。例如,继续教育作为一种教育形式,纳入教育体系之中,在高等教育制度上给予确定的地位,就是适应生产力与科技发展的需要的结果。

社会制度,主要是政治制度与经济制度,是制约教育的另一个重要因素。生产力发展水平对高等教育的制约,一般总是要通过一定的社会制度起作用的。教育体制的改革前提是政治体制、经济体制的改革;政治体制、经济体制的改革,必然要求教育体制进行相应的改革,当前我国教育体制改革正是根据这条规律进行的。

---

① 潘懋元. 高等教育学及教育规律问题 [Z]. 一机部教育局,1980:41-43.
② 潘懋元. 高等教育学及教育规律问题 [Z]. 一机部教育局,1980:41.

文化传统也是制约教育的重要因素。过去对于这一因素的制约作用的研究很不够，近年来"文化热"的讨论，对于文化传统在社会生活的一切方面，尤其在社会改革中起的作用，有了比较清醒的认识。文化传统是在长期的历史过程中形成的思想意识，包括价值观念、道德观念、思维方式。人，总是生活于、成长于一定社会文化传统之中，文化传统在人们对于一切事物的判断、选择、取向中无不或明或暗地起着制约作用。生产力、社会制度，甚至科学技术对教育的制约，往往不同程度地、自觉不自觉地受文化传统的影响、折射。在教育改革过程中，文化传统可能是一种助力，也可能是一种阻力。如果忽视这一点，就会简单化地以为有什么样的生产力与科技水平，就会有什么样的教育水平。有什么样的社会制度，就会有什么样的教育制度。对于许多复杂的教育现象，就很难解释得通。而如果忽视文化传统在教育改革实践中的助力或阻力，不能因势利导，化阻力为助力，教育决策就很难行得通。不过，文化传统虽然是一种顽强的社会势力，却不是不可改变的。人既是文化的产物，也是文化的改造者与创造者；高等学校既负有保存、传递文化的任务，又负有改造与创新文化的任务。文化传统在促进或阻碍社会发展的过程中，也在不断地改造其自身。不符合生产力的发展、科学技术的进步、社会制度的变革的文化传统，总要或快或缓地被扬弃、被更新。而文化传统的改造与创造，往往就发端于高等学校的校园文化之中。

以上只是就制约教育的主要的外部因素而言，其他的外部因素还很多，如人口、资源、地理条件、生态环境、宗教、民族等，一般说，不是主要的因素，但在特定的条件下，也可能是十分重要，不可忽视的。对于诸多外部因素同教育的关系的研究，可以使我们对外部关系规律的认识更为具体与深入，在研究教育问题，采取教育对策时，可以提高教育决策的科学性与可行性。

三、教育的外部关系规律的利用

对于教育的外部关系规律的研究与表述，尽管还很不成熟，但受到广泛的重视与欢迎。许多高等教育工作者和教育理论工作者认为，对教育的外部关系规律明确的表述，有利于对规律的认识与运用。例如，新中国成立以来我国高等教育40年的历程，既有符合教育规律的成功经验，也有违反教育规律的失败教训。从规律的理论高度上进行反思，可以避免就事论事，提高认识，得出比较正确的历史结论。又如，对于当前现实的教育问题，根据外部关系规律来解释与解决，可以提高教育决策的科学性与可行性，避免或减轻失误。再如，制定教育发展战略，全面地、实事求是地考虑制约教育的各种外部因素，可以对教育发展的必然趋势看得比较清楚，结合本国本地的条件，提出有科学依据，符合实际的方案。总之，认识与利用教育规律，也就有发挥教育理论指导教育实践的作用。

在认识与利用教育规律上，必须避免简单化、形式化与片面性的生搬硬套。对于"教育必须与社会发展相适应"这条外部关系规律的运用，要解决两个有分歧的问题。

第一，要全面适应不要片面适应。如上所述，社会系统，包括政治、经济、文化等子系统；制约教育的外部因素，有生产力与科技发展水平、社会制度、文化传统以及人口、资源、地理、生态、宗教、民族等因素。这些子系统与制约教育的外部因素之间，又是密切联系、相互制约的。如果教育只强调与某一方面、某一因素的发展相适应而忽视其他方面的适应问题，就可能导致片面性的失误。例如，"文化大革命"以前，强调教育要为无产阶级政治服务，这是与我国社会主义政治制度相适应的，但是，后来发展至"以阶级斗争为纲"，批判所谓"白专道路"，忽视教育要为国民经济发展服务，这就违反了教育要与经济发展相适应的规律，以致教学质量严重下降，不但不能很好地培养出社会主义四化建设所需要的人才，也不利于巩固无产阶级专政。"文化大革命"之后，强调教育要为经济服务，这是与我国以经济建设为中心，进行改革开放的形势相适应的。但是后来发展到只片面强调教育要适应商品经济发展，把教育商品化了，认为办教育只要有商品意识就行，忽视了教育还必须与政治、文化相适应，忽视了办教育还必须抓精神文明建设，从而导致思想混乱、道德滑坡。从这些经验教训中可以很清楚地看到，教育与社会发展适应是全面的适应，任何只强调某一方面的适应而不顾其他方面是否适应，这种片面性的所谓"适应"，必将走向全面的不适应。

当然，在某一特定时期，在政策上，有针对性地强调某一方面的重要性，无可厚非。如党的十一届三中全会之后，为把工作的着重点转移到社会主义现代化建设上来，针对前一个时期教育与经济发展不相适应的问题，强调教育要为经济建设服务，是必要的。问题在于对政策的形而上学理解与执行的片面性，以至在相当长的一个时期，对待两个文明建设，一手硬，一手软，不但影响了精神文明建设，也不利于物质文明建设。所以，任何时候，对于外部关系规律的认识与利用，都必须有全面观点，在执行政策上尽可能使教育与社会发展全面适应。否则就会左右摇摆，导致失误。而教育上的失误，不但会直接影响教育事业，而且最终必将危及经济的发展与社会的进步。

第二，要主动适应不要被动适应。规律是客观存在，不以人的意志为转移的。但人们在利用规律办事时，却可以而且应当充分发挥主观能动性。教育必须适应一定社会的政治、经济、文化，但如何适应，却有主动适应与被动适应之分。

什么是主动适应？人们往往把主动适应作为"紧跟"的同义词使用，以为只要紧跟政治、经济形势，就是主动适应。政治上以阶级斗争为纲，就搞"教育政治化"；经济上发展商品经济，就搞"教育商品化"。这是盲目的被动适应，其后果是人所共知的。被动适应表面上似乎是按规律办事，事实上却会产生违反规律的后果。历史已经充分地证明了这一点。

一定社会的政治、经济、文化在其发展过程中，往往存在积极面与消极面，因此，对教育的影响，也有积极作用与消极作用。尤其是在改革探索的过程中，很难避免出现某些偏差。教育主动适应经济与社会的发展，指的是对积极面的适应，而不是不加判别去适应一切，包括不利于社会进步的、消极的、落后的、偏差的、错误的东西。所谓主动，就有个主体自觉地判断与选择的作用。当年那种"左"的错误，是不利于社会主义社会健康发展的。虽说在缺乏民主的情况下，高等教育很难不受其消极的、错误的影响，但有的跟得很紧，甚至推波助澜；有的则不是跟得那么紧，尽可能减轻其消极的影响，千方百计抓教学质量。现在，商品经济、市场机制，在对高等教育的改革与发展起驱动与调节的积极作用的同时，也在散发许多消极的东西。众所周知，片面追求个人利益，"一切向钱看"，甚至不顾社会道德，违法乱纪，这种消极面无疑对高等教育是会起消极作用的。对商品经济、市场机制的主动适应，本来可以促进教育提高教学质量，使学生努力掌握真实本领；然而被动适应的结果，却出现了学生厌学、教师厌教的现象。所以，教育应当发挥它的主体判断与选择的作用，办学者应当发挥他的自觉性、主动性，趋利避害，力求主动适应而不要被动适应。

教育如何发挥主体的判断与选择作用，很重要的一条，就是根据教育的内部关系规律进行鉴别。凡符合教育内部关系规律，有利于促进教育自身发展的，一般说，是积极的作用，否则，可能是消极的东西。因为办教育不仅要按教育的外部关系规律办事，还要遵循教育自身的规律。教育的外部关系规律，必须通过教育的内部关系规律来实现。过去的教育政治化，当今的教育商品化，均不利于培养社会主义全面发展的人才，它对教育所起的不是积极作用而是消极作用。

办教育必须遵循教育的外部关系规律，那种无视教育的外部关系规律的作用，"就教育谈教育"，许多教育问题是无法解决的，如教育经费问题、片面追求升学率问题、毕业生就业问题，都不是单靠教育自身所能解决的。但是，不顾教育自身的内部规律而侈谈教育，也是片面的。教育有其自身的特点、价值和规律，不能以经济、政治规律来解释与解决教育问题，以市场机制作为教育的运行机制，否则，正确的"教育必须为经济发展服务"就会被曲解为错误的"教育商品化"。从"教育政治化"到"教育商品化"，其偏差有所不同，而其思想根源却是一脉相承的，都是忽视教育自身的特点、价值与规律。

一般来说，教育领导部门往往较为重视教育的外部关系规律的作用，而学校教育工作者，尤其是直接承担培养人才任务的学校教师，则往往只重视教育的内部关系规律的作用。作为教育理论工作者，应当全面地掌握教育的外部与内部规律，起理论指导与思想协调的作用。

教育基本规律及其在高等教育研究与实践中的运用[①]

一、教育基本规律简述

关于高等教育问题的研究,早已有之。但高等教育学作为一门独立的学科,在中国至今只有十几年时间。学科的构建,不能只是问题研究的汇编,必须有它的基本理论才能构成理论体系。十几年前,构建这门新学科时,提出了若干基本理论,其中,教育基本规律在高等教育上的体现及其在高等教育研究与实践中的运用,就是高等教育基本理论之一。

十几年前,我曾就这个题目做过报告,并出版了一个小册子。经过十几年来实践的检验,证明其基本观点是正确的,在实践上是有效的,并为许多高等教育理论工作者所引用。但今天的认识有所加深,体会有所不同,内容比较丰满。所以我愿意再就同一题目做进一步探讨。

当时,根据教育的基本理论,总结我国高等教育实践的成功经验和失败教训,从规律上进行深层次的探讨,首次明确提出两条教育基本规律。一条是教育与社会关系的规律,即教育的外部关系规律;一条是教育内部诸因素关系的规律,即教育的内部关系规律。

---

① 原载《上海高教研究》,1997 年第 2 期。

（一）教育与社会关系的规律——教育的外部关系规律

这条规律的简单表述是：教育必须与社会发展相适应。如果把社会作为一个大系统，那么教育是社会的一个子系统。社会还有其他子系统，主要的是我们常说的经济、政治、文化等等，这条规律指明教育要受社会的经济、政治、文化所制约并对经济、政治、文化的发展起作用，从而对整个社会的发展起作用。教育的方针、目的、体制、运行机制以及课程设置、方法运用等，与社会发展相适应，就符合规律，否则就违反规律。

但经济、政治、文化只是就系统而言，失之笼统。如何制约？起什么样的作用？还必须深入探讨与系统中各要素的关系。从社会的诸多要素来看，制约教育的主要因素是生产力与科学技术发展水平、社会制度、传统文化与外来文化。当然还有其他因素，如人口、资源、地理、生态环境以及民族、宗教等，也都有一定的关系。

1. 生产力与科技发展水平

这是决定性的基本因素。因为生产力是社会发展最基本的动力、最终的决定性因素。现代生产力紧密依靠科技，科技成为现代第一生产力。因而应当把生产力与科技结合在一起，作为制约教育的最基本的决定性的因素。

2. 社会制度

这主要是政治制度与经济制度，是直接的、现实的制约因素。我们常说"社会主义市场经济条件下高等教育如何改革与发展"，指的就是政治制度、经济制度对高等教育的制约以及高等教育如何对政治制度、经济制度的完善、发展起作用。

3. 传统文化与外来文化

这是比较复杂的。因为文化与教育的关系，既是外部关系，又是内部关系。外部关系指的是社会的传统文化对教育的制约作用；内部关系指的是教育的本身就是文化的传承。文化以知识的形态并以课程、教材为载体构成教育者、受教育者、知识三个教育过程的基本因素之一。这里只就教育的外部关系来说，文化也有两重作用：一是直接对教育起作用；一是起"中介"作用。一切生产力与科技、社会制度以及其他因素对教育的制约作用往往要通过传统文化的折射，否则就很难说清楚为什么同样的生产力与科技发展水平，或者同样的社会制度,各国的高等教育体制、模式往往有很大的不同。例如,同样的生产力与科技发展水平,有的国家高等教育规模很大,有的却比较小,科类、层次结构也有所不同;同样的资本主义制度,有的国家的教育管理是集权制而有的则是分权制。同时,除了传统文化起作用之外,在国际文化交流日盛的现代,外来文化的影响力也很大。例如苏联的文化、西方的文化,在不同的历史时期,就对中国的高等教育有过重要的影响。但文化的制约作用,一般说,不如生产力与科技、经济制度与政治制度那样明显,它是潜在的制约因素。

(二)教育内部诸因素关系的规律——教育的内部关系规律

教育内部因素甚多,究竟哪些因素的关系是最基本的,有不同的看法。有人认为教育要求即培养目标与学生身心发展的关系是最基本的关系;有人认为教育过程的主要因素是教师、学生和教育影响(教育媒体),这三者的关系是教育内部最基本的关系。

从全面发展教育各个组成部分的关系来看,我认为"教育必须全面地协调德育、智育、体育、美育,使学生全面发展"或"教育必须通过德育、智育、体育、美育,使受教育者全面发展"。因此,必须正确处理诸育的关系。任何只强调一育而忽视其他各育,都是违反教育规律的,至少是不能很好按教育规律实施教育的。重智育轻德育不行,重德育轻智育也不妥。"德育首位"是对的,"健康第一,学习第二",是针对某种偏颇而说。

上述几种看法,是从不同的角度看教育的基本因素及其关系。我并不认为只有第三种看法是唯一正确的。也许教育内部关系规律是多维度的,这个问题有待于进一步探讨。

(三)教育的内外部关系规律的关系

两条规律,都是基本的,也就是说,办学者——教师、干部都必须遵循而不应违反。一般说,教师更重视教育内部关系,领导和管理干部更重视教育外部关系。在某种情况下,有所侧重是难免的,但如果有所忽视就会导致失误。我们常常听到一种对教育工作者的批评:"就教育谈教育。"这种批评是对的,因为只考虑教育的内部关系规律而忽视教育的外部关系规律,许多教育问题无法解决。但如果"不就教育而侈谈教育",也是错误的。不管教育内部关系规律的作用，只强调教育外部关系规律的作用，甚至以经济规律、政治规律来代替教育规律，即所谓教育政治化、教育商品化或市场化，也将导致教育质量下降，贻误人才的培养。

这两条规律的内在关系，可以归结为两点：（1）教育的内部关系规律的运行要受外部关系规律所制约；（2）教育的外部关系规律要通过教育的内部关系规律起作用。

为什么内部规律的运行要受外部规律的制约？从浅层次说，培养目标的制定、专业与课程的设置、教材的选择，必须适应社会的需要；从深层次看，为什么要正确处理好德、智、体诸育的关系，因为社会主义现代化建设所需的是"德才兼备，身心健康"的人才。即使就教育价值观来说，归根结底，也是反映了一定的社会价值观。教育体制，有它的独立性，但它的独立性只是相对的，不可能完全摆脱一定社会的经济、政治、文化而"独立"。

为什么说外部规律要通过内部规律起作用？教育是培养人的活动，培养人的活动必须按照培养人的规律也就是教育内部关系规律来进行。不遵循内部规律，人才培养不出来，或者培养的人才质量低，不能满足社会的需要，不能为经济、政治、文化的发展服务。

由于内部规律受外部规律所制约，外部规律要通过内部规律才能起作用。有人就认为这是一般（外部）规律与特殊（内部）规律的关系，生搬硬套地把它套到哲学的一般与特殊的关系上来。我们知道，一般存在于特殊之中，是从特殊抽象得来的；但不能说外部规律存在于内部规律之中，是从内部规律抽象得来的。把生动的规律套进现成的框框中，是对规律的歪曲。

这两条规律是抽象的，但却是无处不在，无处不起作用的。在研究问题解决问题指导实践时，掌握得好，运用得当，可能对许多复杂的教育现象看得比较清楚，解决问题比较恰当，从而决策也比较正确，理解问题可能避免就事论事，制定政策可能避免左右摇摆。

二、教育基本规律在高等教育改革中的运用

（一）近几年研究高等教育改革所遇到的一些问题

1. 关于市场经济与高等教育改革的关系

从20世纪80年代后期开始，人们议论高等教育改革的热点就集中于商品经济、市场经济与高等教育改革的关系。其对高教改革的作用有积极说与消极说两种观点，并都能列举种种理由和事实说明。如何看待这个问题呢？

市场经济是一种经济制度，根据教育外部关系规律，市场经济对教育的制约是必然的，不是要不要、好不好的问题。高等教育一定要面向市场经济进行改革，适应市场经济并为市场经济的发展服务，才能求得自身的发展。但是市场经济只是制约教育的外部因素之一，还有其他外部因素也同时对教育起制约作用。因此，办教育不能只顾适应市场经济而不考虑对其他社会因素是否适应。因此，所谓市场引导高等教育，高等教育必须商品化、市场化，是把市场经济看作唯一的制约因素，把它对教育的制约作用绝对化了。

还要看到，市场经济对教育的制约作用是一把"双刃剑"，既有积极的，也有消极的。在当前，积极作用是主要的，但也不能忽视可能产生并且已经产生的消极作用。教育活动具有相对的独立性，在面向市场经济的时候，必须发挥主体的判断与选择的作用，主动发挥市场经济在促进高教改革上的积极作用而尽可能避免或减轻它的消极作用（一般来说，完全避免是不可能的，而减轻则是可能的）。也就是说，教育对市场经济的适应应当是主动的，力求不陷于被动。

那么，如何判断市场经济对教育的作用？凭经验也能做出判断，但不一定可靠，因为经验对于新事物的判断往往带有局限性甚至保守性。根据外部关系规律要通过内部关系规律起作用，应以其是否符合内部关系规律作为判断的依据。违反内部关系规律的是消极的，符合的则可能是积极的。为什么只能说"可能"而不能说"必然"，因为还有种种条件限制（将在下面论述）。

这几年我所写的有关文章或做的报告，大体的逻辑论证就是这样。在研

究有关具体问题，如有偿服务项目的评价、交费上学的双轨与并轨、人才市场的开放与完善等，基本思路也是这样。当然，情况很复杂，不能只凭上述抽象化了的逻辑推理，还要考虑到种种实际条件。

2. 关于私立高等教育重新出现与发展的理论探讨

20 世纪 80 年代中期，私立（民办）高等学校已在一些地方零星重现。对此，社会上有多种看法。我于 1987 年在《光明日报》上发表论文《民办高等教育体制探讨》，认为民办高等教育的基础是私有或集体经济，中国所有制经济体制的改革是以国有经济为主导，多种所有制经济并存并将有所发展，民办高等教育的重现是必然的，并将有所发展。这对于发展我国高等教育是好事，应当予以扶持、引导。这在当时是一个敏感问题，不无压力。但我坚信这是符合教育外部关系规律的，于是带领一批年轻教师和研究生继续研究。1992 年小平同志南方谈话之后，这个认识问题基本（不是完全）解决了，民办高校如雨后春笋般遍地出现。据不完全统计，经各地批准举办的民办学校已有 1 000 多所。这也证明根据教育规律的预测，有一定的预见性。现在新的问题是如何在不抑制办学者积极性的前提下，加强管理与引导，使之符合教育内部关系规律健康发展。因之，我发表了《立法——私立高等教育健康发展的保障》这篇论文。

3. 关于高等教育地方化问题的探讨

我国经济体制改革的重要取向之一是发展区域性经济。区域经济近 10 年来发展迅速，尤其是沿海地区。区域经济的发展，必然带动地区高等教育的发展。加以政治体制的改革、区域文化的发展，高等教育地方化（或地区性）是必然的趋势。由于国际化与地方化是世界高等教育发展两种相辅相成的趋势，论述中国高等教育地方化的文章已屡见不鲜。但大多数只是从世界趋势进行推论。我和邬大光同志合写的文章《关于中国高等教育地方化的理论探讨》着重以高教要适应地方经济的发展，为地方发展服务，并从以地方财政拨款作为主要的办学资金来源这一角度，进行中国高等教育地方化的必要性与可行性分析，特别指出高等教育地方化可以为适应地方经济发展不平衡提供一条有效的途径。这也是运用教育外部关系规律研究教育发展的例子。

关于高等教育地方化问题的探讨，在那个时期，不像关于发展私立（民办）高等教育的理论探讨那样受到某种思维定式的阻力，显然是由于自20世纪80年代以来，中国地区性经济的发展已成定局，地方兴办大学已不是预测而是事实。只是在"地方化"这一术语上有不同意见，认为有"转变成某种性质或状态"之嫌。其实，"地方化"是一个通用的概念，并无排他的意思。我们所提倡的是"实现高等教育的国家化、地方化、社会化三者的统一"。

4．关于高等教育通向农村的预测

我和吴岩同志合写的论文《走向21世纪的中国高等教育》，预测21世纪中国高等教育将面临新的挑战，其中之一是高等教育大众化与城乡发展不平衡。因不论从中国的经济、政治、文化的发展，或从发展中国家的高等教育形势看，大众化都是必然的趋势。然而中国的高等教育集中在大中城市，城市青年上大学的概率远远高于农村青年，即使是农村青年，毕业后也多数留在城市就业。高等教育大众化，不能仅靠3亿多城市人口提供生源，也不能都在城市就业。农村有大量的高中毕业生，农村的农业现代化、乡镇企业的迅速增长与生产力水平的提高、农村基层政权的建设，也将需要较多的受过高等教育的人才。因此，必须研究高等教育如何通向农村的问题。这个问题的提出，有人并不理解，认为农村在"普九"上尚存在种种困难，似乎不应侈谈高等教育。但是，根据教育的外部关系规律的预测，我们坚信进入21世纪时，通向农村这条渠道必然要打通，可以先易后难。例如，先成人高等教育，后普通高等教育；先经济发达地区，后其他地区；先职业性高等教育，后一般学科的高等教育。事实上，发达地区有些农村已经有此要求，也有一些比较成功的经验。作为高等教育理论工作者，要有战略眼光，进行超前研究。

上面列举的几个运用教育基本规律研究高等教育问题的实例，有的经过实践检验是成功的，有的是否成功尚待实践检验。但是，不要以为掌握两条基本规律，就能简单地、有逻辑地演绎出必然的结论来。这里还存在一个理论与实践的矛盾关系的问题。

（二）教育规律与教育实践的矛盾关系

1．规律是抽象的、一般的，实践是具体的、特殊的

从规律到实践的运用，中间有许多环节。忽略这些中间环节，规律就成

为空洞的口号；如果直接以之指导实践，就会犯"教条主义"的错误。教育理论工作者往往埋怨实际工作者不重视教育理论，而教育实际工作者往往埋怨理论工作者夸夸其谈，不解决实际问题。两者都有一定道理，但都存在忽视中间环节的问题。我们理论工作者往往只满足于理论的论证、阐述，而不注意理论过渡到实践的中间环节。从教育基本规律到教育实践，中间至少有三个环节。一是原则，正确的原则体现规律，对实践有指导作用，但它仍然是理论的、一般的，还要进一步转化为政策、法规和方案等。二是政策、法规、方案，这是从理论到实践的关键，但仍须再进一步转化为具体的措施和做法。三是措施和做法，这种措施和做法只有紧密结合实际，才具有可行性。有的教育学总结了教学过程的几条规律，如间接经验与直接经验、掌握知识与发展智能、智力活动与非智力活动、教师主导与学生主动的必然联系等等，这只是对教学过程客观规律的表述，要实现，首先必须转化为教学原则，才能指导教学实践。但教学原则还是理论的、一般的，还必须具体化为教学内容、教学方法，并且根据每堂课的内容和学生的具体情况，采取适当的措施、做法。

2. 规律的客观性与认识规律的主观性

规律是客观存在的，原则是主观对客观的认识，带有一定的主观性。但由于教学原则是从大量的教学实践中总结出来，加以科学的论证，通过实践的检验的，所以具有相对的客观性；而政策、方案、措施，则带有更多的主观性。也就是说，对于规律的认识，带有很大的主观成分。个人认为有些符合规律的做法，初始会被认为是违反规律的措施；而违反规律的政策、方案、措施，并不都是一开始就认识到是误区，往往陷得相当深，受规律的惩罚，才能省悟过来。在决策上，为了避免不符合客观实际的主观成分，要广泛听取教育理论工作者和实践工作者的意见，反复论证，做到决策过程民主化，以减少主观成分，使决策较接近于客观规律并具有实践的可行性。

3. 规律的存在是无条件的，规律的运用是有条件的

规律具有普遍性，而规律的运用，则必须"具体地分析具体的情况"，要受各种条件的制约。我们常说研究教育问题，要结合"国情""校情"，就是这个意思。例如，"高等教育机会均等"这个口号，抽象地说，它是符合政治

上平等原则的。但是作为一种具体的指导原则，不顾条件地广泛运用于发展中国家，却导致某些发展中国家高等教育发展过快，规模过大，不但造成了高等教育质量下降的问题，而且形成了人才市场结构失调的社会问题。

总之，必须遵循规律办事，但如何运用教育规律，必须联系实际。掌握规律，可以使我们看得较宽、较深、较远；而运用规律，则要求我们认真地研究中间环节，具体地研究制约条件。

三、若干疑义的辨析

这两条基本规律的提出与阐释，为高等教育理论工作者所接受并被广泛地引用，尤其是受高等教育实际工作者所欢迎，认为教育规律的明确表述，能较好地解释教育现象、解决教育问题、指导教育实践。但是，有的教育理论工作者却认为规律是内部的，外部不存在规律，外部关系规律的提法是不确切的，是概念的混淆；也有的同志进行反驳，认为事物的内部与外部，都有必然联系与非必然联系，或本质关系与非本质关系。教育外部关系规律的提出及其表述，是符合客观实际的、科学的提法，是完全可以成立的。

对此，应该如何理解？我认为，教育系统是社会这个大系统中的一个子系统，它同社会大系统及社会其他子系统之间，存在必然的联系，是不可否认的。这种必然联系，对于教育自身来说，属于外部关系而不是内部关系，这也是人们所公认的。

列宁对规律所下的定义是"规律就是关系，本质关系或本质之间的关系"[1]。列宁在这里不仅指出规律是"本质的关系"，还特别指出"或本质之间的关系"。显然，两者有区别。前者指的是事物内部的内在必然联系，后者指的是这一事物与另一事物之间，即外部的内在必然联系，即"本质之间的关系"。这种"本质之间的关系"，对教育系统来说，就是指教育系统与其他系统之间所存在的内在必然联系，亦即教育外部关系规律。

为什么会认为事物的外部不存在规律，即必然联系、本质之间的关系呢？

---

[1] 列宁. 列宁全集：第38卷[M]. 北京：人民出版社，1959：161.

出于两个误解：

第一，把"外部"与"外在"、"内部"与"内在"两种概念混淆了。在汉语中，"内部"一般是指一定范围之内的，如房子的内部、人民的内部、内部矛盾等等，有时也被作为"内在"的同义语使用。同样，"外部"一般是指一定范围之外的，如外部条件、外部环境，有时也被作为"外在"的同义语使用。"内在"与"外在"，则是分别指事物的本质的内涵与现象的外表，不能作为一般的内部、外部使用。在英语中，"内部"用"inside"，"内在"用"inherent"；"外部"用"outside"，"外在"用"extrinsic"，一般不易混淆。外部关系规律所指的外部，是一般意义的"外部"而不是"外在"。

第二，否认事物与事物之间存在必然联系（本质之间的关系），以为事物内部关系都是必然联系，事物与事物之间（外部）都是非必然的、偶然的联系。这是不符合实际的。例如教室内除了有讲台、书桌、黑板，还有衣架、雨伞及一些尚待清理出去的杂物，这些难道也与教室有必然的联系、本质的关系吗？而教育之外的政治、经济、人口、资源、生态环境等等，属于外部关系，就是非必然联系，都非本质关系吗？根据常识判断得出，事物内部既有必然联系、本质关系，也有非必然的、偶然的联系及非本质的关系；事物的外部亦然。事物外部的必然联系、本质之间的关系，就是规律。

上述由概念混淆导致的贻误，哲学界已有人辨析。如1988年出版的《哲学相近概念比较研究》一书指出："外部联系不一定是非本质联系，也可以是本质之间的联系；非本质联系也不一定是外部联系，也可以是内部的非本质联系"（第161页）。国外哲学界也曾指出："和偶然性一样，必然性也可以是外部的和内部的。就是说其产生可由于客体自身的特点，也可由于外部环境的汇合"①。

从对两种概念的混淆到否认事物与事物之间存在必然联系（本质之间的关系），说明理论研究不能只靠逻辑推导，必须从实践出发，进行理论分析、概括、抽象，又回到实践中检验。否则，可能由于前提的错误或对于前提的

---

① 斯比尔金. 哲学原理［M］. 徐小英，等译. 北京：求实出版社，1990：201. 转引自：程少堂. "教育的外部规律"说不能成立吗？［J］. 教育研究，1992（10）.

错误理解而得出错误的结论。对于规律的认识也是这样，教育与经济、政治、文化之间，存在必然联系，也即本质之间的关系，这是由大量的事实证明了的。规律就是关系，包括本质关系与本质之间的关系，后者就是教育外部关系规律。不能因词害义，更不应由于对词的误解而否定这条基本规律的存在。

从教育基本规律的提出与论证，我们还可以进一步讨论高等教育研究与教育基本理论的关系。高等教育学就其总体说属于应用型理论学科，应用教育基本理论以解释高等教育现象，解决高等教育问题，但不等于说高等教育学只能应用前人已经提出的现成的教育理论而不能有所创新、发展。在某些领域、某些方面，高等教育理论研究不但能丰富教育基本理论的内涵，而且能加深、提高教育基本理论，促进教育理论的发展。这是因为高等教育是专业性教育，它所传承与研究的是比较高深的学问，它所培养的是比较成熟的青年。从这个视角研究教育问题，有其独特之处，至少可以拓宽研究视野，补充只从普通教育的视角研究教育问题之不足。

还是以教育基本规律的提出和论证为例：在普通教育理论中，外部关系规律的基本原理已涉及，不过不作为规律提出，而是一般地论述教育与社会发展的关系。在教育的历史性与阶级性的论述中，一般要论述原始社会、奴隶社会、封建社会、资本主义社会、社会主义社会教育的发展及其特点。但是，没有明确表述教育一定要受社会诸系统、诸因素的制约，对于如何受制约并起作用也很难深入下去。

明确提出教育外部关系规律并深入探讨教育同政治、经济、文化的关系，同生产力与科技发展水平、社会制度、传统文化与外来文化等关系，是在高等教育理论研究中进行的。因为：

第一，普通教育是基础教育，它的培养目标是合格的公民。高等教育是高等专业教育，它的培养目标是各个领域、各个行业的高级专门人才。高级专门人才要直接进入各个领域、各种行业就业，高等学校要及时掌握各个方面的信息。例如，普通教育、高等教育，当前都面对着市场经济。普通教育面对的市场经济，主要是市场经济对教育投入的影响，市场意识对思想道德教育的影响等；而高等教育面对的市场经济，除上述影响之外，还要面对许多复杂的问题。例如，如何使所培养的专门人才适应人才市场的需求，专业设置、教学改革如何适应市场经济带来的经济结构的变化等。这些影响都是直接的、具体的，要求高等教育迅速做出反应。因此，从高等教育的视角研究市场经济与教育的关系，就比较具体深入。

第二，普通教育的课程设置，都是基础性的政治、语文、外语、历史、地理、数学、物理、化学、生物以及音乐、美术、体育等。虽然教学内容也要不断改革，但相对来说，比较稳定。而高等教育的课程设置五花八门，不但门类繁多，而且与科技前沿紧密联系，变动不居。其次，普通学校只是传承文化知识，高等学校还具有创新文化科学的职能。高等教育与众多学科密切相关，研究高等教育问题，必须深入到各个学科领域。这使高等教育理论工作者的研究更为具体与深入。总之，新问题甚多，研究它，对教育基本理论是能起到丰富、创新、发展作用的。

有些教育理论工作者认为，高等教育研究只是把教育基本理论应用于高等教育上，没有深奥的学术性可言，这是一种偏见。在科技迅猛发展的时代，在信息社会来临的时代，在社会主义市场经济兴起的时代，只靠从普通教育总结的一些理论已经不能满足教育尤其是高等教育发展的需要。有不少师范院校的教师，原来只研究普通教育，现已纷纷进入高等教育研究领域，说明高等教育领域的理论研究大有作为，不但在应用研究上，而且在基本理论研究上也可以有所作为。如此，近来我正组织一批来自各门学科的高等教育学的博士、教授搞一个基本理论研究课题——多学科的高等教育研究。从哲学、历史学、比较教育学、经济学、政治学、社会学、文化学、科学学、心理学、管理学的视角，研究高等教育的本质、功能、规律、价值以及体制和运行机制。这个课题，国外已有研究，我们要研究的是有中国特色的社会主义高等教育理论，这或许对教育基本理论建设也能起一些作用。

教育基本规律及其在教育研究中的运用[①]

一、教育基本规律的提出

理论联系实际既是对实践工作的要求，也是对理论研究工作的要求。这一要求在理论研究工作中，具体体现为如下两个方面：（1）理论联系实际——理论来源于实践，以事实验证理论。（2）实际"联系"理论——以理论指导研究，将具体经验上升到理论层面上。教育研究，要掌握充分的实证材料，总结丰富的实践经验，要将经验提高到理论层面上来认识。从教育经验到教育理论是一个"飞跃"的过程。掌握教育规律、运用教育规律研究教育问题，有助于完成这个过程，获得有理有据的研究结论。

教育学的研究就是揭示教育规律。一本教育学处处都是规律，但没有说清有哪些规律，不能够像经济学那样很明确地提出一些规律，如价值规律。在"文化大革命"之后，大家反思中国经济失败的原因在于违反经济规律。而教育呢，其之所以失败则在于违反教育规律。所以"文化大革命"之后，中央就提出今后要按规律办事。在这种情况下，教育界就纷纷向教育理论工作者提出要求说，你们搞教育理论的人要告诉我们有哪些教育规律，这样我们才能按规律办事。但是你去问教育理论工作者，他则很难回答，说不清楚。有的干脆就说，整本教育学都是谈规律，按教育学书上做就是按规律办事。

---

① 原载《江苏教育研究》，2009年第2期。

那也不对啊。一本教育学的书所研究的是教育规律以及教育规律的运用,不完全是教育规律。把读教育学看作是学习教育规律,这是不对的。更糟糕的是,原来的教育学所讲的内容,并不一定都符合教育规律,很多都是教育政策的堆砌。我想,作为教育理论工作者,不能回避教育规律问题,有必要做出正面回答。

1980年,湖南大学办了一个高校校长学习班,要我去做报告。我第一次提出教育外部与内部关系的两个基本规律。在这里,这两条规律我就不详细讲了。外部关系规律,简单地说就是教育必须与社会发展相适应,引申开来说,就是教育必须受社会经济、政治、文化的制约,并为社会的经济、政治、文化发展所束缚、制约;内部规律,是从人的全面发展的角度来说的,就是德育、智育、体育、美育的协调进行。后来,我在许多地方也讲了这两条规律。

我应当申明,不是我首先发现这两条规律的。这两条规律实际上在普通教育学里面早就有了。"文化大革命"前的普通教育学谈教育学的历史性和阶级性,历史性、阶级性是什么呢?就是教育所受的外部影响。后来不谈历史性和阶级性了,谈教育学与社会的关系,这就涉及教育的外部关系,但没有作为规律提出来。教育学谈到遗传、环境、教育这三者的关系,实际上谈的就是教育的内部规律。全面发展教育,实际上就是教育的内部关系规律,比如在学生年龄特征、师生关系这些章节,都涉及了很多教育内部规律,不过以前都没有作为规律提出来。

二、教育基本规律的内容

教育作为一种社会活动,其活动过程要遵循一定的客观规律。规律具有层次性。教育最基本的规律有两条:一条是关于教育与社会发展关系的规律,称为教育的外部关系规律;一条是关于教育和人的发展关系的规律,称为教育的内部关系规律。

(一)教育的外部关系规律

教育是适应社会发展的需要而产生与发展的,又对社会的发展起推动作用。

按照系统论的观点，社会是一个大系统，教育是这个大系统中的一个子系统，它与社会的其他子系统，如经济系统、政治系统、文化系统等等，以及社会的各种要素，如人口、资源、地理、生态、民族、宗教等，存在必然的联系与本质之间的关系——教育要受社会其他子系统和诸多因素的制约，也对其他子系统和诸多要素起作用。

"规律即关系。……本质关系或本质之间的关系。"（列宁语）教育系统与其他子系统以及社会诸多要素之间的本质关系，就是教育的外部关系规律。外部关系规律表述为：教育要受社会的经济、政治、文化等制约，并对社会的经济、政治、文化的发展起作用。

（二）教育的内部关系规律

教育活动是一个复杂的过程。在这个过程中，存在诸多因素。它们之间具有必然联系，在不同层次、不同方面对教育效果产生影响。最基本的关系与作用有：

（1）教育要求与教育对象的身心发展以及个性特征的关系。教育（教学）过程既要受教育对象身心发展、个性特征的制约，又要引导和促使教育对象的成长朝向预期的培养目标健康发展。

（2）人的全面发展中各个组成部分的关系。在教育过程中，必须促使德、智、体、美和谐发展。

（3）教育者（教师）、教育对象（学生）、教育影响（教育载体及其运用的方式、方法）诸要素在教育（教学）过程中的关系。要充分发挥学生的主体能动性与教师的主导作用，善于运用教育影响，以获得最佳的教育效果。

教育的内部关系规律，是指这些关系与作用的总和。这些关系与作用，制约着教育的全过程。要正确协调这些关系，充分发挥其作用，以达到最佳的教育效果。

（三）两条教育基本规律的关系

教育的外部关系规律制约着教育的内部关系规律的作用，教育的外部关系规律只能通过教育的内部关系规律来实现。教育活动，既要遵循教育自身的内部规律，又要受外部关系规律的制约；既不能不顾社会的需要与条件，"就教育谈教育"，也不能以经济规律、法规政策代替或违反教育自身的规律。

三、教育基本规律在教育研究中的运用

在教育研究中，如果对基本规律掌握得好，运用得当，可以得到较好的研究成果：（1）解释教育现象，解决教育问题，可以知其然也知其所以然，加深认识，提高理论力度。（2）决策，可以起理论指导的作用，避免凭经验办事，拍脑袋做决定，以致制定政策时左右摇摆。（3）制定发展战略，可以看得较准较远，使战略具有预见性、前瞻性，避免急功近利。但如果掌握不好，运用不当，也可能犯生搬硬套的教条主义错误。

（1）运用教育的外部关系规律研究宏观的高等教育问题，包括民办高等教育的兴办与发展，高等教育通向农村，现代信息技术对教学过程的挑战，应用型高校的发展。

（2）运用教育的内部关系规律研究微观的高等教育问题，如高等职业教育的素质教育问题，大学生的情感生活问题。

（3）结合两条基本规律研究高等教育问题，如高等教育与市场经济的关系问题，主动适应与被动适应的问题，高等教育大众化的规模、速度、质量、效益问题。

我现在举一个民办高等教育的例子。民办高等教育大家都知道，有人说我对民办高等教育情有独钟，为什么情有独钟？理由有两条，从理性来说，我认为民办高等教育的恢复与发展是符合教育的外部关系规律的，这是理论思维。从情感来说，我看到许多民办高等教育的创办者，不管是校长还是董事长，他们的那种追求和执着是很令人佩服的。我现在从理性的角度来解释，搞民办高等教育是必然的。我写了第一篇民办高等教育的论文，现在有人说是给民办高等教育开拓了一条路。我提到的主要根据是什么？当时中国的所有制已经在变化，而且当时中国的政策是几种所有制并存。过去只是发展国有制，保护集体所有制，而抵制私有制，后来是保护国有制，还要集体所有制，还要发展私有制。所以，建立在私有制基础上的私立教育就是必然的。所以，从所有制改革这一趋势来看，民办高等教育就必将恢复与发展。

又有人说，民办高等教育不是社会主义的。我说民办高等教育是社会主

义性质的还是资本主义性质的,不是由谁出钱来办来决定的,而是按它是根据什么方针来办学来决定的。如果私人出钱,按照社会主义教育方针办就是正确的。不能因为私人出钱就说它是资本主义的。这里我用的就是教育的外部关系规律,所以我敢这么说。文章发表以后,很多民办学校的校长给我写感谢信。

四、教育规律同教育实践的矛盾关系

第一,规律的抽象性、一般性与实践的具体性、特殊性的矛盾。教育规律是抽象的、一般的,而教育实践都是具体的、特殊的。从一般规律到具体的实践,中间有许多环节,如果忽略了这些中间环节的话,规律就成为空洞的口号。现在我们有很多口号是正确的,但如果没有通过中间环节,直接套用到实践中,就是教条主义了。所以很多教育实践者抱怨我们教育理论工作者脱离教育实际。我们的理论没有错,但我们缺乏把基本规律转化为实践的中间环节。基本规律转化为实践的中间环节有许多,概括起来主要有几个环节:(1)规律要转成原则,原则比规律具体,但仍然很抽象;(2)规律要转变为政策、制度,但有政策、制度还不够;(3)政策、制度应转变为措施和办法、方案等,然后才能转化为实践。如果缺乏这些中间环节,教育规律与教育实践的矛盾就很难解决。所以,这是第一个矛盾。

第二,规律的客观性和实践的主观性的矛盾。规律是客观的,而认识是主观的,这中间会产生矛盾。规律客观存在,不以人的意志为转移,原则是主观对客观的认识,所以原则具有主观性。而教育原则要转变为政策就更加带有主观性了。这就是说对教育规律的认识往往带有个人或某一个群体的主观成分。比如说,你认为这样做是符合规律的,但恰恰相反。

第三,规律的存在是无条件的,规律的应用则是有条件的。规律无处不起作用,但规律的应用要有条件。所以马克思说,具体问题具体分析,也就是说一切依时间条件为转移。我们常常强调要符合校情、省情、国情,就是指条件不同,不能生搬硬套。比如说 20 世纪有两个口号,对高等教育的影响最大,尤其对亚洲的高等教育影响最大。一个是人力资本理论,另一个是教育机会均等理论。20世纪下半叶以来,全世界的高等教育发展每四年差不多翻一番,就是这两个理论起作用。教育机会要平等,但是教育机会均等如果不看时间、不看条件,就把高等教育弄得不再高等了。比如菲律宾,在20世纪80年代末90年代初,他们认为自己的高等教育很好,而实际上让人不敢恭维,我们去看工科高等教育,他们所用的教材还没有我国中等职业技术学校的教材水平高。关于人力资本理论,强调大力培养专家、培养专门人才,强调加大教育投资,这些都是正确的,但是如果跟经济发展不配套的话,就会造成人才浪费的严重问题,导致大量的待业、失业,反而产生负面影响。

因此,总的说来,认识规律不难,应用规律不易。刚刚我说的那些体验,大家看起来很简单,其实过程很复杂。

(此文根据作者的讲话录音整理而成)

百 岁 感 言

我即将进入百岁高龄,但仍耳聪目明,思维清晰,可以授课、指导研究生、作报告、写文章。许多人问我有什么长寿秘诀。

说是遗传:我的祖父母在我出生之前,均已辞世;我的父亲虽高寿达八十一岁,但我的母亲五十岁就去世了;我有兄弟姐妹共十人,除大姐、四弟和我高寿外,余均夭折;对我影响最大的二兄潘载和,也只活到二十一岁就染肺病去世。

说是健康:我一生身体多病。我的最早记忆(约三岁或四岁),就是在病榻上母亲的擦摩;其后的记忆是少年时经常得感冒和胃病,青年期经常患恶性疟疾(打摆子)。一生还生过几场大病:十七岁时患伤寒;五十二岁时患急性黄疸肝炎;六十四岁时胆结石急性发炎,两次手术,切除了胆囊;如今是肝癌经放疗在养病中。疾病的磨难使我后半生腰弯背驼。

说是运动:身体运动,有利于健康,的确如此。但我只在青年时喜欢翻双杠,其后坚持做掌上压,现在只是每天做十五分钟的简式太极拳而已。

我的理解:身体的运动很重要,大脑的运动更重要。大脑是全身的"司令部",指挥全身活动。"心之官则思,思则得之,不思则不得也。"人应当保持大脑有足够的运动量。例证:选择做官员,在位时忙于开会、作报告、处理种种复杂问题,精神焕发,身体健康。退休之后,"门庭冷落车马稀",很快显得老态龙钟;选择做生意人,在谈生意时，跑市场、陪客户，酒酣茶热，满面红光，生意做完，"人一走，茶就凉"，也容易催人衰老；而从事教学与科研工作的人，可以退而不休，继续从事脑力活动。如果说有什么长寿秘诀的话，这就是我所体会的秘诀——大脑的运动比身体的运动更有利于长寿！因此，身体从职位上退下，但大脑不要"退休"。人要退而不休，发挥余热。西方有一种更有意义的说法："迎接人生的第二个青春！"

潘懋元
2019 年 10 月 28 日于厦门

编 后 记

传承是根,创新是魂。

编纂整理《潘懋元文集》具有极其重要的理论意义、历史意义和现实意义。在潘先生百岁华诞暨从教85周年来临之际,编纂整理《潘懋元文集》(第二版),其意义更为重要。

世纪老人潘懋元先生是中国高等教育学科的奠基者和创始人,是学术上的"老人与海"。潘先生人生经历丰富,内蕴深刻,富于传奇。他的学术成果丰硕,富有创见。早年作品涵盖诗歌、散文、杂文和小说等,很有文学功力,如果在这条路上走下去,说不定会成为文学大家。然而,潘先生志向不在于成为文学家,而是矢志从教和教育研究,他甚至说:"如果有来生,我还愿意当教师!"他不是一般的教师,而是具有学术创见和学术生命力的教师。作为我国高等教育学的创始人,他创造了一种存在!他的学术生涯开创和见证了我国高等教育研究的发展历程,他的学术成果反映了我国高等教育学科建设和高等教育研究的理论创新。他的学术事业不仅为我国高等教育事业的发展做出了重大贡献,而且对世界高等教育研究做出了创造性贡献。这些贡献体现了中国学者的文化自信、责任担当、精神风貌和卓越成就。

编纂整理《潘懋元文集》(以下简称"文集")是一项宏大的工程,聚集了不少人的智慧和努力。这里有必要简介文集的构想和编辑过程,同时表达最真诚的谢意。

首先,需要说明的是,《潘懋元文集》(第二版)是在2010年出版的第一版文集的基础上重新整理而成的,主要是加进2010年以后的内容,也有少量2009年以前的内容。

最初提出编纂文集设想的，是广东高等教育出版社原社长张耀荣先生。2008年5月，厦门大学教育研究院在院庆30周年之际举办"大学教育质量的理论与实践研究"国际学术研讨会，参加会议的张耀荣先生向潘先生提出，希望出版《潘懋元文集》，以及出版厦门大学教育研究院承担的"国家985工程中国特色高等教育体系研究"系列成果。这一想法得到潘先生的同意和厦门大学教育研究院的支持。潘先生便将整理文集的任务交给了我。我想一个重要原因是，在跟随潘先生做博士后期间，我整理过《潘懋元教育口述史》，以及协助潘先生在广东高等教育出版社出版"高等教育大众化研究丛书"（如《现代高等教育思想的演变——从20世纪到21世纪初期》《中国高等教育大众化的理论与政策》《中国高等教育大众化的结构与体系》等），任务完成得还不错。我深感责任重大，使命光荣，欣然受命。很快，我们组织了一支精干的团队：除我之外，还包括韩延明教授（临沂大学，当时是校长）、李均教授（深圳大学）、向春博士（深圳大学）、刘志文教授（华南师范大学）、李枭鹰教授（广西民族大学，现大连理工大学）等。经过两年多认认真真、踏踏实实的埋头苦干，文集终于在2010年庆祝"潘懋元先生九十华诞暨从教七十五周年"研讨会之际首发，受到高度评价。

光阴似箭，一晃又是十年。青山不老，绿水长流，潘先生的学术生命力依旧生机勃勃。潘先生虽已百岁高龄，仍耳聪目明，思维清晰，继续指导研究生、讲课、做报告、写文章，活跃在教学第一线，而且是老当益壮，益见其高远的智慧。

2018年底，广东高等教育出版社领导提出进一步修订出版《潘懋元文集》。广东高等教育出版社副社长钟凌翙女士与我通电话讲到修订文集事宜，我立即打电话向潘先生汇报此事，潘先生欣然同意。而且，潘先生电话中的反应敏锐让人惊叹不已。听我讲了重新修订文集的事宜后，潘先生接口就说："好啊，辛苦你出力、出版社出钱，辛苦啦，谢谢哈！"我一听也笑了，老爷子青松不老，太厉害了！跟着潘先生干活,再辛苦也是幸福的,何况我能借此机会再次认真而系统地品读潘先生的作品,从中受益。

广东高等教育出版社的领导真是能干事的人,其出版眼光和务实精神让人很生敬佩。通过电话不久,钟凌翙副社长从广州来到深圳,与我面谈修订文集的具体设想和准备工作,虽然在电话中我一再说这事我一定会重新干起来,不用亲自过来,电话沟通就好。总编辑黄红丽女士更是积极,她当时正在福州组稿,又电话约请钟凌翙副社长立即奔赴厦门,她们一起登门拜访潘先生,商谈再版文集事宜。其诚可鉴!

不久之后,黄红丽总编辑、钟凌翙副社长和我一起去厦门拜访潘先生,讨论文集修订方案。印象深刻的是,黄总编、钟副社长一行先从广州到深圳,在深圳高铁站与我会合,一起去厦门。我一到深圳高铁站,大吃一惊,这么多人!我原以为只是我和黄总编、钟副社长三人行,结果发现她们几乎整个编辑团队都出动了。有些是我认识的,她们原来就参与过文集(第一版)或"高等教育大众化研究丛书"的编辑工作;也有新面孔,她们都是认真干事的人。

在修订文集的方案中,我们确立了"框架不变,分类整理,依照时序,加进新鲜"的原则,以及"人员到位,统筹兼顾,分工合作,各负其责"的原则。接下来,我们立即全身心投入,认认真真干起来。具体分工情况及体系如下:

肖海涛:卷一·高等教育学讲座

肖海涛:卷二·理论研究(上、下)

李　均:卷三·问题研究(上、下)

肖海涛:卷四·历史与比较研究

刘志文:卷五·序文

朱乐平:卷六·讲课录

向　春:卷七·昔年作品及其他

韩延明:卷八·潘懋元教授纪事年表

肖海涛：卷九·潘懋元教育口述史

这里特别要对编辑工作做些说明。

卷一，在保持原貌的基础上，少量地方由于时代发展加进了注释。卷二、卷三、卷四，包括潘先生有关高等教育理论研究、问题研究、历史研究、比较研究等内容，分别由我和李均教授负责。这部分内容繁多，工作量大，搜集资料，按主题进行分类和进一步再分类，是一件很细致的工作。好在我和李均教授是同事，同事合作的好处是非常便利和默契。在文章分类上，我们根据材料，逐一整理，共同协商，分工合作。在这个过程中，包括在平时的工作中，李均教授都给了我很多帮助。

卷五，由华南师范大学的刘志文教授负责整理。当初人手不够，我打电话给刘教授，请他负责序文卷，他毫不犹豫，满口答应，工作认真，高效负责。而每当我给他打电话道谢时，他总说是应该的。

卷六，是潘先生最新版的讲课内容，由厦门大学的博士生、潘先生的学术助手朱乐平负责。我们都知道，潘先生虽已百岁高龄，但仍活跃在教学第一线，而且一讲课就是整个上午。这卷讲课录就是潘先生给2019级博士生讲授"高等教育学专题研究"课程内容的讲课实录。

卷七，包括潘先生早年的学士学位论文、文学作品、人物回忆、杂文、散论等，由向春博士负责整理。这卷新加进了一些有趣的篇章。韩延明教授在整理纪事年表及诸位院友在查阅资料的过程中，一旦发现潘先生早期的作品，就在院友微信群中发布，我们如获至宝，赶紧收录在文集中。潘先生15岁开始从教，实际上他在15岁之前的中学时代就开始了创作和发表，文集收录的最早作品是从他16岁时开始的。这里也特别要感谢刘海峰教授，他在浩如烟海的厦门大学图书馆馆藏中查到了潘先生1945年的本科毕业论文；还要特别感谢刘志文教授，10年前他带领学生去广东省图书馆查阅潘先生1949年以前的作品，搜集到不少珍贵史料，其中不少作品是潘先生自己并没有保存的。

编 后 记

卷八，包括潘先生各个时期个人生活、学术活动等内容的照片和教学、科研及学术活动纪事，由韩延明教授负责。这部分涉及日常生活，时间跨度大，内容细致而繁多，韩延明教授作为校长亲力亲为，真是了不起，他以极大的兴致和求真务实的精神，很早就开始做这些耗时耗力的细致工作。在编纂文集过程中，我们多次通电话，相互讨论，相互鼓励。

卷九，由潘先生口述，我和殷小平博士整理，2007年北京师范大学出版社出版。在潘先生温馨的家中，听着潘先生口述其丰富的教育人生经历，是我们珍贵而难忘的回忆。这次将《潘懋元教育口述史》补充进文集之中，稍加修改，并加进一些新的照片，生动地反映潘先生的教育人生，有助于加深对潘先生作品的理解，也使得文集更为完整。遗憾的是，潘先生的另一本侧重谈高等教育改革的口述史《实践—理论—应用：潘懋元口述史》（2019年华中科技大学出版社出版），由于未满合同期，不能收入文集中。

再者，要特别感谢潘先生的家人、厦门大学教育研究院的领导及师生、众多院友对文集的支持。虽然在工作过程中我们一直踏踏实实地埋头苦干，没做刻意宣传，但仍收到不少关心和问候。厦门大学教育研究院院长别敦荣教授、华中科技大学教育科学研究院原院长张应强教授等多次表达关心和问候。还要感谢为文集搜集资料的潘先生的博士生朱乐平、刘明维等，以及为第一版文集搜集资料的葛喜艳博士、冯晓玲博士等。

当然，最需要特别真诚感谢潘先生对我们的信任，将出版文集这一重大事情交予我们，能够参与其中是我们的荣幸。

有时候，对一个人，你越走近他，就越崇敬他。我们对潘先生的感觉就是这样的。在研究潘先生的过程中，我常情不自禁地感叹："我越来越崇拜潘先生了！""高山仰止！"于我而言，能做潘先生的学生是幸福的，能整理潘先生的教育口述史是幸福的，能一再整理潘先生文集更是幸福中的幸福！

潘懋元先生是一个传奇。研究潘先生丰富而传奇的教育人生，可以发现，他的学术人格、生命意蕴和人生哲学有两个鲜明的特征：一曰"诚"，二曰"闯"。

"诚"是中国文化的核心概念，是潘先生立身处世的生命哲学。他赤诚向学，忠诚教育，精诚开拓，如《中庸》所言："诚之者，择善而固执之者也"，"诚则明矣，明则诚矣"，"唯天下至诚为能化"。

"闯"是潘先生的英雄本色，是他大丈夫立德、立功、立言的本体功夫。他性格乐观坚强，敢闯，善闯，能闯，敢于创新，敢为天下先，闯出了一条建设和发展中国特色高等教育学之路。

两者合起来，潘先生是诚中有闯，闯中有诚；因诚而闯，由闯见诚；二者的和谐统一，成就了他的教育事业，也为国家的教育事业做出了贡献。

概言之，潘先生是一名优秀的教师，他忠诚国家和人民的教育事业，真诚地热爱教师职业；潘先生是爱国的人民教育家，他"板凳敢坐十年冷，文章不写半句空"，"精诚所至，金石为开"，开创出高等教育学这门"中国创造"的新兴学科。

今天，我们无限自豪、满怀欣喜地看到，中国高等教育学学科体系日益成熟，研究队伍日益壮大，科研成就硕果累累，对不同层面的教育政策和实践产生了积极而有效的影响……这一切，潘先生功不可没，真可谓：

由诚而成懋业，

敢闯而创新元。

最后还需要说明的是，文集涉及的研究成果内容丰富，时间跨度大，编辑加工难度大，难免有不当、错漏之处，敬请批评指正。

肖海涛

2019 年 10 月 30 日初稿

2020 年 4 月 23 日修改于深圳半塘斋